Personalbindung in Netzwerkorganisationen durch Investitionen
in Sozialkapital

T0316878

Michael Krohn

Personalbindung in Netzwerkorganisationen durch Investitionen in Sozialkapital

Eine ökonomische Analyse der familienorientierten Gestaltung sozialer Beziehungen in der Informationsgesellschaft und durch Unternehmen und Politik

PETER LANG

Frankfurt am Main · Berlin · Bern · Bruxelles · New York · Oxford · Wien

Bibliografische Information der Deutschen Nationalbibliothek
Die Deutsche Nationalbibliothek verzeichnet diese Publikation
in der Deutschen Nationalbibliografie; detaillierte bibliografische
Daten sind im Internet über <http://www.d-nb.de> abrufbar.

Zugl.: Frankfurt (Oder), Europa-Univ., Diss., 2006

Umschlaggestaltung:
Olaf Glöckler

Gedruckt auf alterungsbeständigem,
säurefreiem Papier.

521
ISBN 978-3-631-56607-7
© Peter Lang GmbH
Europäischer Verlag der Wissenschaften
Frankfurt am Main 2007
All rights reserved.

Inhaltsverzeichnis

VI

VIII

Abbildungsverzeichnis

Abkürzungsverzeichnis

Abb.	Abbildung
et al.	et alii
Aufl.	Auflage
DFG	Deutsche Forschungsgemeinschaft
DIW	Deutsches Institut für Wirtschaftsforschung
f.	folgende
ff.	fortfolgende
FH OOW	Fachhochschule Oldenburg, Ostfriesland, Wilhelmshaven
GAIMH	Gesellschaft zur Förderung der seelischen Gesundheit in der frühen Kindheit
Hrsg.	Herausgeber
IFFE	Institut für Fortbildung, Forschung und Entwicklung e.V.
ISNIE	International Society for New Institutional Economics
IT	Informationstechnologie
KJHG	Kinder- und Jugendhilfegesetz
OECD	Organisation für Zusammenarbeit und wirtschaftliche Entwicklung
o.V.	ohne Verfasserangabe
S.	Seite
SGB	Sozialgesetzbuch
STEEP	Steps Towards Effective and Enjoyable Parenting
TAG	Tagesbetreuungsausbaugesetz
vgl.	vergleiche
WHO	Weltgesundheitsorganisation

1. Einleitung: Personalbindung durch Sozialkapital als rationale Managementreaktion auf die neuen Unsicherheiten von Netzwerkorganisationen

1.1 Hinführung zum Thema

Zu Beginn des 21. Jahrhunderts sehen sich die Unternehmen vor bisher nicht gekannte Herausforderungen gestellt. Den enormen Gewinnpotenzialen durch neue Geschäftsmodelle auf Basis moderner Technologien stehen neue Unsicherheiten durch die veränderten Rahmenbedingungen der vernetzten Interaktionsformen in arbeitsteiligen Wertschöpfungsprozessen gegenüber, die es den Menschen erlauben, den Austausch von Informationen weltweit in Echtzeit vorzunehmen. Nach dem Zusammenbruch des Kommunismus ist die weltweite Verbreitung dieses neuen digitalen Kapitalismus gegenwärtig ohne ernsthafte Alternative, sein Funktionieren hängt aber immer stärker von neuen Formen der Organisation unternehmensübergreifender Austauschbeziehungen bei der Informationsverarbeitung ab. Zur Beschreibung dieser Entwicklung wird in den Sozialwissenschaften der Begriff der Informationsgesellschaft verwendet.

Der Begriff der Informationsgesellschaft wurde durch die beginnende akademische Diskussion in Japan und Nordamerika über das Ende der Industriegesellschaft und seine Konsequenzen in den 1960er und 1970er Jahren geprägt und findet eine erste breitere theoretische Beachtung durch die soziologische Arbeit Daniel Bells zum Aufkommen der „postindustriellen Gesellschaft" (vgl. Bell, Daniel 1975, S. 20 ff.). Dabei wurde besonders der Einfluss der aufkommenden Informationstechnologie auf die sich wandelnde Beschäftigungsstruktur untersucht, die das Aufkommen eines neuen Produktionssektors ermöglichte. Das Konzept wurde von der Politik und der Wirtschaftspraxis verstärkt aufgegriffen. Es erreichte erst Anfang der 1990er Jahre die breitere europäische Öffentlichkeit durch das wachsende Interesse insbesondere der deutschen Politik (vgl. Kleinsteuber, Hans J. 2003, S. 16 ff.). Der Rat für Forschung, Technologie und Innovation stellte im Auftrag des Bundeswirtschaftsministeriums 1995 eine richtungsweisende Definition auf. Danach handelt es sich bei der Informationsgesellschaft um „eine Wirtschafts- und Gesellschaftsform, in der die Gewinnung, Speicherung, Verarbeitung, Vermittlung, Verbreitung und Nutzung von Informationen und Wissen einschließlich wachsender technischer Möglichkeiten der interaktiven Kommunikation eine entscheidende Rolle spielen" (Rat für Forschung, Technologie und Innovation 1995, in: Degele, Nina 2000, S. 20.).

Die Entstehung eines neuen technologiegetriebenen Informationssektors ergänzt die traditionelle Aufteilung der drei Sektoren Landwirtschaft, Produktion und Dienstleistungen um solche Berufstätigkeiten, die überwiegend die Verarbeitung von Informationen beinhalten. Diese Informationsberufe lassen sich durch die Tätigkeitsfelder „Inhalte" (z.B. Journalisten, Archivare), „Gestaltung" (z.B. Grafiker, Screen-Designer) und „Informatik" (z.B. Softwareentwickler, Systemspezialisten) unterscheiden, sie umfassen aber auch zahlreiche informationsnahe kaufmännische und beratende Berufe in Wirtschaft und Verwaltung. Im Jahr 1998 machte der Anteil der sozialversicherungspflichtig Beschäftigten im Informationssektor 44 Prozent aus, seine stark steigende Tendenz führt zu einer prognostizierten Beschäftigungsquote von etwa 55 Prozent im Jahr 2010. Somit lässt sich das Konzept der Informationsgesellschaft auch empirisch nachweisen (vgl. Dostal, Werner 2000a, S. 317 ff.).

In einer auf Expertenbefragungen basierenden Szenarioanalyse im Auftrag des Bundeswirtschaftsministeriums über die möglichen Entwicklungsverläufe der Informationsgesellschaft in Bezug auf das gesamtwirtschaftliche Wachstum bis zum Jahr 2010 lassen sich zwei Szenarien deutlich unterscheiden. Beim „verhaltenen Wachstum" kommt es nur zu einer zögerlichen Umsetzung von Innovationen, die das Potenzial des Internets durch eine Fortführung alter Geschäftsmodelle auf das neue Medium nicht voll ausschöpfen können. Lediglich in wenigen Teilbereichen wie der Medienbranche, dem Beschaffungswesen und bei den Nutzungsgewohnheiten einer kleinen, gut ausgebildeten und einkommensstarken Info-Elite hat das Internet zu grundlegenden Veränderungen geführt. Erschwerend hinzu kommen die Sparmaßnahmen im Bildungssystem, die den Mangel an qualifizierten Mitarbeitern weiter verschärfen. Diesem Negativszenario gegenüber steht das „Durchbruch"-Szenario, das einen grundlegenden Wandel in Wirtschaft und Gesellschaft mit Wachstumseffekten beschreibt, die zu einer deutlichen Konjunkturbelebung beitragen. Neben einer schnellen Verbreitung des Internets einschließlich seiner dauerhaften Verankerung in den vielen neuen Geschäftsprozessen und dem Mediennutzungsverhalten der breiten deutschen Bevölkerung, konnte die Politik entscheidende Impulse bei der Liberalisierung des Telekommunikationsmarktes, des Verbraucherschutzes sowie der Aus- und Weiterbildung setzen. Die Berechnungen zu den Szenarien weisen darauf hin, dass die Entwicklung in beide Richtungen offen ist und sich Deutschland momentan in einer kritischen Phase befindet, in der über die Zukunft der Informationsgesellschaft entschieden wird (vgl. Welfens, Paul J. J. et al. 2005, S. 231 ff.).

Diese Zukunft wird zwar durch die technologische Entwicklung erst möglich, aber entscheidend vom Verhalten der Individuen als deren Nutzer bestimmt. Die durch das Aufkommen neuer interaktiver Medien im Gefolge des Internets sehr technologieorientierte Diskussion erfordert daher eine stärkere Berücksichtigung der sozialen Aspekte des wirtschaftlichen Handels, da sie sonst nicht die zentrale Bedeutung des vierten Produktionsfaktors Wissen erfasst. Der Zugang zu wettbewerbsrelevantem Wissen wird zur entscheidenden Frage für die deutschen Unternehmen.

Im Gegensatz zu der vergangenen Stabilität der Unternehmensumfelder lassen die dramatischen Veränderungen, die sich weltweit zu Beginn des Übergangs von der Industrie- zur Informationsgesellschaft abzeichnen, zunehmend einen Wettbewerb erwarten, in dem es neben dem Preis vor allem auf die Zeit und Qualität als Erfolgsfaktoren ankommt. Die rasche und flexible Reaktion auf neue Kundenanforderungen bei gleichzeitig hoher Qualität des Angebotes sichert den Erfolg am Markt und ist nur in Verbindung mit entsprechend angepassten Organisationsstrukturen erreichbar, die von intelligenten Informationssystemen unterstützt werden. Der kreative und innovative Umgang mit Informationen rückt die Mitarbeiter in den Mittelpunkt neuer dezentraler Organisationskonzepte (vgl. Nefiodow, Leo A. 2001, S. 17 ff.). Diese neuen Organisationsformen der Informationsgesellschaft werden unter dem Begriff des Netzwerkes in der Betriebswirtschaftslehre intensiv diskutiert.

Die wissenschaftliche Auseinandersetzung folgt der Entwicklung einer zunehmenden Vernetzung in der Praxis, die sich gegenwärtig unter den Bedingungen einer räumlichen und organisationalen Dezentralisierung der Unternehmen auf Basis moderner Informations- und Kommunikationstechnologien vollzieht. Dadurch vergrößern sich die Handlungsspielräume der Mitarbeiter und Partner dieser intra- wie interorganisationalen Netzwerke. Herkömmliche Kontrollen zur Begrenzung sind jedoch nicht mehr möglich oder scheitern an den zusätzlichen Kosten, welche die Effizienzvorteile einer Dezentralisierung aufheben würden. Daraus leitet sich die Forderung nach effizienten Mitteln ab, die fehlenden Kontrollmöglichkeiten so weit wie möglich zu ersetzen, um die erwarteten Wettbewerbsvorteile realisieren zu können (vgl. Picot, Arnold/ Reichwald, Ralf/Wigand, Rolf T. 2003, S. 123 f.).

Die Lösung dieses Problems wird von vielen Praktikern wie Wissenschaftlern in dem vermehrten Einsatz von Vertrauen gesehen, das zu einem bewussten Wegfall hierarchisch gewachsener Kontrollen in Unternehmensnetzwerken führt und so zeitaufwendige detaillierte vertragliche Formulierungen durch die Erwartung zukünftigen kooperativen Verhaltens ersetzt. Dadurch könnte die Welt der Netzwerke eine „reibungslose" Zukunft bedeuten, bliebe da nicht das Problem menschlichen Eigennutzes in einer Welt unvollständiger Informationen, welches unkooperative Verhaltensweisen bei der Wahl der Organisationsform höchst entscheidungsrelevant macht.

Ein Großteil der praxisnahen Konzeptionen, die sich unter dem Leitbild einer Neuen Dezentralisation zusammenfassen lassen, weist auf die Grenzen der technokratischen Unternehmensführung zur modernen Unternehmensgestaltung hin. Insbesondere das idealistische Menschenbild führt bei konkreten Gestaltungsempfehlungen aber zu Problemen, da von nahezu unbegrenzt lernfähigen wie vertrauensvollen Mitarbeitern ausgegangen wird, so dass sich eine erfolgreiche und effiziente Umsetzung dezentraler Organisationsentwürfe an der Existenz opportunistischen Verhaltens orientieren sollte (vgl. Drumm, Hans Jürgen 1996, S. 7 ff.).

Die Berücksichtigung von die andere Vertragsseite schädigenden strategischen Verhaltensweisen erfolgt durch die Verhaltensannahme des Opportunismus in der Neuen Institutionenökonomik, die sich als ökonomische Unternehmenstheorie mit der Gestaltung von Wirtschaftsprozessen zur Verringerung von Transaktionskosten der beschränkt-rationalen Individuen beschäftigt. Für die Betriebswirtschaftslehre ist dabei die Transaktionskostentheorie nach Williamson von besonderem Interesse, da sie sich auf die Probleme nach Vertragsschluss konzentriert, die in unvollständigen Verträgen nicht alle im Voraus berücksichtigt werden können und Ausbeutungsspielräume lassen. Die Vernachlässigung der Einbettung bilateraler Verträge in ein Netzwerk aus sozialen Beziehungen in der Transaktionskostentheorie wird aus wirtschaftssoziologischer Sicht kritisiert. Dadurch könne sie Netzwerken als Organisationsform nicht gerecht werden, in denen der Austausch neuen Wissens im Vordergrund steht (vgl. Richter, Rudolf 2004, S. 11 ff.). Die Transaktionskostentheorie stellt durch ihre erstmalige Berücksichtigung kognitionswissenschaftlicher Erkenntnisse einen wichtigen Beitrag zur neueren Wirtschaftstheorie dar.

Bei der weiteren Integration verhaltenswissenschaftlicher Erkenntnisse in das ökonomische Theoriegebäude kommt der Erforschung des lernenden menschlichen Geistes eine zentrale Bedeutung zu, um das noch weitgehend unbekannte Phänomen des institutionellen Wandels erklären zu können (vgl. Mantzavinos, C./North, Douglass C./Shariq, Syed 2005, S. 320 ff.). Grundsätzliche Hinweise bei der ökonomischen Untersuchung der Möglichkeiten und Grenzen der Veränderbarkeit von Institutionen duch die Ausgestaltung von Anreizsystemen zur bewussten Einflussnahme auf die Wandlungsprozesse der Regelwerke in großen sozialen Systemen liefern die Erkenntnisse, dass formgebundene Institutionen wesentlich leichter verändert werden können als informelle Institutionen und dass die Betroffenen von einer Institutionenänderung einen positiven Nettonutzen haben müssen. Insbesondere in wissensbasierten Unternehmen erfordern die Bestände an schwer übertragbarem implizitem Wissen einen Wandel hin zu einer stärkeren Selbstorganisation der Beschäftigten, so dass sich hier wichtige Forschungsfragen auftun (vgl. Picot, Arnold 2005, S. 10 f.). Zur Beantwortung der Fragen wird in dieser Arbeit eine Integration neuerer entwicklungspsychologischer Erkenntnisse vorgenommen, die den für unternehmerische Fragestellungen in Netzwerkorganisationen immer weniger hilfreichen Gegensatz zwischen ökonomischer und verhaltenswissenschaftlicher Analyse weiter überwinden hilft.

1.2   Leitende Fragestellungen

Die kritisierten Schwachstellen der Transaktionskostentheorie weisen auf die Vernachlässigung der in der Informationsgesellschaft bedeutenden sozialen Aspekte von unternehmensübergreifenden Kooperationen in Netzwerkorganisationen hin. Die Mängel an theoretisch fundierten Gestaltungsempfehlungen für wissensintensive Netzwerkorganisationen tragen mit zu der derzeitigen Orientierungslosigkeit in der Praxis angesichts einer verwirrenden Vielzahl von mehr oder weniger fundierten Ratgebern bei. Diese setzen zwar beim Wandel von Unternehmen auf Vertrauen, vernachlässigen die Bedingungen seiner bewussten Gestaltbarkeit jedoch zu Gunsten einfacher Rezepte. Die danach angerichteten Speisen erhalten schon nach kurzer Zeit den bitteren Beigeschmack gescheiterter und demotivierender Reorganisationsmaßnahmen, so dass viele neu gegründete Netzwerkorganisationen bereits nach kurzer Zeit wieder vom Markt verschwunden sind (vgl. Scholz, Christian 2003a, S. 472 ff.).

In Befragungen deutscher und amerikanischer Führungskräfte zeigt sich, dass die Transformation der Wirtschaft vom industriellen ins informationstechnische Zeitalter gerade erst begonnen hat. Wie die zukünftigen Unternehmensformen genau aussehen werden, ist derzeit noch kaum bekannt. Im Zentrum derjenigen Faktoren, welche die postulierten Wettbewerbsvorteile durch Unternehmensvernetzungen realisieren lassen, steht die Netzwerkfähigkeit einer Organisation, die eine schnelle und effiziente Durchführung von Geschäftsbeziehungen auf Basis moderner Informationstechnologien ermöglicht. Neben den Leistungsangeboten, der Existenz kompatibler Prozesse und Informationssysteme bilden die strukturellen Voraussetzungen die Basis zur erfolgreichen Kooperation in mehreren Netzwerken, indem eine vertrauensvolle Organisationskultur die persönlichen Beziehungen der Mitarbeiter unterstützt (vgl. Weiber, Rolf/Zühlke, Stefan 2005, S. 15 ff.).

Vertrauen kann somit zu effizienten neuen Organisationsformen führen, wobei derzeit weder über die institutionellen Wandlungsprozesse noch über die anzustrebenden Anreizsysteme dorthin ausreichendes theoretisches Wissen besteht. Es existiert somit eine Forschungslücke hinsichtlich der institutionenökonomischen Analyse von Netzwerkorganisationen, die den Widerspruch zwischen Vertrauen und Opportunismus nicht unter den Tisch fallen lässt, sondern beide dahinter liegende Motivationen menschlichen Handelns berücksichtigt. Diese Lücke soll mit dieser Arbeit geschlossen werden. Dazu wird auf die instituionellen Rahmenbedingungen und die möglichen psychischen Restriktionen eingegangen, durch die sich Vertrauen als effizientes Mittel zur Bewältigung der Opportunismusgefahr in modernen Organisationsformen entfalten kann. Die ersten leitenden Fragestellungen dieser Arbeit lassen sich daher in zwei Teilfragen präzisieren:

1. Welche Rolle spielt Vertrauen bei der Absicherung von Transaktionen in den neuen Organisationsformen der Informationsgesellschaft?

2. Wie kann Vertrauen als ökonomisches Konstrukt systematisch zur Erklärung der Effizienz von Netzwerkorganisationen genutzt werden?

Die zweite Frage berührt den Status von Vertrauen als nocht recht junge ökonomische Begriffskategorie. Da Vertrauen vor allem in der Soziologie und der Psychologie bereits seit vielen Jahren thematisiert wird, können ökonomische Ansätze auf diesen benachbarten Disziplinen aufbauen. Die Entwicklung eines eigenständigen Vertrauenskonstruktes in der Ökonomik steht allerdings unter dem Vorbehalt, ob das einfache wirtschaftstheoretische Verhaltensmodell dem komplexen Phänomen des zwischenmenschlichen Vertrauens gerecht werden kann. Somit bleibt bezüglich des Erfolges von Netzwerkorganisationen zu klären, ob sich Vertrauen durch die ökonomische Theorie adäquat ausdrücken lässt. In diesem Zusammenhang ist auf die mögliche Erweiterung der institutionenökonomischen Vertrauensforschung um verhaltenswissenschaftliche Erkenntnisse einzugehen, damit neben den Institutionen die für den Vertrauensaufbau relevanten und bisher vernachlässigten psychischen Einflussgrößen berücksichtigt werden können.

3. Lassen sich die vertrauensbasierten Organisationsformen mit Hilfe der ökonomischen Unternehmenstheorie analysieren, oder erfordert ihre Untersuchung primär verhaltenswissenschaftliche Ansätze?

4. Welche institutionellen Rahmenbedingungen führen zur Entstehung von zwischenmenschlichem Vertrauen? Welche weiteren Aspekte müssen berücksichtigt werden, und welche Erweiterungen des ökonomischen Verhaltensmodells sind damit verbunden?

Vertrauen benötigt eine gewisse zeitliche Stabilität der Beziehungen, um sich dort nutzen lassen zu können. Die hohe Bedeutung des impliziten Wissens des Personals richtet den Blick auf die Personalbindung als bislang wenig beachtete Funktion des Personalmanagements. Das traditionelle Arbeitsverhältnis in der Industriegesellschaft bestand in einer hohen Unternehmensloyalität der Mitarbeiter als Gegenleistung für eine Beschäftigungsgarantie, die zum dauerhaften Verbleib beim Arbeitgeber führte. Der Wertewandel in der institutionellen Umwelt und die zunehmende Befristung von Arbeitsverträgen zur Durchführung von temporären Projekten führen zu neuen Unsicherheiten auf beiden Seiten. Während sich die Arbeitnehmer verstärkt über ihre zukünftigen Beschäftigungschancen Gedanken machen, richtet sich das Interesse der Arbeitgeber auf die Gewinnung und Bindung des zukünftigen Bedarfs an qualifizierten Wissensträgern.

In einer aktuellen Absolventenstudie der Wirtschaftsuniversität Wien zeigt sich, dass von den 645 jüngeren Befragten, die zwischen 2000 und 2002 ihr wirtschaftswissenschaftliches Studium abgeschlossen haben, nur noch 42 Prozent eine dauerhafte und planbare Karriere innerhalb einer großen Organisation anstreben, wobei sie aber nicht ständig im selben Umfeld arbeiten wollen. Einen größeren Hang zur Flexibilität äußern etwa 7 Prozent der Befragten, die nur zeitlich begrenzt für eine Organisation arbeiten wollen, um sich in Projekten fachlich weiterzuentwickeln, während 20 Prozent als klassische Selbstständige für einen stabilen Kundenstamm klar definierte Arbeitsinhalte anbieten wollen. Für 26 Prozent ist dagegen eine freiberufliche Tätigkeit mit wechselnden Kunden und Arbeitsinhalten zur Anwendung der vielfältigen Kenntnisse das angestrebte Karriereziel (vgl. Mayrhofer, Wolfgang et al. 2005, S. 196 ff.).

Die Bindung von Nachwuchskräften als potenzielle Leistungsträger bei der Personalbedarfsdeckung steht somit vor großen Herausforderungen, die zusätzlich dadurch verstärkt werden, dass das weltweite Bevölkerungswachstum zu 98 Prozent in Entwicklungsländern statt findet, während in den modernen Industrieländern eine stagnierende oder sogar schrumpfende Bevölkerungszahl beobachtet wird.

Einer sinkenden Fruchtbarkeit steht hier eine steigende Lebenserwartung der älteren Bevölkerung gegenüber, so dass sich langfristig ein Prozess der demographischen Alterung verstärkt, bei dem die Geburtenrate in den entwickelten Ländern bereits seit den 1970er Jahren unter die Mortalitätsrate sinkt und so zu einer sinkenden Gesamtbevölkerung beiträgt (vgl. Schimany, Peter 2003, S. 13 ff.). In der Zukunft werden somit in den westlichen Staaten immer weniger Kinder geboren, so dass sich die Personalbindung bei zunehmend knapper werdenden qualifizierten Nachwuchskräften bereits heute als Investition in den Erhalt der Wettbewerbsfähigkeit durch eine Stärkung der internen Arbeitsmärkte erweist, um der verschärften Konkurrenz auf den externen Arbeitsmärkten effizient begegnen zu können.

Die internen Arbeitsmärkte von Netzwerkorganisationen sind durch sogenannte virtuelle Teams geprägt, die durch eine räumliche und zeitliche Verteilung sowie die zeitliche Befristung der individuellen Arbeitsaufgaben primär auf Basis elektronischer Kommunikationskanäle gekennzeichnet sind (vgl. Keiser, Oliver 2002, S. 25 ff.). Nicht zuletzt dieser Aspekt erfordert das Vertrauen zwischen den Beteiligten in solchen interorganisationalen Projektteams, denen das zentrale Merkmal klassischer Arbeitsgruppen in Form eines gewachsenen Zusammenhaltes in dauerhaften Beziehungen zur Vermeidung opportunistischen Verhaltens fehlt.

Das Personalmanagement muss sich im Rahmen der Personalbindung sowohl um den Erhalt der Arbeitskraft als auch um die sinkende Motivation der Beschäftigten kümmern. In empirischen Langzeitstudien in Deutschland bringen gerade einmal 12 Prozent der Mitarbeiter eine hohes Engagement gegenüber ihrer Arbeit auf, während 70 Prozent ein ambivalentes Verhältnis dazu besitzen und nur noch Dienst nach Vorschrift leisten, wogegen 18 Prozent bereits innerlich gekündigt haben (vgl. Wood, Gerald et al. 2005, S. 354 ff.). Ein gelungener Beginn des Transformationsprozesses zur Informationsgesellschaft auf der Ebene der individuellen Motivation in den deutschen Unternehmen sähe anders aus. Die jetzige Situation lässt hinsichtlich des zukünftigen Missbrauchs von Vertrauen Schlimmes befürchten.

Neben möglichen Abwerbungen der eigenen motivierten Leute durch andere Kooperationspartner im Netzwerk besteht die Gefahr, dass auf dem Sprung in die Selbstständigkeit oder in ein neues Arbeitsverhältnis stehende Mitarbeiter strategisch relevantes Wissen ihres alten Arbeitgebers und auch gleich der Kooperationspartner mitnehmen. Die Opportunismusgefahr führt in Verbindung mit der zentralen Bedeutung der Personalbindung zum Wissenserhalt und zum Aufbau längerfristiger Vertrauensbeziehungen zu den nächsten beiden Forschungsfragen in dieser Arbeit:

5. Wodurch wird die Personalbindung in der Informationsgesellschaft beeinflusst, und wie trägt sie zur Erhöhung der Mitarbeitermotivation bei?

6. Wie kann die Personalbindung durch die Existenz von Vertrauen erhöht werden, um den Erfolg von Netzwerkorganisationen zu steigern?

Die letzte Frage weist auf den zu bestimmenden Mechanismus hin, der zu einer theoretisch bestimmbaren Wirkungskette zwischen Vertrauen und Personalbindung führt. Der meistdiskutierte Mechanismus in den Sozialwissenschaften zur Gestaltung von Netzwerken ist die Investition in soziales Kapital, die mit der Entstehung von Vertrauen verbunden ist. Über die Art dieser über die Personalbindung hinaus gehenden Verbindung herrscht kein Konsens, obgleich sich mit der Kapitalkomponente die Chance eröffnet, mit einer ökonomischen Kategorie die gegenwärtigen Wandlungsprozesse zu gestalten, welche auf die sozialen Bedingungen von Transaktionen in Netzwerkorganisationen eingehen kann. Die Integration des Sozialkapitalansatzes in eine institutionenökonomische Betrachtungsweise steht noch am Anfang und eröffnet so insbesondere der Transaktionskostentheorie neue Möglichkeiten, auf die Kritik aus der Wirtschaftssoziologie einzugehen. Vor dem Hintergrund des in dieser Arbeit behandelten Problems der Personalbindung zur Realisierung von Vertrauensbeziehungen in Netzwerken gestaltet sich die forschungsleitende Fragestellung bezüglich der Untersuchung von Sozialkapital als Mittel zur systematischen Beeinflussung von Vertrauensbeziehungen wie folgt:

7. Wie kann durch Investitionen in Sozialkapital die Personalbindung gestärkt werden, um die Vorteilhaftigkeit von Netzwerkorganisationen zu erhöhen?

Diese Frage fasst die bisherigen Untersuchungsziele zusammen. Der geringe Wissensstand in der ökonomischen Theorie bezüglich der möglichen Antworten auf die sieben Forschungsfragen erfordert die Entwicklung eines auf den Arbeiten der Neuen Institutionenökonomik aufbauenden theoretischen Rahmens, der die Ableitung empirisch testbarer Hypothesen in weiteren Arbeiten ermöglicht. Die Beschränkung auf ein konzeptionelles Vorgehen erweist sich als zweckmäßig, um in einem ersten Schritt fundierte Empfehlungen für die Gestaltung des institutionellen Wandels in den wissensintensiven Unternehmen der Informationsgesellschaft ableiten zu können. Die sehr heterogene Sozialkapitalforschung ist derzeit inhaltlich nahe am Vertrauensbegriff orientiert, ohne dass sich allgemein anerkannte Aussagen über die Verbindung zwischen diesen beiden in Beziehungen relevanten Größen finden. Der fehlende Konsens führt zur Frage nach der Eignung eines institutionenökonomischen Sozialkapitalkonstruktes, das die Ergebnisse der ökonomischen Vertrauensforschung aufgreifen und in einen konsistenten Zusammenhang bei der Untersuchung der Erfolgsfaktoren von Netzwerkorganisationen bringen kann.

8. Welcher Zusammenhang besteht zwischen Vertrauen und Sozialkapital? Wie lässt sich dieser Zusammenhang ökonomisch abbilden, und welche neuen Aussagen über den Erfolg von Netzwerkorganisationen werden mit Hilfe eines institutionenökonomischen Sozialkapitalkonstrukts möglich?

Die Beantwortung dieser Fragen ist vor dem Hintergrund der gravierenden Änderungen in der Umwelt der Unternehmen zu sehen, welche wiederum Einfluss auf die Beziehungen zwischen den Beschäftigten nehmen. Das Management kann auf den Aufbau von Sozialkapital nur bedingt Einfluss nehmen. Die Berücksichtigung entwicklungspsychologischer Erkenntnisse unter Kapitel 4 zeigt zudem, dass die Entwicklung menschlichen Vertrauens bereits wesentlich in der ersten Entwicklungsphase stattfindet. Der langfristige Erfolg von Netzwerkorganisationen kann somit nicht allein von der Unternehmensführung, sondern nur über die Gestaltung der Rahmenbedingungen mit Hilfe der Politik realisiert werden. Wenn die Gefahren opportunistischen Verhaltens in den neuen Organisationsformen primär über Vertrauen abgesichert werden sollen, die Fähigkeit zu vertrauen aber bereits in den ersten Lebensjahren entsteht, stellt sich die Frage nach einer effizienten Arbeitsteilung zwischen Management und Familienpolitik bei der Gestaltung der Rahmenbedingungen vernetzter Wirtschaftsprozesse.

9. Wie können das Management und die Familienpolitik arbeitsteilig die Entstehung von Vertrauen positiv beeinflussen, um den organisationalen Wandel in Richtung Netzwerkfähigkeit für alle Beteiligten vorteilhaft zu gestalten?

Die Familienpolitik erweist sich auf der gesamtgesellschaftlichen Ebene zunehmend als Schlüsselressort zur Gestaltung der institutionellen Rahmenbedingungen beim Aufbau von vertrauensvollen Arbeitsbeziehungen in der Informationsgesellschaft. Die bislang im betriebswirtschaftlichen Kontext wenig hinterfragte Kooperation zwischen privatem und öffentlichem Sektor bei der Gestaltung des zunehmend vernetzten Wirtschaftssystems im beginnenden 21. Jahrhundert erfordert eine theoretische Aufarbeitung der vorgestellten Fragen. In dieser Arbeit werden dadurch ökonomisch fundierte Antworten möglich, die als Rahmen einer weiterführenden empirisch orientierten sozialwissenschaftlichen Netzwerkforschung dienen können.

1.3 Gang der Untersuchung

Die Untersuchung ist in vier Schritte unterteilt. In Kapitel 2 wird zunächst der Beitrag der Neuen Institutionenökonomik zur Unsicherheitsbewältigung vorgestellt und um die aktuellen Ansätze im Bereich der ökonomischen Vertrauensforschung ergänzt. Die kritische Würdigung ihrer derzeitigen Grenzen führt zur Vorstellung der aktuellen Diskussion der Erweiterung des ökonomischen Verhaltensmodells um soziale Präferenzen, die das Entstehen von Vertrauen im Zusammenspiel mit weiteren psychischen Restriktionen begründen können. Dazu wird das Konzept des Sozialkapitals als Mittel der systematischen Vertrauenserzeugung vorgestellt und die Eignung ausgewählter Ansätze für die ökonomische Theoriebildung überprüft. Das dritte Kapitel beschreibt zunächst die relativen Effizienzvorteile von

Netzwerkorganisationen gegenüber den Alternativen Markt und Hierarchie aus Sicht der komparativ-statischen Analyse der Transaktionskostentheorie. Die vertrauensbasierten Netzwerke sind zwar potenziell vorteilhaft, bleiben aber durch diejenigen Wandlungsprozesse in der institutionellen Umwelt bedroht, die zur Entstehung neuer Verhaltensunsicherheiten beitragen. Diese werden im zweiten Schritt aufgegriffen, der die besondere Bedeutung von persönlichen Beziehungen in der Informationsgesellschaft beim Schutz vor Opportunismus zeigt.

Die Vorarbeiten aus dem zweiten und dritte Kapitel ermöglichen im dritten Schritt unter Kapitel 4 die Entwicklung eines ökonomisch fundierten dreidimensionalen Sozialkapitalkonstruktes. Die Dimensionen der von einer einzelnen Person unabhängigen Beziehungen und Institutionen erfordern als situative Größen dabei weit weniger Aufmerksamkeit als die Integration notwendiger psychischer Restriktionen in das ökonomische Verhaltensmodell zur Herleitung eines für die ökonomische Analyse von wechselseitig abhängigen Beziehungen geeigneten Vertrauensbegriffes. Diese Integration führt zur Bestimmung des Beziehungswissens als der personalen Dimension von Sozialkapital. Das Beziehungswissen des Menschen trägt erst durch seine lebenslange Entwicklung zur Fähigkeit zum Vertrauensvorschuss bei, der als soziales Kapital einer organisierten Gruppe bei der Abwicklung von Transaktionen in Netzwerkorganisationen verstanden wird. Die Effizienz von Netzwerken ergibt sich durch das Ineinandergreifen von primären Unternehmensnetzwerke zur Erzielung von Einkommen mit sekundären Beziehungsnetzwerken, welche zur psychischen Sicherheit ihrer Mitglieder beitragen und so die soziale Einbettung der Transaktionen in Unternehmensnetzwerken sicherstellen.

Kapitel 5 fügt die gewonnenen Erkenntnisse mit Blick auf die leitende siebte Fragestellung zusammen und behandelt den ebenenübergreifenden Aufbau von Sozialkapital zur Personalbindung durch Vertrauen. Dabei wird die Personalindung als ökonomisches Konstrukt bestimmt. Die Behandlung der Arbeitsteilung zwischen Wirtschaft und Staat unter Kapitel 6 wird durch das primäre Beziehungswissen notwendig, das im ersten Lebensjahr gebildet wird und somit nicht direkt durch die Unternehmen verändert werden kann. Die Aushandlung und Umsetzung von Reformmaßnahmen auf Basis der Ansprüche der betroffenen Interessengruppen findet in Politiknetzwerken statt, die eine Arbeitsteilung überwachen können, welche mit Hilfe der Theorie öffentlicher Güter bestimmt wird. Die öffentliche Gestaltung der familienpolitischen Rahmenbedingungen hilft den Unternehmen bei der Einführung einer familienorientierten Personalstrategie, die ein integratives Personalbindungs- und -entwicklungskonzept zum investiven Aufbau von Sozialkapital in sekundären und primären Netzwerkorganisationen nutzt. Das Kapitel 6 schliesst mit Handlungsempfehlungen, bevor die Arbeit unter Kapitel 7 mit einem zusammenfassenden Fazit und Forschungsausblick endet.

2. Die Neue Institutionenökonomik und ihr Beitrag zur Bewältigung von Unsicherheit in Transaktionen

Die ökonomische Theorie hat im Zuge der partiellen Integration verhaltenswissenschaftlicher Erkenntnisse einen enormen Auftrieb bei der Erklärung und Gestaltung wirtschaftlicher Prozesse erhalten (vgl. Williamson, Oliver E. 2000b, S. 595 ff.). Das daraus entstandene Forschungsprogramm der Neuen Institutionenökonomik kann in Folge der Vielzahl der bereits bestehenden Überblicke in der Literatur hier nur so knapp wie nötig und in Bezug auf die Unsicherheit in Transaktionen so ausführlich wie allein in dem hier behandelten Rahmen möglich beschrieben werden. Für eine ausführlichere deutschsprachige Darstellung sei allgemein auf Richter und Furubotn (1999) sowie im organisationstheoretischen Kontext Picot et al. (1999) verwiesen. Auf relevante Einzelfragen wird an geeigneter Stelle in der weiteren Bearbeitung eingegangen, so dass sich es hier zunächst um eine knappe Einführung in die theoretische Analyse der unsicherheitsvermeidenden Funktion von Institutionen handelt.

Die Berücksichtigung von Vertrauensbeziehungen als Ausdruck der sozialen Dimension des Wirtschaftens gewinnt in der modernen ökonomischen Forschung an Bedeutung, die -und das zeigt der Überblick über die aktuellen Entwicklungen- aber bislang nicht überzeugend erklären kann, wo die Wurzeln der facettenreichen sozialen Ressource des zwischenmenschlichen Vertrauens liegen. Da Vertrauen in Netzwerkorganisationen als wesentliches Mittel zur Bewältigung der Unsicherheit bezüglich des Verhaltens der Transaktionspartner betrachtet wird, ist zunächst allgemein auf die Möglichkeiten und Grenzen der Bewältigung von Verhaltensunsicherheit durch Institutionen einzugehen. Anschließend werden die wichtigsten Ansätze zu Vertrauen und Sozialkapital vorgestellt und hinsichtlich ihrer Eignung für die hier im Vordergrund stehende institutionenökonomische Forschungsfrage der effizienten Bewältigung von Verhaltenunsicherheit in Netzwerkorganisationen überprüft. Daraus ergeben sich wichtige Implikationen bezüglich der weiteren Vorgehensweise bei der Erweiterung des ökonomischen Verhaltensmodells.

2.1 Unsicherheitsbewältigung durch Institutionen und ihre Grenzen

Das aus der neoklassischen Mikroökonomik hervorgegangene Theoriegebäude der Neuen Institutionenökonomik behandelt die effizienzorientierte Analyse von Institutionen in wirtschaftlichen Austauschprozessen. Das Erkenntnisinteresse besteht in der Beantwortung der Frage, welche alternativen Institutionen in Abhängigkeit eines bestimmten Koordinationsproblems die geringsten Kosten verursachen und wie veränderte Koordinationsprobleme über die Kostenänderungen zum Wandel von Institutionen beitragen. Die institutionenökonomische Organisationsanalyse (Organisationsökonomik) wird derzeit durch die drei sich ergänzenden Ansätze der Property Rights Theorie, der Agenturtheorie und der Transaktionskostentheorie vertreten (vgl. Ebers, Mark/Gotsch, Wilfried 1999, S. 199). Trotz der partiellen Integration verhaltenswissenschaftlicher Erkenntnisse bleiben die Theorien einer ökonomischen Herangehensweise verpflichtet.

Die Ökonomik lässt sich als sozialwissenschaftliche Analyse menschlichen Handelns bei der Bewältigung von Knappheit verstehen. Ausgehend von dem durch Adam Smith herausgearbeiteten Effizienzvorteil des Marktes durch seine dezentrale Koordination in arbeitsteiligen Wirtschaftsprozessen ruht die methodische Herangehensweise auf dem Verhaltensmodell des homo oeconomicus, der bei gegebenen handlungsleitenden Präferenzen und konkurrierenden Handlungsalternativen seinen individuellen Nutzen unter Beachtung der handlungsrelevanten Restriktionen maximiert. Die stabilen Präferenzen und die variablen Restriktionen bleiben analytisch getrennt, damit die Verhaltensänderungen eindeutig auf Kostenwirkungen in Folge der situativen Restriktionen herausgearbeitet werden können. Die ökonomische Theorie trifft dabei keine Aussagen über das Verhalten einzelner Individuen, sondern zielt auf die systematische Vorhersage des Verhaltens einer großen Zahl von Akteuren ab. Zentral bleibt jedoch das normative Prinzip des methodologischen Individualismus, das besagt, dass sich alle Eigenschaften eines sozialen Systems auf die Eigenschaften und Anreize der das System konstituierenden Individuen zurückführen lassen. (vgl. Erlei, Mathias/Leschke, Martin/Sauerland, Dirk 1999, S. 5 ff.).

Die Entwicklung der Neuen Institutionenökonomik ergab sich nicht geplant, sondern war das Ergebnis vieler einzelner Bestrebungen, die zunehmend kritisierten traditionellen Tausch- und Produktionsmodelle mit solchen Ansätzen zu verbinden, die zunächst nur den Anwendungsbereich der neoklassischen Theorie erweitern sollten. In der neoklassischen Welt kostenloser Transaktionen spielen Institutionen zwar eine gewisse Rolle als exogener Rahmen von Vertragsverhandlungen. Die Annahme vollständiger Informationen führt aber dazu, dass die vollkommene Voraussicht der Akteure eine sofortige und vollständige Durchsetzbarkeit der geltenden Bestimmungen ermöglicht. Dadurch sind auch alle privaten Verträge vollständig und die Akteure können alle zukünftigen Kontingenzen sofort berücksichtigen. In dieser reinen kapitalistischen Sichtweise verhandeln die einzelnen „Atome" solange miteinander, bis die Wirtschaft einen pareto-effizienten Zustand erreicht, indem sich kein Individuum mehr verbessern kann. Die Vertreter der Neuen Institutionenökonomik betonen dagegen die Unvollkommenheit der wirklichen Welt und weisen auf die Notwendigkeit der bewussten Gestaltung von Institutionen zur Überwindung von Unsicherheit hin. Institutionen werden als entscheidende Größe für das Ergebnis des marktlichen Koordinationsprozesses individueller Tauschhandlungen betrachtet, der nicht mehr als kostenlos unterstellt wird (vgl. Richter, Rudolf/Furubotn, Eirik G. 1999, S. 12 ff.).

Die Betonung der Überlegenheit des Marktes in der orthodoxen Theorie führte lange Zeit zur Ignoranz der Bedeutung von Organisationen, so dass die Geburtsstunde der Neuen Institutionenökonomik mit der „Entdeckung" der Transaktionskosten durch Ronald Coase einherging. Wesentliches Abgrenzungskriterium zwischen Organisationen und Märkten sind die Kosten der Nutzung des marktlichen Steuerungsmechanismus, der zum Marktversagen führt und damit die theoretische Begründung von Unternehmen liefert (vgl. Coase, Ronald H. 1937, S. 386 ff.). Die Einführung von Transaktionskosten durch Coase stellt einen fundamentalen Wendepunkt in den Wirtschaftswissenschaften dar. Im Gegensatz zur bis dahin vorherrschenden neoklassischen Sicht kostenloser Transaktionen bei vollständigen Informationen kann die Existenz von Unternehmen durch die Realisierung komparativer Kostenvorteile gegenüber der Marktnutzung erklärt werden, wenn die Transaktionskosten marktlicher Steuerung die der unternehmensinternen Kooperation übersteigen.

Die auf den Überlegungen von Coase aufbauende Neue Institutionenökonomik stellt den Gedanken der wechselseitigen Verbesserung durch soziale Beziehungen in das Zentrum ihrer Überlegungen. Analytischer Mittelpunkt ist die Transaktion, bei der Wertgegenstände über die Grenze des eigenen Einflussbereiches hinwegbewegt werden und damit eine Abhängigkeit des Gebenden vom Nehmenden bezüglich der vereinbarten Entlohung entsteht. Die Gefahr der Ausbeutung dieser spezifischen Investitionen führt dazu, dass Transaktionen mit Hilfe von Institutionen abgesichert werden müssen (vgl. Bonus, Holger 1995, S. 101). Institutionen lassen sich in Analogie zu einem sportlichen Wettkampf als gesellschaftliche Spielregeln verstehen, die zur Einschränkung menschlicher Interaktionen führen. Sie können in formgebundene oder formlose Anreize unterteilt werden, welche den stabilen Rahmen für die Ordnung menschlicher Verhaltensweisen liefern und dadurch Unsicherheit reduzieren. Ihre Entstehung kann bewusst erfolgen oder ein ungeplantes Ergebnis im Zeitverlauf sein. Eine Organisation schließt neben den Institutionen auch die daran beteiligten Individuen ein, die ein gemeinsames Ziel erreichen wollen (vgl. North, Douglass C. 1992, S. 3 ff.). Im betriebswirtschaftlichen Kontext lässt sich der gemeinsame Zweck als das individuelle Streben nach Einkommen innerhalb einer Organisation definieren, welche den gemeinsamen Zweck hat, zukünftige Einkommensunsicherheiten zu reduzieren (vgl. Neuss, Werner 2001, S. 8).

Die Existenz ungeeigneter institutioneller Abstimmungs- und Tauschmechanismen bei der Überwindung von Knappheit führt zu Mängeln in der Arbeitsteilung und Spezialisierung und äußert sich in nicht ausgeschöpften Produktivitätsgewinnen. Das Organisationsproblem lässt sich daher als Problem der Beseitigung dieser Mängel definieren. Unter der Annahme unvollkommener Information lässt es sich sich in das Koordinations- und Motivationsproblem zweiteilen. Das Koordinationsproblem beschreibt die Überwindung des Nichtwissens der Akteure über eine überlegene Arbeitsteilung und Spezialisierung einschließlich der bevorzugten Tausch- und Abstimmungsoptionen. Beim Motivationsproblem steht das Nichtwollen der Individuen im Vordergrund, dass sich aus dem Grad der Divergenz zwischen den persönlichen Interessen mit den Zielen der Organisation bei der Aufgabenbewältigung ergibt. Je höher die Ziele der gestellten Aufgabe mit den Zielen des

Akteurs übereinstimmen, desto höher ist die Anreizkompatibilität der gewählten Organisationsform. Im Falle einer geringen Anreizkompatibilität wird die Gefahr einer eigennützigen Verletzung des vereinbarten Leistungsversprechens wahrscheinlicher, so dass die eigeninteressierten Akteure ihre Ziele dabei möglicherweise auch auf Kosten und zum Schaden anderer Akteure durchzusetzen versuchen. Institutionen dienen in Organisationen daher als Koordinations- und Motivationsinstrumente, die zur kostenminimalen Überwindung des jeweiligen Organisationsproblems beitragen sollen (vgl. Picot, Arnold/Dietl, Helmut/Franck, Egon 1999, S. 6 ff.).

In den organisationsökonomischen Ansätzen wird das Motivationsproblem unter dem Begriff des Opportunismus als „die Verfolgung von Eigeninteresse unter Zuhilfenahme von List" (Williamson, Oliver E. 1990, S. 54) diskutiert. Dabei setzen die Individuen ihre Ziele gegebenenfalls auch durch die verzerrte oder unvollständige Weitergabe von Informationen durch. Diese Formen der Täuschung müssen nicht bei allen Vertragspartnern gleich ausgeprägt oder überhaupt vorhanden sein, aber allein die Möglichkeit der Ausbeutung bewusst geschaffener Informationsasymmetrien führt zur Notwendigkeit glaubhafter institutioneller Absicherungen vor und nach Vertragsschluss. Das Problem ökonomischer Organisation wird damit zum Vertragsproblem, wobei sich die Unsicherheit in der Unvollständigkeit der Verträge widerspiegelt. Die Wirksamkeit von Rechtsvorschriften bei der Schlichtung von Vertragsstreitigkeiten wird als begrenzt angesehen, wodurch die Aufmerksamkeit auf die außergerichtliche Beilegung der Vertragspartner gerichtet wird. Diese findet auch bei den angenommenen durchgehenden Verhandlungen ihre Anwendung, da nicht alle Vertragsinhalte während der Vorvertragsphase bestimmt werden können (vgl. ebenda, S. 26 ff.).

Die Abwicklung von Transaktionen innerhalb von Organisationen ist somit immer mit Unsicherheit verbunden. Dabei kann zwischen exogener und endogener Unsicherheit als Gegenstände unsicherer Erwartungen unterschieden werden. Exogene Unsicherheit beschreibt Umweltereignisse, die außerhalb des direkten Einflussbereichs der Akteure liegen, endogene Unsicherheit dagegen diejenigen, welche aus den individuellen Entscheidungen der Transaktionspartner verursacht werden. In Hinblick auf deren Motivation lässt sich diese Form als Verhaltensunsicherheit bezeichnen, die auf das opportunistisch einsetzbare Nichtwollen abzielt (vgl. Ripperger, Tanja 1998, S. 17 ff.).

Der Grad der Unsicherheit ist mit der Annahme über die Rationalitätsbeschränkung verbunden, wobei sich grundsätzlich zwei Gruppen von Ansätzen unterscheiden lassen. Die mathematisch orientierten Theoretiker gehen in enger Anlehnung an die Neoklassik weiterhin von einer vollkommenen individuellen Rationalität aus, wogegen in den neueren Arbeiten verstärkt auf die unvollkommene individuelle Rationalität hingewiesen wird. Die Betonung der zeitlichen Dimension als Quelle von Unsicherheit wird neben Douglas North insbesondere von Oliver Williamson vertreten. Im Gegensatz zu den älteren Arbeiten ist mit der Einführung einer beschränkten Rationalität in Anlehnung an die entscheidungstheoretischen Arbeiten Herbert Simons kein Abschluss von Verträgen möglich, die alle zukünftigen Kontingenzen vom Zeitpunkt des Vertragsschlusses an dauerhaft regeln können (vgl. Richter, Rudolf/Furubotn, Eirik G. 1999, S. 20 ff.).

Die Grenzen der menschlichen Informationsverarbeitung, die unter dem Konzept der beschränkten Rationalität von Simon herausgearbeitet wurden, resultieren aus den Grenzen des Aufmerksamkeitsbereiches. Aufmerksamkeit wird dabei als selektive Reaktion auf Stimuli verstanden, die zu einem bestimmten Zeitpunkt in das Bewusstsein eintreten. Eingeführt wurde die bounded rationality, um sowohl dem überbetonten Rationalitätsbegriff der Ökonomie als auch den das Denken primär auf den Affekt reduzierenden unterbetonten Rationalitätsbegriff der Sozialpsychologie ein realistischeres Bild menschlicher Verhaltensweisen entgegen zu setzen, wie sie im tatsächlichen Leben beobachtet werden. Die Akteure gehen angesichts einer oftmals überkomplexen Wirklichkeit zur Komplexitätsreduktion von verkürzten kausalen Wirkungsketten aus, die solche Aspekte der Realität vernachlässigen, die als wenig oder gar nicht entscheidungsrelevant betrachtet werden. Dadurch findet keine Überprüfung statt, ob alle möglichen Umweltzustände berücksichtigt worden sind und die Entscheidung kann mit einfachen Daumenregeln erfolgen (vgl. Simon, Herbert A. 1981, S. 28 ff.).

Der Hintergrund dieser Überlegungen ist die Behauptung, dass jedes geplante rationale Verhalten Beschränkungen unterliegt, die sich aus den Grenzen der menschlichen Verarbeitungs- und Gedächtniskapazitäten ergeben. Der Mensch ist aus dieser Sicht ein informationsverarbeitender Problemlöser, der in Anbetracht von Restriktionen Entscheidungsprozeduren entwickelt. Für dieses Entscheidungsverhalten wurde der Begriff „satisficing" eingeführt. Die Konsequenzen, die sich aus der beschränkten Rationalität ergeben, sind in der Entscheidungsforschung weitgehend als zutreffende Beschreibung eines Großteils des menschlichen Wahlverhaltens und als normativ vernünftige Anpassung von Entscheidungen an die Kosten und den Charakter von Informationsbeschaffung und –verarbeitung anerkannt (vgl. March, James G. 1978, S. 585). Es geht dabei nicht um bewusst oder vorsätzlich irrationales Verhalten, sondern um die Unmöglichkeit der modellierten Optimallösungen in den klassischen und neoklassischen Theorien (vgl. Simon, Herbert A. 1992, S. 3-4). Der Ansatz der beschränkten Rationalität richtet damit sein besonderes Augenmerk auf die Unsicherheit, die durch die Grenzen seiner Verarbeitungsfähigkeit von Informationen in der Natur des Menschen begründet ist. Institutionen lassen sich daher als aus vergangenen Erfahrungen gewonnene Entscheidungsprozeduren interpretieren, die sich zwar in den Transaktionen auswirken, aber nicht immer in einem bewusst geplanten Prozess gezielt gestalten lassen.

Es existieren fundamentale Institutionen, die sich einer rationalen Gestaltbarkeit entziehen und sich im Gegensatz zu den daraus abgeleiteten planbaren sekundären Institutionen erst in sehr langen zeitlichen Prozessen entwickelt haben. Die Sprache stellt eine solche fundamentale Spielregel dar, die evolutionäres Wissen verkörpert und den Boden für Transaktionen über Zeit- und Raumgrenzen hinweg bereitet. Damit lassen sich die beiden ökonomischen Funktionen von Institutionen in der Verringerung von Unsicherheit durch stabile, weil sanktionierbare, Erwartungen und der daraus resultierenden Eröffnung von Handlungsspielräumen beschreiben. Innerhalb des institutionell legitimierten Entscheidungsspielraums kommt es somit auch zu einer Erhöhung der Flexibilität (vgl. Dietl, Helmut 1993, S. 71 ff.). Ist das Spielfeld bekannt und sind die Regeln allgemein akzeptiert, lassen sich über die Wahrscheinlichkeiten der zukünftigen Spielzüge der Mitspieler systematische Aussagen treffen, welche die eigenen Züge festlegen. Das Spielergebnis ist dann die erwartete Steigerung des investierten Spieleinsatzes, wobei dieser Spielgewinn wiederum an die Spielregeln gekoppelt ist, welche seine Verteilung festlegen und eine Nichteinhaltung sanktionieren.

Institutionen werden folglich zur Voraussetzung von sozialen Beziehungen zwischen Akteuren, die sich in modernen Wirtschaftsgesellschaften mit einem hohen Grad an Arbeitsteilung nicht hinreichend genug kennen, um die Unsicherheit über die Absichten und damit das Verhalten ihres Gegenübers mit Sicherheit ausschließen zu können. Somit kommt dem Sanktionspotential einer Institution ebenfalls einer zentrale Rolle zu, da der ökonomische Mensch als ein eigennütziges Wesen auch Regelbrüche in sein Kalkül mit einbeziehen kann. Um sich gegen potentiell opportunistische Tauschpartner zur Wehr zu setzen, wird insbesondere in der Transaktionskostentheorie versucht, mit wirklichkeitsnäheren Verhaltensannahmen als in der neoklassischen Wirtschaftstheorie zu arbeiten, um damit „die menschliche Natur, so wie wir sie kennen, zu charakterisieren" (vgl. Williamson, Oliver E. 1990, S. 50). Diese Sichtweise weist sowohl auf die Grenzen der Unsicherheitsbewältigung wie auf die Möglichkeiten einer Gestaltung zukünftiger Verhaltensoptionen durch stabile Regelwerke hin, die das zukünftige Verhalten eines Vertragspartners in Transaktionen insofern vorhersehbar machen, als dass die Regeleinhaltung in seinem eigenen Interesse liegt. Diese Vorhersehbarkeit ist in Folge der prinzipiellen Unkenntnis der tatsächlich eintretenden wahren Ereignisse in der Zukunft immer nur eine konstruierte Erwartungsgröße.

Planen unter Unsicherheit ist damit nichts anderes als ein Wirtschaften in der Zeit, wobei die Knappheit der individuell zur Verfügung stehenden Zeit eine Berücksichtigung von Opportunitätskosten bei der Aufteilung des Zeitbudgets erfordert. Zudem ist der Abbau von Unsicherheit mit Transaktionskosten verbunden, so dass eine vollständige Reduktion von Unsicherheit weder möglich noch ökonomisch vorteilhaft ist, da Unsicherheit neben Risiken auch Chancen beinhaltet, die individuell genutzt werden können. Dazu ist allerdings eine entsprechende Flexibilität notwendig, die folglich mit der Unsicherheitsreduktion in Konflikt steht, welche sowohl die Risiken wie auch die Chancen reduzieren würde. Institutionen dienen folglich dazu, Unsicherheit durch Regelhaftigkeit abzubauen. Erst ihre Verlässlichkeit ermöglicht flexible Entscheidungen, denen stabile Erwartungen zu Grunde liegen. Beständigkeit wird damit zur Voraussetzung von Flexibilität (vgl. Bievert, Bernd/Held, Martin 1995, S. 8-23).

Die traditionelle Entscheidungstheorie der Betriebswirtschaftslehre geht von einer bedingten Unsicherheit mit ihrer stärksten Ausprägung in Form von Ungewissheit aus, bei der aus einer Menge bekannter Umweltzustände eines geschlossenen Zustandsraums irgendeiner eintreten wird, dessen Eintrittswahrscheinlichkeit jedoch unbekannt bleibt (vgl. Bamberg, Günter/ Coenenberg, Adolf G. 2002, S. 19). Diese Sicht impliziert allerdings eine gegebene Umwelt, die vollständig bestimmbar ist und in der sich Unsicherheit in situationsbedingten oder persönlichen Defiziten der Kontrolle ausdrückt, welche aber prinzipiell bis zu einem gewissen Grad wiederhergestellt werden kann. Wird dagegen von einem unbestimmten Universum möglicher Zustände ausgegangen, in der wesentliche Veränderungen von Moment zu Moment auftreten können, wird die individuelle Vorstellungskraft zum Ausgangspunkt der Zukunftsgestaltung (vgl. Shackle, George L. 1990, S. 13). Das kreative Element der Inspiration führt kurzfristig zu nicht vorhersagbaren Gedanken, die das Individuum langfristig verwirklicht und infolgedessen in seinen Handlungen diesen subjektiven Vorstellungen folgt. Dadurch ist es in seinen Entscheidungen nicht von objektiven, gegebenen Informationsbeständen begrenzt (vgl. Ford, J. L. 1990, S. ix-x).

Aus ökonomischer Sicht kann diese unkalkulierbare Inspiration den Weg für innovative Lösungen eröffnen, welche die Basis von neuen Kooperationsgewinnen sein können. Auf der anderen Seite kann sie aber auch in Verbindung mit List und Tücke zu einer einseitigen Ausbeutung von Kooperationspotenzialen führen, so dass die Freiheit des menschlichen Willens zur Unsicherheit über das menschliche Verhalten führt. Letztlich begründet die Ungewissheit der Zukunft das ökonomische Kernproblem des Wählens zwischen verschiedenen Alternativen und damit die Notwendigkeit von Entscheidungen über effiziente institutionelle Austauschbedingungen, denn „If men knew the future, he would not have to choose and would not act. He would be like an automaton, reacting to stimuli without any will of his own." (Mises, Ludwig von 1966, S. 105).

Zwischen den beiden Sichtweisen der planungsorientierten Vorsehbarkeit und der radikalen Unsicherheit der Zukunft nimmt das Theoriegebäude der Neuen Institutionenökonomik eine vermittelnde Position ein, da Unsicherheit in Folge der beschränkten Rationalität der Akteure eine Grundtatsache des Wirtschaftens wird, die im Falle opportunistischen Verhaltens endogenisiert werden kann. Dabei wird durch die Wahl geeigneter Institutionen das Verhalten der Individuen systematisch über Anreize kanalisiert und somit prinzipiell theoretisch vorhersagbar. Diese Eignung und die daraus resultierenden Erwartungen stützen sich jedoch immer auf einen begrenzten Informationsstand und sind erst nach Durchführung der Transaktion überprüfbar. Die Lücken im Erwartungshorizont der Vertragspartner können auch durch noch so ausgefeilte Regelwerke nicht vollständig geschlossen werden und bilden somit die Basis bei der Begründung der Notwendigkeit von weiteren sicherheitserzeugenden Mechanismen in ökonomischen Austauschprozessen unter den Bedingungen der Unsicherheit. Somit führt erst die Kombination von unvollständigen Informationen mit opportunistischen Verhaltensmöglichkeiten zum Problem der Verhaltensunsicherheit, das zum Vertrauensproblem wird, wenn sich der Einsatz anderer Mechanismen zur Absicherung von Transaktionen als ineffizient erweist.

Die unvollständigen Informationen beziehen sich somit einerseits „nach vorn" auf die Zukunft und andererseits „zur Seite" auf den jeweiligen Vertragspartner, der mehr über die von ihm angebotenen Produktionsfaktoren und seine Präferenzen weiß. Asymmetrische Informationen können der besser informierten Partei bereits vor Vertragsschluss Opportunismus ermöglichen, so dass die institutionelle Absicherung der gefährdeten potenziellen Kooperationsgewinne in arbeitsteiligen Wirtschaftsprozessen bereits im Vorfeld von konkreten Transaktionen die Verhandlungskosten reduzieren kann. Organisationen werden so bezüglich ihrer Möglichkeiten analysiert, mit denen sie Transaktionskosten einsparen helfen. Aus institutionenökonomischer Sicht wird die Transaktion als Übertagung von Gütern oder Verfügungsrechten zur kleinsten analytischen Einheit und der mögliche Interessenkonflikt zwischen beiden Vertragsparteien in Verbindung mit ihrer wechselseitigen Abhängigkeit zum Hauptuntersuchungsgegenstand (vgl. Richter, Rudolf/ Furubotn, Eirik G. 1999, S. 38 ff.).

2.2 Verhaltensunsicherheit als zentrales Problem in den ökonomischen Organisationstheorien

Da in dieser Arbeit die Verhaltensunsicherheit in zwischenmenschlichen Austauschbeziehungen im Vordergrund steht werden hier die normativen Empfehlungen der organisationstheoretischen Ansätze zur ihrer Bewältigung näher betrachtet. Die vollständige objektive Überwindung von Verhaltensunsicherheit ist nicht möglich, so dass die Frage einer effizienten Bewältigung durch geeignete verhaltensbestimmende Regelwerke in den Vordergrund tritt, bevor die Frage nach der subjektiven Sicherheit durch Vertrauen gestellt werden kann

2.2.1 Property-Rights-Theorie

Die Theorie der Verfügungsrechte (Property-Rights) rückt die Frage der Verteilung der Verfügungsgewalt über eine Ressource in den Mittelpunkt der Unsicherheitsbewältigung. Sind die geltenden Rahmenbedingungen bestimmt, in welcher Weise ein Akteur eine Ressource nutzen darf, ist der Theorie nach zu prüfen, ob rechtlich legitime Einschränkungen der Nutzungsbefugnisse eines Individuums einschränken oder ob die Verfügungsrechte auf verschiedene Individuen verteilt sind. In diesen beiden Fällen liegt eine Verdünnung von Verfügungsrechten vor, die zur Existenz von positiven und negativen externen Effekten bei der Ressourcennutzung führt. Dadurch können die Kosten und Nutzen der Ressourcenverwendung nicht mehr verursachergerecht zugeordnet werden und es kommt zu einer suboptimalen Faktorallokation. Es lassen sich traditionell die vier Verfügungsrechte der Ressourcennutzung (usus), der Einbehaltung der Erträge (usus fructus), die Änderung ihrer Form und Substanz (abusus) sowie die Übertragung aller oder einzelner Verfügungsrechte unterscheiden (vgl. Ebers, Mark/Gotsch, Wilfried 1999, S. 200 f.). Diese vier Verfügungsrechte konkretisieren in einem klassischen liberalen Staat das Recht des Eigentums an einer Sache. Der Wert eines knappen Tauschgegenstandes hängt damit von dem Bündel der Verfügungsrechte ab, die in der entsprechenden Transaktion übertragen werden können. Ein Ressourcenbesitzer setzt sein Privateigentum in der für ihn beste Verwendungsmöglichkeit ein, um so den höchsten Marktpreis durch die Nutzung der Ressource zu erzielen. Sind dessen Verfügungsrechte jedoch verdünnt, kommt es zu Marktversagen, das neben privaten Regelungen staatliche Aktivitäten zur Internalisierung der externen Effekte und zur Reduktion der dabei auftretenden Transaktionskosten nahe legt (vgl. Richter, Rudolf/Furubotn, Eirik 1999, S. 79 ff.).

Zwischen den Transaktionskosten als Preis für die verursachergerechte Internalisierung, insbesondere bei negativen externen Effekten und den entsprechend verringerten Wohlfahrtsverlusten, besteht somit eine Trade-off-Beziehung. Dadurch kann im Falle von Teamproduktion die Existenz hierarchischer Unternehmen erklärt werden. Durch die Einräumung von speziellen Kontroll- und Entscheidungsrechten in einer zentralen Eigentümerposition wird das Team gegenüber individuellen Opportunismus in Form von Leistungszurückhaltung geschützt. Das Problem der Kontrolle dieses Kontrolleurs wird dann durch das ihm zugesprochene Recht gelöst, sich den nach der Entlohnung der Teammitglieder verbleibenden Gewinn aneignen zu dürfen (vgl. Picot, Arnold/Dietl, Helmut/Franck, Egon 1999, S. 65).

Die Transaktionskosten fallen hier bei der Bestimmung, Durchsetzung und Übertragung der Verfügungsrechte an. Die beschränkt rationalen Individuen werden daher diejenigen institutionellen Rahmenbedingungen schaffen, welche die Summe aus den Wohlfahrtsverlusten durch externe Effekte und den Transaktionskosten an einer Ressource minimiert. Die Theorie kann insgesamt zwar die abstrakten Verhaltensanreize unterschiedlicher Eigentumsordnungen und Unternehmensverfassungen analysieren, kann aber weder den Wandel von Verfügungsrechtsstrukturen noch deren Vielfalt in der Realität nicht weiter erklären, so dass sich Probleme bei der Ableitung praktischer Handlungsempfehlungen ergeben (vgl. Ebers, Mark/Gotsch, Wilfried 1999, S. 200 ff.). Zudem gilt die Annahme einer unbegrenzten Rationalität der Akteure (vgl. Bea, Franz-Xaver/Göbel, Elisabeth 2002, S. 120).

Dadurch wird das Problem der Unsicherheit nicht so stark berücksichtigt, wie in der Transaktionskostentheorie und den Teilen der Agenturtheorie, die sich stärker an den praktischen Konsequenzen einer beschränkten Rationalität orientieren. In vernetzten Organisationen geht die Teamproduktion mit wachsenden Kontrolldefiziten einher, wodurch sich auch eindeutig verteilte Verfügungsrechte leichter umgehen lassen. Somit steht in der Informationsgesellschaft weniger die Verteilung der Verfügungsrechte im Vordergrund, sondern vielmehr die Frage nach effizienten Austauschmechanismen, die den wachsenden Verhaltensspielraum zu Gunsten kooperativer Verhaltensweisen bei der gemeinsamen Ressourcennutzung bewegen kann, wenn sich negative externe Effekte in Folge grenzüberschreitender Transaktionen und veränderten Präferenzen der Nachfrager nur sehr schwer verursachergerecht internalisieren lassen.

Das Internet lässt sich zwar längst nicht mehr plakativ als rechtsfreier Raum beschreiben, die massiven Verletzungen der Verfügungsrechte im Bereich der durch illegale File-Sharing-Netzwerke verteilten Raubkopien zwingen allerdings die Hersteller aus der Musikbranche, neben neuen Sanktionsmechanismen neue Geschäftsmodelle zu entwickeln, die den Kunden mehr Verfügungsrechte als bisher einräumen (vgl. Becker, Jan U. 2004, S. 36 ff.). Somit führt nicht allein der Besitz eine Ressource samt deren wohl spezifizierter Verfügungsrechte zu digitalen Wettbewerbsvorteilen, sondern vor allem die Existenz anreizkompatibler Kontrollmechanismen, welche die Minimierung der Transaktionskosten auch nach Vertragsschluss sicherstellen kann. Die sich daraus ergebenden Probleme ungleicher Informationsverteilung werden in der Agenturtheorie näher analysiert.

2.2.2 Principal-Agent-Theorie

Die Principal-Agent-Theorie beinhaltet die vertragstheoretische Analyse arbeitsteiliger Beziehungen zwischen Auftraggeber (Principal) und Auftragnehmer (Agent). Die Informationsasymmetrien in dieser spezifischen Dyade begründen Verhaltensunsicherheit für den Prinzipal, da der Agent Entscheidungen trifft, die auch sein Nutzenniveau beeinflussen. Die Verhaltensspielräume des Agenten ergeben sich in einer Welt unvollkommener Informationen aus dem ungleich verteilten Wissen und führen zum Vertretungsproblem, das sich aus dem möglichen Opportunismus des Agenten ergibt. Die zur Unsicherheitsbewältigung auftretenden Agenturkosten ergeben sich aus den Abweichungen zum orthodoxen Idealzustand vollständiger und kostenloser Informationen. Sie stellen die zu minimierende Zielgröße bei der Vertragsgestaltung dar und setzten sich aus den Überwachungs- und Kontrollkosten des Principals, den Garantiekosten des Agenten und dem verbleibenden residualen Wohlfahrtsverlust zusammen. Die Berücksichtigung der Risikoneigungen bei der ökonomischen Analyse der Beziehung zwischen den Vertragsparteien findet sich gewöhnlich durch die Annahme eines risikoscheuen Agenten und eines risikoneutralen Principals (vgl. Picot, Arnold 1991, S. 149).

Die Informationsasymmetrien lassen sich durch zwei Kriterien in vier Grundtypen einteilen, von denen in der Principal-Agent-Theorie jedoch nur drei als für das Vertretungsproblem relevant analysiert werden. Das erste Kriterium fragt danach, ob eine dem Prinzipal ex ante verborgene Verhaltenseigenschaft des Agenten durch diesen beeinflusst werden kann oder nicht, während das zweite Unterscheidungskriterium darauf abzielt, ob das Verhaltensmerkmal des Agenten dem Prinzipal ex post bekannt wird oder nicht (vgl. Spremann, Klaus 1990, S. 561 ff.). Daraus ergibt sich eine Einteilung in drei Typen von Agenturproblemen. Im vorvertraglichen Fall der „hidden characteristics" sind die Eigenschaften des möglichen Vertragspartners nicht bekannt, während nach Vertragsschluss der Typ der „hidden action" auftritt, bei dem der Principal das Verhalten des Agenten nicht beobachten und somit keine Aussagen über dessen Anstrengungsniveau treffen kann. Daneben besteht das Problem der „hidden informationen", bei dem der Principal zwar das Verhalten beobachten kann, in Folge seines geringeren Informationsstandes aber nicht weiß, ob der Agent seine Entscheidungen auch wirklich im Sinne eines optimalen Ergebnisses für seinen Auftraggeber trifft (vgl. Bea, Franz Xaver/Göbel, Elisabeth 2002, S. 135).

Eine weitere Problematik ergibt sich, wenn der Principal opportunistisches Verhalten zwar erkennen, aber in Folge seiner Abhängigkeit vom Agenten nicht verhindern kann. Da sich die Absicht des Agenten erst ex post offenbart und ex ante nicht bekannt ist, wird hierbei von „hidden intention" gesprochen. Im Gegensatz zu den hidden characteristics liegen hier keine weitgehend unveränderlichen Eigenschaften des Agenten vor. Da das eigentlich gewollte Verhalten des Agenten nach Vertragsschluss deutlich sichtbar wird und die vertragliche Bindung des Prinzipals offen zu dessen Lasten ausnutzt, wird dafür auch die Bezeichnung „holdup" (Raubüberfall) gewählt. In den Fällen von hidden action und hidden information kann der Principal dagegen auch ex post nicht genau bestimmen, inwieweit ein Handlungsergebnis auf die Anstrengungen des Agenten oder auf exogene Faktoren zurückzuführen ist. Die Gefahr des opportunistischen Ausnutzens dieser Informationsasymmetrien durch mangelnde Sorgfalt und Bemühungen nach Vertragsschluss wird als „moral hazard" (moralisches Risiko) bezeichnet, das zuerst im Rahmen von Versicherungsverträgen diskutiert wurde, da die Versicherten ihre Bemühungen um eine Schadensprävention systematisch vernachlässigten, nachdem sie die Versicherung abgeschlossen hatten (vgl. Picot, Arnold/Dietl, Helmut/ Franck, Egon 1999, S. 89).

Die grundlegenden agenturtheoretischen Arbeiten über das Verhalten bei asymmetrischen Informationen werden auch als Informationsökonomik bezeichnet und weisen auf das grundlegende Problem der adversen Selektion in Folge der hidden characteristics hin. Ist dem Auftraggeber die Qualität des Auftragnehmers nicht bekannt, wird er sich an statistischen Durchschnittspreisen für die gesuchte Qualität bei der Auswahl des Agenten orientieren, was dazu führt, dass die Anbieter überdurchschnittlicher Qualität vom Markt verschwinden, während die Agenten mit unterdurchschnittlicher Qualität der gesuchten Eigenschaften das Angebot vermehrt nachfragen werden. Dieser Auswahl unerwünschter Vertragspartner kann bei Kaufverträgen durch Garantien begegnet werden, welche für die guten Anbieter im Vergleich zu den Anbietern schlechter Qualität mit geringen Kosten verbunden ist. Bei der Anbahnung von Arbeitsverträgen können Zeugnisse dem Arbeitgeber das Qualifikationsniveau und die dahinter verborgene Produktivität des Bewerbers signalisieren (vgl. Richter, Rudolf/Furubotn, Erik G. 1999, S. 201 ff.). Da Bildung über Zeugnisse zertifiziert wird und somit eine beobachtbare veränderliche Eigenschaft einer Person darstellt, ist sie im Gegensatz zu unveränderlichen Eigenschaften wie dem Alter als Signal zu betrachten. Ein hohes Bildungsniveau signalisiert die Produktivität der Arbeitnehmer, da es leichter von produktiven Bewerbern zu erreichen ist als von weniger produktiven (vgl. Spence, A. M. 1973, S. 355 ff.).

Damit solche Signale des besser informierten Agenten zur Verringerung der Gefahren durch eine adverse Selektion beitragen können, müssen die Vorteile der Signalproduktion für die gesuchten Agenten höher sein als die Kosten der Signalproduktion. Umgekehrt müssen die Nachteile der Signalproduktion für die „unerwünschten" Agenten höher sein als die Vorteile. Als Gegenstück zum Signalling des Agenten empfiehlt die Agenturtheorie das Screening des schlechter informierten Principal, um bessere Informationen über die gesuchten Qualitätseigenschaften zu bekommen. Daneben dient auch das Verfahren der Self selection der Aufspaltung eines gepoolten Marktes, bei dem die unterschiedlichen Qualitätsmerkmale ex ante nicht sichtbar sind. Bei dieser Selbstauswahl wird dem potenziellen Agenten ein differenziertes Vertragsangebot gemacht, dass dieser nur dann eingeht, wenn sein individuelles Risiko der mangelnden Vertragserfüllung nicht zu hoch ist und er über die Vertragsannahme die gewünschten Eigenschaften offenbart, wie dies durch Selbstbeteiligungsklauseln im Schadensfall erreicht wird. Im Gegensatz zur Verringerung der Informationsasymmetrien verfolgt die Interessenangleichung bei der Bewältigung des moral hazard eine institutionelle Zielharmonisierung durch geeignete Anreize wie einer Ergebnisbeteiligung. Der Gefahr der hidden intention kann durch die Existenz eines Pfandes des Agent für den Principal und der vertikalen Integration gebannt werden, was den zentralen Ansatzpunkt in der Transaktionskostentheorie darstellt (vgl. Picot, Arnold/Dietl, Helmut/Franck, Egon 1999, S. 92-94).

Die Principal-Agent-Theorie wird gegenwärtig noch von der Auffassung vollkommener individueller Rationalität dominiert und lehnt sich mit der Annahme allgemeingültiger konstanter Präferenzen für alle Entscheidungssubjekte eng an die traditionelle neoklassische Position an. Allerdings verändert sich der Informationsstand durch die Einführung positiver Transaktionskosten in ein mikroökonomisches Modell, so dass die Akteure nicht länger vollständig informiert sein können (vgl. Richter, Rudolf/Furubotn, Eirik G. 1999, S. 3 f.). Dies wird allerdings durch die Verhaltensannahme der unbegrenzten Rationalität von Principal und Agent unterstellt, die alle zukünftigen Möglichkeiten von Anreizproblemen bereits bei Vertragsschluss antizipieren und somit Verträge beliebiger Komplexität abschließen können, deren Durchsetzung keine weiteren Kosten verursacht (vgl. Hartmann-Wendels, Thomas 1992, Sp. 78). Vor allem in den frühen Arbeiten der Agenturtheorie sind daher keine Überraschungen und Schwierigkeiten in der Zukunft zugelassen, da alle relevanten Anreizordnungen ex ante bei der Vertragsgestaltung berücksichtigt werden (vgl. Williamson, Oliver E. 1990, S. 31).

Problematisch für die Analyse sozialer Beziehungen bleibt ebenso die einseitige Perspektive des Principals, so dass nur der Agent opportunistisch Handeln kann. Der mögliche Opportunismus eines besser informierten Principal wird somit nicht berücksichtigt. Die Dominanz der Ex-ante-Perspektive blendet die Unsicherheit in der Zukunft systematisch aus und wird durch die Betrachtung nur eine Vertragsperiode im Grundmodell den langfristigen Interdependenzen der Vertragspartner nicht gerecht. Schwierigkeiten bei der Operationalisierung der Agenturkosten ergeben sich insbesondere durch die Bestimmung des Residualverlustes, da der Referenzpunkt vollkommener Information nicht eindeutig konstruiert werden kann (vgl. Ebers, Mark/Gotsch, Wilfried 1999, S. 222 ff.). Die starke Nähe zur neoklassischen Theorie erweist sich als formale Stärke in den quantitativen Ansätzen der Agenturtheorie, wird aber durch die Betonung der Rationalität nicht der Verhaltensunsicherheit in modernen teamorientierten Organisationsstrukturen gerecht.

Die Annahme vollständiger Rationalität findet sich denn auch hauptsächlich in den mathematisch orientierten Ansätzen, wogegen sich die neueren qualitativen Arbeiten um eine stärkere Annährung an die Realität bemühen. Dabei wird zwar nicht mehr die formale Geschlossenheit der stark modellanalytisch ausgerichteten Modelle erreicht, dafür können langfristige und komplexe Tauschbeziehungen erfasst werden, die auch moralische Verpflichtungen integrieren (vgl. Bea, Franz Xaver/Göbel, Elisabeth 2002, S.140). Die Weiterentwicklung der Agenturtheorie führt zwar zu einer stärkeren Betonung der Verhaltensunsicherheit, bleibt aber weiterhin der einseitigen Principalperspektive verhaftet. Dafür nähert sie sich noch stärker an die Transaktionskostentheorie an, welche die Aspekte der nachvertraglichen Anpassung an geänderte Umstände vor dem Hintergrund länger anhaltender Vertragsbeziehungen durch das bewusste Schaffen wechselseitiger Abhängigkeiten deutlicher herausarbeitet.

2.2.3 Transaktionskostentheorie

Die Transaktionskostentheorie verbindet Ansätze aus den Bereichen der Rechtswissenschaft mit der Wirtschafts- und Organisationstheorie. Im Vergleich zu den anderen ökonomischen Ansätzen geht die Transaktionskostentheorie im Rahmen einer komparativen Institutionenanalyse stärker auf die Verhaltensannahmen und die ökonomische Bedeutung der Faktorspezifität ein. Eine Organisation wird als Beherrschungs- und Überwachungssystem (governance structure) zur Minimierung von Transaktionskosten verstanden. Die verschiedenen Organisationsformen unterscheiden sich primär in ihrer Anpassungsfähigkeit und den damit verbundenen Kosten. Unternehmen werden somit nicht mehr als reine Produktionsfunktionen aufgefasst. Einzelne Transaktionen werden durch bestimmte Merkmale beschrieben und einer effizienten Organisationsform zugeordnet, wobei neben der Betonung von außergerichtlichen Regelungen eine besondere Betonung auf die Regelungen nach Vertragsschluss gelegt wird (vgl. Williamson, Oliver E. 1996, S. 1 ff.).

Eine Transaktion lässt sich physikalisch als Übertragung eines Gutes oder einer Leistung über eine technisch trennbare Schnittstelle verstehen. Die Reibungen an diesen Schnittstellen im Gesamtsystem der „kapitalistischen Maschine" führen zu Übertragungsverlusten, die den Transaktionskosten entsprechen, die von den Produktionskosten abzugrenzen sind (vgl. Williamson, Oliver E. 1990, S. 1 ff.). Diese technische Sichtweise bezieht sich auf Transaktionen als Folge von Arbeitsteilung, die eine Übertragung innerhalb eines Unternehmens oder auf Märkten erforderlich machen. Daneben können im rechtlichen Sinne auch Verfügungsrechte übertragen werden. Die Transaktionskosten lassen sich in fixe Bestandteile durch die spezifischen Investitionen zur Einrichtung und Bereitstellung von Institutionen sowie variable Bestandteile unterscheiden, die von Anzahl und Umfang der Transaktionen abhängen. Transaktionskosten bestehen zum Großteil aus Informationskosten und machen in modernen Marktwirtschaften 50 bis 60 Prozent des Nettosozialproduktes aus (vgl. Richter, Rudolf/Furubotn, Eirik G. 1999, S. 45 ff.).

Die Transaktion als Übertragung von Verfügungsrechten lässt sich in einzelne Phasen unterteilen, die den Tausch und damit die Entstehung von Nutzen für beide Vertragsseiten ermöglichen. Die dabei anfallenden Anbahnungs-, Vereinbarungs-, Abwicklungs-, Anpassungs- und Kontrollkosten werden als Transaktionskosten bezeichnet. Sind die Einflussgrößen der Transaktion bestimmt, wird ceteris paribus diejenige Organisationsform gewählt, welche die vergleichsweise geringsten Transaktionskosten verursacht (vgl. Picot, Arnold 1991, S. 149).

Institutionen dienen in dieser Sichtweise neben anderen sozialen Zielen vor allem der Einsparung von Transaktionskosten. Die zu Grunde liegende vertragstheoretische Sichtweise führt dazu, dass sich jedes Problem, welches als Vertragsproblem formuliert werden kann, unter dem Aspekt der Transaktionskosteneinsparungen untersuchen lässt, wie dies für alle Arten von Tauschbeziehungen gilt. Diese sind im Wirtschaftssektor durch fortlaufende Verhandlungen geprägt, so dass die nachvertraglichen Anpassungen für spezifische Faktoren dann hoch relevant werden, wenn die beiden Verhaltensannahmen der beschränkten Rationalität und des Opportunismus gleichzeitig gelten. Bei unbegrenzter Rationalität könnten alle vertragsrelevanten Fragen bereits im Voraus geregelt werden, während die unvollständige Rationalität allein mit Hilfe einer Generalklausel auf Basis von einzelnen Leistungsversprechen bewältigt werden könnte. Kommt die Verhaltensannahme des Opportunismus dazu, stellt bei fehlender Spezifität ein isolierter marktlicher Austausch die effiziente Vertragsform dar. Die zentrale Bedeutung der Faktorspezifität in Verbindung mit den beiden Verhaltensannahmen führt letztlich zum Marktversagen, der die Existenz von Unternehmen als hierarchischen Organisationen durch ihre komparative Effizienz begründen kann (vgl. Williamson, Oliver E. 1990, S. 30 ff.).

Die Faktorspezifität bezieht sich auf die Möglichkeit, ein in der Transaktion gebundenes Vermögensobjekt in alternativen Verwendungsrichtungen ohne Verlust am Produktionswert einsetzen zu können, wenn die Vertragsbeziehung aufgelöst wird (vgl. Williamson, Oliver E. 1996, S. 13). Ein hochspezifischer Faktor ist mit entsprechend hohen Gewinneinbußen verbunden, die sich aus hohen Umrüstkosten oder starken Produktivitätsminderungen ergeben. Erzeugt ein Wechsel der Verwendungsrichtung keine oder nur geringe Kosten, liegt ein unspezifischer Faktor vor. Die Differenz des Faktoreinsatzwertes zwischen der erst- und nächstbesten Verwendungsweise wird als Quasirente bezeichnet. Die Durchführung spezifischer Investitionen kann mit einer erhöhten erwarteten Quasirente für den Investor begründet werden, die allerdings auch zur stärkeren Bindung des Faktorbesitzers an den Transaktionspartner führt, der diese Bindung opportunistisch ausbeuten und sich die Quasirente aneignen kann. Die mit steigender Spezifität immer bedeutender werdenden insitutionellen Absicherungen dienen daher dem Schutz des Faktorbesitzers bei der Realisation der potentiellen Quasirente durch die Transaktion (vgl. Erlei, Mathias/Leschke, Martin/Sauerland, Dirk 1999, S. 180).

Transaktionsbezogene Investitionen in spezifische Faktoren finden sich bei Williamson in der Form von 1) Standortspezifität (site specifity) durch räumliche Nähe zwischen Lieferanten und Kunden zur Ersparnis von Transportkosten; 2) Sachkapitalspezifität (physical asset specifity) durch Investitionen in spezifische Produktionsanlagen zur Herstellung von Einzelteilen; 3) Humankapitalspezifität (human-asset specifity) durch spezifische Mitarbeiterqualifikationen, die sich aus betrieblichen Lernprozessen ergeben; 4) Markennamenkapital eines Unternehmens durch den Aufbau von Reputation (brand name capital); 5) kundenspezifische Vermögensgegenstände (dedicated assets), die sich aus Kapazitätserweiterungen ergeben, die beim Wegfall des Kunden zu Überkapazitäten führen und 6) zeitliche Spezifität (temporal specifity) durch die Kopplung des Transaktionswertes an die Einhaltung des vereinbarten Termins der Leistungserfüllung (vgl. Williamson, Oliver E. 1991, S. 281).

Spezifische Investitionen der Transaktionspartner führen dazu, dass sich eine mögliche Vielzahl von Vertragspartnern vor Vertragsschluss im Extremfall ex post nur noch auf einen einzigen Partner reduziert, mit dem die erwarteten Quasirenten realisierte werden können. Dieser aus organisationsökonomischer Sicht entscheidende Vorgang einer Änderung der Ex- ante-Situation eines Marktes mit mehreren Anbietern zu einem bilateralen Monopol durch ex post durchgeführte spezifisch Investitionen wird von Williamson als fundamentale Transformation bezeichnet. Er begründet ein wechselseitig ausbeutbares Abhängigkeitsverhältnis, indem persönliche Vertrauensbeziehungen zur Einsparung von Transaktionskosten bedeutsam werden (vgl. Williamson, Oliver E. 1990, S. 70-72).

Die Berücksichtigung der sozialen Dimension unter der Annahme eingeschränkter Rationalität findet sich in der Transaktionskostenökonomik durch die Verwendung der Theorie relationaler Verträge. Die bisherige und zukünftige persönliche Beziehung der Akteure zueinander bekommt dann ein hohes Gewicht, wenn sich in langfristigen Vereinbarungen nicht alle kommenden Kontingenzen vertraglich berücksichtigen oder sich die gesamten relevanten Informationen zur externen Überprüfung vor Gerichten nicht überprüfbar vorbringen lassen. Damit sind diese Verträge im Gegensatz zum klassischen Vertrag unvollständig. Sie enthalten implizite, informelle und vor allem nicht rechtsverbindliche Elemente, was zum Problem der Absicherung transaktionsspezifischer Investitionen führt, das durch außerrechtliche private Reglungen gelöst werden muss. Die Hierarchie stützt sich bei der Absicherung hoch spezifischer Faktoren in hohem Maße auf diese impliziten Absprachen, so dass eine Unternehmung als Netzwerk relationaler Verträge zwischen Einzelpersonen zum Zwecke effizienter Organisation der Produktion verstanden wird. Dabei kommt dem Austausch von Geiseln eine wichtige Bedeutung zu (vgl. Richter, Rudolf/Furubotn, Eirik G. 1999, S. 173 ff.).

Mit der Verwendung von Geiseln wird ein sich selbst durchsetzender Vertrag beschrieben, der auf glaubwürdigen Sicherheiten (credible commitments) bezüglich der Vertragserfüllung der Gegenseite beruht. Die Anbieter von spezifischen Gütern werden ex ante auf die Vereinbarung von Schadensersatzforderungen im Falle eines Rücktrittes des Kunden vom Vertrag bestehen, um damit das Risiko des Verlustes ihrer Quasirente zu versichern. In langfristigen Vereinbarungen kann daher die Reziprozität spezifischer Investitionen zu Geiseln auf beiden Seiten führen, die wechselseitige Sicherheiten schaffen. Solche bilateralen Verträge sind effiziente Alternativen zu den übergeordneten governance structures in Form der Gerichte (vgl. Williamson, Oliver E. 1983, S. 519 ff.).

Die Transaktionskostentheorie lässt sich durch das von Williamson entwickelte „organizational failures framework" systematisieren, welches die Verhaltensannahmen der beschränkten Rationalität und des Opportunismus den Umweltannahmen der Spezifität sowie der Unsicherheit und Komplexität gegenüberstellt. Transaktionen finden in einer bestimmten Transaktionsatmosphäre statt, die alle kulturellen und technischen Faktoren, welche auf die Transaktionen Einfluss nehmen, enthält. Sie kann zu wechselseitigen Effekten in sozialen Interaktionen führen, denen die Akteure einen Eigenwert zuschreiben, der nicht durch die vier zentralen Transaktionsmerkmale beschrieben werden kann. Wichtig bleibt die Verkeilung der einzelnen Verhaltens- und Umweltfaktoren von Bedeutung, da nur ihr simultanes Auftreten zu besonderen Absicherungsproblemen führt (vgl. Williamson, Oliver E. 1975, S. 20 ff.).

Die Häufigkeit der Transaktion stellt ein weiterer Einflussfaktor auf die Transaktionskosten dar, der aber weit weniger entscheidend als die zentrale Annahme der Spezifität ist, da das quantitative Volumen der Transaktionen allein kein Hinweis auf den Absicherungsbedarf gibt. Allerdings lassen sich die Kosten spezifischer Governancestrukturen durch häufigere Transaktionen leichter amortisieren (vgl. Williamson, Oliver E. 1990, S. 69). Eine oftmals vernachlässigte dritte Verhaltensannahme besteht in der unterstellten Risikoneutralität der Akteure, die zur

Vereinfachung der effizienzorientierten Analyse von Transaktionen benutzt wird (vgl. ebenda, S. 326 f.).

Die strategische Bedeutung relativiert den Stellenwert der Spezifität, da ein hochspezifischer Faktor vor allem dann problematisch wird, wenn er auch eine hohe Bedeutung für die Wettbewerbsfähigkeit hat. Strategisch bedeutsame Leistungen stellen häufig Neuland für die Beteiligten dar und sind daher von größerer Unsicherheit bedroht. Je häufiger eine strategisch bedeutsame, spezifische Leistung unter Unsicherheit zu erstellen ist, desto stärker ist die Tendenz zur vertikalen Integration durch eine einheitliche Kontrolle der Transaktionspartner. Die hierarchische Koordinationsform stellt die vollständige vertikale Integration der Transaktionspartner bei hoch spezifischen Faktoren auf Basis langfristiger relationaler Verträge dar, die auf dem Kontinuum möglicher Organisationsformen den Gegenpol zu den vollständig vertikal desintegrierten Transaktionspartnern bilden, die in spontanen, unspezifischen Markttransaktionen zeitpunktorientierte klassische Verträge abschließen. Zwischen diesen beiden Endpunkten des Organisationsspektrums liegen vielfältige Koordinationsformen interorganisationaler Kooperation, die als Hybride bezeichnet werden, welche sich allgemein für Transaktionen mittlerer Spezifität anbieten (vgl. Picot, Arnold/Dietl, Helmut/Franck, Egon 1999, S. 79 ff.).

Die Transaktionskostentheorie unterscheidet in ihrer komparativen Analyse diskreter Strukturalternativen allgemein zwischen den drei Organisationsformen Markt, Hybriden und Hierarchie. Die interne Organisation kann sich bei der hierarchischen Bewältigung von Verhaltensunsicherheit im Gegensatz zu klassischen Marktverträgen auf die allgemeine arbeitsvertraglich vereinbarte Ermächtigung (fiat) des Arbeitgebers stützen, den unbestimmten Einzelfall bei Bedarf näher konkretisieren zu können. Die Firmen verfügen so über eine Autorität, die eine disziplinarische Kontrolle von Anordnungen beinhaltet, über die in Marktbeziehungen nicht verfügt werden kann. Dafür sind die Anreize im Vergleich zu Märkten niedriger, da die höhere Kooperationsbereitschaft über ein abgeschwächtes Anreizsystem von festen Prämien erreicht wird, bei dem sich Leistungsunterschiede wesentlich geringer oder gar nicht auf die Bezahlung auswirken und zusätzliche Kontrollen erfordert. Je stärker die gegenseitige Abhängigkeit ist, desto größer sind die Vorteile intern koordinierter Anpassungsmaßnahmen an unvorhergesehene Störungen im Vergleich zum Markt. Dabei enstehen aber Transaktionskosten durch die verminderte Anreizintensität und die Erweiterung der Bürokratie (vgl. Williamson, Oliver E. 1991, S. 269 ff.).

Insgesamt wird die Transaktionskostentheorie durch die Opportunismusannahme als Hauptkritikpunkt kontrovers diskutiert. Zudem wird die Vernachlässigung weiterer Einflussfaktoren auf die Wahl institutioneller Arrangements kritisiert, die nicht nur unter Kostendruck, sondern auch unter Nutzenaspekten getroffen wird. Die Schwächen der Theorie sind dabei aus ihren relativ einfachen Annahmen zu erklären, die allgemeine Tendenzaussagen über das Verhalten und die Strukturen in

Organisationen liefern, welche sich auch in der Praxis umsetzen lassen. Der hohe Allgemeinheitsgrad kann aber auf die weiteren situationsspezifischen Besonderheiten von Transaktionen nicht eingehen. Dafür zeichnet er sich durch einen einfachen und präzisen Aufbau aus, der bei klar definierten Problemstellungen zu einem relativ hohen Erklärungsgehalt führt. Die Theorie eröffnet zudem Möglichkeiten einer interdisziplinären Zusammenarbeit im Rahmen der sozialwissenschaftlichen Organisationsforschung (vgl. Ebers, Mark/Gotsch, Wilfried 1999, S. 243-251).

Bei der Anwendung auf betriebswirtschaftliche Fragestellungen sind der Transaktionskostentheorie allerdings methodische Grenzen gesetzt, da die als konstant betrachteten und damit in der Analyse ausgeblendeten Produktionskosten in der Realität nicht unabhängig von den Transaktionskosten sind und die statisch- komparative Betrachtung die Dynamik des Marktprozesses einschließlich der Unternehmerrolle nicht erfassen kann (vgl. Haase, Michaela 2000, S. 271). Die transaktionskostentheoretische Analyse der vertikalen Integration ermöglichte dafür erstmalig eine ökonomische Erklärung der Entstehung von Unternehmen und bildet dadurch mittlerweile ein Kernstück der modernen Theorie der Unternehmung (vgl. Schoppe, Siegfried G. et al. 1995, S. 148).

Insgesamt finden sich unter allen drei institutionenökonomischen Ansätzen neben den neueren qualitativen agenturtheoretischen Arbeiten in der Transaktionskostentheorie die deutlichsten Bezüge zur Verhaltensunsicherheit. Die entscheidende Frage für die weiter unten behandelte Analyse von Hybriden als Netzwerkorganisationen besteht darin, inwieweit die Aussagen bezüglich einer vertikalen Integration bei hoher Spezifität zu modifizieren sind, wenn die Unsicherheit in der Informationsgesellschaft rapide zunimmt (vgl. Punkt 3.2). Da Vertrauen in Netzwerkorganisationen eine entscheidende Rolle bei der Absicherung von Transaktionen spielt, wird im Folgenden geprüft, wieweit Vertrauen in der aktuellen institutionenökonomischen Theorie berücksichtigt wird.

2.3 Die Berücksichtigung der sozialen Dimension in der organisationsökonomischen Forschung durch Vertrauen

Die Grenzen der Bewältigung von Verhaltenunsicherheit durch Institutionen führen in der Neuen Insitutionenökonmik gegenwärtig immer stärker zu einer Annäherung an die Erkenntnisse benachbarter Sozialwissenschaften. Im Sinne einer rationalen Sozialtheorie werden im „Neuen Institutionalismus" als allmählich konvergierendes institutionenökonomisches und soziologisches Forschungsprogramm Institutionen zu den Mitteln einer koordinierten Ordnungsbildung in unterschiedlichen sozialen Kontexten, um kooperatives Verhalten der Akteure zu gewährleisten. Die Funktionsfähigkeit sozialer Ordnungen auf Basis von Institutionen bildet den gemeinsamen Forschungsrahmen (vgl. Maurer, Andrea/Schmid, Michael 2002, S. 21-28).

Es bestehen aber weiterhin Differenzen zwischen der ökonomischen und der im engeren Sinnne bezeichneten neoinstitutionalistischen Organisationstheorie soziologischer Herkunft, die eine vollständige Integration beider Ansätze unter dem Dach des interdisziplinären Neuen Institutionalismus erschweren. In der ökonomischen Theorie findet sich kein institutionell geprägtes Unterbewusstseins als Entscheidungsgrundlage, das in den soziologischen Theorien als ein Hauptargument fungiert. Insgesamt werden erst weitere Fortschritte in der Zukunft durch wesentliche theoretische Vorarbeiten zu einer weiteren Integration der beiden Perspektiven führen können (vgl. Walgenbach, Peter 2002, S. 187-190). Dadurch verschiebt sich der analytische Fokus stärker auf die relationalen Elemente einer Transaktionsbeziehung. Vertrauen und Sozialkapital stellen in den Sozialwissenschaften dabei die derzeit wichtigsten Bestandteile zur Absicherung von Transaktionen durch die persönlichen Beziehungen der Akteure insbesondere in Netzwerkorganisationen dar. Wie die Untersuchung im Folgenden zeigt, erfordern die notwendigen theoretischen Vorarbeiten neben den soziologischen Argumenten auch eine stärkere Berücksichtigung psychologischer Erkenntnisse. Derzeit verbleibt in der ökonomischen Theorie trotz der hier vorgestellten bisherigen Integrationsleistungen allerdings eine Forschungslücke als Grundlage für die weitere Untersuchung, welche unter Punkt 2.4.4 zusammengefasst wird.

2.3.1 Notwendigkeit der Berücksichtigung von Vertrauen in der Neuen Institutionenökonomik

Das Konstrukt des Vertrauens stellt in vielen wissenschaftlichen Disziplinen einen zentralen Untersuchungsgegenstand dar. Die Frage, was Vertrauen ausmacht und welche Faktoren zu seiner Entstehung und Erhöhung beitragen, beschäftigte schon Aristoteles, der das Vertrauensproblem bereits in seiner Eudemischen Ethik beschrieb (vgl. Miller, Max 1997, S. 238). Neben der Philosophie wurde Vertrauen hauptsächlich in der Soziologie und der Psychologie behandelt, in den letzten zwei Jahrzehnten aber auch in der Ökonomik thematisiert. Die Wirtschaftswissenschaften konnten Vertrauen vorher so lange weitgehend ignorieren, wie der vollkommen informierte homo oeconomicus in der Theorie des vollkommenen Marktes unter Ausschluss von Unsicherheit das theoretische Geschehen beherrschte, denn für ihn „sind alle Partner gleich – und gleich gute Optimierungsmaschinen" (Albach, Horst 1980, S. 3).

Vertrauen spielt in der neoklassischen Ökonomik nur eine gewisse „rhetorische" Rolle, da interpersonale Beziehungen als zentrale Ressource der Organisation kollektiver Güter angesehen wurden, deren Effizienz von den unterschiedlichen Fähigkeiten der sich entsprechend spezialisierenden Individuen abhängt. Bei einer Güterverteilung über den Markt wird die Knappheit der nachgefragten Ressourcen durch die Preissignale berücksichtigt und die Nachfrager brauchen weitere Konsequenzen für ihre Mitmenschen als Individuen nicht zu beachten, da diese in ihrer Funktion als Anbieter durch den Preis effizient entschädigt werden. Das Wesen der zwischenmenschlichen Beziehungen ist damit durch Entfremdung und Anonymität gekennzeichnet (vgl. Arrow, Kenneth J. 1980, S. 15 ff.).

Vertrauen konnte von der traditionellen Wirtschaftstheorie auch deswegen vernachlässigt werden, weil der bewusste Vertrauensmissbrauch durch Regelbrüche definitorisch ausgeschlossen wird, die Menschen der allgemeinen Gleichgewichtstheorie demnach ohne jede Arglist ihre Eigeninteressen verfolgen und in Folge der Annahme vollständiger Informationen auch nicht die der anderen beachten müssen. Angefangen mit den ersten systematischen Auseinandersetzungen über Konsequenzen eines Übertretens bestehender Vereinbarungen in den 60er Jahren des 20. Jahrhunderts war es neben der Einführung von Informationsasymmetrien vor allem die Verhaltensannahme des Opportunismus, die Misstrauen als notwendiges Übel ins Blickfeld der ökonomischen Theorie rückte (vgl. Grünärml, Frohmund 1998, S. 282).

Die Opportunismusannahme lässt sich insofern als Vergrößerung des menschlichen Verhaltensspektrums verstehen, als dass bei ihrem Wegfall viele organisationale Phänomene nicht mehr analysieren ließen, die auf den strategischen Verhaltensweisen der Individuuen beruhen. Die Annahme des Eigeninteresses ist aber nicht mit einer eindimensionalen Beschreibung von Gier als einzige Motivationsquelle des Menschen gleichzusetzen, was Williamson als zynisch ablehnt, sondern dient vielmehr der theoriegeleiteten Beschreibung effizienter Anreizmechanismen in Organisationen zur Auswahl optimaler Governanceformen (vgl. Williamson, Oliver E. 2000a, S. 39 f.). Diese Auswahl legt allerdings nicht zwingend Vertrauen als Alternative gegenüber institutionellen Kontrollen nahe. Erst das immer gegenwärtiger werdende Nichtwissen über die sozialen Einflussfaktoren der Transaktionsatmosphäre führt zur detaillierten Analyse nach den sozialen Bedingungen relationaler Verträge.

Die Erkenntnisse der Neuen Institutionenökonomik haben zwar bereits eine Menge Fortschritte bei der Untersuchung von Institutionen gebracht, allerdings ist dieses Wissen nach wie vor noch sehr beschränkt. Die informellen Beschränkungen menschlichen Verhaltens in Form von Traditionen, Werten und Religionen haben zwar einen enormen Einfluss auf das Wirtschaftssystem, allerdings ist bisher nicht bekannt, welche spezifischen Mechanismen zu ihrer Entstehung und langfristigen Erhaltung beitragen. Neben den kulturellen Einflüssen kann vor allem das Konzept der „embeddedness" diese Mechanismen auf der Ebene von Gesellschaften wie von dauerhaften Netzwerkbeziehungen erhellen. Dabei rückt ebenfalls die bisher vernachlässigte Frage in den Vordergrund, wie die Institutionen einer untergeordneten Ebene auf die übergeordnete Ebene zurückwirken (vgl. Williamson, Oliver E. 2000b, S. 595-598).

Durch die Öffnung zu soziologischen Fragestellungen wird von Williamson in einem ersten Schritt einerseits auf die Kritik an der Einseitigkeit des Menschenbildes in der Transaktionskostentheorie reagiert, andererseits auch der Komplexität des Forschungsgegenstandes „Transaktion" vor allem durch die Berücksichtigung der Arbeiten von Mark Granovetter verstärkter als bisher Rechnung getragen. Im Zentrum steht die Berücksichtigung der sozialen Dimension, die bislang in der ökonomischen Theorie weitgehend ausgeblendet worden ist. Aus den einzelnen Transaktionen werden nunmehr in einen sozialen Kontext eingebettete Beziehungen, deren spezifische Eigenschaften maßgeblich auf die Ausgestaltung und damit die Effizienz des gemeinsamen Austausches Einfluss nehmen und dadurch auch die Möglichkeit von Vertrauen eröffnen.

In seinem jüngst ins Deutsche übersetzten konzeptionellen Basisaufsatz aus dem Jahr 1985 geht Granovetter der Frage nach, wie ökonomische Verhaltensweisen und Institutionen von sozialen Beziehungen beeinflusst werden. Dabei kritisiert er die neoklassische Sichtweise von vollkommen anonymen Marktbeziehungen als atomisierte und damit untersozialisierte Auffassung menschlichen Handelns, während die Individuen in der Soziologie allein durch internalisierte Verhaltensmuster gesteuert werden, was einer übersozialisierten Auffassung gleichkommt. In beiden Fällen werden soziale Beziehungen demnach nicht gebraucht und sind in der neoklassischen Sichtweise einer effizienten Marktkoordination sogar eher hinderlich. Die Einführung des sozialen Kontextes der Akteure durch die Integration der historischen und soziostrukturellen Einbettung einer sozialen Beziehung führt zur Analyse von dauerhaften Beziehungssystemen und überwindet dadurch die auch in den institutionenökonomischen Ansätzen dominierende Isolierung der Akteure. Im Gegensatz zur ökonomischen Auffassung von Institutionen als funktionales Vertrauensäquivalent betont das Konzept der Einbettung die Bedeutung konkreter persönlicher Beziehungen und die Strukturen von Netzwerke dieser Beziehungen bei der Vertrauensentstehung sowie der Verhinderung betrügerischen Verhaltens. Dadurch werden Transaktionen in Märkten mit einer relativ höheren Beziehungsdichte verstärkt durch diese sozialen Netzwerke gesteuert und es kommt daher tendenziell zu einem geringeren vertikalen Integrationsgrad, während das Fehlen dieser Netzwerke zu einem stärkeren Druck in Richtung vertikaler Integration führt. Die Erforschung der transaktionsförderlichen Muster sozialer Beziehungen kann daher nicht nur weitere Erkenntnisse über die Motive für vertikale Integration bringen, sondern führt ebenfalls dazu, die vielen intermediären Kooperationsformen zwischen Markt und Hierarchie besser erklären zu können (vgl. Granovetter, Mark 2000, S. 175 ff.). Diesem Forschungsziel kommt in der Informationsgesellschaft eine wachsende Bedeutung zu.

Die Ebenen der transaktionsspezifischen Einbettungsmuster lassen sich in drei Dimensionen zusammenfassen. Die personale Dimension besteht aus der gemeinsamen Geschichte und einer fortgesetzten dyadischen Beziehung. Eine weitere Einbettungsdimension ergibt sich aus dem umgebenden Netzwerk mit dritten Partnern, das zu einem gemeinsamen Lernen durch teilbare und übertragbare Informationskanäle führt und gleichzeitig Kontrollmechanismen bereitstellt. Daneben besteht die institutionelle Dimension, welche durch formelle und informelle Anreize die Transaktionen strukturiert (vgl. Buskens, Vincent/ Raub, Werner/ Snijders, Chris 2003, S. 9-15).

In der ökonomischen Theorie tritt Vertrauen als Mechanismus der sozialen Interaktion zwischen zwei oder mehr Parteien auf, wobei die spieltheoretische Analyse zeigt, dass sich gegenseitiges Vertrauen nur bei sogenannten Superspielen mit unendlichem Horizont und nicht bekannter Anzahl der Spiele als die dominante Strategie einstellen wird. Die Vertrauensentscheidung ist damit ein bewusster Akt im Sinne der kalkulierenden Entscheidungslogik, die sich nur unter der hohen Wahrscheinlichkeit eines erneuten Aufeinandertreffens mit der anderen Vertragsseite lohnt. Auch die institutionenökonomische Theorie, die sich im Rahmen der Theorie der Unternehmung mit Vertrauen beschäftigt, geht von einem bewussten Kalkül bei sozialen Beziehungen aus. Da Vertrauen auch hier nur zwischen Personen auftreten kann und sich der Property Rights-Ansatz der Firma allein auf die Rolle der nicht-humanen physischen Kapitalausstattung in Vertragsbeziehungen konzentriert, kann Vertrauen damit nicht erfasst werden (vgl. Frambach, Hans 2003, S. 228 ff.). In Verbindung mit den oben diskutierten Mängeln der Verfügungsrechtstheorie bezüglich der Berücksichtigung der Verhaltensunsicherheit und ihrer Betonung einer effizienten Streitschlichtung durch Gerichte, welche die Vielzahl opportunistischer Täuschungsversuche problemlos überprüfen können (vgl. Williamson, Oliver E. 1990, S. 32), wird sich daher nur noch auf die transaktionskosten- und agenturtheoretische Vertrauensforschung konzentriert.

2.3.2 Ökonomische Analyse von Vertrauen

In einer unvollständig verstehbaren Welt mit moralisch unvollständigen Menschen führen Informationsasymmetrien zum Problem der Unsicherheit bezüglich ihres zukünftigen Verhaltens. Bei der Durchführung ökonomischer Aktivitäten zur gemeinsamen Erzielung von Kooperationsrenten stellt Vertrauen somit keine äußere Selbstverständlichkeit als „Schmiermittel im Räderwerk des sozialen Systems" (Arrow, Kenneth J. 1980, S. 20) mehr dar, sondern wird zu einer endogenen Angelegenheit von Transaktionen. Die Sicht des Menschen als isoliertes „utilitaristisches Atom" (Polanyi, Karl 1979, S. 186) der klassischen Theorie wird durch die Einführung eines listigen Gegenübers zu einer Beziehung, in der sich mit der jeweils anderen Seite auseinandergesetzt werden muss. Ohne dies zu beabsichtigen, legt Williamson mit der Einführung der Opportunismusannahme den Grundstein für die institutionenökonomische Analyse von Vertrauen innerhalb der Theorie relationaler Verträge, die auf den vorangegangenen wirtschaftstheoretischen Vorarbeiten aufbaut.

Die ökonomischen Arbeiten zum Vertrauen basieren grundsätzlich auf dem Verhaltensmodell des homo oeconomicus, wonach die Akteure ihre Handlungen an dem Ziel ausrichten, innerhalb eines bestimmten Zeitraumes ein maximales Wohlbefinden realisieren zu können. Dieses Ziel stellt eine Erwartung dar, deren Eintreffen nicht sicher ist, die den Wert zwischenmenschlicher Interaktionen aber immer an der Erhöhung des individuellen Nutzens als Grundlage rationalen Handelns bemisst (vgl. Ramb, Bernd-Thomas 1993, S. 21 ff.). Die darauf basierende Rational-Choice-Theorie geht bei der sozialwissenschaftlichen Analyse von Kooperationsproblemen von einem subjektiven Erwartungsnutzen der Individuen als handlungsleitende Entscheidungsgröße aus, wobei die traditionelle, materielle Interessen abbildende Nutzenfunktion in neueren Arbeiten um solche Terme erweitert wird, die neben den nicht materiellen Interessen auch den Einfluss sozialer Strukturen modellieren (vgl. Diekmann, Andreas/Voss, Thomas 2004, S. 13 ff.). Die entsprechenden Arbeiten formulieren damit eine kalkulatorische Konzeption von Vertrauen auf utilitaristischer Basis. Hierbei kommt der Konzeption von Coleman für die institutionenökonomische Vertrauensforschung eine paradigmatische Bedeutung zu (vgl. Eberl, Peter 2003, S. 58).

In seiner sozialtheoretischen Arbeit geht Coleman von Vertrauen als Entscheidung zur Nutzenmaximierung unter Risiko aus, die als Wette des Treugebers formuliert werden kann, dass der Treuhänder sich nach der Übertragung von Ressourcen des Treugebers als vertrauenswürdig erweist. Der Wetteinsatz entspricht dabei dem dem Treugeber bekannten Verlust. Der Gewinn und die Chancen seiner Realisierung sind ihm ebenfalls bekannt, so dass er seine Situation einerseits durch die Vergabe von Vertrauen verbessern kann, sich seine Situation andererseits aber verschlechtern wird, wenn der Treuhänder das Vertrauen ausnutzt. Ist die Chance zu gewinnen relativ zum Risiko des Verlustes größer als das Ausmaß des Verlustes relativ zum Ausmaß des Gewinns, wird eine rationale Vertrauensvergabe möglich. Wird die Gewinnchance als Wahrscheinlichkeit der Vertrauenswürdigkeit des Treuhänders mit p, der dadurch mögliche Gewinn mit G, das Risiko des Verlustes bei einer fehlenden Vertrauenswürdigkeit mit 1-p und der dadurch mögliche Verlust mit L bezeichnet, ergibt sich die folgende Vertrauensbedingung (vgl. Coleman, James S. 1991, S. 123 ff.):

$$\frac{p}{1-p} > \frac{L}{G} \quad \text{bzw. } p*G > (1-p)*L$$

Bei dieser Entscheidungsregel kann Vertrauen auch dann erfolgen, wenn der erwartete Gewinn größer ist als der erwartete Verlust. Dies ist etwa bei einem Hochstapler der Fall, der oft sehr hohe Gewinne in Aussicht stellt, die den möglichen Verlust deutlich übersteigen (vgl. Coleman, James S. 1991, S. 127). Damit stellt Coleman seinen Ansatz explizit auch auf Opportunismus ab. Die Entscheidung zur Vertrauensvergabe erfolgt aber immer auf Basis der subjektiven Informationen über p, G und L, so dass sich die Verhaltensunsicherheit durch die mit Transaktionskosten verbundene Erhöhung des Informationsstandes theoretisch solange reduzieren lässt, bis die Ungleichung erfüllt ist. Mit der Möglichkeit, dass der erwartete Gewinn den erwarteten Verlust übersteigt, geht Coleman von einem weiten Vertrauensbegriff aus, der sich von einer engeren Interpretation in den spieltheoretsichen Arbeiten unterscheidet.

Die weiteren Wurzeln der ökonomischen Vertrauensforschung sind die ersten spieltheoretischen Arbeiten von Deutsch, der in seinen am Gefangenendilemma orientierten Experimenten im Gegensatz zu Coleman davon ausgeht, dass die erwarteten Gewinne geringer ausfallen müssen als die möglichen Verluste durch die Ausbeutung des Vertrauensgebers, um statt vom reinen Risiko von Vertrauen sprechen zu können (vgl. Deutsch, Morton 1958, S. 265 ff.). Die Ergebnisse von Deutsch dienen als Grundlage weiterführender spieltheoretischer Arbeiten, welche die Vertrauensvergabe ökonomisch als „Vertrauensspiel" modellieren, dabei aber im Gegensatz zum Gefangenendilemma nicht von einer Simultanität der Spielzüge ausgehen. Der erste Spieler erbringt vielmehr eine Vorleistung, über die der andere Spieler bei seiner zeitlich nachgelagerten Entscheidung informiert ist und die er somit bei seinem Spielzug berücksichtigen kann (vgl. Eberl, Peter 2003, S. 106). Die folgende Abbildung verdeutlicht dieses Entscheidungsszenario.

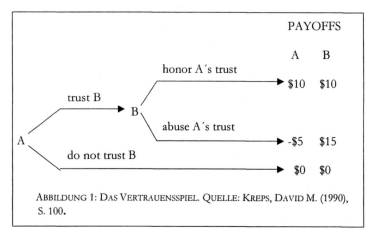

ABBILDUNG 1: DAS VERTRAUENSSPIEL. QUELLE: KREPS, DAVID M. (1990), S. 100.

Steht die Person A danach vor der Entscheidung, ob sie B in einer einmaligen Transaktion vertrauen soll und kennen beide die Auszahlungsstruktur der Spielzüge, dann würde Vertrauen für A statt eines Gewinnes einen Verlust von 5 Geldeinheiten einbringen, die hier in Dollar ausgedrückt sind. Während B sich demnach für die Option des Vertrauensbruchs entscheidet, um dadurch den höchstmöglichen Gewinn von 15 Geldeinheiten zu realisieren und wenn die Person A keine weiteren effizienten Durchsetzungsmechanismen besitzt, kann sie sich vernünftigerweise nur für die Alternative des Misstrauens gegenüber B entscheiden, was letztlich keinem von beiden weiterhilft. Das Ergebnis stellt in dieser Situation das einzige stabile Gleichgewicht dar. Allerdings kann in einem Spiel mit unbegrenztem

Zeithorizont die Absicht des B, sich eine Reputation aufzubauen oder diese zu erhalten, zu einem sich selbst durchsetzenden Vertrag auf Vertrauensbasis führen. Um sich in späteren Runden Transaktionsoptionen aufrecht zu erhalten, wird B das aktuelle Vertrauen nicht enttäuschen. Der Reputationsmechanismus spart durch den Verzicht auf explizite vertragliche Spezifizierung vor allem dann Transaktionskosten, wenn potentielle Transaktionspartner ex post die Entscheidungen von B in bestimmten Situationen nachvollziehen können und daraufhin entscheiden, ob sie als neues A unter ähnlichen Voraussetzungen einen Vertrag mit B eingehen möchten. Die vollständige Beobachtung der Entscheidungen des B wird aber dadurch verhindert, dass die Nichtvorhersehbarkeit von bestimmten zukünftigen Ereignissen ex ante dazu führt, dass keine eindeutigen Erwartungen bezüglich eines einzig möglichen vertrauensvollen und reputationserhaltenden Verhaltens gebildet werden können. Dieser Mehrdeutigkeit der zukünftigen Handlungen angesichts nicht vorhersehbarer Ereignisse kann B nach außen durch allgemeine Geschäftsprinzipien gerecht werden, die das Verhalten auf bestimmte Handlungen festlegen und damit die Bildung stabiler Erwartungen ermöglichen. Bei der Einhaltung dieser Regeln innerhalb einer Organisation kommt der Unternehmenskultur eine wichtige Bedeutung zu, da sie durch ihr internes Sanktionspotenzial zu einer Verstetigung des regelbasierten Verhaltens der einzelnen Agenten beiträgt (vgl. Kreps, David M. 1990, S.101 ff.).

Kreps weist darauf hin, dass sein Vertrauensansatz zwar grundsätzlich hilfreich sei, um die Rolle der Unternehmenskultur ökonomisch erklären zu können, dabei aber noch zahlreiche Lücken aufweist (vgl. Kreps, David M. 1990, S. 131). Die Begründung von Vertrauen durch Reputation wird von Güth und Kliemt kritisiert, die darauf hinweisen, dass die Glaubwürdigkeit der Signale von A nicht immer hinreichend zu beurteilen ist. Liegen glaubhafte Sicherheiten vor, wird ein schlechtes Gewissen bei Spieler B dazu beitragen, dass sich seine Auszahlungsstruktur ändert, damit sich eine Honorierung des Vertrauens für ihn auszahlt. Bezogen auf das Vertrauensspiel muss der Wert eines „reinen Gewissens" für B damit mindestens 5 Geldeinheiten betragen, damit sich seine Auszahlung beim Missbrauch auf 10 Geldeinheiten reduziert. Dadurch wird für A auch bei einer einmaligen Transaktion eine Vertrauensvergabe rational begründbar (vgl. Güth, W./ Kliemt, H. 1995, S. 40 ff.). Mit dem Gewissen wird ein im Wesentlichen emotionaler Selbstbindungsmechanismus eingeführt, der zu einer vertrauensvollen Vorleistung des A führt (vgl. Eberl, Peter 2003, S. 109). Dieser Mechanismus wird in neueren spieltheoretischen Arbeiten auch auf Basis des in evolutionären Prozessen gebildeten Unterbewusstseins analysiert, das zu sozialen Präferenzen führt, die Vertrauen innerhalb einer Population begründen können (vgl. Güth, Werner et al. 2000, S. 83 ff.).

Die emotionalen Bestandteile bei der Vertrauensentstehung werden explizit von McAllister berücksichtigt, der dem kognitiven Vertrauen das affektive Vertrauen gegenüberstellt. Die Relevanz des emotionalen Vertrauens wird mit sozialpsychologischen Erkenntnissen begründet, die auf die intrinsischen Motivationen für die Investitionen in persönliche Beziehungen hinweisen, die eine wechselseitige emotionale Bindung schaffen. Das kognitive Vertrauen bezieht sich auf die kalkulierenden Bestandteile bezüglich der Zuverlässigkeit des Vertrauensnehmers und die entstehende Abhängigkeit bei der Vertrauensvergabe (vgl. McAllister, Daniel M. 1995, S. 24 ff.). Diese Trennung zwischen Verstand und Gefühl wird von Ripperger als kontrafaktisch kritisiert, da sich Gefühle als spezifische Reaktion auf die kognitive Erfassung einer Situation entwickeln und damit eine Vertrauensvergabe niemals einseitig nur von Kognitionen bedingt sei. Allerdings bilden Kognitionen in jedem Fall die Ursache einer emotionalen Reaktion (vgl. Ripperger, Tanja 1998, S. 97 f.). Damit bleiben sie das handlungsbestimmende Element, während die nachgelagerten Emotionen ein eher verzerrendes Element in der Entscheidung über Vertrauen darstellen und somit nicht deutlich wird, ob ihr Charakter eher positiven oder negativen Einfluss bei der Bewältigung von Verhaltensunsicherheit hat. Die Trennung von Emotionen und Kognitionen hat in der ökonomischen Theorie eine lange Tradition, die insbesondere von Williamson mit Nachdruck vertreten wird, der die emotionalen Vertrauensaspekte auf den privaten Bereich der Individuen beschränken will.

Seine grundsätzliche Ablehnung der Verwendung des Vertrauensbegriffes in Transaktionenbeziehungen begründet er mit der aus seiner Sicht unpräzisen Gleichsetzung von Vertrauen und Risiko. Die Transaktionskostentheorie bezieht sich danach auf das Fehlen oder Vorhandensein vertraglicher Sicherheiten zur kosteneffektiven Austauschgestaltung auf Basis des ökonomischen Kalküls und eben nicht auf Vertrauen. Falls ein Vertragsbruch nach diesem Kalkül nun rational erscheint, stelle es eine deutliche Überstrapazierung der Vertrauensfunktion dar, dass diese in Geschäftsbeziehungen effizient Erfahrungen ersetzen soll. Weiter unterscheidet er die drei Kategorien des kalkulierenden, persönlichen und institutionellen Vertrauens. Kalkulierendes Vertrauen sei dabei ein Widerspruch in sich und daher entscheiden sich die Akteure in Transaktionen nicht für Vertrauen, sondern immer für die Übernahme eines Risikos auf Grund rational begründeter Erwartungen (vgl. Williamson, Oliver E. 1993, S. 250-275). Echtes, weil nicht kalkulierendes Vertrauen, habe demnach nur Platz in „special relations between family, friends, and lovers. Such trust is also the stuff of which tragedy is made. It goes to the essence of human condition." (ebenda, S. 273). Dagegen wird institutionelles Vertrauen in das soziale und organisationale Umfeld in einem gewissen nichtkalkulierenden Sinne als wahrscheinlich betrachtet, um Unterschiede in der institutionellen Umwelt bei der Absicherung von Transaktionen zu beschreiben. Allerdings wird dabei nicht deutlich, warum etwa das Vertrauen in die gesellschaftliche Kultur, die Politik oder in Netzwerke nicht wiederum ausschließlich am Kalkül orientiert sein sollte, da sich durch die Nutzung der Umwelt ebenfalls Transaktionskosten einsparen lassen.

Die Geschäftswelt der Transaktionskostentheorie nach Williamson kennt keine letzte „vertrauensvolle Sicherheit" bezüglich der Kalkulation des zukünftigen Verhaltens der unvollständig informierten Transaktionspartner, da sich die in ihr beheimateten Akteure stets auch mit List und Heimtücke ihren egoistischen Zielen widmen können, denen sie sich allein verpflichtet fühlen. „Der organisatorische Imperativ, der unter solchen Umständen laut wird, heißt: *Organisiere Transaktionen so, daß die begrenzte Rationalität sparsam eingesetzt wird, die Transaktionen aber gleichzeitig vor den Risiken des Opportunismus geschützt werden.*" (Williamson, Oliver E. 1990, S. 39, Hervorhebung im Original). Vertrauen als bewusster Verzicht auf Geiseln zur Absicherung erscheint in dieser Sichtweise höchst unvernünftig und wird von Williamson unter Kaufleuten konsequenterweise abgelehnt.

Williamson vertritt die Position, Beziehungen neben weiteren institutionellen Sicherheiten zu den credible commitments zu zählen und sie damit als funktionale Substitute für Vertrauen zu betrachten. Die Anpassung von Wahrscheinlichkeiten auf Basis der bewussten Erfahrung wird im Bereich kommerzieller Transaktionen als ausnahmslos kalkulierend betrachtet, so dass nicht kalkulierendes Vertrauen, sondern kalkulierendes Risiko bei der Analyse verwendet werden sollte. Vertrauensvolle Beziehungen würden durch ein ständiges Überprüfen insgesamt aufs Spiel gesetzt, so dass hierbei ein Risikokalkül erst gar nicht zum Einsatz kommt. Persönliche Beziehungen lassen sich von geschäftlichen danach durch eine diskrete Einteilung abgrenzen, während ein stetiges Kontinuum an Mischformen ausgeschlossen bleibt. Vertrauen tritt somit allein in speziellen persönlichen Beziehungen auf, während in geschäftlichen Transaktionen allein das Risikokalkül verwendet wird, ohne dass Mischformen auftreten (vgl. Williamson, Oliver E. 1998, S. 56 f.). Die befürchtete Verwässerung der ökonomischen Institutionenanalyse durch eine Abkehr vom Risikokalkül geht allerdings mit der Ausblendung der hohen Bedeutung von Vertrauen in Transaktionen einher, wie sie in den nicht ökonomischen Organisationstheorien thematisiert wird. Williamson sieht die Frage des Vertrauens daher ebenso wie Machtaspekte und Pfadabhängigkeiten als ein zentrales Spannungsfeld in der Organisationsforschung, welches noch nicht entschärft werden konnte, da die Transaktionskostentheorie darauf bislang nicht eingeht (vgl. ebenda, S. 48).

Die Abgrenzung zwischen nichtkalkulierenden persönlichen Vertrauensbeziehungen und kalkulierten Beziehungen im Wirtschaftsbereich führt dazu, das der Transaktionskostentheorie zu Grunde liegende ökonomische Verhaltensmodell auf das spezifische gesellschaftliche Teilsystem Wirtschaft zu begrenzen. Dieser Governance-Sektor stellt dann ein geschlossenes Subsystem dar, für das spezifische Gesetzmäßigkeiten und Verhaltensweisen gelten, wobei die elementaren Spielregeln von den übrigen Subsystemen der Gesellschaft exogen vorgegeben sind. Damit steht diese Sichtweise im Widerspruch zu solchen Konzepten, die das ökonomische Verhaltensmodell als prinzipiell auf alle menschlichen Verhaltensweisen anwendbar ansehen (vgl. Küpper, Willi/Felsch, Anke 2000, S. 316-320).

Da Williamson die Transaktionen allerdings selbst durch die institutionelle Umwelt beeinflusst sieht, tritt insofern ein Widerspruch zu seiner Ablehnung von Vertrauen ein, als dass sich keinerlei vertrauensförderliche Einflüsse der Gesellschaft auf das Wirtschaftssystem nachweisen lassen müssten, wenn diese interdependente Sichtweise gelten soll. Somit müsste die Wirtschaft konsequenterweise dann in einer Gesellschaft funktionieren, die kein Vertrauen kennt, was aber mit der Beibehaltung von Vertrauen in privaten Beziehungen nicht vereinbar ist. Vertrauen bleibt damit ein zentrales Untersuchungsfeld bei der Frage nach den sozialen Bedingungen ökonomischer Organisation, welche nicht mehr allein durch die disziplinäre Verengung auf rein wirtschaftliche Phänomene erfasst werden können.

Die transaktionskostensenkende Wirkung von Vertrauen als organisationalem Kontrollmechanismus ergibt sich bei der sozialen Kontrolle aus einem informellen System innerhalb der Organisation, das neben den Anforderungen nach Reziprozität durch Marktpreise und Autorität bürokratischer Regelwerke vor allem das Merkmal einer gemeinsamen, gewachsenen Basis von Werten und Traditionen erfüllt. Dieses soziale System des „Clans" stellt eine effiziente Kontrollform dar, wenn die Möglichkeiten der Ergebnismessung niedrig und das Wissen des Kontrollierenden über den Transformationsprozess der betrachteten Wertschöpfungsstufen unvollständig ist, so dass der Erfolgsbeitrag der Agenten, wie etwa im Falle einer unternehmenseigenen Forschungsabteilung, nur schwer voraussagbar wird. Daher wird hierbei auf ritualisierte und symbolische Formen der Kontrolle zurückgegriffen, die eine langfristige Zusammenarbeit der Individuen voraussetzt, da die gemeinsamen Werte in unternehmenseigenen bzw. professionstypischen Sozialisationsprozessen internalisiert werden müssen (vgl. Ouchi, William G. 1979, S. 833-848).

Aus Sicht der Principal-Agent-Theorie lässt sich das Vertrauensrisiko in Form des potenziellen Schadens durch Kontrollen verringern, die ex ante die allgemeinen Agenteneigenschaften überprüfen, während ex post gerichtete Kontrollen das Verhalten hinsichtlich des Ergebnisses hinterfragen. Diese Kontrollen dienen dann als Basis für die Entscheidung über zukünftige Delegationsbeziehungen. Somit würde eine Vertrauenskontrolle zur Voraussetzung für berechtigtes Vertrauen, was wiederum zu dessen Status einer abhängigen Variable führt (vgl. Sjurts, Insa 1998, S. 288-291).

Während der frühe Ansatz der Clan-Kontrolle noch von einer wertbasierten Koordination und damit tendenziell geringeren Verhaltensunsicherheit ausgeht, wird an den neueren Konzepten einer institutionenökonomischen Vertrauens perspektive kritisiert, dass sie eine Kontrolle der Vertrauenswürdigkeit voraussetzen, die in der Realität nicht möglich ist und bei der versuchten Durchführung auch dem Ziel des Vertrauensaufbaus im Wege steht. Die Vertrauensnehmer werden die Kontrollen als Zeichen des Misstrauens interpretieren und darauf mit verdecktem Opportunismus reagieren. Weiter wird auf das einseitige Kalkül des Prinzipals als Vertrauensgeber hingewiesen, der das Handeln des Agenten zwar antizipiert, bei dem es aber keine Rolle spielt, ob dieser ebenfalls vertraut, so dass Vertrauen jederzeit durch Kontrolle substituiert werden kann, wenn sich die Rahmenbedingungen dementsprechend verändern (vgl. Eberl, Peter 2002, S. 204).

Die analytische Unterscheidung zwischen Prinzipal als Vertrauensgeber und Agent als Vertrauensnehmer lässt allerdings eine Modellierung einer Vertrauensbeziehung als implizite Vertragsbeziehung zwischen Prinzipal und Agenten zu. Vertrauen lässt sich als weitgehender Verzicht auf explizite Kontroll- und Sicherungsmaßnahmen zum Schutz vor opportunistischem Verhalten beschreiben. Die riskante Vorleistung des Prinzipals wird durch die Erwartung begründet, dass sich der Agent ex post auch in diesem Sinne kooperativ verhält, der, nachdem er die Vorleistung angenommen hat, einen impliziten Vertrag zwischen beiden Seiten begründet. Diesen wird er nur dann erfüllen, wenn der Nutzen kooperativen Verhaltens dessen Kosten übersteigt, so dass die Erfüllung des impliziten Vertrages über entsprechende Anreize selbstdurchsetzend erfolgen muss. Diese Verhaltensweisen können mit der Präferenzstruktur des Agenten und damit intrinsisch durch altruistisches Verhalten oder über extrinsisch wirkende institutionelle Anreize sowie Sanktionen begründet werden. Damit lässt sich die Vertrauensvergabe ganz im Sinne der präskriptiven Entscheidungstheorie als Entscheidungsprozess verstehen, bei dem einer auf das Agentenhandeln bezogenen Vertrauenserwartung im Sinne einer planenden Phase die realisierende Vertrauenshandlung folgt, die sich in dem Verzicht auf explizite Sicherungsmaßnahmen äußert. Vertrauen ist somit das Explanans für kooperatives Verhalten, das beim Prinzipal im Gegensatz zum Agenten das Risiko des Vertrauensbruches enthält (vgl. Ripperberger, Tanja 1998, S. 63 ff.). Rippergers Vertrauensdefinition kann als Zusammenfassung insbesondere der institutionenökonomischen Forschung betrachtet werden, die Vertrauen aus Sicht des eigeninteressierten Kalküls begründet. Sie dient daher als vorläufige Arbeitsdefinition von Vertrauen, bevor diese in Kapitel 4 modifiziert wird (Ripperger, Tanja 1998, S. 45):

> „Vertrauen ist die freiwillige Erbringung einer riskanten Vorleistung unter Verzicht auf explizite vertragliche Sicherungs- und Kontrollmaßnahmen gegen opportunistisches Verhalten in der Erwartung, daß der Vertrauensnehmer motiviert ist, freiwillig auf opportunistisches Verhalten zu verzichten."

Vertrauen lässt sich auch auf altruistische Verhaltensweisen beziehen, was eine Aufweichung des rein eigennützigen Kalküls des vertrauenden Prinzipals und des ebenso eigennützigen Agenten darstellt, der seinem strikten Eigeninteresse auch zuwider handelt, um das in ihn gesetzte Vertrauen zu rechtfertigen. Die Ursachen für dieses Verhalten liegen auf kollektiver Ebene in gemeinsamen Werten und Verhaltensnormen, auf individueller Ebene werden sie durch personalisierte Beziehungen wie Freundschaften begründet, bei denen eine gemeinsame Identifikation und routinierten Verhaltensweisen auch im Geschäftsleben eine wesentliche Rolle spielen (vgl. Nooteboom, Bart 2002, S. 194). Erst das Fehlen von egoistischen Kooperationsmotiven wie rechtlichem Zwang oder materiellen Interessen, die durch das Bewahren einer guten Reputation sowie dem Vorhalten von Geiseln durch die Gegenseite begründet werden, lässt innerhalb bestimmter Grenzen Vertrauen gegenüber Verlässlichkeit in einem engeren Sinne abgrenzen als „an expectation that things or people will not fail us, or the neglect or lack of awareness of the possibility of failure, even if there are perceived opportunities and incentives for it" (ebenda, S. 48). Diese Definition weist eine große Nähe zu der von Ripperger auf.

Dafür wird von Nooteboom stärker auf die Quellen von Vertrauen eingegangen, die hinter der Vertrauenserwartung stehen.

In Folge der ethischen, wertmäßigen und habituellen kollektiven wie individuellen Fundierung basiert Vertrauen auf den anthropologischen und soziologischen Dimensionen von nationalen wie organisationalen Kulturen und kann die Transaktionskosten bei der Vertragserfüllung reduzieren. Die kulturbedingte Gewöhnung führt somit ebenso wie Altruismus zu Verhaltensweisen, die zwar als nicht kalkulierend betrachtet werden können, aber keinesfalls blindes Vertrauen nahe legen, da sie die Interessen anderer in die eigene Nutzenfunktion integrieren oder auf vergangenen Erfahrungen kooperativen Verhaltens der Transaktions-partner beruhen (vgl. Nooteboom, Bart 2000, S. 52 ff.). Damit wird deutlich, dass sich Vertrauen nur innerhalb stabiler sozialer Beziehungen entwickeln und eben nicht formell vorgeschrieben werden kann. Wird Opportunismus als Konstante möglichen menschlichen Verhaltens angesehen, würde sich auf Basis des Kalküls systematisch auch über gewachsene gemeinsame Werte hinweggesetzt werden. Somit hätte die gesamte Sozialisation eines Individuums keine Auswirkungen auf dessen Opportunismusneigung.

In der Transaktionskostentheorie wird die Möglichkeit des Opportunismus zwar immer als relevant angesehen. Da er jedoch von Akteur zu Akteur in unterschiedlichem Ausmaß auftritt (vgl. Williamson, Oliver E. 1990, S. 54), lässt sich die überwiegend als Konstante angesehene individuelle Opportunismusneigung gegenüber der anderen Vertragsseite als Variable formulieren, was bisher in der Forschung weitgehend ignoriert wurde (vgl. Nooteboom, Bart 2000, S. 54). Williamson überträgt seine effizienzorientierte Sichtweise des Opportunismusproblems auf die zum Teil prohibitiven Kosten der Informationsbeschaffung, um Opportunisten erkennen zu können. Er selbst sieht diese Verhaltensannahme als eine in Bezug auf seine Fragestellung der Absicherung ebenso nützliche wie ausbaufähige Vereinfachung an: „I myself don´t assume that most people are opportunistic most of the time; I assume that *some* of the people are opportunistic *some* of the time and that it is very difficult to sort those who are opportunistic from those who are not." (Williamson, Oliver E., in Swedberg, Richard 1990, S. 126; Hervorhebung im Original).

Dadurch kann Opportunismus als Verhaltenseigenschaft nicht grundsätzlich ausgeschlossen werden, es sei denn es gibt Mechanismen, die glaubhaft versichern können, dass sich das Vertrauen in den Vertragspartner lohnt. Der Mensch der Transaktionskostentheorie ist aber nicht dazu verdammt, in seinem Leben ausschließlich auf die Opportunismuskarte zu setzen, um seinen Nutzen zu maximieren. Damit verbleibt das analytische Problem, den Mechanismus zu beschreiben, der die Transaktionskosten der Sortierung soweit senken kann, um eine Unterscheidung in „gute" und „schlechte" Transaktionspartner durch die Aufdeckung der Eigenschaft „Vertrauenswürdigkeit" vornehmen zu können.

Eine Person kann in dieser Sichtweise sowohl vertrauenswürdige als auch opportunistische Verhaltensweisen an den Tag legen und ist nicht mehr auf eine einzige Dimension festgelegt. Vielmehr besteht ein intrapersoneller Entscheidungskonflikt zwischen diesen beiden grundsätzlichen Optionen, die zwischen diesen Polen ein Kontinuum an Spielzügen erlauben (vgl. Noorderhaven, Niels G. 1996, S.113). Dessen Ausgestaltung erfolgt immer noch auf Basis des eigennützigen Kalküls, so dass die Annahme des Opportunismus in jedem Fall als Variable zur Erklärung der Verhaltensunsicherheit beibehalten werden muss. Vor dem Hintergrund eines eigennützigen und beschränkt rationalen Individuums taugen weder Opportunismus noch Altruismus als fixe Erklärungsgrößen, da die institutionellen Restriktionen zu Verhaltensanreizen führen können, die der Vorhersage einer systematischen Variation der jeweiligen Verhaltensausprägung zugänglich sind. Im Folgenden wird Opportunismus daher als endogene Variable betrachtet, die im Fall von Vertrauen als Gegenpol auf dem Verhaltenskontinuum des erwarteten Verhaltens eines Transaktionspartners den Wert Null annimmt. Dies führt zu der Frage, wodurch dieser Nullwert zu erwarten ist.

Ist eine Transaktion in eine soziale Beziehung eigebettet, tragen die Mechanismen des Lernens durch Informationen über früheres Verhalten des Partners und der Kontrolle durch zukünftige Sanktionierungen bei Vertrauensbrüchen zum bewussten Verzicht des Vertrauensgebers auf vertragliche Sicherheiten bei. In Experimenten konnten der Lern- und der Kontrolleffekt als zentrale Einbettungsmechanismen für Vertrauen auf Basis des Rationalkalküls bestätigt werden, wobei das Lernen und die Kontrolle in der Dyade unabhängig von dritten Parteien stattfindet. Im Netzwerk greifen die Sanktionen als Exit-Option aus der bestehenden Geschäftsbeziehung mit Hilfe von dritten Parteien als alternativen Lieferanten. In einer Feldstudie des Einkaufs von Hard- und Softwareprodukten durch niederländische Klein- und Mittelbetriebe zeigt sich, dass neben den bereits gemachten Erfahrungen aus der direkten Geschäftsbeziehung die bestehenden Kontakte der Einkaufsmanager zu den Geschäftspartnern ihrer Anbieter dazu führen, das Ex-ante-Management zur vertraglichen Anbahnung der Transaktion zu reduzieren. Besteht eine informelle Verbindung eines Käufers mit seinem Verkäufer über die Mitgliedschaft in einem Sportverein und haben bereits Freunde des Käufers beim Anbieter einen Gebrauchtwagen gekauft, lassen sich in einem weiteren Experiment für den regionalen Gebrauchtwagenmarkt netzwerkbezogene Lern- und Kontrolleffekte durch Dritte empirisch nachweisen. Duch die Möglichkeiten der Weitergabe von Informationen des Käufers an die anderen Vereinsmitglieder und die dadurch möglich werdenden sozialen Sanktionen opportunistischen Verhaltens wird der Verkäufer auf seine Reputation achten, was seine Vertrauenswürdigkeit aus Sicht des Käufers erhöht (vgl. Buskens, Vincent/ Raub, Werner 2004, S.183 ff.).

Neben diesen rein kognitiven Vertrauensmotiven auf der Ebene des bewussten Kalküls, werden in der Forschung gegenwärtig auch die affektiven und unbewussten Aspekte stärker berücksichtigt. Die Quellen, welche die Vertrauenswürdigkeit des Transaktionspartners begründen und dadurch das in ihn gesetzte Vertrauen rechtfertigen, lassen sich einmal danach unterscheiden, ob sie auf der Makroebene der institutionellen Umwelt allgemeingültig sind oder sich auf die Mikroebene einer spezifischen Beziehung beschränken. Die zweite Unterscheidungsdimension bezieht sich auf das Vorhandensein rein eigennütziger Motive, die eine Opportunismuskontrolle und die Kontrolle materieller Anreize erfordern und im Gegensatz zum universellen und beziehungsspezifischen Altruismus stehen. Letzter ermöglicht ein zwischenmenschliches Wohlwollen, das sich nicht auf die Kontrollmöglichkeiten bezieht und über das Eigeninteresse des Vertrauensgebers hinausgeht. Er steht damit für die intrinsischen Vertrauensmotive (vgl. Nooteboom, Bart 2005, S. 40 f.). Mit Hilfe dieser Einteilung ergibt sich die folgende Übersichtsmatrix.

	macro; universalistic	micro; particularistic, relation-specific
self-interest: opportunity control	contracts, legal enforcement	hierarchy, managerial `fiat´
incentive control	reputation	dependence:unique partner, value, switching costs, hostages
altruism: benevolence	values, social norms of proper conduct, moral obligation, sense of duty, bonds of kindship	empathy, routinisation, identification, affect, friendship

ABBILDUNG 2: QUELLEN VON VERTRAUENSWÜRDIGKEIT.
QUELLE: NOOTEBOOM, BART (2005), S. 42.

Diese Übersicht fasst im oberen Teil die bisherige Diskussion insbesondere aus Sicht der Transaktionskostentheorie zusammen, übergeht dabei aber die Kritik Williamsons. Daneben werden unter dem Aspekt des Altruismus ökonomische Argumente mit verhaltenswissenschaftlich fundierten affektiven sowie weitgehend unbewussten Vertrauensmotiven kombiniert, so dass sie nicht mehr als Begründung einer rein kalkulierten Entscheidung fungieren können. Die dadurch bedingte Erweiterung des ökonomischen Verhaltensmodells im Sinne einer interdiszilinären Zusammenarbeit wird von Nooteboom angesichts der engen Grenzen partialanalytischer Modelle auch gefordert (Nooteboom, Bart 2005, S. 55):

„While trust is of great economic relevance, and its analysis can profit of some elements of economic theory, such as parts of transaction cost economics, it is fundamentally a social concept, and the understanding of trust requires an understanding of such interaction processes. Trust requires interdisciplinary analysis, in a combination of economics, sociology, social psychology and cognitive science."

Die vorgestellten Ansätze der wichtigsten Arbeiten innerhalb der ökonomischen Vertrauensforschung lassen sich danach systematisieren, inwieweit sie von dem klassischen ökonomischen Verhaltensmodell der bewussten Eigennutzmaximierung auf Basis des Rationalkalküls abweichen. Durch die Einteilung in solche Ansätze, die einerseits neben den kognitiven auch die affektiven Aspekte der Vertrauensntstehung berücksichtigen und andererseits nicht nur das bewusste Vorteilsstreben auf Basis des Kalküls beschreiben, sondern auch die unbewussten Aspekte betrachten, ergibt sich die folgende Übersicht der ausgewählten Ansätze. Dabei wird davon ausgegangen, dass die ökonomischen Modellmenschen auf der Ebene ihres Bewusstseins immer kalkulieren können und dies auch gemäß dem Rationalkalkül stets tun werden. Nicht kalkulierende Verhaltensweisen sind daher immer unbewusst.

Auch Emotionen werden berücksichtigt.	Güth/Kliemt (1995)	Nooteboom (2002,2005) Güth, Werner et al. (2000) Ripperger (1998) McAllister (1995)
Nur Kognitionen werden berücksichtigt.	Buskens/Raub (2004) Sjurts (1998) Kreps (1990) Deutsch (1958)	Williamson (1993) Arrow (1980) Ouchi (1979)
	Berücksichtigung des bewussten Kalküls auf Basis des Eigeninteresses.	Berücksichtigung auch nicht kalkulierender Aspekte des Unterbewusstseins

ABBILDUNG 3: SYSTEMATISIERUNG AUSGEWÄHLTER ANSÄTZE DER ÖKONOMISCHEN VERTRAUENSFORSCHUNG. QUELLE: EIGENE DARSTELLUNG.

Die Übersicht durch die beiden Unterscheidungsdimensionen, die danach fragen, ob die erweiterten Aspekte des ökonomischen Verhaltensmodells in Form von unbewussten Kognitionen und bewussten wie unbewussten Emotionen berücksichtigt werden oder nicht, zeigt, dass sich der Forschungsschwerpunkt neuerer ökonomischer Arbeiten gegenwärtig im rechten oberen Quadranten befindet. Diese Entwicklung von „unten links" nach „oben rechts" weist neben der wichtigen Funktion internalisierter Normen und Werte der Transaktionsatmosphäre auf das zunehmende Interesse an den affektiven Wurzeln der Vertrauensentstehung hin. Die konsistente und explizite Integration von einzelnen für Vertrauen verantwortlichen Emotionen in das ökonomische Verhaltensmodell als Basis der geforderten interdisziplinären Vertrauensforschung steht aber derzeit noch aus.

Dies erweist sich als wichtige Forschungslücke, weil die Beziehung zwischen Vertrauen und Risiko in Folge ihrer komplexen Wechselwirkung noch wenig erforscht ist (vgl. Ripperger, Tanja 1998, S. 91). Die ausstehende, eindeutige analytische Trennung zwischen Vertrauen und Risiko kann vor allem die grundsätzliche Kritik Williamsons an der ökonomischen Vertrauensforschung nicht entkräften, wonach das komplexe Phänomen des Vertrauens von der einfachen Modelllogik auf Basis des Risikokalküls überhaupt nicht erfasst werden könne.

Als Fazit bleibt daher festzuhalten, dass diese entscheidende Frage Williamsons, was denn das kalkulierte Vertrauen vom Risiko unterscheidet, bisher in der ökonomischen Vertrauensforschung nicht hinreichend präzise beantwortet wurde. Dabei wird von Eberl die Berücksichtigung psychischer Kosten durch ein schlechtes Gewissen im Rahmen immer ausgefeilterer Kalküle mit dem Hinweis abgelehnt, dass dadurch keine systematische Vorhersage des Verhaltens mehr möglich würde. Zudem wird deutlich, dass die Beschreibung von Vertrauen als Handlungsmotiv (Explanans) in Konflikt gerät mit dem Motiv des eigen-interessierten Kalküls, während die Behandlung von Vertrauen als kooperatives Verhalten (Explanandum) das Problem der Vertrauensentstehung vernachlässigt. In Verbindung mit der häufig unreflektierten Gleichsetzung von Vertrauen mit Kooperation bleibt somit eine begriffliche Unklarheit bestehen, die eine Erklärung von Vertrauen auf Basis eines rationalen Kalküls fraglich erscheinen lässt (vgl. Eberl, Peter 2003, S. 92 ff.).

Dieser Kritik an den bestehenden ökonomischen Vertrauensansätzen kann nur teilweise zugestimmt werden. Ein rein kalkuliertes Abwägen auf Basis von Erwartungswerten, welches eine rationale Vertrauensentscheidung allein auf der Ebene des Bewusstseins auslöst, rechtfertigt zwar allein noch nicht die Einführung eines eigenständigen Vertrauensbegriffes, da hier primär eine Risikosituation beschrieben wird. Allerdings gibt es neben der Möglichkeit, die Neue Institutionenökonomik bei der Analyse von Vertrauen vollständig zu verwerfen noch die Alternative, die Theorie soweit zu erweitern, dass der Untersuchungsgegenstand von ihr präzise und theoretisch konsistent erfasst werden kann. Die zentrale Frage der Anpassung bleibt daher nicht nur als Analysegegenstand der Transaktionskostentheorie relevant, sondern wird so auch auf die Theorie selbst gerichtet.

Darüber hinaus gelten die wesentlichen Kritikpunkte nicht nur für die Ökonomik, sondern für die Sozialwissenschaften insgesamt. Über die verschiedenen Disziplinen hinweg besteht mittlerweile zwar ein Konsens darüber, dass Vertrauen mit der Bereitschaft zur Verletzlichkeit zusammenhängt, die sich unter den Bedingungen des Risikos und der gegenseitigen Abhängigkeit entwickelt. Allerdings bestehen vielfach Unterschiede darüber, ob Vertrauen die Ursache oder die Wirkung kooperativer Verhaltensweisen darstellt (vgl. Rousseau, Denise M. et al. 1998, S. 395). Der Annäherung zwischen den einzelnen Disziplinen sollte daher im ersten Schritt eine innerdisziplinäre Klärung der aufgeführten Schwachpunkte vorausgehen, die aber nicht mehr ohne die Berücksichtigung der Erkenntnisse aus den anderen Sozialwissenschaften auskommt. Insbesondere für die Neue Institutionenökonomik ergeben sich dadurch neue Möglichkeiten einer verbesserten Vorhersage menschlichen Verhaltens in Netzwerorganisationen.

In der Ökonomik wird Vertrauen im Gegensatz zu den verhaltenswissenschaftlichen Ansätzen allein von der „Situation" bestimmt. Die „Person" spielt dagegen bislang kaum eine Rolle, da sich alle rationalen Akteure in Abhängigkeit der gegebenen Anreize auf Basis ihres Kalküls für oder gegen die Vertrauensvergabe entscheiden, womit sich der Kreislauf der Nichtunterscheidbarkeit von Vertrauen und Risiko schließt. In der neueren Wirtschaftsforschung wird daher mit Blick auf die Erkenntnisse in den benachbarten Disziplinen verstärkt die Integration sozialer Präferenzen in das ökonomische Verhaltensmodell diskutiert, um kooperative Verhaltensweisen wie Vertrauen konsistent erklären zu können. Diese Ergebnisse der ökonomischen Theoriebildung werden im nächsten Punkt vorgestellt.

2.3.3 Soziale Präferenzen als Begründung für Vertrauen

Die gelungene Abkehr der Wirtschaftstheorie von den reinen formalwissenschaftlichen Modellen der Neoklassik in Richtung einer stärkeren Berücksichtigung psychologischer Basiskonzepte findet sich vor allem in der noch jungen Disziplin der „behavioral economics", die der Ökonomik einen breiteren Zugang zu auch empirisch gehaltvollen Theorien eröffnet (vgl. Wiswede, Günter 1995, S. 21). Ausgehend von den Arbeiten Simons zu den kognitiven Rationalitätsbeschränkungen untersucht dieses interdisziplinäre Forschungsprogramm experimentell die Abweichungen menschlichen Verhaltens vom ökonomischen Standardmodell, um dann die entsprechenden Auswirkungen auf den Marktmechanismus ableiten zu können, der sich dadurch nicht mehr zwangläufig auf dem klassischen Weg ins Gleichgewicht befindet (vgl. Mullainathan, Sendhil/Thaler, Richard H. 2000, S. 2 ff.).

Die Integration von kognitionspsychologischen Erkenntnissen und die Erweiterung der Motivationsannahmen in der ökonomischen Theorie durch Oliver Williamson begründen seine hohe Bedeutung für diese interdisziplinäre Forschung, die auch das Ergebnis einer fruchtbaren Zusammenarbeit Williamsons mit den Organisationstheoretikern Herbert Simon, James March und Richard Cyert am Carnegie Institute of Technology gewesen ist. Seine Zusammenfassung der damaligen Atmosphäre und Denkhaltung der beteiligten Wissenschaftler verdeutlicht die Wurzeln des späteren Erfolges der Transaktionskostentheorie auf Basis einer kreativen Zusammenarbeit von Wissenschaftlern mit verschiedenen fachlichen Hintergründen, die auch der ökonomischen Forschung neue Möglichkeiten eröffnen: „I received a great deal of stimulation of these three – and from Allan Meltzer as well. The message was: have an active mind; be disciplined; be interdisciplinary." (Williamson, Oliver E., in: Swedberg, Richard 1990, S. 117). Eine Stimulierung der ökonomischen Vertrauensforschung ist neben der Wirtschaftssoziologie vor allem von psychologischen Erkenntnissen zu erwarten, deren partielle Integration durch Williamson in Anlehnung an Simon als Vorbild dienen kann.

Im Gegensatz zur ökonomischen Methode eines restriktionsbestimmten Handelns bei gegebenen Präferenzen gehen sozialpsychologische Modelle von Einstellungen als zentralen Verhaltensdeterminanten aus, die aber nicht direkt beobachtbar sind und sich empirisch nicht immer eindeutig von den Restriktionen trennen lassen. Darüber hinaus ist der psychologische Ansatzpunkt einer Präferenzänderung zur Verhaltenssteuerung schwerer kontrollierbar und der ausgelöste Effekt damit weniger genau bestimmbar. Dafür lässt sich durch die jüngsten Ergebnisse der experimentellen Wirtschaftsforschung ein systematisches Abweichen von strikt eigennützigen Verhalten nachweisen, was auf den signifikanten Einfluss sozialer Präferenzen hinweist, die sich vor allem auf das Ergebnis auf unvollständigen Märkten auswirken können. So können negative Reaktionen von Arbeitnehmern auf Lohnsenkungen mit Fairnessüberlegungen begründet werden. Die Berücksichtigung einer solchen Fairnesspräferenz durch die Arbeitgeber trägt auch in Rezessionszeiten zur Beibehaltung des Lohnniveaus bei, was sich dann auf gesamtwirtschaftlicher Ebene in einer Erhöhung der Arbeitslosigkeit niederschlägt. Zudem können rein monetäre Anreize kontraproduktive Folgen haben, da sie sich negativ auf die bestehende intrinsische Motivation auswirken (vgl. Frey, Bruno S./Benz, Matthias 2001, S. 2 ff.). Unfaires Verhalten wird in Experimenten systematisch unter Inkaufnahme monetärer Nachteile sanktioniert, während kooperative Spielzüge der anderen Seite ex post entsprechend positiv honoriert werden.

Im Sinne einer positiven Reziprozität werden so als fair wahrgenommene Vorleistungen mit entsprechenden Gegenleistungen beantwortet, während eine negative Reziprozität das Streben nach einer möglichst vollständigen Vergeltung unfairer Verhaltensweisen der anderen Seite umfasst. Die Verbreitung einer positiven Reziprozität wurde experimentell bei 40 bis 60 Prozent der Versuchspersonen nachgewiesen. Dabei erhöhte sich bei gleicher monetärer Entlohnung das Anstrengungsniveau mit steigender Interaktionsdauer. Es lässt sich somit ein positiver Zusammenhang zwischen einer langfristigen Entlohnung und der Profitabilität eines Unternehmens feststellen. Die Durchsetzung von sozialen Normen wie der Reziprozität ist in wiederholten Interaktionen vor allem von der Bereitschaft der reziprok motivierten Individuen abhängig, Vergeltung für defektives Verhalten zu üben (vgl. Fehr, Ernst/Gächter, Simon 2000, S. 153 ff.). In dauerhaften Beziehungen werden daher beide Ausprägungen der Reziprozität benötigt, denn eine rein positive hätte kein Drohpotenzial, um einen selbst durchsetzenden impliziten Vertrag zu ermöglichen.

Die Frage, ob es sich bei einer rein positiven Reziprozität bereits um Altruismus handelt oder ob die Erwartung einer Gegenleistung durch eine Verbesserung der eigenen Reputation gerade nicht altruistisch motiviert ist (vgl. Zamagni, Stefano 1995, S. xvi), lässt sich nur definitorisch beantworten. Sie führt aber zu der grundlegenderen Frage, ob die Individuen gemäß dem ökonomischen Menschenbild immer streng eigennützig handeln oder nicht. Soziale Präferenzen, die Altruismus begründen könnten, werden gemäß des Prinzips der strengen Eigennützigkeit nicht betrachtet. Die Impulse aus der experimentellen Ökonomik, die diese auch in der Neuen Institutionenökonomik dominierende Sichtweise in Frage zu stellen beginnen, versuchen über eine Integration von Aspekten wie Fairness, Reziprozität, Intentionalität und Altruismus in die ökonomische Theorie das Konzept der klassischen Nutzenfunktionen zu erweitern. Da in Experimenten ein signifikanter Einfluss von solchen sozialen Präferenzen nachgewiesen werden konnte, weist dies auf systematische Erklärungsdefizite des Prinzips der strengen Eigennützigkeit hin. Soziale Präferenzen werden damit insbesondere für die ökonomische Institutionenanalyse relevant (vgl. Erlei, Matthias 2003, S. 346-348).

Die Bedeutung sozialer Präferenzen zeigt sich in Transaktionen durch die wechselseitige Anerkennung nicht monetärer Handlungsmotive und der intrinsischen Motivation der Vertragspartner. Die Gegenseitigkeit sichert beiden Seiten die Wahrung ihrer nicht einkommensbezogenen Interessen, so dass die Annahme des Eigeninteresses dadurch nicht in Frage gestellt wird. Dies führt zur besonderen Bedeutung reziproken Handelns bei der Entstehung von Vertrauen für die institutionenökonomische Theoriebildung. Reziprozität allein ist allerdings noch kein Beweis für Vertrauen, da es auch das Ergebnis eines reinen Risikokalküls sein kann.

Reziprozität erweist sich in spieltheoretischen Experimenten selbst bei anonymen und einmaligen Interaktionen als signifikante Einflussgröße ökonomischer Entscheidungen (vgl. Ockenfels, Axel 1999, S. 85). Die simple Strategie des „tit for tat", bei der im ersten Zug kooperiert und in den nächsten Interaktionen der Folgeperioden jeweils der vorherige Zug der anderen Seite kopiert wird, ist in simulierten Computerturnieren allen anderen komplexeren Programmen überlegen. Diese Entscheidungsregel geht auf den Grundsatz „Wie du mir, so ich Dir" zurück. Die Komplexitätsreduktion und einfache Handhabbarkeit machen damit die Stärken dieser Entscheidungsregel aus. Eine kollektive Stabilität daraus ergibt sich aber nur, wenn die Wahrscheinlichkeit des Wiedersehens -der „Schatten der Zukunft"- hinreichend groß ist, so dass etwa nicht mit einem baldigen Austritt eines Spielers gerechnet wird. Daneben ergibt nur noch die Strategie der fortwährenden Defektion ein stabiles Gleichgewicht, da sich dann ebenfalls für keinen Spieler die Möglichkeit ergibt, sich zu verbessern. Somit hängt die Entwicklung von Kooperation auch von der Dauerhaftigkeit und der Häufigkeit der Interaktionen ab. Reziproke Kooperation kann damit ohne Freundschaft oder weitere Voraussicht entstehen und ist daher auch prinzipiell zwischen Feinden möglich, sofern die Bedingungen zu ihrer Entstehung gegeben sind (vgl. Axelrod, Robert 1997, S. 3 ff.). Sie stellt somit ein ebenso einfaches wie effizientes Mittel zur Unsicherheitsbewältigung für beschränkt rationale Individuen dar und lässt sich mit dem organisatorischen Imperativ von Williamson vereinbaren.

Der Reziprozität kommt als allgemeiner Handlungsnorm in sozialen Interaktionen eine grundlegende Bedeutung zu. Die Gegenseitigkeit von Belohnungen und Verpflichtungen trägt zur Stabilität von sozialen Systemen mit eigennützigen Individuen bei. Reziprozität als gemeinsamer Wert führt dazu, dass kooperative Handlungen im gleichen Sinne erwidert werden, ohne vorhandene Ausbeutungsspielräume auszunutzen. Die unbestimmte Allgemeingültigkeit dieser Norm macht sie zu einem flexiblen moralischen Sanktionsmechanismus und führt dazu, dass sie spontan in Transaktionen genutzt wird, die ohne ihre Gültigkeit beim Fehlen anderer Sicherheiten nicht durchgeführt werden könnten. Somit kann die implizite Norm der Reziprozität eine Kooperation bei unvollständigen Verträgen überhaupt erst ermöglichen, da sie das Ausbeutungspotenzial des ersten Zuges schützt, indem sie die Partei, die den ersten Nutzen daraus erhalten hat, auf eine Rückzahlung festlegt. Es kommt so zu einer höheren Bereitschaft, den ersten Zug zu machen und dadurch in eine soziale Beziehung einzutreten. Allerdings kann das Fehlen von allgemeinen Vergleichsmaßstäben über das zu Gebende und das zu Empfangene zu Bewertungsproblemen führen, wenn nicht hinreichend klar wird, ob der individuelle Tauschnutzen angemessen und ausreichend ist. Außerdem stellt sich die Frage, ob die Vorleistung überhaupt von der anderen Seite reziprok erwidert werden kann. Die allgemeine Gültigkeit der Reziprozität wird somit tendenziell dazu führen, dass nur Interaktionen mit solchen Personen abgeschlossen werden, von denen die Erfüllung der letzteren Forderung erwartet wird (vgl. Gouldner, Alvin W. 1960, S. 161 ff.).

Die kooperative Handlung nach Vertragsschluss ist somit an die Wechselseitigkeit der positiven Erwartung vor Vertragsschluss gekoppelt, wodurch der jeweils anderen Seite kooperatives Verhalten als rationales Reaktionsmuster zugeschrieben wird. Die vertragliche Sicherheit über die Kontinuität und Stabilität der Beziehung oder die Unsicherheit über ein mögliches Zusammentreffen in der Zukunft trotz eines baldigen Endes der Beziehung, begründet somit die individuelle Kooperationsbereitschaft, die sich auf wechselseitige Abhängigkeiten stützt, die in der Zukunft von Neuem wirksam werden. Das Vertrauen zwischen den Vertragspartnern wird dabei theoretisch nur dann benötigt, wenn die Verhaltensspielräume bei hoch spezifischen Transaktionen nicht mehr durch eine einheitliche Kontrolle innerhalb von Hierarchien effizient abgesichert werden können.

Kann etwa das benötigte Wissen für die erfolgreiche Durchführung eines Projektes zur Stärkung der eigenen Wettbewerbsposition in Folge der zunehmenden Beschleunigung des Wettbewerbs nicht in ausreichender Zeit intern im Unternehmen beschafft werden, empfiehlt die Transaktionskostentheorie bei hoher Spezifität traditionell den Abbruch der Vertragsverhandlungen. Hybride Organisationsformen kommen nach Williamson in Folge ihrer im Vergleich zum Markt schwächeren Anreize und im Vergleich zur Hierarchie geringeren Kontrollmöglichkeiten theoretisch nur für die Bereiche mittlerer Spezifität in Frage (vgl. Williamson, Oliver E. 1991, S. 269 ff.). In der Informationsgesellschaft geht der Verzicht auf potenziell vorteilhafte Transaktionen in Netzwerkorganisationen vielfach mit der Bedrohung der Existenz eines Unternehmens im weltweiten Innovationswettbewerb einher, so dass sich das Vertrauen in den externen Kooperationspartner als überlebenswichtig erweist.

In solchen sich zunehmend schneller verändernden so genannten turbulenten Umwelten wird der rationale Umgang mit der Zeitknappheit durch die gestiegene Unsicherheit weiter erschwert, da die verschiedenen Umweltelemente nicht nur mit dem Unternehmen, sondern auch untereinander interagieren und Veränderungen immer weniger vorhersagbar machen. Unternehmen, die sich diesen Veränderungen besser anpassen können, zeichnen sich durch das Ausnutzen persönlicher Vertrauensbeziehungen zu den Mitarbeitern und externen Partnern aus, wodurch die Entscheidungszeiten verkürzt werden (vgl. Knyphausen-Aufseß, Dodo zu 2000, S. 124-127).

Der Einsatz von Vertrauen ist daher abhängig von dem monetären Motiv des Aneignens bzw. Aufteilens zeitspezifischer Quasirenten. Die Wirkung von Vertrauen besteht dann im bewussten Kontrollverzicht zur Einsparung von Transaktionskosten. Dieser Kontrollverzicht ist einerseits den fehlenden Möglichkeiten geschuldet, die Verhaltensspielräume ex ante auf eine andere Weise effizient kontrollieren zu können, andererseits trägt er zu enormen Zeitersparnissen durch den Verzicht des Aushandelns detaillierter Vertragswerke und der Implementierung von aufwendigen Kontrollinstrumenten bei. Die Begründung von Vertrauen auf Basis von Reziprozität erfolgt durch die Annahme einer jeweils von der anderen Seite zu erwartenden Vertrauenswürdigkeit. Nach Vertragsschluss muss Opportunismus bis zur Entdeckung eines Vertrauensmissbrauchs somit nicht mehr in den laufenden Entscheidungen berücksichtigt werden, da beide Seiten von dem Einsatz und der Honorierung des Vertrauens profitieren.

Es zeigt sich, dass reziproke Erwartungen bei der Existenz hinreichender institutioneller Sicherheiten zwar grundsätzlich auch ohne Vertrauen gebildet werden können, diese Erwartung aber bei beschränkt-rationalen Individuen immer nur unter Unsicherheit bezüglich des tatsächlichen zukünftigen Verhaltens der anderen Vertragsseite genutzt werden kann. Übersteigen die Transaktionskosten der Implementierung und Überwachung der für die Reziprozitätsnormen notwendigen Sicherheiten ihren Nutzen, ist es wiederum erst das Vertrauen in die andere Person bezüglich der Einhaltung reziproker Verhaltensmuster, welche die Effizienz der Transaktion auf Basis der wechselseitigen Erwartungen sichert. In interorganisationalen Netzwerken treffen Individuen aufeinander, die nicht innerhalb derselben Organisation mit ihrer entsprechenden Unternehmenskultur zusammenarbeiten und somit erst einmal die im Netzwerk allgemein gültigen Spielregeln vereinbaren. Somit müssen in Netzwerken erst verbindliche Reziprozitätsnormen geschaffen werden, die bei internationalen Unternehmenskooperationen zudem die unterschiedlichen landeskulturellen Hintergründe der Akteure beachten müssen. Eine Implementierung von bewusst gestalteten Reziprozitätsnormen allein auf Basis des Risikokalküls setzt damit erhebliche Kontroll- und Sanktionsinstrumente voraus, welche die Effizienz der Netzwerkorganisation insgesamt in Frage stellen.

Die unter Punkt 2.3.2 vorgestellten unbewussten Vertrauensquellen können somit als Basis einer vertrauensbasierten Reziprozität dienen, welche die für den Erfolg der Netzwerkorganisation erforderlichen Transaktionskosteneinsparungen realisieren lassen. Die Fähigkeit zum Vertrauensvorschuss kann aber nicht aus dem monetären Interesse abgeleitet werden, das vom Risikokalkül bestimmt bleibt, sondern muss in einer sozialen Präferenz für die Reziprozität vertrauensvollen Handelns begründet liegen, welche mit einem besonderen Nutzen durch die Vergabe und dem Empfangen von Vertrauen individuell verbunden ist. Diese subjektive Größe vervollständigt bei der Vertrauensentstehung den erwarteten monetären Gewinn um den erwarteten Eigenwert, den eine persönliche Beziehung für die Akteure neben der Erzielung von Einkommen zusätzlich hat. Die beziehungsspezifische Quasirente einer Vertrauensbeziehung setzt sich damit aus monetären und nicht monetären Bestandteilen zusammen. Diese lassen sich auf die Präferenzen von Akteuren zurückführen, die weiterhin ihr Eigeninteresse verfolgen, dieses aber nicht mehr eindimensional auf die monetäre Ziele richten, sondern in sozialen Kontexten auch eine weitere vertrauensstiftende Beziehungs-dimension mit ins Spiel bringen.

Die Berücksichtigung einer solchen sozialen Präferenz in die individuellen Nutzenfunktion zur Erhöhung des Realitätsgehalts lässt dabei den meisten Raum für die konsistente Integration psychischer Phänomene in die ökonomische Theorie, was dazu führt, das bekannte präferenztheoretische Instrumentarium weiter nutzen zu können (vgl. Rabin, Matthew 2002, S. 2 ff.). Das Komplexitätsproblem in Form der vielfältigen Beziehungen der untersuchten Objekte bei der Modellbildung ergibt sich in den Sozialwissenschaften weniger durch das beobachtete Phänomen, sondern durch die theoriespezifische Problemstellung, welche die Untersuchungsperspektive festlegt, so dass die Psychologie der Ökonomik nur in einzelnen Theoriebestandteilen Anstöße geben kann. Das Erklärungsschema des ökonomischen Ansatzes, nachdem die rationalen Akteure streng eigeninteressiert auf die situativen Anreizbedingungen reagieren, bietet somit eine heuristische Reduktionsleistung, die als eine seiner wesentlichen Stärken angesehen werden kann. So stellt auch die theoretische Integration der beschränkten Rationalität durch Williamson keine grundsätzlich neue Verhaltensannahme dar, sondern ist als neue Restriktion in Form kognitiver Beschränkungen zu verstehen, mit der die Akteure wiederum rational umgehen müssen (vgl. Suchanek, Andreas 1994, S. 30 ff.).

Soziale Präferenzen berücksichtigen die beziehungsorientierten Motivationen des Menschen, welche über sein traditionell monetär fixiertes Eigeninteresse hinausgehen. Sollen mit Hilfe des komparativ-statischen ökonomischen Modells konsistent Aussagen über das auch durch soziale Präferenzen bestimmte Verhalten gemacht werden, muss diese erweiterte Präferenzfunktion eine zeitliche Stabilität innerhalb der betrachteten Periode besitzen. Die Frage bleibt dann, ob psychologische Erklärungen grundsätzlich nur als intrapersonelle Restriktionen zu formulieren sind oder auch als motivationale Argumente einer sozialen Präferenz in der Nutzenfunktion berücksichtigt werden können. Die Antwort kann nur die betrachtete Problemstellung liefern.

Die Modellierung der sozialen Umwelt eines Individuums lässt sich nur dann als relevante Restriktion beschreiben, die auch zu Kostensenkungen führt, wenn der Mensch eine grundsätzliche Präferenz für soziale Interaktionen besitzt, die für ihn auch mit einem Nutzen daraus verbunden sind. Wäre dies nicht der Fall, würde menschliche Kooperation allein auf extrinsischer Basis ohne weitere persönliche Beteiligung oder Anteilnahme an den Mitmenschen funktionieren, was allerdings zu einer weitreichenden Erklärung kooperativen Verhaltens durch die bisherige ökonomische Theorie führen müsste. Deren Erklärungsgehalt wird aber durch die hier vorgestellten Ergebnisse der experimentelle Wirtschaftsforschung immer stärker relativiert, so dass die unterstellte Existenz und Wirksamkeit einer einkommensunabhängigen Präferenz für reziproke Beziehungen mittlerweile auf einer robusten empirischen Grundlage ruht.

Nachdem die Existenz einer grundlegenden stabilen Präferenz für reziproke Vertrauensbeziehungen auch bei Fehlen hinreichender institutioneller Sicherheiten als notwendige Bedingung für interpersonales Vertrauen in der Form eines im Moment noch unbestimmten „sozialen Nutzens" begründet wurde, wird im nächsten Punkt auf die Notwendigkeit der Erweitung der unter Punkt 2.3.2 vorgestellten ökonomischen Vertrauensforschung eingegangen. Die Berücksichtigung der bereits von Nooteboom geforderten interdisziplinären Erkenntnisse geht dabei von der Grundannahme aus, dass Vertrauen als beziehungsspezifisches Mittel der Unsicherheitsbewältigung aus institutionenökonomischer Sicht zwar mit Hilfe der Transaktionskostentheorie erfasst werden kann, eine adäquate Beschreibung der vertrauensbasierten Beziehungen in Netzwerken aber mit der Integration sozialwissenschaftlicher Erkenntnisse verbunden ist.

2.3.4 Notwendigkeit einer theoretischen Integration in der ökonomischen Vertrauensforschung

Die bisherige Untersuchung der ökonomischen Vertrauensforschung hat gezeigt, dass gegenwärtig eine eindeutige Unterscheidung zwischen Vertrauen und Risiko nicht gelingt (vgl. Punkt 2.3.2). Der grundlegenden Kritik von Williamson, dass Vertrauen in einkommensorientierten Wirtschaftsprozessen nichts zu suchen habe, kann im ersten Schritt durch die Einführung einer sozialen Präferenz entgegnet werden, die zu einer reziproken Erwiderung eines nicht auf monetäre Ziele gerichteten kooperativen Sozialverhaltens auf Basis von Vertraunen führt (vgl. Punkt 2.3.3). Dies erfordert für die ökonomische Theorie eine erweiterte Berücksichtigung der Persönlichkeit der Akteure, die in der Transaktionskostentheorie bislang über die Parameter „Opportunismus" und „beschränkte Rationalität" beschrieben werden.

Insbesondere die individualistischen Konzeptionen betrieblicher Personalarbeit in neuen Organisationsformen können nicht mehr direkt aus diesen strikten Verhaltensannahmen der Transaktionskostentheorie erklärt werden (vgl. Eigler, Joachim 1996, S. 229 ff.). Neben der erhöhten Relevanz ökonomischer Theorien für das Personalmanagement ergeben sich durch eine theoretische Integration für die Organisationstheorie neue Optionen einer interdisziplinären Zusammenarbeit in der neoinstitutionellen Analyse. Erst die Einbettung in bestimmte institutionelle Umwelten und Netzwerke macht aus den anonymen Individuen der ökonomischen Theorie „Personen" mit entsprechenden sozialen Eigenschaften (vgl. Edeling, Thomas 1999, S. 9 ff.).

Die möglichst sparsame Erweiterung kann sich nur auf die relevanten Elemente beziehen, die eine Erklärung von Vertrauen ermöglichen. Wie sich in Punkt 2.3.2 gezeigt hat, richtet insbesondere die institutionenökonomische Vertrauensforschung ihr Augenmerk auf die kognitiven und emotionalen Aspekte, die in den individuellen Sozialisationsprozessen herausgebildet werden und so unbewusst zur Vertrauensvergabe beitragen. Wie im Folgenden gezeigt wird, lassen sich diese Prozesse insbesondere mit Hilfe der Neurowissenschaften für eine ökonomische Analyse nutzbar machen. Da den Emotionen in der modernen Forschung eine besondere Bedeutung zukommt, wird die Frage relevant, wie sich das Rationalmodell der Ökonomik mit Emotionen verträgt. Die Beantwortung dieser Frage im Sinne einer methodengeleiteten Untersuchung der Möglichkeiten einer Integration bislang nicht im ökonomischen Verhaltensmodell benutzter „affektiver Argumente" wird in den bisherigen ökonomischen Ansätzen zum Vertrauen vernachlässigt. Zur konsistenten Modellierung emotionaler Bestandteile einer Vertrauensentscheidung, die mit den unter Punkt 2.1 beschriebenen Grundannahmen des ökonomischen Verhaltensmodells vereinbar sind, werden hier zunächst die Chancen und dabei zu beachtenden Anforderungen beschrieben.

Die Abgrenzung der Neuen Institutionenökonomik zur neoklassischen ökonomischen Theorie erfolgt hauptsächlich durch die Verhaltensannahme der begrenzt rationalen Akteure. Vertreter der verhaltenswissenschaftlichen Entscheidungsforschung weisen allerdings kritisch darauf hin, dass deren Integration insgesamt nur in sehr verkürzter Form erfolgt ist. In zahlreichen Experimenten konnten zudem Entscheidungsanomalien wie der subjektiven Überschätzung der eigenen Einflussmöglichkeiten bei einer objektiv nicht vorhandenen Kontrolle einer Situation nachgewiesen werden, die im Widerspruch zu dem Nutzenmaximierungskalkül stehen, das die Neue Institutionenökonomik von der Neoklassik übernommen hat. Um die normative Aussagekraft der Theorien zu erhöhen zu können, sollten die Ursache dieser Anomalien systematisch berücksichtigt werden. Dabei kommt den emotionalen Einflüssen eine besondere Bedeutung zu (vgl. Franck, Egon/Zellner, Josef 2001, S. 249-276).

Die Berücksichtigung von Emotionen in der normativen Entscheidungstheorie stößt allerdings auf erhebliche Schwierigkeiten, da das ökonomische Rationalitätskonzept auf logisch-analytischen und bewussten kognitiven Informationsverarbeitungsprozessen mit dem paradigmatischen Ziel der subjektiven Nutenmaximierung beruht. Emotionen stellen in dieser Sichtweise lediglich eine irrationale

Restgröße zur Erklärung von Abweichungen zu den normativen theoretischen Aussagen dar, die es nach Möglichkeit zu vermeiden oder wenigstens zu minimieren gilt. Dazu kommt, dass die verhaltensorientierte deskriptive Entscheidungstheorie zwar die normative Entscheidungstheorie in vielen Fällen falsifizieren konnte, jedoch nicht über ein vergleichbares geschlossenes Theoriegebäude verfügt, was zur partiellen Unvereinbarkeit der einzelnen theoretischen Ansätze führt. Allerdings konnten vor allem mit Hilfe neuer Erkenntnisse aus der Neurophysiologie und –psychologie nachgewiesen werden, dass Emotionen in Kombination mit logisch-analytischen Denkprozessen die Qualität von Entscheidungsergebnissen verbessern können. Unter der Prämisse begrenzt rationaler Akteure können Emotionen helfen, das Problem zu lösen, eine befriedigende Lösung als solche überhaupt definieren zu können (vgl. Nippa, Michael 2001, S. 213-247).

Die Erforschung der kognitiven Prozesse beim menschlichen Entscheidungsverhalten ist als ein Teilgebiet der interdisziplinären Neurowissenschaften zu sehen, welche die biologischen Mechanismen für psychische Aktivitäten bestimmen will, indem die Wechselwirkung zwischen genetischen und mentalen Prozessen mit dem Gehirn untersucht wird, wobei auch Umwelteinflüsse berücksichtigt werden. Dabei konnte die prägende Bedeutung früher Beziehungserfahrungen auf die weitere Entwicklung psychischer wie neuronaler Strukturen nachgewiesen werden, die auch von unbewussten emotionalen Prozessen beeinflusst wird. Die neuronale Vernetzung folgt dabei zwar genetischen Vorgaben, sie wird aber im Detail durch lebenslange Erfahrungen geprägt und trägt so zur Herausbildung einer individuellen Persönlichkeit bei (vgl. Beutel, Manfred E. 2002, S. 1 ff.).

Damit verdichten sich die Hinweise, dass Gefühlzustände nicht nur wie bei Ripperger die Funktion der Korrektur kognitiver Prozesse übernehmen (vgl. Punkt 2.3.2), sondern einen eigenen Beitrag zur Wahrnehmung der menschlichen Wirklichkeit leisten. Emotionen dienen bei der autobiographischen Verbindung von gegenwärtigen und vergangenen Erinnerungen als „intrapsychische Koordinatoren" der gefühlten Erinnerung und stellen so die Kohärenz verschiedener mentaler Sphären in Sinne eines einheitlichen Bewusstseins her. Daneben dienen sie der Entwicklung eines einfühlenden Fremdverstehen, wodurch ein empathisches Hineinversetzen in die Bedürfniswelt einer anderen Person möglich wird (vgl. Emrich, Hinderk M. 2004, S. 81 ff.).

Die Fortschritte in den Neurowissenschaften bieten erstmalig die Chance, die den beobachteten Anomalien zu Grunde liegenden kognitiven und emotionalen Vorgänge direkt zu messen und daraus neuronale Implikationen für das ökonomische Verhaltensmodell abzuleiten, indem ökonomisches Handeln über die Beschreibung der entsprechenden Hirnvorgänge erklärt und vorhergesagt werden kann. Ein solcher Versuch findet gegenwärtig in den „neuroeconomics" statt, welche als Schnittstelle zwischen Hirnforschung und Ökonomik die Abweichungen vom Rationalverhalten direkt anhand der natürlichen Quelle menschlicher Entscheidungen analysiert. Das ökonomische Rationalverhalten beschreibt demnach nur noch einen

Unterfall eines neuronalen Entscheidungsmodells, das lediglich bei überschaubaren und wiederholten Situationen auf stabile Präferenzen schließen lässt. Bei komplexeren Interaktionen, die spieltheoretisch modelliert werden und bei denen auf das strategische Verhalten der Mitspieler reagiert wird, kann der Einfluss der für Emotionen verantwortlichen Hirnbereiche nachgewiesen werden. In Vertrauensspielen, bei denen der Vertrauensnehmer den Gewinn einer zuvor vom Vertrauensgeber investierten Summe nach Belieben erstatten oder behalten kann, äußert sich das Vertrauen des Investors in den zweiten Spieler darin, dass er einen relativ hohen Betrag trotz fehlender Sanktionsmöglichkeiten investiert. Dabei lässt sich beim Vertrauensnehmer eine Zunahme des Hormons Oxytocin beobachten, dessen Auftreten sonst intensive soziale Interaktionen wie das Stillen eines Kindes durch die Mutter steuert. Somit kann die neuroökonomische Forschung wichtige Impulse für die ökonomische Theoriebildung bezüglich sozialer Präferenzen liefern, sie bleibt aber stark abhängig von den neuesten Forschungsergebnissen der Neurowissenschaften (vgl. Camerer, Colin/Loewenstein, George/Prelec, Drazen 2003, S. 1 ff.).

Daher sind solche Ansätze der Anomaliebewältigung, die das bisherige ökonomische Modell nicht nur erweitern, sondern letztlich ersetzten wollen, zunächst als Startpunkte neuer Theoriebildungen zu verstehen und nicht als abschließende Beweise. Sie enthalten dafür aber neue Fragestellungen, welche zuvor nicht behandelt wurden. Das Augenmerk ökonomischer Modelle wird so bei Beibehaltung maximierenden Verhaltens auf die Existenz ineffizienter Gleichgewichte gelegt, die eine zusätzliche Erklärung über die bisherigen Modellbe-schreibungen hinaus verlangen und damit zu ihrer Erweiterung beitragen (vgl. Lazear, Eward P. 2000, S. 141 f.). Dabei kommt der Entwicklung der menschlichen Persönlichkeit eine zentrale Bedeutung zu.

Die Frage nach der Prägung der Persönlichkeit des Menschen ist verhaltenswissenschaftlich umstritten und kann nicht abschließend beantwortet werden. Nach gegenwärtigem Forschungsstand stellen die ersten Lebensjahre eine besonders wichtige Prägephase dar, in der die individuellen Persönlich-keitsmerkmale etwa zu 30 bis 40 Prozent erworben werden. Da die genetischen Bestimmungsfaktoren ein Gewicht von 40 bis 50 Prozent haben, verbleiben nur noch etwa 20 Prozent der Persönlichkeitsstruktur, die durch spätere Erlebnisse herausgebildet werden (vgl. Roth, Gerhard 2001, S. 353 f.). Damit scheint sich ein bereits früh gebildeter Persönlichkeitskern im weiteren Lebensverlauf eher zu verfeinern und es kommt so zu einer größeren Abhängigkeit der späteren Entscheidungen von diesem grundlegenden Präferenzbestand. Dies stützt zwar die ökonomische Annahme weitgehend konstanter Präferenzen, allerdings wird gleichzeitig auch die Willensfreiheit der Individuen bei der rationalen Verfolgung ihrer Wünsche stärker an die früheste Kindheitsentwicklung gebunden.

Aus ökonomischer Sicht macht es bei der Analyse des Zusammenhanges zwischen stabilen Verhaltensmustern und Institutionen daher Sinn, sich stärker als bisher auf

diese Phase zu konzentrieren, um so systematisch auftretende Persönlichkeitsmerkmale zu analysieren und als Restriktion zu formulieren, die zur Herausbildung
wechselseitig stabiler Erwartungen in sozialen Beziehungen beitragen. Nachdem die
im letzten Punkt beschriebene grundsätzliche soziale Präferenz für vertrauensvolle
Beziehungen durch die Reziprozität der kooperativen Verhaltensweisen trotz möglicher opportunistischer Verhaltensspielräume beim Vertrauensnehmer auch durch
die moderen Hirnforschung bestätigt werden konnte, stellt sich die Frage, inwieweit
insbesondere frühkindlich geprägte Emotionen für diese Präferenz verantwortlich
sind. Neben den präferenzbildenden Einflüssen lassen sich kognitive wie affektive
Bestandteile der individuellen Unsicherheitsbewältigung auch als Restriktionen abbilden. Die Gefahr bei der Einführung von emotionsbedingten Präferenzänderungen besteht darin, dass diese bereits innerhalb einer betrachteten Periode wirksam werden und somit die in der Ökonomik durchgeführte analytische Trennung
zwischen variablen situativen Anreizen und konstanten Zielgrößen aufhebt. Dadurch werden eindeutige Vorhersagen erschwert und das Modell insgesamt in
Frage gestellt. Mit unklaren Aussagen lässt sich schließlich auch kein fruchtbarer
interdisziplinärer Dialog begründen.

Die notwendige Integration der emotionalen Vertrauensquellen in der ökonomischen Vertrauensforschung ist darüber hinaus mit der Sozialkapitalforschung konfrontiert, die mit dem sozialen Kapital einer sozialen Entität eine alternative Erklärungsgröße zwischenmenschlichen Kooperationsverhaltens darstellt. Wie der nachstehende Überblick über die verschiedenen sozialwissenschaftliche Ansätze zum
Sozialkapital zeigt, besteht derzeit eine enge Verbindung zwischen Vertrauen und
Sozialkapital, ohne dass sich ein allgemeingültiger Konses über die Richtung des
Wirkungszusammenhangs zwischen beiden Größen etabliert hat. Diese Situation ist
vergleichbar mit der innerhalb der interdisziplinären Vertrauens-forschung (vgl.
Punkt 2.3.2) und erfordert eine inhaltliche Klärung, damit eindeutige Vorhersagen
möglich werden. Bei der theoretischen Integration eines ökonomisch fundierten
Mechanismus, der die disziplinäre Vertrauensforschung erweitert und anschlussfähig an den Begriff des Sozialkapitals bleibt, sind somit bestimmte Anforderungen
zu beachten.

Gesucht ist ein Mechanismus,

• der das vertrauensgeleitete Sozialverhalten der Individuen auf Basis unbewusster Emotionen sowie Kognitionen systematisch vorhersagen
  kann.

• der dabei eine Abgrenzung zwischen Vertrauen und Risiko ermöglicht.

• der dadurch einen substanziellen Beitrag zur Erforschung der individuellen Unsicherheitsbewältigung in Netzwerkorganisationen liefert.

- der eine systematische Erklärung individueller Varianzen bei der Vertrauensentstehung erlaubt.

- der sich konsistent in das ökonomisch Verhaltensmodell integrieren lässt und damit einer institutionenökonomischen Analyse zugänglich bleibt.

Eine sozialwissenschaftliche Erklärung durch einen Mechanismus liegt dann vor, wenn die Beziehung zwischen zwei Variablen durch mindestens eine intervenierende Variable abgebildet werden kann. Der kleinstmögliche Mechanismus ist damit eine sinnvolle kausale Argumentationskette, in der nur eine einzige unabhängige Variable auf die einzige intervenierende Variable wirkt, die wiederum die einzige abhängige Variable beeinflusst (vgl. Opp, Karl-Dieter 2004, S. 364). Die letzte Anforderung der konsistenten Integation an den hier gesuchten Mechanismus zielt auf die transaktionskostentheoretische Fundierung dieser Arbeit ab, während die vorletzte Anforderung die Gleichsetzung von Vertrauen mit Sozialkapital ausschließt. Die begriffliche Unklarheit durch die Verwendung zweier Variablen zur Beschreibung eines einzigen Sachverhaltes ließe zumindest eine Erklärungsgröße redundant werden. Wie im nächsten Punkt gezeigt wird, wird Vertrauen in der Forschung zum Teil als eine Dimension von Sozialkapital betrachtet. Institutionen bilden dann eine weitere mögliche Dimension. Um die Verbindung zwischen Sozialkapital und Vertrauen bestimmen und gleichzeitig die Bedingung der Erklärung individueller Varianzen bei der Vertrauensentstehung beachten zu können, kann Vertrauen hier nicht als eine Dimension von Sozialkapital fungieren. Die Veränderung von Vertrauen würde somit zwar zu einer Veränderung von Sozialkapital beitragen, aber selbst bei einer Konstanthaltung der weiteren Dimensionen wären so keine Aussagen über die Gründe möglich, die zu dieser Veränderung beigetragen haben. Die Konstanthaltung ist zudem gerade nicht vorgesehen, da alle berücksichtigten Dimensionen zur Vermehrung von Sozialkapital führen sollen.

Vertrauen ist damit kein Bestandteil von Sozialkapital, sondern vielmehr das Ergebnis der verschiedenen Formen von Sozialkapital. Sozialkapital ist damit die Ursache von Vertrauen, das wiederum als die Ursache erfolgreicher Handlungen innerhalb eines Kollektivs betrachtet werden kann (vgl. Ostrom, Elinor/Ahn, T. K. 2003, S. xvi). Darauf aufbauend ist Vertrauen aus transaktionskostentheoretischer Sicht somit das zentrale Bindeglied zwischen Sozialkapital und der Effizienz von Austauschbeziehungen innerhalb eines Kollektivs. Im Folgenden wird die Forschung vorgestellt und hinsichtlich dieses Zusammenhanges näher betrachtet.

2.4 Vertrauen durch spezifische Investitionen in Sozialkapital

Wird davon ausgegangen, dass mehr Vertrauen zu einer höheren Austauscheffizienz führt und es über die Erhöhung von Sozialkapital positiv beeinflusst werden kann, müssen spezifische Investitionen in Sozialkapital auch zu einem höheren Vertrauen innerhalb des betrachteten Kollektivs führen als unspezifische Investitionen. Soll mehr Vertrauen zu höheren Effizienzvorteilen in Netzwerkorganisationen führen, kann diese ökonomische Grundlogik als Ausgangsgspunkt genommen werden, um Vertrauen durch spezifische Investitionen in Sozialkapital zu begründen. Die folgende Darstellung der bestehenden Ansätze zum Sozialkapital geht daher unter Punkt 2.4.4 auch auf die bestehenden Forschunglücken unter expliziter Berücksichtigung der spezifischen Investitionen in Sozialkapital zur Vertrauensbildung ein. Dadurch kann, wie im letzten Punkt gefordert, ein Mechanismus bestimmt werden, der Sozialkapital als unabhängige Variable formuliert und Vertrauen als abhängige Variable, die durch die intervenierende Variable der noch näher zu erläuternden „psychischen Sicherheit" verbunden werden.

2.4.1 Entwicklung und Stand der Sozialkapitalforschung

Der Begriff des Sozialkapitals stellt gegenwärtig eine der nachhaltigsten Herausforderungen bei der interdisziplinären Erforschung der Informationsgesellschaft dar. Die organisationstheoretische Analyse menschlichen Sozialverhaltens in den Sozialwissenschaften trifft zunehmend auf interdisziplinäre Fragestellungen bezüglich menschlichen Kooperationsverhaltens aus den Verhaltenswissenschaften –vor allem der Soziologie und Psychologie. Die neue Erkenntnisse der Neurowissenschaften ermöglichen dank moderner Messtechnologien zudem erstmalig einen direkten Einblick in die kognitiven Vorgänge bei individuellen Entscheidungsprozessen. Der auf dem Markt der Gesellschaftstheorien lang anhaltende Wettbewerbsvorteil der Ökonomik mit ihrer disziplinären Verengung menschlichen Verhaltens unter dem Modell des homo oeconomicus gerät dabei immer mehr ins Wanken. Dadurch werden auf der einen Seite umfangreichere interdisziplinäre Forschungskooperationen möglich, die zu neuen Erkenntnissen führen. Auf der anderen Seite lässt sich bei der Vielzahl der sich auf Sozialkapital beziehenden Arbeiten insbesondere in der sehr praxisnahen Literatur auch ein begriffliches Wildern in verschiedenen Theorietraditionen beobachten, so dass letztlich jede Art von menschlichen Verhalten mit Sozialkapital erklärt werden kann, wenn nur mindestens zwei Personen irgendwie miteinander in Verbindung stehen. Unter dem Label Sozialkapital fallen daher die unterschiedlichsten Fragestellungen zur Analyse sozialer Beziehungen innerhalb einer bestimmten Sozialstruktur.

Sie reichen von der gesamtgesellschaftlichen Perspektive einer vertrauensfördernden Landeskultur (vgl. Fukuyama, Francis 1995, S. 40 ff.) über das gewachsene Vertrauen in bestimmten Regionen und Gruppen als Basis demokratischer Prozesse einer Zivilgemeinschaft (vgl. Putnam, Robert D. 1993, S. 163 ff.) bis hin zur rein personenorientierten Interpretation als Humankapital (vgl. Becker, Gary S. 1998, S. 3 ff.). Mittlerweile hat der Begriff des Sozialkapitals eine breite Diskussion innerhalb der gesamten Sozialwissenschaften ausgelöst. Kritiker weisen allerdings auf die Inhaltsleere in Folge seiner weiten begrifflichen Heterogenität hin, die diesen Ansatz obsolet werden lässt, während Befürworter seine verstärke Präzisierung anstreben, um ihn in bestehende Modelle integrieren zu können (vgl. Panther, Stephan 2002, S. 156-166). Die in Verbindung mit Sozialkapital diskutierten Fragen werden in ihren einzelnen Aspekten unter anderen Bezeichungen bereits seit längerer Zeit in den Sozialwissenschaften diskutiert, so dass die Gefahr besteht, bei der Analyse der entsprechenden sozialen Probleme kein neues „Heilmittel" anbieten zu können, sondern lediglich alten Wein in neuen Schläuchen zu präsentieren (vgl. Portes, Alejandro 1998, S. 21). Die Geschichte der relativ jungen Sozialkapitalforschung ist derzeit noch offen in Richtung Erfolg oder Misserfolg. Daher werden im Folgenden die Gemeinsamkeiten, Stärken und Schwächen der wichtigsten Ansätze vorgestellt und die Implikationen für die weitere Arbeit abgeleitet.

Seine erstmalige Erwähnung findet der Begriff in der stadtsoziologischen Untersuchung von Hanifan über die regionalen Gemeinwesen in den USA. Sozialkapital wird dort als „good will, fellowship, sympathy, and social intercourse among the indivuals and families who make up a social unit" (Hanifan, Lyda J. 1920, S. 78) definiert. Damit ist der Begriff des Sozialkapitals älter als der des Humankapitals, ohne dass die Arbeit von Hanifan jedoch in der Folgezeit weitere Beachtung gefunden hätte (vgl. Schechler, Jürgen M. 2002, S. 25 ff.). Erst in den 1960er Jahren wird der Begriff als Determinante für die Gruppenbildung im Rahmen der Erforschung abweichenden Verhaltens durch die Stadtsoziologie wieder aufgegriffen. Zu Beginn der 1980er Jahre ist es zunächst Pierre Bourdieu (1983), der das Sozialkapital von individuellen Beziehungsnetzen in einen allgemeineren gesellschaftstheoretischen Kontext bringt, bevor James Coleman (1991) erstmalig einen systematischen Ansatz vorlegt, der das Konstrukt auf Basis der Rational-Choice-Theorie konsistent mit dem Konzept der Einbettung von Transaktionen in geschlossene Sozialstrukturen in Verbindung bringt.

Kerngedanke aller Ansätze von Sozialkapital ist der potenzielle Wert einer Beziehung für ein Individuum, welches seine Beziehungen im Rahmen von Austauschhandlungen mit anderen Individuen einsetzen kann. Die Frage, wo dieser Wert am größten ausfällt, führt zur grundlegenden Unterscheidung in gruppeninterne Sozialkapitalbestände (bonding forms of social capial) und gruppenexterne Beziehungen, die zu Sozialkapital führen (bridging forms of social capital). Die letztgenannte individuumszentrierte Perspektive fokussiert auf das persönliche Netzwerk eines fokalen Akteurs, der seinen Nutzen durch möglichst viele Beziehungen zu verschiedenen Gruppen maximieren kann, während die erste Perspektive den internen Zusammenhalt eines Kollektivs betont, der gemeinsame Ziele leichter erreichen lässt (vgl. Adler, Paul S./Kwon, Seok-Woo 2002, S. 17 ff.). Mittlerweile besteht trotz aller inhaltlichen Differenzen in der Forschung ein Konsens darüber, dass sich Sozialkapital auf die informellen Aspekte sozialer Beziehungen richtet. Der Untersuchungsgegenstand liegt allgemein im Kontext von Normen, Netzwerken und Vertrauen, das vor allem in der Ökonomik das zentrale Leitbild der konzeptionellen Arbeiten darstellt (vgl. Panther, Stephan 2002, S. 170 f.)

Gemeinsamer Nenner der unterschiedlichen Konzeptionen sind die Ressourcen, zu denen ein soziales Netzwerk Zutritt verschafft und der Nutzen, der mit der Mobilisierung dieser Ressourcen für die Mitglieder verbunden ist (vgl. Lin, Nan 1999, S. 471). Dadurch verschiebt sich der unternehmenstheoretische Fokus von der klassischen Perspektive des Marktversagens als Ursache der Unternehmensfunktion auf die Ressourcen sozialer Netzwerke, die in den Organisationen vorhanden sind und deren Wettbewerbsvorteile durch einen verbesserten und schnelleren Wissensaustausch begründen (vgl. Nahapiet, Janine/Goshal, Sumantra 1998, S. 242). Das Wissen wird damit zur strategischen Ressource, deren Austausch mit Hilfe von Sozialkapital sowohl durch die externen Beziehungen eines Individuums als auch durch seine Beziehungen innerhalb eines sozialen Kollektivs erleichtert werden kann. Die Definitionen der wichtigsten Arbeiten lassen sich daher in Abbildung 4 mit Adler und Kwon nach der gruppeninternen und gruppenexternen Perspektive unterscheiden.

60

Vertreter der internen Perspektive	
Coleman, James S. (1991), S. 392	„Soziales Kapital wird über seine Funktion definiert. Es ist kein Einzelgebilde, sondern ist aus einer Vielzahl verschiedener Gebilde zusammengesetzt, die zwei Merkmale gemeinsam haben. Sie alle bestehen nämlich aus irgendeinem Aspekt einer Sozialstruktur, und begünstigen bestimmte Handlungen von Individuen, die sich innerhalb der Struktur befinden."
Putnam, Robert D. (1993), S. 167	„Social capital here refers to features of social organization, such as trust, norms and networks, that can improve the efficiency of society by facilitating coordinated actions"
Fukuyama, Francis (2000), S. 13	„instantiated, informal norms that produce cooperation"
Vertreter der externen Perspektive	
Bourdieu, Pierre (1983), S. 190	„Das Sozialkapital ist die Gesamtheit der aktuellen und potentiellen Ressourcen, die mit dem Besitz eines dauerhaften Netzes von mehr oder weniger institutionalisierten *Beziehungen* gegenseitigen Kennens oder Anerkennens verbunden sind"
Burt, Roland S. (1992, S. 9)	„friends, colleagues, and more general contacts through whom you receive opportunities to use your financial and human capital"
Portes, Alejandro (1998, S. 6)	„the ability of actors to secure benefits by virtue of membership in social networks or other social structures"
Vertreter beider Perspektiven	
Nahapiet, Janine/Goshal, Sumantra (1998), S. 243	„The sum of the actual and potential resoures embedded within, available through, and derived from the network or relationships possessed by an individual or social unit. Social Capital thus comprises both the network and the assets that may be mobilized through that network"
Woolcock, Michael (1998), S. 153	„the information, trust, and norms of reciprocity inhering in one's social networks"
Adler, Paul S./Kwon, Seok-Woo (2002), S. 23	„Social Capital is the goodwill available to individuals or groups. Its sources lies in the stucture and content of the actor's social relations. Its effects flow from the information, influence, and solidarity it makes available to the actor. "

ABBILDUNG 4: DEFINITIONEN UND PERSPEKTIVEN VON SOZIALKAPITAL. QUELLE: I. A. AN ADLER, PAUL S./KWON, SEOK-WOO (2002), S. 20.

Die Diskussion verliert allerdings durch die Existenz von zwei verschiedenen Sichtweisen innerhalb der internen Perspektiven der Sozialkapitalforschung an inhaltlichem Profil und trägt so zur weiteren Begriffsunklarheit bei, da diese jeweils einen unterschiedlichen Fokus auf die Bedeutung von Vertrauen legen und nicht immer trennscharf voneinander abzugrenzen sind. Die kulturelle Perspektive, die vor allem von Fukuyama vertreten wird, betrachtet Sozialkapital als Menge von informellen Werten einer Gruppe, die zur kollektiven Selbstbindung führt. Individuelle Vertrauenswürdigkeit entsteht somit durch reine Zugehörigkeit zu einem Netzwerk als kultureller Entität. Der relationale Ansatz fokussiert dagegen auf die Beziehungen der Individuen, wie dies bei Putnam als dessen Hauptvertreter zentral wird. Dabei führen die institutionellen Anreize der bestehenden Sozialstruktur -etwa durch wiederholte Interaktionen- zur Herausbildung reziproker Verhaltensweisen. Dieses kooperative Verhalten wird die Voraussetzung für Vertrauen in einem Netzwerk strategisch handelnder Spieler. Im Gegensatz zur kulturellen Sichtweise sind die Akteure mit unterschiedlichen Präferenzen ausgestattet. Die Entscheidung für Vertrauen beruht auf einem bewussten Abwägen der einzelnen Interessen. Die sich in den Ansätzen kollektiven Handelns findenden drei Hauptdeterminanten von Sozialkapital in Form von Vertrauenswürdigkeit, sozialen Netzwerken und Institutionen werden somit von beiden Forschungsperspektiven geteilt. Es herrscht aber noch kein Konsens darüber, welche der drei Größen die ausschlaggebende ist und welche kausalen Wirkungsrichtungen zwischen ihnen bestehen. Während die kulturelle Perspektive Vertrauenswürdigkeit als kulturabhängige Variable betrachtet, wird sie in der beziehungsorientierten Sichtweise zur unabhängigen und mit Netzwerken und Institutionen gleichwertigen Quelle von Sozialkapital, das wiederum zur Entstehung von interpersonalem Vertrauen beiträgt. Vertrauenswürdigkeit kann als grundsätzliche, je nach Ansatz mehr oder weniger anreizunabhängige Präferenz zu reziprokem Verhalten verstanden werden, wogegen Vertrauen sich auf die Erwartung des Vertrauenden bezüglich der intrinsischen Motivation des Vertrauensnehmers bezieht (vgl. Ahn, T. K./ Ostrom, Elionor 2002, S. 4 ff.).

Wie unter Punkt 2.3.3 gezeigt wurde, muss reziprokes Verhalten nicht unbedingt zu Vertrauen beitragen. Vertrauen ist vielmehr erst durch die unbewussten Quellen einer sozialen Präferenz für Vertrauensbeziehungen auf reziproker Basis ableitbar. Erst die Berücksichtigung dieser unbewussten Quellen macht Vertrauen vom Risiko unterscheidbar. Wird die Vertrauenswürdigkeit als Dimension von Sozialkapital betrachtet, ist in den einfachen Modellen keine Beschreibung eines Mechanismus der Vertrauensentstehung möglich, da der Zusammenhang zwischen Vertrauenswürdigkeit als Teil des verursachenden Sozialkapitals und Vertrauen als dessen direkte Wirkung nicht mehr über eine intervenierende Variable abgebildet werden kann. Soll Sozialkapital als eine intervenierende Variable zwischen der Vertrauenswürdigkeit und dem Vertrauen fungieren, ist die verursachende Variable von der intervenierenden Variable somit nicht mehr eindeutig unterscheidbar. Sind jedoch die unbewussten Quellen der Präferenz für reziprokes Verhalten bestimmt, sind systematische Aussagen darüber möglich, wann einem Transaktionspartner Vertrauenswürdigkeit zugeschrieben wird. Da Vertrauen durch den besonderen Nutzen von vertrauensvollen Beziehungen auf reziproker Basis rational begründet wird, sollte die verursachende Größe die unbewussten Quellen enthalten, die auf der bewussten Ebene die reziproke Natur der Vertrauenswürdigkeit als intervenierende Variable abbildet, welche dann zum Vertrauen als abhängige Wirkungsgröße führt.

Der hier beschriebene Wirkungszusammenhang, nach dem Sozialkapital über die intervenierende Variable der Vertrauenswürdigkeit zu Vertrauen beiträgt, findet in den derzeitigen Ansätzen zu wenig Beachtung. Diese integrieren die Vertrauenswürdigkeit oftmals einfach als Dimension von Sozialkapital und können so nicht mehr die besondere Rolle von Insitutionen als unabhängige Quelle von Vertrauenswürdigkeit auf reziproker Basis näher untersuchen. Derzeit lässt sich vor allem das Fehlen eines allgemein anerkannten kausalen Zusammenhangs zwischen Vertrauen und Sozialkapital als Hauptmangel in der gegenwärtigen Diskussion festhalten, da Vertrauen sowohl Ursache als auch Wirkung von Sozialkapital sein kann. Soll Vertrauen mit Sozialkapital in Verbindung gebracht werden, ist diese Frage aus der ökonomischen Sicht der Einsparung von Transaktionskosten durch Vertrauen innerhalb einer sozialen Struktur von Beziehungen zwischen Individuen zu beantworten, die neben ihren Einkommenszielen auch eine vertrauensstiftende Bindungspräferenz besitzen. Die Unterscheidung zwischen „starken" und „schwachen" Beziehungen dient dabei als Ausgangspunkt, da sie den Gedanken der kalkulierten Unsicherheitsbewältigung in Transaktionen aufgreifen kann.

Bei der Entstehung von Vertrauen durch enge Beziehungen ist zu beachten, dass bindendes Sozialkapital Menschen zusammenbringt, die in ganz bestimmten Merkmalen wie Ethnizität, Alter, Geschlecht oder sozialer Klasse übereinstimmen, während brückenbildendes Sozialkapital unterschiedliche Personen mit wenigen Gemeinsamkeiten verbindet. Die Dimensionen können aber nur analytisch abgegrenzt werden, da sie in der Realität oftmals parallel auftreten, wenn zum Beispiel religiöse Gruppen Angehörige aus verschiedenen Gesellschaftsschichten integrieren oder die Gruppenmitglieder zwar unterschiedlicher ethnischer Herkunft sind, aber alle Mitglieder einem Geschlecht zugehören, wie dies für manche Sportvereine gilt (vgl. Putnam, Robert D./Goss, Kristin A. 2001, S. 28 f.) Das überbrückende Sozialkapital beschreibt somit im Wesentlichen horizontale Beziehungen zwischen Personen mit nur noch allgemein vergleichbaren demographischen Merkmalen. Das innerhalb einer Gruppe bindende Kapital bezieht sich demnach darauf, mit Hilfe der Gemeinschaft zurecht zu kommen, wogegen sich das überbrückende Kapital auf das Weiterkommen durch neue Optionen richtet (vgl. Woolcock, Michael 2001, S. 4 ff.).

Die bislang zwar grundsätzlich analysierte, aber nicht im fachlichen Konsens beantwortete zentrale Fragestellung besteht folglich darin, wie sich das Spannungsverhältnis aus notwendiger Stabilität durch gewachsene Beziehungen und geforderter Flexibilität durch neue externe Informationskanäle beim Vertrauensaufbau in den Griff bekommen lässt. Dabei ist außerdem die Frage zu klären, inwiefern das neue Konstrukt Sozialkapital in der ökonomischen Vertrauensforschung überhaupt gebraucht wird. Bei der Antwort kann eine Gegen-überstellung der markantesten Positionen beider Sichtweisen helfen. Als einflussreiche Hauptvertreter dieser beiden Sozialkapitalansätze in der Organisationstheorie lassen sich Colemann und Burt nennen, deren Ansätze sich bislang recht unversöhnlich gegenüberstehen. Beide Ansätze fußen auf dem methodologischen Individualismus und der Rational-Choice-Theorie, so dass sie sich grundsätzlich mit dem ökonomischen Verhaltensmodell vereinbaren lassen.

Für die das innerhalb einer Organisation auftretende individuelle Verhalten untersuchende Personal- und Organisationsforschung erweisen sich diese beiden Ansätze in Folge ihrer eindeutigen theoretischen Fundierung und der Analyse auf der Mikroebene der individuellen Akteure am besten geeignet, wogegen Bourdieu eine makrosoziologische Erklärung sozialer Ungleichheit liefert, die eher auf der gesamtgesellschaftlichen Ebene angesiedelt ist. Neben den inter- und überorganisationalen Zusammenhängen der Makroebene zielt die Mesoebene auf das Verhalten und bestimmte Eigenschaften einer gesamten Organisation, so dass sie ebenfalls als relevante Analyseebene in Frage kommt. Den entsprechenden Arbeiten von Nahapiet und Goshal, Adler und Kwon sowie Putnam, die sich tendenziell mehr auch auf dieser Ebene bewegen, mangelt es aber an einer expliziten theoretischen Fundierung, so dass die Beziehungen zwischen den einzelnen Variablen entweder gar nicht in einen systematischen Zusammenhang gebracht oder eklektizistisch verbunden werden. Die Rational-Choice-Theorie bei Coleman stellt derzeit die am weitesten ausgearbeitete Mikrotheorie dar. Die aus der Netzwerkforschung abgeleitete strukturelle Handlungstheorie bei Burt weist ebenfalls auf die methodischen Wurzeln hin, schließt aber bis auf die schwache Verbindung der autonomen Individuen in Form von strukturellen Löchern weite Teile der soziologischen Handlungstheorie aus, so dass unklar bleibt, ob und wie diese mit dem Begriff des Sozialkapitals verbunden werden können (vgl. Jans, Manuel 2003, S. 6 ff.). Mit Hilfe der Unterscheidungsdimensionen „Analyseebene" und „Ausmaß" der theoretischen Fundierung" lassen sich die insbesondere für Personalfragen geeigneten von den weniger geeigneten Sozialkapitalansätzen unterscheiden.

Ausmaß der theoretischen Fundierung

		eher gering	eher hoch
	Makro	• **Fukuyama**	• **Bourdieu**
Analyse-ebene	Meso	• **Putnam**	
		• **Nahapiet/Goshal, Adler/Kwon**	
	Mikro	• **Portes**	• **Burt** • **Coleman**

ABBILDUNG 5: VORTEILHAFTIGKEIT MIKROSOZIOLOGISCHER SOZIALKAPITALKON-
ZEPTE.. QUELLE: JANS, MANUEL (2003), S. 27.

Die Abbildung macht deutlich, das vor allem die mikrosoziologischen Theorien von Coleman und Burt in der weiteren Untersuchung im Sinne der Verbindung mit einem ökonomischen Sozialkapitalkonstrukt Verwendung finden. Die Arbeiten von Woolcoock behandeln zwar ebenfalls alle drei Analyseebenen, gehen aber eklektizistisch vor und behandeln Vertrauen als Element von Sozialkapital, so dass sie hier nicht weiter beachtet werden. Im Zentrum der weiteren Untersuchung steht die Integration sozialwissenschaftlicher Erkenntnisse in das ökonomische Verhaltensmodell, so dass sich neben der theoretischen Fundierung die Mikroebene systematischer Vorhersagen individuellen Handelns als fruchtbare Gemeinsamkeit erweist, die bei Coleman am weitesten fortgeschritten ist.

Die nutzbaren Gemeinsamkeiten mikroökonomischer und mikrosoziologischer Theorien bestehen in der Sicht des einzelnen Menschen als analytischem Ausgangspunkt, dessen Handeln sich an den Ergebnissen bzw. Nutzen orientiert und der dabei die relevanten negativen Sanktionen reduzieren will. Allerdings gehen die ökonomischen Modelle dabei von einer weitgehenden Wahlfreiheit der Individuen aus, was zur Vernachlässigung der in den soziologischen Ansätzen berücksichtigten kulturellen Prägung der Akteure beiträgt. Letzteren ist es jedoch nicht gelungen, das Verhältnis zwischen kulturellen Vorgaben und individueller Freiheit zufriedenstellend beschreiben zu können (vgl. Etzrodt, Christian 2003, S. 306 ff.). Da sich Coleman explizit mit dem kalkulierenden Vertrauen befasst hat (vgl. Punkt 2.3.2), bleibt zu klären, ob sein Ansatz für die weitere Arbeit größere Möglichkeiten als der von Burt bietet.

Coleman weist auf die hohe Bedeutung der Geschlossenheit einer Sozialstruktur bei der Nutzung von Vertrauen in deren sozialen Beziehungen hin, um eine hinreichend hohe Emergenz der Normen in sozialen Netzwerken sicherstellen zu können. Sozialkapital drückt sich durch die verbesserten Beziehungen ihrer Mitglieder aus, wodurch bestimmte kollektive Handlungen erleichtert werden. Bei den Formen von Sozialkapital weist Coleman neben dem Informationspotential der Beziehungen auf Normen und wirksame Sanktionen hin, was mit dem erwarteten Informationsnutzen auf Basis des Beziehungswissens und der Existenz einer institutionellen Anreizstruktur einhergeht. Daneben führen die reziproken Verpflichtungen und Erwartungen zur Vertrauenswürdigkeit, die als weitere Form von Sozialkapital betrachtet wird. Unterschiede zur ökonomischen Theorie ergeben sich durch die Sozialkapitalform der Herrschaftsbeziehungen, die als die Übertragung und Bündelung von Kontrollrechten bei einem Akteur des Netzwerkes verstanden werden, der damit eine hohe Macht erhält (vgl. Coleman, James S. 1991, S 389 ff.).

Die soziologische Kategorie der Macht wird von Williamson ähnlich wie der Vertrauensbegriff als diffus abgelehnt, da sie seiner Meinung nach zur Verwässerung der ökonomischen Institutionenanalyse durch eine Abkehr vom Risikokalkül beiträgt. Die Frage wirtschaftlicher Macht wird daher ebenso wie Pfadabhängigkeiten als ein zentrales Spannungsfeld in der Organisationsforschung betrachtet, welches bislang aber noch nicht entschärft werden konnte, da die Transaktionskostentheorie darauf bislang nicht eingeht (vgl. Williamson, Oliver E. 1998, S. 48 ff.). Für den weiteren Verlauf dieser Arbeit wird auf Machtaspekte nicht eingegangen, da sich das Ziel dieser Arbeit auf die ökonomische Analyse von Vertrauen durch Sozialkapital beschränkt. Die „Macht" eines Individuums lässt sich in dem egozentrierten Ansatz von Burt nährungsweise durch dessen Zugang zu neuen Informationskanälen und dem entsprechend höheren Informationsnutzen im Vergleich zu seinen Konkurrenten ausdrücken.

Sozialkapital bezieht sich bei Burt auf die erweiterten Möglichkeiten in einer sozialen Struktur, dieses individuelle Wissen durch eine entsprechende soziale Position auch möglichst nutzenstiftend einsetzen zu können. Managern gelingt die Schaffung eines Mehrwertes für ihren Arbeitgeber durch ihre Koordination der unterschiedlichen Eigenschaften der für ein zu lösendes Problem benötigten Mitarbeiter, indem sie sich dabei auf ein Netzwerk von Kontakten stützen können, das die Allokation des geforderten Wissens gewährleistet. Dabei verbinden sie als Informationsbroker bislang weitgehend unverbundene Personencluster in den unterschiedlichen personalen Netzwerken eines Unternehmens. Sie überwinden die strukturellen Löcher innerhalb einer sozialen Struktur, indem sie den Informationsaustausch zwischen den Akteuren an den Rändern dieser Beziehungslöcher kontrollieren. Der Informationsnutzen ergibt sich aus dem früheren Zugang zu relevanten und nicht redundanten Informationsquellen, die wiederum durch den Grad ihrer Verschiedenartigkeit dazu führen, sich weitere individuelle Möglichkeiten strategisch erschließen zu können. Das durch die strukturellen Löcher generierte Sozialkapital ist daher umso höher, je weniger Manager die gleichen Aufgaben übernehmen und die gleichen Informationskanäle nutzen. Somit ist der Wert des Sozialkapitals für die Manager negativ mit der Existenz von Informationsredundanzen in Form von konkurrierenden Managern als Peers innerhalb einer Organisation verknüpft. Gibt es etwa für einen Topmanager keine Peers oder arbeiten wenige Peers autonom bzw. isoliert voneinander in ihren sozialen Kontexten, verfügen sie über ein Monopol bezüglich des Wertes ihres Informationsnutzens durch das Überspannen struktureller Löcher innerhalb des von ihnen zugänglichen Personenkreises. Dem Nutzen dieses Monopols stehen die Kosten von Verhandlungen über immer größere strukturelle Löcher in Verbindung mit einer höheren Unsicherheit für die Manager gegenüber, die dadurch verstärkt mit Stress und Konflikten umgehen müssen (vgl. Burt, Roland S. 1997, S. 339 ff.).

Burt stützt sich dabei auf das von Granovetter ausgearbeitete Argument der „weak ties", wonach sich neue Handlungsoptionen in persönlichen Netzwerken vor allem durch weniger intensive Beziehungen ergeben. Die Stärke einer als symmetrisch angenommenen Verbindung entspricht dabei der Kombination der Menge an Zeit, emotionaler Intensität, Intimität und reziproker Dienste, durch welche die Beziehung charakterisiert wird. Freundschaften entstehen nur bei starken Beziehungen und führen dazu, dass sich die Eigenschaften der Beteiligten ähnlicher werden. Kennen sich die Personen A und B näher und ist A auch mit C bekannt, wird im Laufe der Zeit C mit B in Kontakt treten. Diese zu erwartende Übertragung von bestehenden Beziehungsmustern in sozialen Gruppen führt dazu, dass Informationsredundanzen auftreten. Schwache Beziehungen, bei denen A und B zu verschiedenen Gruppen gehören und nur über C in Kontakt kommen, können als Brücken fungieren, die in einem Netzwerk strenggenommen den einzigen oder kürzesten Pfad zwischen zwei Punkten bilden. Diese Brücken beschleunigen die Verbreitung von neuen Informationen aus anderen Gruppen umso stärker, je mehr sich ein Individuum auf seine „weak ties" stützen kann. In einer empirischen Studie mit 64 Arbeitssuchenden in Boston erwiesen sich die schwachen Verbindungen als hauptsächliche Informationsquelle, die zur Aufnahme der neuen Stelle geführt hat (vgl. Granovetter, Mark S. 1973, S. 1360 ff.).

Will Granovetter lediglich die Stärke von Beziehungen näher betrachten, behandelt der Ansatz der strukturellen Löcher die Kluft zwischen den nur schwach verbundenen Personen in verschiedenen Clustern, die zu einem Informationsgewinn führt. Dadurch kann auch auf die Kontrollvorteile eingegangen werden, die aus der Überbrückung von strukturellen Löchern entstehen. Informationszugewinne ergeben sich aus einer starken wie schwachen Beziehung erst dann, wenn diese als Brücke über einem strukturellen Loch eingesetzt werden kann. Schwache Beziehungen können auch innnerhalb von Netzwerken entstehen, sie tragen aber nicht zum Austausch von neuen Informationen durch Kontakte zu anderen Gruppen bei. Häufige und enge Kontakte zu Kollegen enthalten dafür zwar starke Verbindungen, führen aber so zu redundantem Informationsaustausch, während die Entwicklung von schwachen Beziehungen, die durch geringere Nähe und Häufigkeit geprägt sind, den Zugang zu neuen sozialen Gefügen eröffnet und damit eine nicht redundante Informationsquelle darstellt. Die Höhe des Informationsnutzens innerhalb eines persönlichen Netzwerkes hängt somit davon ab, ob es sich um redundante oder nicht redundante Verbindungen handelt. Strategische Spieler werden daher bestrebt sein, ihre Ressourcen auf den Erhalt von überbrückenden Beziehungen zu richten, um ein effizientes Beziehungsnetzwerk aufbauen zu können (vgl. Burt, Ronald S. 1992, S. 25-30).

Der Informationsnutzen bezieht sich dabei nur auf den Austausch von Neuigkeiten aus heterogenen Gruppen und weist somit deutlich auf den reinen Austauschnutzen hin. Er vernachlässigt aber die Bedeutung der Einbindung in enge Netzwerke von starken Beziehungen, bei denen gerade die gewollten Redundanzen eine vertrauensvolle Nähe erzeugen, welche einen höheren sozialen Nutzen stiftet. Dafür kann der Ansatz struktureller Löcher mittels der Kontrollvorteile auf die Möglichkeiten opportunistischen Verhaltens der strategisch handelnden Netzwerker eingehen. Allerdings wird in diesem Ansatz Vertrauen nicht gebraucht, da sich die Broker auf ihr Risikokalkül stützen. Die Mitglieder einer Gruppe am anderen Ende eines strukturellen Loches werden sich bei der freiwilligen Informationsweitergabe an einer zeitversetzten Reziprozität auf Basis des Kalküls orientieren, wodurch sie erwarten, zukünftig vom Makler ebenfalls nicht redundante Informationen zu erhalten. Dazu muss es entsprechende Sicherheiten geben, dass die schwache Beziehung nicht einseitig vom Broker ausgenutzt wird. Da sich Vertrauen in den schwachen Beziehungen kaum entwickeln kann, es aber in vielen Fällen durch das Fehlen dieser Sicherheiten für die Weitergabe neuer und sensibler Informationen innerhalb eines sekundären Netzwerkes benötigt wird, verharrt der Ansatz von Burt in einer individuumszentrierten Perspektive, die auf die vertrauensfördernden Eigenschaften einer Beziehung nicht eingeht.

Coleman unterstreicht in seinem einflussreichen Sozialkapitalansatz die Bedeutung der Geschlossenheit eines Netzwerkes, weil erst die Existenz enger Beziehungen innerhalb einer sozialen Gruppe zu Vertrauen führt. Dagegen hängt die Erfolgsaussicht für ein Projekt auch von dem durch strukturelle Löcher geprägten personalen Netzwerk des verantwortlichen Teammanagers ab, der mit seinen Kontakten den schnellen Zugang zu neuen Informationen und Kompetenzen bietet, dabei aber in Konkurrenz zu anderen Maklern steht. Diese ist im gleichen Netzwerk zwar geringer ausgeprägt als zwischen verschiedenen Netzwerken, aber da jeder Partner seine Kernfähigkeiten in das Projekt einbringen muss, würden dauerhafte Versäumnisse zu Wettbewerbsnachteilen für das gesamte Netzwerk führen, die zu einer enormen Belastung für das vertrauensvolle Verhältnis der Partner werden. Nicht nur das eingebundene Vertrauen in sehr kooperativen Beziehungen wird somit für den Erfolg eines Netzwerkes benötigt, sondern ebenfalls das aus den eher kompetitiven Beziehungen entstehende „bridging social capital" der Manager auf Basis schwacher Bindungen. Zwischen beiden erfolgswirksamen Dimensionen von Sozialkapital entsteht daraus in vernetzten Teams ein gravierendes Spannungsfeld.

Das Management von Sozialkapital in Netzwerkorganisationen besteht folglich darin, zwischen diesen beiden Dimensionen eine strukturelle Balance herzustellen, um einen optimalen Bestand an sozialem Kapital zu erreichen. Dieser soll dem zur Kooperationsbereitschaft benötigten Zusammenhalt in einer Organisation gerecht werden und gleichzeitig die kompetitiven Anreize bei der Informationskontrolle und dem Zugang zu neuen Informationen aufrechterhalten (vgl. Johanson, Jan-Erik 2001, S. 235). Eine stabilisierende Balance aus starken und schwachen Beziehungen wird erreicht, wenn einzelne Individuen einen Anreiz haben, spezifische Investitionen in das eigene Beziehungsgefüge vorzunehmen, ohne auf den Ausbau mit aus ihrer Sicht netzwerkexternen Kontakten verzichten zu müssen.

Die weniger auf persönliche Nähe sondern auf die relative Bezugsgruppe bezogene Abgrenzung zwischen gruppeninternen Beziehungsmustern als bonding social capital und die jeweiligen Gemeinschaften überbrückenden externen Beziehungen als bridging social capital erweisen sich somit immer als von der gewählten Perspektive abhängig. So sind die Beziehungen aus Sicht eines Arbeitnehmers zu anderen Abteilungen im Unternehmen für ihn extern, während dieses Netzwerk als Analyseeinheit innerhalb einer Firma interne Beziehungen beschreibt (vgl. Adler, Paul S./Kwon, Seok-Woo 2002, S. 19-21). Der Hauptunterschied liegt darin, dass Burt nur auf die schwachen Beziehungen eingeht, die seine Informationsmakler brauchen, um zunächst nur ihren eigenen Nutzen zu maximieren, wogegen die in das Kollektiv eingebundenen Akteure bei Coleman immer auch an starken Beziehungen interessiert sind, die den gemeinsamen Zielen dienen und dabei den Raum für die Entstehung von Vertrauen lassen.

Die beiden vorgestellten Ansätze erklären Sozialkapital mit einer unterschiedlichen Gewichtung sozialer Präferenzen, die bei Coleman weitaus stärkere Beachtung finden als bei Burt, dessen Informationsmakler ihre strukturellen Löcher als „lachende Dritte" ausbeuten können, ohne dafür außermonetäre Ziele verfolgen zu müssen. Insofern kommt dem Ansatz von Coleman für die ökonomische Vertrauensforschung die größere Bedeutung zu. Beiden Ansätzen gemein ist ihre Zugänglichkeit gegenüber einer institutionellen Gestaltung der soziostrukturellen Rahmenbedingungen, die ihren Kapitalcharakter begründen können, der sich in der Forschung als der umstrittenste Kritikpunkt erweist. Dazu ist zunächst die Einordnung von Sozialkapital als rein individuelles Privatgut oder als Kollektivgut notwendig.

2.4.2 Sozialkapital als Clubkollektivgut

Bei der Untersuchung des Kapitalcharakters von sozialen Beziehungen ist zwischen drei Nutzenarten zu unterscheiden. Neben dem individuellen Nutzen einer Person aus den engen Beziehungen und dem Nutzen aus den schwachen Beziehungen existiert ein Nutzen für das gesamte Kollektiv, in das die Beziehungen eingebettet sind. Der individuelle Nutzen erfordert eine einfache Investitionsentscheidung, welche die investierten Ressourcen mit den erwarteten Erträgen vergleicht. Dabei wird der Aufwand in engen Beziehungen in Folge ihres längeren Zeithorizontes größer ausfallen, während in den schwachen Beziehungen das Risiko steigt, dass die zur Kontaktaufnahme notwendigen Anfangsinvestitionen nicht die erwarteten Informationsgewinne einbringen. Der dritte Fall eines Kollektivgutes verlangt eine Betrachtung des Zusammenspiels der individuellen Investitionsentscheidungen. Da sich die Erträge aus den Investitionen nicht mehr einem Investor alleine zurechnen lassen, ergibt sich das Problem der fehlenden Investitionsbereitschaft der einzelnen Mitglieder, so dass es zu einer suboptimalen Produktion des Gutes kommt. Ist Sozialkapital bereits vorhanden, kann es diese Kollektivgutproblematik bei anderen gemeinsamen Gütern, die durch das Auftreten von das Gut nachfragenden, aber zu seiner Erstellung nichts beitragenden Trittbrettfahrern entstehen, effizient lösen. Bei seiner eigenen Herstellung besteht allerdings dasselbe Problem, so dass sich die Investitionsentscheidung hier wesentlich komplizierter gestaltet als im Falle der Betrachtung der beiden individuellen Nutzenarten (vgl. Haug, Sonja 1997, S. 23 ff.).

Wird Sozialkapital auf eine rein personenbezogene Weise interpretiert, kann es auch Gegenstand einer individuellen Investitionsentscheidung werden, da Lernprozesse die Herausbildung neuer Verhaltensmuster fördern. Da sich diese Routinen innerhalb formeller und informeller Restriktionen entwickeln, umfasst das Sozialkapital gleichzeitig auch das Wissen um die entsprechenden institutionellen Rahmenbedingungen. Durch die nunmehr bestehende Möglichkeit für das Individuum, aktiv auf den Kapitalbestand Einfluss zu nehmen und ihn dann produktiv nutzen zu können, wird dieser Kapitalbegriff anschlussfähig an die erweiterte Kapitaltheorie nach Becker, die auf ähnlichen Überlegungen im Bereich des Humankapitals basiert. Da Sozialkapital aber nur in Interaktionen die Kosten senken kann, wird die Investitionsentscheidung abhängig von der Zugehörigkeit zu einer hinreichend großen Anzahl von Interaktionspartnern und Sanktionsmechanismen, die das mögliche Trittbrettfahren verhindern, das sonst zu einer Destabilisierung der gruppenspezifischen Verhaltensmuster führt (vgl. Sauerland, Dirk 1998, S. 51 ff.).

Das von Gary Becker geprägte Forschungsprogramm der „extending capital theory" ist ein wesentlicher wissenschaftlicher Beitrag zur Weiterentwicklung der Ökonomik als umfassende Sozialwissenschaft. Durch die ökonomische Analyse von Investitionsentscheidungen in Humankapital, die mit der Bildung von Sachkapital vergleichbar sind, wird nicht nur eine Erweiterung des Rational-Choice-Ansatzes durch Bezugnahme auf intertemporale Verhaltensdeterminanten erreicht, sondern ebenfalls die aggregierten Folgen verschiedener Bestände von Humankapital auf makroökonomischer Ebene ableitbar. Diese Vorgehensweise macht es möglich, auch die soziale Umwelt der Individuen als situative Verhaltensrestriktion zu modellieren, ohne dass damit ein individueller Grad an Wahlfreiheit zu Gunsten der Wirkung sozialer Kontrolle gänzlich aufgegeben wird (vgl. Habisch, André 1998, S. 31 ff.).

Diese Methode, bisher in der ökonomischen Theorie nicht erfasste informelle Mechanismen zu integrieren, die für den Erfolg von Interaktionen bedeutsam sind, wird von Becker durch den präferenzbildenden Einfluss von sozialen Bezugsgruppen wie Freunde und Familie sowie kultureller Vorgaben auf die ökonomische Analyse sozialer Interaktionen übertragen. Dabei werden diese „extending preferences" durch die Beschreibung von zwei Kapitalstöcken endogenisiert. Die Abhängigkeit von vergangen Erfahrungen führt dann in einem endogen Prozess der Präferenzbildung zu Pfadabhängigkeiten zukünftiger Entscheidungen von persönlichem und sozialem Kapital als Bestandteile des individuellen Humankapitals. Persönliches Kapital meint hier den vergangenen Konsum und die bisherigen individuellen Erfahrungen, die sich in Gewohnheiten niederschlagen, während soziales Kapital den Einfluss der vergangenen Handlungen der Mitglieder der das Individuum umgebenden Netzwerke wie die Familie, Kollegen oder Nachbarn beschreibt, die durch den gemeinsamen kulturellen Hintergrund geprägt sind. Die Höhe der Kapitalbestände führt dabei zu zukünftigen Varianzen des realisierten Nutzenniveaus, während die Nutzenfunktion selbst stabil bleibt (vgl. Becker, Gary S. 1998, S. 3 ff.).

Im Gegensatz zu vielen psychologischen Modellen werden die sozialen Präferenzen direkt von vergangenen Erfahrungen und sozialen Begegnungen abhängig. Dadurch wird die strikte Trennung zwischen stabilen Präferenzen und Restriktionen über die Zeit aufgehoben, da personelles wie soziales Kapital zur situativen Restriktion wird, welches die pfadabhängigen Präferenzen zum Handlungszeitpunkt abbildet. Die Investition in den Kapitalbestand kann somit zu einer Veränderung der Präferenzen führen, so dass zwischen beiden Größen eine Wechselwirkung besteht. Diese endogene Präferenzbildung geht allerdings von einem eingeschränkten Präferenzbegriff aus, der sich nicht auf die übergeordnete erweiterte Nutzenfunktion mit den neuen persönlichen und sozialen Kapitalbeständen bezieht, sondern nur auf die untergeordnete Nutzenfunktion der bisherigen Güter abzielt (vgl. Becker, Gary S. 1998, S. 12-23). Der Konsum dieser Güter wird dann in der betrachteten Periode präferenzbedingt variieren, während die Humankapitalbestände innerhalb einer komparativ-statischen Analyse weiterhin als gegeben vorausgesetzt werden.

Das Humankapital fungiert damit als übergeordnete Restriktion und ist zum Entscheidungszeitpunkt gegeben, bleibt aber im Zeitablauf durch bewusste Investitionsentscheidungen beeinflussbar. Unklar bleibt jedoch, woher die auch bei Becker unterstellte soziale Motivation zur Investition in das soziale Umfeld kommen soll. Implizit werden die vergangen Erfahrungen als Begründung gewählt, die sich in den Kapitalbeständen akkumulieren und dann zu unterschiedlichen Investitionsverhalten in soziale Netzwerken führen, welches die untergeordneten Präferenzen beeinflusst und dadurch auch das Nachfrageverhalten determiniert. Das Problem ergibt sich daraus, dass die Entwicklung der menschlichen Persön-lichkeit über individuell zurechenbare Kapitalbestände erklärt wird, die sich im Falle des sozialen Kapitals aber nur über Interaktionen aufbauen können. Ein individueller Nutzen aus einer sozialen Umwelt führt dann zwar zu einer individuell kalkulierbaren Investitionsentscheidung bezüglich des Einsatzes persönlicher Ressourcen innerhalb eines sozialen Netzwerkes. Die Frage nach Sozialkapital aus ökonomischer Sicht ist jedoch verbunden mit der kollektiven Überwindung von Unsicherheit durch soziale Beziehungsstrukturen in Gruppen, die damit kein reines Individualgut mehr nutzen. Zudem wird der direkte Einfluss von Personen berücksichtigt, nicht jedoch der von Institutionen, die ebenfalls kollektiv genutzt und geschaffen werden und somit kein individuell zuschreibbares institutionelles Kapital bilden können.

Institutionen wie der marktliche Preismechanismus tragen aber nicht nur zur Allokation von Gütern bei, sondern strukturieren menschliches Handeln und legen so einen Rahmen für soziale Interaktionen fest, durch die bestimmte Verhaltensmuster gelernt werden, die sich dann in Präferenzen abbilden. Allerdings ist das Wissen um die Quellen dieser endogenen Präferenzbildung insbesondere durch wirtschaftliche Institutionen noch sehr begrenzt (vgl. Bowles, Samuel 1998, S. 80). Grundsätzlich vollzieht sich die Prägung des Menschen durch sein soziales Umfeld im Rahmen seiner Sozialisation auf der intrapersonellen Ebene der Persönlichkeitsmerkmale kognitiver und affektiver Erfahrungsmuster, des Wissens und der Einstellungen. Diese Merkmale entstehen jedoch immer im sozialen Kontext, der durch die Interaktionen im direkten sozialen Umfeld der Familie und der Bildungsorganisationen ebenso strukturiert wird, wie durch die formellen und informellen Institutionen auf der Makroebene der Gesellschaft. Die Entwicklung der menschlichen Persönlichkeit ist damit ein interaktiver Prozess, der durch die Beziehungen des Individuums mit seiner sozialen Umwelt ausgelöst wird, in der er aktiv tätig ist und mit der er kommuniziert. Persönlichkeit meint dabei aus Sicht der verhaltenswissenschaftlichen Sozialisationsforschung ein spezifisches Gefüge von Merkmalen, Eigenschaften, Einstellungen und Handlungskompetenzen, welches das Individuum charakterisiert (vgl. Zimmermann, Peter 2000, S. 16-18).

Kommt es in Beziehungen zu einer wechselseitigen Weiterentwicklung der Persönlichkeit, stellt dies für die beteiligten Individuen eine Investition in ihr Humankapital dar. Der Wert dieser Beziehung ist dann aber nicht mehr einer Person allein zuzuschreiben, da in den interaktiven Prozessen alle Beziehungspartner partizipieren. Eine Beibehaltung der Sichtweise von Sozialkapital als individuelles Humankapital lässt sich nur in schwachen Beziehungen aufrecht erhalten, da hier nicht die Entwicklung der Akteure im Vordergrund steht, sondern die Effizienz der Informationsübermittlung. Da Vertrauen dazu nicht weiter benötigt wird, endet hier die Humankapitalperspektive, weil die Fähigkeit zur Vertrauensvergabe wesentlich von der lebenslangen Entwicklung auf Basis der individuellen Bindungserfahrungen abhängt, die mit anderen Personen in engen Beziehungen gemacht werden (vgl. Punkt 3.2.4). Die Nutzung dieses Vertrauens in Transaktionen ist immer nur innerhalb von Beziehungen möglich, die innerhalb eines bestimmten Beziehungsgefüges stattfinden.

Sozialkapital bezieht sich somit auf die nutzenstiftenden Kooperationsmöglich-keiten einer Gruppe. Damit wird die Nutzung von Sozialkapital abhängig von der Interaktion mit anderen Indiviuen, die ebenfalls in den gemeinsam nutzbaren Kapitalbestand investieren. Die Anreize zur Beteiligung an der Finanzierung dieser Bereitstellung der Kapitalbestände steigen mit zunehmender Gruppengröße, da die individuellen Finanzierungsbeiträge sinken und der Nutzen solange steigt, wie keine Überfüllungs- und Verdrängungssituationen auftreten. Daher lässt sich Sozialkapital als Clubkollektivgut kennzeichnen. Über die optimale Größe dieses Clubs und der notwendigen kritischen Masse an Nutzern zur Stabilisierung der potentiellen Kooperationsvorteile lassen sich aber derzeit keine allgemeinen Aussagen treffen, sondern nur kontextspezifische Gruppengrößen abschätzen. So wird die hinreichende Zahl an Nutzern zur Bildung einer kritischen Masse in Familien relativ gering ausfallen, während sie in großen Gruppen wie Schulen oder Gemeinden deutlich höhere Werte annimmt (vgl. Sauerland, Dirk 2004, S. 12). Nach der Bestimmung des Gutcharakters lässt sich im nächsten Schritt überprüfen, inwieweit der wirtschaftswissenschaftliche Kapitalbegriff hier seine Verwendung finden kann.

2.4.3 Relevanz des Kapitalbegriffs bei der Analyse sozialer Beziehungen

Die Frage, ob Interaktionen in sozialen Netzwerken mit dem Kapitalbegriff in Verbindung gebracht werden können, ist umstritten. Der Begriff des Kapitals bezieht sich nach Arrow auf die drei Eigenschaften der Vergrößerung im Zeitablauf, bewusste Opfer in der Gegenwart für zukünftige Nutzen und Übertragbarkeit an Dritte. Die Mängel in der Übertragbarkeit sind bei Humankapital ebenfalls gegeben, während die Ausdehnung von persönlichen Beziehungen nicht durch marginale Investitionen vorgenommen werden können, so dass im Gegensatz zu physischem Kapital lediglich ein wenig Vertrauen keinen Mehrwert verursacht. Als zentraler Schwachpunkt der Kapitalanalogie wird jedoch der Aspekt des gegenwärtigen Verzichtes in Erwartung zukünftiger Gewinne gesehen. Soziale Netzwerke werden danach nicht aus materiellen oder extrinsischen Interessen aufgebaut, sondern beruhen vor allem auf intrinsischen Motiven. Der Wert von solchen sozialen Netzwerken ergibt sich zwar durch ihre interpersonellen Monitoringfunktionen, der Aufbau ist durch die intrinsischen Belohnungen aber nicht mit einem Opfer, sondern mit einer gegenwärtigen Belohnung verbunden, so dass die Verwendung des Kapitalbegriffes hier an ihre Grenzen stößt (vgl. Arrow, Kenneth J. 2000, S. 3-5).

Diesen Einwänden lässt sich entgegnen, dass soziale Netzwerke zwar nicht allein aus kommerziellen Motiven gebildet werden, aber dass die Werte und Beziehungen, die in der Vergangenheit aufgebaut worden sind, zur Überwindung von sozialen Dilemmata in Transaktionen beitragen (vgl. Ahn, T. K./Ostrom, Elionor 2002, S. 4 ff.). Zudem erfolgt der Aufbau dieser Netzwerke nicht kostenlos. Da das Kennenlernen zwar intrinsische Motive erfüllen kann, aber erst im Zeitverlauf zu Vertrauen führt, stellt sich ein wesentlicher Teil der Belohnung nicht in der Gegenwart, sondern erst in der Zukunft ein.

Der Kapitalbegriff ist auch nach Offe nur mit großen Einschränkungen zu verwenden und sei besser durch den Begriff des Sozialvermögens zu ersetzen, da Kapital in den Rechts- und Wirtschaftswissenschaften mit einem Eigentümer verbunden ist, dessen Eigentumsrechte juristisch durchsetzbar sind. Dies erweist sich im Falle von informellen Beziehungsstrukturen als unrealistisch, da die Eigentumsrechte nicht einfach veräußert werden können. Zudem ergibt sich die Befolgung von Normen als unintendiertes Nebenprodukt in Kooperationsbeziehungen und ist nicht Gegenstand einer bewussten Entscheidung. Somit entstehen auch keine monetär zurechenbaren Erträge, durch die sich das Ausgangskapital erhält und weiter vermehren kann. Schließlich verliert Sachkapital im Prozess seiner Verwendung an Wert, während beim Sozialkapital ähnlich wie beim Humankapital gerade die fortwährende Nutzung den Wert steigert (vgl. Offe, Claus 1999, S. 117 f.).

Die Erträge, die den Individuen innerhalb einer Sozialstruktur zufallen, lassen sich aber durch die Einsparung von Transaktionskosten bei der Zielerreichung durch die Bündelung gemeinsamer Ressourcen und die Befolgung geltender Normen und Werte ausdrücken (vgl. Gabriel, Oscar W. et al. 2002, S. 26 f.). Der Status des Kapitalbegriff lässt sich somit vor allem daran ausmachen, ob das Eigentümerkollektiv des Clubkollektivgutes Sozialkapital den Nutzen daraus für sich allein erhalten und gestalten kann und ob sich die positiven externen Effekte der Vertrauensbeziehungen durch die Beiträge der Mitglieder internalisieren lassen können oder nicht. Dies wird vor allem in geschlosseneren Strukturen der Fall sein, so dass die weitere Analyse von Sozialkapital als Kollektivgut vor allem Coleman folgt.

Die Metapher eines Kapitalgutes bietet sich für die Analyse sozialer Beziehungen erst dann an, wenn ihre Fähigkeit zur Transformation von Wertgegenständen deutlich herausgearbeitet werden kann, die einen zusätzlichen Nutzen beinhaltet. Dieser Anforderung kann über die Herstellung von Absicherungen durch persönliche Bindungen gerecht werden, die sich durch ihre Dauerhaftigkeit auszeichnen. In Folge der zeitlichen Stabilität dieser Beziehungen können stabile Erwartungen über das kooperative Verhalten der Mitmenschen gebildet werden. Könnte die Qualität von Beziehungen allein über Institutionen ausgedrückt werden, wäre dem Begriff des Sozialkapitals der des institutionellen Kapitals vorzuziehen (vgl. Robinson, Lindon J./Schmid, Allan/Siles, Marcelo 2002, S. 3 ff.). Die instituionellen Ausgestaltungen einer Beziehung tragen zwar zu deren Qualität bei, sie sind aber von der Beziehung selbst zu unterscheiden. Somit sind weitere wichtige Einflussfaktoren zu berücksichtigen, die auf die sozialen Präferenzen der Akteure eingehen können und dabei nicht deren persönliche Ressourcen vernachlässigen.

Die Nutzung von bestimmten Ressourcen aus sozialen Beziehungen zur Bildung von Kapitalbeständen kann mit den Bedingungen bei der Bildung von Sachkapital verglichen werden. Neben der Langfristigkeit des Kapitalstockes ist die Möglichkeit von Investitionen zur Erzielung eines unsicheren zukünftigen Nutzens durch den Aufbau von Netzwerken notwendig, die zu einem besseren Informationsaustausch führen. Dafür muss er sich durch gezielte Maßnahmen verändern lassen können und die Gewinne aus den durchgeführten Investitionen zum Aufbau von Sozialkapital müssen sich auch von den Beteiligten aneignen lassen. Diese Aneignung enthält die Möglichkeit, die bestehenden Netzwerke für verschiedene Zwecke nutzen zu können. Die Liquidität von Sozialkapital ergibt sich dann aus der Möglichkeit, durch bestehende soziale Kontakte das eigene Human- und Sachkapital sowie das Finanzkapital zu erhöhen, wobei diese Umwandelbarkeitsrate in andere Kapitalbestände geringer ausfällt als bei den anderen Kapitalarten. Trotz dieser eingeschränkten Liquidität können durch die Einbindung in soziale Netzwerke Transaktionskosten gespart werden, so dass Sozialkapital wie die anderen Kapitalarten als Komplement oder sogar als Substitut zu anderen Ressourcen eingesetzt werden kann. Allerdings tritt in Abgrenzung zum Sachkapital bei Sozialkapitalbeständen keine Wertminderung durch die Nutzung ein. Vielmehr wird sich kooperatives Verhalten auf Basis von Vertrauen erst durch die vermehrte Nutzung von sozialem Kapital steigern lassen. Es ist zwar in den Beziehungen enthalten und dadurch nicht einem einzelnen Individuum allein zurechenbar, es kann aber durch das Verhalten eines Akteurs zerstört werden. Die Messprobleme des Nutzens beim Aufbau sozialer Netzwerke und die mangelnde Vorhersagbarkeit einer möglichen Entwertung durch Veränderungen in der gesamten umgebenden Sozialstruktur des Netzwerkes tragen dazu bei, Sozialkapital vorerst nur im weiteren Sinne als Kapital verstehen zu können (vgl. Adler, Paul S./Kwon, Seol-Woo 2002, S. 21 f.).

Im Vergleich zum sichtbaren Sachkapital stellt Sozialkapital eine für den externen Beobachter unsichtbare Größe dar, deren Bedeutung sich in vollem Ausmaß erst bei der Lösung schwerwiegender Interaktionsprobleme äußert. Für den Aufbau von Sozialkapital ist daher lokales Wissen über die entsprechenden Verhaltensmuster in den dezentralen Netzwerken erforderlich, so dass Sozialkapital nur erschwert externen Interventionen zugänglich wird und kaum übertragen werden kann. Die Implementierung von zentralen Regelungen kann daher zum Abbau von lokalen Sozialkapitalbeständen führen, wenn auf die Besonderheiten vor Ort und entsprechenden Präferenzen der Individuen in ihrem sozialen Kontexten nicht Rücksicht genommen wird (vgl. Ostrom, Elinor 2000, S. 181 f.). Somit lässt sich eine gewachsene Sozialstruktur nicht einfach zentral verordnen, was wiederum auf die dezentrale Einbettung der Akteure in Dyaden und Netzwerken hinweist, die aus untereinander bekannten Individuen bestehen und durch diese persönlichen Beziehungen zu Sozialkapitalbeständen führen, die in anonymen Transaktionen nicht aufgebaut werden können.

Zudem ergibt sich das rein spieltheoretisch bisher nicht zu lösende Problem der rationalen Auswahl einer stabilen Lösung unter multiplen Gleichgewichte in wiederholten Spielen, bei denen es zunächst keine dominierende Strategie gibt. Erst unter Bezugnahme auf die kulturelle Pfadabhängigkeit der einzelnen in Netzwerke eingebetteten Strategien kann eine Selektion einer sozial akzeptierten Form von

Governance durch informelle Institutionen begründet werden (vgl. Voss, Thomas 2003, S. 42). Mit Hilfe des Sozialkapitals einer bestimmten Anzahl untereinander in Beziehung stehenden Individuen innerhalb eines institutionellen Handlungsrahmens –kurz einer organisierten Gruppe– lassen sich daher eindeutige Vorhersagen über systematische zeitliche Anpassungen in Governancestrukturen unter Effizienzgesichtspunkten treffen, welche die „soziale Effizienz" der Maßnahmen mit Blick auf die gewachsenen Beziehungen berücksichtigen. Dadurch lassen sich komparative Kostenvorteile von Organisationen mit unterschiedlichen Beständen an Sozialkapital erklären.

Die investiven Ziele von Beziehungen und Netzwerken bestehen in der Wahrung von künftigen Handlungsoptionen, die zu Kooperationserträgen führen und erst durch den Zukunftscharakter als Kapital angesehen werden können. Die institutionelle Sozialstruktur stellt daher stabilisierende Erwartungen über das in ihr realisierbare Nutzenpotenzial bereit, das den Wert des Sozialkapitals beschreibt, wogegen der Wert der gegenwärtigen Kooperationsnormen allein nicht unter den Kapitalbegriff fällt. Institutionen steuern den Informationsaustausch zwischen den Mitgliedern eines Netzwerkes und legen die Möglichkeiten der Teilhabe an den gehandelten Informationsnutzen fest. Dieses Nutzenpotenzial durch die institutionell definierte Existenz von Netzwerken und Beziehungen als Informationsaustauschräumen bildet dann Sozialkapital, das genutzt und in das investiert werden kann, um dilemmatische Anreizsstrukturen zu überwinden, indem die Möglichkeiten des Austausches von gefilterten Fremd- und relevanten Eigeninformationen erweitert werden, damit kooperatives Handeln eine verlässliche Basis bekommt (vgl. Twickel, Christian Freiherr von 2002, S. 62 ff.).

Diese Sichtweise spiegelt zwar das moderne Kapitalverständnis in der Ökonomik wider, bezieht sich aber ebenfalls nur auf den extrinsischen Informationsnutzen, der aus Unternehmenssicht das zentrale Motiv der Sozialkapitalbildung darstellt. Aus individueller Sicht führt aber nur das dem wirtschaftlichen Motiven vorausgehende Bindungsmotiv zum effizienten Informationsaustausch durch Vertrauensbeziehungen. Daneben muss beachtet werden, dass ein zu hoher Sozialkapitalbestand auch zu Gefahren in relativ geschlossenen Netzwerkorganisationen führt.

Die eingeschränkte Vielfalt der Beziehungen durch die Bindung an das Netzwerk kann hierbei zu einem Nachteil werden, wenn es zu einem unvorhergesehenen Austritt eines der zentralen Netzwerkmitglieder kommt, an dem sich vorher stärker gebunden wurde und diese nunmehr fehlende Bindung zu einer höheren Verwundbarkeit der verbleibenden Mitglieder führt. Daneben kann es durch institutionellen Wandel zu einem Wegfall der Bindungsvorteile in Folge einer verstärkten Marktorientierung in einer Branche kommen, so dass sich die Investitionen in die Beziehungsnetzwerke im Nachhinein als nachteilig gegenüber rein marktlich ausgerichteten Unternehmen erweisen. Schließlich kann eine dritte Instabilität aus einer „overembeddedness" der Beteiligten entstehen, wenn alle Firmen miteinander verbunden sind und es durch diese Redundanzen zu einem geringeren Austausch mit neuen Informationen von außerhalb kommt, was die Innovationsfähigkeit der Mitglieder des Netzwerkes insgesamt verringert (vgl. Uzzi, Brian 1997, S. 35 ff.).

Das Dilemma bei der Errichtung eines optimalen Sozialkapitalbestandes durch das Management lässt sich durch das Spannungsfeld eines nach innen geschlossenen Netzwerkes zum Vertrauenserhalt mit nach außen offenen Kontakten zum Erhalt der Innovationsfähigkeit verdeutlichen. Da sich sekundäre Netzwerke im Vergleich zu Ouchis Clans (vgl. Punkt 2.3.2) über mehrere Organisationen erstrecken können, besteht somit auch immer die Gefahr einer Bildung von „antisozialen" Subkulturen mit sehr hohen internen Sozialkapitalbeständen, die allerdings den Informationsfluss innerhalb der primären Netzwerkorganisation der Partnerunternehmen behindern und in mafiöse Strukturen ausarten können. Unter ein sekundäres Netzwerk fällt diese Gruppe aber nur solange, wie dort das Gut psychische Sicherheit erstellt wird. Der Kapitalcharakter von Sozialkapital lässt sich besonders anschaulich an seinen negativen gesellschaftlichen Konsequenzen verdeutlichen, wenn sich die negativen externen Effekte von gruppenspezifischem Sozialkapital derart entwickeln, dass sie die wirtschaftliche Entwicklung ganzer Volkswirtschaften bis hin zur Weltwirtschaft beeinträchtigen.

Die Spanne der exkludierenden Netzwerke, die ihre umgebende Gesellschaft in hohem Maße schädigen können, reicht dabei von Lobbyisten, Strassengangs und rassistischen Clubs wie dem Ku Klux Klan über Neonazis bis hin zu Drogenkartellen, Mafia und bewaffneten Bewegungen. Aber auch die weniger dramatischen Beziehungsmuster durch ethnische oder religiöse Bindungen können zu nachhaltigen Entwicklungshindernissen von Unternehmen wie Nationen werden, wenn diese in Vetternwirtschaft ausarten und nicht mehr ausreichend die Produktivität von Bewerbern als Einstellungsmerkmal berücksichtigen (vgl. Streeten, Paul 2002, S. 44 f.). Da die „guten" Beziehungen häufig erst Korruption ermöglichen, sind gerade in Netzwerkorganisationen wiederum Investitionen einzelner Mitarbeiter in solche exklusiven Sozialkapitalbestände denkbar, die nicht den Gewinn ihres Arbeitgebers, sondern ihr Schatteneinkommen erhöhen. Die Verzinsung der investierten Ressourcen wird hierbei extern nur bei der Entdeckung deutlich sichtbar, der Gewinn ist aber eindeutig dem beteiligten Kollektiv zuzuordnen.

Durch die Entwicklung moderner Gesellschaften sind nicht nur die Interaktionsräume gewachsen, sondern ebenfalls die Ausbeutungsmöglichkeiten auf Basis dilemmatischer Anreizstrukturen. Dadurch wird der Sozialkapitalansatz zum theoretischen Beitrag bei der Überwindung sozialer Dilemma, bei dem die Akteure sich unter den Situationsbedingungen bewusst für Investitionen in soziale Netzwerke entscheiden. Allerdings fehlt ein quantitatives Maß für die Bestimmung von Sozialkapital, da keine Preise für die sozialen Beziehungsgefüge angegeben werden können. Zudem führt die stark eingeschränkte Mobilität dazu, dass sich selbst bei quantifizierbaren Preisen die unterschiedlichen Kapitalbestände der Regionen nicht ausgleichen werden, wie dies das Faktorausgleichstheorem bei Sachkapital vorhersagt. Dafür kann aber die unterschiedliche wirtschaftliche Entwicklungen in Regionen und Nationen mit Hilfe unterschiedlicher Sozialkapitalbestände erklärt werden, so dass wie bereits mit dem Humankapitalkonzept eine Erweiterung der Aussagekraft ökonomischer Modelle erreicht wird (vgl. Habisch, André 1999, S. 474 ff.).

Aus organisationsökonomischer Sicht würde der Club der Sozialkapitalisten dann die gesamte Gesellschaft umfassen und somit zum reinen öffentlichen Gut werden, das einer staatlichen Bereitstellung bedarf. Dieser Sichtweise wird hier nicht gefolgt, da Nichtmitglieder eines Kollektivs von der Nutzung gewachsener Vertrauensbeziehungen insbesondere im Wirtschaftssystem ausgeschlossen werden können. Vertrauen lässt sich in wirtschaftlichen Transaktionen mit Hilfe des Konstruktes Sozialkapital sinnvoll analysieren. Soziales Kapital ist in den institutionalisierten Beziehungsstrukturen von Netzwerkorganisationen enthalten, die zum effizienten Austausch von Informationen beitragen, indem die Beziehungen nicht nur Einkommenszielen dienen, sondern auch die individuellen Bindungspräferenzen berücksichtigen.

Der vielschichtige Begriff des Sozialkapitals lässt sich nach derzeitigem Forschungsstand zum individuellen Wissen des Humankapitals, dem physischen Kapital in Form von Sachanlagen und anderen physischen Produktionsfaktoren und dem monetären Finanzkapital abgrenzen. Die Kriterien dazu bestehen in der Transferierbarkeit auf andere externe Gruppen, der Kontrollierbarkeit, der Fungibilität als Austausch- und Umwandelbarkeit einer Kapitalform in eine andere Form, dem Pflegeaufwand zum Werterhalt, den Synergien mit anderen Kapitalformen zur Wertsteigerung sowie der Messbarkeit durch eine quantitative Bestandsbewertung. Die eingeschränkte Transferierbarkeit erweist sich insgesamt noch höher als beim Humankapital. Die Herstellung und Verwendung ist nur bedingt kontrollierbar, da lediglich der Kontext beeinflusst werden kann, der zu Vertrauen im Kollektiv beiträgt. Durch Sozialkapital kann der Zugang zu anderen Kapitalarten eröffnet werden, die Beschränkung auf die umgebende Sozialstruktur führt allerdings nur zu einer mittleren Fungibilität. Der Pflegeaufwand insbesondere bei den starken Vertrauensbeziehungen muss als hoch angesehen werden, was aber dazu führt, dass innerhalb der betrachteten Sozialstruktur die hohen Synergien mit anderen Kapitalformen zu erheblichen Transaktionskosteneinsparungen auf Seiten des Finanzkapitals führt. Ein Hauptproblem bleibt die Schwierigkeit der Messung, da sich diese immaterielle Ressource nicht auf ein einzelnes Individuum bezieht, dessen Wissen isoliert getestet werden kann, sondern in einem spezifischen Beziehungsgefüge steckt, dessen individuelle Ausprägungen sich in Experimenten nur bedingt durch Hilfsindikatoren angenähert werden kann (vgl. Riemer, Kai 2005, S. 157 ff.). Die nachstehende Abbildung fasst diese Unterscheidungen zusammen.

Eigenschaft	physisches Kapital	Finanz-kapital	Human-kapital	Sozial-kapital
Transferierbarkeit	Hoch	Hoch	Mittel	Niedrig
Kontrollierbarkeit	Hoch	Hoch	Mittel	Niedrig
Fungibilität	Niedrig	Hoch	Mittel	Mittel
Pflegeaufwand	Hoch	Niedrig	Mittel	Hoch
Synergieeffekte	Niedrig	Hoch	Hoch	Hoch
Messbarkeit	Hoch	Hoch	Mittel	Niedrig

ABBILDUNG 6: ABGRENZUNG DER KAPITALARTEN.
QUELLE: I. A. AN RIEMER, KAI (2005), S. 158.

Bei dieser allgemeinen Unterscheidung ist zu beachten, dass sich in den Einzelfällen auch tendenziell andere Ausprägungen der Kriterien ergeben können. Alles in allem lässt sich festhalten, dass die Sozialkapitalforschung mit ähnlichen Operationalisierungsproblemen behaftet ist, wie die Transaktionskostentheorie, bei der die Bestimmung der einzelnen Kostenarten auch mit zum Teil erheblichen Messproblemen einhergeht. Gegenwärtig gilt bei zunehmender wissenschaftsimmanenter Tendenz zugunsten der Verwendung des Begriffs insgesamt noch immer die Einschätzung von Coleman (1991, S. 396):

„Ob sich soziales Kapital innerhalb der Sozialwissenschaften als ein ebenso nützlicher Begriff erweist wie der des Finanzkapitals, des physischen Kapitals und des Humankapitals, wird sich noch hinausstellen müssen. Sein gegenwärtiger Wert besteht vor allem in seinem Nutzen für qualitative Analysen von sozialen Systemen und für diejenigen quantitativen Analysen, die qualitative Indikatoren verwenden."

Die komparativ-statische Analyse der Organisationsökonomik führt keinen absoluten Vergleich der mit einer Organisationsform verbundenen Transaktionskosten durch, sondern leitet vor dem Hintergrund des ökonomischen Verhaltensmodells empirisch überprüfbare Aussagen über die relative Vorteilhaftigkeit zur Abwicklung einer bestimmten Transaktion auf Basis qualitativer Aussagen ab. Dadurch besteht die weitere Aufgabe darin, mit Hilfe eines problemgerechten Sozialkapitalkonstruktes Aussagen ableiten zu können, die auf die relativen Vorteile von Netzwerkorganisationen gegenüber den alternativen Organisationsformen Markt und Hierarchie eingehen. Dadurch erweist sich der Nutzen von Sozialkapital in einer anwendungsorientierten Forschung durch seine Fundierung eines ökonomischen Redeinstruments, mit dem praxisrelevante Handlungsempfehlungen für das Management von Netzwerkorganisationen begründet werden können. Zentral dabei wird die Beantwortung der Frage, ob und wie durch die bewusste Investition in Sozialkapital Vertrauen geschaffen werden kann. Dazu werden die Ergebnisse insbesondere der Entwicklungspsychologie genutzt, die den bisher vernachlässigten Faktor „Entwicklung" näher analysieren.

2.4.4 Vertrauen als Wirkung und Sozialkapital als Ursache psychischer Sicherheit

Unter Punkt 2.3.4 wurde Vertrauen als Wirkung von Sozialkapital beschrieben und auf die Notwendigkeit der Existenz einer intervenierenden Variable bei der Herleitung eines ökonomisch fundierten Mechanismus hingewiesen. Sollen spezifische Investitionen in Sozialkapital zum bewussten Vertrauen auf der Ebene des Kalküls führen, so kommt dieser gesuchten, intervenierenden Variable eine zentrale Bedeutung zu. Ebenfalls bedeutsam wird hierbei der unter Punkt 2.4.1 beschriebene Zusammenhang, nach dem erst die Vertrauenswürdigkeit, verstanden als anreizunabhängige Präferenz für reziprokes Handeln auf Basis von Vertrauensbeziehungen, Vertrauen durch Sozialkapital ermöglicht. Diese soziale Präferenz führt zu einem besonderen Nutzen, der sich aus der nunmehr subjektiv möglichen „Verhaltenssicherheit" ergibt, da sich das erwartete Verhalten einer vertrauenswürdigen Person fundamental von dem einer nicht vertrauenswürdigen Person unterscheiden wird. Aus der Zuschreibung einer grundsätzlichen Vertrauenswürdigkeit des Akteurs B durch den Akteur A folgt dann in einer konkreten Transaktion die Vergabe von Vertrauen durch A gegenüber B. Die entsprechenden Transaktionskosteneinsparungen lassen sich in wirtschaftlichen Austauschbeziehungen innerhalb von Netzwerkorganisationen nutzen. Diese „fundamentale Transformation" von einer allein auf institutionelle Kontrollen basierenden Risikobeziehung, bei denen die Persönlichkeit der Akteure nur eine untergeordnete Rolle spielt, hin zu einer Vertrauensbeziehung in Folge bestimmter Persönlichkeitseigenschaften der Akteure, die deren Vertrauenswürdigkeit begründen, wirft die Frage auf, welcher Sicherheitsbegriff diesen Wandel adäquat beschreibt.

Wenn die Eigenschaft der Vertrauenswürdigkeit nicht grundsätzlich allen Vertragspartnern zugeschrieben werden kann, um die Gefahr des Opportunismus nicht zu ignorieren, wird sich die Anzahl der möglichen Transaktionspartner durch Vertrauensbeziehungen verringern. In gewachsenen Geschäftsbeziehungen kommen für besonders heikle Transaktionen daher auch nur sehr wenige Partner in Frage, für die der Vertrauensgeber seine Hand ins Feuer legen kann. Da diese Zuschreibung auf einem längeren Prozess des Kennenlernens oder der Identifikation der für die Vertrauensvergabe notwendigen Eigenschaften der Vertragspartner beruht und er daher mit Transaktionskosten verbunden ist, dient Sozialkapital als investives Mittel, diese Kosten einer vertrauensvollen Zusammenarbeit in der Zukunft verringern zu können. Das soziale Kapital einer Gruppe zielt daher auf die Herstellung von „Sicherheit", denn erst die mit Sicherheit bereits umgangssprachlich verbundene Eindeutigkeit der Erwartung eines nicht opportunistischen Verhaltens bei B führt dazu, dass A ihm Vertrauen schenkt. Wird das Problem der Verhaltensunsicherheit zum Ausgangspunkt der Untersuchung genommen, dann ist es bei einer institutionenökonomischen Betrachtungsweise mit beschränkter Rationalität nicht mehr hilfreich, vom klassischen entscheidungstheoretischen Sicherheitsbegriff auszugehen.

Die Zielfunktion des Entscheiders stellt neben dem Entscheidungsfeld ein Basiselement in den präskriptiven Entscheidungsmodellen dar, die rationale Handlungsempfehlungen ableiten wollen. Das Entscheidungsfeld besteht aus den Elementen der Handlungsalternativen, den Ergebnissen als bewertete Zielgrößen und den Umweltzuständen als „einander ausschließende Konstellationen von Ausprägungen aller entscheidungsrelevanter Daten" (Laux, Helmut 2003, S. 22). Bei der Beschreibung der subjektiven Erwartungsstrukturen über die Umweltzustände lassen sich die beiden idealtypischen Fälle von Sicherheit und Unsicherheit unterscheiden. Sicherheit liegt dann vor, wenn dem Entscheider bekannt ist, welcher Umweltzustand der wahre ist und er somit für jede Alternative ein eindeutiges Ergebnis bestimmen kann. Unsicherheit tritt in Form von zwei Ausprägungen auf. Bei Unsicherheit im engeren Sinn können zwar Angaben über die denkbaren Zustände gemacht werden, die eintreten können, eine Präzisierung bezüglich ihrer Eintrittswahrscheinlichkeiten ist allerdings nicht möglich. Dies ist dagegen beim Risiko als zweite Ausprägung der Fall, bei dem im Gegensatz zum engeren Unsicherheitsbegriff den bekannten Zuständen Eintrittswahrscheinlichkeiten zugeordnet werden können (ebenda, S. 23).

Damit setzen solche Entscheidungsmodelle im Fall von Sicherheit ein vollständiges Wissen über die Umweltzustände, das Ereignis und seine Eintrittswahrscheinlichkeit voraus, während im Fall von Unsicherheit lediglich die Eintrittswahrscheinlichkeiten nicht angegeben werden können. Das Wissen ist somit immer vollständig, da dem Entscheider alle zukünftigen Ereignisse bekannt sind. Die Annahme beschränkter Rationalität führt dagegen zum unvollständigen Wissen, da mögliche Ereignisse in der Zukunft zum Teil noch unbekannt sind (vgl. Backhaus, Klaus/Aufderheide, Detlev/Späth, Georg-Michael 1994, S. 19 ff.). Die Möglichkeit der Bildung eines Wahrscheinlichkeitsurteils als Kriterium der Unterscheidung von Unsicherheit im engeren Sinn und Risiko bezieht sich immer auf die denkbaren Umweltzustände. Die unvollständige Voraussicht beschränkt rationaler Akteure führt dazu, dass nicht mehr alles gedacht werden kann, um ein vollständiges Zustandsszenario berücksichtigen zu können.

Die Betrachtung von Unsicherheit wie Sicherheit als begriffliche Unterscheidungen bei der Beschreibung realer Ereignisse macht deutlich, dass es sich bei beiden Zuständen um gedankliche Konstrukte handelt. Subjektive Sicherheitsüberzeugungen müssen demnach nicht auf der tatsächlichen Beseitigung von Unsicherheit beruhen, sondern sind das Ergebnis eines selektiven Wahrnehmungs- und Auswahlsprozesses, der das Herausbilden von Erwartungssicherheit zum Ziel hat. Die Bewältigung von Unsicherheit erfolgt derart, dass „aus einem Universum denkbarer Möglichkeiten bestimmte Möglichkeiten als handlungsrelevant ausge-wählt, andere hingegen als irrelevant ausgeblendet werden, wobei genau dieser Selektionsprozeß zu (sozialer) Eindeutigkeit und Sicherheit führt." (Bonß, Wolfgang 1997, S. 24). Unter der Annahme beschränkter Rationalität lässt sich eine solche Sicherheit nicht mehr mit Hilfe einer reinen Risikoentscheidung ableiten, sondern benötigt einen psychischen Auswahlmechanismus, der den Akteuren ein Sicherheitsempfinden ermöglicht, obwohl sie nicht mehr alle Informationen besitzen und die Welt somit von Unsicherheit durchtränkt ist. Vertrauen stellt in diesem Sinne für den Vertrauensgeber das Ergebnis einer „sicheren" Entscheidung dar.

Sicherheit ist daher als psychologische Größe aufzufassen, die auf der subjektiven Wahrnehmung beruht, dass sich der Transaktionspartner nicht opportunistisch verhalten wird und das eigene Wissen ausreicht, dieses Verhalten auf Basis der vergangenen und aktuellen Informationen vernünftigerweise antizipieren zu können. In einer beziehungsorientierten Sichtweise bezieht sich das Sicherheitsempfinden auch auf die eigene Person, indem davon ausgegangen wird, angesichts zahlreicher eigener Möglichkeiten der Ausbeutung seiner Mitmenschen von diesen als vertrauenswürdig betrachtet zu werden. Dies führt dazu, sich selbst als vertrauenswürdig betrachten zu können, was wiederum zur Stärkung einer positiven Selbstwahrnehmung beiträgt. Dadurch wird wiederum die individuelle Fähigkeit zur Unsicherheitsbewältigung gestärkt.

Die vertrauensvolle Beziehung zur anderen Person wird mit dem Vertrauen in die eigene Entscheidungsfähigkeit bei Unsicherheit verknüpft. Damit beschreibt die psychische Sicherheit hier die allgemeine Zuschreibung der Vertrauenswürdigkeit zur eigenen Person und zur personalen Umwelt durch die subjektive Wahrnehmung eindeutig kooperativer Handlungsabsichten bei objektiver Existenz vieldeutiger und damit auch opportunistischer Handlungsalternativen. Als Quelle dieser psychischen Sicherheit dienen die vertrauensvollen Beziehungen zur personalen Umwelt, die bereits von Geburt an dazu beitragen, die menschliche Persönlichkeit zu prägen (vgl. Punkt 2.3.4). Die stabile soziale Präferenz nach Vertrauenswürdigkeit ist dabei auf der bewussten Ebene angesiedelt. Insbesondere die im Unterbewusstsein gespeicherten frühkindlichen Erfahrungen tragen aber zu einem individuell variierenden Beziehungsverhalten bei, das im weiteren Lebensverlauf in privaten wie beruflichen Beziehungen einen unterschiedlich hohen Nutzen aus den Vertrauensbeziehungen verursacht. Auf diese fundamentalen Restriktionen bei der Vertrauensvergabe ist daher näher einzugehen.

Die zentrale Bedeutung frühkindlicher Entwicklungsprozesse für das lebenslange Beziehungsverhalten wird von der Bindungstheorie untersucht, welche die besonderen Beziehungen zwischen Bindungspersonen und ihren Kindern analysiert. Die Bindung als angeborenes evolutionsbiologisches Konzept zur Anpassung des Menschen an seine ökologischen Lebensbedingungen wird dabei allein durch die genetischen Anlagen und nicht durch die Umwelt beeinflusst, wogegen die Bindungsqualität als Ausmaß der Befriedigung der kindlichen Bindungsbedürfnisse durch die Bezugspersonen innerhalb eines bestimmten kulturellen Rahmens als umweltbestimmte Variable fungiert. Die Bindungstheorie bietet durch ihre Berücksichtigung von Evolution, Anthropologie, Psychoanalyse, Entwicklungspsychologie, Kontrolltheorie und Ethologie einen interdisziplinären Forschungsrahmen, der zur Entdeckung empirisch nachweisbarer Zusammenhänge zwischen einer gesunden Persönlichkeitsentwicklung und der psychischen Sicherheit geführt hat (vgl. Grossmann, Klaus E. 2004, S. 21 ff.).

Der Begriff der psychischen Sicherheit lässt sich aus dem für die Entwicklung von Vertrauen wesentlichen menschlichen Bindungsverhalten ableiten. Die empirische Bindungsforschung untersucht dabei die individuelle Verarbeitung unterschiedlicher Bindungserfahrungen einer Person und die entsprechenden Auswirkungen auf das Vertrauen in die Bindungspersonen, was zu veränderten Verhaltensweisen und Zielen führen kann. Die psychische Sicherheit umfasst das Vertrauen in die schützende Nähe zur Bindungsperson, das mit dem Vertrauen in ihren emotionalen Rückhalt bei psychischen Belastungen gekoppelt wird und in der kindlichen Entwicklung über die aktive Erkundung der Umwelt den Zugang zu weiteren Vertrauenspersonen ermöglicht. Umgangssprachlich lässt sie sich als begründetes, gesundes Selbstvertrauen bezeichnen, welche durch die Interaktionen mit anderen auf Basis eines genetischen Bindungsprogramms entwickelt wird und dem Aufbau von Vertrauen zu anderen Personen wie zu sich selbst dient. Bindung wird dabei als imaginäres Band zwischen zwei Personen verstanden, das in den Gefühlen verankert ist und das sie über Raum und Zeit miteinander verbindet. Während eine Bindung kontinuierlich besteht, wird Bindungsverhalten nur in Belastungssituationen gezeigt. Es dient der Wiedergewinnung der psychischen Sicherheit durch die Nähe zur Bindungsperson, was sich bei Säuglingen durch Schreien oder Festhalten äußert (vgl. Grossmann, Karin/Grossmann, Klaus E. 2004, S. 29 ff.).

Bindungserfahrungen werden damit zur zentralen Größe in der menschlichen Entwicklung hin zu einer vertrauensfähigen und vertrauenswürdigen Person, was als eine lebensnotwendige Anpassung an die sozialen Gegebenheiten anzusehen ist. Die umweltstabile Bindung lässt sich als genetisch bedingte Ursache der sozialen Präferenz nach starken Beziehungen betrachten, die auf Vertrauensbasis funktionieren. Da diese Präferenz im Lebenslauf somit konstant bleibt, werden die lebenslangen Beziehungserfahrungen zur entscheidenden psychischen Restriktion bei der Vertrauensentstehung. Der entsprechende „Beziehungsspeicher" lässt sich daher als Bestandteil von Sozialkapital verstehen, das als kollektives Mittel zur Förderung der psychischen Sicherheit seiner Mitglieder betrachtet werden kann, die sich dadurch effizient an sich wandelnde Umweltbedingungen anpassen können.

Eben diese Anpassung an spätere Gegebenheiten im berufstätigen Erwachsenenleben führt dazu, bereits im Kleinkindalter gespeicherte Bindungserfahrungen als „Vertrauensheuristik" nutzen zu können und bei höchst unsicheren und krisenhaften Entscheidungssituationen ein krisenlösendes Bindungsverhalten gegenüber solchen Personen an den Tag zu legen, deren Vertrauenswürdigkeit durch die vergangenen positiven Erfahrungen aus einer gemeinsame Beziehung belegt ist. Das weitgehend unbewusst gesteuerte Bindungsverhalten wird neben dem bewussten Risikokalkül zum komplementären Entscheidungsmodell insbesondere bei hoher Unsicherheit, indem dadurch die psychische Sicherheit gewonnen wird, um sich den unter Kapitel 3 beschriebenen unsicheren Entscheidungslagen der Informationsgesellschaft stellen zu können. Psychische Sicherheit dient damit insgesamt als grundsätzliche menschliche Ressource, fehlende Informationen und fehlende Zeit in Transaktionen durch die Zuschreibung von Vertrauenswürdigkeit zur eigenen Person und zur personalen Umwelt kompensieren zu können. Als Ergebnis führt diese allgemeine Zuschreibung zur Erwartung einer wechselseitigen Vertrauenswürdigkeit zwischen den beteiligten Transaktionspartnern, die nach Eintritt noch näher zu erläuternder Bedingungen zur Vertrauensvergabe führt und dadurch mit einer komplexitätsreduzierenden subjektive Eindeutigkeit bezüglich des erwarteten Fremd- und Eigenverhaltens einhergeht. Es gilt damit die folgende Arbeitsdefinition.

Psychische Sicherheit: Allgemeine Wahrnehmung der Fremd- und Selbstzuschreibung von Vertrauenswürdigkeit zur eigenen Person und die allgemeine Zuschreibung von Vertrauenswürdigkeit zu anderen Personen, die mit einer subjektiven Eindeutigkeit im erwarteten Eigen- und Fremdverhalten einhergeht.

Die Variable „psychische Sicherheit" bezieht sich dabei nicht auf die konstante Präferenz nach reziproken Beziehungen, sondern darauf, inwieweit diese Präferenz durch das Ausmaß der bewusst wahrgenommenen Femd- und Selbstzuschreibung erfüllt werden kann. Somit präferiert A zwar eine Beziehung zu B auf Basis von wechselseitigem Vertrauen im Vergleich zu einer reinen Risikobeziehung ohne Vertrauen. Die Vertrauensvergabe kann aber nur dann erfolgen, wenn sich A über zwei Fragen subjektiv sicher ist:

1. Bin ich eine Person, die Vertrauen zu würdigen weiß und der jemand anderes wie B Vertrauen schenken kann?

2. Ist B eine vertrauenswürdige Person, der ich Vertrauen schenken kann?

Befindet sich A während der Vertrauensentscheidung im Zustand psychischer Sicherheit, kann er beide Fragen bejahen, auch wenn sich die erste Frage realiter oftmals nur in einer reflexiven Auseinandersetzung mit der eigenen Person stellen dürfte. Beide Fragen gehören aber untrennbar zusammen, da erst die (implzite) Bejahung der eigenen Vertrauenswürdigkeit die Gegenseitigkeit einer Vertrauensvergabe sicherstellt. Wenn A sich selbst nicht für vertrauenswürdig hält, dem B diese Eigenschaft aber zuweist, ist die Reziprozitätsbedingung verletzt, und seine Präferenz wird nicht erfüllt. Nur für den Fall, dass A in der Zukunft das mögliche Vertrauen des B opportunistisch ausbeuten will, wäre seine Vertrauensvergabe vernünftig. Umgekehrt kann A dem B nicht vertrauen, wenn er die zweite Frage verneinen muss. Grundsätzlich kann die Beantwortung beider Fragen durch die Erhöhung des Informationsstandes des A erleichtert werden, wobei diese Erhöhung mit Transaktionskosten verbunden ist. Da die erste Antwort aber stark von den frühkindlichen Erfahrungen abhängt, wäre hier ein „Nein" nur mit einer aufwendigeren Arbeit an sich selbst in Verbindung mit externer Hilfe zu einem „Ja" zu wandeln. Die unbewussten Beziehungserfahrungen in einer Ausein-andersetzung mit der Biographie lassen sich nur teilweise wieder ins Bewusstsein bringen. Daher ist für die Unternehmen eine direkte Einflussnahme darauf nur sehr begrenzt möglich. Unter Kapitel 5 lässt sich zeigen, dass sich hierfür die entwicklungsförderliche Ausgestaltung der institutionellen Umwelt über eine Kooperation mit den politischen Akteuren anbietet.

Beide „Vertrauensfragen" lassen sich somit über institutionelle Hilfen leichter positiv beantworten. Die zweite Frage ist bereits ausgiebig in der ökonomischen Vertrauensforschung behandelt worden, während die erste Frage in Folge der damit verbundenen Aufarbeitung der entsprechenden Persönlichkeitsmerkmale zumeist keinerlei Berücksichtigung findet (vgl. Punkt 2.3.2). Die Fähigkeit, die erste Frage positiv zu beantworten und dadurch die Möglichkeit zu erhalten, auch selbst in die Position eines Vertrauensnehmers zu kommen, ist ein zentrales Merkmal der erfolgreichen Beschäftigten in Netzwerkorganisationen. Als Mitglieder interorganisationaler Projektteams müssen sie neben den fachlichen Qualifikationen hohe Anforderungen an die soziale Kompetenz erfüllen, um die sich ständig ändernden Aufgaben flexibel bearbeiten zu können. Die Eigenverantwortung wächst dabei mit dem Grad der kommunikativen Fähigkeiten, mit denen es gelingt, zu den anderen Teammitgliedern und den verantwortlichen Managern in den beteiligten Organisationen vertrauensvolle Beziehungen aufzubauen (vgl. Hesch, Gerhard 2000, S. 132 ff.). Die Reduktion von Verhaltensunsicherheit durch die individuelle Fähigkeit zur Bejahung der ersten Vertrauensfrage im Rahmen der Vertrauensentscheidung ist somit ein wichtiger Erfolgsfaktor für Netzwerkorganisationen.

Da von dieser grundsätzlichen Fähigkeit der Unsicherheitsbewältigung innerhalb der sicherheitsstiftenden sozialen Bezugsgruppe niemand ausgeschlossen werden kann, lässt sich das Gut „psychische Sicherheit" bezogen auf diese Gruppe als Kollektivgut bezeichnen. Die unbewussten Quellen dieses Sicherheitsempfindens tragen zu einer Persönlichkeitsdisposition bei, die Verhaltensunsicherheit dann besser bewältigen lässt, wenn insbesondere die frühkindlichen Beziehungserfahrungen zu einer hohen Bindungsqualität geführt haben. Dadurch wird die bewusste Vergabe von Vertrauen nicht automatisiert, aber die grundsätzliche Fähigkeit dazu entspringt auch dem Kalkül nicht zugänglichen Quellen, so dass ein bewusster Ausschluss davon nicht möglich ist. Innerhalb von bestimmten Sozialstrukturen besitzen die Individuen damit einen effizienten Mechanismus zur Unsicherheitsbewältigung, der zu grundsätzlich positiven Erwartungen bezüglich der zukünftigen Kooperationen mit den anderen Gruppenmitgliedern führt.

Die subjektive Eindeutigkeit des eigenen Verhaltens weist auf den Aspekt des Selbstvertrauens hinsichtlich der eigenen Handlungsmöglichkeiten hin und ist mit der Erwartung verbunden, welche Erwiderung ein Transaktionspartner bei der Durchführung des ersten Spielzuges „Vertrauen" wählt, das immer als Vorschuss für ein reziprokes Verhalten der den zweiten Zug ausführenden anderen Seite zu werten ist. Die Vertrauenswürdigkeit als psychische Sicherheit entspringt damit den sozialen Grundbedürfnissen des Menschen, die sich auch für wirtschaftliche Transaktionen nutzen lassen. Der Grund für das Entstehen von Vertrauen als sozialem Interaktionsmechanismus besteht in der Unfähigkeit des Menschen, seine ungewisse Zukunft vollständig in seinen Entscheidungen berücksichtigen zu können. Daher muss der Mensch über eine Ressource verfügen, die ihn von dieser überfordernden Komplexität befreit und überhaupt handlungsfähig werden lässt.

Die Entwicklung dieses gesuchten „Beziehungsspeichers" erfolgt mit der Geburt in den fürsorglichen Beziehungen zu den ersten Bindungspersonen. Insgesamt lässt er sich daher als bindungsbezogenes persönliches Vertrauen bezeichnen, das im Unterbewusstsein gespeichert wird. Es wurde bereits 1966 von Erik Homburger Erikson unter dem Begriff des „Urvertrauens" analysiert (vgl. Erikson, Erik 1966, S. 62 ff.). Dieses grundsätzliche Vertrauen stellt eine entscheidende Dimension von Sozialkapital dar, mit dem die fundamentale Unsicherheit in Form der letztlich unvorhersagbaren Realität unter den Bedingungen linearer Zeit bewältigt wird, indem es eine filternde Vorauswahl der bewusst zu verarbeitenden Umweltzustände ermöglicht. Diese Emotion lässt sich unter Kapitel 4 als komplementäres Gegenstück zur menschlichen Kognition beschreiben.

Wenn Sozialkapital in Anlehung an Coleman nur in relativ geschlossenen Kollektiven zu Vertrauen führt (vgl. Punkt 2.4.1) und es somit als Clubkollektivgut bezeichnet werden kann (vgl. Punkt 2.4.2), dann führt die unabhängige Varialble Sozialkapital zum Clubkollektivgut „psychische Sicherheit", die als intervenierende Variable den Zustand einer wechselseitigen Vertrauenswürdigkeit innerhalb des Clubkollektivs beschreibt. Ähnlich wie sich Bindungsverhalten nur in Problemsituationen äußert, während Bindung ein Leben lang besteht, zeigt sich das Vertrauen als bewusster Kontrollverzicht in problematischen Transaktionen, die bei einer entsprechenden Spezifität durch explizite Kontrollen nur unter Inkaufnahme hoher Transaktionskosten abgesichert werden könnten. Die psychische Sicherheit als Ausdruck der allgemeinen Vertrauenswürdigkeit der Mitglieder des Clubs „Netzwerkorganisation" besteht dagegen ständig, wenn sie auch nicht die zeitliche Reichweite der frühkindlichen Bindung besitzt. Insgesamt wirkt Sozialkapital damit als gruppenbezogene Ressource zur Herstellung psychischer Sicherheit, welche wiederum die Bedingungen und Ausprägungen vertrauensvoller Kooperation in Netzwerkorganisationen bestimmt. Der unter Punkt 2.3.4 geforderte Mechanismus gestaltet sich in damit in der Grundform

Sozialkapital → psychische Sicherheit → Vertrauen.

Da bislang nur die Beziehungserfahrungen als Sozialkapitaldimension fungieren, stellt sich die Frage nach den weiteren Dimensionen, insbesondere der Institutionen. Die insitutionenökonomische Perspektive lässt sich mit der Analogie von Institutionen als Spielregeln eines sportlichen Wettkampfes bei North einbringen (vgl.

Punkt 2.1). Wenn die Beziehungserfahrungen den für die Vertrauensentstehung relevanten Teil des Wissens der Akteure verkörpern, drücken sie die Dimension des „Spielers" aus. Die kulturellen Spielregeln wirken bereits bei der Erfüllung frühkindlicher Bindungsbedürfnisse und werden so von den Individuen internalisiert. Neben den internalisierten Regelsystemen können Institutionen in Netzwerkorganisationen auch als personenexterne Anreize wirksam zur Gestaltung der Beziehungsstrukturen und damit zur Entstehung von Vertrauen beitragen. Daher wird bei der Entwicklung eines organisationsökonomischen Sozialkapitalkonstruktes im Folgenden auch die Dimension der „Spielregeln" berücksichtigt, die in allen Sozialkapitalkonzeptionen und in der ökonomischen Vertrauensforschung eine wesentliche Rolle spielen.

Daneben kommt der Dimension der „Spielfläche" in Form der jeweiligen Beziehung zwischen Vertrauensgeber und Vertrauensnehmer innerhalb der Beziehungsstrukturen des Kollektivs eine wichtige Bedeutung zu. Der Austausch von Beziehungswissen erfolgt innerhalb einer Beziehung, die zwar durch Regeln strukturiert wird, aber von diesen unterschieden werden kann. Die ökonomische Analyse zwischenmenschlicher Vertrauensbeziehungen durch Sozialkapital erlaubt so präzisere Aussagen über die Einflussmöglichkeiten bei der Investition in das soziale Kapital einer Netzwerkorganisation. Diese Unterscheidung erlaubt auch, die wichtige Bedeutung der Qualität der frükindlichen Beziehungen im späteren Entscheidungsverhalten zu berücksichtigen.

Der gegenwärtige Wandel in der institutionellen Umwelt wirkt sich ebenso auf die Beziehungen der arbeitstätigen Individuen aus wie das Aufkommen neuer Arbeits- und Organisationsformen auf Basis neuer Regelwerke. Bevor die Entwicklung eines institutionenökonomischen Sozialkapitalkonstruktes zur Analyse von Netzwerkorganisationen erfolgen kann, müssen diese Veränderungen unter dem Aspekt näher betrachtet werden, inwieweit sie neue Verhaltensunsicherheiten für die Arbeitgeber und Arbeitnehmer begründen und die potenzielle Effizienz von Netzwerkorganisationen in der Informationsgesellschaft bedrohen. Anhand der grundlegenden Veränderungen der Gesellschaftsstrukturen durch den Transformationsprozess zur Informationsgesellschaft wird im Folgenden die Eignung der vorgeschlagenen Sozialkapitaldimensionen „Spieler", „Spielregeln" und „Spielfläche" bei der Vertrauensentstehung überprüft. Dabei wird von einer prinzipiellen Eignung von Institutionen zur Unsicherheitsbewältigung ausgegangen (vgl. Punkt 2.1), so dass hierbei vor allem der Einfluss der Beziehungen betrachtet wird.

Bislang wurde Vertrauen als Voraussetzung der relativen Vorteilhaftigkeit von Netzwerkorganisationen gegenüber Markt und Hierarchien vielfach unterstellt, ohne dies näher zu begründen. Daher werden im folgenden Kapitel zunächst die unterstellten Effizienzwirkungen von Vertrauen aus transaktionskostentheoretischer Sicht betrachtet (Punkt 3.1), um sie dann den Bedrohungen gegenüberzustellen (Punkt 3.2). Die gewonnenen Erkenntnisse über die Sozialkapitaldimensionen werden in Kapitel 4 zu einem dreidimensionalen Konstrukt zusammengefügt, das eine organisationsökonomische Analyse des Vertrauens in Netzwerken durch Investitionen in Sozialkapital ermöglicht.

Festzuhalten bleibt , dass sich Sozialkapital in der Fähigkeit der Gruppenmitglieder äußert, die beiden Vertrauensfragen mit Blick auf die interen Transaktionspartner positiv beantworten zu können. Diese Fähigkeit ist nicht allein eine bewusste Bereitschaft, da sie sich auch auf die unbewussten Bindungserfahrungen stützt. Neben dem Nicht-Wollen auf der bewussten Ebene kommt somit dem Nicht-Wissen über den die unbewussten Beziehungsmuster eine zentrale Rolle bei der Bewältigung der Organisationsproblems in vertrauensbasiereten Netzwerkorganisationen durch Sozialkapital zu. Sozialkapital lässt sich so als „organisierte Fähigkeit zum Vertrauensvorschuss" auf das Wissen der Akteure beziehen, die miteinander innerhalb einer bestimmten institutionalisierten Sozialstruktur in Beziehung stehen.

Aus institutionenökonomischer Sicht lassen sich beziehungsspezifischen Quasirenten somit dann realisieren, wenn sie sich über die institutionelle Ausgestaltung der die Beziehungen umgebenden Sozialstrukturen in einem höheren Beziehungsnutzen niederschlagen, der außerhalb der entsprechenden Gruppe nicht auftritt oder nur geringer ausfällt Ein solcher Beziehungsnutzen muss aus betriebswirtschaftlicher Sicht nicht nur für die Beschäftigten von Vorteil sein, sondern auch für die Arbeitgeber. Im nächsten Kapitel werden daher zunächst die wirtschaftlichen Potenziale dieser Vertrauensbeziehungen für die an Netzwerken teilnehmenden Unternehmen dargestellt, bevor auf die Bedrohungen dieser potenziellen Effizienzgewinnne durch die gesellschaftlichen Rahmenbediungen der Informationsgesellschaft eingegangen wird.

3. Bedrohte Effizienzpotenziale von Netzwerkorganisationen in der Informationsgesellschaft

Vertrauen wird bislang als bewusster Kontrollverzicht in der Erwartung koopera-tiven Verhaltens des Vertragspartners verstanden (vgl. Punkt 2.3.2). Die Begrün-dung eines Verzichtes auf Kontrollen und aufwendige Verhandlungen kann zwar die Transaktionskosteneinsparungen erklären, liefert aber noch keine genauen Hinweise, wann sich Vertrauen unter den Rahmenbedingungen der Informations-gesellschaft aus theoretischer Sicht grundsätzlich lohnt. Im ersten Schritt dieses Kapitels werden daher die Effizienzpotenziale hybrider Organisationsformen in Form von Unternehmensnetzwerken diskutiert, die in besonderem Maße vom Vertrauen der Transaktionspartner abhängen und erst dadurch zu effizienten Go-vernancestrukturen werden. Im zweiten Schritt wird auf die Bedrohungen dieser Effizienzpotenziale eingegangen, die erkennen lassen, dass sich solche Unterneh-menskooperationen in gesellschaftlichen Strukturen bewegen, die einen hohen Einfluss auf das Verhalten der Beschäftigten in diesen vernetzten Arbeitskon-texten haben.

Die Analyse der institutionellen Umwelt wird auf die Darstellung wesentlicher ge-sellschaftlicher Veränderungen beschränkt, die für die Beziehungen innerhalb des Wirtschaftssystems von Bedeutung sind, da sie zu neuen Verhaltensunsicherheiten führen. Dadurch ergibt sich ein präzises Bild der situativen Rahmenbedingungen sozial eingebetteter Transaktionen, das die Grundlage für die Bestimmungsfakto-ren und Wirkungsweise von Sozialkapital in Netzwerkorganisationen liefert. Der Fokus der zusammenfassenden Betrachtungen unter Punkt 3.2.6 richtet sich daher auf die Auswirkungen für die Unternehmen und die Herausforderungen, die das Management bei den institutionellen Anpassungen ihrer Organisation an die Um-weltbedingungen der Informationsgesellschaft zu beachten hat. Die Beschreibung der „Situation" in diesem Kapitel bildet die Basis für die Integration relevanter Ei-genschaften der „Person" in das ökonomische Verhaltensmodell unter Kapitel 4. Um die Modellkomplexität dadurch nur soweit wie unbedingt nötig zu erhöhen, wird hier zunächst die Situation ausführlich analysiert.

3.1 Effizienzpotenziale von Netzwerkorganisationen

Das Netzwerkkonzept hat seit den ersten Artikeln in den 1990er Jahren eine Flut von Veröffentlichungen in den gesamten Sozialwissenschaften nach sich gezogen, ohne dass sich aus der Vielzahl der Alternativen bisher ein einheitlicher Begriff durchgesetzt hat. Im Gegenteil hat die Vielzahl alternativer und je nach Themen-fokus konkurrierender Begriffskonzeptionen zu einer großen Unübersichtlichkeit bei der Erforschung dezentraler Organisationsformen beigetragen. Die folgenden Überlegungen bauen daher auf der hier relevanten transaktionskostenökonom-ischen Sichtweise hybrider Organisationsformen als eine Mischung der beiden Ide-

altypen Markt und Hierarchie auf. Entscheidend wird die Bestimmung des Misch-
verhältnisses in Bezug auf das Vertrauen zwischen den Kooperationspartnern, um
die Vor- und Nachteile dieser hybriden Prototypen ökonomischer Aktivitäten in
der Informationsgesellschaft bestimmen zu können.

3.1.1 Ökonomische Analyse von Netzwerkorganisationen

In der sozialwissenschaftlichen Netzwerkforschung lassen sich die formalen gra-
phentheoretischen Ansätze zur Beschreibung und Klassifikation von Interaktionsmustern von den Arbeiten zur Governance von zumeist interorganisationalen
Netzwerken unterscheiden. Letztere stellen die Koordinationsprobleme bei den
zielgerichteten ökonomischen und sozialen Austauschprozessen in interorganisationalen Netzwerken unter den Bedingungen individueller Interessenkonflikte in
den Vordergrund (vgl. Hirsch-Kreinsen, Hartmut 2002, S. 107). Die Untersuchung
von Hybridformen als interorganisationale Governancestrukturen kann sich auf die
Erkenntnisse der Transaktionskostentheorie als den zentralen Ansatz der Organisationsökonomik zur Bestimmung der Unternehmensgrenzen stützen.

Aus Sicht der Transaktionskostentheorie weisen Hybridformen im Gegensatz zu
Märkten nur mittelstarke Anreize und im Gegensatz zu Hierarchien nur einen
mittleren Grad an administrativer Kontrolle auf. Zwar wird die Eigentümerauto-
nomie bewahrt, es bestehen aber wechselseitige Abhängigkeiten, so dass die marktliche Anreizintensität abgeschwächt wird. Die relative Vorteilhaftigkeit von Hybridformen gegenüber marktlichen und hierarchischen Austausch ergibt sich damit für
Transaktionen mittlerer Spezifität. Die Erhöhung zwischenbetrieblicher Reputa-
tionseffekte erhöht diese relative Vorteilhaftigkeit gegenüber der Hierarchie. Hybride besitzen allerdings die größte Anfälligkeit gegenüber einer steigenden Unsicherheit, da sich die Hierarchie gegenüber dem Netzwerk bei der Unsicherheitsbewältigung nach Ansicht von Williamson auf eine schnellere Konfliktlösung durch
einen geringeren Dokumentationsaufwand, den Einsatz von Anordnungen statt
zeitaufwendigen Schlichtungen, der besseren Bewertungsmöglichkeiten von Hinter-
grundinformationen und der Unterstützung der informellen Organisation stützen
kann. Dadurch können die Verträge in Hierarchien weniger vollständig sein als in
Hybridformen. Diese Analyse verändert sich aber mit dem Perspektivenwechsel
weg von Vertragsgleichgewichten hin zu realen Zeitanpassungsprozessen in temporären Hybridformen wie etwa Joint Ventures. Die Stabilität ist dort nur von begrenzter Dauer und findet sich vor allem in zeitabhängigen Innovationsprozessen,
deren schnelles Ausnutzen hierbei die relative Vorteilhaftigkeit der Hybride ausmacht. Nach Ende eines gemeinsamen Projektes wird sich dann eine Entwicklung
in eine der beiden alternativen Formen einstellen, da die erfolgreichen Partner
mittlerweile genug Erfahrungen gemacht haben, um alleine weiter zu operieren
oder eine erfolglose Mission einen Abbruch nahe legt (vgl. Williamson, Oliver E.
1991, S. 280 ff.).

Williamson erkennt damit zwar die prinzipielle Effizienzsteigerung von Hybridformen bei mittlerer Spezifität an, bezweifelt aber die dauerhafte Tragfähigkeit
dieser Organisationsform bei der effizienten Abwicklung von Transaktionen unter
sich ändernden Umweltparametern. Seine Argumentation rückt aber nicht die effizienten Bewältigung zeitspezifischer Transaktionen in Innovationsanpassungs-
prozessen in den Mittelpunkt, da diese auch höher spezifische Investitionen beinhalten können, die nur über Vertrauen abgesichert werden können, das Williamson
gerade nicht berücksichtigt. Ohne Vertrauen besteht für die Hybridformen ein
Hang zur Instabilität, der sich bei steigender Spezifität noch vergrößert. Der traditionellen ökonomischen Empfehlung, Hybride nur für mittlere Spezifität zu be-
nutzen, wird aber in der Praxis nicht gefolgt.

Die empirischen Forschungsergebnisse zur interorganisationalen Unternehmenskooperation weisen darauf hin, dass die Hybridform auch bei hohen Spezifitätsgraden gewählt wird. Somit sollten zusätzliche Faktoren berücksichtigt werden, um
die Ursachen dieser beobachtbaren relativen Kostenvorteile theoretisch begründen
und eine Abgrenzung zwischen den verschiedenen Kooperationsformen durchführen zu können. Da in Netzwerken die Wissensbestände der beteiligten Unternehmen kombiniert werden, wird die Stabilisierung der Binnenbeziehungen zur
Absicherung gegen den Missbrauch des ausgetauschten Wissens zur Erfolgsbe-
dingung dauerhafter Kooperationen. Bei der Herstellung eines institutionellen
Mixes zum Ausgleich von Flexibilität und Stabilität der gewünschten Kooperationsform ist der grundsätzliche Trade-off bei der Bewältigung von Umwelt- und Verhaltensunsicherheit zu beachten. Die flexible Anpassungsfähigkeit an sich rasch
ändernde Umweltbedingung erfordert eine marktnahe Form der Unternehmenskooperation, während die Stabilisierung zur Absicherung der wechselseitigen Abhängigkeiten eine größere Hierarchienähe nahe legt. Eine hohe Umweltunsicherheit
führt daher zu einer marktknäheren Kooperationsform, aber gleichzeitig auch zur
Verringerung der Kooperationsdauer. Die Stabilisierung der Kooperationsbeziehungen zur Absicherung spezifischer Investitionen in die gemeinsamen Verfah-
rensroutinen reicht dabei von formlosen und vertraglichen Vereinbarungen über
Kapitalbeteiligungen bis hin zur Gründung einer gemeinsamen Unternehmung. Bei
einer Kapitalbeteiligung über 50 Prozent ist die Grenze zur Akquisition über-
schritten (vgl. Theurl, Theresia/Schweinsberg, Andrea 2004, S. 17-27). Im lezteren
Falle hätte sich die Vorhersage Williamsons bestätigt, dass eine langfristige Kooperationsbeziehung als Alternative zum Markt tendenziell den Hang zur Hierarchie
entwickelt.

In Folge der Vergrößerung der Märkte durch das Internet nimmt allerdings der
Spezialisierungsgrad auf Unternehmensebene zu, so dass es verstärkt zu neuen
Formen der Kooperation und vernetzer Zusammenarbeit kommt, die sich primär
an der gemeinsamen Bündelung von relevanten Kompetenzen orientieren. Das
Ausnutzen der neuen Größenvorteile setzt das Erreichen einer kritischen Masse
von Nutzern voraus. Während die Realisierung von Skalenvorteilen zur Entstehung von Großunternehmen durch Konzerne führt, trägt das Motiv der Verbund-

vorteile verstärkt zu unternehmensübergreifenden Kooperationen bei (vgl. Picot, Arnold/Neuburger, Rahild 2003, S. 283 ff.). Mit einer zunehmenden Verteilung des relevanten Wissens durch einen weltweiten Innovationswettbewerb, der durch immer kürzere Anpassungszeiten an neue Entwicklungen gekennzeichnet ist, wird das Ausnutzen von Skalenvorteilen erschwert, so dass die potentiellen Verbundvorteile den Druck auf Kooperationslösungen erhöhen werden, ohne dass dies zu größenorientierten Akquisitionen führt. Vor allem die dynamischen Entwicklungen von Netzwerken lassen sich aber nur eingeschränkt durch die ökonomische Theorie erfassen.

Ausgehend von den beiden Idealtypen Markt und Hierarchie besteht das Forschungsinteresse an interorganisationalen Kooperationen in den Motiven, der Wahl des Eintrittszeitpunktes, der Auswahl der Partner, der Durchführung und Kontrolle sowie der Unterschiede in den Ergebnissen verschiedener Ausgestaltungen netzwerkartiger Beziehungsstrukturen. Die vorwiegend komparativ-statischen Analysen vernachlässigen aber die Einflussfaktoren und Bedingungen, die einen Wandel in der Netzwerkorganisation bewirken oder zu einer stabilen Netzwerkstruktur führen, die auch in Trägheiten münden kann. Zudem werden erst in einer dynamischen Perspektive die einzelnen Abläufe deutlich, die sich im Anschluss von Anpassungsmaßnahmen entfalten. Dadurch wird die Bestimmung kausaler Zusammenhänge zwischen den einzelnen betrachteten Phänomenen im Zeitablauf erleichtert. Dies kann zu verbesserten Vorhersagen darüber führen, welche Wirkungen alternativer Formen interorganisationaler Beziehungen auf Basis der Anfangsbedingungen einer Kooperationsentscheidung zu erwarten sind (vgl. Ebers, Mark 1999, S. 32 f.).

Die statisch-komparative Sicht der Transaktionskostentheorie berücksichtigt intertemporale Fragestellungen durch die Betonung von vertraglichen Anpassungen an veränderte Transaktionsbedingungen wie der fundamentalen Transformation, die sich in der Wahl von unterschiedlichen Governance-Strukturen niederschlagen. Diese Aspekte der Veränderung und Anpassung von Governanceformen in laufenden Vertragsbeziehungen werden hingegen in den primär an der Anreizgestaltung vor Vertragsschluss interessierten Agentur- und Property-Rights-Theorien nicht weiter berücksichtigt (vgl. Williamson, Oliver E. 2002, S. 191). Es zeigt sich immer mehr, dass die Transaktionskostentheorie das größte Potenzial zur komparativ-statischen Analyse von Netzwerkorganisationen aus einer ökonomischen Perspektive besitzt.

Die komparativ-statische Modellierung in der mikroökonomischen Theorie bietet den Vorteil, mit Hilfe eines Vergleiches von zwei oder mehreren Perioden die Änderung von Gleichgewichten analysieren zu können. Da die betrachteten Perioden bezüglich der Modellvariablen jeweils isoliert untersucht und dann die Ergebnisse miteinander verglichen werden, wird der Prozess des Übergangs zwischen den beiden Perioden nicht berücksichtigt. Die fehlende zeitliche Verknüpfung führt dazu, dass nur mit Hilfe dynamischer Modelle Aussagen getroffen werden können, die auf die Stabilität von Gleichgewichten eingehen (vgl. Franke, Jürgen 1996, S. 35).

Dynamische Modelle sind aber mit der bisher nicht befriedigend gelösten Schwierigkeit konfrontiert, dass die Zukunft nicht bekannt ist und daher Verhaltenshypothesen getroffen werden müssen, um daraus Prognosen über die Anpassungsprozesse ableiten zu können. Die Prognosefähigkeit wird durch die Möglichkeit von Verhaltensänderungen der Wirtschaftssubjekte im Laufe des Prozesses und dem Einfluss von unbekannten Wirkungszusammenhängen zwischen den Variablen ebenfalls eingeschränkt. Zudem können selbst kleinste Veränderungen bei der Modellierung von Anpassungsmechanismen zu gravierenden Instabilitäten eines sich vormals in Richtung Gleichgewicht bewegenden Systems verursachen, was zur hohen Komplexität bestehender dynamischer Modelle beiträgt, die auf eine Vielzahl von Zusammenhängen zwischen den Variablen eingehen müssen. Daher sind ökonomische Gleichgewichtsanalysen zumeist auf den komparativ-statischen Vergleich von zwei Gleichgewichtszuständen gerichtet. Eine bestehende Gleichgewichtslösung ändert sich erst dann, wenn sich eine der unabhängigen Variablen verändert. Der Vergleich der beiden Gleichgewichtslagen bezieht sich dann auf die Unterschiede bei den endogenen Variablen. Mit Hilfe dieser Methode kann die hohe Komplexität dynamischer Modelle vermieden und die Grundaussage des theoretischen Ansatzes prägnant hervorgehoben werden. Durch diese Konzentration auf den ökonomischen Kerngehalt einer Theorie wird ein unmittelbarer Vergleich zwischen den verschiedenen komparativ-statischen Modellen möglich (vgl. Heine, Michael/Herr, Hansjörg 2003, S. 8-11).

In der Transaktionskostentheorie bezieht sich der Vergleich der endogenen Variablen auf die unterschiedliche Höhe von Transaktionskosten bei der Wahl alternativer Governancestrukturen als angenommene Reaktion auf die Veränderung der Transaktionssituation. Die Frage nach der zeitlichen Stabilität von Netzwerken durch die Existenz von Vertrauen führt aber dazu, sich die Bedingungen des Überganges zwischen einer hierarchischen oder marktlichen Koordination in Richtung einer Hybridform näher anzusehen. Damit würde eine Verschiebung hin zu einer dynamischen Analyse weitere Annahmen über das Verhalten der Akteure notwendig machen, während die prinzipielle Beibehaltung der bisherigen statisch-komparativen Vorgehensweise einer theoriekonformen Erklärung der Bildung von Netzwerken zugänglich sein müsste. Dies wird im Folgenden unter den Bedingungen des Wandels zur Informationsgesellschaft zu überprüfen sein.

3.1.2 Netzwerkorganisationen in der Informationsgesellschaft

Die Innovationen im Bereich der Informations- und Kommunikationstechnologien führen duch das sich ständig verbessernde Preis-Leistungsverhältnis zum Absinken der fixen Transaktionskosten für die Installation moderner Kommunikationssysteme. Wird die Wirkung der Technik in Form einer effizienzsteigernden Fixkosten-senkung für alle drei Organisationsformen als gleich hoch angenommen, ergibt sich eine Verschiebung der relativen Vorteilhaftigkeit zwischen den diskreten Struktur-alternativen allein aus den unterschiedlichen Änderungen der variablen Transak-tionskosten zur Koordination laufender ökonomischer Aktivitäten. Da der Infor-mationsaustausch technologisch bedingt schneller und billiger durchgeführt werden kann, werden hoch spezifische Transaktionen wie die vernetze Spezifikation zwi-schen Anbieter und Kunden bei der Konstruktion einer Maschine davon mehr pro-fitieren als solche mit einer nur geringen Spezifität, die dann nur noch einen relativ geringeren Koordinationsaufwand erfordern und damit weniger Informationen be-nötigen. Der Wechsel vom Markt zur Hybridform wie von der Hybridform zur Hierarchie lohnt sich daher im Vergleich zur Situation ohne die neuen Technolo-gien erst bei einem jeweils höheren Spezifitätsgrad. Dadurch werden marktliche Transaktionen in der Informationsgesellschaft bei einer höheren Spezifität durch-geführt als zuvor, während sich gleichzeitig auch die Vorteilhaftigkeit der Hybrid-formen erhöht, die den effizienten Informationsaustausch auch bei höher spezifi-schen Transaktionen ermöglichen. Damit können mehr Transaktionen in Hybriden durchgeführt werden, die zuvor nur effizient hierarchisch koordiniert werden konnten, da sich die Vorteilhaftigkeit dieser Organisationsform nun auf einen er-höhten Spezifitätsgrad der dort abzuwickelnden Transaktionen bezieht. Die gestie-gene Attraktivität der neuen Organisationsformen trägt mit dazu bei, dass die ehe-mals klaren Grenzen der Unternehmen zunehmend verschwimmen (vgl. Picot, Arnold/Ripperger, Tanja/Wolff, Birgitta 1996, S. 67 ff.).

Die Auflösung von Unternehmensgrenzen durch das Vordringen elektronischer Märkte wird unter der sogenannten Dekonstruktionsthese diskutiert. Die sinkenden Kosten der Informationsübertragung in Folge neuer Technologien führen danach zur Abnahme der relativen Vorteilhaftigkeit hierarchischer Unternehmen zu Gunsten von Unternehmenskooperationen. Zwar führen Internet und E-Com-merce dabei zu einer Vergrößerung der Märkte; von einem einfachen und schnell wirkenden negativen Zusammenhang zwischen Transaktionskosten und Integra-tionsgrad, der eine allgemeine Vernetzungstendenz aus deren Transaktionskosten-ersparnissen erklären kann, ist aber nicht auszugehen. Dafür lässt sich ein eher evolutionärer Trend weg von der vertikal intergrierten Unternehmung erkennen, die sich nur noch auf wenige Wertschöpfungsstufen konzentriert, um die erheb-lichen Skaleneffekte durch die stark sinkenden Grenzkosten der digitalen Produkte ausnutzen zu können. Es kommt damit tendenziell zu einer stärker horizontalen statt vertikalen Integration, die zu einer größeren Marktmacht auf den neuen Märkten führen kann (vgl. Schuler, Felix 2002, S. 5 ff.). Einer allgemeinen Erklä-rung der Vernetzungstendenzen durch die partialanalytische Sicht der Transak-tionskostentheorie sind damit durch die Vernachlässigung der Produktionskosten-entwicklung Grenzen gesetzt, die beim gegenwärtigen Wissensstand und dem For-schungsziel der Erklärung und Gestaltung von Koordinationsproblemen vorerst akzeptiert werden könnten.

Allerdings greift bereits die Annahme, dass die Informationstechnologie alle Arten von Transaktionskosten senken kann, zu kurz. Den Kostenentlastungen bei der interorganisationalen Koordination neuen Informationstechnolgien in der Durchführungsphase sind die möglichen Transaktionskostensteigerungen in der Anbahnungsphase gegenüber zu stellen, die sich durch den neuen Überwachungsbedarf in Folge des Einsatzes zunehmend komplexer und spezifischer werdender Informationstechnologie ergeben. Auch ein sinkender Einfluss auf die Kontrollkosten muss nicht zwangsläufig gegeben sein, da die Opportunismusneigung und die Qualitätseigenschaften des Vertragspartners auch durch den Einsatz neuer Medien nicht in jedem Fall besser erkannt werden können. Die zeitliche Befristung macht daher besondere Anstrengungen nötig, die Kooperationsbereitschaft der Partner aufrecht zu erhalten. Dadurch können die Transaktionskosten insgesamt auch ansteigen, statt zu sinken. Gegenwärtig werden aber die Vorteile einer schnelleren Anpassung an die befristeten Marktchancen durch temporäre Unternehmensnetzwerken in der Transaktionskostentheorie nur unzureichend berücksichtigt, so dass dem Faktor Zeit mehr Aufmerksamkeit bei der Erklärung der Vorteilhaftigkeit hybrider Organisationsformen eingeräumt werden sollte (vgl. Büschken, Joachim 1999, S. 784-788).

Bevor in der Transaktionskostentheorie allgemeine Aussagen über die erhöhte relative Vorteilhaftigkeit von Hybridformen in Folge technologischer Innovationen gemacht werden können, sollte nach Williamson daher näher auf solche speziellen Mechanismen eingegangen werden, die zu dieser Entwicklung beitragen. Diese Vorgehensweise bevorzugt eine fallweise Beschreibung von Wirkungsmechanismen zu Gunsten der Entwicklung allgemeiner Theorien (vgl. Williamson, Oliver E. 1996, S. 87). Der zentrale Mechanismus, der vor allem im Zusammenhang mit der Existenz von telekooperativen Unternehmensnetzwerken diskutiert wird, ist dabei das Vertrauen zwischen den Beteiligten.

Kritiker einer Orientierung am Markt-Hierarchie-Paradigma weisen darauf hin, dass sich Markt und Hierarchie als Kontrollmechanismen nicht gegenseitig ausschließen, sondern auch innerhalb einer Organisationsform als Mischformen auftreten können. Neben den Koordinationsformen Preis und Autorität lässt sich Vertrauen als dritter unabhängiger Kontrollmechanismus unterscheiden, der mit den anderen beiden Formen kombiniert werden kann. Gefordert wird daher ein Denken in komplementären statt rein alternativen Lösungen. Damit werde der Blick für komplexere Kontrollformen geschärft, die auf die sozialen Umstände der Abwicklung von Transaktionen eingehen. Zudem wird mit Bezug auf empirische Studien darauf hingewiesen, dass wechselseitige Abhängigkeiten nicht in Opportunismus münden, sondern vielmehr der Entwicklung von Vertrauen dienen, das mit den anderen beiden Mechanismen für stabile Geschäftsbeziehungen sorgt (vgl. Bradach, Jeffrey L./Eccles, Robert G. 1989, S. 97 ff.).

Williamson hält dem entgegen, dass ein effizienter ökonomischer Austausch in Folge der Bedrohung einer Ausbeutung bei wechselseitiger Abhängigkeit zwingend die Unterstützung von glaubhaften Bindungen voraussetzt. In dieser Sichtweise trägt Vertrauen nur zur mehr Unklarheit bei, da die notwendigen institutionellen Sicherungen analytisch vernachlässigt werden (vgl. Williamson, Oliver E. 1993, S. 260). Die Frage nach der Legitimation von Vertrauen in Netzwerken kann mit der näheren Betrachtung der Kooperationsmotive geklärt werden, die Aufschluss darüber geben können, welche Aspekte nicht allein über glaubhafte institutionelle Sicherungen abgedeckt werden können.

Dazu lassen sich vier Einflussgrößen auf die Auflösung von Unternehmensgrenzen unterscheiden. Theoretisch empfiehlt sich zunächst die Orientierung an der mittleren Spezifität der Aufgabe, die dem Einsatz von komplementären Kompetenzen entspricht. Als zweiter Faktor kann eine hohe Umweltunsicherheit selbst bei hoch spezifischen Investitionen zum Kooperationszwang werden, wenn diese durch die Häufung nicht vorhersehbarer Umweltparameter der hohen Gefahr einer Entwertung ausgesetzt sind und die eigene Wettbewerbsfähigkeit bedroht. Dadurch wird eine Hybridform selbst für die Kernbereiche der Unternehmung zur effizienten Lösung. Das Motiv der Risikoteilung findet sich häufig in Forschungs- und Entwicklungskooperationen sowie Vertriebs- und Produktionsallianzen (vgl. Picot, Arnold/ Reichwald, Ralf/Wigand Rolf T. 2003, S. 294 ff.).

Solche telekooperativen Netzwerkorganisationen finden sich derzeit in den Bereichen von Multimedia, Softwareentwicklung, Umwelttechnik, Telekommunikation und in der Automobilbranche. Die Komplexität von Netzwerken ergibt sich aus den möglichen Konflikten unter den Partnern bezüglich der zu verfolgenden Mission, der Verwendung gemeinsamer Ressourcen, der sturkturellen Gestaltung und der Aufteilung des Ergebnisses. Innerhalb dieser Netzwerke gelten daher hybride Koordinationsprinzipien in der Grauzone zwischen Kooperation und Konkurrenz. Diese hybriden Spielregeln heben den Wettbewerb damit nich gänzlich auf, sondern verlagern ihn in modifizierter Form in das Netzwerk hinein, was in der Literatur unter den Bezeichnungen Coopetition, Koopkurrenz oder kooperative Wettbewerbsbeziehungen diskutiert wird (vgl. Reiß, Michael/Beck, Thilo C. 2000, S. 317 f.). Vor allem dieses permanente Management der Spannungen zwischen partnerschaftlicher Zusammenarbeit und opportunistisch-optionennutzender Konkurrenz in Netzwerken macht atmosphärische Faktoren für eine erfolgreiche Durchführung unverzichtbar.

Die Transaktionsatmosphäre schützt durch Vertrauen und gemeinsame Werthaltungen während der gemeinsamen Erfüllung hoch spezifischer Kernaufgaben vor opportunistischer Ausbeutung. Der Verzicht auf umfassende vertragliche Regelungen erscheint am ehesten in langfristigen Transaktionsbeziehungen realisierbar zu sein. In einem unsicheren und wettbewerbsintensiven Umfeld spielen schließlich Zutrittsbarrieren als weitere Einflussgröße eine entscheidende Rolle. Ist der Weg zu neuem Wissen durch den Aufbau von neuen Kernfähigkeiten mit prohibitiven Kosten verbunden und sind die finanziellen Mittel für risikoreiche Projekte auf den Kapitalmärkten knapp, bieten sich Kooperationen häufig als einzige Möglichkeit zu ihrer Durchführung an. Gemeinsame Projektteams bieten oft auch den besten Weg, implizites Wissen zwischen den Organisationen zu transferieren, wobei die Bereitschaft dazu vor allem durch vertrauensvolle Kooperationsbeziehungen geschaffen wird (vgl. Picot, Arnold/Reichwald, Ralf/Wigant, Rolf T. 2003, S. 296 ff.). Den Chancen der Netzwerkbildung als Kooperationsmotiven stehen beachtliche Risiken gegenüber. Sydow sieht eines der wichtigsten Risiken in der begrenzten Beherrschung dieses vernetzten Systems selbst bei einem dominierenden Unternehmen, welches das Netzwerk als so genannter fokaler Akteur strategisch auszurichten vermag. Der Verlust von Kernkompetenzen kann sich ferner durch eine zu ausgedehnte rein kostenorientierte Funktionsexternalisierung ergeben, so dass sich das Unternehmen weder im Wettbewerb noch im Netzwerk als attraktiver Partner halten kann. Dazu kommt die mögliche einseitige Abhängigkeit, die zu einer Existenzbedohung des gesamten Netzwerkes werden kann, wenn die betroffenen Unternehmen darauf mit einer vollständigen vertikalen Integration reagieren (vgl. Sydow, Jörg 2003, S. 306-308).

Die folgende Abbildung gibt einen Überblick über weitere relevante Chancen und Risiken für die Unternehmen, die mit Hilfe eines geeigneten Netzwerkmanagements die interorganisationlen Beziehungen im Bewusstsein der Chancen und Risiken zu gestalten haben. Allerdings führt Vertrauen gerade dazu, dass viele der angesprochenen Risiken gerade nicht in der alltäglichen Netzwerkpraxis berücksichtigt werden müssen. Dazu sind jedoch institutionelle Rahmenbedingungen zu schaffen, welche die Unsicherheiten soweit erträglich machen, dass sich Vertrauen überhaupt entwickeln kann. Der Aufbau von Vertrauen durch Sozialkapital ist dafür das hinreichende Mittel, welches die notwendigen Bedingungen in Form der Motive der Netzwerkbildung ergänzt.

Chancen	Risiken
Steigerung der strategischen Flexibilität	Verlust von Kernkompetenzen
Zugang zu ansonsten evtl. unerreichbaren Ressourcen und/oder Märkten	Zurechnung von Verantwortlichkeiten
Verteilung des unternehmerischen Risikos, insbes. bei Diversifikation durch Kooperation	Erschwerung strategischer Steuerung
Senkung von Produktionskosten, insbesondere durch externe Skalenerträge	Einbuße strategischer Autonomie
Senkung von Koordinationskosten	Steigerung der Koordinationskosten
Abschöpfung von Regelungsarbitrage	Senkung des Commitments der Arbeitenden ob mangelnder Identifikationsmöglichkeiten
interorganisationales Lernen, Entwicklung kooperativer Kernkompetenzen	unkontrollierter Abfluss von Wissen
Senkung des Kapitalbedarfs	Verlust organisationaler Identität und damit z. B. abnehmende Möglichkeit zur Identifikation

ABBILDUNG 7: CHANCEN UND RISIKEN VON UNTERNEHMENSNETZWERKEN AUS BETRIEBSWIRTSCHAFTLICHER SICHT. QUELLE: SYDOW, JÖRG 2003, S. 306.

Die Übersicht macht deutlich, dass neben dem Koordinationsproblem ein netzwerktypisches Motivationsproblem auftritt. Falls aus der geringeren Einbindung ein Motivationsverlust der Arbeitenden resultiert, werden insbesondere beim Fehlen eines Mechanismus, der zu stabilen Erwartungen bei zunehmend befristeten Arbeitsverhältnissen führen kann, aufwendige Anpassungen notwendig. Die Berücksichtigung der Gefahr opportunistischer Ausbeutung in interorganisationalen Beziehungen durch Stärkung der relationalen Vereinbarungen wird aus vertragstheoretischer Perspektive zur zentralen Herausforderung. Dadurch wird nicht nur die Entscheidung wichtig, ob eine Hybridform gewählt wird, sondern auch, welche konkreten Ausprägungen eine geeignete und effiziente Durchführung mit Bezug zur betrachteten Transaktion liefern.

Aus ökonomischer Sicht werden bei der organisationalen Ausgestaltung von Hybridformen drei Aspekte zentral. Bei einem möglichen gemeinsamen Ressourcenpool werden miteinander abgestimmte Entscheidungen über zentrale Investitionsentscheidungen notwendig. Daher wird die Auswahl der Partner bedeutend, wobei die abgeschlossenen Verträge als Rahmenwerk fungieren und keine umfassenden Vereinbarungen enthalten. Dabei müssen diese Rahmenabkommen durch eine entsprechende Hybridform derart abgesichert werden, dass nicht ständige Neuverhandlungen nötig sind, welche die Vorteile der dezentralen Entscheidungsfindung aufheben würden. Zudem müssen in den wettbewerbsintensiven Märkten, in denen sich Hybridformen entwickeln, Mechanismen gefunden werden, die einer Free-Rider-Position einzelner Akteure vorbeugen. Die Dringlichkeit der Absicherung ist ein Indikator für den Zentralisierungsgrad der hybriden Arragements, welche sich aus der Spezifität des eingesetzten Sachkapitals ergibt (vgl. Ménard, Claude 2004, S. 345 ff.). Da der erhöhte Zentralisierungsgrad eine Reaktion auf die gestiegene Abhängigkeit in Transaktionen darstellt, der mit Höhe der Transaktionskosten in Hybridformen korreliert, ergibt sich folgende Typologie von hybriden Organisationsformen.

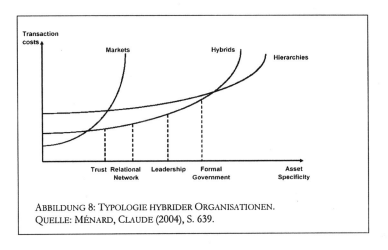

ABBILDUNG 8: TYPOLOGIE HYBRIDER ORGANISATIONEN.
QUELLE: MÉNARD, CLAUDE (2004), S. 639.

Vertrauen findet sich hier als kalkulierende Grundlage der marktnähesten Form, die durch dezentrale Entscheidungsstrukturen und einer verteilten Koordination auf reziproker Basis gekennzeichnet ist. Ebenso sind die Beziehungen hier am stärksten durch informelle Elemente bestimmt. Am anderen Ende des Spektrums finden sich formelle „Regierungen", die einer integrierten Unternehmung sehr nahe kommen, wie dies etwa bei Joint Ventures der Fall ist und die durch eine autonome Koordinationseinheit zentral gesteuert werden. Relationale Netzwerke verlangen eine engere Koordination, die nicht allein auf Vertrauensbasis funktioniert, sondern über formelle Regeln und Normen die Handlungsweisen abstimmt. Solche Beziehungsnetzwerke lassen sich als Clubs interpretieren, deren Eintrittsmöglichkeiten durch eine gemeinsame Geschichte zwischen den Beteiligten bestimmt werden. Eine etwas strengere Überwachung findet sich im Falle eines Leaders, wie dies etwa bei Zulieferern durch den Kunden als Hauptabnehmer geschieht, der das Netzwerk dominiert. In langfristigen Beziehungen im Hochtechnologiesektor lassen sich diese Formen häufig dann beobachten, wenn ein Unternehmen seinen zentralen Einfluss über eine Schlüsselposition in Folge seiner spezifischen Ressourcen sichern kann. Diese vereinfachende Darstellung berücksichtigt Unsicherheit aber nur in Form des Spezifitätsgrades. Zudem ist die Pfadabhängigkeit bei der Wahl der Governancestruktur ergänzend zu berücksichtigen, um dem Phänomen der Koexistenz von verschiedenen Hybridformen innerhalb eines Sektors gerecht zu werden. Weitere in der Forschung bislang weitgehend ungeklärte Fragen bestehen in dem Einfluss der institutionellen Umwelt auf die Wahl und Ausgestaltung von Hybriden, so dass auch noch wenig über mögliche Anpassungsmaßnahmen beim Wettbewerbsrecht bekannt ist (vgl. Ménard, Claude 2004, S. 365 ff.).

Da eine bewährte Typologisierung von Netzwerken noch aussteht, bildet dieser Ansatz, der auf Basis von Diskussionen während der 2002er-Konferenz der International Society for New Institutional Economics (ISNIE) weiterentwickelt wurde, einen hilfreichen Startpunkt, welcher den aktuellen Stand der Transaktionskostentheorie wiedergibt. Die Rolle von Vertrauen verliert dabei aber mit steigender Spezifität zu Gunsten weiterer Formalisierungen immer mehr an Bedeutung. Wird Vertrauen auf Basis des Rationalkalküls formuliert, überrascht diese Sichtweise wenig, da glaubwürdige institutionelle Sicherheiten den Einsatz von Vertrauen nicht mehr notwendig machen, auch wenn sie dafür höhere Transaktionskosten verursachen. Fraglich bleibt, warum Vertrauen besonders in marktnahen Hybridformen eine herausragende Rolle spielen soll, wenn die Spezifität nur relativ gering ausfällt und die Anreize dagegen noch stärker ausgeprägt sind. Vertrauen und formelle Institutionen erscheinen hier als perfekte Substitute, wobei Vertrauen mit steigender Spezifität zunehmend unattraktiv wird. Diese Sichtweise vernachlässigt aber die grundsätzliche Bedeutung von Vertrauen in Transaktionen und enthält keinen eigenen Vertrauensbegriff, der sich substan-ziell vom Risikokalkül unterscheidet. Zudem wird der Dynamik der Informationsgesellschaft nur ungenügend Rechnung getragen. Daher wird im Folgenden die Bedeutung des strategischen Erfolgsfaktors Zeit unter Beibehaltung der transaktionskostentheoretischen Sichtweise explit betrachtet, um die Effizienzwirkungen der interorganisationalen Vernetzung bei Zeitmangel herausarbeiten zu können.

3.1.3 Effizienz von Netzwerkorganisationen in dynamischen Umwelten

Der persönliche Kontakt ist auch in internetbasierten Kooperationsformen eine der Grundvoraussetzungen für die Durchführung. So streben die meisten Praktiker bei der Partnersuche mindestens ein initiales Zusammentreffen an. Ohne diese Möglichkeit, des persönlichen Kennenlernens, wird das gesamte Projekt in Frage gestellt. Die Prüfung der Vertrauenswürdigkeit der Vertragspartner findet vor allem durch solche Aspekte statt, die nicht elektronisch ausgetauscht werden können. Die weitere Erhöhung der multimedialen Funktionalität und der Übertragungskapazität des Internets bei der Übermittlung nonverbaler Signale kann somit zukünftig lediglich entlastend wirken (vgl. Eggs, Holger 2001, S. 49 f.). Ein vollständiger Ersatz bleibt jedoch ausgeschlossen und macht Vertauen in telekooperativen Netzwerken zwischen den Beteiligten zur Hauptsache. Die weiterführende Frage, die sich daraus ergibt, besteht darin, wann es notwendig wird, Transaktionen in Hybridformen neben formellen Regelungen hauptsächlich über Vertrauen absichern zu müssen, auch wenn es sich bei den eingesetzten Mitteln um hochspezifische Ressourcen handelt. Die Antwort hängt neben den bereits genannten Faktoren mit der Bewältigung des Unsicherheitsproblems in hochdynamischen Umwelten durch Netzwerke zusammen.

In stabilen Umwelten können sich Routinen in Unternehmen durch Lernen über das Verhalten der Mitarbeiter leichter entwickeln, was dazu führt dass sich im Zeitablauf Transaktionskosten einsparen lassen. Dynamische Transaktionskosten entstehen dagegen durch Verhandlungen mit externen Geschäftspartnern, wenn die unternehmensspezifischen Mittel und Fähigkeiten zu einem bestimmten Zeitpunkt nicht zur Verfügung stehen. Dies ist vor allem bei Prozessinnovationen der Fall, die als Systemtechnologien über mehrere Wertschöpfungsstufen hinweg wirken und dadurch einen erhöhten Koordinationsaufwand erfordern. Während in relativ vorhersagbaren Umwelten daher eine Tendenz zur vertikalen Integration bewirkt wird, kommt es bei hoher Unsicherheit und schnellen Weiterentwicklungen der Innovationen zur umgekehrten Entwicklung (vgl. Langlois, Richard N. 1992, S. 99 ff.).

Das Bedürfnis nach Geschwindigkeit ergibt sich vor allem für innovative Jungunternehmen, die ihre Kräfte bündeln und sich durch Kooperationen einen Wettbewerbsvorteil bei der Informationsverarbeitung schaffen. Indem die komplexen Kommunikationskanäle eines Netzwerkes nicht nur Informationen verbreiten, sondern auch zu einer neuen Interpretation beitragen, wird ein erfahrungsbasiertes Lernen durch dieses neu geschaffene Wissen ermöglicht. Der Informationsfluss kann zwar nicht mehr so stark kontrolliert werden, wie bei der Eigenerstellung innerhalb der Hierarchie oder beim Kauf auf Märkten, dafür existiert aber ein schneller und reichhaltigerer Zugang zu solchen Informationen, die zu einer schnellen Übersetzung von Ideen in neue Produkte führen (vgl. Powell, Walter W. 1996, S. 254 f.).

Die Ausrichtung des Unternehmens auf Schnelligkeit bedeutet die Bildung von Teams aus mehreren Bereichen und die Neugestaltung zentraler Arbeitsprozesse, um der raschen technologischen Entwicklung gerecht werden zu können. Derjenige Wettbewerber, der die sich beschleunigenden globalen Änderungen erkennt und darauf zuerst reagiert, kann so einen entscheidenden Wettbewerbsvorteil erreichen, wenn er die neuen Kundenbedürfnisse dauerhaft schneller und besser befriedigen kann als die Konkurrenz. Diese Dauerhaftigkeit der Marktführerschaft durch kürzere Entwicklungszeiten wird vor allem durch das schnellere Lernen erreicht. Die isolierte Beschleunigung der Prozesse erhöht dagegen lediglich deren Fehleranfälligkeit. Die kontinuierlichen Lernprozesse erfordern wiederum eine hohe Stabilität der Beziehungen, um das Engagment der Mitarbeiter zu fördern, ihr individuelles Wissen nicht nur weitergeben zu können, sondern auch weitergeben zu wollen. Erst eine verlässliche Langsamkeit führt daher zu einer vertrauensvollen Arbeitsatmosphäre, in der ein schrittweiser Lernprozess zur dauerhaften Beschleunigung genutzt werden kann (vgl. Meyer, Christopher 1994, S. 17 ff.).

Analog dazu lässt sich die zeitorientierte Unternehmenskooperation als Versuch beschreiben, die kostenintensive und hochriskante Fehleranfälligkeit aus den isolierten Beschleunigungsprozessen zu Gunsten gemeinsamer Lernprozesse zu minimieren. Die begrenzten Ressourcen als Resultat unvollständiger Faktormärkte und einer spezifischen strategischen Ausrichtung des Unternehmens sind damit kein Wettbewerbsnachteil, sondern können als Kooperationswert in das Netzwerk eingebracht werden, dessen Grenzen sich ständig verschieben. Das Spannungsverhältnis bei der effizienten Gestaltung dieser dynamischen Netzwerke liegt damit weiterhin zwischen den beiden Polen Stabilität und Flexibilität, der Konflikt dabei ergibt sich aus der zunehmenden Anforderung hin in Richtung Flexibilität. Dadurch wird es entscheidend, die Beziehungen zwischen den Akteuren als Ressourcen zu interpretieren, die es zu stärken gilt, um durch den Aufbau von Vertrauen die notwendige Stabilität der Strukturen zu schaffen, die ein hochflexibles Arbeiten ermöglicht. Dann wird es möglich, komplexe Projekte über überschaubare Verträge in kurzen Fristen durchführen zu können, damit einzelne Transaktionen unter Zeitdruck nicht zur Bedrohung des Gesamtergebnisses werden. In der Sprache der Transaktionskostentheorie meint Zeitdruck nichts anderes als zeitliche Spezifität, die bislang eher am Rande der Analyse stand.

Die Umweltannahme der Faktorspezifität steht zwar im Mittelpunkt der Analyse von Transaktionen als Basiseinheit der Theorie von Williamson, er ordnet jedoch die temporale Spezifität lediglich als Unterfall der Standortspezifität ein. Zeitspezifität resultiert demnach aus der technologischen Nichtseparierbarkeit von Faktoren, die in Folge einer hohen Empfindlichkeit gegenüber zeitlichen Verzögerungen zu einem ganz bestimmten Zeitpunkt an dem durch die gebundene Vertragsseite bestimmten Ort übergeben werden müssen (vgl. Williamson, Oliver E. 1991, S. 281 f.). Die Bindung an die zeitliche Durchführung als kritischer Faktor eines Vertrages führt dazu, dass Verzögerungen vom Anbieter opportunistisch als Mittel zu Preiszugeständnissen beim Kunden genutzt wird, dem kurzfristig keine weiteren Alternativen zur Verfügung stehen (vgl. Masten, Scott E./ Meehan, James W./ Snyder, Edward A. 1991, S. 9).

So kann die Einrichtung von Kreditlinien für eine Unternehmung durch ihre Bank während eines finanziellen Engpasses eine Frage der weiteren Existenz bedeuten. Die Ausbeutung des Unternehmens in Folge dieser hohen Zeitspezifität könnte durch schlagartig höhere Zinsen erfolgen, da ein Ausstieg aus dieser Geschäftsbeziehung zum Zeitpunkt des Notfalls für das Unternehmen nicht möglich ist (vgl. Erlei, Mathias 1998, S. 41). Bei Waren wie Erdgas und Strom resultiert die zeitliche Spezifität aus den hohen Lagerkosten, während sie sich bei Zeitungen durch die nachgefragte Aktualität ihrer Informationen ergibt. Ein weiteres Beispiel ist der

Verkauf von Lebensmitteln, die ebenfalls zu einem bestimmten Zeitpunkt angeliefert und an diesem Lagerort verkauft werden müssen. Da sie leicht verderben können, sind sie ebenfalls einem schnellen Werteverfall ausgesetzt (vgl. Masten, Scott E. 1996, S 13). Als Wirkung einer zeitlichen Spezifität ergeben sich demnach kurzfristig erhebliche Quasirenten, die sich mit zunehmendem Auseinanderfallen der Zeitpunkte des Vertragsschlusses und des Austausches rasch verringern (vgl. Pirrong, Stephen C. 1993, S. 942). Zeitliche Spezifität kann aber nicht nur vom Anbieter, sondern auch vom Nachfrager einer Leistung ausgenutzt werden, wenn sich beide in einer wechselseitigen Abhängigkeit befinden, wie dies für Just-in-Time-Konzepte typisch ist.

Diese dyadische Betrachtung weitet sich schnell zur Netzwerkperspektive aus, wenn Geschäftsbeziehungen mit mehreren Zulieferern bestehen oder diese selbst mehrere externe Partner haben, um unterschiedliche Markt- und Abnehmerzyklen ausgleichen zu können. Die Erhöhung der unternehmerischen Flexibilität als Wettbewerbsvorteil ist dabei von der unternehmensübergreifenden Flexibilität im Rahmen von Zulieferernetzwerken abhängig. Dadurch kann etwa die BMW AG ihre Lieferzeiten neuer Fahrzeuge verkürzen und zeitlich flexibel auf veränderte Kundenwünsche eingehen, die noch bis sechs Tage vor Produktionsbeginn berücksichtigt werden können (vgl. Milberg, Joachim 2002, S. 12 f.). Es zeigt sich, dass der kritische Erfolgsfaktor Zeit zu bedrohten Quasirenten führt, wobei die Zeitspezifität für die Abhängigkeit der Quasirente als erwartete Nutzenpotenziale der Transaktion von der möglichst kurzen zeitlichen Dauer zwischen Vertragsschluss und Austausch steht. Innerhalb von Geschäftsbeziehungen stellt sich folglich jede Einzeltransaktion als zeitspezifisch dar, wobei sich die Quasirente des Gesamtvertrages erst über die einzelnen pünktlichen Lieferungen realisieren lassen. Wichtig für die weiteren Überlegungen wird daher der Zusammenhang zwischen zeitsensiblen Flexibilitätserfordernissen und Vertrauen als effizientes Mittel, die Verhaltensunsicherheit in Netzwerken wirsam zu bewältigen. Es gilt die folgende Arbeitsdefinition:

> **Zeitspezifität:** Positive Abhängigkeit der Quasirente von der Kürze des Zeitraumes zwischen nutzungsvereinbarendem Vertragsschluss und tatsächlicher Nutzung durch den Austausch eines Transaktionsobjektes.

Die Bedeutung von Vertrauen zwischen den Beteiligten lässt sich mit Bezug auf Abbildung 9 unter Punkt 3.2.2 zeigen, wenn der in der Transaktionskostentheorie bisher wenig analysierte Zeitfaktor als zentrale Spezifitätsgröße auf der Abzisse berücksichtigt wird. Dabei wird weiterhin von unvollständigen Faktormärkten ausgegangen, so dass sich die Unternehmen selbst nicht alle benötigten Produktionsmittel beschaffen können, welche sie für ein wettbewerbsfähiges Angebot auf den hochdynamischen Absatzmärkten benötigen. Dazu zählt auch das individuelle Wissen, das in innovativen Entwicklungsprozessen oft nicht oder nicht schnell genug intern beschafft werden kann. Diese Situation wird im folgenden Fall unterstellt.

104

Weiterhin wird persönliches Vertrauen bei einer marktlichen Abwicklung von Transaktionen über Preise und einer rein hierarchischen Koordination über Anweisungen als nicht relevant auf die Höhe der Transaktionskosten betrachtet. Die Anwendung von Marktpreisen und Autorität wird folglich als auf dem Risikokalkül basierende Wahl einer Governanceform interpretiert, bei der es in dieser analytischen Reinform keines Vertrauens bedarf. In Anlehnung an Williamson wird die bisherige Spezifität physischer Faktoren mit k bezeichnet, während die bei ihm noch der Standortspezifität untergeordnete zeitliche Spezifität gesondert mit t für „time specifity" gekennzeichnet ist, um dessen Auswirkungen genauer untersuchen zu können. Die Gesamtspezifität als Summe aus k und t wird mit s bezeichnet. In Verbindung mit den beiden anderen Organisationsformen in Abhängigkeit von k ergibt sich damit das gängige komparative Vorteilhaftigkeitsszenario, welches in Abbildung 4 durch die dünn gezeichneten Kurven dargestellt ist.

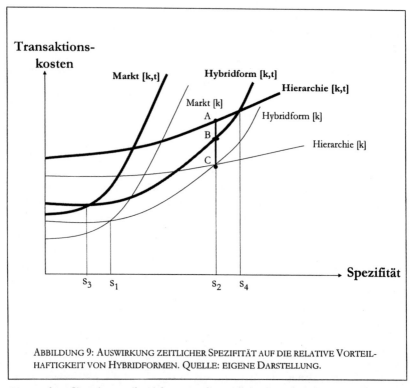

ABBILDUNG 9: AUSWIRKUNG ZEITLICHER SPEZIFITÄT AUF DIE RELATIVE VORTEIL-HAFTIGKEIT VON HYBRIDFORMEN. QUELLE: EIGENE DARSTELLUNG.

Eine andere Situation ergibt sich, wenn die zeitliche Spezifität als gesondertes eigenes Transaktionsmerkmal mit berücksichtigt wird. Die Funktionen der Hybridformen und des Marktes werden sich in Folge der gestiegenen Gesamtspezifität nach oben verschieben, da diese Spezifitätsänderungen mit einem höheren Kostenniveau einhergehen. Da sich Märkte für Transaktionen mit relativ geringer Spezifität anbieten, bei denen keine weiteren Verhandlungen zwischen den Vertragsparteien notwendig werden, wirkt sich eine Berücksichtigung der Zeitdimension auf Märkten als Parallelverschiebung auf die marktliche Kostenfunktion aus, weil die zusätzlichen Anstrengungen unter knapperen zeitlichen Restriktionen allgemein zu weiteren Suchkosten führen. Ähnlich werden sich auch die Kosten der Hybridformen entwickeln, wenngleich die Anonymität der Akteure durch ihre Kooperationsbeziehungen aufgehoben wird. Dadurch steigen die Suchkosten nicht so stark an wie bei Marktbeziehungen. Wird weiter angenommen, dass die benötigten Ressourcen innerhalb des Netzwerkes oder zumindest durch Kontakte aus dem Netzwerk heraus schnell zu beschaffen sind, wirkt sich auch hier die Zeitverkürzung gleichmäßig auf die neue dick gezeichnete hybride Kostenfunktion aus.

Wird in Abbildung 10 die gesamte Spezifität einschließlich der zeitlichen Wirkungen betrachtet, erhöht sich die relative Vorteilhaftigkeit von Netzwerken von dem Bereich zwischen s_1 und s_2 auf den Bereich zwischen s_3 und s_4. Unter Zeitdruck wächst das Ausbeutungsrisiko durch Opportunismus und es wird bereits früher attraktiver, auch Transaktionen mit niedrigerem Spezifitätsgrad als bisher über Netzwerke durchzuführen. Dies wird durch den Übergang von s_1 nach s_3 abgebildet. Ebenso zwingt die mangelnde Zeit und das oben beschriebene Fehlen weiterer Faktoren dazu, die benötigten Mittel nicht intern selbst zu erstellen oder den entsprechenden Anbieter in das eigene Unternehmen zu integrieren zu können. Dadurch vergrößert sich die Reichweite der Netzwerke in Richtung einer effizienten Bewältigung von komplexen Transaktionen mit höherer Spezifität, was der Übergang von s_2 zu s_4 beschreibt. Die explizite Berücksichtigung der zeitlichen Dimension führt somit ein weiteres dynamisches Element in die komparativ-statischen Analyse der Theorie ein. Über das langfristige Gleichgewicht lassen sich aber noch keine genauen Aussagen treffen, solange nicht klar ist, welche Faktoren dazu beitragen, dass sich Vertrauen zwischen den Beteiligten entwickeln kann. Vertrauen kann bereits im Vorfeld der Transaktion entstanden sein, etwa wenn sich auch privat befreundete Geschäftspartner vernetzen und somit auf bereits existierende Sozialkapitalbestände aufbauen können, für deren Errichtung keine weiteren Kosten mehr anfallen. Selbst wenn dies nicht der Fall ist, führt in dieser statischen Sichtweise der erforderliche Aufbau von Sozialkapital unter den nicht bekannten Beteiligten ohne weitere Zeitverzögerungen noch in der gleichen Periode zu Vertrauen, welches den komparativen Kostenvorteil der Hybridformen verursacht.

Die Implementierung von neuen technischen Informationsverarbeitungssystemen zur schnelleren Informationsbearbeitung führt dabei zu einem Anstieg der fixen Transaktionskosten, der für alle drei Formen etwa gleich hoch ausfällt (vgl. Punkt 3.1.1). Dazu kommen die fixen Transaktionskosten der Erschaffung eines personalen Kommunikationssystems in den Hybridformen. Da dessen Existenz durch die vereinfachende Annahme eines in transaktionsübergreifenden Beziehungen gewachsenen Vertrauens, das zum Entscheidungszeitpunkt bereits besteht, als einbettender Handlungsrahmen vorausgesetzt wird, ist dieser Teil der fixen Kosten zu vernachlässigen. Entscheidend für die Entwicklung der relativen Vorteilhaftigkeiten werden die variablen Transaktionskosten bei der Bewältigung der Verhaltensunsicherheit im Rahmen der transaktionsbedingten Nutzung der Kommunikationssysteme. Daneben ist die Tatsache entscheidend, ob eine Ressource ex ante bereits intern verfügbar ist oder nicht, da insbesondere unter Zeitdruck die variablen Transaktionskosten einer unternehmensexternen Beschaffung stärker steigen werden. Die Analyse geht zusammenfassend von folgenden Annahmen aus:

• Unvollständige Faktormärkte und hochdynamische Absatzmärkte verstärken den externen Beschaffungszwang bei steigender zeitlicher Spezifität.

• Die Verhaltenunsicherheit steigt mit zeitlicher Spezifität.

• Vertrauen ist nur in Hybridformen relevant.

• Der Aufbau von Vertrauen ist nicht kostenlos.

• Vertrauen führt zur Ersparnis insbesondere der Transaktionskosten zeitlicher Anpassungen in Netzwerken.

Da sich Hybridformen in den Bereichen mittlerer bis hoher Spezifität befinden, werden bei steigender Zeitknappheit im Gegensatz zu Märkten nicht nur die Suchkosten steigen, sondern auch zusätzliche Verhandlungskosten anfallen. Diese könnten bei dem Fehlen zeit- und damit kostensparener Informationskanäle auf Basis interpersonalen Vertrauens zu einem deutlich höheren Niveau der Kurvenverschiebung führen. In größeren Netzwerken wäre dann ebenfalls eine größere Steigung der Funktion zu erwarten, wenn der geeignete Transaktionspartner dem suchenden Unternehmen nicht selbst bekannt ist und über mehrere Umwege ermittelt werden müsste. Die erforderlichen formalen vertraglichen Regelungen würden bei einer hohen zeitlichen Spezifität aber die Vorteile eines Netzwerkes kompensieren und einen überproportionalen Kostenanstieg verursachen. Erst die Existenz von wechselseitigem Vertrauen innerhalb des Netzwerkes stellt die Effizienz der netzwerkinternen Kommunikationsstrukturen sicher und kann so auch die variablen Verhandlungskosten eindämmen. Diese Wirkungsweise von Vertrauen wird als gleichmäßig angenommen, da es als stabiles Merkmal in einer Beziehung angesehen wird, das nicht mit dem Spezifitätsgrad der einzelnen Transaktion schwankt. Daher kommt es zu einer im Vergleich zu Märkten geringeren Parallelverschiebung der alten Hybridfunktion, die nunmehr in der neuen dick gezeichneten Form auch einen Effizienzgewinn gegenüber der Hierarchie erreicht.

Ist eine bestimmte Ressource in kürzerer Zeit nicht intern beschaffbar, was hier in Verbindung mit einer höheren zeitlichen Spezifität unterstellt wird, bekommt die Hierarchiefunktion eine höhere Steigung, da die Verkürzung der Transaktionsdauer weitere Verhandlungen und Anstrengungen mit sich bringt, die rechtzeitig nur unter Inkaufnahme sehr hoher Transaktionskosten durchgeführt werden können. Somit beschreibt dieser dick gezeichnete Kurvenverlauf einen progressiven Zusammenhang zwischen der zeitlichen Spezifität und der Transaktionskostenhöhe der Hierarchie. Dies gilt aber allein für den Fall, dass eine benötigte Ressource intern nicht oder nicht ausreichend schnell zur Verfügung steht. Die Eigenerstellung wird damit durch die fehlende Zeit ineffizient, während ein Marktbezug in Folge der Höhe der Spezifität nicht in Frage kommt. Hier zeigt sich, dass Hybridformen den Bereich ihrer relativen Vorteilhaftigkeit unter Zeitdruck ausweiten können, wenn ein Geschäftspartner im Netzwerk über das benötigte Wissen verfügt. Falls Suchkosten keine bedeutende Rolle spielen, wäre es auch denkbar, kurzfristig einen neuen Partner ins Netz aufzunehmen, der seine dringend nachgefragten Kompetenzen mit einbringen kann.

Zentral bleibt dabei aber die Bedingung, dass hiefür keine zeitraubenden formellen Vereinbarungen getroffen und Kontrollinstrumente implementiert werden müssen. Der netzwerkspezifische Koordinationsmechanismus ermöglicht dadurch eine effiziente Zusammenarbeit unter Zeitdruck. Vertrauen rückt so in den Mittelpunkt der Bewältigung zeitlich bedingter Komplexität in Transaktionen durch Netzwerke. Es wird deutlich, dass sich die bisherige Vorteilhaftigkeit der Netzwerke ausweitet, wenn sie durch das Vertrauen unter den Mitgliedern des Netzwerkes schneller die benötigten Ressourcen bereitstellen können. Allerdings werden sie nicht allein durch Vertrauen koordiniert, so dass die weiteren erforderlichen Maßnahmen zur Bewältigung der Unsicherheiten aus der zeitlichen Spezifität mit einem Kostenanstieg verbunden sind, der zur Linksverschiebung der Kurven führt.

Da die Effizienz von Hybridformen immer über Vertrauen realisiert wird, wirkt es sich demnach auf die alte wie die neue Kostenfunktionen der Hybridform reduzierend aus, die alte Funktion gilt aber nur für eine stabile Umwelt in der das Zeitproblem eine untergeordnete Rolle spielt. Der Einsatz von Vertrauen in dynamischen Umwelten und unter Zeitdruck geht dann mit einem Anstieg der Transaktionskosten her, die den notwendigen Anpassungen innerhalb der sozialen Struktur und vor allem den zusätzlichen institutionellen Sicherheiten geschuldet sind. Es muss somit zwar zusätzlich in neue wie bereits bestehende Sozialkapital-bestände investiert werden. Die Investitionskosten liegen aber bis zu den Bereichen der höchsten und niedrigsten Spezifität betragsmäßig unter den relativen Transaktionskostenersparnissen im Vergleich zum Markt und zur Hierarchie. Dadurch lässt sich die Investition in Sozialkapital ökonomisch begründen, wobei sich die Darstellung allerdings nur auf die Endzustände nach Abschluss der Investitionen bezieht.

Die komparative Statik nimmt zudem keine periodenübergreifende Betrachtung vor, so dass die bisherige Methode des Vergleiches zwischen zwei Perioden prinzipiell beibehalten wird. Die Zeit wird dafür explizit als zeitliche Spezifität ausgedrückt und diese unabhängige Variable kann nun ebenfalls im Modell variiert werden. So lassen sich die beschriebenen Auswirkungen auf die abhängige Variable in Form der Transaktionskosten ableiten. Damit wird es möglich, die analytische Methode der Transaktionskostentheorie auf die beiden Hauptmotive von Netzwerken, der Existenz von Vertrauen und der hohen zeitlichen Flexibilität in turbulenten Umwelten, anzuwenden. Bei der Bewältigung des Unsicherheitsproblems wird der traditionelle ökonomische Fokus auf das Informationsproblem durch die Analyse des Zeitproblems ergänzt und führt zu neuen Aussagen über die relative Vorteilhaftigkeit von Hybridformen in der Informationsgesellschaft. Die besondere Betonung der Bewältigung der zeitlichen Spezifität von Transaktionen richtet den Blick auf die Kostenwirkungen von Vertrauen. Dies sei am Beispiel einer Transaktion mit dem Spezifitätsgrad s_2 verdeutlicht, der in der Abbildung 9 den bisherigen Übergang zwischen Hierarchie und Hybridformen darstellt. Die Entstehung eines relationalen Netzwerkvertrags ist dabei an bestimmte institutionelle und interpersonelle Bedingungen gekoppelt, die mit einem entsprechenden Mehraufwand an Transaktionskosten einhergehen. Die Investitionen in die vertrauensförderlichen Bedingungen der sozialen Netzwerkstruktur führen so zum Aufbau von Sozialkapital. Die zusätzlichen Transaktionskosten, die trotz dieser Investitionen in das soziale Kapital von den Unternehmen in Kauf genommen werden müssen, werden graphisch durch die Strecke zwischen den Punkten B und C ausgedrückt. Dieses Sozialkapital bildet dann die Basis für die Entwicklung von wechselseitigem Vertrauen im Netzwerk, um einen Spezifitätsgrad von s_2 absichern zu können. Die Kostenersparnis gegenüber einer hierarchischen Organisation zeigt dann die Strecke AB.

Die Investition in Sozialkapital zum Aufbau von Vertrauen unter der Bedingung einer steigenden zeitlichen Spezifität ist damit aus Unternehmenssicht solange sinnvoll, wie Höhe der eingesparten Transaktionskosten die Höhe der Investitionskosten übersteigt. Da Vertrauen annahmegemäß in allen Hybridformen Transaktionskosten senkt, wird es auch durch die Sozialkapitalbeständen der alten Hybridform geschaffen. Die besondere effizienzverstärkende Wirkung unter Zeitdruck entfaltet es aber erst nach den entsprechenden Investitionen in Sozialkapital, die zur neuen Hybridfunktion beitragen. Der Aufbau von Vertrauen zur Bewältigung eines der steigenden Umweltkomplexität geschuldeten hohen Zeitdrucks verlangt daher nach einer Erweiterung der bereits in stabilen Zeiten aufgebauten Sozialkapitalbestände.

Die Existenz von Vertrauen bei hoher Zeitspezifität führt dazu, dass zum gegenwärtigen Zeitpunkt des Vertragsschlusses ein Ergebnis auf Basis vertrauensvollen Handelns vorweggenommen wird, das erst in der Zukunft eintreten kann. Der vorangegangene Aufbau von Vertrauen wird somit selbst zur zeitspezifischen Investition, indem er zum Transaktionszeitpunkt bereits in einer vorgelagerten Phase erfolgt sein muss, um die zeitliche Faktorspezifität des direkten Transaktionsgegenstandes effizient absichern zu können. Der Einsatz von Vertrauen erhält dadurch in diesem Zeitpunkt umso größeres Gewicht, je höher der Zeitdruck im Rahmen der Transaktion ausfällt. Diese Vorgänge fallen in der komparativ-statischen Betrachtung nur einer Periode zwar zusammen, können aber analytisch durch die Trennung der einzelnen vor- und nachvertraglichen Transaktionsphasen unterschieden werden. Dadurch wird das transaktionskostentheoretische Verständnis der Wirkungsweise von Vertrauen in hybriden Organisationen erhöht. Ein punktueller

Aufbau von Vertrauen über Investitionen in Sozialkapital ist nicht möglich. Somit verbirgt sich hinter „s_2" eine bestimmte diskrete Organisationsform, die wie im Ansatz von Ménard noch recht nahe an der Hierarchie orientiert ist. Vertrauen spielt hier aber eine bestimmende Rolle und kann umso mehr Kostenvorteile realisieren, je mehr sich in Richtung einer marktnahen Netzwerkstruktur bewegt wird. Damit ist der Faktor Zeit in das transaktionskostentheoretische Modell integriert. Im Folgenden wird auf die Schwierigkeiten und Herausforderungen eingegangen, welche mit einer zunehmend beschleunigten Wirtschaftsweise verbunden sind

3.2 Neue Verhaltensunsicherheiten beim Transformationsprozess zur Informationsgesellschaft

Unter Punkt 3.1.3 wurde Vertrauen durch Investitionen in Sozialkapital als innerhalb einer Periode realisierbar unterstellt und lediglich allgemein auf die entsprechenden Investitionskosten verwiesen, die geringer ausfallen müssen als die Effizienzgewinne durch Vertrauen. Die Höhe der Investitionskosten zum Aufbau von Sozialkapital für die am Erfolg von Netzwerkorganisationen interessierten Unternehmen wird nicht nur durch das jeweilige Investitionsvolumen auf der Ebene des Managements festgelegt, sondern wesentlich durch die gesellschaftlichen Rahmenbedingungen individuellen Handelns von Geburt an mitbestimmt (vgl. Punkt 2.4.4). Die vertrauensfördernden Persönlichkeitseigenschaften des Personals werden in den zunehmend befristeten Arbeitsverhältnissen von Netzwerkorganisationen immer wichtiger. Da diese teilweise angeboren sind und zentrale Merkmale in den vorberuflichen Sozialisationsprozessen entstehen, sind die Eigenschaften der „Spieler" nur sehr begrenzt veränderbar, so dass sich für die Arbeitgeber die Frage stellt, inwieweit die betrieblichen Anreizsysteme auf die gegenwärtigen Veränderungen reagieren können.

Dazu wird im Folgenden auf die beobachtbaren und erwarteten Entwicklungen neuer Organisations- und Arbeitsformen eingegangen, die zu erheblichen Veränderungen für die Beschäftigten führen. Daraus ergibt sich im nächsten Schritt die Darstellung der Veränderungen auf der Umweltebene, welche die Kostenstrukturen des Sozialverhaltens festlegen. Die adäquate Beschreibung der unsicherheitsstiftenden exogenen Problemsituation „Informationsgesellschaft" ermöglicht Aussagen über die Effizienz der beobachtbaren Anpassungsstrategien der vernetzten Betriebe an das Verhalten der Individuen, die in wirtschaftlichen Transaktionen immer stärker ihren Nettonutzen aus den Arbeitsbeziehungen auch zu Lasten des Arbeitgebers verfolgen. Die situativen Rahmenbedingungen der institutionellen Umwelt sind gegenwärtig so gravierenden Umwälzungen ausgesetzt, dass ein besseres Verständnis der Entscheidungssituation „Vertrauen" ihre detaillierte Analyse voraussetzt.

3.2.1 Neue Organisations- und Arbeitsformen

Den unternehmensbezogenen Diskussionsrahmen der institutionellen Umwälzungen bildet die Entwicklung der sich um das Internet gebildeten so genannten „New Economy". Nach den euphorischen Anfangserfolgen der kommerziellen Nutzung neuer Informations- und Kommunikationstechnologien haben die Rückschläge in den vergangenen Jahren auch die theoretische Bewertung wieder relativiert. Es gelten nicht, wie zuvor behauptet wurde, vollkommen neue Regeln und Gesetzmäßigkeiten als im bisherigen Wirtschaftssystem üblich, sondern es kommt vielmehr zu einer Dominanz solcher bekannter Regeln, deren Bedeutung für die konventionelle „Old Economy" aber weitaus geringer ist. Die kontinuierliche Verbesserung des Preis-Leistungsverhältnisses bei der elektronischen Informationsverarbeitung führt zu einer verstärkten Dematerialisierung und Digitalisierung vieler physischer Leistungsprozesse, so dass die Bedeutung materieller Ressourcen im Vergleich zum individuellen Wissen abnimmt. Dadurch kommt es zu einer abnehmenden Spezialisierung von Arbeitsplätzen innerhalb von Unternehmen, da bisher getrennte Arbeitsgänge aufgaben- und problemorientiert zusammengefasst werden. In Folge der Vergrößerung der Märkte durch das Internet nimmt dagegen der Spezialisierungsgrad auf Unternehmensebene zu, so dass es verstärkt zu neuen Formen der Kooperation und vernetzter Zusammenarbeit kommt, die sich primär an der gemeinsamen Bündelung von relevanten Kompetenzen orientieren (vgl. Picot, Arnold/ Neuburger, Rahild 2003, S. 283 ff.).

Den zukünftigen Regelfall einer Beschäftigung in Netzwerken bestätigt auch eine Expertenbefragung zur Arbeitswelt im Jahre 2020. Die erhöhten Fähigkeiten zur Selbstorganisation, welche die zunehmend als flexible Subunternehmer arbeitenden Projektmitglieder mitbringen müssen, tragen zukünftig zur gemeinschaftlichen Einbindung in die Netzwerk bei, die als bewusst geteiltes Wertgefüge verstanden werden. In den oftmals virtuellen Arbeitswelten kommt es aber insgesamt zur abnehmenden Bindung an die zeitlich befristeten Auftraggeber und Kollegen. Die Fachkompetenz wird daher immer mehr von der Entwicklung der gesamten Persönlichkeit als Basis einer grundsätzlichen Beschäftigungsfähigkeit (employability) verdrängt, die in einer instabilen Arbeitswelt ohne dauerhafte Arbeitsplatz-icherheit den kontinuierlichen Einsatz in unterschiedlichen Tätigkeiten ermöglicht. Die permanente Veränderung und Erweiterung der Arbeitsinhalte und der rasche technologische Wandel erfordert darüber hinaus die regelmäßige Teilnahme an Aus- und Weiterbildungsangeboten, die nicht nur die sozialen und kommunikativen Kompetenzen verbessern, sondern auch die persönlichen Potenziale weiterentwickeln. Diese Bildungsauszeiten ergeben sich dabei vielfach durch eine temporäre Arbeitslosigkeit und beruflicher Neuorientierung, so dass sich als grundlegende persönliche Ressource in einer Zeit mit hohem Entwicklungstempo der lebensdienliche Umgang mit dem relativ knapper werdenden Gut Zeit heraus kristallisiert (vgl. Ernst, Heiko et al. 2000, S. 82 ff.).

Im Zentrum dieser neuen Wirtschaftsform steht das Individuum als freischaffender Auftragnehmer („Freelancer"), der in elektronisch verbundenen Netzen durch zeitlich begrenzte Teams seine Aufträge erledigt und so zum „E-Lancer" wird. Diese Ein-Personen-Firmen werden sich verstärkt aus ehemaligen Mitarbeitern der internationalen Konzerne rekrutieren, für die sie als Subunternehmer arbeiten und konkrete Projekte bei geringem zentralem Koordinationsaufwand innerhalb weniger Tage durchführen. Vom zentralen Management sind vertragliche Standards zu entwickeln, die als allgemein anerkannte Spielregeln das dezentrale Miteinander der Subunternehmer regulieren. Eine solche E-Lance-Ökonomie könnte nach Ansicht einer Szenariogruppe des Massachusetts Institut of Technoloy ein Höchstmaß an Flexibilität und Effizienz erreichen. Die mögliche Chance einer allgemeinen Wohlstandssteigerung kann aber ebenso in tiefen sozialen Brüchen ausufern, die das Gefälle zwischen Arm und Reich erhöhen sowie zur wachsenden Entfremdung der E-Lancer von ihren ursprünglichen Gemeinschaften beitragen (vgl. Malone, Thomas W./ Laubacher, Robert J. 1999, S. 28-36).

Die Flexibilisierung der Arbeitszeiten bedeutet eine grundsätzliche Abkehr von der Normalarbeitszeit, die in Folge des Aufkommens der industriellen Produktionsweise entstand und durch die Prinzipien der Einheitlichkeit und Gleichzeitigkeit im Maschinentakt gekennzeichnet war. Dies brachte auch die strikte Trennung des Privatlebens vom stark orts- und zeitgebundenen Arbeitsleben mit sich. Der Einsatz von Informations- und Telekommunikationstechnologien führt dagegen zu einer stärkeren Unabhängigkeit von Raum und Zeit, so dass sich erhebliche Flexibilisierungspotentiale ergeben. Diese können für die Unternehmen zu einer besseren Kapazitätsauslastung von kapitalintensiven Anlagen in immer kürzer werdenden Innovationszyklen beitragen, die den gestiegenen Anforderungen bezüglich der Serviceleistungen gegenüber den Kunden gerecht werden. Dadurch sollen außerdem die Personalkosten gesenkt werden, während gleichzeitig die Erhöhung der Zeitsouveränität für die Mitarbeiter deren Arbeitszeitzufriedenheit verbessern kann. Von der Gleit- und Teilzeit über Job-Sharing-Modelle geht die Entwicklung dadurch verstärkt in Richtung Telearbeit als wichtigste Arbeitsform der Zukunft. Sie beinhaltet die Durchführung und Übermittlung von Arbeitsleistungen des räumlich und zum Teil auch zeitlich unabhängig von der Zentrale arbeitenden Arbeitnehmers durch Vernetzung mit dem Arbeitgeber auf Basis moderner Informations- und Kommunikationstechnologien. Daher wird hier in hohem Maße die so genannte Vertrauensarbeitszeit eingesetzt, bei der eine Anwesenheitskontrolle entfällt und durch indirekte Kontrollinstrumente wie einer Ergebnisorientierung ersetzt wird (vgl. Friedrich, Andrea 2002, S. 18 ff.).

Die Verbreitung von Telearbeit beschränkt sich aber in nennenswerten Umfang momentan noch auf wenige Pilotprojekte und der Anteil der Telearbeiter an den gesamten Erwerbspersonen in Deutschland liegt nach empirischen Untersuchungen derzeit unter einem Prozent. Neben der Schwierigkeit der Bestimmung von Telearbeitsverhältnissen, die sich häufig durch einen schwer messbaren fließenden Übergang durch steigende Arbeitsphasen beim Kunden oder zu Hause weg vom Normalarbeitsverhältnis entwickeln, wird der Begriff auch unterschiedlich interpretiert. Seine Befürworter weisen auf die Chancen in Form der größeren Freiheiten hin, während die Gegner die Risiken für die Arbeitnehmer betonen, in ein modernes Heimarbeitsverhältnis zu gelangen, das sich von den tayloristischen Ausbeutungsmethoden der Vergangenheit lediglich durch die neue Technologien unterscheidet. Die Diskussion vernachlässigt aus betriebswirtschaftlicher Sicht allerdings die Einordnung in den übergeordneten Kontext von Telekooperationen, die alle Formen mediengestützter arbeitsteiliger Leistungserstellung zwischen verteilten Aufgabenträgern, Organisationseinheiten und Organisationen umfassen. Geklärt werden muss dabei, welche Leistungen überhaupt telekooperativ erstellt werden können, wie diese neuen Sachaufgaben im Einzelnen zu gestalten sind und wie die Koordination der einzelnen Aktivitäten unter den Bedingungen der Verteilung und Mobilität bewältigt werden kann (vgl. Reichwald, Ralf et al. 2000, S. 69-82).

Im europäischen Vergleich aus dem Jahr 1999, bei dem 7.700 Bürger über 14 Jahren aus 10 EU-Ländern und relevante Entscheidungsträger aus 4.158 Betrieben befragt wurden, zeigt sich eine hohe Qualifikation und Mobilität der Telearbeiter, deren Altersverteilung mit einem Durchschnitt von 39 Jahren die Alterserteilung unter allen Erwerbstätigen widerspiegelt, jedoch nur einen weiblichen Anteil von etwa 25 Prozent aufweist. Wöchentliche Überstunden werden in 80 Prozent der Fälle geleistet, während dieser Anteil in der Erwerbsbevölkerung insgesamt nur bei 50 Prozent liegt. Der Einsatz von Telearbeit steigt mit der Unternehmensgröße und erreicht seinen Höhepunkt in der Branche der Finanz- und Unternehmensdienstleistungen, während andere Zweige des tertiären Sektors nur unterdurchschnittlich vertreten sind. Die Telearbeit umfasst in fast jedem zweiten betroffenen Betrieb Fachaufgaben, gefolgt von Managementaktivitäten mit einer Nennung von 45 Prozent. Einfachere Tätigkeiten wie Sekretariatsaufgaben finden sich nur mit 27 Prozent wieder (vgl. Kordey, Norbert/Korte, Werner B. 2001, S. 225 ff.).

Telearbeit bietet bei einem fortschreitenden Ausbau der informationstechnischen Infrastruktur vor allem höher qualifizierten Tätigkeiten ein Beschäftigungspotential, dessen Realisierung mit losen Kopplungen von Selbstständigen und Freiberuflern die größten Erfolgschancen verspricht. Da die Flexibilität der Arbeitsleistung im Vordergrund steht, ändert sich auch die Bedeutung des bisher räumlich und zeitlich fixierten Arbeitsplatzes. Im Gegensatz zu den Stammbelegschaften in außerbetrieblichen Arbeitsstätten werden die selbstständigen Telearbeiter nicht durch den Arbeitgeber abgesichert. Es sind daher neue Formen der sozialen Einbindung und der sozialen Sicherung für Telearbeitsaufgaben zu entwickeln, um das Ausbeutungsrisiko für die Kleinstunternehmen zu berücksichtigen, die auf den sich entwickelnden Auftragsmärkten über relativ wenig Verhandlungsmacht verfügen werden. Das höhere Risiko und die Verlagerung der sozialen Kontakte weg vom Betrieb hin zu der kombinierten Arbeits- und Lebenssphäre bei der Telearbeit erfordert daher umfassendere institutionelle Absicherungen, deren konkrete Ausgestaltung in der Form von arbeitsrechtlichen Bestimmungen und Interessenvertretungen erst noch entwickelt werden müssen, um die gesellschaftliche Akzeptanz dieser flexiblen Arbeitsform zu stärken (vgl. Dostal, Werner 2000b, S. 138-140). Diese breite Akzeptanz ist nur durch ein Zusammenspiel von Arbeitnehmern, Managern und Politikern zu erreichen, um die psychischen Belastungen der neuen Arbeitsformen zu verringern.

3.2.2 Psychische Belastungen flexibler Arbeitsformen

Während über die Folgen neuer Arbeitsformen in der Informationsgesellschaft noch widersprüchliche Aussagen bestehen, herrscht Konsens bezüglich einer größeren Individualisierung der zukünftigen Arbeitswelt, die bei einer gestiegenen Aufgabenkomplexität nach höher qualifiziertem Personal verlangt. Durch Reorganisationen und Ausgliederungen der Unternehmen wird das Wachstum zu Gunsten wissensintensiver Dienstleistungen anhalten, es führt aber zu einer fortschreitenden Auflösung klassischer Organsationsformen. Die Ablösung des Normalarbeitsverhältnisses hin zu flexiblen Zeitarrangements führt so weg von festen Erwerbsbiographien in Richtung von Patchworkkarrieren, die zwar die Arbeitsmonotonie aufheben, dafür aber mit neuen Anforderungen und Belastungen verbunden sind. Die psychischen Belastungen durch einseitige Arbeitsinhalte, Lärm, Staub, Gase oder Gifte werden auch Folge moderner Schutztechnologien weniger bedeutsam als bisher. Dagegen steigen die psychischen Belastungen in Folge der veränderten Arbeitsbedingungen und Mobilitätserfordernisse stark an und können sich in psychischen Erkrankungen als Reaktion auf eine mögliche Überforderung niederschlagen (vgl. Gerlmaier, Anja/Kastner, Michael 2003, S. 15 ff.).

Ein Indiz dafür ist die wachsende Bedeutung psychosozialer Stressoren für die Entstehung von berufsbedingten Erkrankungen. Psychische Belastungen schlagen sich auch in körperlichen Leiden nieder, was zu einer hohen Dunkelziffer beiträgt. Die wichtigsten gegenwärtigen und zukünftigen Arbeitsbelastungen ergeben sich vor allem aus dem gestiegenen Zeitdruck, der höheren Komplexität und der größeren Verantwortung. Der Anteil der psychischen Störungen als Ursache für Arbeitsunfähigkeitstage stieg in Deutschland von 5 Prozent im Jahr 1991 auf 8 Prozent im Jahr 2000, was einer Wachstumsrate von 62,5 Prozent entspricht. Die entsprechende Verweildauer beim Krankenhausaufenthalt stieg in diesem Zeitraum von durchschnittlich 10,3 auf 27,4 Tage, so dass psychische Störungen mittlerweile eine höhere Inanspruchnahme von Krankenhausleistungen verursachen als Krebserkrankungen. Psychische Störungen als stark wachsende Krankheitsursache sind gegenwärtig in allen westlichen Industriegesellschaften beobachtbar. Diese Hinweise auf einen möglichen Abbau der Leistungsfähigkeit in einer sich beschleunigenden Arbeitswelt verursacht für die Unternehmen über die gesetzliche Krankenversicherung hohe Kosten der Arbeitsunfähigkeit und der Behandlung der Erkrankungen (vgl. Badura, Bernhard/Hehlmann, Thomas 2003, S. 8 ff.). Eine besondere Beachtung verdienen dabei Depressionen, die sich als Ergebnis von gestörten Beziehungsmustern nachhaltig auf die Arbeitsproduktivität in Organisationen auswirken und deren Verbreitung mit dem Fortschreiten des Transformationsprozesses zur Informationsgesellschaft positiv korreliert.

Bei Depressionen handelt es sich um Störungen des Gefühlslebens, die einhergehen mit Verstimmung, Traurigkeit sowie Niedergeschlagenheit, was bis zum Suizid führen kann. Während die indirekten Kosten durch Arbeitsunfähigkeit für die USA im Zeitraum 1990/91 auf insgesamt 70 Milliarden US-Dollar geschätzt wurden, wird für die Zukunft davon ausgegangen, dass Depressionen im Jahre 2020 weltweit eine zentrale Rolle bei den Krankheitskosten spielen werden. Bei durchschnittlich 15,2 Tagen eingeschränkter Arbeitsfähigkeit und 10,9 Tagen Arbeitsunfähigkeit durch Depressionen kommt es in Deutschland im Zeitraum 1995 bis 2001 insgesamt zu einer durchschnittlichen monatlichen Reduktion der Arbeitsproduktivität um 30,8 Prozent (vgl. Sachverständigenrat für die Konzertierte Aktion im Gesundheitswesen 2002, S. 196-200). Depressionen sind das Ergebnis psychischer Belastungen, die sich neben den individuellen Folgen der Änderungen der institutionellen Umwelt auch aus den direkten Interaktionen am Arbeitsplatz ergeben können. Dabei spielt die individuelle Entwicklung eine zentrale Rolle.

Bereits die frühkindlichen Entwicklungs- und Sozialisationsphase wirkt sich auf die spätere Anfälligkeit für psychische Störungen als Reaktion auf Stress im Berufsleben aus, wobei diese sogenannte Vulnerabilität keine Konstante ist und neben externen soziokulturellen und betrieblichen Faktoren von den Ausprägungen der vorherigen prägenden Familienmuster abhängt. Zu den häufigsten Erkrankungen zählt neben der Depression die Alkoholabhängigkeit. Insgesamt ist nach Schätzungen bis zu ein Drittel der Beschäftigen von psychischen Störungen betroffen, die zu einer sinkenden Produktivität in Folge verminderten Leistungsfähigkeit, Fehlzeiten, Arbeitsunfällen und Fluktuation mit jährlichen Kosten für die Unternehmen in Milliardenhöhe (vgl. Eckardstein, Dodo von et al. 1995, S. 30 ff.). Die zukünftig steigende Relevanz von psychischen Störungen und entsprechenden individuellen Verhaltensabweichungen lässt sich vor dem Hintergrund zunehmender Anforderungen durch flexiblere Arbeitsverhältnisse in vernetzten Organisationsstrukturen als Hinweis auf die Risiken für die Beschäftigten deuten, die zu einer signifikanten Erhöhung der Transaktionskosten beitragen.

Der souveräne Umgang mit diesen veränderten Lebensumständen in Richtung einer aktiven Gestaltung der eigenen Erwerbsbiographie durch „Zeitpioniere", welche bereits die ersten Chancen einer beginnenden Flexibilisierung von Arbeitsverhältnissen auch gegen innerbetriebliche Widerstände für sich genutzt haben (vgl. Hörning, Karl H./Gerhard, Anette/Michailow, Matthias 1998, S. 57 ff.), stößt in der zukünftigen Arbeitswelt auf immer stärkere institutionelle wie persönliche Grenzen. Die zunehmende Befristung von Arbeitsverhältnissen und die gestiegene Anforderungen an die berufliche Mobilität resultieren auch in einer Flüchtigkeit von Freundschaften und Gemeinschaften. Die Tiefe des Eingriffs in das Privatleben geht damit sehr viel weiter als bei traditionellen Lebenszeitstellen. Die Entwicklung von Loyalität, gegenseitiger Verpflichtung und Vertrauen erfährt durch den kurzen Zeitrahmen moderner Institutionen in Neztwerken eine entscheidende Begrenzung, da in einem Umfeld, indem Flexibilität zur Haupttugend wird, Loyalität zu einer Organisation in einer Falle endet. Neben den Konflikten zwischen Familie und Arbeit wird so die Frage zentral, wie sich dauerhafte Beziehungen in einer flexiblen Gesellschaft aufrecht erhalten lassen, in der langfristige Bindungen im Prinzip nur Opfer bedeuten (vgl. Sennett, Richard 1998, S. 16 ff.).

Die hohe Unsicherheit über die zukünftige Beschäftigungssituation, die steigenden Anforderungen an die individuelle Flexibilität, Mobilität und Kompetenz sowie die ständig wechselnden Arbeitsbedingungen werfen einen Blick auf die Zukunft flexibler Arbeits- und Organisationsformen. Die Untersuchung ihrer Auswirkungen auf die psychische Beanspruchung, die Gesundheit der Beschäftigen und die Arbeitsproduktivität befindet sind aber bislang noch im Anfangsstadium, da sich die traditionellen Instrumente zur Belastungsmessung an den stabilen Arbeitsverhältnissen der Industriegesellschaft orientieren und sich nicht einfach auf die vielfältigen Anforderungen der neuen Formen übertragen lassen (vgl. Wieland, Rainer 2001, S. 34 ff.). Die derzeitigen Trends lassen aber befürchten, dass sich die gravierenden Probleme der Gegenwart in der Zukunft noch weiter verstärken und die Entwicklung der Informationsgesellschaft mit hohen sozialen Kosten verbunden sein wird, falls heute keine Gegenmaßnahmen ergriffen werden.

Die gesundheitsschädigenden Potentiale von Telearbeit bestätigt eine Studie von 210 Freelancern im Medienbereich, welche auf die hohen Arbeitsbelastungen hinweist. Die wöchentliche Arbeitszeit liegt danach bei 63 Prozent der Befragten zum Teil deutlich über 40 Stunden. Während 39 Prozent der Befragten auf 42-56 Wochenstunden kommen, erreicht dieser Wert für 24 Prozent eine Spanne von 60-100 Stunden. Insgesamt 28 Prozent der Freelancer gaben an, in Folge der engen Terminvorgaben oft auch bei Krankheit weiterzuarbeiten. Der Arbeitsanfall erfolgt dabei schwankend, so dass diese durchschnittlichen Zeiten bei der Bearbeitung eines Auftrages nach oben abweichen können. Insgesamt liegt der durchschnittliche Anteil von Erholungsunfähigkeit bei 34 Prozent der Befragten und damit mehr als doppelt so hoch wie in einer Gruppe von gering qualifizierten Büroangestellten. Erholungsunfähigkeit wird durch die Kombination von Situationsmerkmalen wie Zeitdruck und spezifischen Verhaltensweisen wie einer hohen Arbeitsidentifikation ausgelöst und stellt ein hohes Gesundheitsrisiko für die Betroffenen dar, deren Berufsalltag neben einer hohen Arbeitsbelastung von einer hohen Unsicherheit geprägt ist (vgl. Ertel, Michael 2001, S. 48 ff.). Neben der unterschiedlichen Arbeitsbelastung ergeben sich auch unterschiedliche Einkommen. Für projekterfahrende Spitzenkräfte, die ihre Arbeitszeiten stärker selbst bestimmen können und sehr hohe Einkommen erzielen, werden die Arbeitsbelastungen daher geringer ausfallen als für die restlichen Anbieter, die im schlimmsten Fall von einem Kurzprojekt zum nächsten überleben müssen, ohne die üblichen Honorare erzielen zu können (vgl. Vanselow, Achim 2003, S. 71). Die sich heute nur allmählich abzeichnenden psychischen Belastungen gelten zwar grundsätzlich für alle befristet Beschäftigten, werden aber in ihrer höheren Ausprägung abhängig von der Zugehörigkeit der Invividuen zum jeweiligen Arbeitsmarktsegment für Projektkräfte. Die folgende Abbildung gibt einen Überblick über die möglichen Belastungsfaktoren.

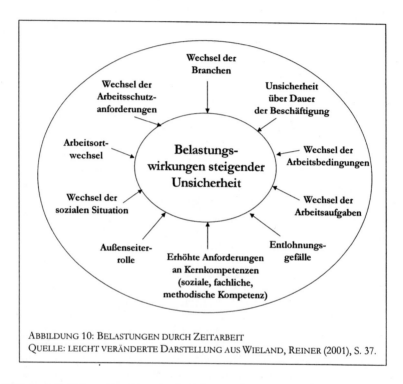

ABBILDUNG 10: BELASTUNGEN DURCH ZEITARBEIT
QUELLE: LEICHT VERÄNDERTE DARSTELLUNG AUS WIELAND, REINER (2001), S. 37.

Während die Belastungswirkungen in Folge methodischer Erhebungsprobleme bei der Belastungsdiagnostik und des relativ kurzen Zeithorizontes des Auftretens flexibler Arbeitsformen für die Zukunft noch weitgehend unbekannt erscheinen, lässt sich die Hauptbelastung aus ökonomischer Sicht allgemein als Zunahme von Unsicherheit festhalten. Die individuellen und betrieblichen Lösungen, die sich zur Verringerung dieser Belastungen allmählich herauskristallisieren, werden eine größere Vielfalt als bisher hervorbringen. Diese Entwicklung findet gegenwärtig vor dem Hintergrund der Individualisierung von Werten und einer entsprechenden Pluralisierung von Beziehungsmuster statt, die den eigenen Lebensentwurf betonen und weniger auf die vergangenen gesellschaftlichen Vorgaben Rücksicht nehmen. Dem möglichen opportunistischen Ausnutzen der Belastungsfaktoren durch den Arbeitgeber, der unter den befristeten Arbeitnehmern beispielsweise einen selbstausbeuterischen Konkurrenzkampf um die verbleibenden unbefristeten Stellen initiiert, steht eine deutlich illoyalere jüngere Arbeitnehmerschaft gegenüber, welche ihre Interessen im Vergleich zur Vergangenheit immer weniger an den Unternehmenszielen ausmacht.

3.2.3 *Wertewandel durch Individualisierung*

Das individuelle Handlungsgebot in flexiblen Beschäftigungsverhältnissen lautet, möglichst viele zukünftige Optionen zu erhalten und sich dabei von bestehenden Verpflichtungen nur soweit einschränken zu lassen, als unbedingt nötig. Kooperation wird hier zum ständigen Gegenstand einer kalkulierten Entscheidung, deren permanente Überprüfung zwar den erwarteten Optionsnutzen erhöhen kann, aber mit den Kosten einer fortschreitenden Entwurzelung der Individuen verbunden ist. Dabei wird das Streben nach Eigeninteresse zum obersten Gebot, das sich im Einklang mit dem sich wandelnden gesellschaftlichen Wertgefüge befindet.

Die stets präsente Verhaltensoption des Opportunismus in einer solchen Konzeption umfasst das gezielte Suchen, Erkennen und Nutzen von Chancen, die nicht nur eine monetäre Komponente enthalten, sondern auch den Bedürfnissen nach Spaß und Unterhaltung entgegenkommen, die auch unter bewusster Inkaufnahme von möglichen Nachteilen für die Vertragspartner befriedigt werden. Wo die Grenzen zwischen Arbeits- und Ausbildungszeit mit Freizeit verschwimmen, wird eine individualisierte Zusammenstellung der Aktivitäten aus beiden Bereichen vorgenommen, die sich den sich ändernden Gegebenheiten mit Blick auf die Optimierung der persönlichen Lebenssphäre anpasst. Dieser Wandel in den Verhaltensweisen wird bei der Kohorte der Anfang der 1970er Jahre Geborenen unter dem Schlagwort der „Generation Y" diskutiert, die sich durch ein hohes Maß an Ehrgeiz und Engagement auszeichnet, diese hohe Motivation aber vor allem für sich und ihre persönlichen Lebensentwürfe einsetzt und sich dabei wenig durch traditionelle Tugenden „beirren" lässt. Die Breite der persönlichen Bedürfnisse geht aber über das konventionelle Karrieredenken hinaus und führt auch zum starken Interesse an sozialen und ökologischen Fragestellungen. Zudem bieten persönliche Beziehungen in der Vielfalt an Aktivitäten in der Informationsgesellschaft ein Rückgrad an Stabilität. So wird zumindest in der Partnerschaft dem puren Eigennutzstreben bewusst Grenzen gesetzt (vgl. Scholz, Christian 2003b, S. 53 ff.).

Die Typologisierung von gesellschaftlichen Gruppen nach plakativen Generationsmustern geht zwar immer mit der Gefahr der Übervereinfachung einher. Der scheinbar wachsende Egoismus ist aber letztlich nichts anderes als eine situationsbezogene Reaktion der Individuen auf den allgemeinen Trend der „Individualisierung", der eine moderne Abkehr von sozialen Gefügen bedeutet, in das die Individuen hineingeboren und lebenslang sozialisiert werden. Aus ökonomischer Sicht wird somit das Restriktionsgefüge der institutionellen Umwelt strukturell verändert, da sich die sozialen Bindungen aus dem traditionellen Wertekanon lösen. Das Eigeninteresse wird nunmehr unter diesen neuen Restriktionen verfolgt, die neben den Risiken einer vielfach beklagten Ellenbogengesellschaft aber auch große Chancen für die menschliche Kooperationsbereitschaft enthalten, wenn die unterschiedlichen Erfahrungen und Interessen berücksichtigt werden und nicht eine einseitige hedonistische Auswahl zum Scheitern führt, wie sich dies in der Frühphase der New Economy gezeigt hat.

Die vorberufliche Sozialisation der nach 1960 geborenen Beschäftigten ist durch eine Verlängerung der Ausbildungszeiten innerhalb von altershomogenen Gruppen geprägt, so dass der unmittelbare Eintritt in die Arbeitswelt erst relativ spät erfolgt. Die Herausbildung persönlichkeitsprägender Verhaltenskonventionen findet so im Kreis einer jugendlichen Lebenswelt mit größeren Freiheiten statt, die weitgehend von den arbeitsweltlichen Strukturen entkoppelt ist, so dass frühe Arbeitserfahrungen fehlen. Das spätere Berufsleben wird dann vor dem Hintergrund dieser Entwicklung mit den gestiegenen Ansprüchen nach Selbstentfaltung, Vereinbarkeit von beruflichen und privaten Interessen und Orientierung gebender Sinnstiftung konfrontiert. Mit dem Aufkommen der New Economy bot sich die Gelegenheit, das Jugendmodell mit dem Wissen über die neue Computertechnologie zu kombinieren, um ein neues Arbeitssegment nach den eigenen Vorstellungen zu prägen. Die hohe Arbeitsbereitschaft, die oft bis zur persönlichen Verausgabung reicht und den weitgehenden Verzicht auf ein Privatleben bedeutet, ist dabei immer auch Mittel zum Zweck und wird als klar begrenzte Lebensspanne gesehen. Durch die unkonventionelle Arbeitsatmosphäre können neue Erfahrungen gemacht werden, die den eigenen Bedürfnissen entgegenkommen. Das dominierende Arbeitsmuster des spielerischen Experimentierens hat in vielen jungen Unternehmen aber einen zu hohen Stellenwert bekommen. Viele Firmenpleiten ergaben sich deshalb nicht allein als Folge des Absturzes des neuen Marktes an der Börse, sondern waren vor allem der Tatsache geschuldet, dass keine Balance zwischen den eigenen Lebensentwürfen und den Erfordernissen wirtschaftlichen Handelns gefunden wurde (vgl. Seifert, Manfred 2004, S. 314-316).

Die durch den amerikanischen Internetboom beflügelte New Economy war der Versuch, einen Lebenstil zu entwickeln, der Arbeit als zentralen Ort der individuellen Sinnproduktion begreift und eine ausgeprägte Konsumorientierung mit dem Unterhaltungsbedürfnissen der Popkultur in Verbindung bringt. Somit geht von dieser ersten „Popökonomie" keine Revolution aus, sondern eher eine Reformation überkommener Wirtschaftsstrukturen der Industriegesellschaft, die auf das Verschwinden der klassischen Erwerbstätigkeit mit strikter Trennung von Berufs-und Privatleben keine überzeugenden Antworten gefunden hat. Der populäre Charakter der Inszenierung von Arbeit als Event wurde nicht nur von den nach neuen Themen suchenden Medien verstärkt aufgegriffen, sondern spiegelte sich auch in der anfangs recht ungezügelten Etablierung einer Partykultur wieder, die dem Zeitgeist der postindustriellen Gesellschaft entspricht. Dieser äußerte sich in einer euphorischen Aufbruchstimmung, die mit den alten Gesetzen des Kapitalismus brechen wollte, um den Traum einer Vereingung von Gemeinschaft, Spass und Erfolg im Rahmen eines materiellen Individualismus zu verwirklichen (vgl. Stuhr, Mathias 2003, S. 162 ff.).

Obgleich dieser Traum vorerst ausgeträumt zu sein scheint, gehen doch wichtige Impulse für die zukünftige Organisationsgestaltung von der neuen Wirtschaft aus. Ihre schillerndsten Auswüchse sind zudem recht schnell im marktlichen Konsolidierungsprozess zurecht gestutzt worden – wenn auch nicht so schnell, um viele

Anleger davor zu bewahren, große Teil ihres Vermögens den „populären" Verlockungen der New Economy zu opfern. Die schadenfrohe Häme vieler traditioneller Manager über diese „Abwicklung" und die vermeintlich schnell anzustrebende Rückkehr zum hierarchischen Tagesgeschäft geht daher an den zukünftigen Erfordernissen der Arbeitsorganisation vorbei, die neben vielen Reinfällen auch wertvolle Erfahrungen über organisationale Anpassungsstrategien gebracht hat. Festzuhalten ist eine deutliche Veränderung der Wertorientierung der zukünftigen betrieblichen Leistungsträger, die bei einem unangepassten Organisationsmodell zu erheblichen Konflikten führen wird, die erhebliche Transaktionskostensteigerungen mit sich bringen. Insgesamt verdeutlichen sich die Hinweise, dass dem Individuellen in der Gesellschaft mehr Raum gegeben wird.

Die gegenwärtige Wertewandelsforschung kommt für Deutschland daher zum Trend eines individualistischen Wandlungsprozesses, der die Abwechslung von traditionellen Unterordnungs- und Fügsamkeitswerten durch Selbstentfaltungswerte beschreibt. Dieser Wertewandel entspricht den Anforderungen nach größerer Verantwortung des Einzelnen, dessen Lebensrisiken in modernen Gesellschaftsformen immer weniger kollektiv versichert werden und der seine individuellen Chancen im unsicheren Lebensverlauf aktiv nutzen muss. Allerdings besteht dabei über alle Altersklassen hinweg Konsens über die zentrale Bedeutung von vertrauensvollen Beziehungen zu Partnern und Freunden sowie der intakten Familie als normative Grundlage für ein erfülltes Leben. Die Bereitschaft für soziale Engagements zeigt sich dann besonders ausgeprägt, wenn auch die Selbstentfaltungswerte stärker entwickelt sind. Daneben zeigt sich insbesondere bei der Bevölkerung bis 30 Jahren ein ausgeprägtes Erfolgsstreben, welches zu einem hohen Maß von Eigeninitiative befähigt. Die zukünftige Organisationsgestaltung sollte sich daher an einer Stärkung der Selbstverantwortung des einzelnen Mitarbeiters orientieren. Eine Stärkung der Ergebnisorientierung lässt dabei Raum für das selbstständige wie verantwortungsbewusste Handeln und trägt so zum besseren Nutzung der intrinsischen Motive bei (vgl. Klages, Helmut 2002, S. 28 ff.). Die aktive Lebensgestaltung ist dabei nicht mehr nur als einseitiges Recht, sondern auch als Pflicht des Einzelnen aufzufassen, der seine Chancen unter den modernen Restriktionen einer individualisierten Gesellschaft zu nutzen sucht.

Individualisierung als soziologische These eines gesellschaftlichen Wandels in der Moderne meint neben der Auflösung vorgegebener sozialer Lebensformen wie Klasse, Stand, Nachbarschaft oder Familie die Entwicklung neuer Lebensformen unter den Bedingungen einer sich verändernden institutionellen Umwelt. Die gesellschaftliche Einbettung wird damit nicht vollkommen aufgehoben, aber die Individuen können und müssen ihre eigene Biographie in Abhängigkeit der institutionellen Anreize und Angebote aktiv entwerfen, da sie nicht mehr in eine traditionelle Gesellschaft mit ihren normativen Zwängen und Handlungsanweisungen hineingeboren werden. Diese Wahlmöglichkeiten erfordern eine größere Anpassungsfähigkeit an die steigenden Anforderungen, denn die Chancen wie Gefahren der „Bastelbiographien" in Form von Wohlstand, Karriere sowie Arbeitslosigkeit und

Scheidung sind von den Individuen unter den Bedingungen des modernen Wohlfahrtsstaates verstärkt selbst zu tragen. Die traditionellen Handlungsroutinen werden zunehmend bewusst hinterfragt und eröffnen dadurch neue Handlungsoptionen, die aber immer zu „riskanten Freiheiten" unter den modernen Bedingungen der Unsicherheit werden (vgl. Beck, Ulrich/Beck-Gernsheim, Elisabeth 1994, S. 10 ff.).

Diese Risiken verschärfen sich im Zeitablauf und betreffen bereits heute vor allem die jüngere Arbeitnehmergenerationen der nach 1976 Geborenen, deren Erwerbsbiographien deutlich von denen ihrer Eltern abweichen. Bis zu ihrem 30. Lebensjahr hat etwa die Hälfte dieser Generation bereits Erfahrungen mit Arbeitslosigkeit gemacht, während bei den Geburtsjahrgängen zwischen 1936 und 1945 bis zum 30. Lebensjahr nur ein Anteil von 8 Prozent von Arbeitslosigkeit betroffen war. Für die Zukunft wird verstärkt mit einem Wechsel von abhängiger Beschäftigung zu Selbstständigkeit, Weiterbildung und Kindererziehung ausgegangen, der aber auch in Langzeitarbeitslosigkeit oder geringfügiger Beschäftigung enden kann (vgl. Strünck, Christoph 2004, S. 41 f.).

Die öffentlichen Diskussionen über die anhaltende Arbeitslosigkeit in Deutschland und den Umbau des Sozialstaates weisen ebenfalls deutlich auf die Stärkung der individuellen Verantwortung für den Einzelnen als zentrales Reformprinzip hin, der sich in seinen unterschiedlichen funktionellen Lebensbereichen dabei erheblichen Rollenkonflikten bei der Vereinbarkeit seiner unterschiedlichen Lebensbereichen gegenüber sieht. An dieser Stelle wird es für Unternehmen in der Informationsgesellschaft wichtig, bei der Implementierung neuer Organisationsstrukturen geeignete institutionelle Rahmenbedingungen zu gestalten, welche die größere Vielfalt an Wertvorstellungen und biographischen Hintergründen bewäl-tigen können. Die Qualität des Arbeitsergebnisses ergibt sich aus der steigenden Individualität der Akteure, während sich die Effizienz auf der Gesamtunternehmensebene an allgemeinen Organisationsstandards orientiert. Daraus ergibt sich ein betriebliches Spannungsverhältnis zwischen Flexibilität und Stabilität, auf das durch die Berücksichtigung der sozialen Bedürfnisse der Mitarbeiter aktiv reagiert werden kann.

3.2.4 *Pluralisierung von Beziehungsstrukturen*

Die Individualisierung betrifft alle Belange des sozialen Lebens und wirkt sich auch auf die Heterogenität der individuellen Beziehungsmuster aus. Das Bedürfnis nach stabilen Partnerschaften scheint sich aber trotz der einsetzenden Pluralisierung von gemeinsamen Lebensformen aufrecht zu erhalten. So gibt es in Deutschland die nichtehelichen Lebensgemeinschaften, nacheheliche Lebensformen in Anschluss an eine Scheidung und mehr oder weniger ledige Lebensverläufe, die auf eine zunehmende Pluralisierung und die Abkehr von der Normalfamilie hindeuten. Für die Geburtsjahrgänge ab Mitte der sechziger Jahre lässt sich hingegen eine abnehmende

Pluralisierungstendenz und eine Art neuer „Standardlebenslauf" feststellen, der eine ledige Phase bis in die dreißiger Jahre mit anschliessender fester Bindung umfasst. In Skandinavien und Frankreich wird die traditionelle Ehe zunehmend von den nichtehelichen Lebensgemeinschaften verdrängt, wogegen in den südeuropäischen Ländern der Trend einer zunehmenden Ehelosigkeit nicht durch außereheliche Partnerschaften kompensiert wird und ein stärkerer Singularisierungstrend zu beobachten ist. Die Dominanz der nichtehelichen bzw. ledigen Lebensformen in diesen Ländern trägt ebenfalls zu einer sinkenden Pluralität bei. Gemeinsam ist allen Entwicklungen die Abkehr von der Normalfamilie in Folge eines wachsenden Wohlstandes und den ländertypischen Ausbau der Institutionen des Wohlfahrtsstaates. Insgesamt scheinen sich die Verbreitung von nichtehelichen Lebensgemeinschaften und das Verschieben bzw. der Verzicht auf die Eheschließung als Haupteinflüsse einer beobachtbaren Pluralisierung der individuellen Biographien durchzusetzen, die Forschung hierzu steckt aber noch in den Anfängen (vgl. Brüderl, Josef 2004, S. 3 ff.).

Die Nachfrage nach dauerhaften Beziehungen auf Vertrauensbasis gilt somit nicht nur als Achillesferse für neue Organisationsformen, sondern kann auch für die jungen „Spaßopportunisten" zur Basis einer ausgeglicheneren Lebensführung in einer flexiblen Gesellschaft auf dem Weg in die „One Economy" werden, die sich aus der Fusion der neuen und alten Wirtschaftsstrukturen ergibt. Wenn sich das Privatleben immer stärker mit den geschäftlichen Tätigkeiten vermischt, kommt es auch im Wirtschaftssektor zu veränderten Beziehungsstrukturen, die für den Aufbau von Vertrauen genutzt werden können. Die bewusste Wahl alternativer Beziehungsmodelle macht deutlich, dass der Trend der zunehmenden Ausdifferenzierung in der modernen Gesellschaft die individuellen Optionen durch das Aufkommen neuer Modelle bei der Lebensgestaltung erhöht hat, die sich von den traditionellen Formen der Vergangenheit unterscheiden. Die Ansprüche an die sozialen Beziehungen bezüglich des eigenen Nutzens steigen und führen dazu, auch bei der Teilnahme an primär gemeinnützigen Aktivitäten die eigenen Interessen biographisch abgewogen werden.

So belegen deutsche Studien zum bürgerschaftlichem Engagement ebenfalls eine beginnende Erweiterung der traditionellen Formen um zeitlich befristete Strukturen, die nicht auf bestehende Vereine oder Verbände zurückgreifen. Für die Dauer eines Projektes im eigenen Lebensumfeld in Form von Nachbarschafts- oder Selbsthilfe und lokaler Agendaprozesse erfolgen hierbei informelle Zusammenschlüsse mit flachen Hierarchien, die nicht an längerfristige Einsätze gebunden sind. Die ehrenamtlichen Tätigkeiten stützen sich auf einen individualisierten Lebensverlauf, der einer dauerhaften Festlegung auf eine einmal gewählte Engagementform zunehmend entgegensteht. Mit den Strukturen verändern sich auch die Motive für ein Engagement, die weniger pflichtbezogen und stärker selbstbezogen werden, indem die individuellen Aspekte der Selbstentfaltung und Kompetenzerweiterung die rein altruistischen Interessen mit abnehmenden Alter verdrängen. Zudem wird der persönliche Wille nach aktiver Mitgestaltung lokaler Gemeinschaften betont, bei dem neben der Selbstbestimmung der Spaß an der Tätigkeit im Vordergrund steht, während Verpflichtung und Opferbereitschaft weniger bedeutsam werden. Zukünftig zeichnet sich eine wachsende Bedeutung neuer individueller Beteiligungsarten am Gemeinschaftsleben ab. So engagierten sich 1992 27,6 Prozent der Bevölkerung ehrenamtlich und 1999 bereits 32,1 Prozent, wobei dieser Zuwachs vor allem auf die Zunahme kurzfristiger Projektmitarbeit beruht (vgl. Enquete-Kommission „Zukunft des Bürgerschaftlichen Engagements" des Deutschen Bundestages 2002, S. 62 ff.).

Die Unternehmen beginnen auf die angesprochenen tief greifenden Veränderungen mit Investitionen zur Verbesserung der individuellen Vereinbarkeit von Beruf, Familie und Freizeit für die Mitarbeiter zu reagieren. Zunehmend setzt sich die Erkenntnis durch, dass sich ein gestörtes Verhältnis von Arbeit und Privatleben negativ auf die Leistungsfähigkeit in beiden Lebensbereichen auswirkt, weshalb die Orientierung an einer „Work-Life-Balance" besonders in wissensintensiven Unternehmen zur strategischen Entscheidung wird. Erst die körperliche und psychische Gesundheit als Fähigkeit zur Problemlösung und Gefühlsregulierung führt dazu, ein bestehendes Netzwerk an sozialen Beziehungen erhalten oder erweitern zu können. Der Verlust dieser individuellen Balance bildet derzeit die Hauptursache mangelhafter Arbeitsleistungen sowie krankheitsbedingter Fehlzeiten und äußert sich nicht zuletzt angesichts einer Zunahme erwerbstätiger Frauen in der gestiegenen Unvereinbarkeit zwischen beruflicher Karriere und familiären Verpflichtungen. Den sozialen Beziehungen kommt bei der Herstellung einer gesunden Work-Life-Balance die Schlüsselrolle im Familien- und Arbeitsleben zu. Starke Beziehungen unter Freunden, Verwandten oder Lebenspartnern dienen dabei primär der Herbeiführung positiver und der Bewältigung bzw. Vermeidung negativer Gefühle, während schwache Beziehungen im beruflichen wie privaten Kontexten das situationsspezifische Problemlösen unterstützen. Um Konflikte zwischen Berufs- und Privatleben zu vermeiden, werden daher neben flexiblen Arbeitszeitregelungen auch solche Organisationsstrukturen notwendig, die sich an den Bedürfnissen der Mitarbeiter mit ihren individuellen Beziehungsstrukturen orientieren (vgl. Badura, Bernhard/Vetter, Christian 2004, S. 5 ff.).

Mit Hilfe von starken Beziehungen ist es für die Menschen möglich, sich ihre Wirklichkeit mental zu konstruieren, so dass sie bei der Existenz eines solchen sozialen Rückhaltes der Welt ein positives Grundgefühl entgegenbringen können. Fehlt diese emotionale Sicherheit, kann sich das individuelle Krankheits- und Sterberisiko erhöhen, da ein permanentes Empfinden von Unsicherheit und Fremdheit gegenüber der sozialen Umwelt zu einer dauerhaften Überforderung bis hin zur Depression beiträgt. Das Gefühl der Sicherheit durch die Erfahrung sozialen Rückhaltes wirkt sich über reduzierten Stress nicht nur günstig auf das Herzinfarktrisiko aus, sondern führt auch zu einem ausgeglichenen sozialen Interaktionsverhalten und damit zu einer Erhöhung der sozialen Kompetenzen (vgl. Siegrist, Karin 1995, S. 9 ff.).

Die Wichtigkeit dieser in persönlichen Beziehungen erworbenden Fähigkeit, mit Unsicherheit umzugehen, wird in den unbeständigen Projektwelten der Informationsgesellschaft besonders auffällig. Die Pluralisierung der Beziehungsmuster zeigt sich hier durch die Bastelbiographien der Mitglieder in den Projektteams, die sich durch die zeitlich befristete Zusammenarbeit nur noch wenig sozialen Rückhalt geben können. Neben der grundlegenden Unsicherheit über die zukünftig verwertbaren Fachkompetenzen führt die wachsende Verhaltensunsicherheit in Netzwerkstrukturen zu steigenden gesundheitlichen Risiken. In befristeten Arbeitsverhältnissen, die nicht nur wechselnde Tätigkeiten beinhalten, sondern durch Umzüge, Wissensentwertung sowie dessen Erweiterung oder flexiblere Arbeitszeiten auch einen umfassenderen Wandel in der persönlichen Biographie mit sich bringen, wird der Erhalt der eigenen Work-Life-Balance zur Kernkompetenz individueller Leistungsfähigkeit und damit zur Kernfrage der unternehmerischen Überlebensfähigkeit. Wie in Kapitel 5 gezeigt wird, können die Unternehmen ihre Beschäftigten aktiv in einer gesunden Lebensführung unterstützten und sich so Wettbewerbsvorteile sichern.

Deren Nutzung wird durch die zeitliche Stabilität der Mitarbeit bedingt. Zudem werden in modernen Gesellschaften die beschriebenen entwurzelnden Individualisierungsstendenzen weiter fortschreiten, so dass die entsprechenden Investitionen aus der Einbindung in die persönlich Beziehungsnetzwerke im Berufs- und Privatleben zunehmend entwertet würden, wenn die Unternehmen in einer einseitigen Ausrichtung auf flexible Arbeits- und Organisationsformen von den freien wie fest angestellten Mitarbeitern eine zu hohe biographische Mobilität verlangen. Am Ende der neuen Dezentralität stünden dann nur noch Netzwerke aus schwachen Beziehungen, die zwar den Optionswert nicht redundanter Informationen erhöhen, allerdings die emotionale Komponente beim Aufbau von Vertrauen vollständig vernachlässigen. Der Verzicht auf starke Beziehungen müsste dann mit institutionellen Sicherheiten erkauft werden, die nicht nur der fehlenden Sozialkompetenz geschuldet sind, sondern auch der wachsenden Opportunismusgefahr. In einer solchen multioptionalen Netzwerkwelt, in der eigennützige Agenten ihre Chancen ohne Rücksicht auf gewachsene persönliche Bindungen verfolgen können, ist nicht mit Effizienzvorteilen von Netzwerkstrukturen zu rechnen. Im Gegenteil deuten die negativen Entwicklungen im Bereich wirtschaftskrimineller Verhaltensweisen darauf hin, dass eine zunehmende Offenheit der Unternehmen durch Vernetzung unter den beschriebenen gesellschaftlichen Rahmenbedingungen mit erheblichen Gefährdungspotentialen verbunden ist.

3.2.5 Anstieg der Computerkriminalität

Die zunehmende Verbreitung krimineller Verhaltensweisen in Unternehmen weisen auf die Gefahren der Verhaltensunsicherheit hin, die mit der Annahme eines möglichen Opportunismus der Individuen einhergehen. In einer empirischen Studie zur weltweiten Verbreitung von Wirtschaftskriminalität der Unternehmensberatung Pricewaterhouse Coopers aus dem Jahr 2003 ergab die Befragung von 3.623 Unternehmen eine durchschnittliche Schadenshöhe von etwa 2 Millionen Euro je betroffenen Unternehmen, von denen in Folge der Schätzprobleme nur 813 ihre Verluste quantifizieren konnten. Von den deutschen Unternehmen waren danach in den letzten vier Jahren 39 Prozent betroffen, was leicht über dem europäischen Wert von 34 Prozent liegt. Dabei steigt die Betroffenheit mit der Unternehmensgröße. Während 37 Prozent der Unternehmen mit weniger als 1.000 Mitarbeitern zum Tatopfer geworden sind, steigt der Anteil bei Unternehmen mit mehr als 1.000 Beschäftigten auf 48 Prozent. Die Entdeckung in Deutschland ist in 33 Prozent und in ganz Europa in 49 Prozent der Fälle vom Zufall abhängig. Die Folgeschäden werden von den verantwortlichen Unternehmensvertretern vor allem in den negativen Auswirkungen auf die Mitarbeitermotivation und die Geschäftsbeziehungen gesehen. Die erwarteten zukünfige Bedrohungen liegen in den Deliktsformen der Unterschlagung und Computerkriminalität, wobei die Mehrzahl der Befragten davon ausgeht, in den nächsten fünf Jahren Opfer von Wirtschaftskriminalität zu sein (vgl. Maul, Karl-Heinz/Nestler, Claudia/Salvenmoser, Steffen 2003, S. 1 ff.).

Diese Einschätzung deckt sich mit vergleichbaren Befragungen und Untersuchungen von Sicherheitsbehörden, die wie das amerikanische Federal Bureau of Investigation (FBI) bei Computerkriminalität von einer Dunkelziffer von über 80 Prozent ausgehen. Die geringe Aufdeckungsrate ergibt sich vor allem duch die Angst der betroffenen Unternehmen vor Image- und Reputationsverlust, so dass selbst bei einer strafrechtlichen Verfolgung meist keine Angaben für empirische Untersuchungen gemacht werden, was den Aussagewert der Statistiken stark reduziert. Computerkriminalität bezeichnet strafbare Handlungen, bei denen der Computer entweder das Werkzeug oder Tatobjekt ist, das die Straftat ermöglicht oder zumindest maßgeblich beeinflusst hat. Die Polizeiliche Kriminalstatistik des Bundeskriminalamtes weist mit 3.067 erfassten Fällen im Jahr 1987 und 56.684 Delikten im Jahr 2000 auf eine Steigerungsrate von knapp 1850 Prozent hin, während die entsprechenden Aufklärungsraten sich nur leicht von 41,2 Prozent auf 48,9 Prozent erhöht haben. Die Schadenshöhe ist in Folge der Erhebungsschwierigkeiten nur sehr schwer zu ermitteln, in Deutschland beträgt sie nach Schätzungen inklusive Kartenbetrug und Produktpiraterie bis zu 10 Milliarden Euro pro Jahr. Die Bedrohungen ergeben sich neben Außentätern wie Spionen und Hackern vor allem durch die eigenen Mitarbeiter, die die häufigste Tätergruppe bilden und laut Umfragen von Beratungen bis zu 82 Prozent der bekannt gewordenen Delikte begehen (vgl. Schumacher, Markus/Rödig, Utz/Moschgath, Marie-Luise 2003, S. 113 ff.).

Der Vorteil für die Innentäter besteht in dem Besitz von Zugriffsrechten, mit denen sie sich vollständige Kopien von Datenbanken erstellen, Daten und Programme manipulieren oder diese verändern können. Die Gefahr geht zudem von solchen Personen aus, die bezüglich der Zugriffsrechten eigenen Mitarbeitern gleichgestellt werden (vgl. Kersten, Heinrich/Wolfenstetter, Klaus-Dieter 2001,

S. 20). Die Gleichstellung von externen Mitarbeitern auch in sensiblen Prozessen wird in vernetzten Unternehmenskooperationen zur Bedingung eines Wettbewerbsvorteils durch die zeitlich variable Bearbeitung eines gemeinsamen Projektes an verschiedenen Standorten. Die Einschränkung der Zugriffsrechte hat dann möglicherweise Verzögerungen zur Folge, welche die Durchführung der Kooperation insgesamt in Frage stellen könnten. Die Bildung von Vertrauen als Basis einer erfolgreichen Zusammenarbeit ist somit immer einem Ausbeutungsrisiko der schlechter informierten Seite in einer solchen Arbeitsbeziehung ausgesetzt. Das Fehlen von Vertrauen hinterlässt jedoch Sicherheitslücken, die allein durch technische Maßnahmen nicht geschlossen werden können. Die wachsenden Investitionen im Bereich der Sicherheitstechnologie weisen auf die wachsenden Schwierigkeiten der Verhaltenskontrolle in der Informationsgesellschaft durch Computerkriminalität hin.

Da die Mehrzahl der Täter aus den eigenen Mitarbeiterreihen stammt, können sie bekannte Schwachstellen gezielt ausnutzen und oftmals den höchsten Schaden anrichten. Den direkten Kosten solcher Angriffe sind die möglichen Folgekosten in Form der Virenbeseitigung, des Auffindens und Schließens der Sicherheitslücken und des Ersetzens der verlorenen Daten hinzuzurechnen. Die Gesamtkosten der Computerkriminalität liegen nach Schätzungen von Unternehmensberatungen und Sicherheitsbehörden weltweit durchschnittlich zwischen 50.000 bis 2,3 Millionen Euro pro betroffenen Unternehmen. Daher führen vor allem die neuen offenen Geschäftspraktiken durch den Internethandel und die zunehmende Vernetzung mit Geschäftspartnern zu steigenden Ausgaben für Sicherheitstechnologien im Bereich der Informations- und Kommunikationstechnik, die sich bei den europäischen Unternehmen in Gesamtausgaben von 9,4 Milliarden Euro im Jahre 2002 niederschlagen. Dabei wird zukünftig von einer jährlichen Wachstumsrate des europäischen Sicherheitsmarktes von 25 Prozent ausgegangen (vgl. Berchthold, Willi 2003, S. 11 ff.). Die Bewältigung von Verhaltensunsicherheit wird so zum entscheidenden Engpassfaktor beim erfolgreichen Agieren in Netzwerken. Die Ergebnisse der Verbrechensforschung weisen auf den positiven Zusammenhang zwischen einer abnehmenden Bindung an die sich wandelnde institutionelle Umwelt und kriminellen Verhalten hin.

In der Kriminologie werden die soziostrukturellen Umweltfaktoren durch Makrotheorien berücksichtigt, wobei sich hierbei die noch junge institutionelle Anomietheorie in Forschung und Praxis als besonders aussichtsreich erwiesen hat. Trotz erster empirischer Bestätigungen ist sie aber noch umstritten (vgl. Schneider, Hans-Joachim 2001, S. 45 ff.). Danach wird die nordamerikanische Gesellschaft von den institutionellen Funktionssystemen Ökonomie, Politik, Bildung und Familie geprägt, von denen die Ökonomie durch die Überbetonung des monetären Erfolges als Basis des „American Dream" eine dominierende Stellung bekommen hat, die als Vorbild für westliche Gesellschaften fungiert. Es kommt dadurch zu einer Abwertung nicht ökonomischer Funktionen und Rollen. Die weiteren wichtigen gesellschaftlichen Systeme werden so immer mehr von ökonomischen Werten penetriert und zunehmend mit dem Zwang konfrontiert, sich ökonomischen Erfordernissen anpassen zu müssen, wodurch sie ihre ursprüngliche Sozialisationsfunktion der Herausbildung einer kulturell bestimmten normativen Kontrolle immer schlechter erfüllen können. Die Wahl der Mittel bei der Erfolgsrealisierung wird in allen Lebensbereichen immer mehr der wirtschaftlichen Erfolgslogik der Gewinnmaximierung angepasst und führt so in letzter Konsequenz zu einer hohen Kriminalitätsrate. Der von Durkheim übernommene Anomiebegriff bezieht sich auf diese Schwächung der normativen Gesellschaftsordnung, die durch den Ethos des materiellen Erfolgsstrebens kulturell legitimiert wird (vgl. Messner, Steven F./Rosenfeld, Richard 1997, S. 65 ff.). Diese „Vorbildfunktion" der USA als Geburtsort der New Economy lässt sich in Verbindung mit den Änderungen in der Sozialstruktur auf europäischer Ebene nachweisen

In einer Panelerhebung über die allgemeine europäische Kriminalitätsentwicklung zeigte sich, dass sich der Anstieg der Kriminalitätsraten Anfang der 90er Jahre besonders auf sinkende soziale Bindungen und Wertevermittlung im Familienbereich zurückführen lässt. In Folge steigender Scheidungsraten sinken die Betreuungszeiten für die allein erziehend aufwachsenden Kinder. Dadurch, dass sie sich verstärkt selbst überlassen bleiben und unter den negativen Einflüssen von Gleichaltrigen geraten, werden die traditionellen Familienbindungen zunehmend ausgehöhlt. In Verbindung mit einer steigenden Jugendarbeitslosigkeit trägt somit ein fehlender sozialer Zusammenhalt zu einer signifikanten Erhöhung der Delinquenzgefahr bei (vgl. Entorf, Horst/Sprengler, Hannes 2002, S. 171-177).

Diese Entwicklungen verdeutlichen, dass der einfache kausale Zusammenhang der institutionellen Anomietheorie eines ausgeprägteren Materialismus und einer daraus resultierenden Schwächung der traditionellen Bindungen als Bedingungen für den Anstieg krimineller Handlungen zumindest tendenziell auf europäische Verhältnisse übertragen werden kann. Die institutionelle Umwelt kann somit nicht mehr wie in der Vergangenheit als vernachlässigbares Ruhekissen stabiler informeller Restriktionen gelten, dass gerade im demokratischen Deutschland durch eine starke normative Prägung der Individuen lange Zeit zu relativ stabilen Vorhersagen bezüglich der Ausprägung kooperativer Verhaltensweisen beigetragen hat. Für die flexiblen Organisationsformen ergibt sich das in der Zukunft zunehmende Problem, dass der fehlende einheitliche biographische Hintergrund der Beschäftigten nicht mehr zu Transaktionskosteneinsparungen durch eine gemeinsame gesellschaftliche Wertebasis in den befristeten Projekten führt. Vielmehr muss in den lokalen Gemeinschaften der Kooperationspartner eine hinreichend starke Unternehmenskultur geschaffen werden. Bei neuen Partnern ergeben sich somit zwar neue Chancen des Wissensaustausches, aber eben auch neue Bedrohungen durch Missbrauch. Bereits in gegenwärtigen Projekten lässt sich daher eine Dominanz untereinander bekannter Kooperationspartner zur Bewältigung der Verhaltensunsicherheit beobachten.

3.2.6 Reaktion in der Praxis: Dominanz starker Beziehungen in inter- organisationalen Netzwerken

In einer jüngeren empirischen Erhebung wurden 50 Klein- und Kleinstunternehmen in der Region München befragt, die in den Bereichen der Internetdienste, der Softwareentwicklung und der Medien- und Kommunikationsdienste tätig sind. In diesen Vorreiterbranchen telekooperativer Unternehmenskooperationen finden sich vor allem sogenannte „Small Offices & Home Offices" (SOHO), in denen maximal 10 Beschäftigte an gemeinsamen Arbeitsplätzen oder in Heimbüros selbstständig wissensintensive Dienstleistungen anbieten. Die Kooperationsmotive liegen danach vor allem in der Kompetenzerweiterung durch ein erweitertes Leistungsspektrum, der Kapazitätserweiterugn durch den Zugang zu neuen Kunden und der höheren Flexibilität in Folge der wechselnden Kooperationspartner. Wichtigste Basis für eine funktionierende Unternehmenskooperation wird im gegenseitigen Vertrauen gesehen, gefolgt von Zuverlässigkeit und gegenseitiger Sympahtie. Dadurch werden direkte persönliche Kontakte vor allem in der Anbahnungsphase wichtig. Private, berufliche und persönliche Kontakte bilden die wichtigsten Quellen für die Partnersuche, die sich meist auf einen Umkreis von 50 Kilometern beschränkt. Der zumeist hohe Abstimmungsbedarf äußert sich auch in der mehrheitlich eingestuften Wichtigkeit der direkten persönlichen Kontakte der Beteiligten. Die hohe Bedeutung des Internet als Kommunikationsmedium weist dagegen auf die Notwendigkeit eines unproblematischen Informationsaustausches hin, der den vernetzten Alltag in einer gewachsenen Kooperation transparenter macht. Die Mehrheit der befragten Dienstleister beurteilt in 30 Fällen die Kooperation positiv und möchte die Partnerzahl vergrößern (vgl. Reichwald, Ralf/Möslein, Kathrin/ Ney, Michael 2003, S. 243-249).

Die beziehungsorientierte Vernetzung von Freelancern lässt sich auch bei sogenannten New-Media-Unternehmen beobachten, die sich mit der Gestaltung internetbasierter Dienstleistungen beschäftigen. Die wissensintensive Integration der kundenspezifischen Leistungen in elektronische Netze -etwa im Bereich des E-Commerce- ist einem hohen Innovationsdruck unterworfen und führt so bei den spezialisierten Anbietern zur Bildung von Netzwerken, um flexibel die unterschiedlichen Teilleistungen als Komplettlösungen anbieten zu können. Die befragten Freelancer bieten Leistungen wie Internetprogrammierung oder Layout von Internetseiten an und erhalten ihre Aufträge von Agenturen oder direkt vom zumeist lokalen Kunden, wobei der Anteil des Pools an bundesweit agierenden Agenturen als Auftraggeber mindestens 50 Prozent ausmacht. Die Aufträge kommen zumeist durch Empfehlungen über die informellen Beziehungen persönlicher Kontakte zustande und auch die Leistungsspezifikation erfolgt primär über mündliche Absprachen. Während die Freelancer in relativ größere und lose Netzwerke eigebunden sind, treten auch kleine Unternehmen als projektinitiierende Netzwerkkoordinatoren auf. Der Kreis der Partnerunternehmen ist bei diesen New-Media-Agenturen auf ein stabiles Netzwerk mit der Größe von etwa 15 Partnern beschränkt, die sich zumeist kennen und auch untereinander direkte geschäftliche wie persön-

liche Beziehungen unterhalten. Sowohl die Freelancer als auch die Agenturen nutzen dabei persönliche Reputationsmechanismen, die aber vor allem durch die stabilen Beziehungsgeflechte bei den Agenturen auf der Grundlage von Vertrauen
basieren (vgl. Bouncken, Ricarda B. 2003, S. 446 ff.).

Die hohe Bedeutung von Vertrauen in Netzwerken lässt sich auch für kleine und
mittelgroße Dienstleistungsunternehmen im Raum Stuttgart empirisch nachweisen.
Von den 236 im Jahr 2001 befragten Unternehmen, gehen 96 Prozent von Netzwerken als wichtiger strategischer Alternative aus, wobei aber erst 61 Prozent bereits Kooperationserfahrungen gemacht haben. Die Ziele werden mit 69 Prozent
der Antworten in der Erschließung neuer Geschäftsfelder gesehen, gefolgt von der
Nutzung von Synergieeffekten (57 Prozent), der Erzielung von Zeitvorteilen (55
Prozent) und dem Zugang zu Human-Ressourcen (37 Prozent). Die für die Bildung
von Vertrauen hochrelevante Partnersuche erfolgt dabei mit 57,7 Prozent der Antworten in der deutlichen Mehrheit der Fälle über den eigenen Bekanntenkreis von
Unternehmen, mit denen bereits Erfahrungen gemacht wurden, während Daten-
bankrecherchen (10,4 Prozent) und externe Berater (7,6 Prozent) vor weiteren Verfahren wie Veranstaltungen, Inserate, Empfehlungen oder Kooperationsbörsen
abgeschlagen folgen. Die Befragung zeigt weiter, dass die Erfolgswahrscheinlichkeit
von Dienstleistungsnetzwerken mit dem Vorhandensein einer durch gemeinsame
Erfahrungen gewonnen Vertrauensbasis steigt, da die Bewertungen bei einer Auswahl ohne vorherigen Kontakt schlechter ausfallen. Zudem lässt sich kein Vorteil
von Kooperationen auf Basis schriftlicher Verträge gegenüber einer Zusammenarbeit nach mündlichen Absprachen nachweisen, die mit knapper Mehrheit in 50,8
Prozent der Fälle genutzt wurden und auf die hohe Bedeutung der Flexibilität und
Unabhänigkeit für die Beteiligten hindeuten. Über 85 Prozent der Unternehmen
ziehen eine gute oder befriedigende Bilanz bezüglich ihrer Netzwerkerfahrungen,
wogegen nur knapp 15 Prozent diese als schlecht bezeichnen. Dieses für den
Dienstleistungsbereich optimistische Bild wird allerdings durch das von 42 Prozent
der befragten Unternehmen bemängelten Fehlen eines geeigneten Kooperationspartners als größtes Kooperationshindernis getrübt. Die weiteren Barrieren werden
in organisatorischen Schwierigkeiten gesehen (37 Prozent), mit wettbewerbsrecht-
lichen Einwänden begründet (24 Prozent) und nur bei 8,5 Prozent der Befragten in
den zu großen Risiken gesehen. Die Unternehmen stützten sich damit bei ihrer
Partnersuche vorwiegend auf das eigene Umfeld und erhöhen so ihre Erfolgsaus-
sichten. Sie müssen aber beim Fehlen eines bekannten Partners mit den gesuchten
komplementären Fähigkeiten auf die Durchführung der Kooperation verzichten,
da geeignete Auswahlkriterien fehlen und für eine Zusammenarbeit nicht genügend
Vertrauen zwischen den potentiellen Partnern vorhanden ist (vgl. Zahn, Erich/
Stanik, Martin 2003, S. 598-609).

Neben der Frage der optimalen Netzwerkgröße wird daher aus betriebswirtschaftlicher Perspektive die in dieser Arbeit interessierende Frage relevant, wie sich eine
Partnerwahl realisieren lässt, die nicht mehr vollständig auf bereits ex ante bestehenden persönlichen Kontakten beruht. Wenn ein Erfolg versprechendes Projekt

Partner aus überregionalen oder internationalen Kontexten erfordert, wird die sichere Enge des persönlichen Netzes die potenziellen Vorteile der Nutzung weltweit verteilter Kompetenzen zur Leistungserstellung nicht ausschöpfen können. Die Gestaltung der Investitionsprozesse in soziales Kapital zum gezielten Aufbau von Vertrauen wird damit zur Kernfrage der wirtschaftlichen Ausrichtung von dezentralen Unternehmensnetzwerken.

Die erhöhten Transaktionskosten in der heranziehenden Informationsgesellschaft ergeben sich insgesamt aus den erhöhten Freiheitsgraden der Beschäftigten in den neuen Arbeitsformen (vgl. Punkt 3.2.1), die neben der Unsicherheit des Arbeitgebers bezüglich des Anstrengungsniveaus der Beschäftigten auch für diese selber ein hohes psychisches Ausbeutungspotenzial auf einem Markt für Projektkräfte verursachen, der durch eine hohe Anbieterkonkurrenz gekennzeichnet ist (vgl. Punkt 3.2.2). Die Verschiebung der individuellen Werte hin zur stärkeren Betonung der eigenen Interessen (vgl. Punkt 3.2.3) verlangt insbesondere bei den hoch qualifizierten Nachwuchskräften eine bewusste Anpassung der betrieblichen Rahmenbedingungen, welche die zeitlich befristete Zusammenarbeit zum wechselseitigen Vorteil ausgestalten kann. Dadurch wird die Gefahr opportunistischer Verhaltensweisen der relativ jungen Produktivkräfte in der „New Economy" reduziert, die sich im Gegensatz zu den älteren Generationen vor allem nicht in ihrer persönlichen Entwicklung und Selbstentfaltung einschränken lassen möchten, zu der auch ihre vielfältigen privaten Beziehungsmuster gehören. Trotz all der Vielfältigkeit bleibt die Präferenz nach dauerhaften persönlichen Beziehungen weiterhin ein zentraler Wunsch der Individuen (vgl. Punkt 3.2.4).

Die abnehmende Bindung der Arbeitnehmer an ihren Arbeitgeber durch eine zunehmende Arbeitsbefristung, einer steigenden psychischen Belastung sowie einer vergleichsweise abnehmenden Bedeutung von auch in den Betrieben gewachsenen Gemeinschaftswerten zu Gunsten der höheren Bedeutung von Werten, die dem individuellen Vorteil ein höheres Gewicht geben, weisen auf die enormen Bedrohungen für Netzwerkorganisationen hin. Die beschriebenen Entwicklungen eröffnen zwar die Chance einer höheren Mobilität und Flexibilität der Arbeitnehmer, deren Motivation dank einer ausgeprägten Erfolgsorientierung auch in befristeten Verträgen als hoch einzuschätzen ist. Auf der anderen Seite bergen sie die Gefahren einer verringerten Arbeitsproduktivität durch psychische Überlastung und verstärkten Durchdringung opportunistischer Praktiken im Alltag von Netzwerken, was sich im Bereich der Computerkriminalität anschaulich zeigt. Deren rasanter Anstieg lässt sich mit Hilfe der institutionellen Anomietheorie auf den gegenwärtigen Gesellschaftswandel zurückführen (vgl. Punkt 3.2.5). Die steigende Tendenz im Bereich der Wirtschaftskriminalität wird auch von der Hermes-Kreditversicherungs-AG, die Unternehmen gegen interne „Vertrauensschäden" durch Veruntreuung, Betrug und Unterschlagung versichert, auf einen zunehmenden Werteverfall, die steigende Komplexität der Geschäftsabläufe und die größere Anonymität zwischen Arbeitgebern und Arbeitnehmern in immer unübersichtlicheren Unternehmensstrukturen zurückgeführt (vgl. Heyden, Axel von 1999, S. 228 ff.).

In den auf Vertrauen basierenden Netzwerkorganisationen finden sich daher überschaubare Beziehungen auf persönlicher Basis. Die Vertrauensbeziehungen dienen in einer zunehmend unüberschaubaren Welt demnach als transaktionskostensenkender Orientierungsrahmen. Er hebt vor allem in Netzwerkorganisationen die traditionelle Trennung von beruflichen und privaten Beziehungen auf und stellt erst dadurch die Effizienz von Netzwerkorganisationen sicher (vgl. Punkt 3.2.6). Die hohe Bedeutung von Institutionen und Beziehungen beim Vertrauensaufbau liefert wichtige Anhaltspunkte aus der Praxis für die Ableitung theoretisch fundierter Handlungsempfehlungen auf Basis eines ökonomischen Sozialkapitalkonstruktes.

4. Vertrauen durch spezifische Investitionen in Sozialkapital

Als Fazit des dritten Kapitels lässt sich die Betonung persönlicher Beziehungen als effiziente Anpassung telekooperativer Organisations- und Arbeitsformen an die Rahmenbedingungen der Informationsgesellschaft festhalten. Die bisherigen Überlegungen haben gezeigt, dass sich in den Unternehmensnetzwerken nur dann eine effiziente Arbeitsatmosphäre ergeben wird, wenn dort ausreichend Vertrauen vorhanden ist. Die stärkere Nutzung von persönlichen Beziehungen kann die soziale Präferenz nach Reziprozität und dem menschlichen Streben nach Bindung zur Erreichung eines individuellen Zustandes psychischer Sicherheit mit dem traditionellen Einkommensziel verbinden. Unternehmensnetzwerke werden somit abhängig von „Beziehungsnetzwerken" (vgl. Punkt 4.4) und benötigen Sozialkapital zum wechselseitigen Vertrauensaufbau in den Beziehungen (vgl. Punkt 4.3).

Die interdisziplinäre Sozialkapitalforschung stützt sich derzeit neben der wirtschaftssoziologischen Frage der Einbettung auf die ökonomische Effizienzperspektive, ohne weiter auf die Entwicklung der Akteure einzugehen, die für die Entstehung von Vertrauen relevant wird. Das in den frühkindlichen Entwicklungsprozessen erlernte Beziehungswissen fungiert als lebenslang wirksame psychische Restriktion bei der Vertrauensvergabe und wird damit zur entscheidenden personalen Sozialkapitaldimension, welche den „Spieler" auf Basis der konzeptionellen Arbeiten von Erikson beschreibt (vgl. Punkt 2.4). Es gilt in Anlehnung an Punkt 2.4.4 die folgende Wirkungskette, wonach die drei grau schraffierten Dimensionen von Sozialkapital in Form von Institutionen, Beziehungen und Beziehungswissen als Ursache für die wahrgenommene psychische Sicherheit gelten, welche wiederum bewusstes Vertrauen ermöglicht. Die ökonomische Analyse der frühkindlichen Entwicklung dient hier zur Fundierung des Beziehungswissens als personaler Sozialkapitaldimension zur intuitiven Verarbeitung bindungsbezogener Umweltinformationen (vgl. Punkt 4.1), mit der die effiziente Gestaltung von Netzwerkorganisationen mit bereits erwachsenen Beschäftigten im Zusammenspiel mit den situativen Umweltdimensionen in Form der Institutionen als „Spielregeln" und den Beziehungen als „Spielfläche" erklärt werden kann (vgl. Punkt 4.2).

132

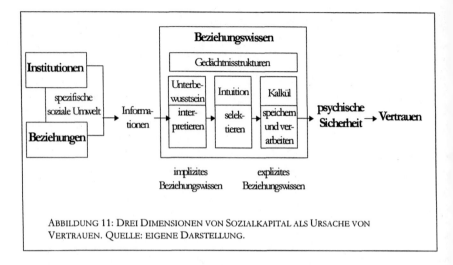

ABBILDUNG 11: DREI DIMENSIONEN VON SOZIALKAPITAL ALS URSACHE VON
VERTRAUEN. QUELLE: EIGENE DARSTELLUNG.

Das Management der an Unternehmensnetzwerken beteiligten Partnerunternehmen kann durch die Berücksichtigung der individuellen Bindungsbedürfnisse dauerhafte Vertrauensbeziehungen schaffen, welche die Effizienz der interorganisationalen Kooperation sichert. Es ensteht somit eine Win-Win-Situation für Arbeitgeber und Arbeitnehmer, die durch Investitionen in Sozialkapital systematisch gestaltet werden kann. Zu beachten ist, dass zwischenmenschliches Vertrauen niemals
nur rein kommerziellen Zwecken dient. Diese Sichtweise beruht auf der bereits von
Williamson betonten Feststellung, dass die Transaktionskostentheorie in einem
größeren Zusammenhang gesehen werden muss, um der Würde des Menschen als
Entscheidungsträger gerecht zu werden. „Die Analyse ökonomischer Organisation
in ausschließlich instrumentaler Manier kann dazu führen, daß die handelnden Personen als Instrumente behandelt werden. Solche Übertreibungen eines Instrumen-
talismus sind hintanzuhalten." (Williamson, Oliver E. 1990, S. 345). In diesem
Sinne kann die institutionenökonomisch fundierte Sozialkapitalforschung viel für
die Würde des vernetzt arbeitenden Menschen im 21. Jahrhundert tun, der stärker
als zuvor in seinem Berufsleben von immer auch ausbeutbaren Vertrauensbeziehungen abhängig wird.

4.1   Beziehungswissen als personale Dimension von Sozialkapital

Während die kognitive Dimension in der ökonomischen Vertrauensforschung bereits hinreichend erfasst wird, erweist sich das Fehlen einer eindeutigen Unterscheidung zwischen den Entscheidungsalternativen Vertrauen und Risiko als Folge der
mangelnden Integration der für bewusstes Vertrauen verantwortlichen affektiven
Komponeten (vgl. Punkt 2.3.2). Die affektive Vertrauensdimension beruht hier auf

den klassischen entwicklungspsychologischen Arbeiten Eriksons und den modernen Ergebnissen der Bindungsforschung, die sich auf seine entwicklungspsychologischen Erkenntnisse stützt. Es gilt jedoch die Einschränkung von Karin und Klaus E. Grossmann (2004, S. 360): „Ein Forscher, der sich an Eriksons Theorie orientiert, muß sich eigene Gedanken darüber machen, wie der unterschiedliche Umgang mit alters- und phasenspezifischen Lebensaufgaben im einzelnen aussieht." Im Folgenden werden daher die für diese Arbeit relevanten Lebensphasen „frühe Kindheit" und „Arbeitstätigkeit in Netzwerkorganisationen" eigenständig in das ökonomische Verhaltensmodell integriert.

4.1.1 Urvertrauen nach Erikson als Basis der Persönlichkeitsentwicklung

Der emotionale Prozess der Vertrauensbildung bei Kleinkindern nach Erik Homburger Erikson konnte wesentliche Erkenntnisse der modernen Sozialforschung bezüglich der Ursachen und Wirkungen von Vertrauen vorweggenommen. In seinen primär qualitativen Arbeiten baut Erikson auf der Freudschen psychoanalytischen Theorie auf, die er um Erkenntnisse aus der Kulturanthropologie und der Sozialpsychologie erweitert. Im Mittelpunkt steht die Beziehung des Ichs als affektiver Aspekt des Lebens zur Gesellschaft. Der menschliche Sozialisationsprozess wird im Hinblick auf Lösungsmöglichkeiten von Entwicklungskrisen betrachtet, wobei die emotionale Entwicklung zur Stärkung der Individualität des Menschen innerhalb seiner sozialen Realität führt. Die Persönlichkeitsentwicklung folgt dabei biologischen Prinzipien, wodurch sich einzelne Wachstumsphasen des Ichs ergeben, die allerdings nicht durch die Entwicklung neuer Organe geprägt sind, sondern durch den Erwerb lokomotischer, sensorischer und sozialer Fähigkeiten. Entwicklung lässt sich daher als evolutionärer Prozess beschreiben, der auf einer universal feststellbaren Abfolge von biologischen, psychologischen und sozialen Ereignissen beruht. Die das Individuum bzw. das Ich umgebende Kultur bildet den Rahmen für dessen phasenweise Sozialisierung unter der Annahme, dass diese Phasen deutlich unterscheidbare Entitäten darstellen. Die physikalischen, sozialen und geistigen Umwelteinflüsse formen die individuelle Persönlichkeitsentwicklung. Dabei stellen die ersten zwei Lebensjahre die formgebenden Jahre dar, die zur kulturellen Bindung führen, welche wiederum das Produkt der wechselseitigen Erfahrung zwischen dem Kind und seiner Umwelt ist. Die Entwicklungsphasen sind von Krisen gekennzeichnet, die durch die dynamisch gegeneinander gerichteten expansiven Triebe der Weiterentwicklung und der regressiven Triebe der Selbstzerstörung bzw. der Rückkehr zu einer Phase geringerer Komplexität bestimmt werden. Diese gegensätzlichen Triebe treten in verschiedenen phasenabhängigen Ausprägungen während der gesamten menschlichen Entwicklung auf und bilden in ihrer Polarität die Antriebskräfte des Ichs (vgl. Maier, Henry W. 1983, S. 107-129).

Die erfolgreiche Krisenbewältigung in den einzelnen Phasen bildet dabei die Basis für eine gesunde Persönlichkeit. Dessen Wachstum folgt dem epigenetischen Prinzip, wonach „...alles, was wächst, einen *Grundplan* hat, dem die einzelnen *Teile* folgen, wobei jeder Teil eine Zeit des Übergewichts durchmacht, bis alle Teile zu einem *funktionierenden Ganzen* herangewachsen sind." (Erikson, Erik H. 1966, S. 57, Hervorhebung im Original). Das aus der Embryologie stammenden Prinzip der Epigenese, welches sich auf die Differenzierung und Spezifikation einer undifferenzierten Einheit hin zu einem Funktionssystem bezieht, wird dabei auf die Identitätsentwicklung übertragen. Ausgehend von einem Ich als ein solches organisiertes System von Einstellungen, Motiven und Bewältigungsleistungen, durchläuft der Prozess der Persönlichkeitsentwicklung Krisen, die sowohl eine erhöhte Verletzlichkeit als auch ein erhöhtes Potenzial in sich bergen und wesentlichen Einfluss auf die Entwicklung einer Ich-Identität in Form des Gefühls der inneren Einheit nehmen (vgl. Oerter, Rolf/Dreher, Eva 1995, S. 322).

Die Unterscheidung von angeborenen primären epigenetischen Regeln und erlernten sekundären Regeln durch Anpassung an unterschiedliche kulturelle Umfelder führt zu so genannten universalen Institutionen, die trotz kultureller Variationen in allen bekannten menschlichen Gesellschaften nachweisbar sind. Dazu zählt die Institution des Reziprozitätsgebotes als Kernstück kollektiver Moralvorstellungen. Eine reziproke Erwiderung des Verhaltens des Gegenübers in sozialen Interaktionen lässt sich von einfachen Stammesverbünden bis hin zu modernen Gesellschaftssystemen in allen sozialen Gruppen beobachten, was der jeweiligen Gruppe Überlebensvorteile durch eine erhöhte Kooperationsbereitschaft der Gruppenmitglieder verschafft. Die Universalität dieser Institution drückt sich auch in der Entwicklung von wirksamen Sanktionsmechanismen bei Nichteinhaltung dieser wechselseitigen Kooperationsverpflichtung durch Trittbrettfahrer aus (vgl. Meyer, Peter 2003, S. 13 ff.).

In dieser evolutionären Sicht entwickelte sich die Kooperationsbereitschaft der Individuen innerhalb ihres noch relativ kleinen Sozialwesens zunächst zum selektiven Vorteil im Überlebenskampf primitiver Gesellschaftsformen. In modernen Gesellschaften bleibt dieser soziale Mechanismus nach wie vor unverzichtbar, er ist aber unter den Bedingungen spezialisierter Arbeitsteilung auf anonymen Märkten zentral auf institutionelle Rahmenbedingungen angewiesen, die zu einer gruppenübergreifenden Reziprozitätsnorm in den komplexen und nur schwer zu überschauenden Sozialstrukturen unserer Tage beitragen können. Innerhalb dieser gesellschaftlich variierenden Rahmenbedingungen und der gene-tischen Vorgaben ist es das Ziel Eriksons, die individuelle Entwicklung aus psychoana-lytischer Sicht zu beschreiben, um die spezifischen Verhaltensmuster analysieren zu können, die zu einer stabilen Persönlichkeit führen, welche sich an die gesellschaftlichen Rahmenbedingungen angepasst hat.

Das Hauptanliegen von Erikson bestand dabei in der weitest möglichen Verbindung der Sichtweisen von Psychoanalyse und Soziologie, um die Persönlichkeitsentwicklung als dynamischen Prozess der Konfliktbewältigung zwischen den inneren Trieben und Bildern des Unterbewusstseins mit den äußeren Einflüssen der sozialen Beziehungen durch Institutionen zu beschreiben. In Abkehr von der bis dahin vertretenen Sicht eines naturwissenschaftlichen Modells nach Freud, wonach das menschliche Innenleben als geschlossener seelischer Apparat weitgehend von der äußeren Umwelt getrennt bleibt, steht für ihn die wechselseitige Beeinflussung von menschlichem Lebenszyklus und gesellschaftlichen Institutionen im Vordergrund. Damit wird die institutionelle Strukturierung des Lebens von Kindheit an die zentrale Forschungsfrage und bezieht sich auf private Beziehungen bis hin zur staatlichen Ordnung, durch die das Denken, Fühlen und Handeln bis in die tiefsten Schichten des Unterbewusstseins lebenslang geprägt werden. Neben den Einflussfaktoren der institutionellen Sozialisation rücken die Stabilität und der Wandel von sozialen Institutionen bei der Entwicklung von Gesellschaften in den Vordergrund, die zu einem konstruktiven Zusammenspiel von Individuum und Gemeinschaft bei sich verändernden Rahmenbedingungen beitragen. Nur in der Gemeinschaft kann der Mensch Sinn finden, wobei er sich im Laufe seines Lebens an eine Vielzahl von Umwelten anpassen muss. Vor allem der Kultur einer Gesellschaft fällt dann die Aufgabe zu, das unterschiedliche Tempo des Wandels der verschiedenen Institutionen auszubalancieren und den gesellschaftlichen Zusammenhalt zu bewahren. So führt ein zu rascher Wandel zu einem Verlust des Sicherheitsgefühls, da die Identität breiter Massen in Frage gestellt wird, was zu irrationalen Ängsten führt, während zu langsame Veränderungen geistige Enge, soziale Ungerechtigkeiten und politische Spannungen mit sich bringen (vgl. Conzen, Peter 1996, S. 83 ff.). Die entwicklungsbedingten Anpassungsleistungen werden von Erikson dem gesamten menschlichen Lebenszyklus zugeordnet, den er in acht Phasen unterteilt, welche prägnant die Chancen und Risiken bei der Konfliktbewältigung ausdrücken.

Die erste Entwicklungsphase im ersten Lebensjahr steht im Zeichen des Konfliktes zwischen Vertrauen und Ur-Misstrauen. Der Säugling entwickelt ein Urvertrauen zu sich und seiner direkten Umwelt, die durch seine ihn stillende Mutter verkörpert wird. Die Unlustgefühle in seinen Verdauungsorganen wechseln sich ab mit der kontinuierlichen Nahrungsaufnahme, die dazu führt, die äußere Versorgerin ohne Wut oder Angst aus dem Gesichtsfeld entlassen zu können. Das Erinnern an die Konstanz, die Kontinuität und die Gleichartigkeit dieser ersten Lebenserfahrungen führt zu einem rudimentären Gefühl von Ich-Identität. Neben der Geborgenheit bei der Mutter lernt der Säugling sich selbst und seinen eigenen Organen zu trauen, so dass er die Versorgerin sich auch entfernen lassen kann. Allerdings würde ein zu langes Fernbleiben zu einem verstärkten Gefühl des Misstrauens führen, so dass die Qualität der Mutter-Kind-Beziehung über die Ausprägung dauerhafter Verhaltensformen der einfühlenden Befriedigung der individuellen Bedürfnisse des Kindes entscheidend zur Bildung von Vertrauen beiträgt. Die Mutter vermittelt dadurch auch ein starkes Gefühl der Zuverlässigkeit vor dem Hintergrund der geltenden kulturellen Handlungsmuster, die je nach Kulturkreis unterschiedliche Bewertungen von Stillzeiten und Bewegungsfreiheit im Rahmen der Kindererziehung nahe legen. Dieses Gefühl wird zur Grundlage eines Identitätsgefühls, welches sich in den weiteren Lebensphasen zu dem komplexen Gefühl entwickelt, im Sinne der Umweltanforderungen in Ordnung zu sein und ein Selbst zu besitzen, welches das

Vertrauen der Umwelt rechtfertigt, indem es sich im Sinne der Umwelterwartungen entwickelt. Für die weitere Entwicklung bedeutsam ist die Parallelität des menschlichen Entwicklungszyklus mit der Entwicklung sozialer Organisationen und Institutionen zur gesellschaftlichen Steuerung. Deren Aktualität führt dazu, dass auch der erwachsene Mensch ihnen den verbleibenden Kern seiner infantilen Mentalität entgegenbringt und dafür im Gegenzug die Bestärkung seiner infantilen Erwerbungen erhält. Das aus der Fürsorge der Mutter erwachsene Vertrauen entspricht damit dem Vertrauen auf einen oder mehrere religiöse Versorger, wodurch sowohl irdisches Glück als auch geistige Intaktheit erfahren werden soll. Die kollektive Religion entspricht daher dem in der frühesten Kindheit erfahrenen Wunsch nach Geborgenheit und Selbstvertrauen (vgl. Erikson, Erik H. 1976, S. 241-245).

Religion stärkt beim Erwachsenen eine auf Vertrauen und Glauben beruhende Persönlichkeit, die dieser auch an sein Kind weitergeben kann, um dessen Urvertrauen in die Verlässlichkeit der Welt zu stärken. Das Gefühl des Urvertrauens ist die aus den Erfahrungen des ersten Lebensjahres abgeleitete Einstellung zu sich selbst und der Welt. Dieses Gefühl des Sich-Verlassen-Dürfens bezieht sich folglich auf die Glaubwürdigkeit anderer und auf die eigene Zuverlässigkeit. Es stellt eine Ur-Erfahrung dar, die weder in der Kindheit noch im späteren Jugendalter bewusst wahrgenommen wird und bildet den Kern einer gesunden Persönlichkeitsentwicklung. Eine Verletzung des Urvertrauens bei Erwachsenen kann sich in einem isolierenden Urmisstrauen äußern, das sich vom Rückzug aus Beziehungen bis zu psychotischen Zuständen ausdrücken kann. Der Erwerb des Urvertrauens führt so zur Überwindung der ersten Lebenskrise und vergrößert die Chancen, die Krisen der späteren Phasen im Sinne einer unbehinderten Gesamtentwicklung zu überwinden. Insbesondere in den ersten Lebensmonaten ist daher vor allem von der Mutter darauf zu achten, durch die individuelle Bedürfnisbefriedigung die Herausbildung beständiger Erwartungen beim Säugling zu unterstützen, damit ein Übergewicht des Urvertrauens über das Urmisstrauen erreicht wird. Kulturspezifische Traditionen bei den Erziehungsmethoden tragen daher zwar zur Herausbildung stabiler Erwartungen beim Kind bei, können aber auch dessen Misstrauen auslösen, falls die Eltern diese traditionellen Werte dazu missbrauchen, ihre eigenen persönlichen Defizite an dem Kind auszuleben (vgl. Erikson, Erik H. 1966, S. 62-75).

Die Fähigkeit zum Misstrauen bleibt aber genauso eine lebenswichtige Eigenschaft des Menschen wie die zum Vertrauen. Es geht folglich bei der Krisenbewältigung dieser ersten Lebensphase durch die Entwicklung von Urvertrauen nicht um den endgültigen Erwerb einer ein für alle Male gesicherten affektiven Errungenschaft, die alle zukünftigen Probleme beseitigt, sondern um das Erreichen eines bestimmten Verhältnisses zwischen Positivem und Negativem. Erst wenn das Gleichgewicht mehr auf der positiven Seite liegt, kann diese Quelle einer vertrauensvollen Vitalität zu einer besseren Bewältigung späterer Krisen führen (vgl. Erikson, Erik H. 1981, S. 107 f.).

Die Mutter verkörpert immer auch einen gesellschaftlichen Anspruch an das Kind, der die normativen Sanktionen in späteren sozialen Beziehungen vorwegnimmt. Die Bedrohung der Angst vor Abwesenheit wird mit der Belohnung durch Anwesenheit aufgewogen und somit führt die fortgesetzte Anwesenheit zur Entwicklung des Gefühls der eigenen Vertrauenswürdigkeit (vgl. Giddens, Anthony 1992, S. 105). Urvertrauen wird damit zu einer Quelle der Erfahrung, dass das Innen und Außen als ein zusammenhängendes Gutes geglaubt werden kann. Dagegen beinhaltet das Urmisstrauen alle Erlebnisse, die der Säugling nicht durch die Erfahrung der Integration erfolgreich ausgleichen kann. Dieser Konflikt zwischen Urvertrauen und Urmisstrauen zieht sich durch das gesamte Leben und führt zu permanenten Sicherheitsbedürfnissen, die durch soziale Institutionen kanalisiert werden (vgl. Erikson, Erik H. 1981, S. 81 f.). Eriksons Urvertrauensbegriff beschreibt somit insgesamt ein Gefühl, „das eine allesdurchdringende Haltung sich selbst und der Welt gegenüber ist, die aus den Erfahrungen des ersten Lebensjahres herstammt. Unter „Vertrauen" verstehe ich sowohl ein wesenhaftes Zutrauen zu anderen als auch ein fundamentales Gefühl der eigenen Vertrauens-würdigkeit" (ebenda, S. 97).

Das Problem der Suche und Aufrechterhaltung einer individuellen Identität als integrierende Schnittstelle zwischen persönlichen Entwürfen und sozialen Anforderungen der immer heterogeneren einzelnen Bezugsgruppen bleibt bei Erikson angesichts globaler Krisen und zunehmender Säkularisierungstendenzen ein lebenslanges Grundproblem des modernen Menschen. Die Fähigkeit, die innere Einheitlichkeit und Kontinuität vor der Außenwelt aufrechtzuerhalten, wird zur grundlegenden Kompetenz, die von der erfolgreichen Bewältigung vergangener Krisen abhängt und immer von den kommenden Entwicklungskrisen bedroht bleibt, falls diese nicht mehr erfolgreich bewältigt werden können. Diese Fähigkeit entwickelt sich in den Beziehungsnetzwerken von Familie, Schule und Beruf und führt dazu, dass sich das Individuum als Mitglied einer umfassenderen Sozialordnung versteht, in der es seinen eigenen Beitrag zum kooperativen Miteinander leisten und sich entfalten kann. Der gegenwärtige Wandel der traditionellen Sozialstrukturen stellt damit die persönlichen wie institutionellen Möglichkeiten der Identitätsbildung vor große Herausforderungen (vgl. Krappmann, Lothar 1997, S. 67 ff.). Die Bewältigung der neuen Herausforderung durch die Informationsgesellschaft erhält mit dem Urvertrauen daher eine stabile Grundlage, die zur zentralen Ressource bei der Identitätsbildung wird. Für die weitere Untersuchung gilt die folgende Arbeitsdefinition:

Urvertrauen: Im Unterbewusstsein gespeichertes Gefühl von Sicherheit, das durch die frühkindlichen Erfahrungen einer Übereinstimmung zwischen den Anforderungen der sozialen Umwelt und den eigenen Bedürfnissen dazu führt, sich selbst und andere als vertrauenswürdig betrachten zu können.

Diese Definition macht deutlich, dass Urvertrauen die unbewusste Quelle der individuellen Bindungspräferenz ist, welche zur bewussten Nachfrage nach psychischer Sicherheit führt, die mit der Bestätigung und Aufrechterhaltung des Urvertrauens verbunden ist. Bei Erikson bildet das Urvertrauen daher das Fundament, auf dem sich die lebenslange Identitätssuche psychisch stabil entwickeln kann, und das als einer seiner nachhaltigsten Beiträge zur interdisziplinären Sozialisationsforschung betrachtet werden kann.

4.1.2 Beitrag von Erikson zur Sozialisationsforschung

Eriksons epigenetisches Phasenschema kennzeichnet in der zweiten Phase einer identitätsstiftenden Persönlichkeitsentwicklung die Reifung des muskulären Systems, das zu einem Erprobungsstadium der beiden sozialen Modalitäten Festhalten und Loslassen führt. Dies führt zu der Krisenphase von Autonomie gegen Scham und Zweifel. Die dritte Phase wird geprägt durch den Konflikt zwischen Initiative und Schuldgefühl. Der Widerspruch des sich weiter entwickelnden Kindes, das mit immer größerer Zielstrebigkeit seine Pläne erfüllen will und dabei in Konflikt gerät mit Schuldgefühlen und Angst vor dem Liebesentzug der Eltern, führt zu einer Funktionserweiterung des Gewissens. In der vierten Phase der systematischen Belehrung durch die Schule kommt es zu positiven und negativen Erfahrungen des Lernens, die auch in der näheren Umwelt gemacht werden. Grundlegend ist dabei der daraus resultierende Konflikt zwischen der individuellen Leistung und dem Minderwertigkeitsgefühl, das auch zu einem Verlust des Selbstvertrauens führt. Die Entwicklungsstadien der Pubertät und Adoleszenz in der fünften Phase führen zu grundlegend neuen Fragen nach der Identität, da der heranwachsende Jugendliche neben dem körperlichen Wachstum auch mit seiner Geschlechtsreife konfrontiert wird, so dass die als zuverlässig empfundenen Werte aus den vergangen Phasen in Frage gestellt werden. Der Wunsch nach echten Bindungen und Partnerschaften, der durch die Bereitschaft nach Intimität ausgedrückt wird, kann in der sechsten Phase nur im Anschluss an die Herausbildung einer stabilen Identität in der vorangegangenen Phase verwirklicht werden. Das Erwachsenenalter der siebten Phase konfrontiert das Individuum mit dem Konflikt zwischen der zeugenden Fähigkeit im Sinne des Interesses an der Stiftung sowie Erziehung der nächsten Generation und der Stagnation, die durch die Persönlichkeitsverarmung in Folge des Fehlens dieser bereichernden Gefühle auftritt. Die letzte Phase trägt in ihrer positiven Ausprägung als Abschluss der bisherigen Entwicklungen zu einer Ich-Integrität des älteren Menschen bei, der seine Lebensgeschichte annehmen und gestalten kann und für sich den Lebenssinn gefunden hat. Mangel oder Verlust der gewachsenen Ich-Integrität führen zur Verzweiflung und Todesfurcht (vgl. Erikson, Erik H. 1976, S. 245 - 264).

Neben der Einführung der acht Entwicklungsphasen stellt die Betrachtung der menschlichen Entwicklung als lebenslanger Suche des Ichs nach einer Identität die zweite wichtige Erweiterung der psychoanalytischen Theorie durch Erikson dar. Ein weiterer Vorteil der Theorie besteht darin, die Verhaltensweisen von Kindern unter einer breiten Perspektive zu integrieren, welche die lebenslangen Erfahrungen mit den entsprechenden kulturellen Einflüssen in Verbindung setzt. Schwächen liegen allerdings in der mangelnden Systematik seiner primär interpretativen Beobachtungen, die sich nicht auf kontrollierte Experimente stützen. Die Validität der Ansätze hängt zudem davon ab, wie die einzelnen Mechanismen spezifiziert werden, die zu den Übergängen zwischen den einzelnen Phasen führen, worüber sich jedoch keine weiteren Aussagen finden (vgl. Miller, Patricia 1993, S. 167 f.). Damit ist der Weg von einem stabilen Zustand in den nächsten ein Leben lang offen und kann zum Aufbrechen von Krisen führen, die nach Erikson bereits gelöst scheinen. Die Bedeutung der sozialen Beziehungen führt daher zu einer verstärkten Relevanz der Berücksichtigung von Sozialisationseinflüssen bei der Identitätsentwicklung, die auch die mangelnde empirische Fundierung der entwicklungspsycholgischen Phasenlehre verbessern kann (vgl. Haußer, Karl 1995, S. 75 ff.).

Dafür stellt Erikson der Triebdynamik Freuds, die den Menschen als starren mechanischen Apparat beschreibt, der vom Über-Ich kontrolliert werden muss, den Krisenbegriff gegenüber, der nicht mehr durch den Triebdruck der phallischen und ödipalen Phase wie bei Freud beschränkt ist. Durch die Konzeptualisierung der freudschen Phasen als psychokulturelle Lernprozesse der Krisenbewältigung rückt das Verhältnis von Umwelt und Individuum im Rahmen des Sozialisationsprozesses in den analytischen Mittelpunkt. Da die weitere Identitätsentwicklung von den vergangenen Konfliktlösungen abhängig wird, besteht eine Vielzahl von möglichen Entwicklungsverläufen, wodurch sich die Zukunft des Menschen im Vergleich zum universellen Schematismus bei Freud als weitaus offener erweist (vgl. Wehler, Hans-Ulrich 1998, S. 130-135).

Das Urvertrauen ist für Erikson daher nicht mehr wie bei Freud ein Triebausdruck, bei dem soziale Interaktionen an die lustgesteuerte Erfüllung physiologischer Bedürfnisse der einzelnen Körperzonen gebunden sind, sondern wird als organischer Funktionsmodus angesehen. Durch das seinerzeit bahnbrechende Erkennen, dass sich die mit der Geburt einsetzenden episodischen Mikro-Erfahrungen zu einem beständigen Verhaltensmuster höherer Ordnung akkumulieren, bei dem im gesunden Fall ein Übergewicht des Urvertrauens über das Urmisstrauen erreicht wird, spielt nicht mehr allein die Quantität von Nahrung und Liebe die entscheidende Rolle. Vielmehr rückt nunmehr die Qualität der Bindung zur Mutter in den Mittelpunkt. Die Analyse kulturabhängiger Determinanten einer sicheren Bindung weist eine große Nähe zur Bindungstheorie auf, die sich wie Erikson ebenfalls mit der Frage nach der Kohäranz mentaler Repräsentationen bei der generationsübergreifenden Weitergabe vertrauensvoller Beziehungsmuster beschäftigt, jedoch lange Zeit die Ergebnisse psychoanalytischer Theorien ignoriert hat (vgl. Fonagy, Peter 2003a, S. 66 ff.).

Der Einfluss der institutionellen Umwelt auf den primär im Individuum ablaufenden Sozialisationsprozess wird dabei nur sehr global angesprochen, was sich auch darin äußert, dass Erikson das amerikanische Gesellschaftssytem als gegebenen Handlungsrahmen voraussetzt. Vor dem Hintergrund seiner zentralen Forschungsfrage der Entwicklung eines generalisierenden Lebenszyklusmodells der menschlichen Persönlichkeit wird somit nicht ganz deutlich, wie unterschiedliche gesellschaftliche Bedingungen auf die Identitätsbildung Einfluss nehmen können (vgl. Tillmann, Klaus-Jürgen 1994, S. 204 ff.).

Die moderne interdisziplinär ausgerichtete Sozialisationstheorie bemüht sich daher um einen Ausgleich der soziologischen und der psychologischen Sichtweise. Die Person als Einheit von Körper mit Psyche und die soziale wie physische Umwelt sind hier nicht mehr unabhängig voneinander, sondern stehen sich in einer aktiven Beziehung gegenüber. Der Sozialisationsprozess umfasst die Entwicklung einer sozial handlungsfähigen Persönlichkeit durch die produktive Auseinandersetzung mit diesen inneren und äußeren Realitäten. Dabei dienen soziale Netzwerke als Quelle für ein psychisches Wohlbefinden und der entsprechenden erfolgreichen Anpassung an veränderte Umweltbedingungen, wobei sehr dichte Beziehungsstrukturen wie in der Familie zwar zu einem erhöhten psychosozialen Schutzpotenzial beitragen, dafür aber die Bewältigung zukünftiger Entwicklungsaufgaben wie dem Eintritt in das Berufsleben und der Etablierung eines eigenständigen Wertesystems verzögern können (vgl. Hurrelmann, Klaus 2004, S. 49 ff.).

Die Persönlichkeitsentwicklung vollzieht sich durch Interaktionen, Kommunikationen und Tätigkeiten in den entsprechenden institutionell strukturierten sozialen Beziehungen eines bestimmten Lebensabschnitts. Daher lässt sich allgemein die frühe Phase allein in der Familie als primäre Sozialisation von der nachfolgenden sekundären Sozialisation durch Familie, Schule und Angehörige der gleichen Altersgruppe unterscheiden. Die Erwachsenensozialisation stellt dann die tertiäre Phase dar, wobei die Übergänge zwischen den einzelnen Phasen individuell schwanken können, so dass eine eindeutige allgemeine Altersabgrenzung nicht möglich ist. Während die primäre Phase das erste Lebensjahr und die frühe Kindheit bis etwa zum vierten Lebensjahr erfasst, beginnt mit dem Eintritt in den Kindergarten und dem Schulbeginn die sekundäre Phase der Kindheit und Jugend. Die Jugend beginnt durch die einsetzende Geschlechtsreife, den Abschluss allgemeinbildender Schulen und dem Beginn einer weiterführenden Ausbildung durch eine Berufsausbildung oder ein Studium (vgl. Tilmann, Klaus-Jürgen 1994, S. 21).

Der von Erikson beschriebene Wunsch des Individuums, sich selbst und andere als vertrauenswürdig einschätzen zu können, führt im Sozialisationsprozess zu Kosten der mentalen Reibung durch die Auseinandersetzung mit der inneren und äußeren Situation, welche die Erwartungsbildung bezüglich des Nutzens aus zukünftigen vertrauensvollen Kooperationen beeinträchtigen. Solche Kosten wachsen systematisch mit der Entstehung von Entwicklungsaufgaben, die bei den Übergängen zwischen den einzelnen Sozialisationsphasen und bei besonderen Krisensituationen durch eine höhere Unsicherheit bezüglich der individuell optimalen Anpassungsstrategie gekennzeichnet sind.

Die Entwicklungsaufgaben umfassen die psychischen und sozialen Erwartungen und Anforderungen an das Indidviuum zur Bewältigung eines bestimmten Lebensabschnittes (vgl. Hurrelmann, Klaus 1995, S. 163) und bauen in einer integrativen entwicklungspsychologischen und soziologischen Sicht auf dem Phasenkonzept Eriksons auf. Die Wechselwirkung zwischen Individuum und sozialer Umwelt zeigt sich in ihrer grundsätzlichen Universalität wie der darauf aufbauenden kulturellen Variation bei Erikson am deutlichsten in der frühsten Entwicklungsphase, in der die Vertrauensfähigkeit aufgebaut wird. Deshalb ist vor allem sein Konzept des Urvertrauens in der Vertrauensforschung nach wie vor sehr bedeutsam, während das gesamte Lebenszyklusmodell trotz seines Pioniercharakters für die Identitätsforschung insgesamt an Aktualität verliert und von weiterführenden Ansätzen in der Sozialisationsforschung abgelöst wird.

Die von Erikson vorhergesagten Auswirkungen einer nicht fürsorglichen Beziehung zwischen der Mutter oder einer anderen Bezugsperson mit dem Kind, die mit einem Verlust von Zuwendung und Sicherheit in der ersten Lebensphase verbunden ist, ließen sich durch die Bindungsforschung erstmalig und sehr deutlich bei Heimkindern nachweisen. Der Prozess der Deprivation in Form des Fehlens einer ständigen intimen Beziehung zu einer „Mutterfigur" führt bei in Fürsorgeerziehungsheimen untergebrachten Kleinkindern zu Depressionen und Beeinträchtigungen beim abstrakten Denken. Diese Störungen der Persönlichkeitsentwicklung drücken sich ebenfalls in einer mangelnden Triebbeherrschung zu Lasten langfristiger Ziele und in der Unfähigkeit aus, vertrauensvolle Kooperationsbeziehungen zu den Mitmenschen aufzubauen (vgl. Bowlby, John 1995, S. 53-66). Diese Erscheinungen, die sich je nach Ausmaß der Deprivation in abgeschwächter Form auch innerhalb von Familien einstellen können, lassen erkennen, wie wichtig die Herausbildung von Urvertrauen für die gesamte weitere Zukunft eines Menschen ist, der vernünftige Entscheidungen treffen will.

Die immer noch hohe Bedeutung des Ansatzes von Erikson erklärt sich daher aus der Vorwegnahme wesentlicher Entwicklungsabläufe beim Aufbau von Vertrauen, die durch die moderne psychologische Bindungsforschung auch empirisch bestätigt werden konnten (vgl. Scheuerer-Englisch/Zimmermann, Peter 1997, S. 27-48). Mit der Bestätigung durch jüngere psychologische und -wie unten gezeigt wird- neurowissenschaftliche Erkenntnisse ist aber auch eine Erweiterung des ursprünglichen Konzeptes verbunden, die für die ökonomische Theoriebildung im Rahmen der Sozialkapitalforschung genutzt werden kann. Trotz aller Kritik an seinem Phasenkonzept erweist sich das Urvertrauen nach Erikson mittlerweile als breit akzeptierte und empirisch bestätigte Prägung des Menschen durch die Verarbeitung seiner frühkindlichen Erfahrungen in sozialen Beziehungen. Als Zwischenfazit lässt sich somit festhalten, das in der Säuglingsphase erworbenes Urvertrauen als affektive Basis reziproken Verhaltens im Unterbewusstsein gespeichert wird. Die Vernachlässigung kognitiver Aspekte dabei erfordert den nachfolgenden Ausbau der Konzeption Eriksons.

4.1.3 Urvertrauen als Teil des impliziten Beziehungswissens

Urvertrauen ist eine der wichtigsten Ressourcen des Unterbewusstseins bei der Krisenbewältigung in einem zunehmend unsicheren Lebensverlauf, dessen Unabwägbarkeiten und Problemfälle die bewussten Ressourcen immer wieder zur krisenhaften Disposition stehen lassen werden. Allerdings stellt es nur einen Ausschnitt des sozialisierten Unterbewusstseins der entwickelten Persönlichkeit dar, der für das Entstehen von Vertrauen relevant wird. Somit stellt sich beim Aufbau von vertrauensstiftenden Handlungskompetenzen die Frage nach den kognitiven Ressourcen.

So konnte die Kognitionspsychologie frühste Formen von menschlicher Kognition bei Säuglingen durch Beobachtungen des Wahrnehmungsverhaltens nachweisen. Ein Gedächtnis als Informations- oder Erfahrungsspeicher lässt sich aus den Lern- und Behaltensleistungen in Folge der Aufnahme sensorischer Informationen und beim Vollzug motorischer Aktivitäten ableiten. Dadurch ist dem Säugling eine Unterscheidung von mehrfach dargebotenen alten und erstmals präsentierten neuen Reizen bzw. Informationen möglich, wobei diese mit der Geburt einsetzenden erfahrungsbedingten Unterscheidungen unbewusst verlaufen. Wird ein alter Reiz zusammen mit einem neuen Reiz dargeboten, wird die Aufmerksamkeit auf den neuen Reiz gerichtet, so dass von einer Habituierung des alten Reizes ausgegangen werden kann, die zu einem niedrigeren Aufmerksamkeitswert führt und damit Nachwirkungen im Gehirn hinterlassen hat, die einem Gedächtnis zuzuordnen sind (vgl. Perrig, Walter J. et al. 1993, S. 136-140).

Sozialisation als Übertragung und Verinnerlichung der zentralen sozialen Regeln einer Gesellschaft erfolgt primär über den Mechanismus des Lernens. Lernprozesse führen zu Erwartungsänderungen, die eine bessere Bewältigung der inneren Bedürfnisse und äußeren Anforderungen ermöglichen. Damit wird Sozialisation ein lebenslanger kognitiver Prozess, indem bereits beim Kleinkind die kognitiven Hypothesen über die Wirkungen des eigenen Verhaltens auf die soziale Umwelt ständig überprüft und bei geringer Wirksamkeit angepasst werden. Allerdings sind diese kognitiven Strukturen in der Phase der primären Sozialisation noch nicht sehr weit entwickelt, so dass Lernen hier überwiegend über die emotionalen Zuschreibungen erfolgt, die durch das Erfüllen der Grundbedürfnisse durch die Bezugspersonen ausgelöst werden. Daher spielt die emotionale Zuwendung bei der Vermittlung des Gefühls von Geborgenheit eine wichtige Rolle bei dieser ersten Internalisierung von Regelsystemen. Das Urvertrauen in die Wirksamkeit des Eingreifens in die Welt durch die Verlässlichkeit und Fürsorge der Eltern beim Kleinkind reift später zu einem festen Kern des Selbstbildes, der zu dem Erwartungsmuster führt, dass Probleme grundsätzlich lösbar sind und die Umwelt durch eigene Eingriffe gestaltet werden kann (vgl. Esser, Hartmut 2001, S. 371 ff.). Kognitionen und Emotionen sind daher nicht als Widersacher, sondern als komplementäre Bestandteile rationaler Entscheidungen von erwachsenen Akteuren zu werten.

Neuere Theorieansätze im Bereich der Emotionspsychologie gehen denn auch von der Notwendigkeit aus, Emotion und Kognition als zwei zusammengehörige Aspekte des menschlichen Handelns zu behandeln. Allerdings besteht über die Art dieses Zusammenhanges noch ein großer Dissens und die Behandlung von Emotionen als Ergebnis vorausgehender Kognitionen ist zudem abhängig vom verwendeten Emotionskonzept. Kritiker dieser postkognitiven Sichtweise von Emotionen weisen auf die in Experimenten nachgewiesene Unabhängigkeit der Gefühlsurteile von kognitiven Operationen hin und betonen, dass nicht alle Informationsverarbeitungsprozesse auf Kognitionen beruhen müssen. Insgesamt lässt sich festhalten, dass kognitive Einflüsse dann bedeutsam sind, wenn Emotionen als Prozesse aufgefasst werden, die durch Wahrnehmung von Situationsveränderungen oder Diskrepanzen eingeleitet werden und zu spezifischen physiologischen und psychologischen Aktivitäten führen. Dagegen können Kognitionen eher vernachlässigt werden, wenn Emotionen in einer engeren Definition als die Empfindung eines relativ stabilen Zustandes zu verstehen sind (vgl. Mandl, Heinz/Reiserer, Markus 2000, S. 100-103). Da Urvertrauen in dieser Arbeit die einzige nicht kognitive Entscheidungskomponente ist, die den Individuen den zeitlich stabilen Zustand eines Sicherheitsempfindens verschafft, kann hier von einer Emotion gesprochen werden.

Das bewusste Verhalten eines beschränkt rationalen Individuums stützt sich folglich auf ein sozialisiertes Unterbewusstsein, das geprägt ist von der Emotion des Urvertrauens und durch Lernprozesse erworbenen Kognitionen, die nicht mehr bewusst abgerufen werden können. Während das Bewusstsein die Informationsverarbeitung und Problemlösung weiterhin allein mit Hilfe von Kognitionen steuert, bekommt der beschränkt-rationale Akteur in Folge der Berücksichtigung der Bindungserfahrungen seines Sozialisationsprozesses auf Basis der von Erikon beschriebenen ersten Entwicklungsphase ein aufmerksamkeitsfilterndes Unterbewusstsein, das auch ein nicht kognitives Komplement in Form des Urvertrauens enthält. Die leitende Forschungsfrage, die Entstehung von bewusstem Vertrauen als Akt einer beschränkt-rationalen Wahlhandlung erklären zu können, führt dazu, diese Komponente als einzige Emotion zuzulassen, welche aber im Verlauf der weiteren Persönlichkeitsentwicklung als wichtige Ressource der Krisenbewältigung fungiert. Als Teil der unbewussten Handlungskompetenzen ist es von den bewussten kognitiven Ressourcen zu unterscheiden, die ebenfalls im Sozialisationsprozess erworben werden und das Entscheidungsverhalten des erwachsenen Individuums beeinflussen.

Die Effizienz dieser Arbeitsteilung wird von der modernen Hirnforschung gestützt, die zwischen einer bewussten und unbewussten Informationsverarbeitung im Hirn unterscheidet, um bekannte und gelernte Abläufe so weit wie möglich zu automatisieren. Diese unbewusste Wahrnehmung spart die Verarbeitungskosten, da sich die bewusste wie knappe Aufmerksamkeit auf neue und komplexere Aufgaben richtet, die vom Gedächtnis als wichtig bewertet werden, dafür aber durch die bewusste Verarbeitung langsamer ablaufen und dem Risiko von Fehlern ausgesetzt sind. Allerdings findet diese Vorauswahl unbewusst statt, so dass sich der freie Wille dadurch nicht mehr als übergeordnete Kontrollinstanz menschlichen Verhaltens erweist (vgl. Roth, Gerhard 2003, S. 24 ff.).

Auch die neuroökonomischen Ergebnisse zeigen, dass bei wirtschaftlichen Entscheidungen automatische Prozesse unbewusst verlaufen und die eigentliche Verhaltensmotivation somit nicht bekannt ist (vgl. Camerer, Colin/Loewenstein, George/Prelec, Drazen 2003, S. 6). Die Änderung dieser Muster ist nur mit bewussten, kognitiven Anstrengungen möglich, die dann wie beim Lernen neuer Aufgaben und Fähigkeiten im Zeitverlauf zunehmend automatisiert werden. Dadurch kommt es zur Bildung von unbewusstem Humankapital, das zwar hoch wirksam bei der Informationsverarbeitung wird, aber nur schwer zu vermitteln ist. Dieser Teil des Humankapitals lässt sich mit Polanyi als eine Hintergrundwahrnehmung charakterisieren, die als mehr oder weniger unbewusstes implizites Wissen das Denken beeinflusst (vgl. Polanyi, Michael 1985, S. 13 ff.). Die Beobachtung, „daß wir mehr wissen, als wir zu sagen wissen" (ebenda, S. 14), führt dazu, dass Erkenntnisprozesse abhängig werden von der individuellen Persönlichkeit desjenigen, der diese neuen Erkenntnisse gewinnt, während gleichzeitig das bereits vorhandene implizite Wissen zu einer gewissen Pfadabhängigkeit des Lernens durch vergangene Erfahrungen führt. Diese Berücksichtigung der impliziten Wissensdimension durch neurowissenschaftliche Erkenntnisse konfrontiert die ökonomische Theorie mit ihrer Rationalitätsannahme und eröffnet die Pfadabhängigkeit individuellen Kooperationsverhaltens durch die emotionale Zuwendung im ersten Lebensjahr.

Da die Neuronen in frühkindlichen Entwicklungsphasen eine besonders hohe Plastizität aufweisen, stellen die auch als Prägung bezeichneten frühkindlichen Lernprozesse eine genetisch determinierte sensible Phase der Hirnentwicklung dar. Durch tierexperimentelle Arbeiten und systematische Beobachtungen an Heimkindern konnte die Hypothese bestätigt werden, dass zwischen der Qualität des emotionalen Umfeldes, dem Grad der frühkindlichen geistigen Förderung und den späteren sozio-emotionalen wie intellektuellen Fähigkeiten ein positiver Zusammenhang besteht. Während dieser ersten sensiblen Phase kommt es zu einer grundlegenden Reorganisation von neuronalen Verschaltungen im Gehirn, die allmählich ein synaptisches Netzwerk ausformen, das als neuronale Basis späterer Verhaltensweisen dient. Redundante bzw. nicht oder selten genutzte Synapsen werden dann im weiteren Entwicklungsverlauf über Lern- und Erfahrungsprozesse selektiert und eliminiert, so dass die dabei entstehenden neuronalen Schaltkreise eine effizientere Verarbeitung von Umweltreizen durchführen können. Eine pathologische Entwicklung durch emotionale Deprivation und negative oder traumatische Erlebnisse kann zu einem Ausbleiben der Synapsenselektion oder zu Fehlschaltungen führen, die im Ergebnis zu einem eingeschränkten Netzwerk führen, welches sich nicht mehr optimal an seine Umwelt anpassen kann. Die synaptischen Einschränkungen äußern sich dabei in Lern- und Verhaltensstörungen sowie psychischen Störungen. Sie sind zu einem späteren Zeitpunkt nicht mehr im vollen Umfang modifizierbar. Vor allem eine frühkindliche emotionale Vernachlässigung durch das Fehlen einer stabilen emotionalen Beziehung zu einer oder mehreren Bezugspersonen führt später zu dauerhaften und zumindest teilweise irreperablen psychischen Schädigungen, die sich etwa in Neurosen oder Psychosen niederschlagen (vgl. Braun, Anna Katharina et al. 2002, S. 121-128). Die nachstehende Abbildung fasst diese prägenden Wirkungen frühkindlicher emotionaler Erfahrungen zusammen, die von Erikson lange vor den empirischen Nachweisen der Neurowissenschaften beschrieben worden sind.

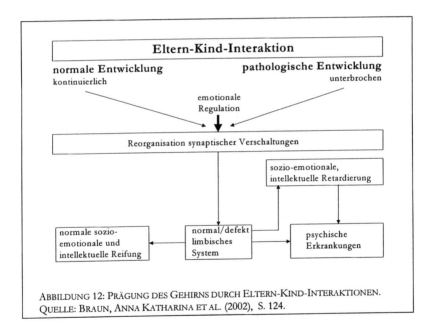

ABBILDUNG 12: PRÄGUNG DES GEHIRNS DURCH ELTERN-KIND-INTERAKTIONEN.
QUELLE: BRAUN, ANNA KATHARINA ET AL. (2002), S. 124.

Neben diesen neurobiologischen Erkenntnissen weisen auch die Ergebnisse der noch recht jungen Entwicklungspsychopathologie, welche die klinische Psychologie mit der Entwicklungspsychologie verbindet, auf die zentrale Bedeutung der Qualität sozialer Beziehungen für die psychische Gesundheit im Kindes- wie im Erwachsenenalter hin. Abweichendes Verhalten kann demnach über gestörte Eltern-Kind-Interaktionen erklärt werden, die mit einer verringerten Bindungssicherheit einhergeht, wobei diese als Kompetenz im Umgang mit emotionalen Belastungen verstanden wird. Da in den ersten Lebensjahren die Eltern die Emotionen ihrer Kinder extern regulieren, führen die Bindungserfahrungen beim Aufbau selektiver Bindungen ab einem Lebensalter von sechs bis zwölf Monaten zu ersten Mustern individueller Emotionsregulation in Beziehungen, die als Basis für die spätere emotionale Organisation dient. Eine sichere Bindungsrepräsentation als Ausdruck der durch die Familie gewährleisteten emotionalen Sicherheit führt Längsschnittstudien zufolge später zu autonomen und kooperativen Konfliktlösungen, während ein unsicheres Bindungsmuster zu aggressivem oder passivem Verhalten beiträgt (vgl. Zimmermann, Peter 2002, S. 147-161).

Die entwicklungspsychologische Bindungstheorie fragt danach, wie sich aus den sozialen Eltern-Kind-Interaktionen eine Persönlichkeit entwickeln kann, die mit einem Gefühl psychischer Sicherheit ausgestattet ist (vgl. Punkt 2.4.4). Die frühkindlichen Bindungserfahrungen wirken sich langfristig auf das Bindungsverhalten beim Erwachsenen aus, indem die Akzeptanz und Wertschätzung des Kindes durch die Eltern als späteres Modell für partnerschaftliche Beziehungen dient. Eine sichere Bindungsrepräsentation als mentale Organisation relevanter Erinnerungen und Bewertungen der Erfahrungen mit den Bindungspersonen ist das Ergebnis einer gesunden Entwicklung, die ein Leben lang das Vertrauen auf die Unterstützung durch andere in Krisensituationen aufrecht erhält. Darüber hinaus führt sie zu einer größeren Sensibilität und Offenheit beim Umgang mit anderen, indem auch bei Belastungen und Konflikten deren Perspektive eingenommen werden kann (vgl. Grossmann, Karin/ Grossmann, Klaus E. 2004, S. 65 ff.).

Die Entwicklung einer sicheren Bindungsrepräsentation als mentales Modell für das individuelle Sozialverhalten hängt somit wesentlich von der sozialen Einbettung ab. Das durch die sichere Bindung gewonnene implizite Wissen stellt die Voraussetzung einer effizienten Vertrauensvergabe dar, die mit minimalen Entscheidungskosten bezüglich des bewussten Einsatzes von Vertrauen verbunden ist. Das affektive Urvertrauen und die unbewussten Kognitionen als Ergebnis der beziehungsorientierten Sozialisationserfahrungen lassen sich daher als implizites Beziehungswissen kennzeichnen, das in Beziehungen zu einer Filterung der zu verarbeitenden Informationen beiträgt und die bewusste Aufmerksamkeit auf die Abwicklung der Transaktion richten kann. Es gilt die folgende Arbeitsdefinition.

> **Implizites Beziehungswissen**: Im Sozialisationsprozess durch Urvertrauen und bindungsbezogene Kognitionen erworbener Teil des impliziten Wissens, der das Individuum zu einer unbewussten Unsicherheitsbewältigung befähigt, die zu einem spezifischen Bindungsverhalten führt.

Das implizite Beziehungswissen trägt damit wesentlich zur individuellen Unsicherheitsbewältigung bei und entlastet die beschränkt-rationalen Akteure durch zwei sich ergänzende unbewusste Fähigkeiten der Informationsverarbeitung, die mit dieser psychischen Ressource verbunden sind:

1. Die Informationen aus der sozialen Umwelt werden durch unbewusste Prozesse der Informationsverarbeitung hinsichtlich ihrer Übereinstimmung mit den bestehenden mentalen Bindungsmustern interpretiert (Interpretationsfähigkeit).

2. Die unbewusst wahrgenommene Übereinstimmung führt zu einem bestimmten Bindungsverhalten, das einen bewusst erfahrbaren Nutzen in sozialen Beziehungen stiftet (Bindungsfähigkeit).

Die bindungsrelevanten Informationen aus der sozialen Umwelt, die über die Sinnesorgane aufgenommen werden, können durch das sozialisierte Beziehungswissen mit Hilfe unbewusster Prozesse danach interpretiert werden, ob sie mit den unbewussten mentalen Repräsentationen über die Vertrauenswürdigkeit der eigenen Person und der Mitmenschen übereinstimmen. Die Fülle der eingehenden Informationen wird so durch das implizite Wissen in die bereits bestehenden mentalen Realitätsvorstellungen kanalisiert. Diese unbewusste Interpretationsfähigkeit führt dazu, dass die nicht mit dem impliziten Wissen zu vereinbarenden Informationen gewöhnlich nicht mehr bei der bewussten Informationsverarbeitung genutzt werden. Dadurch kommt es zu keinem oder einem nur eingeschränkten Bindungsverhalten, da sich kein bewusst erfahrbarer Bindungsnutzen aus der Beziehung ergibt.

Die eingehenden Informationen werden somit durch die bestehenden Weltbilder des Unterbewusstseins interpretiert. Entsprechend einer stark vereinfachten zweiwertigen Darstellung dieses Mechanismus wirkt sich die Prägung der vorhandenen „positiven" oder „negativen" Sicht auf die soziale Umwelt und der Mitmenschen in Folge von „hohem" oder „geringem" Bestand an implizitem Beziehungswissen auf das Problemlösungsverhalten aus, da eine negativere Sicht mit einer verringerten Interpretationsfähigkeit einhergeht und somit mehr Aufmerksamkeit beansprucht. Das bewusst wahrnehmbare Misstrauen führt somit zu einer stärkeren Berücksichtigung solcher negativer Handlungsalternativen und Umweltzustände, die auf das hier im Vordergrund stehende opportunistische Verhalten von Vertragspartnern hinweisen. Diese Berücksichtigung erfolgt dann allerdings nicht nur bei besonderen Risiken, sondern besteht dauerhaft und kann kooperative Problemlösungen nur bei einer bewussten Anpassung der institutionellen Sicherheiten zulassen, die mit höheren Transaktionskosten verbunden sind. Mit Hilfe des impliziten Beziehungswissens als Teil des individuellen Wissens lässt sich die bewusste Vergabe von Vertrauen ökonomisch analysieren, was eine Abgrenzung zum Risiko ermöglicht.

4.1.4 Eigeninteressiertes Sozialverhalten auf Basis des Beziehungswissens

Die methodische Verbindung zwischen dem implizten und dem expliziten Wissen steht in der Betriebswirtschaftslehre noch am Anfang. Die Frage nach der Verbindung von emotionalen und rationalen Entscheidungsprozessen bildet die Basis des Konstruktes der Intuition, das in vielfältigen Ansätzen Verwendung findet, ohne dass sich bisher ein fachübergreifender Konsens hinsichtlich einer allgemein akzeptierten Verwendung entwickelt hat. In der Managementforschung wird mit Bezug auf die modernen Neurowissenschaften auf die besondere Bedeutung von Emotionen als Navigatoren bei komplexen Handlungssituationen hingewiesen, wie sie besonders für Manager typisch sind. Gefühle übernehmen danach die Funktion von Orientierungshilfen, um die Vielzahl der entscheidungsrelevanten Umstände auf ein bewältigbares Maß zu reduzieren. Intuition stellt dabei die Fähigkeit des Gehirns dar, aus vergangenen Lernprozessen erworbenes Wissen unbewusst zu erkennen und in bewussten Entscheidungsprozessen zu nutzen (vgl. Schanz, Günther 1997, S. 640-654). Intuition findet sich auch bei Herbert Simon als effizientes Mittel zur Komplexitätsbewältigung.

Sein Modell der intuitiven Rationalität geht davon aus, dass zielführende menschliche Entscheidungen auf Intuition und Kreativität beruhen. Simon widerspricht dabei allerdings einer Spezialisierung des Gehirns in eine linke Hälfte des beschränkt rationalen analytischen Denkens und einer rechten Hälfte als Sitz der Kreativität. Denkprozesse nutzen demnach immer beide Arten und können so die Geschwindigkeit der Entscheidungsprozesse erhöhen, indem durch Intuition –verstanden als die Fähigkeit des Wiedererkennens und Vernetzens alles im Gehirn gespeicherten Wissens zu einem Problem- subjektiv sichere Erkenntnisse gewonnen werden können (vgl. Simon, Herbert A. 1993, S. 11 ff.). Für die Zwecke dieser Arbeit ergibt sich bei der grundsätzlichen Beibehaltung der Verhaltensannahme der beschränkten Rationalität die folgende Arbeitsdefinition.

> **Intuition:** Fähigkeit eines Individuums, im Rahmen seiner beschränkt rationalen Informationsverarbeitung zur Bildung von Kooperationserwartungen die Inhalte seines impliziten Beziehungswissens erkennen und in seinen bewussten Entscheidungen selektiv berücksichtigen zu können.

Intuition ist demnach eine gegebene Fähigkeit, welche die beschränkte Rationalität entlastet. In Folge des gegenwärtigen Forschungsstandes wird diese Funktion der menschlichen Informationsverarbeitung vereinfacht als für alle Individuuen konstant vorausgesetzt, so dass sich zwar die Bestände an impliziten Beziehungswissen unterscheiden und damit auch die Menge der bewusst nutzbaren Informationen im Entscheidungsfeld variiert, die allgemeine intuitive Selektionsfähigkeit zwischen den Individuen aber nicht schwankt. Die Kooperationserwartungen beziehen sich hier neben dem eigenen Bindungsverhalten vor allem auf die Vertrauenswürdigkeit, die den Transaktionspartnern in geschäftlichen Beziehungen zugeschrieben werden. Durch Vertrauen werden Transaktionskosteneinsparungen möglich, welche zu einem höheren Nettonutzen aus der Kooperationsbeziehung führen. Neben dem impliziten Wissen, das durch die Intuition genutzt werden kann, spielt das explizite Wissen beim bewussten Interaktionsverhalten und bei der bewussten Erzielung von Einkommen eine entscheidende Rolle.

Während das explizite Wissen artikulierbar, transferierbar und archivierbar ist, bleibt das implizite Wissen des Unterbewusstseins an den Erfahrungsträger gebunden. Es ist im Gegensatz zum expliziten Wissen nicht formalisierbar, kaum in Worte zu fassen und damit nur sehr schwer auf andere Personen oder technische Wissensspeicher übertragbar. Die lang andauernden Sozialisationsprozesse können zu einem bestimmten Transfer von implizitem Wissen beitragen, ohne dass es dabei explizit vermittelbar gemacht werden kann (vgl. Nonaka, Ikujiro/Takeuchi, Hirotaka 1995, S. 59 ff.). Seine zentrale Bedeutung erfährt das implizite Wissen durch die individuelle Fähigkeit, dem bewussten Handeln zum Erfolg zu verhelfen. Allerdings kann bei der Untersuchung des impliziten Wissens kein wissenschaftliches Prüfverfahren zur Bestimmung der Mechanismen angegeben werden, welche die Auswahl der impliziten Bestandteile festlegen und damit die Qualität des Wissens bestimmen. Da die Wissensbestandteile auch nicht verbal kommuniziert werden können, stellt sich die Frage, ob für die impliziten Fähigkeiten der Handlungssteuerung weiterhin der Begriff des Wissens verwendet werden sollte (vgl. Schreyögg, Georg/Geiger, Daniel 2003, S. 10 ff.).

Diese Kritik verweist auf das grundsätzliche und bis heute nicht gelöste Problem der Bestimmung eines konsensfähigen Wissensbegriffes in den verschiedenen Wissenschaften. Die erkenntnistheoretische Bestimmung durch die Philosophie geht von einem objektiven Wissensbegriff aus, der die als vom Individuum getrennt angesehene objektiv existierende Realität möglichst genau abbilden soll und sich empirisch ermitteln lässt. Diesem sogenannten ontologischen Wissensverständnis der Philosophie steht die konstruktivistische Sichtweise gegenüber, welche die Subjektivität der Deutungsmöglichkeiten einer nur noch subjektiv erfahrbaren Realität in den Mittelpunkt stellt. Die Güte des Wissensbegriffes richtet sich demnach nicht mehr nach der Qualität der Abbildung der objektiv wahren Realität, sondern danach, wie gut das Wissen dazu dient, sich in der eigenen Wirklichkeit zurechtzufinden. Wissen ist in dieser funktionalen Sichtweise ein Selektionsmechanismus, der immer zur Erklärung der subjektiven Wirklichkeit in Bezug auf das Erreichen eines ganz bestimmten Ziels genutzt wird (vgl. Meinsen, Stefan 2002, S. 22 ff.).

In der Betriebswirtschaftslehre hat sich trotz der allgemeinen Betonung der Bedeutung der Ressource Wissen als vierten Produktionsfaktor noch kein einheitliches Begriffsverständnis entwickelt. Gemein ist allen Ansätzen die Charakterisierung von Wissen als Gesamtheit des Problemlösungspotentials eines Individuums oder einer Organisation und dem Status als Ergebnis von Lernprozesssen auf Basis einer Verarbeitung von vernetzten Informationen. Dabei wird mit Hilfe der Semiotik als Lehre von Zeichen und Symbolen eine Abgrenzung zwischen den verschiedenen sprachlichen Ebenen zur Wissensentstehung vorgenommen. Auf der untersten Ebene entstehen Daten durch das Aneinanderfügen von Zeichen mit Hilfe einer Syntaxordnung. Informationen sind bewertete Daten innerhalb eines bestimmten Kontextes. Werden einzelne Informationen in einem Sinnzusammenhang gestellt, entsteht ein Informationsnetz, das als Wissen zu bezeichnen ist (vgl. Al-Laham, Andreas 2003, S. 24–28).

Wissen ist somit das Ergebnis einer vernetzten Informationsverarbeitung in den verschiedenen Ebenen des Bewusstseins durch informationsverarbeitende und –verankernde Lernprozesse. Es kann vor dem Hintergrund bestehender neuronaler Modelle als „verstandene Information" bezeichnet werden. Wissen führt zum Aufbau von Handlungsvermögen, wodurch zielorientierte Aktionen in Gang gesetzt werden. Da auch der philosophischen Wissensbegriff eine nur sehr allgemeine Komponente des individuellen Gewissheitsgrades beinhaltet, können vor allem die neueren neurobiologischen Erkenntnisse zur Konkretisierung eines objektiven Wissensbegriffes beitragen. Wissen wird in der modernen Neurobiologie nicht mehr als gespeicherter Inhalt der Neuronen im Gehirn betrachtet, sondern mit den Strukturen und Querverbindungen zwischen den einzelnen Neuronen gleichgesetzt. Die Ausgestaltung der kognitiven Strukturen sind daher nicht mehr die Basis der Wissensproduktion, sondern bereits das Wissen selbst. Wissen kann somit hinsichtlich der Arten, Systeme und Austauschbeziehungen der neuronalen Netze untersucht werden. Dadurch wird es zu einer objektiv greifbaren wissenschaftlichen Größe, die das Wissen von der Subjektivität seines menschlichen Trägers unabhängig macht (vgl. Haun, Matthias 2002, S. 100 ff.).

Da diese kognitiven Fähigkeiten dem nach Sinn suchenden Menschen nicht unbegrenzt zur Verfügung stehen, kann diese Interpretation des Wissensbegriffes die strikte Subjektivität des Konstruktivismus vermeiden. Sie lässt dabei aber Raum für eine entwicklungsbedingte Wissensentstehung unter Unsicherheit über die äußeren und inneren Erwartungen. Sie schlägt somit die Brücke zur ökonomischen Theorie in der Tradition des nach objektiver Erkenntnis strebenden Kritischen Rationalismus. Zudem lässt sie sich mit der institutionenökonomischen Annahme der beschränkten Rationalität vereinbaren, wonach das Wissen zur Problemlösung nur begrenzt vorhanden ist. Auch wenn die subjektive Bewertung der dazu eingesetzten Mittel dazu führt, Wissen nicht nach der Wahrheit, sondern nach dem Beitrag zum erfolgreichen Handeln zu bewerten, steht aus Sicht der institutionenökonomischen Wirtschaftstheorie die Suche nach den objektiv überprüfbaren Verfahren im Vordergrund, die zur institutionellen Behebung der Transaktionsprobleme gesucht werden. Die Fortschritte in den Neurowissen-schaften führen nicht nur bei der Entstehung von Vertrauen zu objektivierbaren Aussagen der ursprünglichen Arbeiten Eriksons, sondern stellen auch die Fragen nach der Objektivierbarkeit von Wissen auf eine neue wissenschaftliche Basis. Es gilt die folgende Arbeitsdefinition.

> **Wissen:** Ein sinnstiftendes Gefüge von im menschlichen Gehirn verarbeiteten Informationen, die miteinander vernetzt werden, um ein zielorientiertes Handeln zu ermöglichen.

Der Teil des intuitiv im Produktionsprozess nutzbaren Humankapitals lässt sich zwar auch als implizites Wissen einordnen, wie dies etwa bei der Feinmotorik eines Konzertpianisten oder eines Chirurges der Fall ist. Da es aber zur Steigerung des

Leistungsverhaltens genutzt wird und nicht dem Aufbau und die Gestaltung von Beziehungen dient, fällt es aus der weiteren Betrachtung heraus. Das Wissen lässt sich für die Zwecke dieser Arbeit somit in Fähigkeitswissen und Beziehungswissen einteilen, wobei nur letzteres zum Aufbau von bewusstem Vertrauen beiträgt. Das menschliche Wissen interessiert hier primär in seiner beziehungsstiftenden Form als unsicherheitsreduzierende Basis eines kooperativen Verhaltens in sozialen Beziehungen, die über die kalkulierenden und intuitiven Entscheidungsprozeduren modelliert werden.

Das Fähigkeitswissen zielt durch die Lösung von isolierten Entscheidungsproblemen auf die eigene Leistungsfähigkeit ab und blendet die Beziehung zu anderen Personen dabei aus. Die Handlungsfähigkeit auf der Beziehungsebene wird dagegen durch das Beziehungswissen hergestellt. Es umfasst in dieser Arbeit die vernetzten Informationen über die verschiedenen Aspekte von Beziehungen auf den beiden Bewusstseinsebenen. Der Geistesblitz eines Managers oder Wissenschaftlers gehört damit ebenso wenig dazu wie die Feinmotorik eines Künstlers. Die schnelle Entscheidungsfähigkeit eines erfahrenen Piloten in Notfällen stützt sich im Rahmen seines eigenen autonomen Handelns zunächst nur auf sein Fähigkeitswissen, während die Anweisungen an seinen Copiloten durch sein Beziehungswissen gesteuert werden.

Während das Fähigkeitswissen auf zielorientiertes Handeln durch die individuelle Leistungsfähigkeit kognitiver wie motorischer Art abzielt, dient das Beziehungswissen dem zielorientierten Handeln in fortgesetzten zwischenmenschlichen Interaktionen. Das Fähigkeitswissen erlaubt somit das autonome Handeln des Menschen und das Beziehungswissen das interaktive Handeln. Damit wird das Beziehungswissen zur komplementären Ressource, die ein zielorientiertes Einbringen der individuellen Fähigkeiten in sozialen Interaktionsprozessen erst möglich macht. In dieser Arbeit sind beide Wissensarten analytisch zu trennen, in der Unternehmensrealität treten sie im Falle von arbeitsteiligen Wertschöpfungsprozessen immer gleichzeitig auf. Allein Robinson auf seiner Insel könnte auf einen Großteil seines erlernten Beziehungswissens verzichten. Da er aber nicht die Hoffnung verliert, in Beziehung zu den ersehnten Seefahrern zu treten, die irgendwann einmal am Horizont die Erlösung bringen könnten und er sich gleichzeitig vor den Kannibalen auf seiner nicht immer ganz so einsamen Insel schützen muss, benötigt er sein Beziehungswissen, um seine entsprechenden Fähigkeiten zur Rettung oder Flucht einsetzen zu können. Das Beziehungswissen „umhüllt" daher das Fähigkeitswissen, da Robinson sich zuerst einmal auf sein Beziehungswissen stützt, wie er mit den Seefahrern in Kontakt treten kann, bevor er das Signalfeuer entfacht.

Mit zunehmenden impliziten Beziehungswissen lässt sich eine verringerte Opportunismusneigung erwarten, um die erwarteten höheren Bindungsvorteile realisieren zu können. Dies schließt aber ein Abweichen von kooperativen Verhaltensweisen auf der Ebene bewussten Handelns nicht endgültig aus, da es attraktivere Beziehungen geben kann, die einen höheren Nutzen beinhalten oder sich bestimmte

Gelegenheiten eröffnen, die einen sehr hohen monetären Gewinn erwarten lassen, der vor allem bei einem mittleren Bindungsnutzen das Kalkül in Richtung „Ausbeutung der Beziehung" über das vorhandene explizite Wissen drängt. Zu beachten ist dabei, dass dann nicht der Bindungsnutzen aus der Beziehung erhöht wird, der sich auf kooperative Verhaltensweisen beschränkt, sondern der auf monetäre Größen bezogene Nutzen die Überhand gewinnt. Das explizite Beziehungswissen lässt sich auch für diesen Zweck nutzen. Das bewusste explizite Beziehungswissen dient damit als Basis kooperativer wie möglicher opportunistischer Verhaltensweisen.

Neben dem impliziten Anteilen fließen die expliziten Anteile des Beziehungswissens bei der Realisation von Bindungszielen mit ein. Bindung ist als das bewusste Streben nach Sicherheit durch beziehungsstärkendes Verhalten zu verstehen, dessen individuelle Ausprägung sich durch das im Sozialisationsprozess erworbene implizite wie explizite Beziehungswissen ergibt. Die Bewältigung von Unsicherheit über Beziehungen ist letztlich das Ziel jedes Bindungsverhaltens. Die Sicherheit spendende persönliche Beziehung, die dieses Ziel erfüllt, wird als spezifische „Belohnung" empfunden. Weitere Motive finden hier keine Anwendung. In dem Umfang, indem der gesamte Beziehungsnutzen auf Bindungsverhalten beruht und nicht zur Erzielung von Einkommen genutzt wird, wird durch die Beziehung ein Bindungsnutzen ausgelöst. Somit sind institutionelle Vorkehrungen möglich, um ein beziehungsstärkendes Verhalten zu stabilisieren.

Da die Persönlichkeitsentwicklung zur Basis der bewussten Vertrauensvergabe wird, stellt das implizite Beziehungswissen die unbewusste Ressource dar, die zur sozialen Präferenz nach persönlichen Beziehungen und einem entsprechenden beobachtbaren Bindungsverhalten führt. Die individuelle Bindung bezieht sich dabei einerseits auf die personale Umwelt, andererseits auf das internalisierte Norm- und Wertgefüge der institutionellen Umwelt bezüglich des legitimen Sozialverhaltens in persönlichen Beziehungen. Bindung lässt sich daher als das Streben nach psychischer Sicherheit durch beziehungsstärkendes und entsprechend regelkonformes Verhalten bezeichnen, dessen individuelle Ausprägung sich durch die im Sozialisationsprozess erworbenen unbewussten Werte und Verhaltensmuster ergibt. Es gilt daher die folgende Arbeitsdefinition.

Bindung: Bewusstes Streben nach psychischer Sicherheit durch beziehungsstärkendes Verhalten, dessen individuelle Ausprägung sich durch das Beziehungswissen ergibt.

Neben dem Bindungsnutzen geht es in Beziehungen im Wirtschaftssektor immer auch um die extrinsische Motivation zur Einkommenserzielung. Dieser potentielle Nutzen aus dem erwarteten Einkommen als zweitem Bestandteil der beziehungsspezifischen Quasirente lässt sich als rein austauschbezogener Informationsnutzen kennzeichnen, der sich nach Burt aus dem Wert des Kontaktes bei der Gewinnung neuer Informationen und damit neuer Handlungsoptionen ergibt. Der Informationsnutzen ergibt sich nach der Theorie struktureller Löcher aus dem früheren Zugang eines Brokers zu relevanten und nicht redundanten Informationsquellen, die durch den Grad ihrer Verschiedenartigkeit dazu führen, sich weitere individuelle Möglichkeiten strategisch erschliessen zu können, um so etwa leichter an bessere Stellen zu kommen (vgl. Punkt 2.4.1). Der Informationsnutzen stellt eine explizit gewusste Größe im Entscheidungsverhalten dar, der zu monetären Einkommen durch arbeitsteilige Kooperation beiträgt und wird hier allein durch das bewusste Kalkül abgeleitet, dass im zweiten Schritt eine Abwägung mit den Informationskosten durchführt, um eine ökonomische Entscheidung zu treffen.

Die Instrumentalisierung des impliziten Beziehungswissens zu Einkommenszwecken wird damit zur Vereinfachung der weiteren Analyse ausgeschlossen, um insbesondere die Wirkung von Urvertrauen eindeutig bestimmen zu können. Bei den Einkommenszielen behält das bewusste Kalkül damit die Oberhand, während das Bindungsverhalten über die Intuition auch das implizite Beziehungswissen nutzen kann. Insofern besteht eine gewisse Asymmetrie, die sich mit dem Forschungsziel der eindeutigen Erklärung von Vertrauen rechtfertigen lässt. Ein indirekter Effekt bleibt in jedem Fall bestehen, da sich die eingesparten Transaktionskosten durch Vertrauen auch positiv auf das Einkommen auswirken können. Dies gilt für die Beschäftigten dann umso stärker, je mehr sie über variable Entlohnungssysteme auf Basis von projektbezogenen Zielvereinbarungen vergütet werden.

Der Informationsnutzen in Netzwerkorganisationen bezieht sich insgesamt auf die zeitliche und inhaltliche Qualität der ausgetauschten Informationen, in der Anbahnungsphase überhaupt von einem geplanten Projekt zu hören. Dieser zeitlichen Dimension des möglichst frühen Zugangs steht die inhaltliche Dimension gegenüber, zutreffende Informationen zu bekommen, bei denen wichtige Inhalte von unwichtigen durch die Kontaktperson am anderen Ende des strukturellen Loches bereits im Vorfeld getrennt wurden. Eine weitere Möglichkeit des optionenerhöhenden Informationsempfangs besteht darin, als Manager oder potenzielles Projektmitglied in einer Netzwerkorganisation von weiteren geeigneten Mitgliedern zu hören, die selbst nicht bekannt sind, aber durch ihre Teilnahme zum Erfolg des späteren Projektes beitragen können sowie bei Problemen in laufenden Projekten durch eine Person im Netzwerk Hilfe zu bekommen. Neben dem Informationsempfang resultiert der Informationsnutzen ebenfalls aus der Möglichkeit einer relativ schnellen Sendung von Informationen, indem sich ein Akteur durch seine Netzwerkkontakte als kompetenter Kooperationspartner erst ins Gespräch und danach ins Projektteam bringen kann. Die folgende Abbildung verdeutlicht die bisherigen Überlegungen zur Abgrenzung der Wissensarten und den entsprechenden Nutzen. Vor dem Hintergrund der Fragestellung dieser Arbeit ist im weiteren Verlauf der Untersuchung nur noch das aus dem Beziehungswissen abgeleitete fett umrahmte Vorteilsstreben von Relevanz.

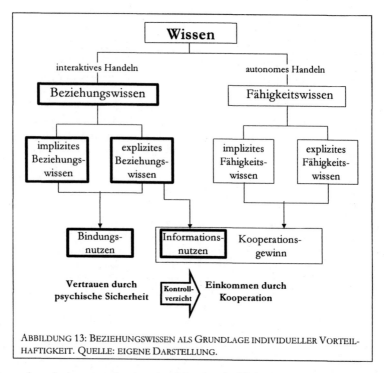

ABBILDUNG 13: BEZIEHUNGSWISSEN ALS GRUNDLAGE INDIVIDUELLER VORTEIL-
HAFTIGKEIT. QUELLE: EIGENE DARSTELLUNG.

Normativer Ausgangspunkt einer betriebswirtschaftlichen Betrachtung ist der ein-
kommensbezogene Informationsnutzen (vgl. Punkt 2.1). Der Bindungsnutzen
bleibt für die einzelnen Individuen allein auf die Beziehung selbst gerichtet und
dient somit nicht direkt den extrinsischen Einkomensmotiven. Der indirekte positive Einkommenseffekt resultiert aus dem vertrauensbasierten Kontrollverzicht, der
über die dadurch eingesparten Transaktionskosten zu einem höheren Einkommen
beiträgt. Aus Unternehmenssicht stellt die Investition in Sozialkapital zur Stabilisierung, Bildung und Erhöhung des Bindungsnutzens daher keinen reinen intrinsischen Selbstzweck dar, sondern ist immer vor dem Hintergrund seiner Möglichkeiten zur Verringerung von Einkommensunsicherheiten in Netzwerkorganisationen zu sehen. Da bereits das Fähigkeitswissen für die hier interessierende ökonomische Analyse sozialer Beziehungen nicht weiter behandelt wird, werden darüber
hinaus auch die personen- und beziehungsexternen Einflussfaktoren auf das Einkommen als gegebenen exogene Konstanten behandelt. Dadurch kann die Ein-
fachheit des Modells beibehalten werden und es fallen zunächst nur die Aspekte ins
Gewicht, die auf die Bedeutung des Beziehungswissens bei der Bildung von Sozialkapital eingehen. Nach der Bestimmung des Beziehungswissens lässt sich die Entstehung von Sozialkapital durch die Situation einer spezifischen sozialen Umwelt
ökonomisch begründen.

4.2 Institutionen und Beziehungen als situative Dimensionen von Sozialkapital

Die spezifische soziale Umwelt eines Clubs von Sozialkapitalisten stellt den situativen Handlungsrahmen dar, welcher die Beziehungen als interaktive Spielfläche und die Institutionen als die rahmengebenden Spielregeln enthält. Die beiden situativen Dimensionen legen die Menge an verfügbaren Informationen bei der Entstehung von Sozialkapital fest, die von den Individuuen auf Basis ihres Beziehungswissens bezüglich der Realisierung ihrer beiden Ziele „Einkommen" und „Bindung" verarbeitet werden. Da das Beziehungswissen nur sehr begrenzt steuerbar ist, kann das Managment von Netzwerkorganisationen über die Gestaltung der situativen Handlungsbedingungen einen stärkeren Einfluss auf die Höhe der Sozialkapitalbestände nehmen, die zum Aufbau von wechselseitigem Vertrauen benötigt werden.

4.2.1 Nutzung spezifischer Investitionen in persönlichen Beziehungen

Während Interaktionen das Verhalten einer Person A gegenüber einer Person B beschreiben, worauf B mit einer entsprechenden Verhaltensweise reagieren kann, umfassen Beziehungen eine Reihe solcher Interaktionen, womit sie einen dynamischen Charakter erhalten, da jede einzelne Interaktion auf den gesamten Zeitraum einer Beziehung Einfluss nimmt. Erst in einer Beziehung werden Erinnerungen an vergangene und Erwartungen an zukünftige Interaktionen bedeutsam, da die einzelnen interaktiven Handlungen in die Beziehung eingebettet sind, die sich wiederum in einem institutionellen Rahmen befindet (vgl. Hinde, Robert 1993, S. 7 ff.).

Aus Sicht der sich mit den individuellen Personenmerkmalen beschäftigenden Persönlichkeitspsychologie umfassen soziale Beziehungen zeitlich und situativ überdauernde Bezüge einer Person zu einer Bezugsperson als Teil der persönlichen Umwelt. Eine Bezugsperson ist durch die regelmäßigen aktuellen oder vergangenen Kontakte und der daraus resultierenden subjektiven Bedeutung für die betreffende Person charakterisiert. Die Bewertung der Qualität einer Beziehung bezieht sich auf kognitive und emotionale Aspekte in Verbindung mit den Verhaltensaspekten in Form von typischen Interaktionsmustern mit der Bezugsperson (vgl Asendorpf, Jens 1996, S. 215). Die subjektive Bedeutung der Beziehung ergibt sich hier durch den Beziehungsnutzen, der die beiden Beziehungsmotive „Einkommen" und „Bindung" konkretisiert, die sich in Transaktionen ergänzen.

In einer ökonomischen Interpretation entsteht zwischen zwei Individuen aus verschiedenen Organisationen dann eine Geschäftsbeziehung, wenn zwischen einer Folge einzelner Transaktionen eine innere Verbindung besteht, sie also nicht zufällig mit demselben Partner erfolgen. Die innere Bindung ergibt sich aus gewachsenen Werten in Folge der vergangenen Interaktionen oder durch spezifische Investitionen in die Beziehung, die damit eine hohe Bedeutung erhält. Die anbieter- bzw. kundenspezifischen Investitionen dienen dazu, die Wechselkosten für die andere Seite zu erhöhen, um die eigenen Kosten des Eintritts und der Verteidigung dieser Vorleistungen über die dadurch angestrebte langfristige Bindung in der Folgezeit amortisieren zu können (vgl. Plinke, Wulff 1997, S. 32). In Geschäftsbeziehungen entstehen dabei im Zeitverlauf neben den geplanten Investitionen ungeplant eingespielte Kommunikationsmuster, gemeinsame Wertvorstellungen und soziale Bindungen. Diese gewachsenen Beziehungsmerkmale sind durch einen Abbruch der Zusammenarbeit zwar immer bedroht, ermöglichen auf der anderen Seite aber erst komplexe Transaktionen mit einem starken Zukunftsbezug und hoher Unsicherheit, die nur bei einem solch engen Verhältnis zum Geschäftspartner durchgeführt werden (vgl. Söllner, Albrecht 1993, S. 109 ff.).

Die gewachsenen Werte beruhen hier auf der verbesserten Passung der Bindungsmuster. Die spezifischen Investitionen vermindern so glaubhaft die Unsicherheit der anderen Seite und können als deren Geisel dienen. Dadurch verringern sich die Transaktionskosten zwischen Anbieter und Kunde, was zur weiteren Durchführung zukünftiger Folgekäufe innerhalb der Beziehung beiträgt. Die auf dem Bindungsnutzen basierenden Vertrauensbeziehungen nutzen das für beide Seiten wichtige Gut „psychische Sicherheit" wechselseitig als Pfand, ohne dafür explizite Kontrollen zu vereinbaren. Es werden so Einsparungen von Informationskosten möglich, die für die beteiligte Unternehmen zu einem positiven Einkommenseffekt führen.

Im Gegensatz zu unverbundenen Markttransaktionen sind Geschäftsbeziehungen immer auch soziale Beziehungen, in denen die Akteure ihr Handeln wechselseitig aufeinander abstimmen (vgl. Esser, Hartmut 1993, S. 86). Die Interdependenz der Akteure stellt damit das zentrale Beziehungsmerkmal dar. Neben deren Ausmaß lassen sich soziale Beziehungen auch danach unterscheiden, wie viel Personen einbezogen sind, inwieweit sich deren Einzelinteressen überschneiden, wie lange die Beziehung andauert und ob sie formeller oder informeller Natur ist (vgl. Büschges, Günter/Abraham, Martin/Funk, Walter 1998, S. 29). Während formelle Beziehungen die Individuen in Funktionssysteme einbinden, in denen die Interaktionsstrukturen durch organisationale Rollenvorgaben reglementiert sind, besteht auf der informellen Ebene der persönlichen Beziehung ein höherer Freiheitsgrad. Liegt der Schwerpunkt bei formellen Beziehungen noch auf der Sachebene, wird die persönliche Beziehung vor allem von der Beziehungsebene dominiert, wobei diese analytische Trennung in der Praxis häufig aufgehoben wird, wenn sich zwischen Rollenträgern persönliche Beziehungen anbahnen (vgl. Döring, Nicola 1999, S. 316 f.).

Es kommt dadurch verstärkt zu einer intrinsischen Motivation bei den Beteiligten, so dass der Kontakt mit dem anderen Menschen ein eigenständiges Ziel darstellt. Dagegen wird zu Beginn der Beziehung die extrinsische Motivation zur Interaktion dominieren, bei der die Kontaktaufnahme lediglich als Mittel zur Erreichung eigener Ziele genutzt wird. Arbeitsteilige Organisationen stützen sich damit zunächst auf rein extrinsisch motivierte Interaktionen mit dem Ziel der Leistungserstellung (vgl. Fischer, Lorenz/Wiswede, Günter 1997, S. 376 f.). Die Einbettung von Interaktionen in persönliche Beziehungen führt mit der Zeit zu einem immer höheren Grad informeller Anteile. Das durch die fortgesetzte Kontinuität der Beziehung erworbene spezifische Wissen und die emotionale Bindung machen dann die Einzigartigkeit und Unersetzbarkeit der Beteiligten aus. Dadurch können bei gemeinsamen Begegnungen viele Vorleistungen entfallen, die in Interaktionen mit Fremden erst noch erbracht werden müssen (vgl. Lenz, Karl 1998, S. 39-41). Somit lässt sich eine Transaktion immer auch als Interaktion verstehen, wenn dabei mindestens zwei Personen miteinander in Kontakt treten, deren Verhaltensweisen voneinander abhängig sind. Eine Beziehung ist dann eine nicht zufällige Folge von Transaktionen, zwischen denen durch das persönliche Verhältnis der Beteiligten eine innere Verbindung besteht. Beziehungen führen zur Herausbildung stabiler Erwartungen über das zukünftige Interaktionsverhalten des Gegenübers. Es gilt die folgende Arbeitsdefinition.

> **Beziehung:** Eine fortgesetzte Interaktion zwischen zwei voneinander abhängigen Individuen, zwischen denen eine innere Verbindung besteht und die zur Herausbildung stabiler Erwartungen bezüglich des zukünftigen Verhaltens des Interaktionspartners führt.

Die Übereinstimmungen gemeinsamer Erwartungen in Beziehungen ergeben sich aus den Einschätzungen bezüglich der Beziehungsfunktion, der Beziehungsdynamik und der interpersonalen Eigenschaften. Letztere beeinflussen zum Beispiel in Form der Ähnlichkeit der Partner oder der Freundlichkeit das persönliche Interaktionsverhalten. Die Unterstützungsfunktion einer Beziehung kann neben der Bindung auch die soziale Integration und die Hilfe bei Problemen beinhalten (vgl. Asendorpf, Jens/Banse, Rainer 2000, S. 29 ff.). Diese Beziehungserwartungen bilden sich aus dem Beziehungswissen, wobei das explizite Wissen zu bewusst durchgeführten spezifischen Investitionen in die Beziehung führt, um neben den Einkommenszielen die durch das implizite Wissen mitbestimmten Bindungsziele realisieren zu können. Den Institutionen kommt dabei die Aufgabe zu, die bindungsbezogenen Transaktionskosten zu senken.

4.2.2 Senkung der Bindungskosten durch Institutionen

Die spezifische Investition in die Beziehung führt zu einer beziehungsspezifischen Quasirente, die zum ökonomischen Maß für die Qualität der Beziehung wird. Die Realisierung dieser potenziellen Bindungsrente kann positiv beinflusst werden, indem die entsprechenden Transaktionskosten verringert werden. Da diese nur mit den Bindungszielen korrespondieren, lassen sie sich als Bindungskosten analytisch von den Informationskosten trennen, die den Teil der Transaktionskosten abbilden, welcher der Einkommenssicherung dient. Im Folgenden werden die bindungsbezogenen Aufwendungen als Bindungskosten bezeichnet. Bindungskosten umfassen alle Nachteile, die ein Individuum in Kauf nehmen muss, um einen durch das implizite und das explizite Beziehungswissen bestimmten Bindungsnutzen realisieren zu können.

Die Verbesserung des wechselseitigen Erkennens der interaktionsleitenden Bindungsmuster bei den beschränkt rationalen Vertragspartnern reduziert die Bindungskosten, die so durch institutionelle Maßnahmen verringert werden können. Während die bisher in der ökonomischen Theorie behandelten Transaktionskosten allein als Informationskosten auf die unvollständigen und asymmetrisch verteilten Informationen zwischen zwei Vertragspartnern bei der Erzielung von Einkommen abzielen, ergeben sich die Bindungskosten als Aufwendungen für die Überwindung der unvollständigen Informationen über den psychische Sicherheit spendenden Wert einer Beziehung. Dieser zweite Aspekt der Informationsasymmetrien fasst den Wert der sozialen Einbettung der Transaktion in eine Beziehung unter dem Faktor „Bindung" zusammen. Die entsprechenden Bindungskosten sind Teil der gesamten Transaktionskosten einer Beziehung.

Somit lassen sich die Bindungskosten als mentale Transaktionskosten kennzeichnen, die auf der innerpsychischen Reibung zwischen den internalisierten und bewussten Verhaltensmustern des Beziehungswissens mit den subjektiven Beziehungserfahrungen auf Basis des beobachtbaren Verhaltens beruhen. Die Diskrepanz zwischen Erwartungen und Erfahrungen ist mit einer bestimmten Beziehungsarbeit verbunden, damit die Beziehung ihre sicherheitsstiftende Funktion erfüllen kann. Dieser Aufwand wird über die Bindungskosten ausgedrückt. Je besser die wechselseitigen beobachteten oder erwarteten Bindungsmuster in einer Beziehung miteinander harmonieren, desto geringer fallen diese Bindungskosten aus. Es gilt die folgende Arbeitsdefinition.

> **Bindungskosten:** Alle Nachteile, die bei der Anbahnung und Aufrechterhaltung von sozialen Beziehungen, die mit Bindungszielen verbunden sind, durch die mangelnde Passung der individuellen Bindungsmuster entstehen.

Für die Beseitigung dieser Interaktionsmängel ist ein besonderer Ressourceneinsatz erforderlich, der zum Faktorverzehr führt. Der Bindungsnutzen beschreibt dabei das individuelle Beziehungspotenzial, das sich aus dem Beziehungswissen ergibt und dessen Realisierung von den Bindungskosten beeinträchtigt wird. Vor allem beim möglichen Beginn einer Beziehung treten beide Transaktionskostenarten verstärkt auf, da hier noch wenig oder keine Erfahrungen miteinander bestehen. Beiden Bestandteilen der Transaktionskosten ist gemein, dass sie durch Institutionen verringert werden können, um den erwarteten Nutzen einer angestrebten oder fortzuführenden Arbeitsbeziehung realisieren zu können. Es besteht allerdings eine Trade-off Beziehung, da sich die Bindungskosten mit dem Aufbau von persönlichen Beziehungen erhöhen werden, während sich durch das entstehende Vertrauen die Informationskosten senken lassen. Aus Unternehmenssicht muss der Nettoeffekt positiv ausfallen, da ein Unternehmen als abstrakte juristische Rechtsperson keinen Bindungsnutzen erfahren kann und somit die Informationskosteneinsparungen die Bindungskosten überkompensieren müssen, damit sich ein positiver Einkommenseffekt ergibt.

Dieser positive Effekt lässt sich nur innerhalb des gesamten Beziehungsgefüges einer Netzwerkorganisation erreichen, da bestehende Vertrauensbeziehungen weniger Bindungskosten verursachen als neu aufzubauende. Die Senkung von Bindungs- und Informationskosten durch Institutionen erfolgt in der Praxis zumeist simultan, sie kann aber analytisch abgegrenzt werden. So wird bei einem Geschäftsessen immer auch die Eignung und das Wollen des Gegenübers zum Abschluss des angestrebten Vertrages getestet. Der eigentliche Grund, warum die informelle Atmosphäre dabei ein so großes Gewicht bekommt, liegt aber vor allem bei aufwendigen Projekten weniger in der entsprechenden Verringerung der Informationskosten als vielmehr in der Anbahnung einer persönlichen Beziehung zwischen den kulinarisch Verhandelnden. Das gemeinsame Kennenlernen zielt hier nicht so sehr auf die inhaltlichen Details ab, was auch im nüchternen Meetingroom in der Unternehmenszentrale mit weitaus weniger Aufwand zu haben wäre, sondern auf die zwischenmenschliche „Chemie" während des plaudernden Vertragspokers, die hier als „Bindung" thematisiert wird. Die wechselseitige Erkenntnis, dass der jeweilige Partner eine vertrauenswürdige Persönlichkeit darstellt, ist umso schneller zu erreichen, je mehr der obligatorische Verhandlungscharakter in den Hintergrund gestellt werden und durch „Privates" ersetzt werden kann.

Wird Sozialkapital als die begründete Fähigkeit zum Vertrauensvorschuss in einer Beziehung verstanden, die in eine bestimmte institutionelle Sozialstruktur eingebettet ist, begründet das Ausmaß der Kopplung der beiden Ziele „Einkommen" und „Bindung" somit die Spezifität des in diesem Clubkollektiv nutzbaren sozialen Kapitals. Die Spezifität von Sozialkapital weist nicht nur darauf hin, was für neue Informationen durch das Netzwerk relativ schnell bereitgestellt werden können, sondern eben auch, durch wen oder für wen diese Informationen übermittelt werden. Wird der einkommensabhängige Informationsnutzen als Aus-gangsbasis einer betriebswirtschaftlichen Fundierung des Managements von Netzwerkorganisationen genommen, kann bei hoch spezifischem Sozialkapital ein bestimmter erwarteter Informationsnutzen nur in Verbindung mit einem hohen Bindungsnutzen realisiert werden. Der Wert der Information durch ihren Austausch ist damit an den hohen Wert des weiteren Beziehungsmotives für die Vertragspartner gekoppelt. Bei geringer Spezifität des Sozialkapitals kann ein angestrebter und damit gegebener Informationsnutzen auch mit einem geringeren Bindungsnutzen erreicht werden, während eine mittlere Spezifität auf die notwendige Existenz eines mittleren Bindungsnutzens bei der Realisierung des durch das erwartete Einkommen gegebenen Informationsnutzens hinweist. Es gilt die folgende Arbeitsdefinition:

> **Sozialkapitalspezifität:** Ausmaß der Abhängigkeit des Informationsaustausches in einer Netzwerkorganisation von der Gemeinsamkeit des Auftretens von Bindungs- und Informationsnutzen in Transaktionen.

Eine geringe Sozialkapitalspezifität erlaubt zwar die Erzielung von Einkommen ohne weitere Berücksichtigung von Bindungsmotiven, sie kann dadurch aber auch nicht zum Aufbau von Vertrauen beitragen. Das Management von Netzwerkorganisationen kann somit nicht mit einer minimalen Spezifität arbeiten, sondern muss das optimale Kopplungsverhältnis zwischen Informations- und Bindungsnutzen bestimmen, um eine strukturelle Balance zwischen starken und schwachen Beziehungen zu erreichen. Die fundamentalen und sekundären Einbettungs-Institutionen der Religionen erweisen sich als effizienter Kopplungsmechanismus, auf dessen Bedeutung für das Urvertrauen bereits Erikson vielfach hingewiesen hat.

Das Sozialkapital von religiösen Gemeinschaften besitzt einen sehr hohen Spezifitätsgrad, da Bindungs- und Informationsnutzen sehr stark voneinander abhängig werden. Die religiöse Verhaltensbindung reduziert für die gläubigen Mitglieder religiöser Clubs das gruppeninterne Opportunismusrisiko, so dass Transaktionskosten eingespart werden können. Das Sozialkapital lebt von den persönlichen Beziehungen und die Investitionen darin haben nur innerhalb dieser normativen Netzwerke einen Wert, da sie neben der Binnenintegration auch der Differenzierung zur Gruppe der Nichtmitglieder in der Bevölkerung dienen. Die Höhe dieser beziehungs- und gruppenspezifischen Quasirenten bestimmt, wie weit Transaktionen durch religiös bedingtes Sozialkapital abgesichert werden können. Je höher der gruppenspezifische Sozialkapitalbestand durch teuer zu erwerbende und damit schwer imitierbare Signale für die Mitglieder ausfällt, desto mehr werden sie sich eine Reputation aufbauen können, die zur prägnanten Abgrenzung von Nichtmitgliedern führt. Der Wert des Sozialkapitals sinkt dabei mit einer zu hohen Anzahl von Netzwerkmitgliedern, die nicht mehr über ein ausreichendes Maß an persönlichen Beziehungsgeflechten untereinander verfügen, um einzelne Vertragsbrüche innerhalb des gesamten Netzwerkes kommunizieren zu können (vgl. Brinitzer, Ron 2003, S. 39 ff.). Eine hohe Sozialkapitalspezifität führt auch in nicht religiösen Beziehungsnetzwerken zu enormen Einsparungen von Bindungskosten, die einen positiven Einkommenseffekt für die beteiligten Unternehmen ermöglichen.

Die Karrierepfade für Topmanager in internationalen Großunternehmen aus Deutschland, Frankreich, Großbritannien und den USA verlaufen weitgehend auf nationalen Aufstiegswegen. Im Gegensatz zu Deutschland spielen in den anderen betrachteten Ländern öffentliche und private Elitehochschulen eine dominierende Rolle für den Beginn einer Spitzenkarriere. Diese Einrichtungen übernehmen bereits im Vorfeld des Berufseintritts eine ähnliche soziale Selektion wie die klassenspezifische Elitenrekrutierung in Deutschland, wo vergleichbare elitäre Bildungseinrichtungen zur Prägung bestimmter Persönlichkeitsmuster fehlen. Daher findet sich in allen vier Ländern eine Dominanz der oberen Gesellschaftsschichten in den höchsten Führungspositionen der Unternehmen. Die Ähnlichkeit der sozialen Herkunft bleibt damit auch im internationalen Vergleich das entscheidende Merkmal der nationalen Rekrutierungssysteme von Topmanagern. Entgegen der allgemeinen Verwendung der englischen Sprache als primäres Kommunikationsmedium in der Geschäftswelt, werden die entscheidenden informellen Kontakte und vertraulichen Gespräche in Deutschland und Frankreich wie in England und den USA immer noch in der jeweiligen Landessprache geführt. Durch die eigene Sprache werden die eigenen landesspezifischen Verhaltensmuster und Traditionen transportiert, die es einem Ausländer erschweren, wirklich in den karrierefördlichen engsten Vertrauenskreis innerhalb der inländischen Unternehmenszentralen aufzuschließen (vgl. Hartmann, Michael 2002, S. 184 ff.).

Ein solches relativ geschlossene System kann auch bei interorganisationalen Kooperationsverhandlungen Transaktionskosten sparen, wenn alle Beteiligten der gleichen exklusiven Statusgruppe angehören. Die Verhandlungen werden in der Praxis unter hohem Zeitdruck geführt. Damit die Kooperation nicht vorab bekannt gemacht wird, ist vor allem bei strategisch bedeutsamen Partnerschaften an den Gesprächen nur eine kleine Anzahl hochrangiger Führungskräfte beteiligt, was die Vertraulichkeit zwischen den Beteiligten erhöht. Die damit verbundene Behinderung der detaillierten Ausarbeitung eines formellen Kooperationsvertrages wird bewusst in Kauf genommen (vgl. Holtbrügge, Dirk 2003, S. 883).

Diese rein informelle Netzwerkorganisation sitzt als bereits bestehender Schatten bei den Kooperationsverhandlungen zur formellen Gründung eines neuen Unternehmensnetzwerks mit am Verhandlungstisch, weshalb sie als übergeordnetes Beziehugnsnetzwerk fungiert, das in seiner Reichweite aber noch weitgehend national begrenzt ist. Die Bindungsziele führen dazu, dass nicht allein das Einkommensziel bei der Partnerwahl dominiert. Wäre dies der Fall, müsste eine Auswahl allein nach dem Gesichtspunkt der Gewinnmaximierung bei der Auswahl des weltweit produktivsten Kooperationspartners auf Basis der Informationskosten erfolgen. Da aber erst das Vertrauen zu einer effizienten Transaktionsatmosphäre führt, stellt die schichtenspezifische Rekrutierung von inländischen Führungskräften eine institutionelle Regelung zur Senkung der Bindungskosten durch Vertrauen dar, die zu einem positiven Einkommenseffekt führt. Die den „eigenen Leuten" zugeschriebene Eignung senkt somit Transaktionskosten ab, indem sie auf die schichtenspezifischen Signale abzielt, die neben den wirtschaftlichen Zielen die eigene psychische Sicherheit durch die Zugehörigkeit zum Beziehungsnetzwerk stützt. Es zeigt sich damit, dass die bewusste Kopplung von Informations- und Bindungsnutzen hier eine spezifische Investition in institutionalisiertes Sozialkapital darstellt, welche die hohe Unsicherheit einer Fehlbesetzung primär über bindungsbezogene Eigenschaften absichert, die in den schichtenspezifischen Sozialisationsprozessen erworben wurden.

Entgegen des Verständnisses von Bourdieu handelt es sich bei der Zugehörigkeit zu einer Gruppe nicht um ein Individualgut, dass dem Individuum durch seine Beziehungen eine erhöhte Kreditwürdigkeit in Tauschbeziehungen durch den gemeinsamen Habitus ermöglicht (vgl. Bourdieu, Pierre 1983, S. 190 ff.). Das Clubkollektivgut „psychische Sicherheit" basiert auf dem Habitus, der vor allem durch das implizite Beziehungswissen gebildet wird und von dem innerhalb des Clubkollektivs ein Ausschluss weder möglich noch erwünscht ist (vgl. Punkt 2.4.4).

Auch bei den Firmenneugründungen in der New Economy zeigt sich die Bedeutung der institutionellen Verringerung der Bindungskosten zur Realisierung eines positiven Einkommenseffektes durch das universitäre Rekrutierungssystem der jungen Gründer, die neue Stellen durch ihnen persönlich bekannte Kommilitonen besetzen (vgl. Klatt, Rüdiger 2005, S. 194). In erfolgreichen interorganisationalen Projektteams dienen die so genannten Kick-off-Meetings zu Beginn dem Aufbau von persönlichen Beziehungen und ermöglichen eine klare Definition der verbindenden Mission und der jeweiligen Teamaufgaben. Im Zeitverlauf führen private Treffen zu einem gemeinsamen Essen am Abend vor einem der späteren offiziellen Teammeetings. Dies trägt zu einer stark verbesserten Zusammenarbeit am nächsten Tag bei (vgl. Weinkauf, Katharina/Woywode, Michael 2004, S. 401 ff.).

Institutionen reduzieren die Bindungskosten vor allem durch die kulturbedingte Internalisierung von bestimmten Verhaltensmustern, die bei zwei Mitgliedern derselben Kultur entsprechend niedrige Kosten der wechselseitigen Abstimmung des bindungsbezogenen Interaktionsverhaltens mit sich bringen. Die Senkung von Bindungs- und Informationskosten durch Institutionen erfolgt in der Praxis zumeist simultan, sie kann aber analytisch abgegrenzt werden, um die menschlichen Ziele zum Aufbau persönlicher Beziehungen in kommerziellen Transaktionen besser erklären und diese dadurch auch besser gestalten zu können.

Mit Hilfe von Institutionen werden über die Bindungskosten so die gesamten Transaktionskosten gesenkt. Die reine Informationskostenreduktion beschränkt sich dabei auf die Prüfung der Existenz von Informationsasymmetrien samt der Vorlage von glaubwürdigen vertraglichen Sicherheiten zu deren Bewältigung. Immer dann, wenn die Passung der individuellen Persönlichkeiten für den Abschluss des Vertrages bedeutsam wird, ist tendenziell mit einer größeren Anstrengung der Verringerung von Bindungskosten zu rechnen. Insgesamt lässt sich festhalten, dass die Beziehungen als Spielfläche einer eingebetteten Transaktion spezifische Investitionen auf Basis stabiler Erwartungen des Vertragspartners ermöglichen. Diese Stabilität zur Absicherung der erwarteten Quasirente kann in Netzwerkorganisationen über Institutionen systematisch verstärkt werden, da sie zur Reduzierung der Transaktionskosten beiträgt.

In dem Maße, in dem Institutionen die Bindungskosten eines Kollektivs senken, spiegelt sich ihre Dimension von Sozialkapital wider, wogegen sich die Reduzierung der Informationskosten auf das ohne Vertrauen funktionierende allgemeine institutionelle Kapital bezieht. In dem Maße, in dem durch Institutionen der mögliche Opportunismus der Vertragspartner direkt bewältigt bzw. reduziert werden soll, wirken sie auf die Informationskosten. In dem Maße, indem sie nicht nur seine Verringerung, sondern seine bewusste Ausblendung durch interpersonales Vertrauen ermöglichen, wirken sie auf die Bindungskosten, da sie dem Bindungsmotiv gegenüber dem Einkommensmotiv effizient Geltung verschaffen. Mit Hilfe der drei Dimensionen von Sozialkapital lässt sich die Entstehung bewussten Vertrauens ökonomisch begründen.

4.3 Vertrauen im bilateralen Erwartungsgleichgewicht durch Sozialkapital

Die bisherigen Überlegungen haben gezeigt, dass sich die beziehungsspezifische Quasirente in Transaktionen in den Bindungs- und den Informationsnutzen unterteilen lässt. Die Quasirente enthält ein Nutzenpotenzial, das die erwartete Vorteilhaftigkeit der Beziehung für die beteiligten Akteure ausdrückt. Je größer die spezifische Investition in die Beziehung ausfällt, desto größer ist die erwartete Quasirente. Demnach gilt auch, dass der Bindungsnutzen umso stärker in kommerziellen Transaktionen genutzt werden kann, je größer die Kopplung zwischen Bindungs- und Informationsnutzen ist; mit anderen Worten, wie hoch die Sozialkapitalspezifität ausfällt.

Während der Bindungsnutzen B im Zusammenspiel mit dem Informationsnutzen I die erwartete beziehungsspezifische Quasirente determiniert, legt der Aufwand für die bewusste Einschätzung der beziehungsrelevanten Eigenschaften des Transaktionspartners die Kosten der Anbahnung oder Fortführung dieser Beziehung fest. Wird die beziehungsspezifische Quasirente als Ausdruck des Nutzens aus einer sozialen Beziehung interpretiert, so lässt sich dieser erwartete gesamte Beziehungsnutzen als relationaler Nutzen R bezeichnen. Der Gesamtnutzen aus der Beziehung fällt je nach erwartetem Einkommen und vorhandenem Beziehungswissen unterschiedlich hoch aus. Werden die Informationskosten K_I und die Bindungskosten K_B von dem erwarteten Nutzen I und B abgezogen, bezeichnet r den Beziehungsnettonutzen. Es gelten somit die Gleichungen 1) bis 4).

1) $R = B + I$
2) $r = B + I - (K_B + K_I)$ bzw.
3) $r = B - K_B + I - K_I$
4) $r = b + i$

Der erste Differenzterm von 3) beschreibt den Bindungsnettonutzen b, während der zweite Term den Informationsnettonutzen i umfasst. Vereinfacht ergibt sich damit Gleichung 4). Spielte in der institutionenökonomischen Theorie bislang nur ein positiver Informationsnettonutzen als Kriterium der investiven Fortführung einer Beziehung eine Rolle, trägt ein positiver Bindungsnettonutzen erst zur Entstehung von bewusstem Vertrauen als Kriterium der Beziehungsfortführung bei. Eine Beziehung wird dann über die jeweils letzte Transaktion hinaus fortgeführt, wenn der erwartete relationale Nettonutzen r positiv ist. Die notwendige Bedingung der Anbahnung und Fortführung einer Beziehung bzw. deren Abbruch liest sich somit wie folgt:

5) $\left.\begin{array}{l} r > 0 \text{ Beziehung wird fortgesetzt} \\ r < 0 \text{ Beziehung wird abgebrochen} \end{array}\right\}$ für $B, I, K_B, K_I > 0$

Da positive Transaktionskosten in jedem Fall unterstellt werden und ein positiver Beziehungsnutzen hier vereinfacht mit einer Kombination aus Bindungs- und Informationsnutzen vorausgesetzt wird, gilt 5) nur im positiven Bereich der einzelnen Variablen. Dahinter steht die Annahme einer unvollständigen Substitution zwischen Bindungs- und Informationsnutzen in andauernden freiwilligen Beziehungen im Wirtschaftsbereich, so dass niemand einen negativen Bindungsnutzen vollständig gegen einen positiven Informationsnutzen eintauschen kann und umgekehrt. Eine Substitution ist in Folge des gemeinsamen Auftretens von Bindungs- und Einkommenszielen nur solange möglich, wie die andere Nutzenkomponente noch im positiven Bereich liegt. Ein bestimmtes Maß an Bindung wird innerhalb der hier betrachteten Netzwerkorganisationen ebenso notwendig wie ein bestimmtes erwartetes Einkommen aus der Beziehung in wirtschaftlichen Wertschöpfungsprozessen. Letztere Einschränkung ergibt sich aus dem Einkommensziel der Betriebswirtschaftslehre, während sich der positive Bindungsnutzen aus der sozialisierten Geschichte der individuellen epigenetischen Entwicklung ergibt, die ein Mindestmaß an Bindung in fortlaufenden Transaktionen voraussetzt. Eine zumindest zeitlich befristete Substitution zwischen i und b im positiven Bereich ist aber möglich, wenn das erwartete Einkommen eine sehr große Höhe einnimmt und dadurch eine opportunistische Ausbeutung der Beziehung vorgenommen wird. Zudem können die Transaktionskosten der Beziehung den Nutzen übersteigen, so dass es in Folge des negativen Beziehungsnettonutzens getreu dem Rationalkalkül zum Abbruch der Beziehung kommt. Dies führt zu der Frage, wann eine Risiko- und wann eine Vertrauensbeziehung möglich wird.

Gemäß dem ökonomischen Verhaltensmodell wird jede Handlung durchgeführt, die einen positiven Nettonutzen bezüglich des durch die Präferenzen festgelegten Ziels erwarten lässt. In rein privaten Beziehungen ohne Einkommensziele hängt r nur von b ab. Dadurch wird die Beziehung fortgesetzt, wenn aus Sicht eines Vertrauensgebers A für ihn ein positiver Bindungsnettonutzen besteht, also $b_A > 0$ gilt. Für eine reziproke Erwiderung des Vertrauens, das in den Vertrauensnehmer B gesetzt wird, muss A erwarten, dass auch B einen positiven Bindungsnettonutzen aus der Beziehung hat, also auch $b_B > 0$ gilt. Da weder A noch B objektiv sicher sein können, ob diese Bedingung bei der anderen Seite erfüllt ist, hängt eine rationale Vertrauensvergabe davon ab, ob sie subjektiv stabile Erwartungen über die Existenz eines positiven Bindungsnettonutzen für die andere Seite erwarten können. Auch der Vertrauensnehmer ist auf diese Erwartung angewiesen, wenn er sein Bindungsziel in der Beziehung realisieren will. Insgesamt werden somit vier positive Erwartungsgrößen bei der Vertrauensvergabe relevant:

6) $b_A > 0$ erwarteter positiver Bindungsnettonutzen von A

$b_B > 0$ erwarteter positiver Bindungsnettonutzen von B

7) $b_{A,B} > 0$ von A erwarteter positiver Bindungsnettonutzen des B

$b_{B,A} > 0$ von B erwarteter positiver Bindungsnettonutzen des A

Ist von diesen vier Bedingungen eine nicht erfüllt, kommt es zu keiner Vertrauensbeziehung auf Basis einer individuellen Präferenz für reziproke Vertrauensbeziehungen (vgl. Punkt 2.3.3). Die simultane Erfüllung aller vier Bedingungen wird als bilaterales Erwartungsgleichgewicht bezeichnet, das zur rationalen Vertrauensvergabe auf reziproker Basis führt. Der Reziprozitätscharakter der Beziehung verlangt danach, dass neben dem Vertrauensgeber A auch der Vertrauensnehmer B seine Erwartungen gegenüber A als Vertrauensperson als erfüllt ansieht, um die Beziehung auf wechselseitiger Vertrauensbasis fortsetzen zu wollen. Dies gilt deshalb, weil in Netzwerken auch der B zukünftig in die Position des Vertrauensgebers kommen könnte. Das Gleichgewicht bezieht sich einerseits auf die Wahrnehmung des Vertrauensgebers bezüglich eines eigenen positiven Bindungsnettonutzens, die mit der Erwartung einher geht, dass auch der jeweilige Vertrauensnehmer einen solchen bindungsbezogenen Vorteil aus der Beziehung wahrnimmt. Andererseits beschreibt es den bilateralen Charakter der Erwartungsbildung, da auch das vertrauensnehmende Gegenüber diese Erwartungen herausbilden muss, damit sich bewusstes interpersonales Vertrauen auf beiden Seite entwickeln kann

Die Absicherung der Vertrauensvergabe auf Basis der wechselseitigen Bindungsziele erfolgt durch den subjektiv wahrgenommenen Zustand der psychischen Sicherheit, der mit der subjektiven erwarteten Vertrauenswürdigkeit des Gegenübers (Ungleichung 7) und der eigenen Person verbunden ist (Ungleichung 6). In dieser Dyade als hier betrachteter einfachster Fall interpersonalen Vertrauens wird die Beziehung zum „Zwei-Personen-Kollektiv". Innerhalb dieses Kollektivs kann niemand von der individuell empfundenen psychischen Sicherheit ausgeschlossen werden, so dass es sich dabei um ein Kollektivgut handelt (vgl. Punkt 2.4.4). Im Kollektiv „Netzwerkorganisation" kommt es neben wechselnden Beziehungspartnern innerhalb der befristeten Projektteams zur Berücksichtigung des Einkommensziels, das in der ökonomischen Vertrauensforschung bereits behandelt wird. (vgl. Punkt 2.3.2).

Im agenturtheoretischen Ansatz von Ripperger folgt die Vertrauenshandlung in Form der Erbringung einer riskanten Vorleistung durch den Verzicht auf explizite Sicherungs- und Kontrollmaßnahmen gegen Opportunismus einem positiven Er-

wartungswert. Dieser beruht auf der Erwartung, dass die Motivation des Vertrauensnehmers zum freiwilligen Verzicht auf opportunistische Verhaltensweisen führt.
Dies setzt die subjektive Kenntnis der Präferenzen des Vertrauensnehmers voraus,
woraus dann subjektive Wahrscheinlichkeiten bezüglich seines Verhaltens bei verschiedenen Umweltzuständen abgeleitet werden, deren subjektive Eintrittswahrscheinlichkeiten ebenfalls geschätzt werden müssen (vgl. Ripperger, Tanja 1998, S.
45 ff.).

Dadurch kann in Anlehnung an Colemans Vertrauenswette (vgl. Coleman, James
S. 1991, S. 123 ff.) der Erwartungswert des Nutzens durch die Vertrauensvergabe
E[U] bestimmt werden, der den Gewinn der Vertrauenshandlung G mit der Eintrittswahrscheinlichkeit p und dem drohendem Verlust durch Vertrauensmissbrauch L mit der Gegenwahrscheinlichkeit 1-p gewichtet. Die Wahrscheinlichkeit p
enthält neben den Verhaltensrisiken auch die Gefährdungen durch exogene Ereignisse. Sie muss größer als 0,5 sein, um von einer echten Vertrauenserwartung zu
sprechen, damit die Vertrauenshonorierung ein größeres Gewicht bekommt als der
mögliche Opportunismus. Es gilt dann die Gleichung 8) als Bedingung der Vertrauensvergabe (vgl. Ripperger, Tanja 1998, S. 111 ff.).

$$8)\ E[U] = p*G + (1-p)*L > 0 \quad \text{mit } G > 0 \text{ und } L < 0$$

Neben dem Überschreiten der kritischen Vertrauenserwartung von 0,5 und einem
positiven Erwartungswert erfolgt die rationale Vertrauensvergabe nach Ripperger
dann, wenn das mit der Vertrauenshandlung verbundene Risiko nicht die subjektive
Risikoneigung des Vertrauensgebers übersteigt. Somit wird die Vertrauensvergabe
maßgeblich von der Höhe des situationsspezifischen Risikos und der personen-
spezifischen Risikoneigung bestimmt. Die individuelle Risikoneigung lässt sich in
eine Vertrauensbereitschaft und eine Risikobereitschaft unterteilen. Während sich
die Vertrauensbereitschaft allein auf die Absorbtion von Verhaltensunsicherheit
bezieht und die subjektive Neigung bezeichnet, anderen Personen vertrauenswürdiges Verhalten zu unterstellen, umfasst die Risikobereitschaft die allgemeine Neigung, Risiken einzugehen und schließt in dieser allgemeinen Form auch die Um-
weltrisiken mit ein. Beide Komponenten der Risikoneigung können sich gegenseitig
ergänzen. Übersteigt das Risiko durch die Vertrauenshandlung die subjektive Risikobereitschaft, können explizite institutionelle Sicherheiten für einen Risikoaus-
gleich sorgen. Je höher die Vertrauenserwartung insgesamt ausfällt, desto geringer
ist der Bedarf nach solchen Sicherheiten (ebenda, S. 121 ff.).

Damit wird die Annahme der Risikoneutralität aufgehoben und risikofreudiges
Verhalten möglich, das die Vertrauensvergabe begünstigen kann. Eine analytische
Abgrenzung zwischen Risiko und Vertrauen wird so aber weiter erschwert. Bevor
die in der Transaktionskostentheorie gesetzte Annahme der Risikoneutralität im
zweiten Schritt aufgehoben werden kann, sollte im ersten Schritt eine solche begriffliche Unterscheidung zumindest ansatzweise erfolgen. Da dieser erste Schritt
im Vordergrund dieser Arbeit steht, wird die Annahme der Risikoneutralität beibe-

halten und sich damit nur noch auf die Vertrauensbereitschaft der Individuen konzentriert. Diese hängt von den Bindungserfahrungen im menschlichen Entwicklungsprozess ab und ist somit eine Funktion des impliziten wie expliziten Beziehungswissens. Der Beziehungsnettonutzen r wird damit abzüglich der drohenden Verluste zum Erwartungswert der Vertrauensvergabe. Es gilt somit Gleichung 9) als Bedingung der Vertrauensvergabe.

9) $E[U] = p^* (b+i) + (1-p)^*L > 0$ für $p,b,i > 0$ und $L < 0$

Diese Gleichung vereinfacht sich durch Gleichung 4) zu

10) $E[U] = p^* r + (1-p)^*L > 0.$

Dabei wird unterstellt, dass der erwartete positive Nutzen r bereits die aufzubringenden Transaktionskosten enthält, die auch zu einer möglichen Schadensbegrenzung beitragen können, so dass mit L der verbleibende nicht zu kompensierende Verlust aus dem Vertrauensmissbrauch beschrieben ist. Diese Nichtausgleichbarkeit von L stellt eines der typischen Merkmale einer Vertrauenshandlung dar. Für den Vertrauensnehmer bleibt diese Gleichung dieselbe, allerdings wird L für ihn zum erwarteten Verlust aus der Unterlassung der möglichen Ausbeutung des Vertrauensgebers. Damit enthält der Term i dann nur noch die Einkommenszuwächse aus einer kooperativen Transaktion auf Vertrauensbasis. Da diese im Vergleich der erwarteten Einkommenszuwächse beim Vertrauensmissbrauch kleiner ausfallen können, kommt dem Bindungsnutzen als Maß für den intrinsischen Wert der Beziehung auch eine wesentliche Rolle bei der Vertrauenshonorierung zu. Für den Vertrauensnehmer beschreibt L die verlorene Prämie durch Opportunismus bei Vertrauenshonorierung, welche durch den erwar-teten Beziehungsnettonutzen überkompensiert werden muss.

Da für eine Vertrauensbeziehung der Zustand der psychischen Sicherheit relevant wird, muss neben der Existenz von Ungleichung 6) die Bedingung 7) insofern erweitert werden, dass nicht nur ein positiver Bindungsnutzen beim jeweiligen Vertrauensnehmer erwartet werden kann, sondern dass dieser wie der Vertrauensgeber selbst die Bindungsziele höher gewichtet als die Einkommensziele. Dazu wird ein bindungsbezogener Gewichtungsfaktor g eingeführt, der die individuelle Gewichtung der beiden Beziehungsmotive „Bindung" und „Einkommen" bestimmt und in der Summe den Wert Eins ergibt. Dadurch wird die Gleichung 4) modifiziert und durch Gleichung 11) ersetzt:

11) $r = g^*b + (1-g)^*i$ mit $g,b,i > 0$

Der Gewichtungsfaktor g wird durch das Beziehungswissen bestimmt und ist somit auch stark vom Unterbewusstsein beeinflusst. Er wird als Ergebnis einer intuitiven Informationsverarbeitung jedoch bewusst wahrgenommen, während die unbewussten Quellen dieses Verarbeitungsprozesses dem kalkulierenden Akteur nicht bewusst sind (vgl. Punkt 4.1.4). Damit bleibt Gleichung 10) weiter gültig, die Gleichung 9) wird aber zur Gleichung 12) erweitert:

$$12)\ E[U] = p*(g*b + (1-g)*i) + (1-p)*L > 0 \quad \text{mit } p,g,b,i > 0 \text{ und } L < 0$$

Vertrauen kann hierbei nur entstehen, wenn die Bindungsziele höher gewichtet werden als die Einkommensziele, also g > 0,5 ist. Damit kann der Informationsnettonutzen in einer Transaktion in seiner konkreten Ausprägung zwar höher ausfallen als der Bindungsnettonutzen. Entscheidend für die Vertrauensvergabe bleibt jedoch die erwartete Einschätzung der grundsätzlichen höheren relativen Wertigkeit des Bindungsziels in der Beziehung für den Vertrauensnehmer durch den Vertrauensgeber. Wird Gleichung 12 im ersten Term ausmultipliziert, ergibt sich Gleichung 13:

$$13)\ E[U] = p*g*b \quad + \quad p*(1-g)*i \quad + \quad (1-p)*L \quad > 0$$

gewichteter	gewichteter	negativer
Bindungs-	Einkommens-	Beziehungs-
erwartungswert	erwartungswert	erwartungswert
„r durch Bindung"	„r durch Einkommen"	„kein positives r "

Der erste Term von 13) beschreibt den mit g gewichteten und durch p bestimmten Erwartungswert des Bindungsnutzens durch die Vertrauensbeziehung, die hier verkürzt als gewichteter Bindungserwartungswert bezeichnet wird. Er gibt an, wie viel des möglichen gesamten Beziehungsnettonutzens r bei einer subjektiven Eintrittswahrscheinlichkeit von p auf das durch g gewichtete Bindungsmotiv des vertrauensgebenden Transaktionspartners zurückgeführt werden kann, das zu einem bestimmten potenziellen Bindungsnettonutzen b führt. Da r den Beziehungsgewinn ausdrückt und dieser sich im Gegensatz zu Ungleichung 8) in i und b aufteilt, lässt sich die Eintrittswahrscheinlichkeit der Vertrauenshonorierung des Vertrauensnehmers p auf beide Terme beziehen. Der zweite Term von 13) beschreibt dann äquivalent zum ersten Term den gewichteten Einkommenserwartungswert. Er gibt durch den Ausdruck p*(1-g) an, wie viel des erwarteten Beziehungsnutzens r durch das Einkommensziel bestimmt wird, das in der betrachteten Entscheidungssituation „Vertrauensvergabe" zu einem bestimmten potenziellen Einkommensnettonutzen i führt. Das entsprechende Produkt aus p*(1-g)*i bildet dann das Nutzenpotenzial ab, das indirekt über den positiven Einkommenseffekt in Form der eingesparten Transaktionskosten durch eine Vertrauensvergabe realisiert werden kann. Der dritte Term von 13) drückt schließlich den drohenden Verlust einer fehlenden Vertrauenshonorierung L aus, der mit der Gegenwahrscheinlichkeit 1-p gewichtet ist und damit den negativen Beziehungserwartungswert beschreibt. Er kann wie der positive Nutzen ebenfalls in die beiden Komponenten „negativer erwarteter Einkommensnutzen" und „negativer erwarteter Bindungsnutzen" unterteilt werden. Diese Aufteilung bringt aber bei der ökonomischen Analyse der Entstehung von

Vertrauen keine neuen Informationen, so dass L im Folgenden zur Vereinfachung als einheitliche Größe behandelt wird.

Die Bedeutung von g und p zeigt sich, wenn diese beide Größen in Ungleichung 13 von i und b getrennt werden. Analytisch gesehen, stehen b und i für die möglichen Nutzen durch Vertrauen in einer bestimmten Entscheidungssituation, die als einzelne Beziehungsepisode „Transaktion" in eine andauerende Beziehung eingebettet ist, während p sich auf die gesamte Beziehung innerhalb einer bestimmten institutionellen Anreizstruktur auf Organisations- und Umweltebene bezieht und die bislang gemachten Erfahrungen mit dem jeweiligen Vertrauensnehmer berücksichtigen kann. In Anlehung an Gleichung 8) wird p als durch das bewusste Kalkül gesteuerte Variable betrachtet. Die Bestimmung von p wird auch durch das explizite Beziehungswissen beeinflusst; sie beruht aber letztlich auf einem Entscheidungsvorgang, der sich im Ergebnis aber auf das kognitive autonome Leistungsvermögen des Entscheiders stützt. Insofern wird bei der Bestimmung der Eintrittswahrscheinlichkeit des Beziehungsnutzens p die bislang vorgenommene strikte Trennung zwischen Beziehungs- und Fähigkeitswissen aufgehoben.

Die Einführung des Gewichtungsfaktors g führt dazu, dass der Erwartungswert der Vertrauensvergabe primär vom Beziehungswissen abhängt. Im Gegensatz zu p bezieht er sich nicht nur auf die betrachtete Beziehung, sondern ist das Ergebnis des im Unterbewusstsein gebildeten impliziten Beziehungswissens, so dass dadurch die gesamten bisherigen beziehungsorientierten Sozialisationsprozesse eines Individuums im Rahmen seiner lebenslangen Persönlichkeitsentwicklung abgebildet werden. Da hierbei vor allem die frühkindliche Sozialisation einen bedeutsamen Einfluss ausübt (vgl. Punkt 4.1), zeigt sich der unbewusst wirksame Aspekt der Existenz sicherer Bindungsmuster durch den Gewichtungsfaktor g, der bei $g > 0{,}5$ zum „Bindungsfaktor" wird, da er die zeitlich stabile Disposition eines Individuums zur Berücksichtigung von Bindungszielen im Rahmen seines Sozialverhaltens abbildet. In Anlehnung an die Erkenntnisse der Bindungstheorie aus Punkt 4.1.3 kann die Arbeitshypothese abgeleitet werden, dass sicher gebundene Kinder als berufstätige Mitglieder von Netzwerkorganisationen im Erwachsenenalter wesentlich öfter mit einer durch das Beziehungswissen geprägten Persönlichkeit ausgestattet sind, welche ein generelles kooperatives Verhalten auf Vertrauensbasis durch $g > 0{,}5$ erleichtert, als in der frühen Kindheit unsicher gebundene Beschäftigte. Eine sichere Bindung führt damit zu einer höheren Gewichtung der Bindungsziele in Beziehungen, welche das Auftreten von interpersonalem Vertrauen wahrscheinlicher macht.

Akteure mit unsicheren Bindungsmustern aus der frühen Kindheit benötigen insbesondere innerhalb von vernetzten Arbeitsbeziehungen relativ stärkere institutionelle Sicherheiten, welche mit erhöhtem Ressourceneinsatz auf Unternehmensseite einhergehen und damit die Effizienzvorteile von Netzwerkorganisationen dann dauerhaft einschränken, wenn auf den Einsatz dieses Arbeitnehmertyps nicht verzichtet werden kann. Dieser Einsatz hängt nicht nur vom Beziehungswissen, sondern daneben vom hier als konstant betrachteten Fähigkeitswissen ab, das über die Individuen hinweg unterschiedlicher verteilt sein kann als das Beziehungswissen. Daher ist es aus Arbeitgebersicht sinnvoll, sich über Investitionen in Sozialkapital der benötigten heterogenen Wissensträger zu versichern, indem deren unterschiedliche Sicherheitsbedürfnisse bei der Herstellung des Kollektivgutes „psychische Sicherheit" berücksichtigt werden. Darüber hinaus wird auch aus Unternehmenssicht eine Zusammenarbeit mit der Politik sinnvoll, welche über die institutionelle Gestaltung der Sozialisationsprozesse bei den heranwachsenden Generationen den Gewichtungsfaktor systematisch zum Bindungsfaktor macht und damit die potenziellen Effizienzvorteile von Netzwerkorganisationen in der Informationsgesellschaft dauerhaft stabilisieren kann (vgl. dazu ausführlich Kapitel 6). Insgesamt stellt sich die rationale Vertrauensvergabe eines Individuums A gegenüber einem Individuum B in Beziehungen mit Einkommens und Bindungs-zielen in Anlehung und Erweiterung der Bedingungen 6 und 7 wie folgt dar:

14)　$b_A > 0$　　erwarteter positiver Bindungsnettonutzen von A

$b_{A,B} > 0$　　von A erwarteter positiver Bindungsnettonutzen des B

15)　$g_A > 0,5$　　erwartete Dominanz des Bindungszieles von A

$g_{A,B} > 0,5$　　von A erwartete Dominanz des Bindungszieles des B

Ist bereits eine der hier aufgeführten Teilbedingungen für A verletzt, kommt keine Vertrauensbeziehung zwischen A und B zu Stande. Das bilaterale Erwartungsgleichgewicht in Beziehungen mit Bindungs- und Einkommenszielen erfordert die simultane Erfüllung aller vier Bedingungen jeweils für A und für B, wobei sich bei B die Indices entsprechend verändern.

16)　$b_B > 0$　　erwarteter positiver Bindungsnettonutzen von B

$b_{B,A} > 0$　　von B erwarteter positiver Bindungsnettonutzen des A

17)　$g_B > 0,5$　　erwartete Dominanz des Bindungszieles von B

$g_{B,A} > 0,5$　　von B erwartete Dominanz des Bindungszieles des A

Im Vergleich zu 6) und 7) führt die Berücksichtigung des eigenen und beim Beziehungspartner erwarteten Gewichtungsfaktors g, welcher den Wert 0,5 übersteigt, zusätzlich zu den Ungleichungen 15) und 17). Das individuelle Gleichgewicht bezieht sich nicht mehr primär auf den eigenen Bindungsnettonutzen, sondern auf die im Vergleich zu den Einkommenszielen stärkere Gewichtung des eigenen Bindungsziels, das in der jeweiligen Beziehung verfolgt werden soll. Diese Erwartung bezüglich des eigenen Beziehungsverhaltens korres-pondiert mit der Erwartung bezüglich des seine Bindungsziele ebenfalls stärker gewichtenden Vertrauensnehmers. Die Erwartung eines positiven Bindungsnettonutzens gibt dem A lediglich an, dass auch in der betrachteten Beziehungsepisode ein Nutzen durch Bindung möglich ist. Erst die Einschätzung des A, dass sowohl er selbst als auch der B eine höhere Gewichtung der Bindungsziele vorzunehmen bereit sind, führt zur Harmonisierung und damit zum Gleichgewicht der Erwartungen des A. Im Gegenzug muss diese Entscheidungsstruktur auch für B gelten, damit auch der Vertrauensnehmer bereit ist, die Bindungspotenziale über die Honorierung des Vertrauens realisieren zu können.

Der Indikator, der beim Vertrauensnehmer vertrauenswürdiges Verhalten anzeigt, ist mit dem gewichteten Bindungserwartungswert derselbe wie der beim Vertrauensgeber. Dies ergibt sich aus der Betrachtung der Bindungsziele als Anreize beziehungsstärkender und somit nicht opportunistischer Verhaltensweisen. Die vergangenen Erfahrungen mit dem potenziellen Vertrauensnehmer fließen über Lernprozesse mit in das explizite Beziehungswissen ein, bei sehr langen Beziehungen ist darüber hinaus auch eine positive Wirkung auf das implizite Beziehungswissen möglich. Da das Eigeninteresse dabei im Vordergrund steht, ist eine Berücksichtigung altruistischer Neigungen der Individuen nicht erforderlich. Moralisches Handeln spielt hierbei nur dann eine Rolle, wenn es durch das Beziehungswissen zu bindungsbezogenen Handlungen kommt, die auf der internalisierten Wertestruktur des Beziehungswissens beruhen. Es zielt neben den Einkommenszielen immer auf das eigene Bindungsinteresse ab, so dass sich hier keine Handlungen ergeben können, die den eigenen Nutzen zu Gunsten anderer Personen dauerhaft vernachlässigen und dem ökonomischen Verhaltensmodell einer strikten Eigennutzmaximierung damit widersprechen würden.

Mit Ripperger wird bei der Vertrauensvergabe zwar zwischen der Vertrauenserwartung und der Vertrauenshandlung unterschieden (vgl. Punkt 2.3.2), die bewusste Erwartung über die Honorierung von Vertrauen lässt sich aber nicht mehr nur auf die andere Seite beziehen. Sie muss vielmehr die eigene Anreizstruktur mit berücksichtigen, die sich in Form des Bindungsnutzens aus der eigenen Quelle des Beziehungswissens ergibt. Daneben kommt die Situation des Vertrauensnehmers ins Spiel, der sich im bilateralen Erwartungsgleichgewicht seinerseits auf g als den Bindungsfaktor -also mit g > 0,5- stützt und dies auch beim Vertrauensgeber voraussetzt. Die Dominanz des Bindungsmotivs gegenüber dem Einkommensmotiv wird durch die Erlangung psychischer Sicherheit zum zentralen Anreiz, vertrauensvolle Beziehungen einzugehen und nicht auszunutzen.

Immer dann, wenn dieses Motiv auch nur bei einer Seite in den Hintergrund vor den Einkommenszwecken tritt, wird das bilaterale Erwartungsgleichgewicht verlassen. Allerdings muss dies die andere Seite auch bemerken, was nicht immer der Fall ist. Daher werden weiterhin opportunistische Verhaltensweisen eines Vertrauensnehmers möglich. Die Absicherung durch bewusstes Vertrauen besteht gerade darin, diese Ausbeutungszüge des Mitspielers bewusst, das heißt bei Kenntnis der drohenden Folgen, im eigenen Entscheidungsfeld erst gar nicht mehr zu berücksichtigen. Dies geschieht in der Erwartung, dass die andere Seite durch die höhere Gewichtung des Bindungsziels vor den monetären Zielen vernünftigerweise dieses Vertrauen honorieren wird. Damit ergibt sich die folgende Arbeitsdefinition von bewusstem Vertrauen.

> **Bewusstes Vertrauen:** Bewusste Ausblendung von opportunistischen Handlungsmöglichkeiten des Vertrauensnehmers im Entscheidungsfeld des Vertrauensgebers durch dessen Erwartung einer wechselseitigen Dominanz der Bindungziele in der Beziehung, welche seinen freiwilligen Verzicht auf explizite vertragliche Sicherheiten und Kontrollen begründet.

Ein Erwartungsgleichgewicht drückt die individuelle Wahrnehmung der Dominanz der Bindungsziele in der Beziehung aus. Das bilaterale Erwartungsgleichgewicht drückt darüber hinaus die wechselseitg wahrgenommene psychische Sicherheit in einer Vertrauensbeziehung aus. Ein Erwartungsgleichgewicht beim Vertrauensgeber weist einem Vertrauensnehmer eine grundsätzliche Vertrauenswürdigkeit zu. Da die psychische Sicherheit darüber hinaus auch die wahrgenommene Zuschreiung der eigenen Vertrauenswürdigkeit durch die anderen Mitglieder eines Kollektivs umfasst, muss der Vertrauensgeber davon ausgehen können, dass sich auch der Vertrauensnehmer im Erwartungsgleichgewicht befindet, damit sich beide innerhalb einer Netzwerkorganisation eingebetteten stabilen Beziehung austauschen können, die Vertrauen als konkrete Handlungsausprägung des im Kollektiv empfundenen Zustandes der psychischen Sicherheit in einer Transaktion ermöglicht. Für die Unternehmen ist das Beziehungswissen nur bedingt gestaltbar, so dass sich die Gestaltung der Dimensionen „Beziehungen" und „Institutionen" als zentrale Anknüpfungspunkte beim Aufbau von Sozialkapital erweisen. Grundsätzlich können dabei vier Arten von Beziehungen zwischen dem Vertrauensgeber A und dem Vertrauensnehmer B unterschieden werden, wie die folgende Abbildung zeigt.

	B	
	Erwartungsgleich- gewicht	**kein Erwartungsgleich- gewicht**
A **Erwartungsgleich- gewicht**	symmetrische Vertrauensbeziehung „Vertrauensfit"	asymmetrische Vertrauensbeziehung „Vertrauensmisfit"
kein Erwartungsgleich- gewicht	asymmetrische Risikobeziehung „Risikomisfit"	symmetrische Risikobeziehung „Risikofit"

ABBILDUNG 14: BEZIEHUNGSARTEN ZWISCHEN DEM VERTRAUENSNEHMER B UND DEM VERTRAUENSGEBER A. QUELLE: EIGENE DARSTELLUNG.

Die symmetrische Vertrauensbeziehung beschreibt ein bilaterales Erwartungs-gleichgewicht, wobei sich die Symmetrie hier auf die wechselseitig positiven Erwartungsstrukturen bezieht, die in den Ungleichungen 14 bis 17 beschrieben werden und nicht primär auf das Übereinstimmen der Bindungsnettonutzen, die individuell verschieden hoch ausfallen können. Dieser Fall stellt die stabile Basis für die weitere Beziehung dar und führt zur Übereinstimmung (Fit) der Bewertungen der Beziehungsepisode „Transaktion" als Interaktionsform, in der Vertrauen von A erwünscht ist und auch von B honoriert wird. Es kommt verkürzt gesprochen zum „Vertrauensfit", welcher die Basis effizienter Transaktionen in Netzwerkorganisationen liefert. Eine Netzwerkorganisation wird hierbei vereinfacht als Summe aller in ihr möglichen dyadischen Beziehungen der Spieler samt den entsprechenden Spielregeln verstanden, ohne die komplexeren Wechselwirkungen hier zur besseren Veranschaulichung der oben vorgestellten Argumente zuberücksichtigen. In einer Netzwerkorganisation können sich die Rollen von A und B somit vertauschen, oder es kann aus Sicht eines A zu unterschiedlichen Beziehungen mit verschiedenen B´s kommen. Ergeben sich nur mit sehr wenigen B´s symmetrische Vertrauensbeziehungen, werden neue Investitionen in Sozialkapital notwendig, um die Effizienzvorteile von Vertrauen ausnutzen zu können.

Erwartet A von B Vertrauen und besteht bei B kein Erwartungsgleichgewicht, besteht die Gefahr einer asymmetrischen Vertrauensbeziehung, da der Vertrauensgeber den Spielzug Vertrauen wählt, der vom Vertrauensnehmer nicht honoriert wird und somit eine massive Gefährdung des Unternehmens bedeuten kann, aus dem A stammt. Wenn B diesen „Vertrauensmisfit" als fehlende Übereinstimmung der positiven Erwartung des Vertrauensgebers mit seinen nicht auf Vertrauenshonorierung gerichteten Erwartungen des vermeintlichen Vertrauensnehmers opportunistisch ausbeutet, droht dem A bzw. seinem Arbeitgeber ein bestimmter Einkommensverlust, der auf das gesamte Netzwerk zurückfallen kann. Insofern stellt dieser Fall diejenige Beziehungsart dar, welche aus Unternehmensicht die höchsten Verlustgefahren beinhaltet. Beim „Risikomisfit" geht es dagegen wie bei einer nicht opportunistischen „Ignoranz" des Vertrauensmisfits durch B darum, dass eine der beiden Seiten lediglich eine „Enttäuschung" in Folge des nicht realisierten Bindungsnutzens erlebt, der aber nicht in einer opportunistischen Ausbeutung des Vertrauens endet. Beim „Risikomisfit" will A dem B kein Vertrauen schenken, während B mit dem A eine vertrauensvolle Beziehung eingehen und das vermeintlich in ihn gesetzte Vertrauen honorieren will. Dies wird aber nicht eintreten, da A eine Risikobeziehung mit entsprechenden Kontrollen präferiert, während B hier dank seiner Arbeitsprämisse von Kosten sparenden Kontrollverzichten in ernüchternde (Nach-)Verhandlungen treten muss, weil A zu keiner vertrauensvollen Vorleistung bereit ist. Die entsprechenden Transaktionskostensteigerungen ziehen eine Entwertung bereits aufgebauter Sozialkapitalbestände mit sich, da es nicht zum notwendigen Vertrauensfit kommt und der B durch sein Lernen im nächsten Zug ebenfalls auf Risiko setzen wird. Es entstünde dann die symmetrische Risikobeziehung eines „Risikofits", der die klassischen Organisationsformen des Marktes oder der Hierarchie kennzeichnet, aber eben gerade nicht in Netzwerken funktioniert.

Die Erwartungsmisfits werden somit im Zeitablauf angeglichen, bewegen sich aber nicht zwangsläufig in Richtung Vertrauen, sondern können ebenso im Risikofit ein stabiles Gleichgewicht erreichen. Die positive Entwicklung in Richtung „Vertrauensfit" erfolgt über die spezifischen Investitionen in Sozialkapital, um das Transaktionsmerkmal „Sozialkapitalspezifität" zu erhöhen. Beim Vertauensmisfit besteht im Gegensatz zum Risikomisfit immer auch die Gefahr des Opportunismus, so dass hier eine nicht ausreichende Investition in Sozialkapital durch eine zu geringe Sozialkapitalspezifität zur Ursache des Scheiterns von Netzwerkorganisationen wird. In den Unternehmenskooperationen kommt es daher darauf an, „multilaterale Erwartungsleichgewichte" zu schaffen, die es ermöglichen, dass sich die Rollen von A und B vertauschen können und A mit allen möglichen B´s im jeweiligen Clubkollektiv Vertrauensbeziehungen eingehen kann. Die Stabilisierung der Sozialkapitalbestände erfolgt im Zeitablauf über die Passung von den Beziehungsmustern, die sich aus dem Beziehungswissen ergeben und den (gewichteten) Bindungserwartungswert im Zeitablauf durch das Kennenlernen steigern lassen. Dadurch kann vom Management eine Zusammenstellung der zueinander passenden Mitglieder eines Projektteams vorgenommen werden, die effizient auf Vertrauensbasis kooperieren können. Da sich die Mitglieder beim Aufbau einer Netzwerkorganisation oftmals nicht kennen, sind besondere Kommunikationsinstrumente im Sinne einer netzwerkbezogenen Personalentwicklung notwendig, um systematisch das erforderliche Sozialkapial zu schaffen (vgl. dazu ausführlich Punkt 6.4).

Aus Sicht eines Individuums beschreibt ein Fit die Übereinstimmung seiner Erwartungen in interaktiven Handlungen mit der jeweiligen sozialen Umwelt, die durch soziale Beziehungen und Institutionen geprägt ist. Aus Sicht eines an einem Netzwerk teilnehmenden Unternehmens geht es darum, die internen Organisationsstrukturen mit den Anforderungen der Umwelt in Form der anderen Kooperationspartner und institutionellen Rahmenbedingungen in Einklang zu bringen. Dazu wird von Bea und Haas eine Koordination aller Führungsaufgaben gefordert, der das ganzheitliche Denken bei der gezielten Gestaltung der Unter-nehmens-Umwelt-Beziehungen betont. Vor dem Hintergrund der Umweltänderungen in der Informationsgesellschaft spielt im strategischen Management die Integration von eher rational-quantitativ geprägten Subsystemen wie der Planung mit eher emotional-qualitativen Subsystemen wie der Unternehmenskultur eine zentrale Rolle für den Unternehmenserfolg. Dadurch kommt es zu einer verstärkten Ausrichtung am Effektivitätskriterium, das als Relation von aktuellem und erwünschtem Output erfasst wird und die Frage beantwortet, ob überhaupt die „richtigen" Dinge getan werden. Dagegen verliert das traditionelle Effizienz-kriterium als Relation von aktuellem Output zu aktuellem Input an Bedeutung, das danach fragt, ob die ausgewählten Dinge auch richtig getan werden (vgl. Bea, Franz Xaver/Haas, Jürgen 2001, S. 13 ff.).

Die hohe Komplexität einer ganzheitlichen Denkweise in vernetzten Systemen stellt bereite intern hohe Anforderungen und führt die Entscheider in Netzwerkorganisationen schnell an die Grenzen ihrer kognitiven Fähigkeiten, weswegen sie überschaubare Strukturen in gewachsenen Beziehungen präferieren (vgl. Punkt 3.2.6), die mit ihren Bindungsmotiven korrespondieren müssen, damit Vertrauen entsteht. Da die Transaktionskostentheorie die Effizienz-perspektive bei der Wahl der geeigneten Governance-Struktur zur Abwicklung einer Transaktion vertritt und die Frage der richtigen Dinge bei der Auswahl innovativer Projektideen unter Zeitdruck in Netzwerken in dieser institutionenökonomisch fundierten Arbeit nicht weiter thematisiert wird, orientiert sich der strategische Fit auf Organisationsebene hier weiterhin am Effizienzkriterium. Auf der Ebene des Individuums spielen die Nettonutzen einer Beziehung eine dominierende Rolle, so dass sich in den einzelnen Interaktionen für die einzelnen Beschäftigten immer auch die Frage stellt, ob sie sich in der für sie „richtigen" Beziehung bei der Erfüllung ihrer Bindungsbedürfnisse befinden. Insofern wird auch das Effektivitätskriterium bei der Koordination von Unternehmensnetzwerken durch Beziehungsnetzwerke aus ökonomischer Sicht bedeutsam.

Wird von einem Individuum eine Diskrepanz zwischen den implementierten und den als effizient eingeschätzten Institutionen wahrgenommen und führt dies zu einer erschwerten Realisierung eines individuell angestrebten Ziels, liegt ein institutioneller Misfit vor. Eine bestimmte Institution kann daher von einem Individuum als zielfördernd im Sinne eines Fits wahrgenommen werden, während ein anderes Individuum subjektiv einen Misfit wahrnimmt. Wird die individuelle Bewertung der Vorteilhaftigkeit einer Institution oder einer Governancestruktur als Institutionenbündel auf Basis der normativen Empfehlungen der Transaktionskostentheorie vorgenommen, geht ein institutioneller Misfit immer mit einer indivi-duell wahrgenommenen Ineffizienz der bestehenden Institutionen(-bündel) einher (vgl. Söllner, Albrecht 2000, S.134 ff.).

Wie bisher gezeigt wurde, ziehen die Individuen reziproke Vertrauensbeziehungen gegenüber reinen Risikobeziehungen in Folge ihrer sozialen Präferenz dann vor, wenn ihre Bindungsbedürfnisse zusätzlich zu den Einkommenszielen dabei erfüllt werden. Reziprozität als Basis von Vertrauen setzt eine Symmetrie der Erwartungen voraus, welche in Netzwerken bewusst mit Hilfe von Sozialkapital geschaffen werden muss. Ohne diese Investitionen besteht insbesondere bei einer Beibehaltung hierarchischer Koordinationsmechanismen oder dem einseitigen Ausbau von marktlichen und damit von Beziehungen abstrahierenden Anreizen in Unternehmenskooperationen die Gefahr, dass verstärkt Misfits wahrgenommen werden. Diese ergeben sich durch die Entstehung von persönlichen Beziehungen, die von den Beteiligten den Wunsch nach einer Abkehr von hierarchischen Kontrollen oder einer reinen Steuerung von netzwerkbezogenen Verrechnungspreisen erwarten lassen, wenn sich Vertrauen „spontan" herausgebildet hat. Daneben können Vertrauens- oder Risikomisfits auftreten, wenn auf die von den Beteiligten erwarteten institutionellen Sicherheiten zu Gunsten rein „rhetorischer Vertrauensbekundungen" verzichtet wird und ein Vakuum entsteht, das zu einem institutionellen Misfit mit der Organisationsform „Netzwerk" führt. Die spezifischen Investitionen in Sozialkapital dienen daher der systematischen Gestaltung des institutionellen Wandels, der zu institutionellen Fits bei den Beschäftigten beiträgt, die über die entsprechenden Senkungen der Bindungskosten auch einen Fit auf der Ebene der Beziehung wahrnehmen können. Dieser Vertrauensfit entlastet ihre eingeschränkten kognitiven Fähigkeiten durch eine intuitive Informationsverarbeitung auf Basis des Beziehungswissens. Durch diese transaktionskostentheoretische Sichtweise integrieren die Sozialkapitalbestände die wahrgenommenen Fits auf individueller Ebene mit dem erforderlichen Unternehmens-Umwelt-Fit, da sich die persönlichen Beziehungen über die Unternehmensgrenzen hinaus erstrecken.

Neben der Berücksichtigung der Erwartungen der jeweils anderen Seite in der individuellen Entscheidungsstruktur stellt die unbewusste Entscheidungskomponente durch die Berücksichtigung des Gewichtungsfaktors g über das (bilaterale) Erwartungsgleichgewicht die zentrale Erweiterung der Definition bewussten und damit kalkulierenden Vertrauens für die ökonomische Vertrauensforschung dar, die als Basis für eine ökonomische Analyse von Sozialkapital in Netzwerkorganisationen dient. Im Folgenden wird die noch ausstehende eigene Definition einer Netzwerkorganisation vorgenommen und primäre Beziehungsnetzwerke von sekundären

Unternehmensnetzwerken bei der Bewältigung von Verhaltensunsicherheit unterschieden.

4.4 Effiziente Unsicherheitsbewältigung durch Sozialkapital in primären und sekundären Netzwerkorganisationen

Die betriebswirtschaftliche Analyse der Koordination von Unternehmensnetzwerken stützt sich in der deutschsprachigen Forschung vor allem auf die Definition von Sydow, die bei der Erweiterung der ökonomischen Gewinnziele um die Bestimmung von außerökonomischen Aspekten in Netzwerken auf die sozialen Beziehungen zwischen den Akteuren abzielt. Im Falle eines Unternehmensnetzwerkes sind diese Mitglieder die einzelnen Unternehmen. Ein Unternehmensnetzwerk stellt dann eine Organisationsform aus rechtlich selbstständigen und wirtschaftlich zumeist abhängigen Unternehmen dar, die sich bei der Erzielung von Wettbewerbsvorteilen auf komplexe Beziehungsstrukturen reziproker Art stützt. Kennzeichnend sind die eher kooperativ als kompetitiven Beziehungen, die innerhalb einer Branche oder in mehreren verflochtenen Branchen eine relativ stabile interorganisationale Verteilung der ökonomischen Aktivitäten des Netzwerks erlauben (vgl. Sydow, Jörg 1992, S. 78 f.). Diese Definition steht in Einklang mit den bisherigen Ergebnissen dieser Arbeit. Die besonderer Bedeutung der Einbettung von Transaktionen in Unternehmensnetzwerken in die zumeist informellen Beziehungsstrukturen, auf die Granovetter hinweist (vgl. Punkt 2.3), erfordert darüber hinaus eine begriffliche Unterscheidung in die zwei Netzwerktypen, die dabei eine Rolle spielen.

Die Begriffe Netzwerkorganisation und Unternehmensnetzwerk können analytisch getrennt werden, da eine Netzwerkorganisation zwar immer eine Hybridform zwischen Hierarchie und Markt darstellt, aber nicht nur zur Erzielung von Einkommen dient. Unternehmensnetzwerke bestehen aus dem partnerschaftlichen Zusammenschluss von einzelnen gewinnorientierten Unternehmen, die im Folgenden als Partnerunternehmen bezeichnet werden. Die betriebswirtschaftliche Fragestellung der Erzielung von Einkommen durch Unternehmensnetzwerke auf Basis von Netzwerken aus persönlichen Beziehungsstrukturen führt zu einer grundsätzlichen Unterscheidung zwischen gewinnorientierten Unternehmensnetzwerken als primäre Netzwerkorganisationen zur Einkommenserzielung und Beziehungsnetzwerken als sekundäre Netzwerkorganisationen in Form eines informellen Zusammenschluss einer Gruppe von Individuen aus verschiedenen Organisationen. Ein primäres Netzwerk dient zur Erzielung von Einkommen. Es ist dabei auf die Existenz eines übergeordneten sekundären Netzwerkes angewiesen, das die Basis der komparative Vorteilhaftigkeit durch wechselseitiges Vertrauen schafft. Beziehungsnetzwerke dienen zum Aufbau des in dieser Gruppe nutzbaren Kollektivgutes „psychische Sicherheit". Daraus ergibt sich die folgende Arbeitsdefinition.

> Eine **sekundäre Netzwerkorganisationen** ist ein informeller, recht-
> lich unverbindlicher Zusammenschluss einer Gruppe von Individuen
> aus verschiedenen Organisationen zum Aufbau des in dieser Gruppe
> nutzbaren Kollektivgutes „psychische Sicherheit", das der Herstellung
> von Vertrauensbeziehungen zur Erfüllung ihrer angeborenen Binungs-
> räferenz dient. Die Mitglieder eines sekundären Netzwerkes nutzen
> diese Beziehungen im Rahmen wirtschaftlicher Transaktionen zur effi-
> zienten Absicherung von Quasirenten, welche von ihnen durch die
> Teilnahme ihrer Organisation an Unternehmensnetzwerken erwartet
> werden.

Primäre Netzwerke sind somit eingebettet in sekundäre Netzwerke, welche die Ef-
fizienz der einkommensbezogenen Transaktionen durch den Aufbau von wechselseitigem Vertrauen sicherstellen. Die Bewältigung der Verhaltensunsicherheit in
Unternehmensnetzwerken erfolgt so durch ein Netzwerk, dessen Ausmaße die
Größe der eigentlichen Unternehmenskooperation über- und auch unterschreiten
kann. Entscheidend bleibt dabei, ob die Ziele des sekundären Netzwerkes eines
Mitarbeiters mit den Zielen des Arbeitgebers als der „eigenen Organisation" in
Einklang stehen, damit sich das Vertrauen auch in den wirtschaftlichen Prozessen
der Unternehmen nutzen lässt. Auf diesen Zusammenhang wird im nächsten Punkt
näher eingegangen. Im Gegensatz zur primären Netzwerkorganisation besitzen sekundäre Netzwerkorganisationen keine eigene Rechtspersönlichkeit. Der rechtliche
Status einer primären Netzwerkorganisation wird in der Rechtswissenschaft zwar
grundsätzlich anerkannt, in seiner Ausgestaltung gegenwärtig aber kontrovers diskutiert.

Bei der rechtlichen Einordnung ist zu beachten, dass der Begriff einer Netzwerkorganisation keinen Rechtsbegriff darstellt und daher in Abhängigkeit der Stabilität
und Kooperationsintensität der Organisationsform sowohl auf einfachen Koopera-
tions- wie auf umfangreicheren Gesellschaftsverträgen beruhen kann. Ein Koope-
rationsvertrag liegt dann vor, wenn kein gemeinsames Endprodukt hergestellt wird,
sondern nur zusammengesetzte Produkte verschiedener Herkunft vermarktet werden und jeder Akteur nur für seine Teilleistung haftet. Von einer Gesellschaft ist
demgegenüber auszugehen, wenn das Endprodukt als Ergebnis der gemeinsamen
Arbeit vermarktet wird und die Zusammenarbeit durch eine gemeinsame Produkt-
verantwortung oder konkreten Abreden über die Aufteilung von Gewinn und
Verlust auf einer echten Risikogemeinschaft beruht, die sich auf Gemeinschaftsor-
gane mit überwachenden oder steuernden Funktionen stützt. Der einmalige spon-
tane Zusammenschluss mit zeitlicher Befristung erfordert demnach keine feste und
dauerhafte Organisationsstruktur, so dass hier eine rechtliche Absicherung allein
auf Basis von Kooperationsverträgen erfolgen kann. Nur in dem Ausnahmefall,
dass mit dem Projekt von Anfang an eine Ausweitung der Zusammenarbeit beabsichtigt ist, greift das Gesellschaftsrecht. Besteht dagegen ein dauerhafter Unter-

nehmenspool, ist dieser als Gesellschaft bürgerlichen Rechts einzustufen, da eine dauerhafte Zusammenarbeit vereinbart ist und nicht nur die Einzelinteressen der Partner gemeinsam verfolgt werden, sondern darüber hinaus ein gemeinsamer Zweck an der Teilnahme am Netzwerk besteht (vgl. Lange, Knut W. 2001, S. 77 ff.).

Die Gesellschaft bürgerlichen Rechts ist der Grundtypus einer Personengesellschaft und kann prinzipiell durch einen formlosen Gesellschaftsvertrag gegründet werden. Die Gründung kann neben natürlichen Personen ebenfalls durch juristische Personen erfolgen. Die Gesellschaft kann am Rechtsverkehr rechtsverbindlich teilnehmen, darf aber weder einen eigenen Firmennamen führen noch Zusätze im Namen tragen, die von einem Kaufmann in seiner Firma geführt werden und auf Haftungsbeschränkungen hinweisen. Weiten sich die Geschäftstätigkeiten soweit aus, dass daraus ein Handelsgewerbe entsteht, wird die Gesellschaft per Handelsgesetz zur Personenhandelsgesellschaft, die ins Handelsregister eingetragen wird. Diese offene Handelsgesellschaft darf unter ihrer eigenen Firma Verträge abschließen, ist aber nur in der Ausprägung als Kommanditgesellschaft in der Haftung auf die Höhe der Kapitaleinlage der Gesellschafter beschränkt. Ansonsten erfolgt die unbeschränkte Haftung wie bei einer Personengesellschaft. Bei einer langfristigen Zusammenarbeit mit expandierenden Projektinhalten bieten sich daher Personenhandelsgesellschaften als geeignete Rechtsform an. Grundsätzlich lässt sich die Frage nach der besten Rechtsform aber nicht pauschal beantworten, sondern muss vor dem Hintergrund des Ziels und Zwecks des betroffenen Unternehmensnetzwerkes geklärt werden (vgl. Hoeren, Thomas 2000, S. 1 ff.).

Die Anwendung des Gesellschaftsrechts auf Netzwerkorganisationen wird von Teubner allerdings generell abgelehnt, da die Mitglieder nicht nur einen gemeinsamen Netzwerkzweck verfolgen. Der Zusammenschluss dient immer auch ihren individuellen Eigeninteressen, so dass nicht von einem alleinigen Gemeinschaftszweck ausgegangen werden kann, der für die Anwendung des Gesellschaftsrechts erforderlich wird. Die erbrachten Leistungen des Netzwerkes kommen auch nicht unmittelbar einem gemeinsamen Zweck zu Gute, sondern gehen als primäres Kooperationsziel direkt in das Vermögen der Beteiligen über. Die ambivalenten Netzwerkstrukturen zwischen Kooperation und Konkurrenz führen dazu, eine Netzwerkorganisation als privatrechtlichen Vertragsverbund zu interpretieren. Dessen rechtliche Besonderheit besteht in der wirtschaftlichen Einheit der formal getrennten Verträge, so dass mehrere Verträge auf ein einheitliches ökonomisches Ziel ausgerichtet sind, dieses aber nur mit der Erfüllung aller formal selbstständigen Verträge zu erreichen ist. Sind individuellen Pflichtverletzungen rechtlich nicht mehr konstruierbar, haftet das Netzwerk nach außen als Kollektivverbund, der einen Zurechnungstransfer unter den direkt beteiligten wie auch nicht direkt beteiligten Partnern ermöglichen soll. (vgl. Teubner, Gunther 2004, S. 66 ff.).

Damit ergibt sich eine andauernde rechtswissenschaftliche Debatte um die Rechtsform von Netzwerkorganisationen, die einerseits auf die Frage abzielt, ob dies als

Personen- oder Handelsgesellschaft angesehen werden können, andererseits die Frage der Anwendbarkeit des Gesellschaftsrechts selbst in Frage stellt. Dieser Streit kann hier nicht entschieden werden, er weist aber auf die Schwierigkeiten des Rechts hin, für die Strukturen von Netzwerkorganisationen auf Basis persönlicher Beziehungen adäquate Rechtsformen zu entwickeln. In diesem Sinne ergeht es der Rechtswissenschaft wie der Ökonomik, die sich auch lange Zeit schwer getan hat, Hybridformen als dritte ernst zu nehmende Organisationsalternative überhaupt anzuerkennen. Als Zwischenfazit dieser Debatte lässt sich festhalten, dass eine primäre Netzwerkorganisation in jedem Fall über eine bestimmte Rechtsform verfügen wird, um eine hinreichende Stabilität der vertraglichen Innen- und Außenbeziehungen gewährleisten zu können. Nach derzeitigem Diskussionstand kann aber nicht abschließend beurteilt werden, ob diese als ein neues privatrechtliches Rechtskonstrukt einzustufen ist oder auf die bestehenden gesellschaftsrechtlichen Formen aufbauen kann. Die methodischen Probleme ergeben sich nicht zuletzt aus der besonderen Bedeutung von persönlichem Vertrauen in diesen neuen beziehungsgestützten Organisationsformen, das eben nicht vollständig durch ein institutionell gestütztes „Systemvertrauen" substituiert werden kann und daher in der Rechtstheorie auf vergleichbare Schwierigkeiten stößt wie in der Neuen Institutionenökonomik.

Die beiden Mechanismen marktlicher Anreize und hierarchischer Anweisung, die durch das wechselseitige Vertrauen in hybriden Organisationsformen gestützt werden, lassen Netzwerke dann effizient erscheinen, wenn es den beteiligten Partnern gelingt, einen internen Kompetenzwettbewerb zur Auswahl der Teilnehmer an konkreten Projekten zu initiieren. Dieser muss auf die gewachsenen Beziehungsstrukturen innerhalb des Netzwerkes Rücksicht nehmen und wird somit durch das interpersonale Vertrauen begrenzt. Der Austritt etablierter Mitglieder führt durch den Verlust der engen persönlichen Beziehungen und der entsprechen-den Kenntnisse der Partnerkompetenzen zum Verlust von investierten Sozialkapital, das eine effiziente Partnerwahl ermöglicht. Die Aufnahme neuer Partner ins Netzwerk führt demgegenüber zu einer größeren Anzahl an potentiellen Kooperationspartnern und einer Erhöhung der marktlichen Anreizstrukturen. Daher werden ebenso institutionelle Regelungen notwendig, um die unterschiedlich ausgeprägte persönliche Nähe der Akteure durch die institutionellen Ausgestaltungen des Netzwerks zu unterstützen.

Zentrale Merkmale von Unternehmensnetzwerken sind somit die eigenständige Rechtspersönlichkeit und das Nebeneinander von marktlichen, relationalen und hierarchischen Koordinationsmechanismen, wovon Vertrauen als relationales Element die zentrale Stellung einnimmt. Für diese Arbeit wird daher folgende Definition primärer Netzwerkorganisationen relevant:

> **Primäre Netzwerkorganisationen** sind dauerhafte Unternehmens-
> kooperationen mit eigener Rechtsform. Die an der Kooperation teil-
> nehmenden rechtlich selbstständigen Partnerunternehmen verpflich-
> ten sich auf Basis von konstituierenden formellen wie informellen In-
> stitutionen zur Durchführung gemeinsamer Projekte unter Aus-
> nutzung von Informations- und Telekommunikationstechnologien
> und Beachtung eines internen Wettbewerbs bei der Auswahl der
> Projektteilnehmer, dessen Ausmaß durch das Vertrauen der Beteilig-
> ten begrenzt wird.

Besonders in großen Netzwerken besteht die zentrale Managementfunktion darin, dass Spannungsfeld zwischen leistungsförderlichen marktlichen Anreizen bei gerin-ger persönlicher Nähe und dem einen echten internen Wettbewerb ausschaltenden Vertrauen in Folge enger Beziehungen im Netzwerk zu bewältigen. Der Verhalten-unsicherheit sollte in dem Ausmaß beizukommen sein, dass ein bestimmter Aus-tausch von neuen und alten Partnern überhaupt möglich wird, um die Innovations-fähigkeit des Netzwerkes zu erhalten. Aus der Bewältigung dieser zentralen Mana-gementfunktion erwachsen die Spielräume in der aus dem Netzwerk zu bildenden Unternehmung, die dezentralen Effizienzvorteile weitmöglichst auszuschöpfen. Die ökonomische Rolle von Sozialkapital dabei kann nun abschließend zusammen-gefasst werden.

4.5 Fazit: Sozialkapital als organisationsökonomisches Konstrukt

Die Verwendung von Sozialkapital als analytische Kategorie zur Erforschung der Zusammenhänge hat in den Sozialwissenschaften einen Bumerangeffekt ausgelöst. Der vielgescholtene ökonomische Imperialismus durch die Übertragung des öko-nomischen Verhaltensmodells auf wirtschaftsfremde Fragestellungen erweist sich insbesondere für die heterogene und umstrittene Sozialkapitalforschung als att-raktives methodisches Angebot an die interdisziplinäre neoinstitutionelle For-schung, die vielen Einzelfragen konsistent unter einem Dach integrieren zu kön-nen. Damit sind allerdings Erweiterungen des Modells verbunden, welche die un-bewussten psychischen Restriktionen in das bewusste Kalkül bringen lassen. Solche Fragestellungen werden unter dem Stichwort der sozialen Präferenz auch in der Neuen Institutionenökonomik diskutiert, die sich damit immer weiter von ihren neoklassischen Wurzeln entfernt.

Die weitere Integration von relevanten soziologischen, entwicklungspsycholo-gischen und neuroökonomischen Aspekten in die Transaktionskostentheorie und die Verbindung der daraus gewonnen Erkenntnisse mit der bereits bestehenden agenturtheoretischen Interpretation des Vertrauensmechanismus ist ein vielverspre-chender Weg, die Neue Institutionenökonomik weniger neoklassisch-orthodox auszurichten, sondern stärker an interdisziplinär eingebundenen neoinstitutionalistischebn Fragestellungen zu orientieren. Diese Abkehr vom alten mikroökonomischen Paradigma wurde bereits mit den Annahmen der beschränkten Rationalität, der asymmetrischen Informationen und der Existenz von Transaktionskosten begonnen. Die Entwicklung der Neuen Institutionenökonomik ausgehend vom früheren Formalismus führt daher nicht nur zu neuen Lösungen, sondern auch zu neuen Lösungswegen. Dieser wissenschaftliche Fortschritt bringt es mit sich, „daß befriedigende Analyse nicht „halb" neoklassisch und „halb" neoinstitutionalistisch sein kann." (Richter, Rudolf/Furubotn, Eirik 1999, S. 506).

Das Forschungsprogramm der Ökonomik entwickelt sich gegenwärtig daher in seinen einzelnen Teilansätzen hin zu einer leistungsfähigen Interaktionstheorie, die partialanalytisch die Probleme der modernen Gesellschaft analysiert und daraus Handlungsempfehlungen zur Lösungen von dilemmatischen Interaktionsproblemen ableitet (vgl. Gerecke, Uwe 1998, S. 135 ff.). Die Berücksichtung der genetisch bedingten Bindungspräferenzen, die in einem bestimmten kulturellen Umfeld zu einem spezifischen Sozialverhalten der Individuuen führen, das nicht auf die Erzielung von Einkommen gerichtet ist, stellt einen weiteren wichtigen Schritt bei der Untersuchung menschlicher Interaktionen zur systematischen Überwindung von Knappheit dar. Durch den sozialen Mechanismus des Vertrauens wird insbesondere die theoretisch fundierte Gestaltung von hoch komplexen arbeitsteiligen Austauschprozessen in modernen Organisationsformen verbessert. Für Arbeiten auf Basis des rationalen Wahlverhaltens und des methodologischen Individualismus erweist sich das soziale Kapital als kleinster gemeinsamer Nenner bei der Überwindung von Interaktionsproblemen zur Realisierung vernetzter Kooperationspotenziale.

Die in der allgemeinen Diskussion relativ wenig beachteten ökonomischen Arbeiten von Gary Becker weisen auf die sozialen Prozesse bei der Herausbildung von erfahrungsabhängigen Präferenzen hin, die nicht mehr als dauerhaft stabil angesehen werden können. Der präferenzbildende Einfluss von sozialen Bezugsgruppen führt zu pfadabhängigen Investitionen in das persönliche Kapital, mit dessen Hilfe sich über eine erhöhte Güternachfrage ein größerer Nutzen aus dem individuellen sozialen Umfeld erreichen lässt. Dieses Humankapital lässt sich dem Individuum vollständig zuschreiben, wodurch der Nutzen aus der sozialen Umwelt als Individualgut interpretiert wird. Das eigene Investitionsverhalten wird damit aber von dem typischen Interaktionsproblem dilemmatischer Anreizstrukturen abgekoppelt, die bei der kollektiven Überwindung von Verhaltensunsicherheit durch die sozialen Beziehungen überwunden werden sollen. Das dafür gebildete Sozialkapital wird in dieser Arbeit daher als Clubkollektivgut interpretiert und kann nicht mehr als Teil des Humankapitals gesehen werden. Neben dem personalen Umfeld geht Becker auch nicht auf den Einfluss von Institutionen bei der individuellen Verhaltenssteuerung ein. Der zentrale Einfluss der individuellen Sozialisationsprozesse wird zwar einer ökonomischen Interpretation zugänglich gemacht, kann aber nicht die Frage beantworten, welche durch Umwelteinflüsse und intertemporale Investitionsentscheidungen herausgebildeten Präferenzen zur Entstehung von Vertrauen beitragen.

Die Beantwortung dieser Frage muss sich daher auf Erkenntnisse außerhalb der ökonomischen Theorie stützen. Im Neuen Institutionalismus findet derzeit eine Annäherung von mikroökonomischen und mikrosoziologischen Theorien zur Beschreibung der sozialen Bedingungen des individuellen Kooperationsverhaltens statt, bei der Vertrauen ein wichtiges gemeinsames Forschungsfeld darstellt. Die Betonung der kulturellen Prägungsprozesse, die als soziale Einbettung thematisiert werden, stellt aus soziologischer Sicht unbewusste Verhaltensmuster in den Vordergrund, wo die Ökonomik uneingeschränkte Willensfreiheit postuliert. Letztere ist aber innerhalb einer beschränkten Rationalität mit dem Problem konfrontiert, nur eine begrenzte Anzahl von Informationen bei der Umsetzung des Willens verarbeiten zu können. Das von Polanyi eingeführte implizite Wissen als unbewusste Hintergrundwahrnehmung, das die bewussten Entscheidungsprozesse unterstützt, kann daher als verbindendes Element bei der Entstehung von Vertrauen genutzt werden.

Die für das Vertrauen notwendigen impliziten Wissensbestände werden nach neuen experimentellen Ergebnissen in den Neurowissenschaften in der frühen Kindheit erworben. Dabei besteht ein empirisch bestätigter Zusammenhang zwischen der Hirnentwicklung und der emotionalen Zuwendung zwischen dem Kind und seinen engsten Bezugspersonen in den ersten Lebensjahren. Auch die Ausstattung mit späteren sozialen Kompetenzen ist abhängig von den im neuronalen Netzwerk abgebildeten Repräsentationen von Bindung, die zur psychischen Sicherheit des Kindes beitragen und ein stabiles Explorationsverhalten zur Erkundung seiner Umwelt ermöglichen. Die psychologische Bindungsforschung weist auf die fundamentale Bedeutung des genetisch programmierten Bindungsbedürfnisses beim Menschen hin, der seine ersten Bindungserfahrungen durch die emotionale Zuwendung in der Beziehung zu seinen Eltern erhält, die ihn das gesamte weitere Leben prägen. Der Zusammenhang zwischen positiven Bindungserfahrungen im ersten Lebensjahr und der grundlegenden Fähigkeit, im weiteren Lebensverlauf Vertrauen zu sich selbst und anderen aufbauen zu können, wurde von dem Entwicklungspsychologen Erik H. Erikson (1902-1994) bereits in den 1960er Jahren analysiert, ohne dies jedoch mit dem heute erbrachten empirischen Nachweis belegen zu können.

Die interdisziplinäre Sozialisationsforschung baut auf den Arbeiten von Erikson auf und liefert wichtige Hinweise über die Internalisierung von Werten und Normen aus dem sozialen Umfeld. Die emotionale Unterstützung durch starke Beziehungen kann besonders in Krisensituationen wichtige Ressourcen zur Krisenbewältigung bereitstellen. Dem drohenden Identitätsverlust durch die neuen Unsicherheiten einer selbst gezimmerten Patchworkbiographie von ständig auf dem Sprung ins nächste Projekt stehenden Wissensarbeitern kann somit durch eine soziale Einbettung in dauerhafte Beziehungsstrukturen entgegnet werden. Die starken Beziehungen tragen so zum aktiven Erhalt des in der ersten Lebenszeit gebildeten

Urvertrauens bei, während in schwachen Beziehungen eine bewusste Vertrauens-
nutzung nur sehr begrenzt auf Basis des bestehenden Urvertrauens möglich wird.
Die Sozialkapitalforschung hat sich bislang aus soziologischer Sicht auf die Aspekte
der Einbettung in gewachsene Gesellschaftsstrukturen konzentriert und aus ökonomischer Sicht die Effizienzwirkungen durch das Kooperationspotenzial innerhalb einer sozialen Gruppe beleuchtet. Der vor allem in der Psychologie betrachtete Aspekt der menschlichen Entwicklung wird dagegen systematisch vernachlässigt, da die erwachsenen Akteure aus soziologischer Sicht bereits ein voll
entwickeltes Unterbewusstsein besitzen und aus ökonomischer Sicht ein solches
überhaupt nicht benötigen, um vernünftige Entscheidungen treffen zu können, die
von den exogenen situativen Anreizen abhängen.

Die Integration psychologischer Erkenntnisse über die Wirkungen sozialer Beziehungen auf die Herausbildung von Präferenzen und die Bewältigung von Krisen
kann diese beiden Sichtweisen bei der Bildung von Sozialkapital fruchtbar ergänzen, indem durch die Freilegung der Quellen des impliziten Beziehungswissens der
Blick auf die Zeitabschnitte im Lebensverlauf gerichtet wird, in denen wesentliche
Grundlagen der menschlichen Vertrauensfähigkeit geschaffen werden. Die Erkenntnisse der Sozialisationsforschung weisen ebenfalls darauf hin, dass im ersten
Lebensjahr auch für die Eltern des Säuglings eine Festigung und Erhöhung ihres
impliziten und expliziten Beziehungswissens möglich ist. Neben der Emotion des
Urvertrauens umfasst das Beziehungswissen durch Lernprozesse kognititv gespeicherte Beziehungserfahrungen, die ein interaktives Sozialverhalten ermöglichen.
Das Beziehungswissen lässt sich vom Fähigkeitswissen abgrenzen, welches sich auf
die autonome Leistungsfähigkeit des Individuums bezieht. Dem Beziehungswissen
kommt eine wichtige Doppelfunktion bei der Unsicherheitsbewältigung zu. Auf der
einen Seite ist es die Wurzel des menschlichen Bindungsmotivs, auf der anderen
Seite dient es in seiner impliziten Form als Basis einer intuitiven Informationsverarbeitung. Diese hier stark vereinfachte Sichtweise steht in Einklang mit den Ergebnissen der Hirnforschung, die Emotionen eine zentrale Rolle bei der Auswahl
von wertvollen Informationen bei der Entscheidungsfindung zuweist. Die Integration der Emotion des Urvertrauens in das ökonomische Verhaltensmodell erfolgt
über die Formulierung als grundlegende Restriktion auf Basis einer beschränkten
Rationalität, die intuitiv zu einem bewussten Nutzen führen kann, dessen Quelle
dem damit kalkulierendem Individuum verborgen bleibt.

In Anlehnung an die konzeptionellen Überlegungen von Herbert Simon zur Wirkungsweise einer intuitive Rationalität lässt sich Intuition als informationsverarbeitender Mechanismus auf Basis des impliziten Beziehungswissens beschreiben.
Dieser richtet die knappe bewusste Aufmerksamkeit auf ein bestimmtes Problem
und lässt durch das unbewusste Vernetzen aller relevanten Informationen subjektiv
sichere Erkenntnisse zur Problemlösung gewinnen. Da hier die Frage der Entstehung von Vertrauen im Vordergrund steht, wird mit Hilfe des Beziehungswissens
eine unbewusste Filterung der durch die Sinnesorgane eingehenden Informationen
über die personale Umwelt getroffen, indem ein Vergleich des externen Bindungs-

verhaltens mit dem eigenen Bindungsmuster durchgeführt wird. Kommt es zu einer Übereinstimmung, wird das unbewusste Bindungsprogramm aktiviert, das die Aufmerksamkeit auf das Bindungsmotiv richtet, das mit der entsprechenden Person realisiert werden kann und damit zu einem bewusst erfahrbaren Bindungsnutzen führt. Dieser ist die Grundlage des bewussten Kalküls kognitiver Prägung.

Für die ökonomische Theoriebildung scheint die Einführung eines kognitiven Unterbewusstseins wenig problematisch, da dieses unter dem Aspekt des impliziten Wissens bereits seit längerer Zeit als Handlungsrestriktion genutzt wird. Wichtiger dagegen ist dessen Erweiterung um die Emotion des Urvertrauens als einzig zugelassene menschliche Emotion bei der Beschreibung des Bindungsstrebens, das als grundlegendes Handlungsmotiv den Einkommenszielen gegenübergestellt wird. Eine Abweichung vom Rationalkalkül kann dabei nicht das Ziel einer ökonomischen Betrachtung sein, so dass hier allenfalls eine dem komplexen Untersuchungsgegenstand des Vertrauens geschuldete Ergänzung des bisherigen Risikokalküls in Frage kommt. Diese Erweiterung ist mit einer Erhöhung der Aussagefähigkeit der Theorie über das menschliche Verhalten verbunden, da die Bindungsmotive berücksichtigt werden können, die den rationalen Menschen in jeder fortgesetzten Interaktion vor die Entscheidung stellen, ob das Bindungsmotiv oder das Einkommensmotiv in der Beziehung den handlungsleitenden Ausschlag geben soll, wobei in wirtschaftlichen Transaktionen immer beide Motive zugleich auftreten. Da der Bindungsnutzen als bewusste Wirkung des Beziehungswissens dem rationalen Kalkül vollständig zugänglich ist, besteht somit auf der Entscheidungsebene keine Aufweichung des ökonomischen Verhaltensmodells.

Der Gefahr der Immunisierung des Modells durch die unbewusste Entstehungsebene wird begegnet, indem nur eine einzige Emotion zugelassen wird. Somit lassen sich Verhaltensvarianzen bei identischen situativen Rahmenbedingungen nicht beliebig auf ein Bündel von unbewussten Irrationalitäten zurückführen, sondern auf die Beeinträchtigung der ansonsten kognitiven Informationsverarbeitung in Folge eines unterschiedlichen Bestandes der unbewussten Ressource des Urvertrauens. Da das implizite Beziehungswissen zudem in langfristigen Sozialisationsprozessen aufgebaut wird, ist es mit der emotionalen Komponente des Urvertrauens als weitgehend konstant anzusehen, wodurch der Bindungsnutzen innerhalb der betrachteten Periode nur auf der Ebene des bewusst erlernbaren expliziten Beziehungswissens veränderbar ist. Diese Konstanz des impliziten Beziehungswissens steht im Einklang mit der komparativ-statischen Betrachtungsweise der Transaktionskostentheorie, so dass die zeitliche Stabilität der Emotion des Urvertrauens dazu beiträgt, von gegebenen Bindungspräferenzen ausgehen zu können, die zeitlich stabil sind. Insofern ist die affektive Herkunft der Ursache dieser Präferenzen vernachlässigbar, wogegen die Wirkungen in Form des Bindungsnutzens eine Unterscheidung zwischen den beiden Beziehungsmustern „Vertrauen" und „Risiko" ermöglicht.

Die Stabilität des Bindungsnutzens führt in der periodenbezogenen Betrachtungsweise zur konsistenten Analyse von Institutionen als effizientes Mittel zur Senkung von Transaktionskosten. Die beziehungsspezifische Quasirente, bestehend aus dem vom Beziehungswissen abhängigen Bindungsnutzen und dem vom einkommensschaffenden Wert des Informationsaustausches abhängigen Informationsnutzen aus der Beziehung, setzt beziehungsspezifische Investitionen voraus, die mit Hilfe von Institutionen abgesichert werden können. Während das institutionelle Kapital von Institutionen in ihrer Fähigkeit besteht, die zum Informationsnutzen gehörenden Informationskosten reduzieren zu können, kommt ihnen als eine Dimension von Sozialkapital die Aufgabe zu, die dem Bindungsnutzen gegenübergestellten Bindungskosten zu verringern. Bindungskosten als Teil der Transaktionskosten ergeben sich durch die analytische Unterscheidung der beziehungsbezogenen Transaktionsmotive „Bindung" und „Einkommen", wobei Bindung das Streben nach psychischer Sicherheit durch beziehungsstärkendes Verhalten bedeutet. Während die Informationskosten durch die Aufwendungen für das Erkennen der kooperativen Verhaltensweisen bei der Erzielung von Einkommen mit Hilfe der Beziehung entstehen, entstehen die Bindungskosten durch Aufwendungen bei der Identifikation der bindungsbezogenen Verhaltensweisen des Interaktionspartners.

Die Bindungskosten drücken so die mentalen Reibungen bei der intuitiven Informationsverarbeitung aus, welche im Zusammenspiel mit dem bewussten Rationalmodell der beschränkten Rationalität einen sofortigen und problemlosen Vergleich der interpersonalen Bindungsmuster verhindern. Im Gegenteil werden gerade zu Beginn einer Beziehung hohe Bindungskosten anfallen, die durch einen gemeinsamen kulturellen Hintergrund der Beteiligten abgesenkt werden können, so dass hier die institutionelle Umwelt über die Bindungskosten die Transaktionskosten reduzieren kann. Dabei ist von einem Trade-off zwischen Bindungskosten und Informationskosten auszugehen. Bei der Produktion bindungsbezogener Signale steigen die Bindungskosten, die zu Vertrauen führen und damit auf der anderen Seite die Informationskosten reduzieren können. Notwendige Bedingung der Existenz von bewusstem Vertrauen ist ein positiver Beziehungsnettonutzen, der sich aus dem Bindungs- und Informationsnutzen abzüglich der jeweiligen Transaktionskosten ergibt. Hinreichende Bedingung ist, dass eine Übereinstimmung zwischen den Erwartungen des Vertrauensgebers und –nehmers besteht, die zur psychischen Sicherheit beiträgt.

Die wechselseitige Erwartung zwischen beiden Transaktionspartnern, dass in der Transaktion diese Bedingung nicht nur für sich selbst, sondern auch für die andere Seite gilt, wird als bilaterales Erwartungsgleichgewicht bezeichnet. Nur in diesem Entscheidungszustand ist die Vergabe von bewusstem Vertrauen gerechtfertigt. Vertrauen ist die bewusste Ausblendung opportunistischer Handlungsmöglichkeiten des Vertragspartners im Entscheidungsfeld des Vertrauensgebers, der in Folge der subjektiven Wahrnehmung des bilateralen Erwartungsgleichgewichts in Transaktionen auf explizite vertragliche Sicherheiten und Kontrollen verzichtet. Die Investitionen in soziales Kapital sollten folglich dazu führen, dass innerhalb

einer Netzwerkorganisation bilaterale Erwartungsgleichgewichte zwischen den Beteiligten dauerhaft stabilisiert werden können, damit wechselseitiges Vertrauen entsteht. Wird mit der Sozialkapitalspezifität das Ausmaß der Abhängigkeit der Realisation von Informationsnutzen durch die gleichzeitige Realisation von Bindungsnutzen beschrieben, so führen spezifische Investitionen in Sozialkapital zur
stärkeren Kopplung zwischen diesen beiden Teilen der erwarteten Quasirente aus
der Beziehung.

Ein hoher Informationsnettonutzen ist bei einer hohen Spezifität nur noch mit einem hohen Bindungsnettonutzen möglich. Je höher die Verhaltensunsicherheit in
Netzwerkorganisationen ausfällt, desto höher wird folglich die entsprechende Spezifität des Sozialkapitals ausfallen. Die Gefahr opportunistischer Verhaltensweisen
bleibt auf der Ebene des expliziten Beziehungswissens aber bestehen, da jedes
Netzwerkmitglied auf dieser Ebene abwägen kann, ob es den Bindungszielen oder
den Einkommenszielen den Vorrang gibt. Erwarten die Vertragspartner ein wechselseitiges multilaterales Erwartungsgleichgewicht als Summe der bilateralen Erwartungsgleichgewichte in einer Gruppe, lässt sich eine Ausbeutung des Vertrauens
mit den hohen möglichen Einkommenszuwächsen erklären, die damit verbunden
sein müssen. Es kommt daher mit steigender Spezifität der eingesetzten Produktionsfaktoren und strategischen Relevanz zu einem Punkt, an dem ein Wechsel zu
expliziten vertraglichen Kontrollen notwendig wird, wenn der erwartete Informationsnutzen den erwarteten Bindungsnutzen überschreitet. Mit dem Wechsel ist die
Abkehr von der vertrauensbasierten Netzwerkorganisation hin zur Hierarchie verbunden, die dann auf Basis von Risikobeziehungen eine effiziente Koordination
sicherstellen kann.

Insgesamt kann Sozialkapital durch die Dimensionen des Beziehungswissens, der
Beziehungen und der Institutionen ausgedrückt werden. Das Beziehungswissen
sorgt für die Wahrnehmung des erwarteten Bindungsnutzens und den Möglichkeiten, diesen zu erhöhen. Die Qualität der Beziehung kann dann durch die wechselseitigen beziehungsspezifischen Investitionen der Beziehungspartner beschrieben werden, die zum individuellen bzw. beziehungsspezifischen Beitrag für das
Clubkollektivgut Sozialkapital werden. Die Institutionen senken innerhalb der betrachteten Periode die Bindungskosten, während sie in langfristiger Perspektive in
ihrer informellen Ausprägung in Sozialisationsprozessen internalisiert werden können. Da die Unabhängigkeit zwischen den Dimensionen Beziehungswissen und
Institutionen aber in der periodenbezogenen Sichtweise gegeben ist, kann die
Wechselwirkung in Folge der komparativ-statischen Sichtweise vernachlässigt werden. Die Absicherung der beziehungsspezifischen Institutionen erfolgt in Netzwerkorganisationen primär durch Vertrauen, so dass die Institutionen die Spezifität
nicht mehr direkt absichern, sondern indirekt durch die institutionelle Reduktion
der Bindungskosten zum Vertrauen beitragen. Je geringer die Bindungskosten innerhalb der gesamten Netzwerkorganisation ausfallen, desto höher ist der Beitrag
der institutionellen Dimension zum Sozialkapital durch die Herausbildung stabiler
Erwartungen.

Die Beziehung führt über die kontinuierliche dyadische Interaktion ebenfalls zur Stabilität der Erwartungen bezüglich des vertrauensvollen Verhaltens der Interaktionspartner. Diese Stabilität bleibt aber auf die jeweilige Dyade beschränkt, so dass den Institutionen bei der systematischen Koordination der verschiedenen Beziehungen in einem Netzwerk die entscheidende Bedeutung bezüglich der Stabilisierung wechselseitiger Erwartungsgleichgewichte zukommt. Die Unterscheidung zwischen den Dimensionen des individuellen Beziehungswissens als Spieler, der Institutionen als Spielregeln und der Beziehung als dyadische Spielfläche bei der Durchführung des Vertrauensspiels innerhalb einer Netzwerkorganisation geht über die Definition einer Organisation von North hinaus, da die Effizienz der Organisationsform von der dominierenden Beziehungsform abhängig wird.

Das Sozialkapital einer Organisation besteht darin, dass innerhalb dieses Clubs Vertrauensbeziehungen existieren, die sich zum Wohle der Organisationsziele nutzen lassen. Aus ökonomischer Sicht bedeutet dies die Reduktion von Transaktionskosten auch bei einer höheren Spezifität der eingesetzten Produktionsfaktoren im Vergleich zur vertikalen Integration. Der Wechsel vom Markt und der Hierarchie zur Netzwerkorganisation lässt sich daher mit dem Wechsel von der Risikobeziehung zur Vertrauensbeziehung beschreiben. Wird ein Netzwerk aus der Perspektive des methodologischen Individualismus interpretiert, kann es als Sonderform einer sozialen Gruppe bezeichnet werden. Sozialkapital entsteht aus dem Zusammenspiel einer spezifischen sozialen Umwelt in Form von Spielregeln und bestimmten Strukturen von Beziehungen als Spielflächen, die den Individuen spezifische Informationen bezüglich der Realisierung reziproker Beziehungen auf Vertrauensbasis zur Erfüllung der Bindungsbedürfnisse übermitteln. Diese werden durch das implizite Beziehungswissen unbewusst verarbeitet und gelangen über den Mechanismus der Intution als bewusst wahrnehmbarer „Bindungsnutzen" in das Entscheidungskalkül. Da in dieser Arbeit nur das Beziehungswissen relevant wird, ist hier das explizite Beziehungswissen die entscheidende Instanz der menschlichen Informationsverarbeitung innerhalb einer sozialen Gruppe. In einer allgemeinen Fassung ist Sozialkapital dann die Fähigkeit zum Vertrauensvorschuss zwischen den Mitgliedern einer organisierten Gruppe, deren individuelles Wissen zueinander in einer Beziehung steht und sich dabei auf eine institutionelle Anreizstruktur stützt, die ein dauerhaftes wechselseitiges Erwartungsgleichgewicht als formalem Ausdruck der wahrgenommenen psychischen Sicherheit zwischen den Gruppenmitgliedern etablieren kann, welches zum vertrauensvollen Kontrollverzicht führt.

Der Kontrollverzicht als Ausdruck bewussten Vertrauens führt dazu, dass Vertrauen auf der Ebene des bewussten Verhaltens beobachtbar wird. Ebenso lässt sich die Situation der Handlungsbedingungen in Form der spezifischen sozialen Umwelt „Beziehungsnetzwerk" von außen beobachten. Die Analyseebene der Person entzieht sich dagegen einer direkten Beobachtung. Sie enthält die wichtige zweite Komponente von Vertrauen in Form des unbewussten Urvertrauens, das als Teil des impliziten Beziehungswissens untrennbar mit der Vergabe vom rein kognitiven kalkulierenden Vertrauen verbunden ist. Der Mensch wird hierbei als in-

formationsverarbeitendes System betrachtet, wie dies auch in den Arbeiten von
Herbert Simon geschieht, der sich bei der beschränkten Rationalität auf die kogni-
tionspsychologische Forschung bezieht, die über Williamson Eingang in die ökonomische Theorie gefunden hat.

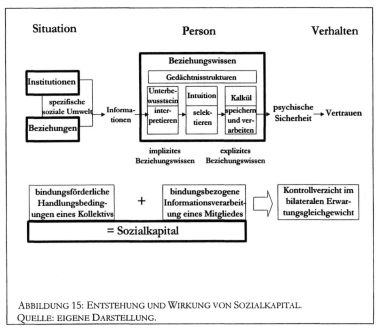

ABBILDUNG 15: ENTSTEHUNG UND WIRKUNG VON SOZIALKAPITAL.
QUELLE: EIGENE DARSTELLUNG.

Kognitionen stellen Erkenntnisse dar, die aus den gedächtnisgestützten Prozessen
der Wahrnehmung, der Aufmerksamkeit, der Sprache und des Denkens als Problemlösung gewonnen werden. Entsprechend besteht der Untersuchungsgegenstand
der Kognitionspsychologie in den Informationsverarbeitungsprozessen, die auf
Gedächtnisinhalte zurückgreifen. Nach dem Informationsverarbeitungsansatz erfolgen die Verarbeitungsschritte der von der Umwelt aufgenommenen bzw. gesen-
deten Informationen sequenziell in verschiedenen Verarbeitungsphasen. Empfangen und verarbeitet werden sie dann durch die drei Elemente der Sinnesorgane, der
Gedächtnisstrukturen und der Motorik. In der Darstellung eines Blockschaltbildes
werden die Verarbeitungselemente als Kästchen abgebildet, während die Relationen
zwischen den Elementen, welche die Verarbeitungsphasen bestimmen, als Pfeile
abgebildet werden (vgl. Hussy, Walter 1993, S. 28 ff.). Die grundsätzliche Beibehaltung der kognitionspsychologischen Argumentation wird hier um die stabile
Emotion des Urvertrauens erweitert, die sich als komplementäre Informationsver-
arbeitungsinstanz zur Entwicklung vertrauensvollen Sozialverhaltens erweist.

Die Abbildung verdeutlicht diese Zusammenhänge, wobei die Randelemente der
Sinnesorgane und der Motorik als physische Schnittstellen zur Umwelt vernach-

lässig werden. Der Vertrauensvorschuss durch Sozialkapital entsteht durch das Zusammenspiel bindungsförderlicher Handlungsbedingungen eines Kollektivs durch niedrige Bindungskosten, welche die Durchführung spezifischer Investitionen in die Beziehungen erleichtern und dem individuellen Beziehungswissen, dessen hohe Ausprägung durch sichere Bindungsmuster das Ergebnis der bindungsbezogenen Informationsverarbeitung in Form der wahrgenommenen psychischen Sicherheit wahrscheinlicher macht. Das Vertrauen wird in einer konkreten Transaktion innerhalb des Netzwerkes sichtbar, wenn auf die formellen Absicherungen verzichtet wird. Es führt somit zur Verzinsung des sozialen Kapitals, das investiv die psychische Sicherheit der Clubmitglieder herstellen kann und somit zu einer vertrauensvollen Transaktionsatmosphäre führt. Sozialkapital sichert das Bindungsmotiv der Individuen ab, wodurch Vertrauen entsteht, das dann wiederum zur Absenkung von Informationskosten genutzt werden kann. Es gilt die folgende Arbeitsdefinition:

Sozialkapital: Fähigkeit zum Vertrauensvorschuss zwischen den Mitgliedern einer organisierten Gruppe, deren individuelles Wissen zueinander in einer Beziehung steht und sich dabei auf eine institutionelle Anreizstruktur stützt, die ein dauerhaftes wechselseitiges Erwartungsgleichgewicht zwischen den Gruppenmitgliedern etablieren kann.

Die besondere Bedeutung der institutionellen Dimension zeigt sich in Netzwerkorganisationen durch die übergeordnete Reichweite der Institutionen, mit denen die verschiedenen Beziehungen innerhalb der Gesamtorganisation effizient auf Vertrauensbasis koordiniert werden können. Ein Netzwerk besteht aus n Partnerunternehmen, von denen in diesem vereinfachten Beispiel 4 Partner je einen Projektmitarbeiter in die beiden Projektteams A und B entsenden. Ein Team besteht aus zwei Personen, die ihr individuelles Beziehungswissen in das Team mit einbringen. Bei Team A könnte es sich um zwei Programmierer handeln, die eine neue Software beim inländischen Kunden implementieren wollen, die gemeinsam von den beiden Partnerunternehmen 1 und 2 entwickelt worden ist. Im Team B wären dann die Marketingexperten aus Unternehmen 3 und n parallel mit der Umsetzung einer globalen Wettbewerbsstrategie für dieses neue Produkt beschäftigt.

Die Dimension des Beziehungswissens stellt hierbei die unterste, rein auf das Individuum bezogene Handlungsebene dar. Der Wechsel auf eine übergeordnete Perspektive erfolgt durch die Beziehungsebene. Die Beziehung innerhalb eines Teams verbindet das Wissen der beiden Personen miteinander. Durch die vereinfachte Darstellung ergibt sich nur eine Beziehung pro Team. Die Komplexität der Beziehungsstrukturen erhöht sich bei mehr als zwei Teammit-gliedern entsprechend, wobei auch die beiden Projektteams miteinander kommunizieren und damit in eine Beziehung treten müssen. Voraussetzung zu interaktivem Handeln ist zunächst das allein dem Individuum zurechenbare Beziehungswissen. Erst durch die Existenz von Beziehungen kann daraus eine beziehungsspezifische Quasirente abgeleitet werden, deren Anreizwirkung nach Abzug der Transaktionskosten das Verhalten der einzelnen Mitarbeiter bestimmt.

Die Spielregeln, die für die gesamte Netzwerkorganisation gelten, verbinden die einzelnen Beziehungen miteinander und können durch ihre größere Reichweite und ihre projektübergreifende Dauer unabhängig von der aktuellen personellen Zusammensetzung der Teambeziehungen die Bindungskosten im Clubkollektiv reduzieren. Institutionen können so in jeder aktuellen Beziehung innerhalb der Netzwerkorganisation dabei helfen, ein bilaterales Erwartungsgleichgewicht zu stabilisieren. Dafür braucht das Netzwerk gewachsene Sozialstrukturen. Das Management von Netzwerkorganisationen kann jedoch auf die Gestaltung der drei Dimensionen von Sozialkapital nur unterschiedlich großen Einfluss nehmen, da die impliziten Bestandteil des Beziehungswissens sehr stark durch die institutionelle Umwelt geprägt werden. Die Umwelt wird somit zur wichtigen Handlungsrestriktion in Netzwerken. In der nachstehenden Abbildung werden diese Überlegungen zusammengefasst.

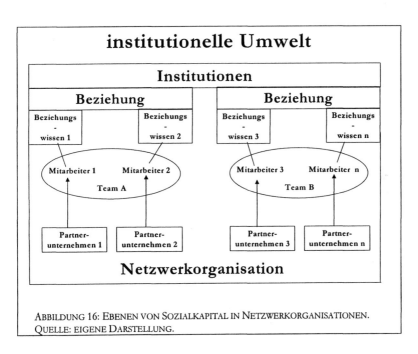

ABBILDUNG 16: EBENEN VON SOZIALKAPITAL IN NETZWERKORGANISATIONEN. QUELLE: EIGENE DARSTELLUNG.

Der Einfluss der gruppenexternen Umwelt kann tendenziell umso stärker reduziert werden, je geschlossener die Mitgliederstruktur ausfällt. Konzeptionell stützt sich dieser Sozialkapitalansatz auf die Verwendung des Sozialkapitalbegriffs bei Coleman, der auf die hohe Bedeutung der Geschlossenheit einer Sozialstruktur bei der Nutzung von Vertrauen in deren sozialen Beziehungen hinweist, da erst die Geschlossenheit eine hinreichend hohe Emergenz der Normen in sozialen Netzwerken sicherstellen kann (vgl. Coleman, James S. 1991, S 389 ff.).

Mit Coleman wird davon ausgegangen, dass Sozialkapital bei der Bildung von Humankapital entsteht. Seiner Argumentation, dass es selbst bei der geplanten individuellen Investition in die Beziehungsstrukturen zu Errichtung eines Kollektivgutes kommt, an dem alle Mitglieder der Sozialstruktur partizipieren und der Gewinn für den Investor dadurch wesentlich geschmälert wird, kann aber nur für den Fall öffentlicher Güter gefolgt werden. Das Problem der Trittbrettfahrer durch die externen Effekte bei den individuellen Beiträgen zur Errichtung eines Kollektivgutes ist für Clubkollektivgüter im Gegensatz zu öffentlichen Gütern lösbar, da ein Club die Möglichkeit zur Exklusion von Nichtmitgliedern besitzt. Da sich Coleman auf den Austausch von Informationen und wechselseitigen Verpflichtungen konzentriert, beschränkt sich sein Ansatz auf den Informationsnutzen, während der potentielle Bindungsnutzen als zweiter Bestandteil der beziehungsspezifischen Quasirente unberücksichtigt bleibt. Dadurch wird dieser Teil des möglichen Gewinns nicht gesehen, der die möglichen Folgen eines verringerten Informationsnutzens durch das Trittbrettfahrerproblem überkompensieren kann und damit die Investition in soziales Kapital auch bei externen Effekten rational begründbar macht. Die Investition ist immer mit dem bewussten Ziel verbunden, die potenzielle beziehungsspezifische Quasirente abzusichern. Die Absicherung erfolgt über eine Verbesserung der Beziehungen, damit eine vertrauenswürdige Transaktionsatmosphäre entstehen kann, aus der sich das Vertrauen in den einzelnen Transaktionen als Beziehungsepisoden manifestiert. Somit besteht Sozialkapital nicht aus Vertrauenswürdigkeit, sondern es führt erst dazu, indem es die psychische Sicherheit innerhalb der Gruppe herstellt, die ihre Mitglieder überhaupt erst in die Lage versetzt, sich selbst und anderen Vertrauenswürdigkeit zuschreiben zu können.

Damit wird deutlich, dass der Club der Sozialkapitalisten erheblich in seiner Größe schwanken kann, der Zusammenhang zwischen einer relativ kleinen Größe und einer hohen beziehungsspezifischen Quasirente aber nicht immer gelten muss. Festzuhalten bleibt, dass die Spezifität des Sozialkapitals mit ihren Effizienzwirkungen umso höher ausfallen kann, je größer die Geschlossenheit der Netzwerkorganisation ist. In letzter Konsequenz können so große Beziehungsnetzwerke wie das weltweit gefürchtete Terrornetzwerk Al Quaida damit bei einer extrem hohen Unsicherheit das Verhalten der Mitglieder gegen Opportunismus absichern. Diese könnten im Einzelfall ihren Informationsnutzen durch die Preisgabe des Aufenthaltsortes von Osama bin Laden an das amerikanische Militär kurzfristig enorm in die Höhe treiben, wenn sie ihn durch ihre internen Kontakte in Erfahrung bringen können. Zentral wird die Bedeutung des Beziehungswissens in Form von Ideologien, die auch auf den vergangenen Sozialisationsprozessen in islamischen Ländern beruhen. In diesem Fall erweist sich die Netzwerkstruktur immer einer hierarchischen Lösung als überlegen.

In Verbindung mit den finalen Sanktionen für Verräter durch die netzwerkinterne institutionelle Anreizstruktur zeigt dieses sicher als extrem anzusehende Beispiel prägnant, dass der durch die institutionelle Umwelt geprägte Bindungsnutzen eine enorme Auswirkung auf die Absicherung von Transaktionen haben kann. Im hier betrachteten Normalfall wirtschaftlicher Transaktionen werden Netzwerkorganisationen die Hierarchie auch in der Informationsgesellschaft nicht vollständig ablösen können, sondern sie vielmehr immer tiefer in die Partnerunternehmen integrieren, die sich damit weiter von der theoretischen Idealform der Hierarchie entfernen. Soll Vertrauen in der Unternehmenspraxis eine größere Rolle spielen, ist diese Entwicklung unumgänglich und mit vielen Chancen verbunden, die nicht nur in der Ausschöpfung wechselseitiger Kooperationspotentiale liegen, sondern auch in der Entwicklung der Individuen. Angesichts des fundamentalen Wandels ihres Alltages in der Informationsgesellschaft und den drohenden Verlustes der Identität als Fähigkeit des Menschen, eine kohärente Geschichte seines Lebens auf Basis seines Urvertrauens erzählen zu können, versuchen die Menschen wieder den Halt zu finden, der ihre persönliche Geschichte mit Sinn erfüllen kann. Die hohe Bedeutung starker Beziehungen durch Freunde und Familie auch für die jüngeren Beschäftigten weist in diese Richtung (vgl. Punkt 3.2.4).

Die Herausforderungen der Informationsgesellschaft bieten durch die Erforschung der Bedingungen, Einflussfaktoren und Wirkungsweisen produktiver Arbeitsbeziehungen für die Zukunft eine nachhaltige Möglichkeit, die ökonomische Perspektive stärker an den sozialen Bedürfnissen der in den Organisationen tätigen Menschen auszurichten. Da in dieser Arbeit hierfür die ökonomische Vertrauensforschung um die Restriktion des Bindungsnutzen auf Basis des expliziten und vor allem implizten Beziehungswissens erweitert wird, stellt sich insbesondere das Urvertrauen als Zielgröße dar, die Beziehungsfähigkeit dauerhaft am Leben erhalten zu können. Weil die ökonomische Theorie menschliche Motivationen vereinfacht durch Nutzen ausdrückt, kann so konsistent der Intention hinter dem Begriff des Urvertrauens gefolgt werden, wonach Vertrauen durch seine Funktion der Unsicherheitsbewältigung eben nicht nur Kosten senken will, sondern mit einem bindungsbezogenen Nutzen verbunden ist, der sich nicht auf die Erzielung von Einkommen richtet. Er ist jedoch in wirtschaftlichen Transaktionen verwendbar und bietet den Unternehmen einen zentralen Ansatzpunkt, Vertrauen in Netzwerkorganisationen durch Investitionen in Sozialkapital systematisch einsetzen zu können. Für die Unternehmen ergibt sich die große Chance, durch das Angebot an stabilen Beziehungen eine Bindung derjenigen Mitarbeiter zu erreichen, die in Folge ihres personenabhängigen Wissens zur entscheidenden Ressource beim Aufbau von Wettbewerbsvorteilen werden und über die Kompetenzen verfügen, erfolgreich in Netzwerkorganisationen kooperieren zu können. Wie diese in wissensintensiven Unternehmen zukünftig wichtiger werdende Personalbindung ausgestaltet werden kann, ist Gegenstand des folgenden Kapitels.

5. Investitionen in Sozialkapital als Mittel effizienter Personalbindung in primären Netzwerkorganisationen

Die Bindung des Personals in wissensintensiven Partnerunternehmen trägt zu Wettbewerbsvorteilen bei, da der Verlust von strategisch relevantem Wissen verhindert wird. Die Nutzung der Bindungsmotive der Mitarbeiter ergibt sich vor allem durch die Berücksichtigung bindungssensibler biographischer Lebensphasen. Mit der Implementierung der Personalstrategie der „Elternführerschaft" kann die Investition in (dialogisches) Sozialkapital mit der Erhöhung der individuellen Wechselkosten der Beschäftigten als Maß der Personalbindung verbunden werden. Die bislang noch recht unerforschte Personalfunktion der Personalbindung wird hierzu in Anlehnung an die etablierte ökonomische Kundenbindungsforschung aus einer ökonomischen Perspektive interpretiert.

Da die Personalbindung für die erfolgreiche Teilnahme an Unternehmensnetzwerken als primäre Netzwerkorganisationen zentral für den Aufbau von Vertrauen wird, können durch die Investitionen in Sozialkapital die Wechselkosten der Arbeitnehmer systematisch durch die Arbeitgeber erhöht werden. Die neuen Unsicherheiten in der Informationsgesellschaft lassen die Personalbindung auf Basis eines neuen impliziten Arbeitsvertrages zu, welcher die Erwartungen beider Vertragsseiten durch die Ausweitung der Arbeitstätigkeit auf die Projektteams in Netzwerkorganisationen berücksichtigt. Die Herleitung eines ökonomischen Konstruktes der Personalbindung kann die beiden Perspektiven aufgreifen, indem die Unternehmen die Wechselkosten ihrer Mitarbeiter beeinflussen, um den Verbleib hoch qualifizierter und motivierter Arbeitnehmer sicher zu stellen.

5.1 Personalbindung als Ziel des Personalmanagements in wissensintensiven Unternehmen

Die Personalbindung als Funktion des Personalmanagements wird bereits in einigen Lehrbüchern unter dem Aspekt der Erhaltung der Kompetenzen und der Motivation des Personals durch den dauerhaften Verbleib der Mitarbeiter im Unternehmen thematisiert. Eine breitere Auseinandersetzung findet sich seit den 1990er Jahren vor allem in der Praxis, die gegenwärtig auch in der Theorie verstärkt aufgegriffen wird. Derzeit steht die wissenschaftliche Diskussion um die Ursachen des Verbleibens in einer Organisation und ein allgemein akzeptiertes Modell der Mitarbeiterbindung noch am Anfang. Das wachsende Interesse an den negativen wie positiven Aspekten der Beziehung zwischen einem Unternehmen und seinen Mitarbeitern lässt sich aus diesen beiden Perspektiven betrachten, wobei die Unternehmenssicht in der Literatur dominiert. Die vielfältigen Begriffsverwendungen zur Beschreibung des sozialen Phänomens finden ihre aktuelle Ergänzung durch den normativ verwendeten Begriff der Retention, der aus der Medizin kommt und dort auf die Zurückhaltung von ausscheidenden Stoffen abzielt. Die zentrale Frage aller unternehmensbezogenen Ansätze besteht in der Auswahl der Maßnahmen, die zur Personalbindung eingesetzt werden können, während die Mitarbeiterperspektive nach den individuellen Gründen des Verbleibens im Unternehmen fragt (vgl. vom Hofe, Anja 2005, S. 3-8).

Eine betriebswirtschaftliche Analyse der Personalbindung durch Sozialkapital wird sich mit beiden Fragen beschäftigen müssen, da die ökonomische Perspektive dabei das individuelle Verhalten in den Mittelpunkt stellt. Im Rahmen einer institutionellen Analyse sind daneben die gesellschaftlichen Veränderungen zu berücksichtigen, die zu einem veränderten Verhalten der Mitarbeiter führen, welches sich auf die Effizienz der bestehenden Arbeitsverträge auswirkt. Die Vertragsperspektive umfasst dabei die expliziten wie die impliziten Verträge.

Personalbindung lässt sich als Sicherung der ausgewählten und im betrieblichen Wertschöpfungsprozess positionierten Motivationen und Qualifikationen der Individuen kennzeichnen. Das Ziel besteht in der Schaffung von Effizienzvorteilen, indem Wechsel und Veränderungen bei den gebundenen Mitarbeitern minimiert werden sollen. Ein Wissensverlust durch Fluktuation kann durch die Überführung des individuellen Wissens in digitale Expertensysteme verhindert werden, was mit einer erhöhten Unabhängigkeit des Unternehmens von der Motivation der Mitarbeiter einhergeht. Die individuelle Motivation kann demgegenüber durch unternehmerische Anreize geschaffen und erhöht werden, die den einzelnen Mitarbeiter integrieren. Diese motivationale Personalbindung stellt im Gegensatz zu dem informationstechnischen Mittel der Qualifikationsbindung die Person in den Vordergrund und kann sich dadurch wesentlich besser eigenständig an veränderte Rahmenbedingungen anpassen als die derzeit noch relativ starren technischen Systeme, die auf einen engen Bereich festgelegt sind und für jede Erweiterung neues Expertenwissen erfordern, das die Gesamtkomplexität immer weiter erhöht. Die personenorientierte Personalbindung dient kurzfristig der Reduktion von Fehlzeiten und langfristig der Reduktion ungeplanter Fluktuation durch entsprechende Anreizsysteme und Personalentwicklungsmaßnahmen (vgl. Klimecki, Rüdiger G./Gmür, Markus 1998, S. 110 ff.). Da das Ziel dieser Arbeit in der ökonomischen Analyse der vertrauensbasierten Arbeitsbeziehungen in der Informationsgesellschaft besteht, wird im weiteren Verlauf nur noch die personenorientierte motivationale Personalbindung betrachtet.

Die Personalbindung lässt sich in einer engen Interpretation als einzelne Funktion der Personalwirtschaft verstehen oder in einem umfassenderen Verständnis als interne Personalbeschaffung dem Personalmarketing als personalpolitisches Gesamtkonzept zuordnen. Dem Vorteil einer integrativen Sicht steht in dieser breiteren Begriffsverwendung der Nachteil gegenüber, dass sich die Personalbindung wie das Personalmarketing nicht trennscharf von der komplexen Funktion der Personalwirtschaft unterscheiden lassen (vgl. Drumm, Hans Jürgen 2000, S. 334 f.). Das umfassende Verständnis des Personalmarketings als Aufbau und Ausbau der Beziehungen zu aktuellen, ehemaligen und zukünftigen Mitarbeitern weist der Personalbindung dafür eine bedeutsame Rolle für ein erfolgreiches Relationship Management zu, das die Bindung der Kunden durch das kundenorientierte Relationship Marketing zur Pflege der Beziehungen zu allen unternehmensrelevanten Anspruchsgruppen ausweitet (vgl. Bröckmann, Reiner/Pepels, Werner 2002, S. 6-8).

Diese beziehungsorientierte Sichtweise verhilft der Personalbindung in einem weiteren Begriffsverständnis zu einem umfassenderen Instrumenteneinsatz als in der engen Begriffsverwendung. Zahlreiche personalwirtschaftliche Einzelaktivitäten wie die Vergütung, betriebliche Altersvorsorge oder die Personalentwicklung enthalten daher Elemente der Personalbindung, die sich nur dann dauerhaft einstellt, wenn die Werte der Beschäftigen mit den gelebten und gewollten Werten der Unternehmenskultur übereinstimmen. Durch das erweiterte Begriffsverständnis werden somit nicht unbedingt neue Instrumente beschrieben, aber ihre Einsatzmöglichkeiten werden unter einem bindungsbezogenen Fokus neu akzentuiert (vgl. Bröckmann, Reiner 2004, S. 18 ff.). Soll im Informationszeitalter mit Hilfe von Sozialkapital ein nachhaltiger Unternehmenserfolg geschaffen werden, bietet die funktionenübergreifende Beziehungsorientierung des erweiterten Begriffsverständnisses eine geeignete Basis für den Aufbau einer vertrauensbasierten Bindung in Netzwerkorganisationen mit ihren wissensintensiven Partnerunternehmen.

Diese wissensintensiven Organisationen zeichnen sich durch eine erhöhte Projekt und Kundenorientierung aus. Diese führt zu einem gezielten Einsatz der Fachkenntnissen und stellt erhöhten Kompetenzanforderungen an die Mitarbeiter, um die Beziehungen mit den Kunden innerhalb von Projektteams erfolgreich gestalten zu können (vgl. Picot, Arnold/Scheuble, Sven 2000, S. 30 f.). Die Mehrzahl der Beschäftigten in diesen Organisationen verfügt über hohe Qualifikationen, die sie zur Wissensarbeit befähigen. Wissensarbeit ist dadurch gekennzeichnet, „daß das relevante Wissen (1) kontinuierlich revidiert, (2) permanent als verbesserungswürdig angesehen, (3) prinzipiell nicht als Wahrheit sondern als Ressource betrachtet wird und (4) untrennbar mit Nichtwissen gekoppelt ist, so daß mit Wissensarbeit spezielle Risiken verbunden sind." (Wilke, Helmut 1998, S. 161). Die besondere Bedeutung der fachlichen Qualifikationen der vergleichsweise jungen Belegschaft in den neuen Organisationsformen zeigt sich prägnant in einer Onlinebefragung von Mitarbeitern in Internet Start-up-Unternehmen aus dem Jahr 2001. Fast 90 Prozent der Befragten sind danach unter 40 Jahren und 89 Prozent verfügen über einen Hochschulabschluss (vgl. Wirtz, Bernd W./Vogt, Patrick 2005, S. 268 f.). Das erhöhte Wissen ist mit erhöhten Risiken verbunden. Eine besondere Form dieser Risiken stellen die neuen Verhaltensunsicherheiten der Informationsgesellschaft dar, denen wiederum mit Hilfe von wissensintensiven Organisationen begegnet wird.

Mit dem steigenden globalen Informationsangebot und einer erhöhten Umweltkomplexität nimmt auch das Nichtwissen zu, was zum Bedeutungszuwachs von wissensintensiven Dienstleistern wie Rating-Agenturen führt, die unter zunehmenden Zeitdruck die Unsicherheit ihrer Nachfrager reduzieren. Da mit wachsender

Vernetzung sozialer und technologischer Prozesse das Nichtwissen über die genauen Steuerungszusammenhänge strukturell erhalten bleibt, ist mit dieser subjektiven Unsicherheitsreduktion für den Kunden keine objektive Reduktion des bestehenden Nichtwissen verbunden, weshalb Vertrauen eine bedeutende Rolle für die Beziehungen zwischen Kunde und Anbieter spielt (vgl. Strulik, Torsten 2004, S. 14 ff.). Typisch für die wissensintensiven Dienstleister sind der hohe Interaktionsgrad mit dem Kunden und die hohe Individualität des Leistungsangebotes, das häufig immateriell erstellt wird und auf intensiven und teilweise langfristigen Beziehungen zum Kunden beruht. Dadurch wird der Mitarbeiter für den Kunden zur entscheidenden Schnittstelle mit dem Anbieter, da er nicht nur als Leistungserbringer wahrgenommen wird, sondern der Verkörperung des Markenimages eines Dienstleistungsanbieters beim Kunden dient. Den Mitarbeitern kommt so eine zentrale Bedeutung zu, ihr Wissen wird zum Differenzierungsfaktor im Wettbewerb. Diese Beschäftigten verfügen etwa als Berater, Wirtschaftsprüfer oder Anwalt zumeist über eine höherwertige akademische Ausbildung, sind im Vergleich zu anderen Berufsbildern überdurchschnittlich karriereorientiert und stellen hohe Ansprüche an finanzielle Ausstattung, Arbeitsumfeld und persönliche Entwicklungsmöglichkeiten (vgl. Gardini, Marco A./Vogel, Stefan 2004, S. 395 f.). Sie werden aber gerade in wissensintensiven Unternehmen zum entscheidenden Engpassfaktor. Daher bedarf es hier besonderer Bindungsmaßnahmen, um einen wettbewerbsrelevanten Wissensverlust vorzubeugen.

Diese indirekten Kosten der Personalfluktuation sind wesentlich schwerer zu bestimmen als die direkten Kosten in Form von Abfindungszahlungen, Honoraren für Personalberater und den Kosten der notwendigen Rekrutierung und Einarbeitung eines neuen Mitarbeiters, die in Verbindung mit den Produktivitätsverlusten zu Beginn seiner Tätigkeit bis zu einem Drittel seines jährlichen Gehaltes ausmachen können. Da die Kundenbeziehungen zumeist auf persönlicher Ebene aufgebaut werden, geht mit dem Mitarbeiterwechsel oft auch eine Unterbrechung oder Beendigung einer Geschäftsbeziehung einher, was zusätzliche Marketingaktivitäten erforderlich macht, um dieser Entwicklung entgegenzusteuern. Außerdem können indirekte Kosten durch die steigende Arbeitsbelastung der verbleibenden Mitarbeiter entstehen, deren Motivation abnehmen kann. Die gesetzlich vorgeschriebene Bewertung operationaler Personalrisiken zwingt durch ein verschlechtertes Bankenrating bei erhöhter Personalfluktuation zu erhöhten Aufwendungen für die Bereitstellung des benötigten Kapitals, so dass sich eine nachhaltige Personalbindung auch aus dem Zusammenspiel mit der institutionellen Umwelt ergibt. Eine erfolgreiche Personalbindung benötigt aber Zeit, die ihr vom Management angesichts kurzfristiger Renditeziele der Anleger und Gesellschafter bereitgestellt werden muss. Eine „Hire and Fire-Politik" in schlechter konjunktureller Lage erweist sich zudem als Bumerang in wirtschaftlich besseren Zeiten, in denen es für Imagekorrekturen auf dem Arbeitsmarkt zu spät sein kann (vgl. Stührenberg, Lutz 2004, S. 38-41).

Den jungen Nachwuchstalenten bleibt trotz des Börsencrash am neuen Markt der Weg in die eigene Selbstständigkeit. Dies ist gerade dann besonders schmerzlich für das Unternehmen, wenn dies aus einer festen Beschäftigung geschieht und der Wissensabfluss durch die Entstehung eines neuen Konkurrenten ergänzt wird. Die wachsende Alterung der Belegschaften wird in Zukunft ein sich wieder verstärkendes Ringen im „War for Talents" erwarten lassen. Dazu kommen die veränderten Werte der eigeninteressierten Individuen, die sich in einer abnehmenden Loyalität zum Arbeitgeber äußern können (vgl Punkt 3.2.3). Die steigende Bedeutung materieller Werte und die steigende Erfüllung materieller Ziele mit opportunistischen Mitteln führen dazu, dass sich die Transaktionskosten der Rekrutierung geeigneter Bewerber erhöhen werden. Für die wissensintensiven Unternehmen in der Informationsgesellschaft stellt sich damit die entscheidende Frage, ob der Personalbedarf mit fachlich qualifizierten und menschlich geeigneten Arbeitnehmern in Zukunft noch gedeckt werden kann.

Auf Seiten der Arbeitnehmer wird dagegen die Frage nach der lebenslangen Beschäftigungsfähigkeit auch bei qualifizierten Kräften relevant, da die Entwertung des aktuellen Wissens fortschreitet und Unsicherheit über das zukünftig nachgefragte Wissen herrscht. Die steigenden psychischen Belastungen neuer Arbeits- und Organisationsformen, die das immer weniger private Privatleben als wichtige Regenerationsquelle behindern (vgl. Punkt 3.2.2), werden in Verbindung mit den demographisch verstärkten Sicherheitsbedürfnissen des wachsenden Anteils älterer Beschäftigter dazu führen, dass die gestiegene Unsicherheit durch die erhöhte Gefahr verringerter zukünftiger Beschäftigungchancen auf dem externen Arbeitsmarkt zur erhöhten Nachfrage nach institutionellen Sicherheiten führt. Wenn die Arbeitsverträge zunehmend zeitlich befristet sind, werden die Transaktionskosten dadurch immer weiter nach oben getrieben, da die Investitionen in das Humankapital immer weniger unternehmensspezifisch durchgeführt werden. Die Zusammenarbeit wird somit auf beiden Seiten immer stärker vom kurzfristigen Eigeninteresse dominiert, was die Gefahr opportuistischer Ausbeutungsversuche wahrscheinlicher macht. Die Personalbindung als strategisches Ziel des Personalmanagements in wissensintensiven Unternehmen umfasst damit zwei zentrale Aspekte zur Bewältigung der Verhaltensunsicherheit:

- Deckung des aktuellen und zukünftigen Personalbedarfes an hoch qualifizierten und motivierten Mitarbeitern durch die langfristige Bindung der relevanten Wissensträger an das Unternehmen.

- Angebot von Entwicklungsmöglichkeiten im Unternehmen, welche die aktullen und zukünftigen Beschäftigungschancen des gebundenen Personals erhöhen.

Diese beiden Schwerpunkte greifen die Perspektive der Mitarbeiter und der Unternehmen auf, um die wissensabhängige Wettbewerbsposition der Unternehmen durch die langfristige Bindung der Leistungsträger zu sichern, denen durch das

Unternehmen eine stabile Entwicklungsgrundlage geboten wird. Diese kann vor allem bei den hoch qualifizierten Arbeitnehmern mit erhöhten Wechselmöglichkeiten die Wechselbereitschaft signifikant reduzieren, wenn der Arbeitsplatz im Unternehmen durch den befristeten Einsatz in interorganisationalen Projektteams ergänzt wird. Durch die längerfristige Perspektive und die betrieblichen Anreize werden so spezifische Humankapitalinvestitionen möglich. Diese erhöhen zusätzlich die individuellen Kosten opportunistischen Handelns, wenn eine Aufdeckung mit dem Verlust der langfristig orientierten Kooperationsbereitschaft des Arbeitgebers verbunden ist. Die zunehmende Beteiligung von wissensintensiven Unternehmen an Netzwerkorganisationen erfordert somit eine dauerhafte Perspektive für beide Vertragsseiten. Welche Bedeutung der Personalbindung in den neuen Organisationsformen der Informationsgesellschaft zukommt und welche Besonderheiten bei den Bindungsanreizen dabei zu beachten sind, wird im nächsten Punkt beantwortet wird.

5.2   Bedeutung der Personalbindung in Netzwerkorganisationen

Die bisherigen Überlegungen zur Personalbindung haben gezeigt, dass für hoch qualifizierte und motivierte Arbeitskräfte eine beständige Nachfrage auf den unternehmensexternen Arbeitsmärkten besteht. Mit einer weiteren Durchdringung der Wirtschaft mit den Arbeits- und Organisationsformen der Informationsgesellschaft durch wissensintensive Unternehmensnetzwerke wird die Nachfrage nach diesem Humankapital weiter zunehmen. Die Dominanz eines jugendlichen Lebensstils mit seinen spielerischen Entdeckungsmöglichkeiten in der New Economy gerade bei den jungen qualifizierten Beschäftigten führt bei dieser Kohorte der nach 1960 Geborenen zu einer größeren „mentalen Mobilität" als in den vorherigen Generationen, die sie tendenziell mit einer erhöhten Wechselbereitschaft ausstattet (vgl. Punkt 3.1.4). Da zu Beginn der Berufskarriere die Sicherheitsbedürfnisse nicht so stark ausfallen wie bei älteren Beschäftigten, böte selbst die Fortführung der traditionellen Aussicht auf eine lebenslange Beschäftigung allein noch keine hinreichende hohe Bindungswirkung. Aus diesem Grunde werden besondere Bindungsmaßnahmen erforderlich, welche sich die Beziehungsstrukturen in Netzwerkorganisationen zunutze machen können, die auf physischer Sicherheit und gegenseitigem Vertrauen beruhen. Die beginnende Abkehr vom Normalarbeitsverhältnis durch die zeitliche Befristung des Arbeitsverhältnisses für die Dauer eines Projektes, das verstärkt innerhalb von Netzwerkorganisationen durchgeführt wird, führt zur Herausbildung neuer Erwartungsmuster bezüglich der nicht formell geregelten Elemente des Arbeitsvertrages, die als psychologische oder implizite Verträge bezeichnet werden.

Erst durch langfristige Beziehungen entsteht die Chance einer hohen loyalen Bindung der Vertragspartner. In dauerhaften Arbeitsverhältnissen wird dies durch eine Entlohnung in Abhängigkeit von der Unternehmenszugehörigkeit nach dem Senioritätsprinzip berücksichtigt, das den Raum lässt für die Herausbildung reziproker Verhaltensweisen zwischen Arbeitnehmer und Arbeitgeber. Die Erfahrungen der Vergangenheit führen zur Erwartung einer gegenseitigen Kooperationsbereitschaft. Die Existenz dieser Erwartungen trägt damit zu einer effizienten Lösung bei, die in langfristigen Arbeitsbeziehungen nicht allein durch hierarchische Anweisungen generiert werden kann (vgl. Baron, James/Kreps, David M. 1999, S. 83-92). Die Bedeutung solcher personenbezogenen Attribute für Organisationen wird in der Transaktionskostentheorie als hoch angesehen, da sich die restriktive Bindung an einen Partner in einem Lock-In-Effekt niederschlägt, der über die vertikale Integration zur wechselseitigen Abhängigkeit der vormals autonomen Partner führt (vgl. Williamson, Oliver E. 1990, S. 61). Somit führen beziehungsspezifische Investitionen zu einem Lock-In-Effekt, der in Arbeitsverhältnissen nur unvollständig abgesichert werden kann und damit reziproke Verhaltensweisen zum Inhalt eines impliziten Vertrages werden lässt.

Die Existenz des Arbeitsvertrags gründet sich wegen seiner Unvollständigkeit in vielen nicht explizit vereinbarten Einzelheiten auf das implizite Einverständnis der Vertragsparteien, da eine Vervollständigung entweder mit zu hohen Transaktionskosten verbunden ist oder überhaupt nicht durchgeführt werden kann. Damit entsteht wiederum ein Bedarf an selbstdurchsetzenden Verträgen, um das ineffiziente Funktionieren eines Arbeitsverhältnisses allein mit Hilfe Dritter oder Rechtsbehelfen zu vermeiden. Die Langfristigkeit der relationalen Vertragsbeziehung kann daher zu einer Reputation führen, auf die eine dauerhafte Kooperationsbeziehung aufbauen kann. Dabei sind Werte wie Firmentreue, Arbeitsethos, Integrität oder humane Arbeitsbedingungen nicht explizit kontrahierbar, sondern werden von den Betroffenen subjektiv wahrgenommen. Gleichwohl stellen sie den Inhalt von impliziten Verträgen dar und ein einseitiger Verstoß gegen die Erwartung eines reziproken Verhaltens durch die andere Seite wird zu entsprechenden Motivationsverlusten führen. Damit sich eine dauerhafte Motivation unter den Bedingungen reziproken Verhaltens entwickeln kann, sollten nennenswerte Bestandteile von Arbeitsverträgen selbst dann implizit belassen werden, wenn andere Regelungen möglich wären (vgl. Sadowski, Dieter 2002, S. 77 ff.).

Die einen solchen impliziten Vertrag begründenden Ermessensspielräume der Mitarbeiter ergeben sich vor allem dann, wenn die Durchführung der zumeist höher qualifizierten Tätigkeiten individuell strukturiert sowie räumlich entfernt erfolgt und nur schwer messbar ist (vgl. Meifert, Matthias 2003, S. 42). Damit stellt sich bei der Berücksichtigung der Transaktionskosten im Rahmen der Vertrauensvergabe die Frage, wie der implizite Vertrag zwischen den hoch qualifizierten Wissensarbeitern und ihren Arbeitgebern aussehen sollte, der eine effiziente befristete Kooperation in Netzwerkorganisationen ermöglicht, ohne dass die langfristige Bindung an das eigene Unternehmen dadurch im Zeitverlauf geschwächt wird.
In der wirtschaftssoziologischen Arbeitsforschung im deutschsprachigen Raum hat sich für den neuen Arbeitnehmertypus in der Informationsgesellschaft der von Pongratz und Voß vorgestellte „Arbeitskraftunternehmer" etabliert, der sich ideal-

typisch durch die drei Merkmale der Selbstkontrolle der eigenen Tätigkeit, der Selbst-Ökonomisierung durch die aktive Produktion und Vermarktung der eigenen Fähigkeiten sowie der Selbst-Rationalisierung durch die bewusste Durchorganisation von Alltag und Lebensverlauf kennzeichnen lässt. Die quasiunternehmerische Entwicklung und Vermarktung der eigenen Arbeitskraft führt zu einem neuen Verständnis von Arbeit, das als subjektive Antwort auf die gegenwärtigen und zukünftigen Anforderungen am Arbeitsmarkt mit individuell unterschiedlichen Ausprägungen der drei Merkmale gesehen werden kann (vgl. Pongratz, Hans J./Voß, Günter G. 2004, S. 9 ff.).

Das Bindungsverhalten von Arbeitskraftunternehmern in der Ausprägung befristeter Angestellter in wissensintensiven Organisationen lässt auf einen neuen psychologischen Vertrag zwischen Mitarbeitern und Unternehmen schließen. Dieser Vertrag umfasst die arbeitsbezogenen Erwartungen und Verpflichtungen zwischen der Organisation bzw. dem Vorgesetzten als deren Vertreter und dem Arbeitnehmer. Die hoch qualifizierten Wissensarbeiter definieren sich selbst immer weniger als dauerhaft beschäftigte Arbeitnehmer eines Unternehmens, sondern verstärkt als projekt- und wertschöpfungsprozessorientierte Leistungsträger, die bei neuen Herausforderungen das Unternehmen wieder verlassen. Insgesamt wird die Förderung der weiteren externen Beschäftigungsfähigkeit (Employability) gegen hohe Leistungsbeiträge und eine nur noch zeitlich begrenzte hohe Bindung gegenüber der Organisation getauscht (vgl. Wilkens, Uta 2004, S. 45 ff.).

In Zeiten steigender Unsicherheiten bestätigt sich hier die Wirkung flexibler Arbeitsverhältnisse auf die Humankapitalbildung. Die Arbeitnehmer investieren nicht mehr in unternehmensspezifische Qualifikationen, sondern in solche Fähigkeiten, die ihnen einen höheren Marktwert verschaffen. Die Sicherheit langfristiger Vertragsbeziehungen wird hier zu Gunsten der eigenverantwortlichen Entwicklungs- und Entfaltungsmöglichkeiten aufgegeben. Die Existenz eines dauerhaften Beziehungsnetzes wird dabei zentral, um die neuen biographische Unsicherheiten als Herausforderungen zu begreifen und nicht mit permanenter Überforderung gleichzusetzten.

Die Bezugsbasis der beruflichen Sozialisation ist folglich nicht mehr die Organisation, sondern das Beziehungsnetz aus Kunden sowie Angehörigen von Professionsgemeinschaften, die auch außerhalb der Abteilung und Organisation liegen. Die personengebundenen Kontakte werden beim Wechsel des Arbeitgebers mitgenommen, so dass hier für den Arbeitgeber mit dem Mitarbeiter wettbewerbsrelevantes Wissen verloren geht. Ein opportunistisches Verhalten seitens der Arbeitnehmer wird dabei durch die Zugehörigkeit zum informellen Beziehungsnetzwerk und den entsprechenden Folgen für die individuelle Reputation beim Bekanntwerden begrenzt. Die strukturelle Verlagerung der Bindungsebene von der Organisation auf das Netz persönlicher Beziehungen führt dazu, im Unternehmen primär den Vorgesetzten als psychologischen Vertragspartner zu sehen, an dessen Führungskompetenz hohe Erwartungen bezüglich der eigenen Entwicklungsmöglichkeiten gestellt werden. Störungen im vertrauensvollen Verhältnis zwischen diesen beiden Seiten durch eine wahrgenommene Verletzung des psychologischen Vertrages führen daher relativ schnell zum Verlassen der Organisation. Eine längerfristige Bindung der Arbeitskraftunternehmer mit ihren wertvollen Kontakten zu den Kunden kann daher durch den Aufbau und Erhalt dieser Vertrauensbeziehung unterstützt werden. Daneben bietet sich eine Bindung durch die Öffnung der organisationalen Grenzen in Richtung eines netzwerkbasierten Arbeitskräfteeinsatzes an, bei dem die angestellten Mitarbeiter auch mit den eigenen Kunden und Geschäftspartnern zusammenarbeiten. Dadurch werden die Unternehmen als attraktiver Arbeitgeber wahrgenommen, welcher das Entwicklungspotenzial seiner Wissensträger fördert und ausbaut (vgl. Wilkens, Uta 2004, S. 130 ff.). Die neuen impliziten Verträge beruhen wesentlich auf persönlichem Vertrauen.

Die zunehmende Bedeutung des persönlichen Vertrauens mit Blick auf die Arbeitskraftunternehmerthese konnte in Längsschnittstudien mit Absolventen von Hauptschulen und berufsbildenden Schulen in der Zeit von 1988 bis 2001 aus der berufsbiographischen Perspektive empirisch bestätigt werden, wenngleich dieser Idealtyp in den betrachteten traditionellen Branchen derzeit nur einen von mehreren neuen Typen von Erwerbsarbeit ausmacht. Insgesamt werden weniger die abstrakten und zunehmend unberechenbaren institutionellen Erwerbssysteme zum Ausgangspunkt der Bewertung beruflicher Perspektiven genommen, sondern verstärkt das Verhältnis zu Kollegen und Vorgesetzten als zentralen Personen im praktischen Arbeitsleben gesucht, das über die Bildung einer betrieblichen Gemeinschaft Kontinuität und eine „greifbare" Sicherheit stiften kann (vgl. Kühn, Thomas/Witzel, Andreas 2004, S. 231 ff).

Damit zeigt sich der personenbezogene Bindungsnutzen als zunehmend wichtiger Bestandteil des sich wandelnden psychologischen Vertrages, der stärker als in der Vergangenheit von den institutionellen Sicherheiten der Hierarchie abrückt und die persönlichen Beziehungen in den Vordergrund stellt. Wenn das persönliche Beziehungsnetz der Wissensarbeiter zur Durchführung von neuen Transaktionen innerhalb der Netzwerkorganisation genutzt werden soll, besteht das Ziel des Managements darin, den Bindungsnutzen der Projektmitarbeiter zu erhöhen oder zumindest zu stabilisieren, so dass diese zu weiteren spezifischen Investitionen in das sozioökonomische Beziehungsgefüge „Netzwerkorganisation" mit seinen vielfältigen persönlichen Beziehungsgeflechten veranlasst werden. Durch die Erhöhung des Bindungsnutzens bei der Durchführung von Transaktionen, die dem Austausch projektrelevanter Informationen geschuldet sind, wird die Sozialkapitalspezifität des gesamten Netzwerkes erhöht. Je höher der individuellen Bindungsnutzen in Netzwerkorganisationen ausfällt, desto stärker entfernt sich diese Hybridform von der klassischen Hierarchie, was sich auch auf die beteiligten Partnerunternehmen auswirken wird. Umgekehrt gilt, dass die Reduktion des Bindungsnutzens und die stärkere Bedeutung des Informationsnutzens eine Rückkehr zu den leichter gestaltbaren institutionellen Sicherheiten mit hierarchischem Charakter erfordert. Die Wirksamkeit der Opportunismuskontrolle durch das Netz ist somit nicht nur an die

Beziehungen, sondern auch an die institutionellen Mechanismen gekoppelt, welche dazu führen, die beziehungsspezifische Quasirente effizient abzusichern.

Bei der Herleitung eines ökonomischen Konstruktes der Personalbindung werden diese beiden Aspekte aufgegriffen, um dann die analytische Brücke zum Sozial-kapitalkonstrukt zu schlagen. Trotz der wichtigen Funktion des Fähigkeitswissens für wissensintensive Unternehmen bleibt weiterhin das Beziehungswissen die maß-gebliche endogene Größe, da hier allein diese Wissensart zum Aufbau von Ver-trauen genutzt werden kann. Das Angebot an Fähigkeitswissen bleibt exogen vor-gegeben. Seine unternehmensinterne Vermehrung durch Maßnahmen zur Perso-nalbindung wird damit im weiteren Verlauf der Arbeit im Gegensatz zum Beziehungswissen vernachlässigt. Es spielt aber insofern als Datum eine Rolle, als es die Höhe des potenziellen Informationsnutzens durch die Teilnahme an der Netzwerkorganisation bestimmt, der nach Abzug der jeweiligen Transaktions-kosten durch den Bindungsnutzen überkompensiert werden muss, damit Vertrauen entstehen kann. Da die Effizienz von Netzwerkorganisationen wesentlich vom Vertrauen zwischen den beteiligten Individuen abhängt, kommt der Schaffung in-terpersonalen Vertrauens eine hervorgehobene Stellung bei der Personalbindung zu.

5.3 Personalbindung als ökonomisches Konstrukt

Die bisherigen Überlegungen haben gezeigt, dass die wissenschaftliche Erforsch-ung der Personalbindung noch am Anfang steht, während die Praxis bereits stärker realisiert hat, dass die Bindung leistungsfähigen und -willigen Personals in wissens-intensiven Unternehmen schnell an ihre Grenzen stößt, wenn die besonderen Arbeits- und Organisationsbedingungen von Netzwerkorganisationen nicht beach-tet und die impliziten Verträge zwischen Arbeitgeber und Arbeitnehmer verletzt werden. Aus ökonomischer Sicht wird eine Beziehung als nicht zufällige Folge von Transaktionen zwischen zwei Faktorbesitzern immer dann begründet, wenn von beiden Seiten spezifische Investitionen getätigt werden. Diese Investitionen be-gründen einerseits wechselseitige Abhängigkeiten, führen andererseits aber zu Nut-zenpotenzialen in Form von Quasirenten, welche in der Erwartung der Investoren die Investitionskosten übersteigen müssen, damit investiert wird (vgl. Punkt 4.5). Dem Risiko der Ausbeutung wird effizient mit Hilfe glaubhafter institutioneller Sicherheiten begegnet, welche die Bindungskosten verringern und so das Vertrauen zwischen den Akteuren schaffen, das diese brauchen, um erfolgreich in einer Netzwerkorganisation arbeiten zu können. Der Aufbau dieses Vertrauens ist nur über längere Zeiträume möglich und sehr anfällig für Störungen. Ist es aber einmal geschaffen, kann es sein langfristiges Bindungspotential entfalten. Neben der Wechselbereitschaft wird so auch die Opportunismusneigung wirksam reduziert.

Eine ökonomisch fundierte Personalbindung kann folglich durch die Anregung und Absicherung beziehungsspezifischer Investitionen auf Seiten der Mitarbeiter dazu beitragen, dass deren schwer übertragbares implizites Wissen dem Unternehmen erhalten bleibt und in einer vertrauensvollen Arbeitsumgebung effizient genutzt wird. Dies macht den Arbeitgeber zum attraktiven Partner für unternehmensübergreifende Kooperationen. Letztlich dient die Personalbindung damit dem betriebswirtschaftlichen Einkommensziel und nutzt das menschliche Bindungsziel, um die strategischen Unternehmensinteressen durch die Beteiligung an Netzwerkorganisationen realisieren zu können. Diese Nutzung grundlegender sozialer Motive im Geschäftsleben ist mit Vorteilen für das Unternehmen und den Beschäftigten verbunden, so dass beide Seiten der Etablierung eines entsprechenden impliziten Vertrages zustimmen können. Dessen Gestaltung wird damit zur Hauptaufgabe eines Personalbindungsmanagements.

Die hier verwendete erweiterte Begriffsverwendung der Personalbindung zur Gestaltung der Beziehungen zwischen Unternehmen und Mitarbeitern muss im Kontext von Netzwerkorganisationen mit den daraus entstehenden interorganisationalen Beziehungen in Verbindung gebracht werden, um Handlungsempfehlungen für die Informationsgesellschaft ableiten zu können. Somit besteht das Ziel der ökonomischen Betrachtung von Personalbindung in der Analyse von Anreizen, die zu beziehungsspezifischen Investitionen auf Seiten der Mitarbeiter in und zwischen den am Netzwerk beteiligten Unternehmen beitragen. Daneben sind die vom Unternehmen zu offerierenden Maßnahmen zur Absicherung der beziehungsspezifischen Quasirenten abzuleiten. Hierbei kann grundsätzlich zwischen der Ebene der Netzwerkorganisation und der beteiligten Unternehmen unterschieden werden. Da die Personalbindungsforschung noch am Anfang steht, sind zuerst Aussagen aus Sicht des einzelnen Unternehmens zweckmäßig, bevor auf die übergeordnete Netzwerkebene eingegangen werden kann. Aussagen zur Gestaltung des Personalmanagements von Hybridformen sind aber auch mit der unternehmensorientierten Vorgehensweise möglich. Für die weitere Arbeit wird damit die Perspektive eines einzelnen am Netzwerk beteiligten Partnerunternehmens gewählt. Die ökonomisch fundierte Beziehungsorientierung im Personalmanagement kann sich dabei auf die Ergebnisse der Kundenbindungsforschung stützen, die sich bereits seit einiger Zeit mit der Frage des dauerhaften Fortbestandes von vertrauensvollen Beziehungen zwischen Vertragspartnern beschäftigt.

Die Fokussierung auf Geschäftsbeziehungen in den neueren Marketingtheorien bringt für die noch junge Erforschung der Personalbindung den Vorteil, auf bewährte Erklärungsmodelle der umfangreichen Ansätze zur Kundenbindung zurückgreifen zu können. Da sich in der arbeits- und organisationspsychologischen Forschung bislang noch kein Ansatz als deutlich überlegen bei der Erklärung der Bindung eines Mitarbeiters an seinen Arbeitgeber heraus- kristallisiert hat, können die Erkenntnisse aus der Kundenbindungsforschung auf die Personalbindung übertragen werden. Die Analogien zwischen beiden Bindungsphänomenen beziehen sich vor allem auf die dauerhaften, dyadischen Beziehungen zwischen zwei voneinander abhängigen Parteien (vgl. Jensen, Stefanie 2004, S. 233). Bewährte Ansätze zur Erklärung langfristiger Geschäftsbeziehungen sind neben dem Transaktionskostenansatz die mikroökonomische Theorie nach Hirschmann mit den beiden Reaktionsmöglichkeiten der Abwanderung und des Widerspruchs bei Leistungsmängeln. Dazu kommen die sozialpsychologische Interaktionstheorie mit der Betonung einer wechselseitigen Zufriedenheit als zentraler Beziehungsdeterminante, das Konzept das variety seeking, mit dem der Beziehungsabbruch durch das individuelle Streben nach Abwechslung erklärt wird sowie die Equity Theorie, bei der die empfundene Gerechtigkeit zum beziehungserhaltendenden Moment wird (vgl. vom Hofe, Anja 2005, S. 49 ff.). Neben den unterschiedlichen Begründungen einer andauernden Beziehung betrachten alle Ansätze den Untersuchungsgegenstand aus ihrem speziellen Blickwinkel, was die Integration in ein einheitliches Gesamtmodell weiter erschwert. Soll das Konstrukt der Personalbindung theoretisch eindeutig fundierte Aussagen liefern, die konsistente Hinweise beim Aufbau von Sozialkapital geben, ist beim derzeitigen begrenzten Wissensstand zunächst der Verwendung einer Disziplin der Vorzug zu geben, um daraus weiterführende Integrationsvorschläge ableiten zu können.

Vor dem Hintergrund der Verbindung der beiden Konstrukte Personalbindung und Sozialkapital auf Basis transaktionskostentheoretischen Herleitung eines eigenen Sozialkapitalansatzes als Ziel dieser Arbeit wird im Folgenden ein partialanalytischer Weg einer ökonomischen Analyse der Personalbindung beschritten, der die beiden Konstrukte durch die Beibehaltung desselben theoretischen Fundamentes auf einen möglichst einfachen gemeinsamen Nenner bringt. Damit kann der Gefahr der Überfrachtung des Gesamtansatzes begegnet werden, wenn auch bestimmte Aspekte der anderen Theorien entfallen, die sich nicht ökonomisch formulieren lassen. Diese können für die hier behandelte Fragestellung aber vernachlässigt werden. Dafür wird eine konsistente Integration der beiden Fragestellungen „Aufbau von Sozialkapital" und „Bindung von Personal" bei der Bewältigung von Verhaltensunsicherheit in der Informationsgesellschaft möglich, die sich eines einheitlichen theoretischen Rahmens bedient, der zudem von den Erkenntnissen der benachbarten Disziplinen befruchtet wird. So kann die Transaktionskostentheorie hinsichtlich ihres Erklärungsgehaltes zur Personalbindung um vertrauensvolle Arbeitsbeziehungen in Netzwerkorganisationen erweitert werden, welche durch Investitionen in Sozialkapital entstehen.

Wird die Personalbindung als Teil des Personalmarketings betrachtet, kann dessen ökonomische Fundierung zudem die weitgehende Theorielosigkeit der zahlreichen bestehenden Ansätze beheben, die vielfach auch nicht auf die Umsetzung im Unternehmen eingehen. Da sich in den letzten Jahren die Neue Institutionenökonomik sowohl im Marketing als auch in der Personalwirtschaft etabliert hat, sind mit ihrer Übertragung auf neue Fragestellungen neue fruchtbare Erkenntnisse in diesen beiden Disziplinen zu erwarten (vgl. Schmidtke, Corinna/ Backes-Gellner, Uschi 2002, S. 325 f.). Für die ökonomische Analyse der Personalbindung kann daher auf die transaktionskostentheoretisch fundierten Erkenntnisse der Kundenbindungsforschung im Marketing zurückgegriffen werden.

Eine Geschäftsbeziehung zwischen einem Anbieter und einem Käufer durch eine erstmalige Transaktion wird dann möglich, wenn die Nutzen-Kosten-Differenz des Kunden beim Anbieter größer ausfällt als der entsprechende Nettonutzen beim Wettbewerber des Anbieters. Der Kunde vergleicht die beiden Nettonutzen und entscheidet sich dann in Folge des relativen Nettonutzenvorteils für den Anbieter, der einen höheren Nutzen bereitstellen kann oder der den Kunden mit geringeren Kosten beim Kauf belastet als sein Konkurrent. Als Entscheidungsgröße des Käufers bei der Wahl zwischen zwei Anbietern fungiert somit die Nettonutzendifferenz (vgl. Plinke, Wulff 1995, S. 78-80).

Besteht zwischen einem Kunden und seinem Anbieter bereits eine Geschäftsbeziehung, ist diese Nettonutzendifferenz mit den Kosten des Anbieterwechsels zu vergleichen, die so hoch ausfallen können, dass eine Beendigung der Beziehung verhindert und der Kunde dauerhaft gebunden wird. Sie entstehen durch spezifische Investitionen in die Beziehung, die zu Quasirenten führen, welche den Bindungsgrad und die Abhängigkeit zwischen den Beteiligten ausdrücken. Daneben werden sie durch das wahrgenommene Risiko bestimmt, beim Wechsel eine Fehlentscheidung zu treffen. Da sich das Risiko von Fehlentscheidungen innerhalb der Beziehung vor allem durch das gewachsene Vertrauen zwischen Anbieter und Kunde reduzieren lässt, würde ein Wechsel diese bindungsbezogene Einsparung von Transaktionskosten bei der Informationsbeschaffung wieder zunichte machen. Da zudem erst das Vertrauen in die andere Seite die Durchführung umfangreicherer spezifischer Investitionen ermöglicht, ist eine gewachsene Beziehung mit sehr hohen Wechselkosten verbunden, die damit zur zentralen Bindungsdeterminante werden (vgl. Backhaus, Klaus et al. 2005, S. 202-204).

In die Wechselkosten gehen nicht nur monetäre Größen ein, sondern alle Anstrengungen, Ressourcen und Verzichte, die der Kunde subjektiv mit dem Wechsel verbindet. Je höher die Wechselkosten ausfallen, desto stärker wird der Kunde zu der Geschäftsbeziehung stehen und sich darum bemühen, dass sich auch der Lieferant weiterhin für den Fortbestand der Beziehung einsetzt. Es können dabei drei Arten von Wechselkosten unterschieden werden (vgl. Plinke, Wulff/ Söllner, Albrecht 2005, S. 85 f.):

- Direkte Kosten fallen unmittelbar bei der Suche, Anbahnung und Vereinbarung einer neuen Geschäftsbeziehung an und umfassen auch die dafür notwendigen neuen spezifischen Investitionen.

- Sunk Costs entstehen aus den bereits vorgenommenen spezifischen Investitionen in die bisherige Geschäftsbeziehung, die nicht mehr reversibel sind und nach einem Abbruch nicht oder nur unvollständig in einer anderen Beziehung verwendet werden können.

- Opportunitätskosten umfassen den Verzicht auf den Nettonutzen der bisherigen Beziehung. Sie entstehen aus der Andersverwendung von Ressourcen, die in der alten Beziehung zur Realisation des Nettonutzens beigetragen haben und nach dem Wechsel in der neuen Beziehung gebunden sind.

In dem Maße, in dem das Vertrauen in den Anbieter die Vereinbarungskosten der bisherigen Geschäftsbeziehung gesenkt hat, steigen die direkten Kosten des Wechsels, während die Zufriedenheit mit den bisherigen Leistungen des Geschäftspartners die Opportunitätskosten erhöht da der entsprechende Nutzenentgang beim Wechsel umso höher ausfällt. Das Bindungsmanagement besteht folglich darin, den Kunden nachhaltig zufrieden stellen, um sein Vertrauen zu erlangen, die ihn zu spezifischen Investitionen veranlassen (vgl. Kleinaltenkamp, Michael 2005, S. 371). Mit Hilfe dieser Überlegungen und den Ergebnissen über die beziehungsspezifische Quasirente als Beziehungsanreiz aus Punkt 4.4 lässt sich die Personalbindung als soziales Konstrukt beschreiben, dass aus einer ökonomischen Perspektive betrachtet wird und auf den Überlegungen der Kundenbindungsforschung aufbaut.

In der Marketingforschung besteht bei der Konzeptualisierung des Konstruktes Kundenbindung weitgehend Einigkeit darüber, dass es aus zwei Dimensionen besteht, die das bisherige Verhalten des Kunden und seine Verhaltensabsichten umfassen, welche zum Erhalt und zur Stärkung der Geschäftsbeziehung in der Zukunft beitragen. Das Management der Kundenbindung bezieht sich zwar auf die anbieterseitigen Aktivitäten, die Verwendung einer anbieterbezogenen Perspektive weist der Kundenbindung aber eher eine instrumentellen Charakter zu. Bei der nachfrageorientierten Perspektive wird die Kundenbindung dagegen auf der Ex-post-Zeitebene über das bisherige Verhalten und auf der Ex-ante-Zeitebene über das beabsichtigte Verhalten interpretiert (vgl. Homburg, Christian et al 2005, S. 100 f.). Um den Kunden dauerhaft zu binden, werden Maßnahmen des Unternehmens notwendig, die auf Basis der Kenntnis des Kundens dessen Probleme und Bedürfnisse durch eine langfristige Geschäftsbeziehung lösen können. Diese nachfrageorientierte Perspektive lässt sich auf die Personalbindung übertragen, die aus Unternehmenssicht das Ziel verfolgt, die für den Unternehmenserfolg relevanten Mitarbeiter dauerhaft an das Unternehmen zu binden, indem deren Beschäftigungsziele durch die Gestaltung expliziter und impliziter Arbeitsverträge erfüllt werden.

Wechselbarrieren in der Arbeitsbeziehung zwischen einem Unternehmens und seinen Mitarbeitern ergeben sich durch das wahrgenommene Risiko eines Wechsels, der zur Entwertung der Investitionen führt, die außerhalb der Beziehung nur noch als sunk costs betrachtet werden können. Neben den unternehmensspezifischen Investitionen in Humankapital zählen dazu die mit dem Arbeitsplatzwechsel verbundenen monetären Aufwendungen eines Arbeitnehmers, der beispielsweise für den bisherigen Arbeitsplatz einen Umzug durchführen musste (vgl. Jensen, Stefanie 2004, S. 234). Opportunitätskosten, die beim Verlassen des Unternehmens auftreten, ergeben sich aus möglichen Einkommens- uns Statusverlusten, die mit der neuen Stelle im Vergleich zum alten Arbeitsplatz verbunden sind. Dazu zählt eben-

falls der Verlust des Anspruchs auf betriebsbedingte Pensionszahlungen und zukünftige Aktienoptionen. Direkte Wechselkosten entstehen demgegenüber durch
zukünftige Umzugs- und Einarbeitungskosten. Die Attraktivität der Alternativen
auf den unternehmensexternen Arbeitsmärkten führt zu einer Verringerung der
Wechselkosten, indem sie die Opportunitätskosten reduziert (vgl. vom Hofe, Anja
2005, S. 81 ff.).

Da sich die beziehungsspezifische Quasirente durch den Informations- und Bindungsnutzen ausdrückt, führt der informationsbezogene Nutzen durch Vertrauen
indirekt zum Verzicht auf die beziehungsinterne Informationsbeschaffung und
damit zum Anstieg der direkten Wechselkosten. Der für das Vertrauen wesentliche
bindungsbezogene Nutzen stellt aber in Folge der Erfüllung primärer Bindungsbedürfnisse zwischen den Vertragspartnern einen eigenen Wert in der Beziehung und
somit nach Abzug der Bindungskosten auch einen direkten Nettonutzen dar, so
dass sich hierdurch die Opportunitätskosten erhöhen. Werden durch die Beziehungen in Netzwerkorganisationen Informationen ausgetauscht, die neue Projekte
und damit zukünftige Einkommen erwarten lassen, lässt sich auch der direkte Informationsnutzen als Teil der Opportunitätskosten bewerten. Damit fällt die beziehungsspezifische Quasirente als Bindungsanreiz unter die Opportunitätskosten,
denen eine zentrale Rolle bei der Bestimmung eines ökonomischen Bindungskon-
struktes zukommt.

Für die Personalbindung ebenfalls bedeutsam ist die in der Kundenbindungsforschung gängige Unterscheidung von Gebundenheit und Verbundenheit. Die Gebundenheit eines Mitarbeiters besteht in den wahrgenommenen Einschränkungen
seiner Wahlmöglichkeiten im Sinne eines Nicht-Wechseln-Könnens. Die Verbundenheit zielt auf das Nicht-Wechseln-Wollen des Arbeitgebers durch die Zustimmung zum Fortbestand des Arbeitsvertrages, der seinen Präferenzen entspricht und
ihn in seiner Entscheidungsfreiheit nicht einschränkt. Während die individuellen
Wechselkosten und spezifischen Investitionen des Mitarbeiters seine Gebundenheit
bestimmen, besteht ein positiver Zusammenhang zwischen dem Vertrauen in Kollegen und Vorgesetzte mit der Verbundenheit, da die Entscheidung über die Vertrauensvergabe in hohem Maße vom Mitarbeiter getroffen werden kann (vgl. vom
Hofe, Anja 2005, S. 72 ff.). Die Entscheidungsfreiheit bezieht sich dabei allerdings
allein auf die bewusste Informationsverarbeitung der Mitarbeiter.

Wie die Diskussion der Informationsverarbeitung unter Punkt 4.4 gezeigt hat,
bauen bewusste Beziehungsentscheidungen auf unbewussten Prozessen auf. Die
bewusste Vertrauensvergabe stützt sich auf das implizite Beziehungswissen und
vollzieht sich somit als Ergebnis der Prägungen vergangener Sozialisationsprozesse.
Werden dauerhafte Arbeitsverhältnisse betrachtet, wirkt sich auch die berufliche
Sozialisation beim Arbeitgeber auf die aktuelle Wechselbereitschaft aus, so dass
eine absolute Willensfreiheit bei der Verbundenheit nicht mehr unterstellt werden
kann. Eine Unterscheidung auf der bewussten Ebene wird damit nicht hinfällig, sie
ist aber abhängig von den psychologischen Restriktionen des impliziten Bezieh-

ungswissens. Diese schlagen sich über den Bindungsnutzen in der Ausprägung der beziehungsspezifischen Quasirente nieder. Die entsprechende Erhöhung der freiwilligen Verbundenheit kann dann zwar durch die Erhöhung der Opportunitätskosten ausgedrückt werden, eine Dimensionierung in Verbundenheit und Gebundenheit sagt jedoch noch nichts über die zukünftigen Verhaltensabsichten aus, die durch den Aufbau von Sozialkapital beeinflusst werden sollen. Somit lässt sich Personalbindung in Anlehnung an die ökonomische Kundenbindungsforschung mit Hilfe der gegenwärtigen und zukünftigen Wechselkosten der Arbeitnehmer als zweidimensionales Konstrukt bestimmen.

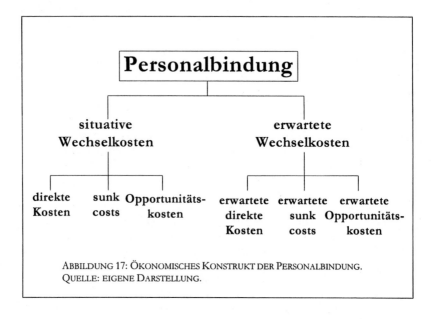

ABBILDUNG 17: ÖKONOMISCHES KONSTRUKT DER PERSONALBINDUNG. QUELLE: EIGENE DARSTELLUNG.

Werden die beiden zentralen Ziele der Personalbindung in Form der Deckung des Personalbedarfs an motivierten Wissensträgern und der dazu erforderlichen Bereitstellung von zukunftsfähigen Entwicklungsmöglichkeiten als Ausgangsbasis einer ökonomische Sichtweise genommen, beschreibt die Personalbindung alle Maßnahmen eines Unternehmens zur Fortsetzung und Stärkung der Beziehung zu den eigenen Beschäftigten, die zu einer Erhöhung ihrer situativen und erwarteten Wechselkosten führen. Der Erhalt und die Erhöhung der Motivation innerhalb des bestehenden Arbeitsvertrages werden über solche Anreize möglich, welche die Unsicherheit der Beschäftigten reduzieren, zukünftig nicht mehr auf dem externen Arbeitsmarkt konkurrieren zu können. Die Herausforderung für das Personalbindungsmanagement ergibt sich aus der Bewältigung des Spannungsfeldes zwischen der Stärkung der Beziehung zur Erhöhung der internen Beschäftigungsfähigkeit und dem Angebot an Maßnahmen, welche die unternehmensexterne Beschäftigungsfähigkeit berücksichtigt. In diesem Sinne wird die Erweiterung der Beschäftigungsfähigkeit durch die unternehmensübergreifende Netzwerkperspektive für die Mitarbeiter besonders attraktiv. Da die Stärkung der Beziehung die Wechselkosten für die Beschäftigten erhöht und die Förderung der externen Beschäftigungsfähigkeit sie sinken lässt, muss der Nettoeffekt aus der Differenz zwischen diesen beiden Kostenwirkungen insgesamt mit einer Erhöhung der Wechselkosten verbunden bleiben, damit Bindungswirkungen entstehen, die auf das Unternehmen bezogen bleiben. Das Ziel, insgesamt die Wechselkosten des hoch qualifizierten Personals zu erhöhen und dessen Motivation zu stärken, führt zur folgenden Arbeitsdefinition.

> **Personalbindung:** Alle Maßnahmen eines Unternehmens zur Fortsetzung und Stärkung der Beziehung zu den eigenen Beschäftigten, die zu einer Erhöhung ihrer situativen und erwarteten Wechselkosten führen.

Bei dieser Definition wird ein negativer Zusammenhang zwischen Wechselkosten und Wechselbereitschaft angenommen. Die situativen Wechselkosten bewerten die in der aktuellen Entscheidungssituation existierenden Nachteile eines Wechsels und gehen auf die bisherige Beziehung bis zum gegenwärtigen Entscheidungszeitpunkt ein. Die erwarteten Wechselkosten beziehen sich auf das geplante Verhalten durch den zukünftigen Beziehungsverlauf. Das Bindungsverhalten hängt von beiden Kostenarten ab, da die Höhe der erwarteten Wechselkosten Einfluss auf das Beziehungsverhalten nimmt. Selbst bei niedrigen situativen Wechselkosten und attraktiven Alternativen auf dem externen Arbeitsmarkt zum Entscheidungszeitpunkt kann eine erwartete Erhöhung der beziehungsspezifischen Quasirente durch im Rahmen des Arbeitseinsatzes in einer Netzwerkorganisation zu steigenden erwarteten Opportunitätskosten beitragen, die beim Mitarbeiter die Bereitschaft zu spezifischen Investitionen auslösen können und somit auch seine erwarteten sunk costs vergrößern. Dies wird er aus ökonomischer Sicht nur dann tun, wenn das Unternehmen ihm glaubhafte Sicherheiten anbieten kann, dass sich diese spezifischen Investitionen auch dauerhaft auszahlen und seine größere Abhängigkeit nicht opportunistisch ausgenutzt wird.

Umgekehrt darf das Unternehmen nicht einseitig die Kosten der spezifischen Investitionen tragen, da sonst keine erhöhte Bindungswirkung durch die erwarteten sunk costs erreicht wird. Selbst wenn sich die erhofften Vorteile der erwarteten Quasirente in der Zukunft nur zeitweise nicht erreichen lassen, kann der Arbeitnehmer das Unternehmen relativ leicht verlassen, da er auf dem externen Arbeitsmarkt nur die bisherigen sunk cost und direkten Kosten kompensieren muss. Da der Beziehungsnutzen in dieser auf die externe Wechselalternative bezogenen Betrachtungsweise als Opportunitätskosten ausgedrückt wird, ist eine Senkung dieser Wechselkosten für den Mitarbeiter insgesamt mit drei Konsequenzen verbunden:

- Die Fortsetzung der Arbeitsbeziehung wird weniger attraktiv und führt zu einer relativen Erhöhung der Attraktivität möglicher Angebote auf dem externen Arbeitsmarkt.

- Der Abbruch der Beziehung bei Entdeckung opportunistischer Verhaltensweisen geht mit geringeren Verlusten einher, welche die Kosten dieser Verhaltensoption im Vergleich zur Kooperation verringern.

- Die Durchführung von oder Beteiligung an spezifischen Investitionen zur Erhöhung des Beziehungsnutzens vergrößert die vormals gesunkene Abhängigkeit vom Arbeitgeber.

Die hohe Wechselbereitschaft der Beschäftigten in den neuen Arbeits- und Organisationsformen der Informationsgesellschaft nach dem Einbruch der New Economy am Börsenmarkt in der ersten Hälfte des Jahres 2000 zeigt, dass sich rein monetäre Bindungsmaßnahmen wie Aktienoptionsprogramme besonders in wirtschaftlich schlechten Zeiten schnell erschöpfen und bei Kursverlusten sogar die Wechselbereitschaft erhöhen. Besonders für junge Start-up-Unternehmen, deren Geschäftsmodelle sich sehr stark am Internet orientieren und die in der Rezession mit Hilfe qualifizierter sowie erfahrener Fach- und Führungskräfte wieder aus der Verlustzone herauskommen wollen, hat ein solcher Wissensverlust gravierende Folgen. Da viele Beschäftigte dort als Quereinsteiger tätig sind, können sie in Folge ihres eher allgemeinen Qualifikationsprofils wieder leicht zurück in ihre alten Branchen wechseln. Die flachen Hierarchien als besonderes Merkmal dieser jungen Unternehmen tragen dazu bei, dass ein Aufstieg in eine höhere hierarchische Position in Folge der größeren Durchlässigkeit weniger wertvoll wird. Die Kunden der auf das Internet spezialisierten Start-up-Unternehmen verlangen weitgehend standardisierte Leistungen, die individuell angepasst werden, um sich nicht von einem Anbieter abhängig zu machen. Dadurch verringert sich die Bedeutung des unternehmensspezifischen Wissens und in Folge der hohen Bedeutung des personengebundenen Wissens kann in einem anderen Unternehmen schnell eine vergleichbare Position gefunden werden. Eine Online-Befragung von 263 Arbeitnehmern von Start-up Unternehmen im Jahr 2001 zeigt zudem, dass die Wechselmotive vor allem in der Annahme einer neuen Herausforderung, der Übernahme von Verantwortung und der Selbstverwirklichung gesehen werden (vgl. Wirtz, Bernd W./Vogt, Patrick 2005, S. 260 ff.).

Diese Befunde weisen auf die veränderten Werte insbesondere bei den jüngeren Beschäftigten hin, die sich im hohen Maße in der Unternehmenskultur der neuen Organisationsformen niedergeschlagen haben (vgl. Punkt 3.1). In der gegenwärtigen Situation, in der die aktuellen Wechselkosten für hoch qualifizierte Mitarbeiter trotz Persistenz der Arbeitslosigkeit moderat ausfallen und sich in der Zukunft demographisch bedingt noch weiter verringern werden, kann der Aufbau von Sozialkapital die für das Unternehmen bedrohlichen ersten beiden Konsequenzen wirksam vermeiden. Die vor allem in den neuen Branchen mit hoher wirtschaftlicher

Unsicherheit als Einschränkung erlebte Abhängigkeit aus der dritten Möglichkeit kann so die bewusst gewollte Bindung mit den Kollegen und Vorgesetzten ins Blickfeld einer beschränkten Rationalität rücken lassen. Die Kenntnisse um die Bedeutung von Vertrauen für die eigene Entwicklung auf Basis der psychischen Sicherheit bei den Akteuren vorausgesetzt, werden so die Wissensträger an das Unternehmen gebunden und der Austausch ihres impliziten Wissens wird effizient organisierbar. Wie dieser Aufbau mit Blick auf die Personalbindung durchgeführt werden kann und welche Ebenen dabei betroffen sind ist Gegenstand des folgenden Punktes.

5.4 Zusammenhang zwischen Personalbindung und Sozialkapital

Die vom Individuum ausgehende Analyse sozialer Verhaltensweisen in der Ökonomik ist als eine Reaktion auf die schlechten Erfahrungen mit wirtschaftspolitischen Empfehlungen allein auf makroökonomischer Modellbasis zu sehen. Das praktische Scheitern der daraus abgeleiteten Reformmaßnahmen vernachlässigte die Lernfähigkeit der Akteure, so dass eine Mikrofundierung der makroökonomischen Relationen gefordert wurde, um das individuelle Verhalten besser vorhersagen zu können. Die systematische Analyse der Mikroökonomik als Sozialwissenschaft versucht daher, nicht die einzelnen Handlungsweisen an sich zu verstehen, sondern daraus die aggregierten Verhaltensweisen systematisch abzuleiten, wodurch sie sich als mikrotheoretische Fundierung der makroökonomischen sozialen Phänomene erweist. Diese analytische Basis des methodologischen Individualismus lässt allerdings Raum für individuelle Verhaltensvarianzen innerhalb verschiedener sozialer Gruppen, so dass eine Theorie individuellen Verhaltens nicht zwangsläufig das Verhalten isolierter Akteure beschreibt (vgl. Kirchgässner, Gebhard 1998, S. 110 ff.). Das interpersonale Vertrauen ist als ein besonderer Ausdruck dieser Verhaltensvarianzen zu sehen, die in Organisationen als Sonderform einer institutionalisierten Gruppe wirken.

Da die Hauptaufgabe der Sozialwissenschaft in der Analyse sozialer Phänomene besteht, richtet sie ihr Augenmerk nicht primär auf das Individuum, sondern auf das übergeordnete soziale System, das je nach Fragestellung von der Zweierbeziehung bis zur globalen Gesellschaft reichen kann. Die Erklärung des Systemverhaltens durch das Handeln des Einzelnen führt bei einer individualistischen Analyse allerdings dazu, dass die Interaktionen der Individuen neue Phänomene auf der Systemebene verursachen, die von ihnen weder beabsichtigt noch vorhergesehen waren. Dieser Übergang lässt sich als Mikro-Makro-Problem kennzeichnen, das ein zentrales Problem in sozialwissenschaftlichen Theorien beschreibt, in denen Handlungen von Akteuren als Systemelemente der Mikroebene ein bestimmtes Systemverhalten auf der aggregierten Makroebene erzeugen. Ausgehend von den Anfangsbedingungen auf der Makroebene in Form institutioneller Handlungsbeschränkungen reagieren die Akteure auf der Mikroebene gemäß dem jeweiligen

Handlungsprinzip der verwendeten Theorie. In der Ökonomik wird dieses individuelle Verhalten durch das Prinzip der rationalen Nutzenmaximierung erklärt. Der Übergang von der Makro- zur Mikroebene bezieht sich auf die Struktur des sozialen Kontextes. Die Mikroebene beschreibt das individuelle Verhalten in diesem Kontext. Die wechselseitigen Abhängigkeiten der handelnden Individuen führen durch ihre gemeinsamen Interaktionen wieder auf die gesellschaftliche Makroebene, woraus das Mikro-Makro-Problem als letzter Übergang innerhalb des sozialen Systems entsteht, der sich auf das Ergebnis der einzelnen Handlungen in Form des beobachteten sozialen Phänomens bezieht (vgl. Coleman, James S. 1991, S. 2 ff.).

Mit der ökonomischen Kategorie des Sozialkapitals wird die Pfadabhängigkeit menschlicher Entwicklung durch interpersonelle Erfahrungen ausgedrückt, indem die soziale Umwelt als eine Restriktion individuellen Verhaltens modelliert wird. Dadurch lassen sich bestimmte Verhaltensphänomene nicht mehr allein aus Präferenzänderungen ableiten, sondern können als Ergebnis unterschiedlicher Bestände von Sozialkapital als einer Handlungsrestriktion interpretiert werden. Diese Mikrofundierung des sozialen Zusammenhangs zwecks Ableitung makroanalytischer Vorhersagen bietet damit ein leistungsfähiges Verfahren, das den Sozialwissenschaften die Chance einer problemspezifischen Arbeitsteilung zwischen den Disziplinen auf Basis einer gemeinsamen Heuristik bietet. Diese steht allerdings noch am Anfang (vgl. Pies, Ingo 1998a, S. 21-26). Ein Fortschritt im theoretischen Instrumentarium ist bei der sozialwissenschaftlichen Analyse des gesellschaftlichen Wandels von hoher Bedeutung.

Die Logik der Sozialkapitalwirkung ergibt sich daraus, dass sie die Beobachtung des institutionellen Wandels zur Informationsgesellschaft als Ausgangssituation für die Unternehmen aufgreift, die das Ziel haben, zukünftig stärker in den für diesen Gesellschaftstyp besonders geeigneten Netzwerkorganisationen zu kooperieren. Die Verbreitung von Netzwerkorganisationen stellt das soziale Phänomen auf der Makroebene dar, welches hier zu erklären gilt. Durch Investitionen in Sozialkapital werden die fehlenden oder zu schwachen Anreize der Ausgangssituation auf der Ebene der Handlungsbedingungen geändert, so dass bislang unterbliebene Verhaltensweisen der Individuen auf der Mikroebene möglich werden. Die Vorhersage dieser Verhaltensweisen erfolgt mit Hilfe der ökonomischen Handlungstheorie auf Basis der Überlegungen aus dem vierten Kapitel. Wird durch die Investitionen in Sozialkapital der Rahmen für die psychische Stabilität der Akteure innerhalb einer Sozialstruktur geschaffem, können sie in den entsprechenden internen Beziehungen den Spielzug „Vertrauen" wählen.

Dieses Vertrauen stellt nicht nur die Effizienz der Abwicklung von Transaktionen sicher, sondern erfüllt auch primäre Bindungsbedürfnisse der Individuen, die für die Unternehmen als hoch qualifizierte Wissensarbeiter immer bedeutsamer werden. Angenommen wird, dass sich ihre Wechselbereitschaft vor allem durch Vertrauen verringert, weil sie durch den Verbleib im Unternehmen eine steigende erwartete bindungsbezogene Quasirente realisieren, die ihre individuellen Opportunitätskosten erhöht. Diese umfassen neben dem Bindungsnutzen durch die potenzielle Teilnahme an attraktiven Projekten im Rahmen der Netzwerkorganisation aber immer auch einen steigenden erwarteten Informationsnutzen, der sich aus den durch das Vertrauen verringerten Kosten und beim Informationsaustausch ergibt.

Zentral beim Aufbau von Sozialkapital bleibt der Bindungsnutzen, der über die entsprechenden Bindungswirkungen auf der Mikroebene des Individuums dazu führt, dass sich ein vertrauensvoller Wissensaustausch in den Projektteams etablieren kann, der zum Erfolg von Netzwerkorganisationen beiträgt. Diese aggregierten Verhaltensfolgen eines ununterbrochenen Wissensaustausches durch den dauerhaften Verbleib des Personals im Unternehmen können wiederum die Verbreitung von Netzwerkorganisationen auf der Makroebene erklären. Die Personalbindung auf Basis des gewachsenen Vertrauens, dessen Grundlage durch die spezifischen Investitionen in Sozialkapital geschaffen wird, kann somit den Übergang von der Mikro- zur Makroebene beschreiben. Dieser erklärt das Phänomen der verstärkten Vernetzung von Unternehmen in der Informationsgesellschaft durch zwei entgegengesetzte Transaktionskostenwirkungen:

1. Das durch den Aufbau von Sozialkapital geschaffene interpersonale Vertrauen in der Netzwerkorganisation verringert die Informationskosten und trägt so zu steigenden Einkommenserwartungen für die Unternehmen bei, die sich bei variablen Vergütungsformen auch positiv auf das Einkommen des Personals auswirken.

2. Die entsprechend größeren spezifischen Quasirenten aus der Arbeitsbeziehung durch den erhöhten Bindungs- und Informationsnettonutzen für die betroffenen Mitarbeiter erhöht die situativen und erwarteten Wechselkosten dieses Personalsegments.

Es wird deutlich, dass ein Unternehmen die Delegation seines Personals in Netzwerkorganisationen von dessen besonderen Humankapital abhängig macht, das dieses dort einbringen kann. Besonders in größeren Unternehmen mit einer unterschiedlich qualifizierten Belegschaft werden nicht alle Beschäftigten darüber verfügen. Somit beziehen sich die Maßnahmen zur Personalbindung durch die Investitionen in Sozialkapital aus Sicht des einzelnen Unternehmens zunächst nur auf dieses besondere Segment von Mitarbeitern.

Nur wenn die Investitionskosten des Unternehmens beim Aufbau des netzwerkbezogenen Sozialkapitals geringer ausfallen als der erwartete Nutzen in Form der verringerten Informationskosten und der stärkeren Bindung der Arbeitnehmer an das Unternehmen durch ihre gestiegenen Wechselkosten, kann aus ökonomischer Sicht von einer rational begründbaren Personalbindung gesprochen werden. Die stärkere Bindung der für den Projekterfolg relevanten Wissensträger muss sich in Netzwerkorganisationen letztlich über den verbesserten Wissenstransfer als Ergebnis

216

der effizienten Bewältigung von Verhaltensunsicherheit in den erwarteten Einkommenssteigerungen für die beteiligten Unternehmen auszahlen. Die Unternehmen können als juristische Personen diese Steigerung nicht über den Bindungsnutzen erreichen. Dies ist allein den Beschäftigten als natürlichen Personen vorbehalten.

Die Verbreitung von Netzwerkorganisationen erklärt sich folglich aus den gewachsenen Vertrauen in den sozialen Beziehungen zwischen den beteiligten Individuen, die dazu spezifisch in das Clubkollektivgut Sozialkapital investiert haben, um so die Transaktionskosten innerhalb ihres Clubs senken zu können. Die systematische Stärkung der Beziehungen für die Mitarbeiter und zu den Mitarbeitern durch die Maßnahmen der Personalbindung dient somit dem Ziel, die Effizienz von Netzwerkorganisationen gewährleisten zu können. Die Dominanz von dauerhaften Vertrauensbeziehungen in der gegenwärtigen Netzwerkpraxis (vgl. Punkt 3.1.6) lässt sich somit ökonomisch erklären. Die folgende Abbildung fasst die Überlegungen zu einer Wirkungskette mit Bezug auf die Mikro- und Makroebene zusammen.

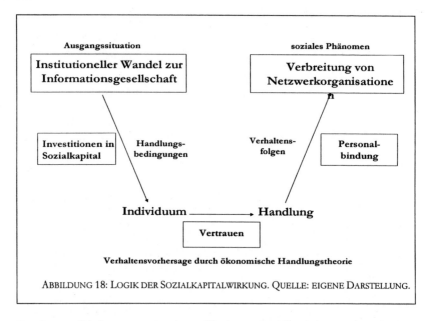

ABBILDUNG 18: LOGIK DER SOZIALKAPITALWIRKUNG. QUELLE: EIGENE DARSTELLUNG.

Das Personalbindungsmanagement auf Basis von Sozialkapital muss darauf achten, eine beim Mitarbeiter bestehende Vertrauensrelation zwischen beiden Bestandteilen der beziehungsspezifischen Quasirente zu Gunsten des nicht monetär zu steuernden Bindungsnutzens dauerhaft aufrecht zu erhalten, nachdem sie einmal etabliert werden konnte. Die spezifischen Investitionen in Sozialkapital können weder vom Arbeitgeber noch vom Arbeitnehmer allein durchgeführt werden. Im Unternehmensnetzwerk müssen sich die einzelnen Partner zudem wechselseitig abstimmen. Eine einseitig vom Unternehmensnetzwerk initiierte Verstärkung der Kopplung zwischen Bindungs- und Informationsnutzen geht bereits mit der Erhöhung des spezifischen Bindungsverhaltens in den wechselseitigen Beziehungen einher. Es werden somit bereits durch die entsprechende erhöhte Spezifität des Beziehungswissens Quasirenten geschaffen, die außerhalb der Beziehungen an Wert verlieren. Solche Zwangsinvestitionen machen jedoch wenig Sinn, da der Aufbau von Vertrauen mit enormen Handlungsspielräumen bei den Mitarbeitern verbunden ist, die sie bei einer Ablehnung des Sozialkapitalaufbaus als „Vertrauenssaboteure" nutzen könnten, wenn sie sich bei den geplanten Abweichungen vom Status Quo einer hierarchischen Lösung als Verlierer sehen.

Die Bereitschaft der Mitarbeiter zur Verbesserung der sozialen Beziehungen bleibt genauso notwendig wie die Bereitschaft des Managements, als Vertreter des beschäftigenden Unternehmens aktiv als Investor aufzutreten und dafür die notwendigen Vorleistungen zu erbringen, die den Mitarbeitern die Nachhaltigkeit der geplanten Veränderungen verdeutlicht und damit Glaubwürdigkeit signalisiert. Für den Mitarbeiter ergeben sich durch die Investition des Unternehmens und seiner eigenen freiwilligen Investitionsbeiträge zum Clubkollektivgut Sozialkapital zwei grundlegende Auswirkungen auf seine Wechselkosten:

- Die situativen Wechselkosten werden über die sunk costs durch die spezifischen Investitionen und die Opportunitätskosten über die entsprechend höhere Quasirente vergrößert, auf die beim Wechsel verzichtet werden müsste.

- Die erwarteten Wechselkosten für den Mitarbeiter werden durch seine Bereitschaft erhöht, auf Basis des vorhandenen Vertrauens selbst spezifische Investitionen durchzuführen, um die Quasirente zu vergrößern. Dadurch erhöhen sich die erwarteten sunk costs und die erwarteten Opportunitätskosten

Dieser positive Vertrauenskreislauf führt dazu, dass einmal vorgenommene Investitionen in Sozialkapital zu einem Lock-in-Effekt führen, der weitere Investitionen nach sich zieht, wenn die ersten Quasirenten realisiert werden können. Ein Wechsel aus der Arbeitsbeziehung macht für den Mitarbeiter nur dann Sinn, wenn die zukünftig erwarteten Quasirenten gefährdet sind und die neue Beschäftigung neben den bisher angefallenen sunk costs auch die gegenwärtigen Opportunitätskosten überkompensieren kann.

Der Aufbau von Sozialkapital ist immer mit spezifischen Investitionen der Mitarbeiter und des arbeitgebenden Unternehmens als Netzwerkpartner verbunden. Dem Beginn des zu etablierenden Vertrauenskreislaufs kommt eine ganz entscheidende Bedeutung bei der vertrauensbasierten Personalbindung zu. Dieser Initialphase durch die ersten spezifischen Investitionen in Sozialkapital folgt die Stabilisierungsphase, in der die wechselseitigen Erwartungsgleichgewichte dauerhaft etabliert werden müssen. Der Aufbau und die Nutzung von Soziakapital lassen sich dabei in vier logische Schritte unterteilen:

1. Kopplung des Informationsnutzens mit dem Bindungsnutzen durch spezifische Investitionen in die Beziehungsstrukturen einer Netzwerkorganisation.

2. Institutionelle Senkung der Bindungskosten, die zum Aufbau von bewusstem interpersonalen Vertrauen beitragen.

3. Institutionelle Absicherung der durch die beziehungsspezifischen Quasirenten erhöhten Abhängigkeit des Arbeitnehmers durch glaubwürdige Sicherheiten des Unternehmens.

4. Etablierung eines neuen impliziten Vertrages zwischen den Projektmitarbeitern und ihren arbeitgebenden Unternehmen, der eine effiziente Kooperation in den interorganisationalen Projektteams auf Vertrauensbasis ermöglicht.

Der dritte Schritt wird notwendig, da das arbeitgebende Unternehmen zwar ein Partner im Netzwerk ist, es selbst aber weiterhin als Hierarchie angesehen wird. Weil sich das bewusste Vertrauen bei der Reduktion von Verhaltensunsicherheit hier primär auf die Personen bezieht, mit denen zusammengearbeitet wird, ist auch ein Vertrauensverhältnis zwischen Führungskraft und Mitarbeiter eines Partnerunternehmens möglich. Die Person des Vorgesetzten ist nicht mit der juristischen Person der Organisation gleichzusetzen, auch wenn er diese nach Innen und Außen vertritt. Sie wird von den hoch qualifizierten Beschäftigten statt dessen immer stärker als psychologischer Vertragspartner gesehen (vgl. Punkt 5.1.2).

Die Gefährdung der damit immer weniger organisations- sondern verstärkt beziehungsspezifischen Quasirenten ergibt sich durch den altersbedingten Austritt einer in die Netzwerkstrukturen eingebundenen Führungskraft, ihres vorzeitigen Wechsels oder bei Führungsmängeln. Dies führt bei den Arbeitnehmern zur entsprechenden Nachfrage nach glaubwürdigen Sicherheiten gegenüber solchen Bedrohungen. Innerhalb der hierarchischen Organisationsstruktur können diese definitionsgemäß nicht auf Basis von Vertrauen angeboten werden. Positive externe Effekte, die aus der Netzwerkorganisation auf die hierarchische Partnerorganisation abstrahlen und zur Bildung eines internen Clubs von Sozialkapitalisten als Subgruppen der Netzwerkorganisation führen, können die Transaktionskosten für diese Sicherheiten verringern. Die hierarchische Organisationsstruktur des Unternehmens greift aber allein auf Risikobeziehungen zurück, die gerade dadurch gekennzeichnet sind, dass es zu keinem vertrauensvollen Verzicht auf institutionelle Sicherheiten und Kontrollen kommt. Damit können die Effizienzpotenziale der

Netzwerkorganisation innerhalb von stark hierarchisch strukturierten Partnerunternehmen nur begrenzt genutzt werden.

Es wird deutlich, dass die Beteiligung an einem Netzwerk, das über Vertrauen effizient koordiniert werden kann, mit Rückwirkungen auf die hierarchischen Partnerunternehmen verbunden ist, die durch die personalen Beziehungsgeflechte ihrer am Netzwerk beteiligten Manager und Mitarbeiter immer weniger auf rein hierarchische Anweisungsmechanismen zurückgreifen können. Die Frage, wie groß die Zahl der eigenen Mitarbeiter werden darf, die am unternehmensübergreifenden Club der Sozialkapitalisten teilnehmen, damit die Anreizfunktion der hierarchischen Instrumente nicht ausgehebelt wird, verlagert sich in wissensintensiven Unternehmen zur Frage nach den geeigneten institutionellen Anreizen, welche die Einbindung der Mitarbeiter in die hierarchischen Strukturen weiterhin sicherstellen. Dadurch besteht aus Unternehmenssicht die zentrale Aufgabe im vierten Schritt, von den eigenen Mitarbeitern als Clubmitgliedern glaubhafte Sicherheiten zu erhalten, die den impliziten Vertrag zwischen Arbeitgeber und Arbeitnehmer begründen können. Stellt dieser implizite Vertrag den Mitarbeitern die Erfüllung ihrer Einkommens- und Entwicklungsbedürfnisse durch die Teilnahme an Netzwerken in Aussicht, enthält er im Gegenzug für die Arbeitgeber die Erwartung, dass diese ihr Wissen dauerhaft im Sinne der Unternehmensinteressen nutzen und es in Verbindung mit den im Netzwerk gewonnenen Informationen weder gegen ihn noch gegen das Netzwerk opportunistisch ausnutzten. Die zweite Möglichkeit stellt eine besondere Gefahr für die Reputation des Unternehmens als verlässlicher Netzwerkpartner dar..

Der Perspektivenwechsel von der internen hierarchischen Sichtweise auf die übergeordnete Ebene des vertrauensbasierten Unternehmensnetzwerkes stellt das sozialkapitalbezogene Personalbindungsmanagement eines Partnerunternehmens vor große Herausforderungen. Vor allem in der ersten Phase der spezifischen Investitionen in Sozialkapital bilden Vertrauenssaboteure eine interne Gefahrenquelle, die den organisatorischen Wandel einer traditionellen Hierarchie hin zu einem Partnerunternehmen opportunistisch zu verhindern trachten. Zu den möglichen Vertrauenssaboteuren gehören alle Führungskräfte und Mitarbeiter, die nicht in der Netzwerkorganisation mitarbeiten und daher nicht in den Genuss der entsprechenden Quasirenten kommen, was ihre Position im Unternehmen im Vergleich zu den daran teilnehmenden Beschäftigten verschlechtern könnte. Diese Verschlechterung bezieht sich primär auf den möglichen Informationsnutzen, so dass hierbei bindungsbezogene Motive nur eine untergeordnete Rolle spielen.

Da in wissensintensiven Unternehmen die Mehrzahl des qualifizierten Personals und vor allem die Führungsebene in die interorganisationalen Kooperationen involviert sind, wird sich die Zahl der unternehmensinternen Outsider und ihrer Einflussmöglichkeiten in engen Grenzen halten. Das Problem der Partnerunternehmen, die vertrauensbasierten Organisationsprinzipien des Netzwerkes mit den hierarchischen Organisationsprinzipien traditioneller Unternehmensstrukturen in

Einklang zu bringen, bleibt aber weiterhin bestehen. Der erforderliche Wandel kann insbesondere in den lange vor der New Economy gewachsenen hierarchischen Unternehmenskulturen auf starke innere Widerstände insbesondere bei langjährigen Mitarbeitern stoßen, ohne dass damit ein opportunistisches Verhalten gefördert werden muss. Diese Blockaden können ursächlich in dem spezifischen expliziten Beziehungswissen liegen, das in den traditionellen Organisationsstrukturen herausgebildet wurde. Dadurch müssen die in Netzwerkorganisationen in hohem Ausmaß erforderlichen Fähigkeiten im Sozialverhalten durch entsprechende Personalentwicklungsmaßnahmen vermittelt werden. Ein weitaus gravierenderes Problem ergibt sich bei entsprechenden Wissenslücken im impliziten Beziehungswissen, dass neben der beruflichen Sozialisation in den frühen Lebensphasen aufgebaut wird. Im ersten Fall ist es nur sehr langsam und im zweiten Fall kaum noch veränderbar, was weitreichende Implikationen für das Management von Netzwerkorganisationen hat.

Bei einer fehlerhaften Auswahl der Mitarbeiter, die zum Kreis der Netzwerarbeiter gehören sollen, kann es auch innerhalb dieser Gruppe Saboteure geben, wenn das individuelle Beziehungswissen nicht in ausreichendem Maße vorhanden ist, um zur Etablierung von bilateralen Erwartungsgleichgewichten beizutragen und der eigene Bindungsnettonutzen den Informationsnettonutzen grundsätzlich nur bei einem relativ geringen Einkommen überschreiten kann. Gerade für die hoch qualifizierten Mitarbeiter mit vergleichsweise höherer Entlohnung dürfte der Eimsatz von Vertrauen dann unattraktiv werden, da es für sie nur unter Inkaufnahme von Einkommensverzichten in Frage kommt. In diesen Fällen würde eine opportunistische Instrumentalisierung des vertrauensvollen Kontrollverzichtes auf Seiten der anderen Clubmitglieder angeregt. Diese Gefährdung wäre vor allem den fehlenden Beständen an implizitem Beziehungswissen geschuldet, das für einen Großteil des Bindungsnutzens verantwortlich ist und bei einer entsprechenden Mindestausstattung die grundsätzliche Bereitschaft erklärt, warum die Individuen überhaupt durch eine nicht monetäre bindungsspezifische Quasirente für die freiwillige Mitarbeit in Netzwerkorganisationen ausreichend entschädigt werden können. Da der Aufbau dieser Wissensbestände wesentlich in den ersten Sozialisationsprozessen erfolgt, die den Unternehmen nicht direkt zugänglich sind, wird eine arbeitsteilige Zusammenarbeit beim ebenen übergreifenden Aufbau von Sozialkapital in Netzwerkorganisationen notwendig, die im Folgenden näher beschrieben wird.

6. Ebenenübergreifender Aufbau von Sozialkapital durch die Familienpolitik und das Management der Partnerunternehmen

In Folge der personalen Dimension des Beziehungswissens spielen die frühkindlichen Entwicklunsprozesse beim Aufbau von Sozialkapital eine bedeutsame Rolle. Sie können von der Familienpolitik über die Gestaltung der institutionellen Rahmenbedingunen indirekt beeinflusst und von den Eltern direkt gefördert werden. Das Ziel der Personalbindung in wissensintensiven Partnerunternehmen führt dazu, dass neben dem Staat und den Eltern auch die zunehmend in Netzwerken agierenden Unternehmen das Thema „Familienfreundlichkeit" aufgreifen, welches in einem weiteren Kontext unter dem Stichwort „Work-Life-Balance" diskutiert wird, um bei einer älter werdenden Belegschaft und in Zukunft knapper werdenden qualifizierten Beschäftigten die mit der Kinderbetreuung verbundenen Ausfallzeiten der berufstätigen Eltern zu senken. Das Entstehen von Sozialkapital lässt sich folglich als arbeitsteiliger Prozess zwischen den betroffenen Interessengruppen Familienpolitik, Unternehmen und berufstätigen Elternteilen beschreiben.

Dazu wird im Folgenden auf die Notwendigkeit seines ebenenübergreifenden Aufbaus eingegangen. Mit Hilfe der Theorie öffentlicher Güter wird in Verbindung mit Argumenten aus der Transaktionskostentheorie die Abgrenzung der Aufgaben bei der Erstellung des Kollektivgutes „Beziehungswissen" aus ökonmischer Sicht vorgenommen. Aus diesen normativen Empfehlungen lassen sich Reformvorschläge für die öffentliche Familienpolitik und das Management der Partnerunternehmen ableiten, um der Personalstrategie der „Elternführerschaft" zum Durchbruch zu verhelfen, welche die Argumente aus dem fünften Kapitel aufgreift und in ein ganzheitliches Personalbindungs und -entwicklungskonzept für Netzwerkorganisationen überführt. Die Konzeption und Umsetzung dieser Maßnahmen erfolgt vor dem Hintergrund neuer kooperativer Politikverfahren, in denen die Vertreter der beteiligten Interessengruppen gemeinsam neue Lösungen erarbeiten, um die drängenden einzelnen familienpolitischen Fragen zum wechselseitigen Vorteil harmonisieren zu können. Zunehmend drängt den Beteiligten ins Bewusstsein, dass die Verzahnung der staatlichen mit betriebliche Familienpolitik beim Aufbau von Sozialkapital zum Schlüssel von volks- und betriebswirtschaftlichen Wettbewerbsvorteilen in der Informationsgesellschaft wird.

6.1 Akteure und Elemente eines ebenenübergreifenden Aufbaus von Sozialkapital

Die möglichen Investitionen in das implizite Beziehungswissen ihrer Mitarbeiter gestalten sich für die Unternehmen als sehr langwierig. Der Zeithorizont und die entsprechende Spezifität des Humankapitals auf Seiten der Mitarbeiter erklären die Anreizfunktion eines traditionellen dauerhaften Arbeitsvertrages zur Durchführung der entsprechenden Investitionen. Wird die Beschäftigungsdauer immer weiter verkürzt, kann eine sehr hohe Spezifität durch eine lebenslange Beschäftigung in einem Unternehmen zeitlich nicht mehr erreicht werden. Das Investitionskalkül der Arbeitnehmer richtet sich folglich nach allgemeinen Qualifikationen, die eine hohe Marktfähigkeit gewährleisten können. Die Personalbindung in wissensintensiven Partnerunternehmen zielt zwar auf eine dauerhafte Einbindung der Mitarbeiter in Netzwerkorganisationen, der zu Grunde liegende implizite Vertrag setzt aber keine lebenslange Beschäftigungsgarantie mehr voraus.

Die Mitarbeiter binden sich in Folge der aktuellen und erwarteten beziehungsspezifischen Quasirenten, die mit dem Verbleib im Unternehmen verbunden sind. Sinken die einkommensbezogenen Wechselkosten in Folge einer zeitweilig verschlechterten wirtschaftlichen Situation des Arbeitgebers, können vor allem die bindungsbezogenen Quasirenten auf den besonders in Krisenzeiten überlebenswichtigen Verbleib wichtiger Beschäftigtengruppen für das Unternehmen einwirken. Die entscheidende Frage ist nun, woher das dafür erforderliche implizite Beziehungswissen kommen soll, wenn die gemeinsame Zusammenarbeit nicht mehr wie in der Vergangenheit üblich eine lebenslange „Ehe" zwischen Arbeitgeber und Arbeitnehmer umfasst. In Netzwerkorganisationen wird zudem trotz ihrer zeitlich stabilen Basis immer auch ein Ende der Mitarbeit einzelner Partnerunternehmen notwendig werden und eine Aufnahme neuer Partner erfolgen müssen.

Der Chance des Aufbaus neuer beziehungsspezifischer Quasirenten steht die Gefahr gegenüber, dass sich die bisherigen Investitionen in das Sozialkapital entwerten, die mit Blick auf das Netzwerk in der bisherigen Partnerkonstellation gemacht worden sind. Die in Netzwerken geforderte Flexibilität der Mitarbeiter zeigt sich somit auch in der Fähigkeit, beim Verlust von gewachsenen Beziehungen durch den ausscheidenden Teamkollegen eine aktive „Trauerarbeit" leisten zu können, um danach mit den neuen Projektmitarbeitern eine neue Vertrauensbeziehung aufzubauen. In Zeiten instabiler Arbeitsverhältnisse führt der immer wieder mögliche Verlust eines (befristeten) Arbeitsplatzes zu notwendigen Bewältigungen von solchen psychisch belastenden Phasen, welche die individuelle Beschäftigungsfähigkeit in einem neuen Team sicherstellen.

Die psychologische Arbeitslosenforschung zeigt, dass der Verlust des Arbeitsplatzes zum Teil massive Trauerreaktionen auslöst und eine längere Phase der Arbeitslosigkeit zu enormen psychischen Belastungen in Folge der gesellschaftlichen Ausgrenzungen und des Ausfalls der beruflichen sozialen Netze führt (vgl. Kieselbach, Thomas 2002, S. 205 ff.). Die Trauer als emotionale Reaktion bezieht sich dabei weniger auf das mit diesem Netzwerk verbundene Einkommen, sondern hat neben der fehlenden sozialen Anerkennung durch den Beruf vor allem mit dem Verlust von gewachsenen Vertrauensbeziehungen innerhalb einer Netzwerkorganisation zu tun.

Wie die Bindungsforschung gezeigt hat, stellt die Trauer um den Verlust einer Bezugsperson die Kehrseite von Bindung dar. Neben der Stärke der Beziehung fällt sie umso intensiver aus, je unvermittelter die Trennung eintritt und je länger der Verlust dauert. Die Bindung zur Bezugsperson wird bei Kleinkindern zwischen dem vierten und sechsten Lebensmonat aufgebaut, die danach sehr stark unter längeren Trennungen oder dem totalen Verlust zu leiden haben (vgl. Grossmann, Karin/Grossmann, Klaus E. 2004, S. 74 f.). Die Auflösung eines Projektteams erfordert neben der Ergebnisdokumentation somit symbolische Abschiedsriten, die den Mitgliedern den Übergang in ein neues Projekt erleichtern (vgl. Mayrhofer, Wolfgang 2003, S. 221) und damit die Bindungskosten der Aufnahme neuer Beziehungen im nächsten Team reduzieren. Die permanente Gefährdung der beziehungsspezifischen Quasirente durch eine zu häufige Fluktuation kann mit einer sinkenden Bereitschaft einhergehen, spezifisch in neue Beziehungen zu investieren, was die Zusammenarbeit im Netzwerk dauerhaft beeinrächtigt. Dies lässt sich vor allem auf die bindungsbezogenen Anteile zurückführen.

Wenn sie bereits über einen entsprechend hohen Bestand an implizitem Beziehungswissen verfügen, verringern sich die für die Netzwerkteilnahme erforderlichen spezifischen Investitionen bei den Mitarbeitern. Da die Beziehungsarbeit nicht nur die aktive Nachsorge am Ende einer Beziehung umfasst, sondern sich vor allem auf die Anbahnung und Nutzung vertrauensvoller Arbeitsbeziehungen konzentriert, kann ein hoher Grundstock an bereits gebildetem Beziehungswissen den Aufbau von Sozialkapital innerhalb der Netzwerkorganisation erheblich unterstützen und neben der Spezifität der Investitionen auch die Investitionskosten entsprechend verringern. Wie unter Punkt 4.3 gezeigt wurde, lässt eine sichere Bindung in der frühen Kindheit einen entsprechend hohen Bestand an implizitem Beziehungswissen erwarten, der dazu führt, die für den Vertrauensaufbau wichtigen Bindungsziele in den Beziehungen höher zu gewichten als das Einkommen. Dadurch können Vertrauensbeziehungen auf Ebene eines Unternehmensnetzwerkes mit wesentlich geringerem Aufwand eingegangen werden, da entsprechend weniger Regelungen zur Reduzierung der Bindungskosten benötigt werden.

Diese Grundausstattung mit implizitem Beziehungswissen wird in Netzwerkorganisationen zum entscheidenden Engpassfaktor. Die Partnerunternehmen können den Aufbau dieser im Elternhaus vermittelten Wissensbestände jedoch nicht direkt beeinflussen. Zudem wird mit einer verringerten Beschäftigungsdauer die Möglichkeit reduziert, in die kognitiven Anteile des impliziten Beziehungswissens beim Erwachsenen im Rahmen seiner beruflichen Sozialisation im Unternehmen zu investieren. Die Personalbindung kann diese Effekte zwar abschwächen, aber in Folge der Pfadabhängigkeit des Mitarbeiterverhaltens von ihren internalisierten Beziehungsmodellen ist diese Einflussnahme nur begrenzt möglich. Somit werden die Investitionskosten beim Aufbau von Sozialkapital in Netzwerkorganisationen davon beeinflusst, in welcher Höhe das Beziehungswissen bereits vorher gebildet wurde.

Dieses Wissen wird in den primären, sekundären und tertiären Sozialisationsprozessen gebildet (vgl. Punkt 4.1.2), lange bevor das Individuum als Projektmitarbeiter erstmals in einem wissensintensiven Unternehmen tätig wird. Somit kann eine Analyse der Gestaltungsmöglichkeiten beim Aufbau des impliziten Beziehungswissens grundsätzlich in allen drei Sozialisationsphasen ansetzen. Im Folgenden wird sich auf die primäre Sozialisationsphase konzentriert. Dies ergibt sich aus Unternehmenssicht daraus, dass in dieser Phase das Urvertrauen herausgebildet wird, welches das zukünftige Mitarbeiterpotenzial in Verbindung mit den kognitiven impliziten Wissensbestandteilen überhaupt erst in die Lage versetzt, einen gesunden Zustand psychischer Sicherheit erreichen zu können. Daneben wirkt sich der ungebrochene Wunsch der Beschäftigten nach dauerhaften Partnerschaften trotz aller Individualisierungsschübe (vgl. Punkt 3.2.4) positiv auf die Bereitschaft der Politik aus, die Familiengründung von berufstätigen Eltern zu unterstützen und damit die entsprechenden Belastungen für die Unternehmen zu verringern.

In der Organisationspsychologie wird der im Mittelpunkt der familienpolitischen Debatte stehende Begriff der Work-Life-Balance als dynamisches Gleichgewicht zwischen potenziell krankmachenden Einflüssen der physikalischen, biologischen und sozialen Umwelt auf der einen Seite sowie den unterstützenden physischen, psychischen und sozialen Ressourcen auf der anderen Seite betrachtet. Der ökonomische Zugang konzentriert sich darauf aufbauend auf die betrieblichen Kosten der Stärkung von Ressourcen, welche die Gesundheit und Lebensqualität des Personals angesichts des gestiegenen Zeit- und Leistungsdrucks dauerhaft aufrechterhalten. Diese werden den Kosten für Arbeitsausfälle und Produktivitätsrückgänge gegenüber gestellt, die in Folge der erhöhten psychischen Belastungen ebenfalls weiter ansteigen. Neben der interventiven Förderung der Work-Life-Balance bereits erkrankter Mitarbeiter kommt der präventiven Förderung eine wichtige Bedeutung in der Personal- und Organisationsentwicklung zu. Die Personalbindung durch eine präventive Work-Life-Balance wird zum immer bedeutenderen Konkurrenzvorteil bei der Suche nach qualifizierten Mitarbeitern (vgl. Kastner, Michael 2004, S. 68 ff.).

Der stark verhaltenswissenschaftlich geprägte Zugang zur Work-Life-Balance-Thematik richtet den Blick zwar auf die Probleme von berufstätigen Eltern, ist aber mit dem Problem zahlreicher relativ unverbundener Einzelansätze konfrontiert, während eine fundierte wirtschaftstheoretische Behandlung noch aussteht. Der Begriff hat sich jedoch in der Praxis als argumentative Basis der betrieblichen Gesundheitspolitik zur Erhaltung der körperlichen und psychischen Gesundheit der Beschäftigten etabliert, wodurch auch die sozialen Beziehungen stärker ins Blickfeld rücken (vgl. Punkt 3.2.4). Im Kontext dieser Arbeit bezieht er sich allein auf den Aspekt der Existenz von Vertrauen auf Basis der psychischen Sicherheit als Teil der psychischen Gesundheit eines Individuums innerhalb eines bestimmten Kollektivs. Für das Management von Sozialkapital wird eine Balance aus gruppenexternen schwachen Beziehungen und gruppeninteren starken Beziehungen relevant, welche das Spannungsfeld zwischen dem optionenerweiternden Zugang zu

neuen externen Informationen und den für Vertrauen notwendigen sicherheitsspendenden internen Beziehungen bewältigen kann (vgl. Punkt 2.4.2). Wird der
Bereich „Life" als familienbezogene Freizeit mit sehr engen Beziehungen und der
Bereich „Work" als im Unternehmen verbrachte Arbeitszeit zum Einkommens-
erwerb mit oftmals schwachen Beziehungen gesehen, kann die Verknüpfung dieser
beiden Bereiche aus Sicht des Arbeitgebers zwei Ziele erreichen:

- Die bessere Vereinbarkeit der Anforderungen des Berufs mit den steigenden
familialen Anforderungen und Bedürfnissen im Falle von geplanten oder geborenen Kindern erhöht die Attraktivität des Arbeitgebers und kann den
Verlust von Wissen durch längere Erziehungszeiten insbesondere qualifizierter Beschäftiger reduzieren.

- Die Verknüpfung des privaten Familienlebens von berufstätigen Vätern und
Müttern mit der Arbeitssituation in Netzwerkorganisationen kann den Aufbau der für das Vertrauen notwendigen starken Beziehungen in den Projektteams unterstützen.

Für die Unternehmen bietet sich die Chance, gerade die hochqualifizierten Beschäftigten an sich zu binden, welche die Gründung einer Familie anstreben und
dabei eine verbesserte Vereinbarkeit von Berufs- und Familienleben erreichen wollen. Wichtig wird dies vor allem deshalb, weil diese Arbeitnehmer neben den fachlichen Qualifikationen die kaum überprüfbare Eigenschaft signalisieren, dass ihnen
die verbesserte Beziehung zu ihren Familienmitgliedern einen höheren Nutzen verursacht als die rein monetären Einkommenssteigerungen steigerungen, die sie beim
Verzicht auf Kinder und einer entsprechend „reibungslosen" Karriere mit größerer
Wahrscheinlichkeit erwarten dürften. Dies lässt auf einen höheren Bindungsnutzen
und damit auf ein höheres implizites Beziehungswissen schließen, das die beziehungsspezifische Quasirenten durch einen erhöhten Bindungsnutzen vergrößert
und somit die möglichen Nachteile eines stagnierenden oder weniger stark steigenden Einkommens überkompensiert. Unternehmen, die ihren Beschäftigten eine
Work-Life-Balance ermöglichen, um ihre langfristigen Karrierechancen zu berücksichtigen, können sich so stärker von konkurrierenden Nachfragern auf dem externen Arbeitsmarkt absetzen.

Die bindungsbezogene Quasirente einer Familiengründung ergibt sich aus dem Privatleben, kann aber nur bei entsprechenden Angeboten zur flexiblen Arbeitsges-
taltung von den Mitarbeitern in voller Höhe realisiert werden und ist somit an das
bestehende Arbeitsverhältnis gekoppelt. Diese Kopplung kann für ein kostenneut-
rales Personalbindungsmanagement genutzt werden, sofern die Mitarbeiter die
verbesserte Vereinbarkeit genauso hoch schätzen wie eine Einkommenssteigerung
und sie dadurch zu spezifischen Investitionen in Human- und Sozialkapital veranlasst werden, die ihre Wechselkosten erhöhen. Voraussetzung dafür ist, dass sich
die Arbeitsbedingungen in Netzwerkorganisationen mit einer Familiengründung
vertragen und dass die beruflichen Folgen der Familiengründung auch auf den un-

ternehmensexternen Arbeitsmärkten mit finanziellen Nachteilen für die Individuen verbunden sind. Letzteres stellt die gegenwärtige Situation für viele Arbeitnehmerinnen und Arbeitnehmer dar, wodurch die individuellen Kosten der Familiengründung signifikant erhöht werden.

Eine groß angelegte empirische Studie zum Karriereverlauf von über 1000 Absolventen der Wirtschaftsuniversität Wien aus den Jahren 2002 und 2003 zeigt den starken Einfluss von familiär bedingten Unterbrechungen der Berufstätigkeit auf den Karriereerfolg. Je länger die Berufsunterbrechung andauert, desto geringer fällt die Steigerung des Einkommens und die Erfolgseinschätzung durch das berufliche Umfeld aus. Der Einkommensverlust bei Frauen vergrößert sich mit der Höhe des Bildungsabschlusses noch weiter und lässt sich in abgeschwächter Form auch bei Frauen ohne Erziehungszeiten beobachten. Männer erfahren dagegen ihren Karriereknick durch Unterbrechungen derzeit unabhängig davon, ob sie eine Eltern- und Bildungskarenz durchführen oder in Teilzeit gehen (vgl. Mayrhofer, Wolfgang et al. 2005, S. 183 ff.). Diese Befunde über die Nachteile einer Berufsunterbrechung für die eigene Karriere weisen auf die Konflikte bei der Work-Life-Balance insbesondere bei höher qualifizierten Beschäftigten hin.

Mit Hilfe von Studien lässt sich nachweisen, dass die betrieblichen Angebote, den Beruf und die familiären oder sonstigen privaten Verpflichtungen besser vereinbaren zu können, zu einer höheren Bindung der internen Nachfrager an das Unternehmen führt, die mit einer erhöhten Arbeitszufriedenheit verbunden ist. Dieser positive Effekt lässt sich allerdings nur dann realisieren, wenn die formellen Angebote von den Beschäftigten wahrgenommen und durch die Organisationskultur unterstützt werden und keine informellen Sanktionen erwarten lassen. Insgesamt wirken sich Konflikte im Familienleben weniger stark auf das Arbeitsleben aus als umgekehrt, so dass dem Arbeitsleben eine sehr hohe Bedeutung für die individuelle Work-Life-Balance zukommmt, die immer subjektiv wahrgenommen wird und somit vergleichbare Arbeitszeiten individuell unterschiedlich bewertet werden können. Entscheidend für eine Verbesserung der Work-Life-Balance wird die wahrgenommene Kontrolle bei der Einteilung der eigenen Arbeitszeit (vgl. Frey, Dieter et al. 2004, S. 307-311).

Der Begriff der Balance zwischen den beiden Lebensbereichen Arbeit und Familie weist auf die Notwendigkeit eines ständigen Austarierens zwischen den unterschiedlichen Anforderungen hin, die zu dynamischen Anpassungsprozessen führen. Das Konzept der Work-Life-Balance kann so die Veränderungen durch eine flexible Arbeitswelt mit dem individuellen Bestreben nach dauerhaften Familienbeziehungen aufgreifen. Die Arbeitnehmer werden durch die Wahrnehmung ihrer Bedürfnisse nach Regeneration und Kindern stärker in ihrer gesamten Persönlichkeit wahrgenommen, so dass betriebliche Maßnahmen zur Work-Life-Balance zum strategischen Beitrag des Personalmanagements in der Informationsgesellschaft werden (vgl. Jurczyk, Karin 2005, S. 110 ff.). Ein Beitrag zur Bewältigung des Organisationsproblems liegt aus organisationsökonomischer Perspektive dann vor, wenn die betriebliche Koordination der Einzelaktivitäten verbessert werden kann oder die Motivation der Beschäftigten erhöht wird (vgl. Punkt 2.1). Zudem sind die Besonderheiten in Netzwerkorganisationen zu berücksichtigen. Dabei liefert die Verbindung mit dem hier entwickelten ökonomischen Sozialkapitalansatz wichtige Anhaltspunkte.

Das Nichtwissen der Akteure kann mit dem Aufbau von Beziehungswissen verringert werden, während das Entstehen psychischer Sicherheit als Basis für Vertrauensbeziehungen die Motivation der Mitglieder des Kollektivs erhöhen wird, da sie den potenziellen Bindungsnutzen realisieren wollen, der ihren Gesamtnutzen aus ihrer Arbeitsbeziehung steigert. Der zentrale Mechanismus zur Verbesserung einer individuellen Work-Life-Balance liegt in der Erhöhung der zeitlichen Ressourcen, die zur selbstgewählten Vereinbarkeit von Beruf und Familie genutzt werden können, während die Erhöhung von Sozialkapital dagegen auf die psychische Ressource Sicherheit abzielt. Es ergeben sich somit nur begrenzte Berührungspunkte zwischen Sozialkapital und Work-Life-Balance, die für diese Arbeit genutzt werden können, dafür jedoch einen wichtigen Beitrag für ein modernes Personalmanagement in wissensintensiven Unternehmen darstellen.

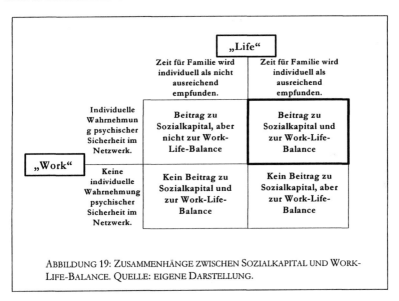

ABBILDUNG 19: ZUSAMMENHÄNGE ZWISCHEN SOZIALKAPITAL UND WORK-LIFE-BALANCE. QUELLE: EIGENE DARSTELLUNG.

Wird die Arbeit (Work) auf die Beschäftigung in einem Unternehmensnetzwerk bezogen und die restliche Zeit (Life) allein der Familie mit einem Kind oder mehreren Kindern zugeordnet, lässt sich der positive Beitrag der Maßnahmen des Personalmanagements zum Aufbau des Clubkollektivgutes Sozialkapital danach bemessen, ob sich das jeweils betrachtete Individuum innerhalb des einbettenden Beziehungsnetzwerkes psychisch sicher fühlt und damit in den Transaktionen innerhalb des Unternehmensnetzwerkes Vertrauen einsetzt. Die Maßnahmen der Partnerunternehmen zur Verbesserung der individuellen Work-Life-Balance lassen sich bezüglich ihrer Wirksamkeit danach beurteilen, ob sie den Individuen die erforderlichen Zeiträume lassen, die sie für sich und ihre Familie als ausreichend empfinden. Wie die Abbildung 19 zeigt, gibt es dann vier verschiedene Kombinationsmöglichkeiten zwischen Sozialkapital und Work-Life-Balance.

Für den weiteren Verlauf der Arbeit kommt nur der Fall einer gleichzeitigen Erhöhung von Sozialkapital und Verbesserung der individuellen Work-Life-Balance im rechten oberen Quadrant in Frage. Nur hier findet eine Angleichung der Interessen des am Unternehmensnetzwerk orientierten Managements mit den Interessen der qualifizierten Beschäftigten statt, die bereits (kleine) Kinder haben oder eine Familiengründung planen. Neben den für die Unternehmen unmittelbar gestaltbaren Arbeitsbedingungen spielen die Umweltbedingungen eine wichtige Rolle, sowohl bei der Entstehung psychischer Sicherheit als auch bei der Bestimmung der Zeit, in welcher die Kinder nicht von den Eltern betreut werden, die sich dann wieder ihrer Arbeit widmen können. Für die weitere Überlegungen bedeutsam wird aber nicht allein die Menge an „Familienzeit", sondern vor allem die Qualität der Beziehungen, die innerhalb der Familienzeit gelebt werden können und zum Aufbau von Beziehungswissen beitragen. Dadurch wird der Bereich der öffentlichen Erziehungsberatung und Elternbildung angesprochen. Die Gestaltung dieser Umweltbedingungen liegt bei der öffentlichen Hand und befindet sich somit außerhalb einer direkten unternehmerischen Einflussnahme.

Die hohe Bedeutung der externen Einflüsse im Bereich der Verbesserung der familienbedingten Work-Life-Balance der Arbeitnehmer macht somit eine arbeitsteilige Zusammenarbeit zwischen Unternehmen und Politik notwendig. Zentral für die weiteren Überlegungen wird dabei die Nutzung des Beziehungswissens für die Netzwerkorganisationen. Die spezifischen Investitionen der Arbeitnehmer beim Aufbau von Work-Life-Balance-Systemen dienen dem Personalbindungsmanagement der Partnerunternehmen als Pfand. Die dadurch gestiegenen sunk costs und die erhöhten Opportunitätskosten durch die an den familienfreundlich gestalteten Arbeitsplatz gekoppelten bindungsbezogenen Quasirenten, die sich aus den Verbesserungen des Familienlebens ergeben, tragen zur Signalisierung eines glaubhaften Interesses an einer dauerhaften Arbeitsbeziehung auf beiden Vertragsseiten bei. Diese institutionellen Sicherheiten bilden den Rahmen dafür, dass sich das personale Vertrauen auf der interorganisationalen Ebene der Projektteams entfalten kann und positive netzwerkexterne Effekte durch eine Verbesserung der Beziehungen auch auf der Ebene des Partnerunternehmens möglich werden.

Die Gestaltung einer familienfreundlichen Personalpolitik als Element der sozialkapitalorientierten Personalbindung in wissensintensiven Unternehmen beruht demnach auf drei Elementen:

- Der Aufbau von sicheren Bindungen in der frühen Kindheit erhöht den Bestand an implizitem Beziehungswissen, den die erwachsenen Beschäftigten zukünftig verstärkt mit in die vernetzten Unternehmen bringen müssen.

- Die Motivation beim jungen, hoch qualifizierten Personal wird gefördert, indem ihnen die Vereinbarkeit zwischen Berufs- und Familienleben erleichtert wird.

- Die spezifischen Investitionen der Mitarbeiter, die in Abhängigkeit von den unternehmenseigenen Angeboten zur Work-Life-Balance durchgeführt werden, können als Pfand dienen, der glaubhaft den Verbleib beim Arbeitgeber signalisiert.

Die Unternehmen verfolgen damit insgesamt das Ziel, über eine zeitlich stabile Einbindung ihrer Mitarbeiter in Netzwerkorganisationen eine effiziente interorganisationale Kooperation auf Vertrauensbasis zu ermöglichen. Diese Sicherung der eigenen Kooperationsfähigkeit und des in die Kooperation einzubringenden Wissens des gebundenen eigenen Personals steigert die Reputation als attraktiver Netzwerkpartner. Die Teilnahme an Netzwerken dient den Partnerunternehmen zur strategischen Steigerung der Wettbewerbsfähigkeit in der Informationsgesellschaft. Die Mitarbeiter erwarten dafür eine Verbesserung ihrer Work-Life-Balance, welche die psychischen Belastungen aus dem Berufs- und Privatleben reduziert und zur Realisierung vor allem bindungsbezogener Quasirenten in diesen beiden Bereichen beiträgt, die immer stärker miteinander verknüpft werden. Diese Stabilisierung ihrer Beziehungsstrukturen trägt über die aktive Nutzung des impliziten und Erhöhung des expliziten Beziehungswissens mit dazu bei, die neuen Unsicherheiten der Informationsgesellschaft besser bewältigen und der drohenden Zersplitterung des eigenen Lebens durch die starken Beziehungen in der Familie begegnen zu können.

Desweiteren stehen auch die individuellen beruflichen Entwicklungsziele hinsichtlich der zukünftigen Beschäftigungsfähigkeit im Vordergrund, die durch eine abwechslungsreiche und anspruchsvolle „Netzwerkkarriere" nicht unbedingt einen schnellen hierarchischen Aufstieg, dafür aber den Erwerb vielfältiger arbeitsmarktfähiger Kompetenzen mit sich bringt. Die Kooperation in den Projektteams wird dabei immer auch von dem Streben nach einem angemessenen Einkommen begleitet. Die Vergrößerung der Beschäftigungsfähigkeit dient dabei dem Ziel, langfristige Einkommenssteigerungen realisieren zu können, so dass der Informationsnutzen als Teil der beziehungsspezifischen Quasirente für die Beschäftigten nicht im Zeitablauf abnehmen darf, sollen sie im Unternehmen gebunden bleiben. In Folge des bestehenden Sozialkapitals muss der Bindungsnutzen aus den Beziehungen aber so hoch sein, dass die Einkommensziele zu Gunsten der Bindungsziele vernachlässigt werden können (vgl. Punkt 4.4.6).

Schließlich stellt sich der Politik als drittem zentralen Akteur auf der übergeordneten Ebene der institutionellen Umwelt die Aufgabe, über die Schaffung familienfreundlicher institutioneller Rahmenbedingungen die Geburtenrate zu erhöhen und damit den Bestand des Erwerbspersonenpotenzials dauerhaft zu sichern. Die Bestandsicherung allein reicht in der Informationsgesellschaft nicht mehr aus, so dass die Erhöhung des im Arbeitsprozess nutzbaren Humankapitals der arbeitstätigen Bevölkerung zur dringendsten staatlichen Aufgabe wird, welche die Ziele der Familienpolitik mit denen der Wirtschaftspolitik verbindet. Die Wissenserweiterung trägt mit dazu bei, die erheblichen gesundheitlichen Beeinträchtigungen zu verringern, um die steigenden Kosten der Arbeitsausfälle und Produktivitätsrückgänge einzudämmen. Dies soll insbesondere den wissensintensiven Unternehmen in der Informationsgesellschaft zum Durchbruch verhelfen, die miteinander in Netzwerken kooperieren. Dadurch sind in den Fragen der familienorientierten Arbeitsbedingungen verschiedene Politikfelder angesprochen.

Die Fokussierung auf die Familienpolitik hat den Vorteil, sich angesichts der Fülle der Einzelfragen auf den Aufbau des impliziten Beziehungswissens konzentrieren zu können. Dieser ist für alle drei beteiligten Parteien von wesentlichem Interesse bei der Realisierung bindungsspezifischer Quasirenten, die maßgeblich für das Entstehen bewussten interpersonalen Vertrauens verantwortlich sind. Hierzu können auf Basis der bisherigen Untersuchung theoriegeleitete Aussagen und Handlungsempfehlungen getroffen werden. In der Schnittmenge der drei Interessengruppen Unternehmen, berufstätige Eltern und der Politik liegt dabei das implizite Beziehungswissen, das in der primären Sozialisationsphase gebildet wird. Aus der hier entwickelten ökonomischen Perspektive sprechen dafür drei Gründe:

- Die Mitarbeiter, welche sich für ein Kind entscheiden, verbinden damit den Wunsch nach einer bindungsbezogenen Quasirente. Die Wahrscheinlichkeit deren Realisation lässt sich bei einer vom Arbeitgeber unterstützten Verbesserung der individuellen Work-Life-Balance erhöhen, weil sie den für die gesamte weitere Beziehung wichtigen Kontakt zum Säugling im ersten Lebensjahr verbessern hilft. Da insbesondere die erste Lebensphase des Kindes eine intensive Betreuung voraussetzt, können die institutionellen Sicherheiten, die auf der Ebene der Unternehmen wie der Politik zur Berücksichtigung dieser Lebenssituation angeboten werden, die Investitionsentscheidung für ein Kind positiv beeinflussen

- Die wissensintensiven Unternehmen können ihre Mitarbeiter durch ein entsprechendes Angebot von familienfreundlichen Arbeitsplätzen zu spezifischen Investitionen veranlassen, die ihre Wechselkosten erhöhen und zu einer glaubhaften Bindung ans Unternehmen beitragen. Die verbesserte Vereinbarkeit von Beruf und Familie von Beginn an vergrößert den Bestand an expliziten und impliziten Beziehungswissens der Mitarbeiter als Elternteile. Die Partnerunternehmen können durch die Unterstützung der besonders sensiblen ersten Elternphase über eine geringere Investitionssumme beim Aufbau von netzwerkspezifischem Sozialkapital später umso stärker die positiven externen Effekte des in der Familie gebildeten Sozialkapitals für die Unternehmenskooperationen nutzen.

- Die Politik kann über familienfreundliche institutionelle Rahmenbedingungen Anreize für eine familienorientierte Personalpolitik in den Unternehmen schaffen, welche die Opportunitätskosten insbesondere des ersten Kindes für die Beschäftigten reduziert und so zur Erhöhung der Geburtenrate beiträgt. Die staatliche Unterstützung der Vereinbarkeit von Beruf und Familie für beide Elternteile trägt dazu bei, dass sich die Humankapitalbestände insbesondere der qualifizierten Frauen nicht durch zu lange Karenzzeiten entwerten. Die Förderung der frühkindlichen Entwicklung dient dem Aufbau des impliziten Beziehungswissens bei den heranwachsenden Generationen, damit sie als Produktivkräfte der Informationsgesellschaft für positive Arbeitsmarkt- und Wachstumseffekte sorgen können und die globale Wettbewerbsfähigkeit der deutschen Wirtschaft erhöhen.

Die drei Interessengruppen werden dabei durch die kollektiven Interessenvertreter von Arbeitgebern und –nehmern unterstützt. Da die möglichen Konflikte zwischen den Gewerkschaften als Agenten der Arbeitnehmer und Arbeitgeberverbänden als Agenten der Unternehmen hier nicht weiter behandelt werden, wird im Folgenden davon ausgegangen, dass sich die Interessen der Gewerkschaften und der Arbeitgeberverbände mit den Interessen ihrer Prinzipale decken. Diese Vereinfachung schafft bei der Analyse des ebenübergreifenden Aufbaus von Sozialkapital Raum für Ableitung von Investitionsstrategien der drei Hauptakteure mit ihren unterschiedlichen Zielsetzungen.

Das in der primären Sozialisationsphase gebildete implizite Beziehungswissen wird hier verkürzt als primäres Beziehungswissen bezeichnet. Es stellt die gemeinsame Basis bei der Entwicklung ebenenübergreifender Investitionsstrategien in Sozialkapital dar. Eine wichtige Einflussgröße bei der Ableitung entsprechender Handlungsempfehlungen ist die Kenntnis der Beteiligten über die hohe Bedeutung der frühen Bindungserfahrungen im ersten Lebensjahr für die gesamte weitere Entwicklung des Menschen. Sind diese Informationen asymmetrisch verteilt, wie dies die Annahme beschränkter Rationalität nahe legt, lässt sich die weitere Analyse zwar insofern vereinfachen, als das diese Informationsasymmetrien nicht innerhalb einer der drei Parteien angenommen wird, sondern nur zwischen diesen Gruppen. Das grundsätzliche Problem, dass Wissensvorsprünge von einer der drei Parteien opportunistisch ausgenutzt werden können, ist damit aber noch nicht gelöst. Es muss durch entsprechende institutionelle Sicherheiten auf der Ebene der öffentlichen und privaten Akteure berücksichtigt werden. Die ökonomische Theorie kann hierbei fundierte Empfehlungen für eine sinnvolle Arbeitsteilung liefern.

6.2 Ebenenbezogene Abgrenzung der Investitionsmaßnahmen mit Hilfe der Theorie öffentlicher Güter

Der ebenenübergreifende Aufbau von Sozialkapital in Netzwerkorganisationen erfolgt in der hier vertretenen institutionenökonomischen Sicht durch möglichst effiziente Anreize, welche zunächst von den beiden Hauptakteuren Staat und Unternehmen arbeitsteilig bereitgestellt werden. Im Zusammenspiel mit den Beiträgen der Eltern in ihrer Doppelrolle als qualifizierte Beschäftigte und als Vertreter der Kinder entstehen so Clubs von Sozialkapitalisten, die zum wechselseitigen Vorteil gegründet werden. Da sich die Vorteile primär auf den Kreis der Mitglieder beschränken, der bei Netzwerken von wissensintensiven Unternehmen nur einen Teil der Gesellschaft umfasst, ist im ersten Schritt zu klären, welche Aufgaben überhaupt vom öffentlichen Sektor durchgeführt werden sollen und welche innerhalb dieser formellen institutionellen Umwelt von den privaten Unternehmen sowie den privaten Haushalten übernommen werden können. Damit ist der Weg zu einer normativen Analyse gewiesen, die auf Basis der mikroökonomischen Theorie Aussagen über diese Aufgabenverteilung treffen kann.

6.2.1 Normative Analyse der Staatstätigkeit

Die mikroökonomische Fundierung staatswirtschaftlicher Tätigkeiten in einer Marktwirtschaft findet sich im Bereich der öffentlichen Finanzwissenschaft, die sich neben Verteilungs- und Stabilitätsfragen mit der Allokation von Kollektivgütern beschäftigt, die bestimmte Exklusionsprobleme aufweisen und historisch zur Gründung von Staaten geführt haben (vgl. Grossekettler, Heinz 1995, S. 3 ff.). Die Zuordnung der Faktoren zur Bereitstellung einer bestimmten Zusammensetzung öffentlicher und privater Güter durch die Korrektur von Marktversagen bei der Gütererzeugung wird als das Allokationsziel der staatlichen Finanzpolitik bezeichnet. Die Korrektur der Verteilung von Vermögen und Einkommen mit Blick auf die Veränderung der Voraussetzungen und Ergebnisse einer als „ungerecht" betrachteten marktmäßigen Verteilung beschreibt das Distributionsziel. Das Stabilitätsziel gilt dem Ausgleich von Konjunktur- und Wachstumsschwankungen im Wirtschaftsprozess zur Normalauslastung des Produktionspotenzials, der Stabilität des Preisniveaus, eines angemessenen Wirtschaftswachstums und eines Zahlungsbilanzausgleichs. Zwischen den drei Zielen zur Ordnung der Wirtschaft bestehen vielfältige Interdependenzen, so dass sich die Finanzpolitik als Teil der Wirtschaftspolitik verstehen lässt (vgl. Brümmerhoff, Dieter 1996, S. 6 f.).

Die Wirtschaftspolitik gestaltet den formellen Bedingungsrahmen sozialer Beziehungen in arbeitsteiligen Wirtschaftssystemen zur effizienten Überwindung von Knappheit. Staatlicher Handlungsbedarf ergibt sich demnach nur dann, wenn die Funktionsfähigkeit der marktlichen Selbststeuerungsmechanismen gefährdet ist, so dass der Preis die relative Knappheit eines Gutes nicht mehr vollständig widerspiegelt. Gehen bestimmte Kosten und Nutzen eines Gutes nicht in das vom Marktpreis gelenkte Entscheidungskalkül der Akteure ein, entstehen externe Effekte, die sich darin ausdrücken, dass eine wirtschaftliche Aktivität Dritte beeinflusst, ohne dass für diese Wirkung eine Kompensation über den Preismechanismus erfolgt (vgl. Berg, Hartmut et al. 2003, S. 173 ff.).

Die ökonomische Analyse externer Effekte erfolgt durch die Theorie öffentlicher Güter, die im Bereich des öffentlichen Sektors eine so zentrale Bedeutung hat wie die Theorie der Unternehmung im privaten Sektor. Während der Marktmechanismus bei privaten Gütern eine effiziente Allokation der eingesetzten Produktionsfaktoren ermöglicht, kommt es bei externen Effekten zu Marktversagen, das eine staatliche Bereitstellung dieser öffentlichen Güter erforderlich macht, deren Nutzen und Kosten sich nicht auf einen bestimmten Konsumenten beschränken lassen. Der Markt kann aber nur dann funktionieren, wenn das Ausschlussprinzip anwendbar ist, so dass der Nutzen eines Gutes für den Käufer vollständig internalisiert werden kann. Bei solchen privaten Gütern liegt eine Rivalität im Konsum vor, so dass etwa der Apfel, den A verzehrt, nicht mehr von B verzehrt werden kann. Daneben sind sie durch die Anwendbarkeit des Ausschlussprinzips gekennzeichnet. Nicht zahlungsbereite Käufer können dadurch von der Nutzung des Gutes ausgeschlossen werden. Sie erhalten so einen Anreiz, ihre Präferenz für das Gut zu offenbaren und den Anbieter für den Erhalt des Gutes voll zu entschädigen. Bei Gütern, deren Erzeugung mit Grenzkosten von Null möglich ist, ist ein technisch möglicher Ausschluss dagegen nicht sinnvoll, wenn der Konsum nicht rivalisiert. Eine effiziente Ressourcennutzung verlangt, dass die Preise den Grenzkosten entsprechen, so dass der Preis hier ebenfalls Null sein sollte. Bei einer nicht überfüllten Brücke würde die Teilnahme von B den Nutzen von A nicht beeinträchtigen. Da die Grenzkosten der Zulassung eines zusätzlichen Nutzers gleich Null sind, sollte auch keine Zulassungsgebühr erhoben werden (vgl. Musgrave, Richard A. et al. 1994, S. 67 ff.).

Der prinzipielle Unterschied zwischen Privat- und Kollektivgütern ergibt sich somit aus dem Grad der privatrechtlichen Exkludierbarkeit ϵ, der nach der Möglichkeit und den Kosten zur privatrechtlichen Exklusion nicht zahlungswilliger Nutzer fragt und dem Rivalitätsgrad ρ, der anzeigt, ob eine Verwendungsrivalität im Konsum besteht oder nicht. Durch die vereinfachende Zweiwertigkeit der beiden Variablen betragen diese bei Individualgütern jeweils Eins und bei prototypischen Kollektivgütern wie Deichen jeweils Null. Daneben bestehen öffentliche Mischgüter in Form von Clubkollektivgütern ($\epsilon=1$, $\rho=0$) wie zum Beispiel Tennisanlagen und Quasikollektivgüter ($\epsilon=0$, $\rho=1$) wie überfüllte Innenstadtstrassen. Reine Kollektivgüter sollten öffentlich aus allgemeinen Steuermitteln bereitgestellt und finanziert werden. Bei Quasikollektivgütern entsteht ein Nutzenverzicht durch Überfüllungskosten, so dass hier ein gemischter Tarif aus einem Grundbeitrag mit einer Rationierungsgebühr erhoben werden sollte. Bei Clubkollektivgütern kann relativ einfach zwischen berechtigten Nutzern und Nicht-Nutzern unterschieden werden, was eine preiswerte privatrechtliche Exklusion ermöglicht. Sie sollten daher von privaten

Vereinen über freiwillige Beiträge als Optionspreise finanziert werden. Bei zeitweiliger Überfüllung sollten zusätzliche Rationierungsgebühren in Höhe der Grenzkosten erhoben oder andere Rationierungsverfahren angewendet werden (vgl. Grossekettler, Heinz 1995, S. 8 ff.). Die nachstehende Tabelle fasst die Güterarten im Überblick zusammen.

Ausprägungsgrad von ε	Ausprägungsgrad von ϱ	
	0	1
0	Protokollektivgüter	Quasikollektivgüter
1	Clubkollektivgüter	Individualgüter

Die Theorie öffentlicher Güter liefert die Begründung staatlichen Handelns durch die Effizienzverluste, die sich bei einer ungehinderten Marktkoordination zur Bereitstellung von Protokollektiv- und Quasikollektivgütern ergeben können. Die private Bereitstellung scheitert am Freifahrerverhalten der Individuen, die das Gut ausgiebig nutzen können, ohne sich an der Finanzierung zu beteiligen. Bei Clubkollektivgütern braucht der Staat dagegen nicht einzugreifen, da diese wie beim Kabelfernsehen von einem Anbieter bereitgestellt werden können oder sich die Interessenten selbst organisieren, wie dies für einen Sportverein typisch ist (vgl. Cansier, Dieter/Bayer, Stefan 2003, S. 109 ff.). Marktversagen stellt die notwendige Bedingung staatlichen Handelns dar. Hinreichende Bedingung ist, dass die öffentlichen Eingriffe zu effizienteren Ergebnissen führen als die marktliche Koordination, was aber in Folge der Informationsmängel bezüglich der Höhe der externen Effekte, der Zahlungspräferenzen der Individuen, den genauen Wirkungszusammenhängen zwischen den einzelnen Maßnahmen und den Kosten der Eingriffe nicht generell sicher ist. Die Gestaltung von Marktwirtschaften sollte daher in Einklang mit einer wirtschaftspolitischen Grundkonzeption stehen, die als dauerhafter Orientierungsrahmen den Zielkatalog und die Prinzipien eines ordnungskonformen Mitteleinsatzes vorgibt. Um in der politischen Praxis als Orientierungshilfe wahrgenommen zu werden, sollten diese Ziele in einer Demokratie grundsätzlich mehrheitsfähig sein (vgl. Berg, Hartmut et al. 2003, S.209 ff.).

Die normative Analyse der Staatsaufgaben kann begründen, wann und wie ein öffentlicher Eingriff zur Realisierung der bestehenden Ziele erfolgen sollte. Allgemeingültige Aussagen darüber, welche Aufgaben der Staat wahrnehmen muss und wie sich die Grenzen der Staatstätigkeit ausgestalten, sind jedoch theoretisch kaum bestimmbar. Ausschlaggebend bei der Festlegung des Aufgabenkataloges sind die Akteure und das jeweilige Verfahren, so dass sich die politisch definierten Staatsaufgaben im Zeitablauf verändern können (vgl. Benz, Arthur 2001, S. 191 f.). Eine wichtige Annahme der Theorie öffentlicher Güter besteht deshalb darin, dass der Nutzen von öffentlichen Gütern den Individuen bekannt ist und die Präferenzen für diese Güter im Zeitablauf stabil bleiben, so dass die Legitimierung der kollektiven Bereitstellung über Wahlmechanismen erfüllt werden kann (vgl. Brümmerhoff, Dieter 1996, S. 94).

Die öffentliche Bereitstellung eines Gutes umfasst den politischen Entscheidungsprozess über die Höhe und Finanzierung der Angebotsmenge. Die ordnungskonforme Bereitstellung ist von der Frage der Effizienz der Herstellung zu trennen. Kann die Herstellung durch private Unternehmen effizienter erfolgen, sollten diese vom Staat für die Produktion des öffentlichen Gutes beauftragt und aus öffentlichen Mitteln entschädigt werden. Eine private Bereitstellung öffentlicher Güter ist trotz der Gefahren des Freifahrerverhaltens immer dann zu erwarten, wenn ein Individuum oder eine Gruppe eine hohe Bedürfnisintensität für das Gut besitzen, so dass der Verzicht darauf schwerer wiegt als die eigenen Bereitstellungsaufwendungen. Ebenso können selektive Anreize, bei denen das Ausschlussprinzip anwendbar ist, eine Bereitstellung ohne Mitwirkung des Staates ermöglichen (vgl. Edling, Herbert, 2001, S. 16-19). Es bleibt aber immer zu prüfen, ob die private Bereitstellung nicht zu einer Unterversorgung mit dem öffentlichen Gut beiträgt, welche zu gesamtwirtschaftlichen Wohlfahrtseinbußen führt.

Insgesamt kann die ökonomische Analyse des Staates fundierte Aussagen darüber treffen, wie ein gesellschaftlich anerkanntes Ziel effizient erreicht werden kann, wenn externe Effekte die Funktionsfähigkeit des Marktmechanismus behindern. Den Aufgabenkatalog selbst kann sie allerdings nicht festlegen, so dass im Folgenden geprüft wird, inwieweit sich die für einen arbeitsteiligen Aufbau von Sozialkapital notwendige Unterscheidung zwischen privaten und öffentlichen Aufgaben aus ökonomischer Sicht durch die normative Theorie öffentlicher Güter treffen lässt. Dazu sind die politischen Ziele zu beschreiben, welche die grundsätzliche Legitimation eines ordnungskonformen Handelns in dem Bereich des für diese Arbeit relevanten Aufbaus des primären Beziehungswissens liefern. Danach sind die gesellschaftlichen Leistungen bei der privaten Erziehung von Kindern zu betrachten, die zu externen Effekten führen und einen staatlichen Eingriff begründen können.

6.2.2 Öffentliche Aufgaben im Bereich der Familienpolitik

Die Förderung der Eltern bei der Ausübung ihres natürlichen Rechts der Pflege und Erziehung ihrer Kinder als grundlegendes Staatsziel wird im Artikel 6 des Grundgesetzes formuliert. Ehe und Familie werden als Lebensordnungen garantiert und genießen damit verfassungsrechtlichen Schutz. Das daraus abgeleitete Schädigungsverbot als Abwehrrecht gegenüber staatlichen Eingriffen und das Förderungsgebot für den Mutterschutz sowie der leiblichen und seelischen Entwicklung der Kinder wird durch die privatrechtlichen Bestimmungen des Familienrechts im Bürgerlichen Gesetzbuch konkretisiert, indem im Paragraph 1631 das Recht auf eine gewaltfreie Erziehung verankert ist (vgl. Gerlach, Irene 2004, S. 254 ff.). Die Familien wirken als grundlegende Vermittlungsinstanzen zwischen Individuum und Gesellschaft, so dass der staatlichen Familienpolitik die Aufgabe zukommt, die volle Leistungsentfaltung der Familien bei der Erfüllung ihrer gesellschaftlichen Grundfunktionen zu gewährleisten. Wo diese Leistungen der Familien behindert werden, bieten sich konkrete Ansatzpunkte für familienpolitisches Handeln. Dieses fungiert als wichtiger Pfeiler des im Grundgesetzartikel 28 fundierten Sozialstaatsgebotes, das mit seinen Prinzipien der sozialen Sicherheit und sozialen Gerechtigkeit die wirtschaftspolitische Grundkonzeption der Sozialen Marktwirtschaft in Deutschland legitimiert. Die Familienpolitik berührt in einem sozialen Rechtsstaat somit andere Politikbereiche, so dass sie als Querschnittsfunktion angesehen werden kann (vgl. Wingen, Max 1997, S. 20 ff.)

In einer weiten Deutung wird unter dem Begriff der Familie eine Gruppe von miteinander verwandten, verheirateten oder verschwägerten Menschen verstanden. Im engeren Sinne wird darunter ein Elternpaar oder ein Elternteil mit einem oder mehreren leiblichen sowie adoptierten Kindern zusammengefasst. Innerhalb dieser so genannten Kernfamilie, die den Hauptansatzpunkt der Familienpolitik darstellt, wird zwischen einer vollständigen Familie mit beiden (verheirateten) Elternteilen und einer unvollständigen Familie mit nur einem Elternteil unterschieden. Insgesamt lassen sich fünf für eine Gesellschaft unentbehrliche familiale Grundfunktionen festhalten (vgl. Lampert, Heinz/Althammer, Jörg 2004, S. 350 f.):

1. Die materielle Versorgung, Betreuung und Pflege der Familienmitglieder.

2. Die Sicherung des Nachwuchses (Reproduktionsfunktion).

3. Erziehung und Ausbildung der Kinder (Sozialisationsfunktion).

4. Sicherung der für den Fortbestand der Gesellschaft notwendigen Solidarität zwischen den Generationen (Solidaritätssicherungsfunktion).

5. Die physische und psychische Erholung von der Erwerbstätigkeit (Regenerationsfunktion).

Während die Sicherung eines Existenzminimums für Familien durch direkte Transfers und Steuerfreibeträge dem Distributionsziel sozialer Gerechtigkeit dient, stellt sich beim Allokationsziel die Frage, ob genügend Anreize bestehen, damit die Familien vor allem ihre Reproduktions- und Sozialisationsfunktion optimal erfüllen können. Dies kann bei positiven familialen exteren Effekten erwartet werden, die immer dann eintreten, wenn die Familie eine Leistung erbringt, von denen auch Dritte einen Nutzen haben, ohne die Familie dafür auf Grundlage einer vertraglichen Vereinbarung zu entschädigen. Werden die Externalitätsprobleme innerhalb einer Familie vernachlässigt, lässt sich dieser externe Effekt in der Entwicklung der Kinder hin zu vertrauenswürdigen Vertragspartnern nachweisen, die zu erheblichen gesellschaftlichen Transaktionskosteneinsparungen führen. Der Teil der Humankapitalinvestitionen, der allein der Familie nutzt, sollte auch allein von ihr finanziert werden. Dagegen sollten die auf die Externalitäten zurückzuführenden Kosten so lange von der Gesellschaft getragen werden, wie die familialen Produktionskosten unter den eingesparten Transaktionskosten liegen (vgl. Ribhegge, Hermann 1999, S. 224-226).

Das von den erzieherischen Leistungen der Familie geprägte Kind trägt zum Erhalt der gesellschaftlichen Ordnung in der Zukunft bei, von der später niemand mit vertretbarem Aufwand ausgeschlossen werden kann. In diesem Sinne sind Kinder als öffentliche Güter zu betrachten. Andererseits erfüllen sich die Eltern mit der Geburt und der Erziehung von Kindern ihre individuellen Lebenskonzeptionen, so dass das Kind ihnen allein einen ganz persönlichen Nutzen stiften kann, für den sie einen entsprechenden Preis zu zahlen bereit sind. In diesem Sinne werden Kinder somit zu Individualgütern (vgl. Gerlach, Irene 2004, S. 224).

Die Rivalität im Konsum der in der Kernfamilie hergestellten Güter ergibt sich in dieser Sichtweise in der physischen und rechtlich geschützten Präsenz des Kindes als leibliches Familienmitglied, so dass ein Kind in der Familie A nicht auch den Eltern in der Familie B einen besonderen elternspezifischen Bindungsnutzen stiften kann. Eine Familie lässt sich immer auch als Club interpretieren, in denen das Clubkollektivgut Beziehungswissen produziert wird. Die Rivalität im Konsum dieses Wissens ist innerhalb des Clubs aufgehoben. Die Kinder bleiben zwar ein privates Gut, die Nutzung ihres Beziehungswissens steht aber allen Familienmitgliedern in gleichem Ausmaß zur Verfügung und führt nicht zur Verringerung, sondern zur Vergrößerung ihrer Wissensbestände. Die Sichtweise von Kindern als Gütern beschränkt sich hier auf ihr Wissen, das sie in sozialen Interaktionen einbringen können und das als nutzenstiftendes Gut aufgefasst werden kann. Damit wird lediglich das produzierte Gut für die Analyse zwischenmenschlichen Sozialverhaltens relevant, der „Produzent" in Form des Kindes wie eines Elternteils behält aber weiterhin seine genuinen menschlichen Eigenschaften, die auch durch eine ökonomische Herangehensweise nicht angetastet werden. Keinesfalls soll hier der generellen Sichtweise Vorschub geleistet werden, den ganzen Menschen wie ein handelbares Gut zu bewerten. Hier interessiert das in der Familie produzierte Gut „primäres Beziehungswissen", das einen öffentlichen und privaten Charakter aufweist, was zu unterschiedlichen Bereitstellungs- und Finanzierungsempfehlungen führt. Das gesamte Beziehungswissen geht über das im Produktionsprozess einsetzbare Humankapital hinaus, wird jedoch in der Informationsgesellschaft zunehmend wichtiger. Eine betriebswirtschaftliche Perspektive bleibt auf das Humankapital fokussiert und richtet ihren Blick darüber hinaus auf die Wissensbestandteile, die zukünftig im vernetzten betrieblichen Wertschöpfungsprozess eine bedeutsame Rolle spielen werden.

In der interdisziplinären familienpolitischen Diskussion der gesellschaftlichen Leistungen von Familien hat sich der Begriff des Humanvermögens eines Individuums durchgesetzt. Darunter wird die Gesamtheit der körperlichen, psychischen und geistigen Fähigkeiten und Fertigkeiten eines Menschen verstanden, mit denen er sein Leben bewältigt und gestaltet. Das Humankapital als Arbeitsvermögen wird so zu einem wichtigen Teil des Humanvermögens, ist aber nicht mit diesem deckungsgleich. Die Familien tragen mit ihren Sozialisations- und Bildungsleistungen zu einem erheblichen Aufbau von Humankapital bei, indem die Kinder in der ersten Entwicklungsphase über die Beziehungen zu ihren Eltern das Vertrauen aufbauen können, das sie brauchen, um sich aktiv ihre Umwelt anzueignen. Die Kinder lernen so innerhalb des durch die Eltern vorgegebenen Beziehungsrahmens ein eigenständiges Sozialverhalten auf Basis elementarer Regeln gemeinschaftlichen Handelns. Dadurch können sie sich im weiteren Entwicklungsverlauf eine grundlegende Bereitschaft zur Kooperation erlernen, die in der Arbeitswelt zunehmend als Schlüsselqualifikation nachgefragt wird. Die Eltern sind dabei nur mit erheblichem Aufwand durch andere Personen oder Organisationen zu ersetzen (vgl. Wissenschaftlicher Beirat für Familienfragen 2001, S. 100 ff.).

Die gesellschaftlichen Folgen des im vorherigen Punkt beschriebenen Trends zunehmend kinderloser Akademikerinnen zeigen sich beim Aufbau des primären Beziehungswissens. Diejenigen qualifizierten Mütter, die sich im Ausbildungs- und Arbeitsleben zunehmend soziale Schlüsselqualifikationen aufgebaut haben und dadurch den Aufbau des primären Beziehungswissens ihres eigenen Kindes verstärkt fördern könnten, werden in Folge der gestiegenen Opportunitätskosten von Kindern immer weniger diese komparativen Kostenvorteile gegenüber Müttern mit einem geringeren Bildungshintergrund nutzen. Die staatliche Finanzierung desjenigen Beziehungswissens, das als öffentliches Gut anerkannt wird, muss daher erhöhte Mittel aufwenden, um diesen Trend auszugleichen, damit es nicht zu einer Unterversorgung mit dem öffentlichen Gut in den kommenden Generationen kommt. Die öffentliche Förderung ist dazu von den privaten Aufgaben abzugrenzen, um aus dem Zusammenspiel von politischen und unternehmerischen Interessen eine effiziente Bereitstellung des in der Familie hergestellten Gutes primäres Beziehungswissen ableiten zu können. Dazu wird im Folgenden auf Basis der bestehenden Kollektivgüterarten eine eigene Typologie entwickelt, welche die spezifischen Investitionen berücksichtigt.

6.2.3 Abgrenzung von Kollektivgütern nach dem Spezifitätsgrad

Unter Punkt 4.4.5 wurde eine Unterscheidung zwischen implizitem und explizitem Wissen auf Basis des der Wissensgewinnung zu Grunde liegenden Informationsverarbeitungsmodells modells durchgeführt. Bei der Bestimmung des Gutcharakters von primärem Beziehungswissen kann davon ausgegangen werden, das es in der frühkindlichen Entwicklung zu einer hohen Spezität kommt, da das Wissen primär auf Basis der Eltern-Kind-Interaktionen gebildet wird und zu einer entsprechend hohen beziehungsspezifischen Quasirente führt. Hat sich das Urvertrauen herausgebildet, kann es im weiteren Lebensverlauf zu einer allgemeineren Ressource werden, die psychische Sicherheit als Ergebnis von Sozialkapital innerhalb von bestimmten Sozialstrukturen ermöglicht. Eine Exklusion der Nichtmitglieder dieser Gruppe ist damit möglich, während der Konsum des Beziehungswissen für die Mitglieder nicht rivalisiert, da sich das Wissen dadurch nicht abnutzt. Sozialkapital wurde daher bereits unter Punkt 4.2 als Clubkollektivgut definiert, das durch spezifische Investitionen der Clubmitglieder entsteht. Die Nichtrivalität des Wissens führt dazu, das Kind insgesamt zwar weiter auch als Individualgut betrachten zu können, das mit ihm verbundene primäre Beziehungswissen aber als Clubkollektivgut innerhalb der Kernfamilie einzuordnen.

Eine privatrechtliche Exklusion von Nichtmitgliedern eines Clubs setzt nicht unbedingt eine höhere Spezifität der eingesetzten Faktoren voraus. Da die erwarteten Quasirenten aus spezifischen Investitionen in das Clubkollektivgut Sozialkapital einen Anreiz für die Faktorbesitzer schaffen, Freifahrerverhalten zu unterbinden, wird die Möglichkeit der Exklusion aber zur Voraussetzung spezifischer Investitionen. Demnach ist zu erwarten, dass bei einem Exklusionsgrad von Null keine oder nur verringerte spezifischen Investitionen im privaten Sektor durchgeführt werden. Im Bereich der Kindererziehung kann von einer hohen Bedürfnisintensität der Eltern ausgegangen werden, die neben den privaten Gütern auch zur Errichtung des Kollektivgutes „sozialer Zusammenhalt" auf Basis des Beziehungswissens ihrer Kinder beitragen. Die Eigeninteressen der Eltern richten sich aber aus ökonomischer Sicht nicht primär auf das allgemeine Kollektivgut, sondern zunächst allein auf das primäre Beziehungswissen als familiales Clubkollektivgut. Die Erziehungsmethoden der Eltern sind zudem abhängig von deren Beziehungswissen, das individuell unterschiedlich ausfällt. Wissensdefizite der Eltern können so erhebliche Unterinvestitionen in das Beziehungswissen des Kindes verursachen, das dann später nur beschränkt zum Erhalt des gesellschaftlichen Zusammenhaltes beiträgt oder diesen sogar bedrohen kann, wenn es kriminell wird (vgl. Punkt 3.1.5). Es besteht somit kein systematischer Anreiz zu einer hinreichend hohen Investition der privaten Familienhaushalte in das mit dem Kind verbundene Kollektivgut.

Für die wissensbezogenen Investitionen in Sozialkapital in Netzwerkorganisationen kommt es aus transaktionskostentheoretischer Sicht weniger darauf an, ob dabei implizites oder explizites Beziehungswissen geschaffen wird. Vielmehr ist es für die Personalbindung entscheidend, ob dadurch spezifische Wissensbestände geschaffen werden, die außerhalb des Clubs „Netzwerkorganisation" an Wert verlieren. Da eine Unterteilung des Spezifitätsgrades in Null und Eins keine ausreichende Differenzierung bietet, wird in Anlehnung an die zweiwertigen Ausprägungen der Variablen bei der Einteilung der Kollektivgüter eine Unterscheidung in „hoch" und „niedrig" vorgenommen. Die Spezifität der Investitionen bezieht sich hier auf die Instanz, die für die Bereitstellung und damit für die Organisation der Finanzierung eines Gutes verantwortlich ist. Ein hoher Exklusionsgrad weist auf die relativ geringen Kosten privatrechtlicher Exklusion hin, während eine niedrige Ausprägung sehr hohe bis prohibitive Kosten enthält. Umgekehrt weist ein hoher Spezifitätsgrad auf den hohen Umfang spezifischer Investitionen beim Aufbau des Beziehungswissens und ein niedriger auf die geringere Investitionshöhe hin. Bei Vernachlässigung des jeweils als Null betrachteten Rivalitätsgrades und der Unterscheidung zwischen explizitem und implizitem Wissen verbleiben die Dimensionen

„technologisch notwendiger Spezifitätsgrad" und „privatrechtlich möglicher Exklusionsgrad" zur Abgrenzung der Arbeitsteilung zwischen Staat und Unternehmen im Bereich des Beziehungswissens. Daraus ergibt sich die folgende Matrix:

		Exklusionsgrad	
		niedrig	hoch
Spezifi-tätsgrad	niedrig	öffentliches Gut Typ A	Clubkollektivgut Typ A
	hoch	öffentliches Gut Typ B	Clubkollektivgut Typ B

ABBILDUNG 20: GÜTEREINTEILUNG NACH EXKLUSION UND SPEZIFITÄT. QUELLE: EIGENE DARSTELLUNG.

Die Kombination der Theorie öffentlicher Güter mit der Transaktionskostentheorie bietet ausgehend vom Markt als effizientem Koordinationsmechanismus eine mikroökonomisch fundierte Verbindung der Marktversagensbegründungen externe Effekte und Transaktionskosten. Die Konzentration auf den Exklusionsrad hat für die hier behandelte Fragestellung den Vorteil, nur noch zwischen öffentlich bereitzustellenden Kollektivgütern und privat bereitzustellenden Clubkollektivütern unterscheiden zu können. In Abhängigkeit vom Spezifitätsgrad lassen sich zwei Arten von Kollektivgütern unterscheiden, die hier mit dem niedrig spezifischen Typ A und dem hoch spezifischen Typ B bezeichnet werden. Diese Integration kann die grundsätzliche Logik des Marktversagens aufgreifen und die Aufmerksamkeit auf die Probleme bei den Transaktionen richten, die zur Heilung des Marktversagens durchgeführt werden. Die Unterscheidung zwischen Bereitstellung und Herstellung eines öffentlichen Gutes eröffnet den Blick auf die spezifischen Investitionen, die der Bereitsteller in unterschiedlichen Organisationsformen durchführen lässt, um vor allem das Problem der Verhaltensunsicherheit dabei effizient zu bewältigen.

Beim Bereitstellen des Gutes Sozialkapital durch Investitionen in Beziehungswissen ist zwischen den Ebenen des öffentlichen und des privaten Sektors zu unterscheiden, so dass eine theoriegeleitete Beschreibung einer empfehlenswerten ebenenüberreifen Arbeitsteilung möglich wird. Das komplexe Gut primäres Beziehungs-

issen wird somit in den breiteren Kontext des gesamten individuellen Beziehungswissens gesetzt, um letzteres in seinen unterschiedlichen Ausprägungen den jeweiligen Kollektivgütern zuordnen zu können. Diese Vorgehensweise dient einer in-
tertemporalen Betrachtung, da sich der Exklusions- und Spezifitätsgrad des Beziehungswissens im Verlauf der menschlichen Entwicklung verändert.

Generell wird ein öffentliches Gut vom Typ A zwar vom Staat bereitgestellt werden müssen, die Herstellung kann aber in Folge der niedrigen notwendigen Spezifiät über einen marktlichen Wettbewerb verschiedener Anbieter auf Basis der Ange-
botsreise erfolgen. Dies gilt etwa für den Umweltbereich beim öffentlichen Gut
„Emissionsschutz", wenn die dazu notwendigen Technologien von privaten Unternehmen beschafft werden, die ihre Filteranlagen dafür weder umrüsten noch
neue entwickeln müssen. Die Spezifität des Herstellers fällt damit niedrig aus, und
entsprechend gering sind die Transaktionskosten für den Anbieter. Aus Sicht des
Staates als nachfragendem Bereitsteller ist es allerdings entscheidend, ob beim
Übergang der eingekauften Leistungen in öffentliches Eigentum eine hohe Spezifiät
in Folge der mangelnden Wiederverwendungsalternativen entsteht oder nicht.
Durch diesen Übergang wird der Bereitsteller zum Faktorbesitzer, was zu neuen
Absicherungsedürfnissen führen kann. Können die Filteranlagen relativ problemlos
auf andere Bereiche im Umweltschutz übertragen sowie mit einem relativ hohen
Restwert wiederverkauft werden oder ist eine allgemeine vertragliche Rücknahme-
erpflichtung bei technischen Problemen vom Anbieter garantiert, ist auch für den
Bereitsteller von einer geringen Spezifität auszugehen. Die Abwicklung dieser
Transaktion zur Internalisierung der externen Effekte des Umweltschutzes durch
die öffentliche Bereitstellung kann daher über den Markt abgewickelt werden.

Anders sieht der Sachverhalt beim öffentlichen Gut „gesellschaftliches Grundwissen" aus, das zur Herausbildung einheitlicher Kommunikationsmuster durch
öffentliche Schulen vermittelt wird. Der Besuch ist hierbei zwingend vorgeschrieben, um effizient eine notwendige gesellschaftliche Verständigung zu erreichen
(vgl. Cansier, Dieter/Bayer, Stefan 2003, S. 111). Die Bereitstellung ist mit hoch
spezifischen Investitionen des beschäftigten Lehrpersonals in ihr Humanapital
verbunden, da die Zielgruppe des Schulangebotes aus Kindern besteht, für die
ebenfalls spezifische Investitionen in Lehrpläne sowie Schulgebäude erfolgen. Da
die hoch spezifischen Investitionen für den öffentlichen Arbeitgeber wie für die
Arbeitnehmer außerhalb der Arbeitsbeziehung deutlich an Wert verlieren, empfiehlt die Transaktionskostentheorie die vertikale Integration der Tätigkeit, wodurch die Bereitstellung und Herstellung zusammenfallen. Dies lässt sich im öffentlichen Schulwesen beobachten, in denen Lehrer als Beamte oder öffentliche Ange-
stellte die Vermittlung des Grundwissens durchführen. Dieses Kollektivgut lässt
sich daher dem Typ B zuordnen. Zu diesem Typ zählt auch das allgemeine Beziehungswissen der Individuen, das sich auf Basis des primären Beziehungsissens
entwickelt und somit als Teil des gesellschaftlichen Grundwissens und damit des
Humanvermögens betrachtet werden kann, der in der Informationsgesellschaft
immer wichtiger wird.

Während die bindungsbezogene Allgemeinbildung in Form des unspezifischen Beziehungswissens für den erwachsenen Menschen als Gesellschaftsmitglied mit unspezifischen Investitionen in sein Humanvermögen verbunden ist, kann er als Arbeitnehmer durch spezifische Investitionen in das eigene Beziehungswissen sein Humankapital erhöhen. Die bewusste Steigerung der Quasirenten fällt im Bereich des sozialisierten Beziehungswissens im Erwachsenenleben zwar begrenzt aus, kann aber durch die Existenz eines Clubs „Kernfamilie" für das Personalmanagement in Netzwerkorganisationen stärker erhöht werden als mit der rein netzwerkbezogenen Bereitstellung im Club der Netzwerkpartner. Die Herstellung des Beziehungsissens kann letztlich nur im Individuum selbst erfolgen. Die Lernprozesse dahin sind organisational durch die Personalentwicklung gestaltbar, die als professioneller Dienstleister im Netzwerk die Qualität der spezifischen Wissensvermittlung sichert. Dieses spezifische Wissen erstreckt sich dann auf die besonderen Sozialstrukturen innerhalb einer bestimmten Netzwerkorganisation, so dass über die erhöhten bindungsbezogenen Quasirenten das interpersonale Vertrauen verstärkt wird.

Die spezifischen Investitionen entwerten sich in Arbeitsbeziehungen außerhalb der Netzwerkorganisation. Auf der anderen Seite tragen sie zur Pflege und Nutzung des impliziten Beziehungswissens bei, das bei Nichtgebrauch entwertet wird. Im Zeitverlauf wird es sogar gestärkt, da sich bestimmte bindungsbezogene Erfahrungen verallgemeinern und in netzwerkexternen Beziehungen nutzen lassen. Die Erhöhung des allgemeinen Beziehungswissens wird zum Nebenprodukt spezifischer Investitionen in Sozialkapital. Da die Wachstumsrate des allgemeinen Beziehungswissens dabei wesentlich geringer ausfällt als die des spezifischen Beziehungswissens, sind die positiven externen Effekte erst in sehr langen Zeiträumen spürbar und somit für die Netzwerkorganisation weitgehend exkludierbar. Umgekehrt kann der öffentliche Teil des familialen Beziehungswissens, der innerhalb der Kernfamilie hergestellt wird, als reines Kollektivgut vom Typ B von den Familienmitgliedern nicht exkludiert werden, so dass die Unternehmen stärker von den positiven externen Effekten aus den privaten Familienclubs ihrer Beschäftigten profitieren können als die Beschäftigten von den positiven externen Effekten der Netzwerkorganisation. Neben den relativen Vorteilen bleibt die Frage, ob die absolute Höhe dieser Wirkungen für das Unternehmen einen ausreichenden Anreiz darstellt, einen eigenen Beitrag zur Erstellung des familialen Clubkollektivgutes zu leisten.

Die Möglichkeit der privatrechtlichen Exklusion auf Basis der geltenden Arbeitsverträge in Netzwerken kennzeichnet ein Clubkollektivgut vom Typ B. Hier können die höheren Erträge aus hoch spezifischen Investitionen auf den Kreis der Nutzer beschränkt werden , die einen Beitrag zur Finanzierung dafür leisten. Im Gegensatz zu den materiellen und finanziellen Ressourcen der investierenden Unternehmen besteht dieser Beitrag auf Seiten der qualifizierten Arbeitnehmer im ersten Schritt in der netzwerkspezifischen Beziehungsarbeit, die das Vertrauen schafft, das in Netzwerkorganisationen eine effiziente Abwicklung von Transaktionen ermöglicht. Dadurch wird im zweiten Schritt eine erfolgreiche Netzwerkteilnahme auf Basis einer hohen Motivation der Projektmitarbeiter zum entscheidenden Beitrag der Arbeitnehmer, die ihre Fähigkeiten vertrauensvoll zur Steigerung der Wettbewerbsfähigkeit ihrer Partnerunternehmen einsetzen, denen sie nicht nur kurzfristig verbunden bleiben.

Clubkollektivgüter vom Typ B beinhalten ein hohes Nutzenpotenzial für die Mitglieder. Dessen Realisierung ist bei der Bereitstellung jedoch durch den hohen Spezifitätsgrad der notwendigen Investitionen stärker von opportunistischen Ausbeutungsversuchen der Hersteller bedroht. Da etwa eine durch Fremdanbieter hergestellte Tennisanlage eine hohe räumliche Spezifität aufweist und diese spezifischen Produktionsfaktoren in das Eigentum der Clubleitung als verantwortlichem Bereitsteller übergehen, entstehen hohe Transaktionskosten. In Folge der Einmaligkeit der Transaktion und des erforderlichen spezifischen Human- und Sachkapitals bei der speziellen Belegung der Böden wird eine Eigenfertigung nicht in Frage kommen. Bei einem marktlichen Fremdbezug ist aber die Gefahr von Servicemängeln oder erhöhten Preisen bei Ersatzinvestitionen nicht gebannt, so dass sich eine hybride Koordinationsform als effiziente Lösung anbietet. Die Marktlösung minimiert dafür bei Clubkollektivgütern vom Typ A die Transaktionskosten, da die bereitstellende Instanz nicht mit hohen spezifischen Investitionen konfrontiert wird. Ein Trägerverein, der die Durchführung von standardisierten Nachhilfekursen organisiert, kann beispielsweise die benötigten freien Mitarbeiter für einen Kurs auf Basis von fachlichen Zertifikaten relativ leicht auswählen, ohne dass der Verein dafür spezifisch investieren müsste.

Clubkollektivgüter vom Typ A können auch als Nebenprodukte entstehen, wenn bereits durchgeführte spezifische Investitionen für ein anderes Gut die zusätzliche Herstellung des neuen Gutes nicht mit weiteren Investitionen belasten. Ein Beispiel ist die exklusive Gestaltung einer Seite auf der Unternehmenshomepage für Mitglieder eines Kundenclubs, die nur über ein spezielles Kennwort auf die Informationen zugreifen können, die bereits elektronisch vorhanden sind. Für das Unternehmen kommt es bei der Bereitstellung des Clubkollektivgutes somit nicht zu neuen spezifischen Investitionen durch eine kundenspezifische Aufbereitung, was den Zusatznutzen für die Clubmitglieder allerdings beschränken kann. Clubkollektivgüter vom Typ A können daher in Folge der geringen Spezifität auch nur eine geringe Anreizwirkung zu ihrer Bereitstellung entfalten, so dass sie sich in der Wirtschaft vor allem als selektive Zusatznutzen ergeben werden. Die Durchführung notwendiger spezifischer Investitionen zur Realisierung einer höheren Quasirente kann dann dazu führen, dass sich das Clubkollektivgut von Typ A zu Typ B wandelt, wie dies bei einer virtuellen Plattform mit exklusiven, neu erstellten und aufbereiteten Informationen unterteilt nach einzelnen Kundengruppen der Fall wäre.

Der Wechsel eines Gutes in Abhängigkeit vom Spezifitäts- und Exklusionsgrad lässt sich beim Gut „Beziehungswissen" im zeitlichen Entwicklungsverlauf seiner Entstehung beobachten. Für das neugeborene Kind stellt die Produktion des primären Beziehungswissens einen interaktiven Prozess mit seinen Bezugspersonen dar, bei dem es hoch spezifisch in das Beziehungsgefüge seiner Kernfamilie investieren muss, damit es überhaupt zum Aufbau von Urvertrauen kommt. Da sich dieses erste mentale Modell des Sozialverhaltens auf alle weiteren Beziehungen auswirkt, wächst im weiteren Verlauf der menschlichen Entwicklung der Personenkreis, der aus dem Beziehungswissen profitieren kann, immer weiter über den Kreis der Kernfamilie hinaus. Das primäre Beziehungswissen dient daher einerseits der Herstellung des familialen Sozialkapitals als Clubkollektivgut vom Typ B. Andererseits bildet es die Grundlage des reinen Kollektivgutes „allgemeines Beziehungswissen" als interaktionsbezogener Teil der Allgemeinbildung, dessen Bereit- und Herstellung über öffentliche Schulen als öffentliches Gut vom Typ B erfolgt. Während der Spezifitätsgrad des öffentlichen Teils des Beziehungswissens folglich im Zeitverlauf für den Hersteller des Humankapitals sinkt, ist der notwendige Spezifitätsgrad für den öffentlichen Bereitsteller unverändert hoch.

Erst bei der Herstellung des Clubkollektivgutes „Sozialkapital in Netzwerkorganisationen" vom Typ B erhöht sich der notwendige Spezifitätsgrad sowohl für die bereitstellenden Unternehmen als auch für die Mitarbeiter als Hersteller von spezifischem Beziehungswissen. Da die Unternehmen in die Beziehungen und die institutionelle Anreizstruktur investieren, kommen sie zunehmend in die Rolle des Herstellers. Die wechselseitige Spezifität der Investitionen verlangt nach glaubwürdigen Sicherheiten für beide Seiten. Die spezifischen Investitionen bauen dabei auf das allgemeine Beziehungswissen der Beschäftigten auf. Sollen die Unternehmen an der Bereitstellung dieses Gutes im öffentlichen Auftrag beteiligt werden, werden sie dafür ebenfalls glaubhafte Sicherheiten von der Politik verlangen. Bei der Arbeitsteilung zwischen Unternehmen und Staat ergibt sich somit ein vierstufiges Koordinations- und Motivationsproblem auf der Ebene der Kollektivgüter vom Typ B:

1. Die Bereitstellung des Clubkollektivguts „familiales Sozialkapital" durch die Familien trägt als intertemporaler externer Effekt im Zeitverlauf zum Aufbau des reinen Kollektivgutes „generelles Beziehungswissen" bei. Dieses öffentliche Gut ist durch den Staat bereitzustellen, der den Familien als Hersteller dafür entsprechende Anreize bietet.

2. Die Doppelrolle der Individuen als Beschäftigte und Elternteile führt dazu, die Anreize für die Bereitstellung des öffentlichen Gutes auf die Unternehmen auszudehnen. Familienfreundliche Arbeitsbedingungen führen so zu sinkenden Opportunitätskosten bei der Produktion des öffentlichen Gutes für die berufstätigen Elternteile, deren nicht exkludierbare Herstellungsaufwendungen beim primären Beziehungswissen gemäß Punkt 1 vom Staat übernommen werden sollten.

3. Die Unternehmen haben wie die Eltern zunächst ein primäres Eigeninteresse allein an der Bereitstellung ihrer Clubkollektivgüter „netzwerkspezifisches Sozialkapital" und „familiales Sozialkapital", so dass sie ihre wahre Zahlungsbereitschaft für das öffentliche Gut verbergen und die öffentliche

Förderung opportunistisch ausbeuten könnten, was in zwei Variationen möglich wird:

- Die geforderten finanziellen Entschädigungen für die Übernahme der Bereit- und Herstellungsverpflichtungen im öffentlichen Auftrag übersteigen die tatsächlichen Kosten.

- Die öffentlichen Mittel werden ganz oder teilweise zweckentfremdet und für private Ziele genutzt, die nicht im öffentlichen Interesse liegen.

4. Die politischen Entscheidungsträger könnten ihre Interessen bezüglich des Kollektivgutes „allgemeines Beziehungswissen" nach wahltaktischen Gesichtspunkten abwägen und die langfristigen Interessen einer wachstumsorientierten Förderung von Netzwerkorganisationen angesichts knapper Budgets populären Wahlkampfzielen opfern, die zu „Wohltaten" für die Familien auf Kosten der Unternehmen führt. Dieser Regierungsopportunismus ist ebenfalls grundsätzlich in zwei Ausprägungen denkbar:

- Die ex ante Zusage von monetären und nicht monetären Entschädigungen für die Unternehmen wird ex post vollständig oder teilweise zurück genommen, nachdem die Unternehmen ihren Beitrag für das öffentliche Gut erbracht haben.

- Ist dieser Beitrag der Unternehmen mit der Durchführung spezifischer Investitionen verbunden, die sowohl eigenen wie auch öffentlichen Zielen dienen, könnte zudem ex post der mit der öffentlichen Entschädigung verbundene Aufgabenkatalog erweitert werden, so dass sich die öffentliche Hand auch desjenigen Teils der entsprechenden Quasirente bemächtigt, der dem beschränkten Nutzerkreis des Clubkollektivgutes zusteht.

Die letztgeannte Ausprägung möglichem Opportunismus lässt sich anhand des Beispiels eines Betriebskindergartens verdeutlichen, der von einem Unternehmen bereitgestellt und neben den Zielen des Personalbindungsmanagements für die öffentlichen Zwecke der Humanvermögensbildung genutzt wird. Weitet der Gesetzgeber bei unveränderter Subventionshöhe die Anforderungen an die Unternehmen aus, indem zum Beispiel für die älteren Kinder erste Erfahrungen mit Fremdsprachen vermittelt werden sollen, so müssen die dafür notwendigen pädagogischen Angebote zusätzlich von den Unternehmen getragen werden. Gilt die neue gesetzliche Anforderung auch für alle Betreuungseinrichtungen außerhalb des Unternehmens, ergibt sich bei den beschäftigten Eltern dadurch keine zusätzliche Bindung an das Unternehmen. Den höheren Kosten für das Unternehmen steht damit ein unveränderter Nutzen gegenüber, so dass sich die Quasirente des Arbeitgebers als erwarteter Nettonutzen aus den Wechselkosten der Arbeitnehmer durch die spezi-

246

fische Investition in den Kindergarten verringert, indem er ohne entsprechende Entschädigung zur Durchführung öffentlicher Aufgaben verpflichtet ist.

6.2.4 *Arbeitsteilung zwischen öffentlichem und privatem Sektor*

Die vier Elemente einer ebenenübergreifenden Arbeitsteilung beim Aufbau des Beziehungswissens treten in der Praxis simultan auf. Die analytische Unterscheidung eröffnet den Handlungsspielraum für die Akteure in jeder einzelnen Ebene, so dass eine institutionenökomische Analyse auf Basis der mit Hilfe der Kollektivgütertheorie bestimmten Aufgabenzuordnung möglich wird. Die Erziehung der Kinder durch die Eltern ist verfassungsrechtlich vor willkürlichen Übergriffen durch familienexterne Instanzen geschützt. Die Kinder werden ihr erstes Lebensjahr im Normalfall primär in Kontakt mit den engsten Bezugspersonen verbringen. Daher ist ein direkter Einfluss auf die Entstehung von primärem Beziehungswissen für Politik und Wirtschaft nur begrenzt möglich, so dass sich auf die indirekten Anreize für die Eltern konzentriert werden muss, die durch die Unternehmen und die Familienpolitik institutionell bereitgestellt werden. Die folgende Abbildung stellt die arbeitsteiligen Beziehungen zwischen den einzelnen Akteuren dar.

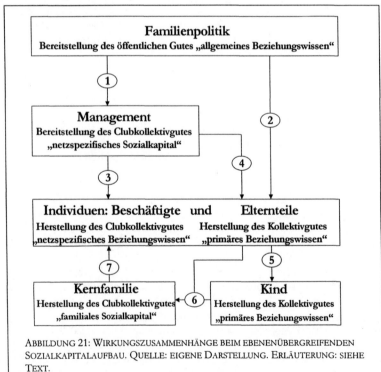

ABBILDUNG 21: WIRKUNGSZUSAMMENHÄNGE BEIM EBENENÜBERGREIFENDEN SOZIALKAPITALAUFBAU. QUELLE: EIGENE DARSTELLUNG. ERLÄUTERUNG: SIEHE TEXT.

Im ersten Schritt der unternehmensbezogenen Gestaltung der institutionellen Rahmenbedingungen durch die Familienpolitik werden Anreize für das zunächst nur an der Effizienz der Netzwerkorganisation interessierten Management in den Partnerunternehmen geschaffen, in familienfreundliche Arbeitsplätze für die eigenen Beschäftigten zu investieren (Pfeil 1). Es wird somit nicht mehr nur spezifisch in das Sozialkapital der Netzwerkorganisation investiert (Pfeil 3), sondern mit Hilfe der öffentlichen Förderung und in der Erwartung positiver familienexterner Effekte durch das familiale Sozialkapital (Pfeil 7) auch die gesellschaftlich relevante Rolle des Mitarbeiters als Elternteil unterstützt (Pfeil 4). Diese positiven Erwartungen des Managements gründen sich neben den eigenen Anstrengungen auf die direkten familienbezogenen Politikmaßnahmen zur Herstellung des öffentlichen Gutes „primäres Beziehungswissen" (Pfeil 2), die ähnlich wie bei der öffentlichen Förderung der Unternehmen Anreize schaffen sollen, dass die Eltern ausreichend in das Kollektivgut investieren (Pfeil 5). Bei der Herstellung des Gutes „primäres Beziehungswissen" erfüllt das Kind immer öffentliche und private Zwecke, so dass die spezifischen Investitionen von Eltern und Kindern in den gemeinsamen Interaktionsprozessen auch zur Entstehung des Sozialkapitals in der Kernfamilie führt (Doppelpfeil 6).

Wichtig bei der Abgrenzung der einzelnen Güterarten ist die Unterscheidung zwischen Fähigkeitswissen und Beziehungswissen. Während das Fähigkeitswissen als Individualgut definiert werden kann, das seinem Besitzer unabhängig von weiteren Personen vollständig zur Verfügung steht und somit im Konsum rivalisiert, ist das Beziehungswissen nur in Verbindung mit anderen Interaktionspartnern verwendbar, was es als Clubkollektivgut ausweist. Für die Individuen als Träger eines möglichen Individualgutes Beziehungswissen müsste die Bedingung gelten, dass innerhalb eines Clubs Rivalität im Konsum dieses Gutes herrscht. Auf dem ersten Blick scheint dies der Fall zu sein, da das Beziehungswissen des A nicht auch gleichzeitig für Akteur B in derselben Ausprägung zur Verfügung stehen kann. Außerdem kann sich auch in einer Netzwerkorganisation der bewusste Teil des Beziehungswissens auf einen eingeschränkten Personenkreis beziehen, während der Rest nicht in den Genuss dieser individuellen Fähigkeiten zu kommen braucht.

Auf sich allein gestellt, kann jedoch kein Individuum einen Nutzen aus seinem Beziehungswissen erfahren. Im Gegensatz zum Fähigkeitswissen wird dieser Nutzen nur in der Verbindung zu mindestens einer anderen Person realisierbar. Ein Ausschluss dieser anderen Person ist somit technisch nicht möglich. Der einsame Robinson hat kein solches Gegenüber und damit keinen Beziehungsnutzen, der für ein rivalisierendes Individualgut typisch wäre. Er hat keinen Rivalen, der ihm den Vorrang bei der Verspeisung der Inselfrüchte streitig machen könnte. Im Gegensatz zu den rivalisierenden Früchten, die nach dem Verzehr niemandem sonst noch zur Verfügung stehen, kann ein Individuum seinen Interaktionspartner nicht nur am eigenen Beziehungswissen teilhaben lassen, ohne dass es sich abnutzt, sondern es muss dies tun, da andernfalls kein Kontakt zwischen beiden möglich wäre. Da die Intensität der Beziehungen in arbeitsteiligen Wirtschaftsprozessen von den beteiligten Partnern beeinflusst wird, ist mit einer unterschiedlichen Qualität der jeweiligen Clubkollektivgüter in Abhängigkeit des Beziehungsnutzens zu rechnen.

Innerhalb einer hoch arbeitsteiligen Netzwerkorganisation könnte ein Akteur theoretisch seine besonderen kommunikativen Fähigkeiten auf eine einzige für ihn bedeutsame Beziehung beschränken, während er für die restlichen Mitglieder ein gewöhnliches Kommunikationsverhalten zeigt. Das besondere Beziehungswissen muss für sein Gegenüber zur Verfügung stehen, damit das exklusive Ziel dieses Clubs in Form der Herstellung des Gutes „beziehungsspezifische Quasirente" erfüllt werden kann. Im Gegensatz zu unspezifischem Beziehungswissen, das ein reines Kollektivgut ist, führen spezifische individuelle Bestände von Beziehungswissen zu einer Exklusionsmöglichkeit gegenüber beziehungsexternen Akteuren und somit zum Status eines Clubkollektivgutes.

Die Besonderheit des Beziehungswissens als verbindendes Element zwischen zwei Menschen innerhalb eines sozialen Kontextes bringt es mit sich, nicht mehr von einem Gut sprechen zu können, das nur von einer Person allein genutzt werden kann. Die Spezifität einer Beziehung, baut darauf auf, dass zwei Individuen bei der Maximierung ihres Beziehungsnutzens ihr Beziehungswissen optimal in eine Beziehung einbringen. Das spezifische Wissen über die Beziehung zu B, das der Akteur A mit in die Transaktion bringt, steht damit beiden Partnern zur Verfügung, die zusammen bereits einen Club begründen.

Ein Club ist ein Zusammenschluss von Nutzern eines unteilbaren Gutes, die einen gemeinsamen Nutzen aus dem Konsum ziehen, auf Basis einer freiwilligen Vereinbarung dessen Bereitstellung organisieren und Nichtnutzer exkludieren können (vgl. Buchanan, James M 1965, S. 1 ff.). Wird ein Club demnach als eine Organisationsform zur Bereitstellung eines Gutes definiert, welche die Nutzung auf den Kreis ihrer Mitglieder beschränken kann, so können bereits zwei Beziehungspartner einen Club zur Erstellung des Gutes „spezifische Beziehung" bilden, der auf Basis des Beziehungswissens der Mitglieder funktioniert. Innerhalb dieses Clubs kann niemand von dieser Fähigkeit zur Interaktion ausgeschlossen werden, so dass sich das spezifische Beziehungswissen als untergeordnetes Clubkollektivgut betrachten lässt, das über die spezifische Beziehung zur Erstellung des übergeordneten Clubkollektivgutes Sozialkapital dient. Der Nichtausschluss ergibt sich zwingend beim impliziten Beziehungswissen, ist aber beim expliziten Beziehungswissen an die Motivation des Wissensträgers gebunden, der zwar Interesse an der Nutzung des Gutes hat, bezüglich seiner bewusst gestaltbaren Beiträge jedoch ein Freifahrerverhalten an den Tag legen könnte. Da sich die beziehungsspezifische Quasirente aber nur durch aktives Beziehungsverhalten ergibt, besteht auch auf der bewussten Handlungsebene ein starker Anreiz zu eigenen Beiträgen, der durch das clubeigene Sanktionsinstrument „Ausschluss" glaubhaft flankiert werden kann. Hier stellt sich die Frage, wie groß eine solches Geflecht von Beziehungsclubs in Netzwerkorganisationen aus Effizienzgründen werden darf.

Theoretisch ist die optimale Mitgliederzahl dann erreicht, wenn die individuellen Grenzkosten aus der Nutzung des Clubkollektivgutes den individuellen Grenznutzen entsprechen. Die individuellen Kosten und Nutzen werden aber durch heterogene Präferenzen über die Zulassung neuer Clubmitglieder bestimmt, so dass in einem exklusiven Zusammenschluss nach Überschreiten des Nutzenmaximums eine stark fallende Nutzenfunktion zu erwarten sein wird. Dadurch wird die Mitgliederzahl in Folge der erwarteten Qualität der Clubmitglieder stark beschränkt, wie dies etwa für einen Rotary Club typisch ist. Die Reduktion der optimalen Mitgliederzahl kann auch bei weniger stark fallenden Nutzenfunktionen verstärkt werden, wenn der individuelle Kostenbeitrag nicht mit steigender Nutzerzahl gesenkt werden kann oder die Erhöhung der Bereitstellungsmenge mit fixen Sprungkosten verbunden ist. Bei einem inklusiven Zusammenschluss ist demgegenüber die höchstmögliche Mitgliederzahl die nutzenmaximierende Clubgröße. Hierbei ist die Erstellung des Clubkollektivgutes an die Quantität der Mitgliederzahl gekoppelt. So korreliert etwa der Einfluss der Interessenvertretung von Gewerkschaften positiv mit der Anzahl der Mitglieder (vgl. Kirsch, Guy 1997, S. 171 ff.).

Vor allem innerhalb von großen Clubkollektiven werden die einzelnen Vorstellungen über die Clubausstattung nur zufällig übereinstimmen, so dass für die Individuen ein Anreiz besteht, homogene Gruppierungen zu bilden und Individuen mit abweichenden Präferenzen davon auszuschließen (vgl. Breuer, Michael 1998, S. 140). Für die Errichtung des Clubkollektivgutes „beziehungsspezifische Quasirente" wird die Homogenität der Interaktionspartner im Sinne der Existenz eines bilateralen Erwartungsgleichgewichts entscheidend (vgl. Punkt 4.3). Bei heterogenen Präferenzen innerhalb des Clubs Netzwerkorganisation entsteht so ein „Subclub" als neue Bezugsgruppe für das entsprechende Clubkollektivgut Beziehungswissen, die dem eingeschränkten Mitgliederkreis eine höhere beziehungsspezifische Quasirente verspricht als die Mitgliedschaft in der Netzwerkallgemeinheit. Dieser Subclub kann sich als sekundäres Netzwerk formieren.

Ein solcher Club im Netzwerk hat in seiner kleinsten Form immer die Mindestgröße von zwei Personen, da andernfalls keine Interaktion entstünde. Sein Ziel ist die Realisierung einer besonderen beziehungsspezifischen Quasirente auf Basis eines ähnlichen Beziehungswissens der Clubmitglieder zur Verringerung der clubinternen Bindungskosten. Da das Ziel eines inneren Subclubs auch auf Kosten des äußeren Kreises des Netzwerkkollektivs verwirklicht werden könnte, wenn die erwarteten Verluste aus der verringerten Netzwerkperformance von den Gewinnen aus der Teilnahme am Subclub überkompensiert werden, ist die Effizienz von Netzwerken nicht nur durch opportunistische Einzeltäter, sondern auch durch ganze Tätergruppen bedroht. Solche Clubs, die das Vertrauen innerhalb eines Netzwerkes zu ihren eigenen Zwecken ausbeuten und damit die Ziele der auf eine vertrauensvolle Zusammenarbeit im gesamten Netzwerk bauenden Partnerunternehmen konterkarieren, können sich in Folge der interorganisationalen Mischung in den Projektteams auch aus Mitgliedern verschiedener Organisationen zusammensetzen.

Die zentrale Bedeutung der möglichst hohen Homogenität der Präferenzen für eine bestimmte Qualität unter den Clubmitgliedern bei solch exklusiven Vereinigungen lässt bei einer hohen Mitgliederzahl einer Netzwerkorganisation die Wahrscheinlichkeit steigen, dass Subclubs gebildet werden. Aus Sicht der Partnerunternehmen ist das Clubkollektivgut Sozialkapital ein exklusives Mittel, um sich gegenüber konkurrierenden Unternehmen und deren Netzwerkkooperationen abzugrenzen. Dazu müssen aber die spezifischen Faktoren der einzelnen Partner gebündelt werden, die sich aus strategischen Gründen eben nicht zu sehr ähneln sollten. Die Homogenität der Produktionsfaktoren in Netzwerkorganisationen bezieht sich daher nicht auf das Sachkapital oder das Fähigkeitswissen, sondern primär auf das Clubkollektivgut Beziehungswissen. Hierbei hätte eine zu starke Verteilung einen starken Anreiz zur Bildung von Subclubs. Erst wenn alle Beteiligten annährend gleiche Erwartungen über die Relevanz und individuelle Verteilung des Beziehungswissens bilden, kann sich der Club der Sozialkapitalisten auf Dauer stabilisieren. Das untergeordnete Clubkollektivgut „Beziehung" als Mittel zu diesem Zweck ist aber immer von den Interessen der Mitarbeiter abhängig, so dass das Ziel des Managements darin bestehen muss, die Größe der Subclubs möglichst mit der Größe des gesamten Netzwerkes in Übereinstimmung zu bringen. Neben der Gefahr der Ausbeutung des Netzwerkes könnte es außerdem zu Rivalitäten zwischen den verschiedenen Subclubs im Verlauf von Projekten kommen.

Die Konkurrenz um das spezifische Beziehungswissen findet somit immer zwischen verschiedenen Clubs statt, während intern keine Rivalität herrscht. Die Bildung von Subclubs stellt immer dann eine große Gefahr für Netzwerkorganisationen dar, wenn sie aus Nutzen-Kosten-Überlegungen gebildet werden, um die Mitglieder des übergeordneten Clubkollektivs auszubeuten. Es könnte sich ein Subclub von Vertrauenssaboteuren bilden (vgl. Punkt 5.2.1), der das gesamte Kooperationsprojekt boykottiert. Die Bewältigung dieser Gefahr ist aber in Folge der Informationsprobleme immer eine primäre Aufgabe derjenigen Ebene, die als direkte übergeordnete Bezugsgruppe der Subclubs fungiert. Die Vermeidung der Bildung von solchen „Sabotageclubs" in Netzwerkorganisationen -beispielsweise durch das um seine Zukunft fürchtende mittlere Management in den immer flacheren Hierarchien der Partnerunternehmen- stellt somit eine zentrale Aufgabe der Unternehmensführung beim Aufbau von Sozialkapital dar. Eine Ausnahme bilden kriminelle Verhaltensweisen, die gegen geltendes Recht verstoßen und eine öffentliche Sanktionierung erfordern.

Am anderen Ende dieses Clubspektrums in Netzwerkorganisationen stehen die Familien als Beispiel eines Subclubs bei der Bildung von primären Beziehungswissen, das letztlich zu mehr Vertrauen in den Netzwerkorganisationen führen soll. Die positive Rolle solcher „Bindungsclubs" stellt einen wichtigen Ansatzpunkt bei den ebenübergreifenden Investitionen in das Beziehungswissen dar. Je nach Blickwinkel der öffentlichen und unternehmerischen Zwecke werden unterschiedliche Spezifitätsgrade beim bereitzustellenden Gut notwendig. Der jeweilige Bereitstellungsprozess erfordert von allen Parteien spezifische Investitionen, die eine einfache „Marktlösung", bei der die Beziehung der Akteure zueinander keine effizienzwirksame Rolle spielt, verhindert.

Die Abgrenzung der Aufgaben für die einzelnen Interessengruppen mit den von ihnen bereit- und herzustellenden Kollektivgütern ist damit abgeschlossen. Die Durchführung der ebenenbezogenen Maßnahmen ist Gegenstand der nachfolgenden Schritte, die zunächst auf die Gestaltung der institutionellen Rahmenbedingungen durch die Familienpolitik eingehen. Dem Problem der Verhaltensunsicherheit wird beim kooperativen Aufbau von Sozialkapital zwischen Unternehmen und Politik weiterhin große Aufmerksamkeit geschenkt. Dem kritisierten Defizit der Theorie öffentliche Güter, dass den normativen Handlungsempfehlungen keine weitere Analyse folge, ob und wie die vorgeschlagenen Maßnahmen in der Politik umgesetzt werden (vgl. Benz, Arthur 2001, S. 192), kann mit Hilfe der Transaktionskostentheorie begegnet werden, die sich auf das „wie" konzentriert und dadurch das „ob" wahrscheinlicher macht.

6.3 Familienpolitische Gestaltung der institutionellen Rahmenbedingungen zum Aufbau von unspezifischem Beziehungswissen

Die Familienpolitik gehört in Folge ihrer gesamtgesellschaftlichen Bedeutung und der unterschiedlichen Leitbilder einzelner Interessengruppen zu den strittigsten Politikbereichen. Galt für die öffentliche Förderung in der Vergangenheit das Giesskannenprinzip, wonach alle Familien undifferenziert mit möglichst viel Geld gefördert werden sollten, wandelt sich diese Sichtweise angesichts knapper werdende Budgets und der Misserfolge der bisherigen Familienpolitik. Die Entwicklung geht in Richtung einer nach der Lebenssituation der Kernfamilie differenzierten Unterstützung, die auf die besonderen Probleme der Verenbarkeit von Berufs- und Familienleben Rücksicht nimmt. Damit kommt dem Arbeitgeber eine wichtige familienpolitische Rolle zu, die er in kooperativen Gestaltungsprozessen wahrnehmen kann.

6.3.1 Neues Leitbild gesellschaftlicher Kooperation in der Familienpolitik

Die Erfahrungen aus der Vergangenheit der Familienpolitik zeigen, dass Deutschland im internationalen Vergleich einen Spitzenplatz bei den monetären Transferleistungen einnimmt. Trotz des Anstiegs der Ausgaben für familienpolitische Maßnahmen, die im Jahr 2001 180 Milliarden Euro erreichten, kann nicht von einem Erfolg bei der Zielerreichung gesprochen werden, da weder die Geburtenrate noch der Anteil der weiblichen Beschäftigten gesteigert wurde und zudem die Familienarmut weiter fortbesteht. Als Reaktion wird ein neues gesellschaftliches Leitbild für die Familienpolitik gefordert, das eine zukunftsfähige Perspektive für die Bewältigung der Herausforderungen des 21. Jahrhunderts unter Mitwirkung der zentralen Interessengruppen bietet (vgl. Dettling, Warnfried 2004, S. 16 ff.).

Ein wichtiger erster Schritt dahin stellt die „Allianz für die Familie" dar, die 2003 von Renate Schmidt, der damaligen Bundesministerin für Familie, Frauen und Jugend und Liz Mohn, der Vorsitzenden der Gesellschafterversammlung der Bertelsmann Verwaltungsgesellschaft, ins Leben gerufen wurde. Das Ziel dieser durch die jeweilige Führungsebene hochkarätig besetzten Kooperationsplattform besteht in einer engen Zusammenarbeit der Politik mit Partnern aus Unternehmen, Wirtschaftsverbänden und Gewerkschaften, um die Balance zwischen Familie und Arbeitswelt bei den Beschäftigten zu verbessern. Die Gestaltung einer familienfreundlichen Unternehmenskultur soll nicht nur die Belastungen für die Eltern mindern und die bestmögliche Entwicklung der Kinder fördern, sondern über eine höhere Erwerbsbeteiligung auch der Wirtschaft und dem Staat nutzen (vgl. Mohn, Liz/Schmidt, Renate 2004, S. 11 ff.). Aus der strategischen Allianz heraus haben sich zahlreiche regionale und überregionale Einzelaktivitäten sowie wirtschaftswissenschaftliche Beiträge entwickelt, welche die demographischen und ökonomischen Aspekte im Sinne einer „nachhaltigen Familienpolitik" verbinden wollen.

Dieses neue Leitkonzept bedeutet eine politische Wende, da die eindimensionale Fixierung auf finanzielle Hilfen für möglichst alle Familien zu Gunsten eines anspruchsvollen Politik-Mixes aufgegeben wird, der sich auf die fünf Nachhaltigkeitsindikatoren Geburtenrate, Vereinbarkeit, Armutsrisiko, Bildungsniveau und Erziehungskompetenz stützt. Ausgehend von nationalen und vor allem internationalen Erfahrungsberichten sollen die drei Bereiche Infrastruktur, Zeit und Geld optional mit bewährten Angeboten gefüllt werden, um eine situationsgerechte und damit differenzierte Förderung der Familien zu erreichen, die nicht automatisch höhere pauschale Geldleistungen des Staates erfordert. Die vom Bund initiierte Allianz verfügt mittlerweile über einen breiten regionalen Unterbau in Form von über 150 lokalen „Bündnissen für Familie" mit weit mehr als 1000 Unternehmen, in denen sich neben Städten, Gemeinden, Wohlfahrts- und Familienverbänden bereits die Hälfte der Industrie- und Handelskammern engagieren. Mit Hilfe der wachsenden regionalen Beteiligung vor Ort soll das ehrgeizige Ziel erreicht werden, Deutschland bis zum Jahr 2010 als familienfreundlichstes Land in Europa zu etablieren (vgl. Ristau, Malte 2005, S. 16 ff.). Dieses Ziel ist nicht nur sozialpolitisch motiviert, sondern vor allem als wichtiger wirtschaftspolitischer Beitrag bei der Sicherung der zukünftigen Wettbewerbsfähigkeit der deutschen Unternehmen zu sehen.

Im institutionellen Wettbewerb zwischen verschiedenen Staaten ist die zunehmende Bedeutung solcher kooperativer Politikverfahren dem verringerten staatlichen Einfluss bei der Gestaltung der unternehmerischen Rahmenbedingungen geschuldet, die sich in globalisierten Wirtschaftsprozessen vor allem nach der Frage der Standortqualität richten. Kooperative Politikverfahren lassen sich vom Lobbyismus durch die institutionalisierte Einbeziehung organisierter Interessen in politische Entscheidungen abgrenzen, welche die deliberativen Aspekte von Verhandlungen betonen. Die Bewertung dieser kollektiven Interessenvertretung in politischen Entscheidungsprozessen fällt unterschiedlich aus. Während ökonomische Beiträge zumeist auf die negativen Folgen einer wirtschaftlichen Fehlsteuerung durch das fortgesetzte Rent-Seeking der Akteure hinweisen und somit den Aspekt des Lobbyismus stärker gewichten, sieht die Politikwissenschaft darin eine demokratisch legitimierte Möglichkeit der prozessualen Auflösung von Reformblockaden (vgl. Frick, Siegfried et al. 2001, S. 7-10). Die Vorteile lassen sich vor allem Sinne eines erweiterten Verständnisses von Governance finden.

In der dem ökonomischen Ansatz methodisch sehr nahe stehenden Politikwissenschaft wird Governance im modernen Staat als absichtsvolles Zusammenwirken von öffentlichen und privaten Akteuren bei der Regelung kollektiver Sachverhalte im gemeinschaftlichen Interesse verstanden. Kennzeichnend für einen kooperativen Staat sind vernetzte Strukturen aus staatlichen und nichtstaatlichen Aufgabenträgern. Diese so genannten Politiknetzwerke können nicht nur die Erfüllung der gesellschaftlichen Aufgaben wahrnehmen, sondern auch die Vorbereitung von exekutiven oder legislativen Entscheidungen und die Ausarbeitung von Maßnahmenprogrammen in gemeinsamen Verhandlungen mit Vertretern unterschiedlicher Organisationen durchführen. Der Staat verzichtet auf die hierarchische Durchsetzung von rechtlichem Zwang zu Gunsten der freiwilligen Vereinbarungen, die in direkter Interaktion mit den Repräsentanten der Parteien, Behörden und Verbände getroffen werden. Die Vorteile einer nicht hierarchischen Regelungsstruktur liegen im höheren Informationsniveau bei der Entscheidungsfindung, da die Interessen der zahlreichen einzelnen Mitglieder durch die autonomen Verbände kollektiv vertreten werden. Allerdings funktioniert die gesellschaftliche Selbststeuerung oftmals nur unter Androhung gesetzlicher Intervention im Falle der Nichteinigung, um die verbandlichen Partikularinteressen wirksam im Sinne einer der gesamten Gesellschaft dienlichen Lösung koordinieren zu können (vgl. Mayntz, Renate 2004, S. 68-72).

Der wesentliche Vorteil kooperativer Verfahren auf Basis der Steuerung komplexer Systeme liegt in der Sondierung der gegebenen Möglichkeiten bei der Umsetzung bestimmter politischer Zielsetzungen. Aus solchen neu entdeckten Entscheidungsoptionen werden Innovationen möglich, die andernfalls unerschlossen geblieben wären. Das Funtionieren dieser Innovationsfunktion hängt davon ab, ob die Verhandlungsthemen als Nullsummenspiel wahrgenommen werden und zu einem Verteilungskonflikt führen oder ob sie als Positivsummenspiel die Situation aller Beteiligten verbessern, ohne dass die Akteure die eigene Position auf Kosten der andere verbessern können. Neben der Anzahl der Akteure ist deren individuelle Ausstattung an Ressourcen und Optionen bedeutsam, die zu außerhalb des Verhandlungszusammenhangs gegebenen Handlungsmöglichkeiten führen. Je höher diese „outside options" ausfallen, desto geringer wird die Kooperations- und Innovationsbereitschaft. Je mehr Akteure an den Verhandlungen beteiligt sind, desto weniger lassen sich die Interaktionsvorteile einer kleinen Gruppe nutzen. Neben den Themen und den Akteuren bilden die Rahmenbedingungen die dritte Variable zur Beschreibung innovationsförderlicher Kooperationsverfahren. Während freiwillige Verhandlungen regelmäßig nur bei Positivsummenspielen zum Erfolg führen, erleichtern Zwangsverhandlungen kooperative Lösungen. Diese sind aber nicht unbedingt innovationsförderlich. Daneben sind Mehrheitsentscheidungen einstimmigen Entscheidungsregeln überlegen, da sie weniger Anreize für Tauschgeschäfte zwischen den Abstimmungsberechtigten bieten (vgl. Wiesenthal, Helmut 2001, S. 178 ff.).

Die arbeitsteilige Investition in das Beziehungswissen der Individuen lässt sich als Positivsummenspiel auffassen, bei dem sowohl die Unternehmen als auch der Staat und die beschäftigten Eltern gewinnen können (vgl. Punkt 5.3.1). Die relativ kleine Zahl von 14 Spitzenvertretern aus Politik, Verbänden, Gewerkschaften, Wissenschaft und Wirtschaft, die als Impulsgruppe eine innovative Initialfunktion bei der öffentlichkeitswirksamen Etablierung des Politiknetzwerkes „Allianz für die Familie" übernommen hat, ermöglichte bei einem ersten Treffen im Dezember 2003 die Entwicklung eines gemeinsamen Leitbildes. Als konsensfähiges Kommunikationsinstrument einer familienfreundlichen Arbeitswelt konnte damit die Erstellung eines Maßnahmenkataloges in bi- und multilateralen Arbeitsgruppen eingeleitet werden. Zudem wurde auf der Arbeitsebene eine dauerhafte Kooperationsgruppe mit Vertretern aller beteiligten Gruppen geschaffen, die im zweiwöchentlichen Rhythmus die einzelnen regionalen und überregionalen Aktivitäten der Partner abstimmt (vgl. Damme, Nora et al. 2004, S.177 f.). Die Kontinuität der Zusammenarbeit stellt eine wichtige institutionelle Voraussetzung bei der Entstehung des Sozialkapitals in der Allianz dar. Die persönliche Beziehungsebene innerhalb eines relativ kleinen Kreises von Spitzenfunktionären kann zudem die Bindungskosten innerhalb des Netzwerkes reduzieren.

Die verstärkte Einbindung der Unternehmen durch Teilnahme an familienorientierten Unternehmenswettbewerben, Zertifizierungsprogrammen und der gemeinsamen Durchführung von betriebs- und volkswirtschaftlichen Studien ist somit auch ein Ergebnis des gewachsenen Vertrauens zwischen den Verhandlungspartnern. Die privaten Akteure können sich bislang auf einen öffentlichen Partner verlassen, der nicht mit neuen gesetzlichen Auflagen per Zwang regiert, sondern ihnen strategische Kooperationen auf der Grundlage ökonomischer Argumente anbietet. Die öffentliche Unterstützung für den Ausbau der Kinderbetreuung durch die persönlich in die Impulsgruppe eingebundenen Präsidenten der Bundsvereinigung Deutscher Arbeitgeberverbände und des Deutschen Industrie- und Handelskammertages, Dieter Hundt und Ludwig Georg Braun sowie den Vorsitzenden des Deutschen Gewerkschaftsbundes, Michael Sommer, trug wesentlich dazu bei, dass im Januar 2005 ein entsprechendes Gesetz für die unter Dreijährigen planmäßig in Kraft treten konnte (vgl. Ristau, Malte 2005, S. 20 f.).

Dieses Tagesbetreuungsausbaugesetz (TAG) konkretisiert das Kinder- und Jugendhilfegesetz, in dem die Kommunen bislang lediglich verpflichtet wurden, ein „bedarfsgerechtes Angebot" an Betreuung für Kinder unter drei Jahren bereitzuhalten, das im europäischen Vergleich und auch im Bundesdurchschnitt bislang deutlich unterhalb der tatsächlichen Nachfrage liegt. Die neue Regelung enthält verbindliche Kriterien bei der Festlegung des Mindestbedarfes, dessen Erfüllung zur Pflichtaufgabe für die Kommunen wird. Danach sind Plätze in Tageseinrichtungen mindestens vorzuhalten, wenn beide Elternteile oder ein allein erziehender Elternteil erwerbstätig sind, sie eine Erwerbstätigkeit aufnehmen wollen, sich in einer beruflichen Bildungsmaßnahme sowie in der Schulausbildung oder Hochschulausbildung befinden. Zusätzlich müssen Plätze für solche Kinder angeboten werden, deren Eltern an Maßnahmen zur Eingliederung der Arbeit im Sinne des Vierten Gesetzes für moderne Dienstleistungen am Arbeitsmarkt (Hartz IV) teilnehmen. Eine eher allgemeine Pflichtaufgabe weist das Gesetz den Kommunen darüber hinaus bei Kindern zu, deren Wohl ohne diese Förderungen nicht gewährleistet ist. Der Bund beteiligt sich an den Ausgaben, da die Kommunen aus den im Vermittlungsverfahren zugesagten Entlastungen von 2,5 Milliarden Euro durch Hartz IV bis zu 1,5 Milliarden Euro für die Kinderbetreuung verwenden können. Dadurch sollen bis 2010 mindestens 230.000 zusätzliche Plätze in Kindergärten, Krippen und in der Tagespflege entstehen. Ein Rechtsanspruch auf einen Betreuungsplatz für Kinder unter drei Jahren, welcher für Kinder zwischen drei und sechs Jahren besteht, ist zunächst nicht vorgesehen (vgl. Bundesministerium für Familie, Senioren, Frauen und Jugend 2004b, S. 3 ff.). Das Gesetz stellt auch eine Reaktion auf die verstärkte Diskussion um die Qualität der frühkindlichen Bildung und Betreuung dar.

Im internationalen Vergleich besteht für das deutsche System der frühkindlichen Tagesbetreuung mit den Krippen für Kinder unter drei Jahren, Kindergärten für Kinder zwischen 3 und 6 Jahren und Horten für Kinder zwischen 10 und 14 Jahren ein erheblicher Verbesserungsbedarf. Von der Organisation für wirtschaftliche Zusammenarbeit und Entwicklung (OECD) werden im Vergleich mit 20 Ländern aus Europa, Asien sowie Nord- und Südamerika die ganzheitlichen Konzepte hervorgehoben, welche die Bereiche Bildung, Betreuung und Erziehung integrieren und dabei eine sozialpädagogische Fundierung berücksichtigen. Daneben wird vor allem die Versorgung in Ostdeutschland als vorbildlich, die materielle Ressourcenausstattung in Gesamtdeutschland als nach internationalen Standards zufriedenstellend und der gemeinnützige Charakter der Einrichtungen als wirksames Mittel eines sozial gerechten Betreuungsangebotes bewertet. Neben dem mangelnden Platzangebot in den alten Bundesländern wird bei den Schwächen das Fehlen einer langfristigen, auf nationaler Ebene kohärenten Perspektive mit bundeseinheitlichen Standards ausgemacht. Symptomatisch erscheinen dafür die öffentlichen Investitionen, die im internationalen Vergleich zu gering ausfallen und die nachhaltigen Reformdebatten zu schnell mit dem Hinweis auf die zusätzlichen Kosten beenden. Die Perspektive des Tagesbetreuungsausbaugesetzes bis 2010 wird als zu kurz bemängelt. Mit der angestrebten Zahl von 230.000 neuen Plätzen wird nicht einmal den Gleichstand der alten Bundesländer mit den neuen Bundesländern erreichen. Darüber hinaus könnten sich die zugesagten Mittel von 1,5 Milliarden Euro für die Kommunen als nicht ausreichend erweisen (vgl. OECD 2004, S. 6 ff.).

Die Finanzierung der mit dem Tagesbetreuungsausbaugesetz verbundenen Maßnahmen war bereits im Gesetzgebungsverfahren höchst umstritten. Neben der ungeklärten Frage, inwieweit durch die demografische Entwicklung frei werdende Plätze im Kindergartenalter rechnerisch für die Betreuung von Kindern unter drei Jahren eingesetzt werden können, bestand ein wesentlicher Streitpunkt zwischen Bund, Ländern und kommunalen Spitzenverbänden in der Verteilung der finanziellen Belastungen. Da der Bund laut Finanzverfassung des Grundgesetzes beim Erlass von Bundesgesetzen, die mit Kostenfolgen für die Länder und Kommunen verbunden sind, keine vorherigen verpflichtenden Aussagen über die Finanzierung treffen muss, erfolgt eine Entschädigung erst auf der Ebene des Bund-Länder-Finanzausgleichs. Die schlechten Erfahrungen mit dem Gesetzgebungsverfahren zum Rechtsanspruch auf einen Kindergartenplatz führten auf politischer Ebene dazu, die Finanzierung nicht dem komplizierten Finanzausgleich zu überlassen, sondern den Kommunen die 1,5 Milliarden aus den erwarteten Einsparungen durch Hartz IV für den Ausbau der Tagesbetreuung anzubieten. Im Laufe des weiteren Verfahrens erwiesen sich die berechneten Entlastungswirkungen durch die Arbeitsmarktreformen allerdings als fehlerhaft, so dass finanziellen Nachbesserungen im Rahmen des Kommunalen Optionsgesetzes nötig wurden. Diese kommen zunächst allein den Ländern zugute, so dass auf Seiten der Kommunalpolitik weiterhin eine große Skepsis darüber herrscht, ob die finanziellen Entlastungen auch wirklich auf der kommunalen Ebene ankommen (vgl. Wiesner, Reinhard 2005, S. 116 f.).

Die Lücken bei der Finanzierung bergen somit für die Zukunft die Gefahr zeit- und kostenaufwendiger Nachverhandlungen in sich, welche das Ziel des Gesetzes in Frage stellen können. Trotz dieser nicht zu unterschätzenden finanziellen Unsicherheit auf der Ebene der öffentlichen Träger stellt das Gesetz einen Fortschritt für die Situation der Familien in Deutschland dar, der die Transaktionskosten insbesondere der berufstätigen Eltern bei der Suche nach familienexternen Betreuungsmöglichkeiten reduziert. Das Politiknetzwerk hat mit dieser Verbesserung bei der Kleinstkindbetreuung einen ersten Beitrag zur Erziehungsinfrastruktur ganz im Sinne einer Verhandlungspolitik der kleinen Schritte geliefert, der das Leitbild einer nachhaltigen Familienpolitik im europäischen Vergleich weiter präzisiert, ohne gleich den größtmöglichen Wurf anbieten zu können. Es kann auf die typischen Vorteile einer vertrauensbasierten Netzwerkorganisation zurückgreifen, so dass die möglichen Nachteile durch aufbrechende Interessenkonflikte zwischen den Hauptakteuren bislang nicht ins Gewicht fallen. Einen kritischen Verhandlungsgegenstand stellt die Frage nach einer Erhöhung der Ausgaben im Bereich der frühkindlichen Entwicklung dar, besonders im Hinblick auf die Verteilung dieser Investitionen zwischen den Vertretern von Bund, Ländern, Kommunen, Unternehmen und den erwerbstätigen Eltern. Eine Erhöhung des primären Beziehungswissens über eine institutionelle Verbesserung des Betreuungsangebotes ist eine zentrale Herausforderung für die Zukunft der deutschen Gesellschaft.

In der OECD-Studie wird neben der quantitativen Dimension nicht ausreichender Betreuungsplätze vor allem die Qualität der Wissensvermittlung bemängelt. So be-

steht in Deutschland eine breite Kluft zwischen den Inhalten von Ausbildungs-
und Weiterbildungsplänen und der alltäglichen Arbeit der Fachkräfte. Zudem ist
das Niveau der Ausbildung zum Erzieher oder zur Erzieherin zu niedrig, was zu
einer Anhebung mindestens auf die Ebene von Fachhochschulen führen sollte.
Eine Aufwertung der Qualifikationen mit entsprechenden Folgen für deren Einkommen sollte außerdem im Bereich der Tagesmütter erfolgen. Zudem sollten verstärkt männliche Beschäftigte rekrutiert werden, um ein ausgewogeneres Ge-
schlechterverhältnis bei den Betreuungspersonen zu gewährleisten. Da eine frühkindliche Grundlagenforschung im Hochschulbereich in Folge der geringen Zahl
von Lehrstühlen faktisch nicht existiert, ist eine Forschungsinfrastruktur aufzubauen und finanziell abzusichern, um verstärkt Hilfen für Kindern mit Lern- und
Entwicklungsproblemen anbieten zu können (vgl. OECD 2004, S. 49 ff.).

Die Konkretisierung eines bereits bestehenden Gesetzestextes im Rahmen der Tagesbetreuung stellt somit zwar einen Fortschritt, aber noch keine Innovation dar,
die nachhaltigen Reformen gerecht wird. Sie betrifft zudem nur die öffentlichen
Träger und die Eltern, während die Unternehmensinteressen vor allem in der zeitlichen Dimension einer besseren Vereinbarkeit von Familie und Beruf berührt
werden, ohne dass die Unternehmen dafür zwingend etwas tun müssen. Innerhalb
des öffentlichen Sektors werden mit der gesetzlichen Verpflichtung der Kommunen hierarchische Steuerungsprinzipien beibehalten, während zwischen den Ebenen weiterhin die Verhandlungen dominieren. Im Falle des beschlossenen Ausbaus
der Kleinstkindbetreuung liegt ein relativ unstrittiges Verhandlungsthema vor, so
dass sich die komparativen Effizienzvorteile des Politiknetzwerkes erst bei den
Verhandlungen um strittigere Themen erweisen müssen, welche die Gefahr des
Scheiterns wesentlich stärker in sich bergen.

Die möglichen Gefahren bei solchen Verhandlungen beziehen sich auf die Konflikte zwischen den Interessengruppen bei der Definition von lösungsbedürftigen
Problemen und der Wahl der Instrumente. Insbesondere bei freiwilligen Verhandlungen mit einstimmigen Entscheidungsprozeduren werden Blockaden wahrscheinlich, die zu suboptimalen Kompromisslösungen oder einer Einigung auf
Kosten Dritter führen können. Eine solche Externalisierung der Kosten einer Einigung senkt das Konfliktniveau und macht eine Lösung zu Lasten derjenigen Parteien wahrscheinlicher, die nicht an den Verhandlungen beteiligt sind. Trotz eines
hohen Konfliktniveaus und einer fehlenden Bindungswirkung der vereinbarten
Normen, die bei der konsensorientierten Überwindung von Entscheidungsblocka-
den regelmäßig ihre Bindungskraft verlieren, kann ein hohes Ausmaß des von allen
Seiten gleichsam wahrgenommenen Problemdrucks zu einer relativ leichten Einigung beitragen, da die Beteiligten die gravierenden Nachteile einer verzögerten oder
unangemessenen Entscheidung verhindern wollen (vgl. Mayntz, Renate 2004, S.
72-74).

Die Externalisierung der Einigungskosten wird durch die externen Beziehungen
der Verhandlungspartner zu den nicht am Verhandlungstisch sitzenden Partnern

aus anderen Netzwerken begrenzt. Da insbesondere die Vertrauensbeziehungen zu außen stehenden Dritten geschützt werden sollen, sind die möglichen Folgen einer internen Einigung auf die Interessenpositionen der externen Partner zu berücksichtigen, was zumindest für diese Gruppen die negativen Kostenwirkungen eindämmt. Die Selbstorganisation der Politiknetzwerke beruht aber auf der Repräsentanz der wichtigsten Akteursgruppen, so dass sich die Struktur des Netzwerkes tendenziell immer den wichtigsten Interdependenzen zwischen den Interessengruppen anpasst. Dadurch wird wiederum der Eindämmungseffekt für die Gesamtgesellschaft abgeschwächt (vgl. Scharpf, Fritz W. 1996, S. 524 f.). Der kollektiv wirksame Eindämmungseffekt bei der Verhandlung von Partialinteressen wird in der Familienpolitik durch die Heterogenität der ideologisch geprägten Zielvorstellungen der einzelnen kollektiven Interessenvertreter abgeschwächt.

Die Organisation der Familieninteressen erfolgt auf Verbandsebene zumeist nur in speziellen Teilaspekten. Der Zusammenschluss der wichtigsten Familienverbände unter der Arbeitsgemeinschaft der deutschen Familienorganisation (AGF) stellt zwar einen Fortschritt bei der gemeinsamen Interessenkoordinierung dar, er kann aber die unterschiedlichen konfessionellen und weltanschaulichen Hintergründe zwischen den beiden Kirchen und den Wohlfahrtsverbänden nicht grundsätzlich überwinden. Die Konkurrenz zwischen den Einzelmitgliedern erschwert so weiterhin die Entwicklung einer einheitlichen Verhandlungsposition gegenüber der Politik. Wesentliche Verbesserungen bei der Durchsetzung von Familieninteressen wurden von den Verbänden indirekt über Klagen beim Bundesverfassungsgericht mitinitiiert, das durch seine grundlegende Rechtsprechung die Politik zu verbindlichen familienorientierten Reformen der sozialen Sicherungssysteme verpflichtet hat. Bezogen auf die Interessendurchsetzung erweist sich das Bundesverfassungsgericht somit als bedeutenderer familienpolitischer Akteur, während sich eine systematische Organisation von Familieninteressen bis heute nicht entwickelt hat (vgl. Gerlach, Irene 2005, S. 58 ff.).

Die Familienallianz hat die bestehende Lücke durch das Fehlen eines einheitlichen Ansprechpartners zu Gunsten eines Netzwerkansatzes geschlossen, der die wichtigsten Verhandlungspartner an der familienorientierten Gestaltung der wirtschaftlichen Rahmenbedingungen teilnehmen lässt. Die Etablierung des Netzwerkes stellt eine Innovation dar, welche die Externalisierung der Verhandlungskosten durch die Breite des Teilnehmerkreises stärker eindämmen kann. Ein Konsens über alle Verhandlungsparteien hinweg lässt sich bei der quantitätsorientierten Bekämpfung des demographischen Trends einer schrumpfenden und alternden Bevölkerung feststellen. Hinsichtlich der Bereitstellung des Gutes primäres Beziehungswissen in einer hinreichenden Qualität ist allerdings zu fragen, ob auch dieses Problem von allen Seiten in seiner Tragweite erkannt und die Dringlichkeit eines gemeinsamen Vorgehens geteilt wird. Internationale Vergleichsstudien lassen hier aus wissenschaftlicher Sicht erheblichen Nachholbedarf erkennen. Daneben ist auf die möglichen Externalisierungswirkungen bei der kooperativen Entscheidungsfindung im Rahmen der Allianz für die Familie einzugehen, welche zu Nachteilen für diejenigen Beschäftigten führen könnten, die keine Kinder haben. Diese negativen Auswirkungen würden die unverhandelten Konflikte des Politiknetzwerkes auf die Ebene der Partnerunternehmen in privatwirtschaftlichen Netzwerkorganisationen tragen und dort zu einem Anstieg der Transaktionskosten führen.

Eine solche Diskussion lässt sich gegenwärtig in Großbritannien beobachten, das ebenfalls auf eine freiwillige Vereinbarung mit der Wirtschaft setzt und dabei vor allem die finanzwirksamen Vorteile für die Unternehmen durch eine Flexibilisierung der Arbeitszeiten im Auge hat. Seit 2003 haben dort Eltern mit Kindern unter sechs Jahren oder behinderten Kindern unter achtzehn Jahren das Recht, ein flexibles Arbeitsmodell zu beantragen, dass der Arbeitgeber nur aus wichtigen betrieblichen Gründen dagegen ablehnen kann. Da dieses Recht nicht für Beschäftigte mit pflegebedürftigen Angehörigen gilt, haben die auch öffentlich thematisierten Diskussionen in den britischen Betrieben zwischen Kinderlosen und Eltern zu Überlegungen geführt, den Rechtsanspruch auf flexible Arbeitszeiten auch auf Pflegepersonen zu erweitern (vgl. Rürup, Bert/Gruescu, Sandra 2005, S. 28).

Dadurch droht sich allerdings ein erneuter Diskussionsbedarf zwischen den rechtlich privilegierten Arbeitnehmern und den Beschäftigten ohne Kinder oder Pflegepersonen anzubahnen. Entscheidend für die Reaktionsfähigkeit auf solche Implementierungsmängel der auf Ebene des kooperativen Politikverfahrens verhandelten Lösungen wird der wahrgenommene Handlungsdruck sein, der die Akteure unter Zugzwang setzt, um auf Ineffizienzen bei der Gestaltung der formellen institutionellen Umwelt wie der Umsetzung auf Unternehmensebene flexibel reagieren zu können. Die Rahmenbedingungen sollten daher genügende Spielräume auf der Ebene der Unternehmen lassen, um mögliche Konflikte nach den Erfordernissen von Arbeitgebern und –nehmern auch dezentral regeln zu können, wenn dadurch effizientere Lösungen möglich werden. Neben allen Vorteilen bei der Informationsverteilung durch die aktive Beteiligung der kollektiven Unternehmensvertreter bleibt entscheidend, was die einzelnen Unternehmen und deren Beschäftigte für Ziele und Erwartungen haben und wie sie auf die bestehenden oder neu ausgehandelten institutionellen Umweltanreize reagieren.

Werden die spezifischen Investitionen durch die Politik und die Wirtschaftsverbände von den Unternehmen zunehmend als glaubwürdige Signale einer dauerhaften Kooperationsbereitschaft gewertet, werden sie selbst zur Durchführung spezifischer Investitionen auf betrieblicher Ebene veranlasst. Die öffentlichen Vorleistungen tragen derzeit erheblich zum Abbau von Informationsdefiziten und einer positiven Meinungsbildung in Wirtschaft und Gesellschaft bei, was zukünftigen Reformmaßnahmen eine breitere Akzeptanz verschaffen wird. Sie unterscheiden in diesem anfänglichen Stadium der Entwicklung einer nachhaltigen Familienpolitik aber nicht erkennbar zwischen den Beiträgen der Unternehmen zum Aufbau des Beziehungswissens als reines Kollektivgut, als familiales Clubkollektivgut und schließlich als Dimension von Sozialkapital, das von den vernetzten Unternehmen genutzt werden kann. Somit entfällt gegenwärtig die Diskussion über die Aufgabenteilung und Finanzierung der entsprechenden Bereitstellungsinvestitionen, was sich im weiteren Verlauf als Haupthindernis einer erfolgreichen Kooperation zwischen Politik und Wirtschaft erweisen könnte. Die drohende Stagnation des Engagements auf Unternehmensseite birgt hohe Risiken für den Kooperationserfolg, da dem Beziehungswissen von der Sachverständigenkommission des siebten Familienberichts als offiziellem Beratungsgremium der Bundesregierung unter dem Aspekt der Fürsorge ein hoher Stellenwert bei der Zielsetzung einer nachhaltigen Familienpolitik eingeräumt wird (vgl. Sachverständigenkommission des 7. Familienberichts, in: Bundesministerium für Familie, Senioren, Frauen und Jugend 2005a, S. 5):

> „Ziel einer nachhaltigen Familienpolitik ist es, jene sozialen, wirtschaftlichen und politischen Rahmenbedingungen zu schaffen, die es der nachwachsenden Generation ermöglichen, in die Entwicklung und Erziehung von Kindern zu investieren, Generationensolidarität zu leben und Fürsorge für andere als Teil der eigenen Lebensperspektive zu interpretieren."

Diese Ziele haben einen umfassenden Maßnahmenkatalog bei der Erfüllung aller gesellschaftlichen Familienfunktionen in der gesamten kindlichen Entwicklung vor Augen, der weit über die hier verfolgten Fragestellungen hinausgeht. Die umfangreichen familienpolitischen Instrumente umfassen die rechtliche Regulierung der Beziehungen zwischen den Familienmitgliedern, etwa durch das Scheidungs- und Unterhaltsrecht, den besonderen Rechtsschutz für Jugendliche und Mütter sowie die monetären Transfers durch Kindergeld und steuerliche Freibeträge zum allgemeinen Ausgleich der unterschiedlichen Lebenslagen mit und ohne Kinder im Rahmen des Familienlastenausgleichs. Ebenso zählen dazu die staatlichen Leistungen in den Bereichen Alterssicherung, Wohnen und sozialen Hilfen wie Preis- und Tarifermäßigungen für Sonderfälle. Schließlich kommt den Erziehungshilfen die Aufgabe zu, die Erziehungsqualität der Familie und die Rahmenbedingungen einer Vereinbarkeit von Beruf und Familie durch Teilzeit zu verbessern sowie die Gewährung von monetären Ausbildungsbeihilfen für Kinder und Jugendliche (vgl. Lampert, Heinz/ Althammer, Jörg 2004, S. 359-370).

Beim Aufbau von primärem Beziehungswissen ist weiter zu beachten, dass die Inanspruchnahme öffentlicher Kinderbetreuung für Kinder im ersten Lebensjahr eine verschwindend geringe Rolle spielt. Nach einer repräsentativen Befragung von 8.000 Müttern und Vätern durch das Deutsche Jugendinstitut (DJI) nehmen in Westdeutschland weniger als ein Prozent der Befragten entsprechende Angebote der öffentlichen Tagespflege oder Kindertageseinrichtungen in Anspruch, während sich dieser Wert in Ostdeutschland auf 4,7 Prozent erhöht. Ein stärkerer Betreuungsbedarf zeigt sich erst im zweiten Lebensjahr des Kindes (vgl. Deutsches Jugendinstitut 2005, S. 4 f.). Die höhere Nachfrage in Ostdeutschland ist als Reaktion auf das erhöhte Betreuungsangebot zu werten, so dass die Verbesserung der institutionellen Rahmenbedingungen zu einer Verbesserung der Work-Life-Balance insbesondere für die berufstätigen Mütter beiträgt. Die öffentlichen Angebote können die zentrale Betreuungsfunktion durch die Eltern im ersten Lebensjahr in bestimmten Situationen unterstützen. Der Aufbau von Sozialkapital ist aber hauptsächlich über die Eltern möglich, da er durch öffentliche Einrichtungen derzeit nur sehr begrenzt gefördert werden kann.

Die Ansatzpunkte einer öffentlichen Bereitstellung beschränken sich mit Blick auf das Ziel der Förderung von Netzwerkorganisationen im Folgenden auf die monetären, zeitlichen und personalen Ressourcen der Eltern in Form von wissensbasierten Erziehungskompetenzen zum Aufbau des Clubkollektivgutes „primäres Beziehungswissen", das als Produkt der Kernfamilie zum Aufbau des öffentlichen Gutes „allgemeines Beziehungswissen" genutzt wird. Systematischer Anknüpfungspunkt für den Einsatz familienpolitischer Instrumente werden damit die Erziehungshilfen zur Stärkung des Beziehungswissens der Eltern. Dabei ist zu beachten, dass die qualitative Komponente der Elternkompetenzen die notwendige Bedingung zur Bildung des primären Beziehungswissens bildet, während darüber hinaus sichergestellt sein muss, dass die kompetenten Eltern auch genügend Zeit mit dem Kind verbringen können. Daneben muss eine solide finanzielle Basis ergänzend die quantitativen Bedarfe der familialen Ressourcen sichern. Im Mittelpunkt bleibt aber das Beziehungswissen in seiner qualitativen Ausprägung als entscheidende Dimension von Sozialkapital in der Informationsgesellschaft.

6.3.2 Bedeutung der Erziehungs- und Beziehungskompetenzen der Eltern

Die gegenwärtige Umbruchsituation der Individualisierung, die eine grundlegende Pluralisierung vormals eindeutiger gesellschaftlicher Leitbilder mit sich bringt, führt bei den Eltern zu einer hohen Verunsicherung bezüglich der eigenen Erziehungskompetenzen. Der Wert des Kindes drückt sich nicht mehr in materiellen, sondern in psychischen Größen wie Freude, Sinnerfüllung und individueller Entfaltung aus. Das Kind wird über alle Gesellschaftsschichten hinweg zum wichtigsten Glücks- und Sinnstifter in Partnerschaft und Familie idealisiert, was zu einem erhöhten Leistungsdruck bei seiner Erziehung führt, da das Wohl des Säuglings immer stärker mit dem eigenen Selbstwert auf Seiten der Eltern verbunden ist. Dieser Leistungsdruck wird durch die Flut an Erziehungsratgebern verstärkt, der die Eltern mit immer neuem Expertenwissen ausstattet, dessen Relevanz im Einzelfall allerdings von ihnen nur schwer zu beurteilen ist. Kollidieren die Empfehlungen mit den praktizierten Erziehungsmethoden oder enthalten die Ratgeber insgesamt widersprüchliche Informationen, ist ebenfalls eine wachsende Ratlosigkeit vorprogrammiert. Dazu kommen die medial präsentierten gesellschaftlichen Fehlentwicklungen mit den entsprechenden Entwicklungsgefahren durch die steigende Jugendgewalt und –kriminalität sowie dem Anstieg der Scheidungsraten, was als weitere verunsichernde Bedrohung empfunden wird. Eltern, die ihren Kindern belastende Erfahrungen aus ihrer eigenen Kindheit ersparen wollen, werden vor allem in Stresssituationen leicht Opfer ihrer eigenen Ansprüche, da sie sich dann wie die eigenen Eltern verhalten, was zu Frustrationen und Selbstzweifeln beiträgt (vgl. Butzmann, Erika, S. 2000, S. 15 ff.).

Die Zeiten der einfachen Antworten in Erziehungsfragen durch „hierarchische Lösungen" für das Kind als zukünftigem materiellen Versorger seiner autoritären Eltern sind in modernen Gesellschaften durch den Ausbau kollektiver Sozialversicherungssysteme weitgehend verschwunden. Die entstandene Lücke an verbindlichen Erziehungsmaßstäben führt durch den drohenden „information overload" auch bei den engagiertesten Eltern zu einen Anstieg der Bindungskosten beim Aufbau des familialen Sozialkapitals, der in hohem Maße zu einer möglichen Unterproduktion des primären Beziehungswissens beiträgt. Die Reduzierung der elterlichen Unsicherheit erscheint daher als dringliche öffentliche Aufgabe bei der Stärkung des Beziehungswissens.

Die öffentliche Unterstützung der familialen Sozialisationsfunktion konzentriert sich auf die Erfüllung der frühkindlichen Basisbedürfnisse nach Autonomie, dem Bestreben des eigenen Fähigkeitseinsatzes in Form der Kompetenz und der Einbettung in verlässliche soziale Beziehungen durch Bezogenheit. Die Bedürfnisbefriedigung hängt davon ab, wie die Eltern in einer konkreten Situation mit dem Kind umgehen. Die Eltern greifen dabei auf die im Lebensverlauf erworbenen Selbstorganisationsdispositionen zurück. Diese entwicklungsförderlichen Beziehungs- und Erziehungskompetenzen tragen wesentlich zur sicheren Bindung des Kindes bei. Sie umfassen den unmittelbaren bedürfnis- und entwicklungsgerechten Umgang mit dem Kind (kindbezogene Kompetenzen), die Förderung und Schaffung von entwicklungsanregenden Situationen innerhalb und außerhalb der Familie (kontextbezogene Kompetenzen), die Fähigkeit zum selbstreflexiven erzieherischen Handeln (selbstbezogene Kompetenzen) sowie das Vertrauen in die eigenen Handlungs- und Gestaltungsmöglichkeiten (handlungsbezogene Kompetenzen). Diese individuellen Problemlöse- und Stressbewältigungskompetenzen werden vor dem Hintergrund steigender Arbeitsbelastungen und verringerter zeitlicher Ressourcen immer bedeutsamer und wirken sich auch auf die Qualität der Paarbeziehung aus. Probleme in der Paarbeziehung gelten als einer der wichtigsten Risikofaktoren, die das Erziehungsverhalten negativ beeinflussen können (vgl. Wissenschaftlicher Beirat für Familienfragen 2005, S. 41 ff.). Die zentrale familienpolitische Bedeutung der Beziehungskompetenzen macht ihre Verbindung zum Beziehungswissen erforderlich.

Während mit Wissen ein sinnstiftendes Gefüge von im menschlichen Gehirn verarbeiteten Informationen bezeichnet wird, die miteinander vernetzt werden, um ein zielorientiertes Handeln zu ermöglichen (vgl. Punkt 4.4.4), weist der erweiterte Kompetenzbegriff auf das Wissen, die Fähigkeiten und die Fertigkeiten eines Menschen hin, ein bestimmtes Verhalten unter bestimmten situativen Bedingungen zeigen zu können. Die individuelle Kompetenz entspricht einem Potenzial, das grundsätzlich zu kompetenten Handlungen befähigt, aber nicht in jeder Situation in gleicher Weise auftreten muss. Die Kompetenz stellt somit eine Disposition dar, die keine Garantie für kompetentes Handeln beinhaltet (vgl. Kanning, Uwe Peter 2003, S. 11 ff.).

Das Vorhandensein einer Kompetenz lässt sich somit nur im Handlungszusammenhang beurteilen. Kompetenzen sind weder genetisch angeboren noch das Produkt von Reifungsprozessen, sondern müssen vom Individuum selbstorganisiert in Interaktion mit der Umwelt hervorgebracht werden. Sie lassen sich daher als Selbstorganisationsdispositionen definieren. Eine Fähigkeit bezeichnet die verfestigten Systeme psychophysischer Handlungsprozesse einschließlich der persönlichen Eigenschaften zur aktiven Handlungssteuerung, wogegen Fertigkeiten die durch Übung automatisierten sensomotorischen Tätigkeiten in stereotypen Anforderungsbereichen mit geringer Bewusstseinskontrolle steuern (vgl. Erpenbeck, John/von Rosenstiel, Lutz 2003, S. x ff.). Diese hinsichtlich des Forschungsziels der Kompetenzmessung vorgenommenen detaillierten Begriffsverwendungen weisen eine deutliche Nähe zum expliziten und impliziten Wissen auf, so dass sich ein wesentlicher Unterschied zwischen Wissen und Kompetenzen ergibt, wenn mit dem Wissen allein das mögliche Können eines Individuums betrachtet wird.

Die Kompetenzen enthalten dann neben dem Wissen über die situativen Handlungsbedingungen und dem Wissen über den konkreten Anwendungsbezug auch die erforderliche Motivation zur Umsetzung dieses Wissens in der spezifischen Situation. Das wissensbasierte Können wird erst dann zur Kompetenz, wenn es mit dem individuellen Wollen zweckorientiert in Handlungen umgesetzt werden kann. Kompetenzen konkretisieren sich somit im Moment der Wissensanwendung (vgl. North, Klaus 1999, S. 42). Kompetenzen und Wissen lassen sich dadurch als zwei komplementäre Konstrukte zur Beschreibung handlungsorientierten Verhaltens unterscheiden. Wissen wird zur entscheidenden Kompetenzdimension, was die häufig synonyme Begriffsverwendung erklärt. Der Kompetenzbegriff geht über den Wissensbegriff insofern hinaus, als dass Kompetenzen das zweckorientierte Informationsnetz „Wissen" nutzen, um es innerhalb eines bestimmten Handlungsrahmens in eine konkrete Handlung auf Basis der individuellen Motivation umsetzen zu können. Das Beziehungswissen als Grundlage der Persönlichkeitsentwicklung nimmt im Zeitverlauf auch Einfluss auf die individuelle Präferenzstärke (vgl. Punkt 4.4.5), so dass die begriffliche Trennung zwischen der Intensität des Wollens und der Qualität des Könnens aufgehoben wird. Das Wollen und das Können bei der Zielerreichung sind somit in langfristiger Betrachtung nicht mehr völlig unabhängig voneinander.

Werden Kompetenzen allgemein als spezifische Dispositionen menschlichen Erlebens und Handelns im Bewusstsein und Unterbewusstsein verstanden, um bestimmte Ziele zu erreichen (vgl. Schneewind, Klaus A. 2005, S. 25), überschneiden sich die Begriffe des Beziehungswissens und der Beziehungskompetenzen. Da Schneewind als Mitglied des wissenschaftlichen Beirates für Familienfragen maßgeblich an dem vom Beirat benutzten Kompetenzbegriff beteiligt ist und dessen Zielsetzung ebenfalls in der Stärkung der kindlichen Entwicklung zur Herausbildung psychischer Sicherheit liegt, können die Begriffe im Folgenden bei der Beschreibung des individuellen Verhaltenspotenzials in zwischenmenschlichen Beziehungen zur Vereinfachung als Synonyme verwendet werden. Die vom Beirat genannten Kompetenzen weisen auf die zentrale Bedeutung der verschiedenen Aspekte des Beziehungswissens hin, das die Grundlage zur Herausbildung dieser Fähigkeiten zur Gestaltung und Umsetzung gelungener Paar- und Elternbeziehungen bildet, die zahlreichen Risiken ausgesetzt sind.

Der Übergang von der dyadischen Paarbeziehung zur Triade einer Kernfamilie durch das erste Kind stellt die Eltern vor erhebliche Herausforderungen. Die Auswirkung des Stresses bei der Versorgung des Säuglings auf die Qualität der Paarbeziehung hängt maßgeblich von der Kommunikation zwischen den Eltern ab, mit der die auftretenden Konflikte gelöst werden können und die einen emotional stabilisierenden Familienzusammenhalt ermöglicht. Nicht nur die Qualität der Beziehung zwischen Eltern und Kind, sondern auch diejenige zwischen den Eltern hat daher in der ersten Lebensphase eine herausragende Bedeutung für die Persönlichkeitsentwicklung des Kindes (vgl. Krepper, Kurt 2005, S. 634-637). Die Weiterentwicklung einer bestehenden Paarbeziehung bei kleinen Kindern umfasst die Anpassung an die Pflege und Betreuung, die Differenzierung zwischen Eltern- und Partnerrolle sowie die Ausübung einer funktionsfähigen Elternallianz. In pluralistischen Gesellschaftsformen können diese typischen Aufgaben in Folge von biographischen Wechseln wie Scheidungen und erneuten Paarbeziehungen beispielsweise um die Integration von Kindern aus früheren Beziehungen ergänzt werden. Durch bindungsförderndes Elternverhalten wird in den ersten eineinhalb Jahren eine positive emotionale Beziehungsgrundlage zum Säugling geschaffen, welche die weitere Entwicklung bestimmt (vgl. Schneewind, Klaus A. 2002, S. 112 ff.). Die Eltern bilden den Mittelpunkt der sozialen Lebenswirklichkeit des Säuglings, der insbesondere von ihren mentalen Bindungsmodellen geprägt wird.

Dass die Qualität der Eltern-Kind-Beziehungen wesentlich durch die Bindungsmodelle der Eltern bestimmt wird, lässt sich in empirischen Untersuchungen eindrucksvoll belegen. Bei Kenntnis der Bindungsmodelle der Eltern, die durch standardisierte Erwachsenen-Bindungs-Interviews gewonnen wird, lässt sich in 80 Prozent der Fälle die entsprechende Qualität der Beziehung zum einjährigen Kind vorhersagen. Eine Reflexion über die eigenen Beziehungserfahrungen und ihre Auswirkungen auf die Gegenwart kann die Qualität der Bindungsbeziehungen wesentlich verbessern, was einen wichtigen Anknüpfungspunkt für die Erziehungsberatung und Familientherapie bietet (vgl. Suess, Gerhard J. 2001, S. 47-49). Die Bindungsforschung liefert auch hierbei wichtige Hinweise.

In der empirischen Bindungsforschung gilt die mütterliche Feinfühligkeit gegenüber den Signalen des Säuglings als wichtigstes Konzept beziehungsfördernden Verhaltens in der Mutter-Kind-Dyade. Das feinfühlige Handeln beinhaltet die vier Merkmale der Wahrnehmung des kindlichen Befindens, der bedürfnisgerechten Interpretation dieser Äußerungen aus Sicht des Kindes sowie der gefühlten Promptheit und entwicklungsbedingten Angemessenheit der Reaktion. Die mütterliche Feinfühligkeit trägt maßgeblich zur Herausbildung einer sicheren Bindung des Säuglings im ersten Lebensjahr durch die Entwicklung von Urvertrauen bei (vgl. Grossmann, Karin./Grossmann, Klaus E. 2004, S. 116 ff.) Die für die Entstehung des primären Beziehungswissens notwendige Feinfühligkeit basiert damit auf allen vier Erziehungskompetenzarten und findet sich auch in der lange Zeit von der Kleinkindforschung vernachlässigten spezifischen Bindungsbeziehung zum Vater. Der Säugling macht von Geburt an unterschiedliche beziehungsprägende Erfahrungen mit seinem Vater und seiner Mutter. So unterscheidet sich bereits der Umgang mit dem Säugling in Folge der stärkeren körperlichen Stimulanz durch den Vater (vgl. Steinhardt, Kornelia et al. 2002, S. 7 ff.). Vom abwesenden Familienernährer rückt die bindungsstärkende Rolle des Vaters immer mehr ins Blickfeld der Forschung. Das typische „Rollenskript" unterscheidet sich von dem der Mutter, was zu einer größeren Vielfalt im kindlichen Entwicklungsprozess beiträgt.

Die Väterforschung zeigt ein mehrheitliches väterliches Selbstverständnis als Spielpartner, Herausforderer und Lehrer, welches vor allem das kindliche Explorationsverhalten unterstützt. Das typische väterliche Bindungsverhalten grenzt sich innerhalb einer Kernfamilie somit von der typisch mütterlichen Rolle der verlässlichen Zuwendung ab, die vor allem dann zur psychischen Sicherheit beiträgt, wenn das Bindungssystem des Kindes durch Angst, Ärger oder Trauer aktiviert und es daher nicht mit der aktiven Erkundung der Umwelt beschäftigt ist. Der Vater kann dem Säugling dafür eine feinfühlige Herausforderung beim entwicklungsfördernden Spiel bieten. Die frühe Spielfeinfühligkeit des Vaters in den ersten beiden Lebensjahren trägt nach den Ergebnissen von Langzeitstudien in Kombination mit der Feinfühligkeit der Mutter wesentlich zum Aufbau des kindlichen Vertrauens und seinen späteren Vorstellungen über freund- und partnerschaftliche Beziehungen bei. Eine gute Beziehung zum Vater in der frühen Kindheit erleichtert die spätere Problemlösung in belastenden sowie die Anpassung an neuartige soziale Situationen, die mit Unsicherheit verbunden sind. Die Feinfühligkeit der Eltern führt so durch liebevolle Nähe und Schutz beim Erkunden zur psychischen Sicherheit und erhöht später die allgemeine Sozialkompetenz beim Erwachsenen (vgl. Grossmann, Karin et al. 2002, S. 46 ff.). Eine feinfühlige Elternreaktion ist immer auch die Folge intuitiver Informationsverarbeitung.

Das intuitive Elternverhalten trägt zum schnellen Erkennen der momentanen Bedürfnisse des Säuglings bei, der sich so geborgen fühlen kann. Bei Störungen dieses intuitiven kommunikativen Zusammenspiels werden sowohl die Eltern als auch das Baby belastet. Auf Seiten der Eltern werden die intuitiven kommunikativen Kompetenzen durch psychische und biographische Faktoren beeinträchtigt, die ihre Wahrnehmung, Aufmerksamkeit und emotionale Verfügbarkeit bezüglich des realen Babys verringern. Neben chronischem Stress, hochgradiger Erschöpfung und Überforderung in der neuen Elternrolle spielen traumatische Erfahrungen im Vorfeld der Geburt und in der eigenen Kindheit eine wichtige Rolle. Dadurch repräsentiert das reale Baby für die Eltern oftmals abgewehrte Teile des Unbewussten ihrer eigenen Eltern oder anderer bedeutsamer Personen. Es wird unfreiwilliger

Teil eines Beziehungsdramas, das die problematischen Verhaltensmuster aus der Vergangenheit heraufbeschwört und erneut wiederholt. Dem negativen Einfluss dieser imaginären „Gespenster im Kinderzimmer" kann durch die Fähigkeit der Eltern begegnet werden, ihre Erfahrungen zulassen und darüber offen berichten zu können, was die Möglichkeit zur kritischen Selbstreflexion des eigenen Verhaltens eröffnet. Daneben spielen die Bindungsrepräsentationen der Eltern eine entscheidende Rolle, da eine sichere Bindung die Gefahr einer emotionalen Verstrickung erheblich reduziert (vgl. Papoušek, Mechthild 2004, S. 89 ff.). Die gesellschaftliche Entwicklung des Anteils an sicheren Bindungsmustern gibt daher nicht nur Auskunft über die Verteilung des zukünftigen Beziehungswissens bei den heranwachsenden Generationen, sondern auch über die Verteilung des Beziehungswissens bei den Eltern, das zur sicheren Bindungsqualität beim Kind durch die Beziehung zu den Eltern führt.

Die Bindungssicherheit beschreibt die Qualität eines inneren Arbeitsmodells von Bindung, das die wiederholten Interaktionserfahrungen mit den Bindungspersonen speichert. Das mentale Bindungsmodell enthält ein Modell des eigenen Selbst und ein Modell der Bezugsperson. Mit Blick auf die Verfügbarkeit der zentralen Bezugspersonen kann es in seiner Qualität grundsätzlich sicher oder unsicher sein, was sich bei Kindern ab etwa drei Jahren in Folge ihrer sprachlichen und kognitiven Fähigkeiten empirisch mit Hilfe von standardisierten Beobachtungsverfahren valide überprüfen lässt. Wird die unsichere Bindung nach der abnehmenden Nähe und dem Kontakt zwischen der Bezugsperson und dem Kind weiter unterteilt, lassen sich vier allgemeine Bindungsmuster unterscheiden, welche die Qualität der Beziehung deskriptiv klassifizieren (vgl. Gloger-Tippelt, Gabriele 2004, S. 82 ff.):

- Die unsichervermeidende (A) Bindung, bei der das Explorationsverhalten dominiert, dabei aber keine emotionale Orientierung zur Mutter als Sicherheitsbasis statt findet und es nach einer Trennung zu keinem näheren Kontakt kommt.

- Die sichere (B) Bindung, welche die Mutter als sichere Basis bei der Exploration nutzt und die emotionale Belastung durch eine Trennung beim Wiedersehen durch Sprache, Mimik und Gestik ausdrückt. Bei Belastungen wird der Körperkontakt zur Bezugsperson gesucht, der zu einer schnellen Beruhigung und erneuten Exploration führt.

- Die unsicher-ambivalente (C) Bindung, die sich in einem gehemmten Explorationsverhalten ausdrückt und bei Trennungen entweder zu einer heftigen emotionalen Abwehrreaktion durch Weinen oder Ärger oder einem hilflos-passiven Verhalten führt.

- Die desorganisiert/desorientierte (D) Bindung, bei der sich keine spezifische Verhaltensstrategie erkennen lässt und die vor allem bei misshandelten Kindern auftritt, deren widersprüchliche und konflikterzeugende Reaktionen durch Angst vor der Bezugsperson geprägt sind.

Nur bei der sicheren Bindung wird eine ausgewogene Balance zwischen Bindungs-
und Explorationsverhalten möglich, die dazu führt, bei Belastungssituationen die
Nähe und Hilfe von Personen zu suchen, denen vertraut wird. Dagegen wird beim
unsicher-vermeidenden Bindungsmuster das Explorationsverhalten auf Kosten des
Bindungsverhaltens aus Angst vor Zurückweisung überbetont, während die Angst
vor dem Verlust der Bezugsperson bei der unsicher-ambivalenten Bindung zu einem übertriebenen Bindungsverhalten führt. Bei sicher gebundene Kinder lässt
sich im Gegensatz zu unsicher gebunden Kindern in Trennungssituationen selbst
beim Weinen kein Anstieg des Stresshormons Cortisol nachweisen. Die vier mentalen Bindungsmodelle finden auch in therapeutischen Bereichen eine immer weitere Verbreitung, da sie sich in den mentalen Denkstrategien der Jugendlichen und
Erwachsenen fortsetzen. Ohne eine ausgewogene Balance von psychischer Sicherheit durch Nähe und beim Explorieren bleibt die Bindungsentwicklung von Kindern bis ins junge Erwachsenenalter unvollständig (vgl. Grossmann, Karin/Gross-
mann, Klaus E. 2004, S. 132 ff.).

Die Verteilung der Bindungsmuster variiert über die verschiedenen Kulturen und
Familienkontexte. Eine große intrakulturelle Variation lässt sich in klinischen Studien für Amerika und Deutschland nachweisen. Die Standardverteilung in den USA
besteht demnach aus 70 Prozent B, 20 Prozent A und 10 Prozent C-Bindungen.
Die D-Bindung findet sich in neueren Untersuchungen durchschnittlich zu 15
Prozent in der Mittelschicht und zu 25 Prozent in Unterschichtstichproben, wobei
sich dieser Anteil bei Misshandlungen auf über 40 Prozent erhöhen kann. Für
Deutschland ergibt sich eine Verteilung von 45 Prozent B, 27,7 Prozent A, 6,9 Prozent C und 19,9 Prozent D-Bindungen. Die sichere Bindung stellt zwar das häufigste Muster dar; es deutet sich gegenwärtig aber eine leichte Verschiebung zugunsten vermeidender Bindungen an (vgl. Gloger-Tippelt, Gabriele 2004, S. 89).
Während eine sichere Bindung der Entwicklung von Urvertrauen im ersten Lebensjahr entspricht, weisen die unsicheren Bindungsmuster auf ein grundlegendes
Misstrauen hin, da sich kein Übergewicht des Urvertrauens herausbilden konnte
(vgl. Grossmann, Karin/Grossmann, Klaus E. 2004, S. 360). Diese Befunde verdeutlichen insgesamt, wie wenig sich die deutsche Bevölkerungsentwicklung mit
den wirtschaftlichen Anforderungen an das Personal in vernetzten Arbeitsumwelten
deckt.

Weniger als die Hälfte der deutschen Bevölkerung ist bei einer abnehmenden Tendenz mit einer sicheren mentalen Bindungsrepräsentation ausgestattet, welche die
Individuen zu einer vertrauensvollen Persönlichkeitsentwicklung befähigt, um in
Netzwerkorganisationen erfolgreich arbeiten zu können. Der -zumindest durch
seine frühkindlichen Beziehungserfahrungen- vereinfacht rein deskriptiv als „miss-
trauisch" zu bezeichnende Teil der Bevölkerung ohne ein ausreichend entwickeltes
primäres Beziehungswissen wird in Folge seines nicht hinreichend großen Bindungsnutzens als Arbeitnehmer die Einkommensziele höher gewichten und so
nach institutionellen hierarchischen Sicherheiten verlangen, welche die potenziellen
Effizienzvorteile der Netzwerkorganisationen durch den vertrauensvollen Verzicht

auf eben diese Kontrollen dauerhaft blockieren. Aus gesamtwirtschaftlicher Sicht kann mit Blick auf die steigende Nachfrage nach allgemeinem Beziehungswissen in der Informationsgesellschaft somit ein erheblicher öffentlicher Interventionsbedarf bei der Bereitstellung dieses Kollektivgutes festgestellt werden. Mittel- bis langfristig besteht für Deutschland ansonsten ein enormes Risiko, im Wettbewerb der nationalen Informationsgesellschaften hinter solche Länder zurückzufallen, die ihre Aufmerksamkeit stärker auf die frühkindliche Entwicklung richten und die Institutionalisierung der Qualitätssicherung weiter voran getrieben haben, wie dies den skandinavischen Ländern in internationalen Vergleichen bescheinigt wird. Soll die Hälfte des zukünftigen Arbeitskräftepotenzials nicht bereits im Vorfeld ihrer beruflichen Laufbahn von der zukünftigen Beschäftigung in Netzwerkorganisationen ausgeschlossen werden, ergibt sich ein hoher Investitionsbedarf in das familiale Sozialkapital durch den Ausbau der familienbezogenen Bildungs- und Beratungshilfen in öffentlicher und freier Trägerschaft.

6.3.3 Frühkindliche Erziehungsberatung und Elternbildung in Deutschland

Die rechtliche Grundlage für Maßnahmen der Elternbildung und -beratung findet sich im Kinder- und Jugendhilfegesetz (KJHG) vom 01.01.1991 im Achten Buch des Sozialgesetzbuches (SGB), das einen besonderen Schwerpunkt auf die Prävention und Stärkung der Erziehung in den Familien zur eigenständigen Lebensführung setzt. In § 16 wird das Ziel der allgemeinen Förderung der Erziehung der Familie in der Verbesserung der Erziehungsverantwortung und gewaltfreien Konfliktbewältigung der Eltern oder anderer Erziehungsberechtigter festgelegt. Zu den gesetzlichen Leistungen zur Erreichung dieses Ziels zählen Angebote der Familienbildung, Familienberatung und Familienfreizeit/Familienerholung. Diese Leistungen richten sich grundsätzlich an alle Eltern und Erziehungspersonen und sind daher keine Einzelfallhilfe in Krisensituationen. Die Familienbildung ist als präventive Leistung zu verstehen, die an das bereits vorhandene Wissen in Beziehungsfragen anknüpft und durch Informationen über die einzelnen Phasen und Situationen der Familienentwicklung zur Erweiterung der Beziehungskompetenzen dient. Neben thematischen Vortragsveranstaltungen kommt den integrativen Angeboten für Eltern und Kinder wie Still- und Krabbelgruppen eine wichtige Bedeutung in den Familienbildungsstätten, der kirchlichen Bildungsarbeit und der Familienselbsthilfe zu. Die Förderung der Beziehungskompetenzen durch Eltern-Kind-Gruppen richtet sich an Mütter wie Väter, sie ist aber traditionell stärker an den Interessen der Frauen orientiert (vgl. Pettinger, Rudolf/Rollik, Heribert 2005, S. 6 ff.).

Träger der institutionalisierten Elternbildung in Familienbildungsstätten sind Kommunen, Kirchen, Wohlfahrtsverbände und Elterngruppen. Die Teilnahme an solchen organisierten Gruppen erfolgt aber mehrheitlich von Eltern mit höheren Bildungsabschlüssen, während vor allem Personen mit niedrigem Bildungsabschluss eine informelle Bildung durch ihr soziales Umfeld relativ ungeregelt betreiben. Die

Bedeutung der medialen Bildung hat in den letzten Jahren für den Bereich der alltäglichen Erziehungssituationen allgemein zugenommen, während bei konkreten Problemen neben der Selbsthilfe auch Fachleute hinzugezogen werden (vgl. Sondermann, Monika 2004, S. 52 ff.). Die bedürfnisgerechte Ansprache von sozial benachteiligten Familien stellt einen wichtigen Schwerpunkt einer nachhaltigen Familienpolitik dar. Sie kann in Folge des für diese Arbeit eingeschränkten Adressatenkreises höher qualifizierter Eltern als Beschäftigte in wissensintensiven Unternehmen nicht näher erörtert werden. Die hier betrachteten Eltern werden die Angebote in Folge ihres Bildungsniveaus in ausreichendem Maße bewusst nutzen wollen und können. Das Können gilt es allerdings weiter unten mit dem Arbeitgeber abzustimmen.

Einen gegenwärtigen Schwerpunkt der Elternbildungsangebote decken Elternkurse ab, die instrumentelle Kompetenzen mit hoher Alltagsrelevanz vermitteln, die auch den Umgang mit Konflikten verbessern helfen. Neben standardisierten Programmen mit einem klaren Seminarkonzept entwickeln sich verstärkt niedrigschwellige Angebote auf lokaler Ebene. So werden in Stadtteilen offene Begegnungsräume zum Elternaustausch geschaffen oder den Eltern wird die Möglichkeit einer Hospitation in der Kindergruppe eingeräumt, was von den beteiligten Erziehern und Erzieherinnen ein hohes Maß an Offenheit und Kooperationsbereitschaft verlangt. Die Integration von bildungs- und beratungsorientierten Angeboten erfolgt in immer mehr Kindertageseinrichtungen durch den Ausbau zu interdisziplinären Familienzentren, die neben Begegnungsräumen umfangreiche Bildungs- und Beratungsangebote in zusätzlichen Bereichen wie Gesundheit, Ernährung und Rechtsfragen bieten. Darüber hinaus finden auch Ausbildungen und Qualifizierungsmaßnahmen für Eltern und den professionell Erziehenden statt (vgl. Tschöpe-Scheffler, Sigrid 2005a, S. 11 ff.).

Die Angebotserweiterungen leben vom persönlichen Einsatz. Sie ergeben sich nicht aufgrund einer umfangreicheren Planung, sondern entwickeln sich im Verlauf von Kooperationen im örtlichen Umfeld, wie etwa Stadtteilerneuerungen oder werden durch bestehende Modellprogramme und -projekte ausgelöst, die von Trägern aus verschiedenen Sparten profitieren können (vgl. Leu, Hans-Rudolf/ Schilling, Matthias 2005, S. 14). In Folge des systematischen Fehlens an finanziellen, personellen und strukturellen Voraussetzungen scheitert die Umsetzung ausgereifter Integrationskonzepte von Bildung und Betreuung derzeit noch häufig in den Betreuungseinrichtungen, so dass die vielen Ideen auf Seiten der Träger wie der Beschäftigten oft genug ohne Wirkung bleiben. Da etablierte Finanzierungswege fehlen, werden einzelne familienorientierte Angebote aus vielen verschiedenen Förderprogrammen des Bundes und der Länder finanziert, wobei diese Mischfinanzierung das Fehlen einer dauerhaften Finanzierung auf einer einheitlichen Basis nicht ersetzten kann (vgl. Bundesministerium für Familie, Senioren, Frauen und Jugend 2005b, S. 262 f.) Die Abgrenzung zwischen Familienbildung und Erziehungsberatung weicht bei den organisierten Anbietern gegenwärtig zu Gunsten einer Flexibilisierung des organisierten Angebotes immer weiter auf. Der Bildung von persönlichen Netzwerken zwischen Eltern und Fachkräften kommt dabei eine steigende Bedeutung hinsichtlich eines ganzheitlichen öffentlichen Beratungssystems zu, dass sich derzeit aber als unterfinanziert erweist.

Die professionelle Beratung will Anregungen zur Selbsthilfe bei der Änderung von problematischen Verhaltensweisen geben. Sie wird zur Therapie, wenn die ratsuchenden Eltern die Initiative zu den helfenden Maßnahmen in Folge der umfangreichen Änderungen nicht selbst ergreifen können und eine deutlich stärkere Unterstützung benötigen. Eine Beratung beschränkt sich auf einen oder wenige Zeitpunkte, während eine Psychotherapie deutlich mehr Sitzungen in Anspruch nimmt (vgl. Sondermann, Monika 2004, S. 57 ff.). Diese eher graduelle Unterscheidung zwischen Familientherapie und Erziehungsberatung, lässt sich hier zweckmäßig auf den allgemeinen Oberbegriff Erziehungsberatung vereinfachen. Die Familienbildung als allgemeines Lernen von Beziehungswissen in einer präventiven Form ist in einer engen Begriffsform von der Erziehungsberatung als intervenierender Form bei individuellen Problemen zu unterscheiden. In der Praxis bieten die einzelnen Einrichtungen oftmals beide Formen der Erziehungsförderung an, so dass sich die beiden Bereiche überschneiden. Für den Aufbau des primären Beziehungswissens werden insbesondere bei berufstätigen Eltern die Angebote im Bereich der Erziehungsberatung immer bedeutsamer. Die in dieser Arbeit betrachteten hoch qualifizierten Arbeitnehmer gehören zu der Gruppe von bildungsnahen Eltern, die für sich eine systematische Familienbildung durch verschiedene Angebote nachfragen werden. Bei der Investition in ihr familiales Sozialkapital zur Unterstützung ihrer individuellen Work-Life-Balance sind gerade diese Projektarbeiter in Netzwerkorganisationen verstärkt auf die fachlich fundierte Lösung von konkreten Problemen im Erziehungsalltag angewiesen.

Repräsentative Studien über die Erwartungen bezüglich des Beratungsangebotes zeigen, dass sich die Eltern von Erziehungsberatungsstellen neben der Erweiterung des Wissens über die kindliche Entwicklung zum besseren Erkennen von Belastungssymptomen eine Erweiterung ihrer alltäglichen Handlungsmöglichkeiten bei der Konfliktbewältigung versprechen. Dies schließt Selbsterfahrungsprozesse mit ein, die zum besseren Verständnis des eigenen Interaktionsverhaltens führen sollen. In den Antworten wird auf die erhofften Möglichkeiten des Austausches mit anderen Eltern und der Erweiterung des persönlichen Netzwerkes hingewiesen, um im Alltag Entlastung zu erhalten. Der Wunsch nach Erhöhung des Beziehungswissens äußert sich auch in der benötigten Hilfe bei der Etablierung und Pflege eines stabilen Freundes- und Bekanntenkreises sowie der besseren Vorbereitung auf die Partnerschaft und Erziehung (vgl. Tschöpe-Scheffler, Sigrid 2005b, S. 285 f.). Diese Präferenzen der Nachfrager stellen hohe Anforderungen an die Erziehungsberatung.

Eine Erziehungsberatungsstelle stellt eine mit ausgebildeten Fachkräften besetzte Einrichtung der offenen Jugendhilfe im Rahmen der sogenannten institutionellen Erziehungsberatung dar, die alle an der Erziehung eines Kindes Beteiligten mit besonderen wissenschaftlichen Erkenntnissen und Methoden dabei unterstützt, größere Erziehungsschwierigkeiten und Entwicklungsstörungen festzustellen, zu beheben und zu vermeiden, wenn funktionale Erziehungshilfen nicht ausreichen. Die funktionale Erziehungsberatung bezeichnet die allgemeine Beratungstätigkeit, die sich als Funktion der alltäglichen sozialen Arbeit bei entwicklungsbezogenen Berufen wie Ärzten, Lehrern, Erziehern und Sozialpädagogen ergibt. Die Träger von Erziehungsberatungsstellen können Jugendämter, Gemeinden, Landkreise oder Träger aus der freien Jugendhilfe sein. Da die Problembewältigung oftmals im Zusammenhang mit Konflikten in der ganzen Familie steht, übernimmt die elternbezogene Erziehungsberatung zugleich Aufgaben der Familienberatung. Die Inanspruchnahme der fachlich unabhängigen Einrichtungen erfolgt grundsätzlich freiwillig, sie kann sich aber bei einer regionalen Unterversorgung mit Beratungsstellen zeitlich verzögern, so dass insbesondere bei einer langen Warteliste im Einzelfall ergänzend eine Therapie notwendig wird, wenn die beratenden Maßnahmen nicht mehr ausreichen (vgl. Fieseler, Gerhard/ Herborth, Reinhard 1996, S. 157-161).

In der Praxis besteht das Angebot von Erziehungsberatungsstellen aus den drei aufeinander bezogenen Leistungsbereichen individueller Hilfe durch Beratung und Therapie, präventiver Angebote vor allem durch Gruppenarbeit sowie Vernetzungsaktivitäten durch fachliche und sozialpolitische Kooperationen. Die Vielfalt der Anforderungen erfordert aus Sicht von Fachverbänden und nach Maßgabe von § 28 Absatz 2 des Kinder- und Jugendhilfegesetztes multidisziplinäre Beratungsteams mit unterschiedlichen therapeutischen Zusatzqualifikationen. Dieser Anspruch wird in den Einrichtungen durch eine Zusammenarbeit von diplomierten Fachkräften aus den Bereichen Psychologie und Sozialpädagogik umgesetzt. Bei den Zusatzqualifizierungen dominieren die Gesprächspsychotherapie, die Verhaltenstherapie und die Systemische Familientherapie. Die Sicherung der strukturellen Qualität der Erziehungsberatung erfordert nach den Richtlinien der Weltgesundheitsorganisation (WHO) die Besetzung von jeweils einer Fachkraft auf 2.500 Kinder und Jugendliche unter 18 Jahren. Von diesen optimalen Rahmenbedingungen ist Deutschland nicht zuletzt in Folge der wachsenden Finanzierungsschwierigkeiten derzeit weit entfernt. Bezogen auf Gesamtdeutschland ergibt sich ein Verhältnis von durchschnittlich 6.000 Kindern und Jugendlichen pro Fachkraft. Bei einer gesonderten Betrachtung der neuen Bundesländer steigert sich dieser Verteilungsschlüssel noch einmal auf 7.000 Kinder und Jugendliche pro Fachkraft einer Erziehungsberatungsstelle (vgl. Tiefel, Sandra 2004, S. 16 f.).

Dem öffentlichen Auftrag der Erhöhung der familialen Erziehungskompetenzen können die Beratungsstellen somit nicht ausreichend nachkommen. Dies erweist sich insbesondere für die frühkindliche Förderung als gravierend, da das Potenzial der Beziehungen des Säuglings zu seinen Eltern zu großen Teilen nicht ausgeschöpft wird. „Im Gegensatz zu vielen anderen Ländern ist Deutschland, bezogen auf die flächendeckende Verfügbarkeit beziehungsfokussierter Beratungsangebote für Eltern mit Säuglingen und Kleinkindern, noch immer ein Entwicklungsland." (vgl. Barth, Renate 1998, S. 87). Diese Einschätzung einer Pionierin der deutschen

Erziehungsberatung wird im zwölften Kinder- und Jugendbericht der Bundesregierung auch sieben Jahre später bestätigt. Neben dem Fehlen eines Netzes von Angeboten der Eltern- und Familienbildung zur Stärkung der Erziehungskompetenzen gibt es zu wenig Angebote, die den Zusammenhalt in der Familie stärken und den Kontakt zu anderen Familien und Kindern ermöglichen. Die Unternehmen investieren bei der Förderung der Work-Life-Balance ihrer Mitarbeiter zudem vorrangig in familienunterstützende Betreuungsangebote und weniger in die Familienbildung. Da die privaten Angebote folglich weitgehend fehlen und mit den begrenzten Angeboten der traditionellen Familienbildungsstätten gerade mal 5 Prozent der jungen Eltern erreicht werden, befindet sich die öffentliche Infrastruktur bei der Schaffung eines entwicklungsfördernden Sozialisationsumfeldes „noch in der Entwicklung begriffen" (vgl. Bundesministerium für Familie, Senioren, Frauen und Jugend 2005b, S. 255 ff.).

Die gegenwärtige Situation muss bedenklich stimmen, da der oben festgestellte Anteil der sicheren Bindungsmuster in der deutschen Bevölkerung von weniger als 50 Prozent ohne einen raschen Ausbau des Beratungssystems angesichts der wandelnden institutionellen Umwelt (vgl. Punkt 3.2) weiter abzusinken droht. Die Defizite in der Infrastruktur bei der Familienberatung weisen auf ein erhebliches (Konflikt-)Potenzial an zukünftigen Verhandlungsfragen in der Allianz für die Familie hin, da ein rein öffentlich getragener Ausbau des Beratungssystems angesichts der finanzpolitischen Rahmenbedingungen gegenwärtig keine mehrheitsfähige Verhandlungsposition darstellen wird.

Derzeit sind in der deutschsprachigen Gesellschaft zur Förderung der seelischen Gesundheit in der frühen Kindheit (GAIMH) etwa 500 Mitglieder aus Deutschland, Österreich und der Schweiz zusammengeschlossen, die im Bereich frühkindlicher Forschung, Beratung, Therapie und Fortbildung arbeiten und die schlechte Ausgangslage durch interdisziplinäre Zusammenarbeit verbessern konnten. Im Dezember 2005 wurden auf der Homepage (www.gaimh.de) 154 frühkindliche Beratungsstellen in Deutschland ausgewiesen, wobei es in den Großstädten mehrere Einrichtungen gibt. Die Konzentration auf die Ballungsgebiete führt dazu, dass von einer flächendeckenden Versorgung insbesondere in ländlicheren Regionen nicht auszugehen ist.

In Deutschland gibt es trotz der guten Erfahrungen anderer Länder mit präventiven Beratungsmodellen und trotz des gesicherten Wissens über psychosoziale Risikofaktoren und kindliche Entwicklung kein präventives Regelangebot für Kurzberatungen und Interventionen im Säuglings- und Kleinkindalter. Es existieren bundesweit zwei etablierte Einrichtungen mit Modellcharakter, die frühe und präventive Ansätze zur Förderung der Eltern-Kind-Beziehung praktizieren, um die kindliche Entwicklung zu unterstützen. Mechthild Papoušek gelang es im Jahre 1992, die erste Beratungsstelle für Eltern mit Säuglingen und Kleinkindern im Sozialpädiatrischen Zentrum in München aufzubauen. Die "Münchner Sprechstunde für Schreibabys" bietet interaktionszentrierte Säuglings-Eltern-Beratungen und Psychotherapien an und ist die einzige Einrichtung, die fundierte Weiter- und Fortbildungen anbietet. Die zweite Modelleinrichtung ist die Beratungsstelle "MenschensKind", die von der Freien und Hansestadt Hamburg im Rahmen des "Sozialen Brennpunkteprogramms" als Einrichtung zur Prävention von Kindesmisshandlung und Kindesvernachlässigung gefördert wird Die Gründerin, Renate Barth, hatte schon in Sidney Erfahrungen mit Eltern-Säuglingsberatungen gesammelt, konnte in Hamburg aber erst nach mühevollen Verhandlungen 1993 mit Eltern-Säuglings-Beratungen beginnen. In Anlehnung an diese beiden bewährten Beratungsansätze nahm 1997 mit Förderung des Landes Brandenburg das Modellprojekt "Elternberatung, Vom Säugling zum Kleinkind" am Institut für Fortbildung, Forschung und Entwicklung e.V. (IFFE) in Potsdam seine Arbeit auf. Da die Eltern-Kind-Beratung eine hohe entwicklungspsychologische und methodische Kompetenz vom Berater verlangt, besteht eine wichtige Aufgabe darin, mit Hilfe der Fachverbände allgemeinverbindliche Ausbildungsstandards festzulegen und durchzusetzen. Dadurch kann der sich bereits abzeichnenden Gefahr begegnet werden, möglichst viele Eltern-Säuglingsberater im Schnellverfahren auszubilden (vgl. Ludwig-Kröner, Christiane 1999, S. 27 ff.). Der gefährdeten Qualitätssicherung kommt eine zentrale Bedeutung für eine nachhaltige Familienpolitik zu. Die Sicherung der Qualität des Angebotes kann durch die verpflichtende Übernahme der bewährten Qualitätsstandards aus den Einrichtungen mit Modellcharakter gewahrt werden.

Die staatliche Familienpolitik hat die Aufgabe, den Umfang und die Qualität familienbezogener Bildungs- und Beratungsleistungen zu sichern. Dies erfordert entsprechende Reaktionen auf die steigende Nachfrage, um die vor allem durch das ausgeprägte Stadt-Land-Gefälle in der Familienbildung und dem fehlenden Ausbau in Regionen mit relativ wenigen Beratungsstellen auftretende regionale Unterversorgung zu verringern. Die öffentlichen Angebote sollten sich in einer wertepluralistischen Gesellschaft möglichst auf die reine Wissensvermittlung beschränken, während Hilfen, die darüber hinaus gehen und ein eigenverantwortliches Verhalten in Erziehungs- und Familienfragen ermöglichen, vorrangig von nichtstaatlichen freien Trägern angeboten werden sollten. Die geforderte Integration von präventiven Bildungs- und Beratungsdiensten wird aber weiterhin zu einer wichtigen Bedeutung der öffentlichen Anbieter beitragen (vgl. Wingen, Max 1997, S. 350 ff.). Die Qualitätssicherung weist Kollektivgutcharakter auf und bleibt somit eine originär staatliche Aufgabe.

Der Rechtsanspruch auf eine Beratung und Unterstützung für Mütter und Väter durch das Jugendamt ist im Kinder- und Jugendhilfegesetz (KJHG) unter anderem in § 18 Absatz 1 geregelt. Die Qualität der Beratung ist in Folge der Subjektivität des Beratungserfolges unterschiedlich interpretierbar. Der individuelle Erfolgsmaßstab wird zwischen den direkt Beteiligten immer wieder neu abgeklärt werden müssen, so dass es keine allgemeingültige Definition geben kann. Im KJHG wird bei der Qualifikation der Berater in § 72 nur sehr allgemein von Fachkräften in der sozialen Arbeit gesprochen, wobei sich der Begriff der Fachkraft auf zahlreiche Berufsgruppen im pädagogischen und psychosozialen Bereich bezieht. Da dieser offene gesetzliche Katalog nicht abschließend zu verstehen ist, wird eine Professionalisierung der Ausbildung für Beraterinnen und Berater gefordert, die im Rahmen der Qualitätssicherung eine Konkretisierung der Kriterien durchführt, wer in diesem Beruf arbeiten darf. Die Bundesarbeitsgemeinschaft der Jugendämter erlaubt daher eine Beratung nur durch speziell geschulte, professionelle Fachkräfte, die über umfassende Fachkenntnisse einschließlich der Rechts- und Verwaltungskenntnisse verfügen. Die Fachkräfte müssen über die Kompetenz verfügen, die Ratsuchenden bei der Bewusstwerdung ihrer eigenen Fähigkeiten zu unterstützen, indem sie auf die problemverursachenden Strukturen veränderungswirksam einwirken (vgl. Barabas, Friedrich K./Erler, Michael 2002, S. 234-237). Durch das Fehlen eines allgemeingültigen Beratungserfolgsmaßstabes muss über fachliche Standards der professionelle Rahmen abgesteckt werden, in dem die öffentlichen und privaten Träger ihre Beratungen anbieten dürfen.

Die Qualitätsmessung der erzielten Besserung durch eine Erziehungsberatung allein an die zeitliche Dauer und den entsprechenden finanziellen Aufwand zu koppeln, erweist sich allerdings als kontraproduktiv, da sich die individuellen Voraussetzungen einer psychologischen Intervention stark unterscheiden können. So ist in Einzelfällen ein einziges gezieltes Gespräch ausreichend, während insbesondere Personen mit unsicheren Bindungsmustern, denen integrative Bindungserfahrungen teilweise oder vollständig fehlen, eine langwierigere reflektierende Neuorientierung der mentalen Bindungsmodelle sowie die Veränderung eingefahrener Familienstrukturen benötigen. Die dabei auftretenden Konflikte dieser Personen verlangen nach einer therapeutischen Bearbeitung durch die sprachlich bewusste Auseinandersetzung mit negativen und verdrängten Erfahrungen. Diese Arbeit des Klienten wird vom Berater oder Therapeuten aus bindungstheoretischer Sicht dahin unterstützt, sein desorientiertes Verhalten auf ein lebenswertes Ziel hin zu organisieren und dafür eine mentale Ordnung zu finden. Die Produktqualität der Beratung kann sich daher an der Erreichung des Ziels messen lassen, dem Individuum zu adaptivem, angemessenem Verhalten im aktuellen und zukünftigen Umgang mit nahstehenden Menschen zu verhelfen. Der Beratungserfolg ist an die Erkenntnis des Klienten gekoppelt, dass der lebensdienliche Zweck der Beratung, nach dem er gesucht hat, erreicht ist. Die Zufriedenheit mit dem Beratungsergebnis ist nach empirischen Untersuchungen dann am größten, wenn die Klienten den Zweck und den Erfolg selbst bestimmen können. Die Vernachlässigung dieses subjektiven Kriteriums würde die Beratungsqualität daher nicht richtig erfassen. Als objektivierbarer Vergleichsmaßstab einer Kosten-Nutzen-Kontrolle können die Verhaltensstrategien von sicher gebundenen Kindern und Erwachsener mit sicheren internalen Arbeitsmodellen dienen (vgl. Grossmann, Klaus E. 2001, S. 46-49).

Die zentrale Bedeutung einer sicheren Bindung im Familiensystem der Kernfamilie wird zu Beginn einer bindungstheoretisch gestützten Erziehungs- und Familienberatung bei Kleinkindern dadurch berücksichtigt, dass durch Beobachtungen und Befragungen überprüft wird, inwieweit das Kind die Eltern als sichere Basis nutzt und sich die Eltern gegenüber dem Kind und innerhalb ihrer Paarbeziehung als sicherheitsspendende Fürsorgepersonen verhalten. Neben der Frage nach den Bindungsstrategien bei Belastung stehen die Möglichkeiten und der Umfang der Äußerung von nicht erfüllten oder in Folge von vergangenen Bindungserfahrungen verdrängten Bindungsbedürfnissen zwischen den Familienmitgliedern im Vordergrund der Prozessdiagnostik zur Erfassung der relevanten Bindungsmuster. Durch die videogestützte Analyse der Kommunikations- und Interaktionsmuster lassen sich Bindungsstörungen feststellen, die insbesondere bei traumatisierten Klienten eine möglichst frühzeitige Intervention verlangen, um die vermeidenden Beziehungsmuster erkennen und dann mit Hilfe des Beraters behutsam von Misstrauen geprägte soziale Wahrnehmungen in den individuellen Beziehungen auflösen zu können. Diese können über den Kreis der Kernfamilie hinausgehen, so dass die gesamte soziale Umwelt zum Gegenstand der Therapie werden kann (vgl. Scheuerer-Englisch, Hermann 2001, S. 318 ff.). Die Aufarbeitung der problematischen Beziehungsmuster stellt eine besondere Chance für die Nutzung von Vertrauen in wirtschaftlichen Transaktionen dar, wenn die bisherigen Verhaltensblockaden auch am Arbeitsplatz wirksam waren. Die vertrauensvolle Beziehung zum Therapeuten wird dabei besonders wichtig.

Der Therapeut fungiert als Modell für den offenen Umgang mit bindungsrelevanten Gefühlen und Bedürfnissen. Seine Feinfühligkeit eröffnet den Klienten den Raum für die Freisetzung blockierter Entwicklungsprozesse, so dass er zum entscheidenden Werkzeug der Veränderung wird. Die Kriterien für eine gelungene Veränderung lassen sich durch die erfahrbare und beobachtbare Sicherheit in den wesentlichen Beziehungen festhalten, welche darüber hinaus zu einer größeren Offenheit führt, wichtige Gefühle und Bedürfnisse wahrnehmen und diese einbringen zu können. Daneben sind das höhere Maß an Feinfühligkeit im Umgang miteinander und die flexibleren Reaktionen in Veränderungssituationen wirksame Indizien für das beziehungsabhängige und sicherheitsspendende Vertrauen der Klienten, mit dem sie neue Herausforderungen selbstständig meistern können (vgl. Scheuerer-Englisch, Hermann 2001, S. 333 f.).

Eine erfolgreiche Intervention bei unsicheren Bindungsmustern der Kinder muss somit immer auch die Bindungsrepräsentationen der Eltern berücksichtigen, die zusammen die Familiendynamik ausmachen. Dies erfordert in der therapeutischen Bearbeitung nicht nur die Reflexion über die Eltern-Kind-Beziehung, sondern auch das Gespräch über Beziehungen zu Freunden und am Arbeitsplatz. Das Vertrauen zwischen den Eltern und dem Therapeuten bildet insbesondere bei den Videosequenzen die Grundlage einer erfolgreichen Beratung, die innerhalb eines sicherheitsspendenden Rahmens einen respektvollen Umgang mit den Eltern erfordert. Mit dem bindungstheoretisch fundierten Interventionsprogramm STEEP (Steps Towards Effective and Enjoyable Parenting) konnte bereits Mitte der 1980er Jahre bei ausgewählten Problemfamilien gezeigt werden, dass videogestützte Interaktionstrainings in Verbindung mit einer partnerschaftlichen Grundhaltung der Therapeuten eine höhere Feinfühligkeit der Eltern bewirken. In Folge ihrer eigenen negativen Bindungserfahrungen können die Eltern aber schnell eine ablehnende Haltung zu den gewonnenen Informationen bezüglich ihrer Bindungsmuster einnehmen, was zum Scheitern von Elternkursen führt. Die Therapie stellt daher einen besonders geschützten Raum dar, in der neue Erfahrungen gemacht werden können. Tauchen weiterführende Fragen auf, die den Kompetenzbereich des Therapeuten übersteigen, sollte eine Weitervermittlung an einen kompetenten Partner erfolgen (vgl. Suess, Gerhard J./Hantel-Quitmann 2004, S. 332 ff.). Dies weist auf die Bedeutung interorganisationaler Kooperationsnetzwerke im Bereich der frühkindlichen Prävention und Intervention hin. Die Besonderheiten solcher Netzwerkorganisationen gehen über die Fragestellungen dieser Arbeit hinaus und werden daher nicht weiter behandelt.

Als Fazit zur bindungstheoretischen Beratung und Therapie lässt sich festhalten, dass in Folge der zentralen Bedeutung des ersten Lebensabschnittes für die weitere Entwicklung der therapeutischen Frühintervention eine wichtige Bedeutung zukommt, da die Kinder in dieser Zeit noch sehr offen für Veränderungen in der familiären Umwelt sind. Die Feinfühligkeit des Beraters führt in der bindungstheoretischen Sicht zur therapieinduzierten (Wieder-) Herstellung der Feinfühligkeit der Eltern. Bezogen auf das professionelle Ausbildungssystem bedeutet dies, dass eine begleitete Reflexion über die persönlichen Bindungserfahrungen zwingend zum Gegenstand einer Berater- oder Therapeutenausbildung gemacht werden sollte. Die höhere Qualifikation sollte dann in der späteren beruflichen Praxis zu einem verbesserten, objektiv überprüfbaren Interventionserfolg führen.

Die fachlichen Qualitätsstandards in der Beratungspraxis können grundsätzlich mit den Instrumenten der Evaluation und Dokumentation, der Supervision sowie der kontinuierlichen Fortbildung gesichert werden (vgl. Barabas, Friedrich K./Erler, Michael 2002, S. 237). Im Bereich der Entwicklung und Evaluation von therapeutischen Hilfeleistungen für Kinder und Jugendliche besteht in Deutschland aber immer noch ein erhebliches Forschungsdefizit (vgl. Wissenschaftlicher Beirat für Familienfragen 2005, S. 133).

Die Probleme einer systematischen Forschung zur Messung der Wirkung von psychotherapeutischen oder pädagogischen Interventionen im frühen Kindesalter beginnen beim Entwickeln von ethisch geeigneten randomisierten Zuteilungsverfahren der Klienten in Behandlungs- und Kontrollgruppen, da die Säuglinge der Kontrollgruppe etwa bei Untersuchungen über dauerhafte Schlafprobleme keine Hilfen erhalten dürften. Daneben erfordert die Bestimmung von kausalen Zusammenhängen zwischen Intervention und therapeutischer Wirkung die Kenntnis aller relevanten endogenen Variablen, um aus Höhe der Intensität oder Dosierung der therapeutischen Intervention Aussagen über den Wirkungserfolg ableiten zu können. Die Ergebnisvariablen orientieren sich häufig an der relativ leicht zu erfassenden kognitiven Entwicklung des Kindes, vernachlässigen dabei aber die Eltern-Kind-Interaktionen und die emotionale Entwicklung. Mit Hilfe von standardisierten Auswertungen von Videoaufnahmen können diese Untersuchungsfragen berücksichtigt werden, wobei immer ein bestimmtes Ausmaß Subjektivität durch die Auswertungsperson gegeben ist (vgl. Klitzing, Kai von 1998, S. 164 ff.). Diese Subjektivität wird für den psychotherapeutischen Bereich durch gesetzliche Regelungen reduziert, die den Marktzutritt auf einen qualifizierten Anbieterkreis beschränken.

Die institutionelle Qualitätssicherung in der Psychotherapie findet sich im Sozialgesetzbuch, das die Anbieter zur Sicherung und Weiterentwicklung der von ihnen erbrachten Leistungen verpflichtet. Den Titel eines Psychotherapeuten oder einer Psychotherapeutin dürfen laut Psychotherapiegesetz nur ausgebildete und staatlich anerkannte Psychologische Psychotherapeuten, Kinder- und Jugendlichenpsychotherapeuten sowie Ärzte mit entsprechender Weiterbildung führen. Weitere Instrumente der Qualitätssicherung sind die zur Selbstreflexion anregende Supervision durch Kollegen oder erfahrene Supervisoren, die Einrichtung von fachübergreifenden Qualitätszirkeln, die Standards und Leitlinien entwickeln sowie das Gutachterverfahren. Letzteres wird als externe Form der Qualitätssicherung von den Krankenkassen und den Beihilfestellen der Länder genutzt, die den Bericht des Therapeuten über eine geplante ambulante Psychotherapie von bestellten Gutachtern dahingehend überprüfen lassen, ob diese fachlich gerechtfertigt, zweckmäßig und wirtschaftlich ist. Neben der Selektionsfunktion besitzt das Gutachterverfahren auch eine pädagogische Funktion, da die Therapeuten ihre Berichte nach den externen Anforderungen erstellen müssen und die daraus gewonnenen Informationen in ihren Behandlungsplan integrieren können (vgl. Fydrich, Thomas 2005, S. 123 ff.).

Für den Bereich der therapeutischen Intervention lässt sich im Gegensatz zur präventiven Elternbildung ein erhöhter Aufwand zur Qualitätssicherung feststellen, der sich auch in gesetzlichen Regelungen niederschlägt. Der qualitätsorientierte Aufbau von allgemeinem Beziehungswissen in der Gesamtbevölkerung hängt aber im Wesentlichen von den präventiven Angeboten ab, deren Qualität von den Nachfragern ex ante nicht hinreichend beurteilt werden kann. Da der Marktzugang im Gegensatz zur Psychotherapie nicht reguliert wird, entstehen für die Nachfrager von Elternkursen höhere Transaktionskosten. Die Eltern können ex ante das heterogene Angebot vor allem beim ersten Kind nicht im Voraus beurteilen und greifen auf Hilfsindikatoren zurück, die zwar ihre eigenen Präferenzen widerspiegeln, aber die inhaltlichen Qualitätsanforderungen vernachlässigen. Diese Unsicherheiten bestehen ebenfalls bei der Kinderbetreuung.

Die pädagogische Qualität des Angebotes an institutioneller Kinderbetreuung wird von den Eltern zumeist nach den sie selbst betreffenden Aspekten wie Erreichbarkeit oder Öffnungszeiten bewertet. In empirischen Studien zeigt sich, dass sich ihre Meinung über die Qualität der Betreuung nicht mit den fachwissenschaftlichen Qualitätsstandards deckt. Da insbesondere die kleinen Kinder als Konsumenten kaum in der Lage sind, ihre mögliche Unzufriedenheit mit von ihnen wahrnehmbaren Qualitätsmängeln auszudrücken, treffen die Eltern als Käufer ihre Anbieterwahl auf Basis einer unzureichenden Informationsgrundlage, die zu gravierenden Schädigungen des Kindes führen kann. Die Qualitätssicherung kann daher nicht dem freien Markt überlassen werden. Die Gewährleistung von Qualitätsstandards sollte über staatliche Lizenzen erfolgen. Die Definition der Qualitätsstandards könnte über eine Qualitätskommission erfolgen, die verpflichtend aus Vertretern aller relevanten Gruppen besteht. Die Überwachung der lizenzierten Betriebsgenehmigung könnte durch die lokalen Jugendämter oder eine entsprechende Kontrollstelle erfolgen. Eine effektive Qualitätssicherung ist von der Aufklärung der Eltern über die Wirkungen schlechter Betreuungsqualität sowie deren Erkennungszeichen abhängig (vgl. Kreyenfeld, Michaela/Wagner, Gert G. 2000, S.19 ff.).

Da längst nicht alle angebotenen Elternbildungsprogramme den wissenschaftlichen Kriterien einer Effektivitätsprüfung genügen (vgl. Warnke, Andreas/Beck, Norbert 2005, S. 409), kommt der wissenschaftlichen Qualitätsüberprüfung im öffentlichen Auftrag eine hohe Bedeutung zu. Wählen die Eltern bestimmte Kursangebote primär in Folge finanzieller, zeitlicher oder räumlicher Präferenzen, ohne die inhaltliche Qualität beurteilen zu können, sind wie bei der Betreuungsqualität erhebliche Erziehungsmängel durch eine Fehlauswahl zu erwarten. Die fundierte Beurteilung der Qualität von Elternkursen ist derzeit allerdings mit methodischen und institutionellen Problemen verbunden.

Der Erfolg von Elternkursen wird oftmals von den Konzeptentwicklern oder Anbietern mittels Umfragen selbst belegt. Somit werden unabhängige Forschungsgruppen notwendig, die in Langzeituntersuchungen empirisch valide Wirksamkeitsstudien erstellen können (Tschöppe-Scheffler, Sigrid 2005b, S. 289 f.). Die Existenz eines prospektiv-longitudinalen Forschungsdesigns, bei dem die Daten zu mehreren Zeitpunkten erhoben werden, um die Dynamik der kindlichen Entwicklung und familialen Beziehungen zu berücksichtigen, stellt die wichtigste methodische Voraussetzung für die Wirksamkeitsüberprüfung dar. Solche langfristigen Studien sind mit interdisziplinären Forschungskooperationen verbunden, die aber für die beteiligten Forscher wenig attraktiv sind, da kurzfristige Erfolge nicht realisiert werden können und sich die institutionelle Forschungsförderung zumeist nicht auf längere Zeiträume festlegt (vgl. Klitzing, Kai von 1998, S. 164 ff.). Staatliche Fördereinrichtungen wie die Deutsche Forschungsgemeinschaft sollten daher besondere Schwerpunktprogramme für eine anwendungsbezogene Forschung einrichten und adäquat ausstatten, um die bestehenden Erkenntnisdefizite zu überwinden (vgl. Wissenschaftlicher Beirat für Familienfragen 2005, S. 133). Neben der Forschungspolitik ist auch die Bildungspolitik angesprochen, die Ausbildung der Erzieher und Erzieherinnen fachlich zu verbessern, um neuere Entwicklungen in der Forschung schneller als bisher in die Praxis umsetzen zu können.

So hat es etwa 30 Jahre gebraucht, bis die Ergebnisse der empirischen Säuglingsforschung Eingang in die Praxis der Erziehungsberatung gefunden haben. Der Wissenstransfer beruht dabei vor allem auf Praktikern, die selbst in der Forschung tätig waren oder sind (vgl. Schlippe, Arist von et al. 2001, S. 14 f.). Dieser Transfer hat nicht vermeiden können, dass die Fachkräfte in der Kinder- und Jugendhilfe zum Teil erhebliche Bedenken gegenüber der Bindungsforschung an den Tag legen, die ihrer Meinung nach zu stark auf die traditionelle Mutter-Kind-Dyade fixiert bleibt und den Einfluss der sozialen Umwelt durch die Überbetonung der Bindung vernachlässigt (vgl. Krappmann, Lothar 2001, S. 12). Auf der anderen Seite bietet die Bindungsforschung für die Fachkräfte im psychosozialen Bereich den entscheidenden Vorteil, dass sie im Vergleich zur klassischen Psychoanalyse und psychoanalytischen Pädagogik ihre Daten aus standardisierten Verfahren gewinnt und die leichter operationalisierbaren Methoden wesentlich besser nachvollzogen werden können (vgl. Finger-Trescher, Urte/Krebs, Heinz 2003, S. 7). Die moderne Bindungstheorie sollte nicht nur für die psychosozialen Fachkräfte in der Erziehungsberatung vermittelt werden, sondern vor allem auch für die Fachkräfte in der frühkindlichen Tagesbetreuung.

Der Krippenbesuch galt lange als Hemmnis für eine sichere Bindung zwischen Mutter und Kind. In jüngeren repräsentativen Studien wurde aber kein grundsätzlich negativer Zusammenhang zwischen Krippenbesuch und Bindungsqualität nachgewiesen. Eine unsichere Bindung stellt sich vor allem bei einer geringen Feinfühligkeit der Mutter und wechselnden Betreuungsarrangements insbesondere bei pädagogisch fragwürdigen Einrichtungen ein (vgl. Rauh, Hellgard 2002, S. 202). Die Feinfühligkeit erweist sich hier in Verbindung mit den institutionellen Rahmenbedingungen einer stabilen Betreuungsstruktur und einer hohen fachlichen Betreuungsqualität als zentraler Einflussfaktor einer sicheren Bindung auch bei frühkindlicher Tagesbetreuung.

Die institutionelle Erhöhung der Betreuungsqualität durch die Fachkräfte in den Kinderkrippen als Ergebnis eines systematischen Wissenstransfers für die frühkindliche Tagesbetreuung erfordert es, die Erzieherinnen und Erzieher in den Stand zu versetzten, die wichtigen neueren Erkenntnisse der Bindungstheorie in einen breiteren entwicklungspsychologischen Kontext integrieren zu können. Die moderne Bindungstheorie sollte daher in Ergänzung zu den weiteren relevanten Ansätzen als Pflichtfach in der Ausbildung gelehrt und für die bereits ausgebildeten Fachkräfte über zertifizierungspflichtige Weiterbildungsangebote vermittelt werden. Die frühkindliche Entwicklung würde hier einen Schwerpunkt für die therapeutische Arbeit ausmachen, die eine offene interdisziplinäre Zusammenarbeit in Kenntnis der Möglichkeiten und Grenzen der eigenen berufsfachlichen Profession ermöglichen sollte. Das Ausbildungsniveau sollte daher, wie von der OECD gefordert, bundesweit durch ein Hochschulstudium vermittelt werden, das auch auf die Beratungskompetenzen eingeht.

Ein Beispiel dafür, wie Absolventen von Erzieherfachschulen durch ein verkürztes Hochschulstudium den akademischen Abschluss eines Bachelors of Arts erwerben können, ist das seit dem Wintersemester 2004/2005 angebotene Studienfach „Integrative Frühpädagogik" an der Fachhochschule Oldenburg, Ostfriesland, Wilhelmshaven (FH OOW). Während die Ausbildung in Deutschland bislang einheitlich auf alle Altersgruppen bezogen durchgeführt wird, folgt der Studiengang den europäischen Beispielen einer frühpädagogischen Orientierung in Schweden, Finnland und Spanien, bei der die Elementarerziehung einen eigenständigen Status hat und vom öffentlichen Schulsystem getrennt ist. Das Ziel ist die Ausbildung von pädagogischen Fachkräften für die Altersstufe von 0 bis 6 Jahren. Die Regelstudienzeit beträgt 6 Semester, wobei nach einer Zulassungsprüfung 2 Semester aufgrund der Fachschulausbildung anerkannt werden können. Inhaltlich soll damit auf die erhöhten Anforderungen in der Frühpädagogik reagiert werden, die zu einer Akzentverschiebung von der Betreuung der Kleinkinder hin zur Bildung und Beratung der Kinder und Eltern in den Lehrmodulen führt, die entwicklungspsychologische Ansätze mit der Vermittlung der institutionellen Rahmenbedingungen in Verbindung mit professionellen Selbstreflexions-, Beobachtungs- und Beratungskompetenzen vermitteln. Pro Jahr werden 35 Studierende aufgenommen, die keine Studiengebühren zahlen müssen (vgl. FH OOW 2005, S. 1 ff.). Da sich die Zahl der Vollzeitstudenten noch relativ bescheiden ausnimmt, sollten bundesweite Angebote zur Steigerung der Absolventenzahlen geschaffen werden. Die ausreichende Finanzierung ist dabei durch die öffentlichen Träger sicherzustellen.

Diese finanziell weitreichende Implikation für das föderalistisch geprägte Bildungssystem lässt erahnen, mit welchen politischen Schwierigkeiten die systematische Etablierung sicherer Bindungsmuster angesichts der angespannten Haushaltslage in Deutschland verbunden ist. Eine ökonomische Analyse, die den wirtschaftlichen und politischen Entscheidungsträgern die hohe Bedeutung der frühkindlichen Entwicklung für die Entwicklung von interpersonalem Vertrauen in vernetzten Wirtschaftsprozessen aufzeigt, kann daher zur wichtigen „artfremden" Unterstützung der unterfinanzierten deutschen Familienforschung und qualifizierten Erziehungsberatung werden. Die Chancen dafür stehen und fallen mit der Bereitschaft der Verantwortlichen, die Gewinnpotenziale der wirtschaftspolitischen Zukunftsoption „Netzwerkorganisationen" mit den Erfordernissen einer nachhaltigen Familienpolitik zu verbinden. Das strategische Ziel besteht in der Förderung der Work-Life-Balance hoch qualifizierter Elternteile, die in Netzwerkorganisationen arbeiten. Insbesondere die Erwerbstätigkeit der Frauen soll erhöht werden, ohne damit eine Reduzierung des Kollektivgutes Beziehungswissen auszulösen, das in der Frühkindheit wesentlich durch die Feinfühligkeit der Eltern geschaffen wird. Sind Eltern in ihrer Rolle als Arbeitnehmer dauerhaft überfordert, da ihr beruflicher Status durch große Unsicherheit bei gleichzeitig erhöhten Anforderungen an ihre berufliche Mobilität und zeitliche Flexibilität gekennzeichnet ist, wird nicht nur ihre Feinfühligkeit gegenüber dem Kind darunter leiden, sondern auch ihre Fähigkeit, bewusstes Vertrauen im Rahmen ihrer Arbeitstätigkeit einzusetzen.

Als Zwischenergebnis lässt sich festhalten, dass das deutsche System der frühkindlichen Familienbildung und Erziehungsberatung trotz Verbesserungen und gegenwärtigen Neuerungen insgesamt durch folgende Hauptdefizite gekennzeichnet ist:

- Es gibt kein flächendeckendes präventives Regelangebot für frühkindliche Kurzberatung und Intervention.

- Die räumliche Versorgung mit öffentlichen Erziehungsberatungsstellen ist vor allem in der Fläche im Vergleich zu den Städten nicht ausreichend.

- Das Niveau der Ausbildung der pädagogischen Fachkräfte weist qualitative Mängel auf, die insbesondere den Wissenstransfer in die Tagesbetreuungseinrichtungen erschweren.

- Die Grundlagenforschung findet in nur sehr wenigen Forschungsstätten statt und die theoretisch gestützte Entwicklung und Evaluation von frühkindlichen Beratungs- und Therapieangeboten stehen noch am Anfang.

Diese Situation kann durch geeignete institutionelle Rahmenbedingungen verbessert werden, wobei die bildungs- und forschungspolitischen Fragen in dieser Arbeit in Folge ihres Umfangs nicht detaillierter thematisiert werden können. Hier stehen die öffentlichen Anreize im Mittelpunkt, welche die Beziehungen der Unternehmen zu ihren qualifizierten Beschäftigten beeinflussen. Das öffentliche Ziel ist die Stärkung der Erziehungs- und Beziehungskompetenzen berufstätiger Eltern, deren berufliche und familiäre Anforderungen gesundheitsfördernd ausbalanciert werden müssen, damit die erworbenen Kompetenzen effizient eingesetzt werden können. Dieses Ziel muss strukturell mit dem Unternehmensziel des Aufbaus von netzspezifischem Beziehungswissen verbunden werden, um die positiven Wirkungszusammenhänge zwischen den Ebenen nutzen zu können.

6.3.4 Aufbau von allgemeinem Beziehungswissen durch öffentlich geförderte Erziehungsberatung

Bei der Stärkung der familialen Erziehungskompetenzen sind neben den im letzten Punkt dargestellten Schwächen auf der Angebotsseite der Erziehungs- und Familienberatung auch die Probleme auf der Nachfrageseite der hier relevanten Eltern zu beachten. Die besondere Rolle der Mutter wird im Entwicklungsprozess immer mehr ergänzt durch die Existenz und das Engagement des Vaters, an den zukünftig besondere Anforderungen gestellt werden. Die traditionelle Rollenaufteilung legt den Vater in erster Linie auf die Einkommenserzielung fest, während sich die Mutter primär um die Bindungsziele und damit das familiale Sozialkapital kümmert. Ein Mentalitätswandel zu Gunsten einer egalitären Berufsausübung beider Eltern in breiten Teilen der Bevölkerung ist nur über längere Zeiträume realisierbar. Er kann bereits heute durch ökonomische Anreize verstärkt werden, die den zentralen Nutzen des im Erziehungsalltag erfahrenen und mit familienexternen Fachkräften reflektierten Bindungsverhaltens für Väter wie Mütter in beruflich relevante Kompetenzgewinne überführt. Im Mittelpunkt steht die in Netzwerkorganisationen geforderte Kompetenz, durch die Wahrnehmung eines bilateralen Erwartungsgleichgewichtes in Transaktionen bewusstes Vertrauen effizienzfördernd einsetzen zu können.

Der Mechanismus, der die Interessen der Väter, Mütter und ihrer Arbeitgeber in Einklang bringen kann, besteht folglich in der durch professionelle Beratung vermittelten Kompetenz zur frühkindlichen Erziehung und zur Gestaltung der Paarbeziehung in Richtung einer Optimierung der individuellen Work-Life-Balance. Das Ziel besteht darin, nicht mehr trotz, sondern vielmehr wegen des neugeborenen Kindes ein erfülltes Berufsleben zu haben, das den Unternehmenserfolg in interorganisationalen Kooperationen verbessert. Die Beziehungskompetenz bezieht die Unternehmenssicht stärker mit ein, während die Erziehungskompetenzen zunächst eine rein öffentliche Förderung nahe legen. Neben den externen Effekten können auch Informationsmängel zum Marktversagen führen, die einen öffentlichen Eingriff erforderlich machen.

Ist ein Marktprozess durch Informationsmängel gekennzeichnet, weil den Akteuren die nutzenstiftenden Eigenschaften der gehandelten Güter vor allem auf lange Sicht nur unzureichend bekannt sind, unterbleiben potenziell nutzenstiftende Markttransaktionen, die bei vollständigen Informationen durchgeführt würden. Eine legitime Begründung des staatlichen Eingriffs besteht in der Bereitstellung von Informationen zur Verringerung der Nutzenunkenntnis, die Kollektivguteigenschaften aufweisen (vgl. Berg, Hartmut et al. 2003, S. 207 f.). Im Folgenden wird gezeigt, dass die Märkte für Erziehungsberatung und Elternbildung durch Informationsmängel gekennzeichnet sind, welche die Akzeptanz für eine Internalisierung positiver externer Effekte reduzieren. Da diese öffentlichen Eingriffe mit zusätzlichen Kosten im privaten Sektor einhergehen können, sollten sie für eine erfolgreiche Nutzung auf Seiten der betroffenen Eltern wie der Unternehmen auf eine breite Zustimmung stoßen. Diese zweistufige Vorgehensweise ergibt sich aus der konsensorientierten Verhandlungslogik des Politiknetzwerkes „Allianz für die Familie", die durch die Berücksichtigung aller relevanten Interessengruppen ein gemeinsames Vorgehen ermöglicht, das erst in Folge der allgemeinen Akzeptanz zu einer effizienten Umsetzung der Internalisierungsmaßnahmen führt.

Die im letzten Punkt beschriebenen Unsicherheiten der Eltern in Erziehungsfragen und das Fehlen von bewährten Evaluationsstandards für die allgemeine Bevölkerung treffen derzeit auf ein wachsendes Angebot von Elternkursen. Die expandierende deutsche Elternbildungslandschaft ist derzeit durch ihre Vielfältigkeit zwar grundsätzlich in der Lage, die heterogenen Bedürfnisse von Eltern unterschiedlicher Generationen besser zu befriedigen. Die Heterogenität ist aber gleichzeitig mit einer neuen Unübersichtlichkeit verbunden, was mit dazu beiträgt, dass populäre Fernsehformate in den Massenmedien die wichtige Funktion von niedrigschwelligen Ratgebern übernehmen. Im Gegensatz zu den individuellen Beratungen wird etwa durch die Fernsehserie „Super-Nanny" ein flächendeckender Bekanntheitsgrad erreicht, der trotz aller inhaltlichen Mängel und der teilweise entwürdigenden Darstellung der Beteiligten eine breite Diskussion über Erziehungsfragen ausgelöst hat. Die im Zuge der Ausstrahlung deutlich gestiegene Inanspruchnahme von anonymen Online-Beratungsstellen, Internet-Erziehungsforen bis hin zu Elternbildungsangeboten und Erziehungsberatungstellen verdeutlicht das große Interesse der Eltern an einer aktiven Auseinandersetzung mit ihren Erziehungskompetenzen (vgl. Tschöpe-Scheffler, Sigrid 2005a, S. 14).

Die Gefahren der massenmedialen Bildung durch private Anbieter liegen in deren Suche nach möglichst sensationellen Formaten mit hoher Einschaltquote, die ihren Werbekunden eine geeignete Plattform für die zielgruppengerechte Ansprache bei der Vermarktung ihrer Produkte bieten sollen. Dieses Zusammenspiel kann zur Verengung auf bestimmte Altersgruppen führen und die besondere Bedeutung der frühen Kindheit vernachlässigen. Daher können geeignete Werbespots im öffentlichen Auftrag auf solche weiterführende Informationsquellen verweisen, welche die in den Serien nicht oder zu wenig angesprochenen Fragen vertiefen können, um die zusehenden Eltern auf die speziellen Angebote aufmerksam zu machen. Der Erfolg der unterhaltenden Erziehungsformate in den Massenmedien weist auf deren große Möglichkeiten hin, die Informationsdefizite von Eltern thematisieren und durch gezielte Angebote verringern zu können.

Die Potenziale eines hohen „Infotainment" bei der zielgruppengerechten Elternansprache durch die Schaffung eines generellen Bewusstseins für die immense Bedeutung einer angemessenen Erziehungs- und Beziehungskultur werden in Deutschland noch nicht genügend ausgeschöpft. In Australien und den USA werden die Möglichkeiten audiovisueller Medien neben Fernsehen und Video bereits verstärkt durch die massenmedial beworbenen Angebote interaktiver CD-ROMs genutzt, die typische herausfordernde Erziehungsszenarien mit unterschiedlichen Lösungsvarianten und deren Konsequenzen mit Blick auf die beste Vorgehensweise darstellen. In Australien konnte mit kurzen animierten Werbespots während der Hauptsendezeit für das Erziehungsprogramm „Triple P" eine hohe Zuschauerzahl erreicht werden, während bei dessen Einführung in Deutschland vor allem auf die institutionellen Multiplikatoren gesetzt wird, die aber keine vergleichbare Breitenwirkung erzielen können (vgl. Schneewind, Klaus A. 2001, S. 145 f.).

Das international vielfach diskutierte präventive Kursangebot des Triple P (Positive Parenting Program) wurde am Parenting and Family Support Center der Universität von Queensland in Australien durch Matthew Sanders und seine Mitarbeiter entwickelt. Es stellt ein mehrstufiges Programm zu positiver Erziehung dar, das den Eltern praktische Hilfen und Unterstützung bei der Kindeserziehung vermittelt. Durch die fünf abgestuften Interventionsebenen wird eine steigende Individualisierung und Intensivierung des Angebotes erreicht, das sich dann in Ebene 4 und 5 vor allem auf die verhaltenstherapeutische Lösung von besonderen Erziehungsproblemen der Eltern und kindlichen Verhaltensauffälligkeiten bezieht, während die Ebenen 2 und 3 professionelle Kurzberatungen vor allem durch Kinderärzte und Erzieherinnen beinhalten, die auch Rollenspiele umfassen. Auf der ersten Ebene stehen universelle Erziehungsinformationen im Vordergrund, die in Australien neben Zeitungskolumnen sowie Fernseh- und Radiospots durch 14 Folgen einer halbstündigen Fernsehserie für das Abendprogramm vermittelt wurden. An der technischen Universität Braunschweig hat das Team um Kurt Hahlweg am Institut für Psychologie mit der Einführung des Präventionsprogramms in Deutschland begonnen, was zu Beginn die Synchronisation von Videos und die Übersetzung von Infomaterialien und Büchern umfasst hat. Daneben werden seit Herbst 1999 professionelle Fachkräfte aus dem psychologischen und pädagogischen Bereich als lizenzierte Gruppentrainer ausgebildet, was sich ab 2002 auf Erzieherinnen und Kinderärzte ausweitet, um wie in Australien ein umfassendes Netzwerk aufzubauen (vgl. Miller, Yvonne/Hahlweg, Kurt 2001, S. 243 ff.).

Begleitend zur Einführung in Deutschland, Österreich und der Schweiz wurde unter der Leitung von Kurt Hahlweg eine von der Deutschen Forschungsgemeinschaft (DFG) geförderte fünfjährige Studie mit 280 Familien durchgeführt, die den Erfolg des Programms auf Seiten der Eltern verdeutlicht, von denen im deutschsprachigen Raum bisher rund 30.000 an den Elternkursen teilgenommen haben. Triple P-Beratungen und Kurse dürfen nur von den geschulten Fachleuten in Kindergärten, Beratungs- und Familienbildungsstellen, kommunalen Einrichtungen sowie in kinderärztlichen und psychotherapeutischen Praxen durchgeführt werden. Das durch eine Prüfung erworbene Zertifikat zur Durchführung von Beratungen oder Kursen muss zunächst nach drei und dann nach weiteren fünf Jahren erneuert werden. Ein Elternkurs ist als umfassendes Elterntraining auf der Ebene 4 angesiedelt und besteht aus vier zweistündigen Gruppentreffen, die um vier anschließende individuelle Telefonkontakte bezüglich der Fortschritte und möglichen Schwierigkeiten ergänzt werden. Dies ermöglicht eine zeit- und ressourcensparende Wissensvermittlung der vergleichsweise kurzen Kurse, die je nach Träger unterschiedliche Kosten für die Eltern verursachen. Im Rahmen der funktionalen Erziehungsberatung werden Kurzberatungen in Kindergärten oder Arztpraxen häufig kostenlos durchgeführt. Beratungen und Kurse auf selbstständiger Basis von freien Beratern und Trainern zu Preisen werden für 25 € bis 200 € pro Kurs für ein Paar angeboten, während vier Beratungen zwischen 50 € und 150 € kosten. Die unterschiedlichen Preise spiegeln die Bandbreite von Trägerschaften und Kooperationen bei den Anbietern wider, um möglichst viele und unterschiedliche Familien zu erreichen (vgl. Dirschel, Thomas et al. 2005, S. 51 ff.).

Das ursprüngliche Ziel des australischen Ansatzes besteht in der Vermittlung konkreter und detaillierter Handlungsanweisungen für den Erziehungsalltag von Eltern mit stark verhaltensauffälligen Kindern. Kritiker seines deutschen Einsatzes als allgemeines Präventivprogramm weisen auf die Gefahren der Förderung einer rigiden Erziehungshaltung bei den Eltern hin, die den Kursinhalt als Patentrezept missverstehen, mit dem sie ihre nicht verhaltensauffälligen Kinder zu direktiv steuern, was sich negativ auf ihre Entwicklung auswirken könnte (vgl. Sondermann, Monika 2004, S. 149). Mit der Einführung in Deutschland ist das Ziel einer breitflächigen Etablierung universeller Präventivmaßnahmen durch leicht zugängliche unspezifische Elterntrainings verbunden, da nur 10 Prozent der Eltern von Kindern mit

Verhaltensstörungen eine individuelle Beratung oder Therapie in Anspruch nehmen. Bedeutsame Verhaltensauffälligkeiten finden sich bei etwa 20 Prozent aller Kinder und Jugendlichen. Die Triple P-Kurse fungieren somit als breitflächige Alternative zur therapeutischen Intervention, die allein eine Reduktion der hohen Rate von kindlichen Verhaltensstörungen kaum möglich erscheinen lässt (vgl. Miller, Yvonne/ Hahlweg, Kurt 2001, S. 243).

Die Bedeutung einer universellen und spezifischen Prävention mit mehreren Interventionsebenen, die in verschiedenen Einrichtungen eingesetzt werden kann und durch die Durchführung in Gruppen im Vergleich zur Einzelfallbehandlung einen kostenreduzierenden Beitrag zur Verbesserung der psychosozialen Versorgung leistet, führt zu einer erhöhten Bedeutung von Elterntrainings wie Triple P für die Psychotherapie. Neben den Eltern werden auch die professionellen Fachkräfte aus den Beratungs- und Betreuungsorganisationen (Mediatoren) darin gestärkt, problembezogenes Verhalten des Kindes im Rahmen von Eltern-Kind-Interaktionen und situativen Zusammenhängen zu erkennen, neu zu bewerten und zu verändern, um durch die Vermittlung positiver Erziehungsstrategien neue Handlungsspielräume zu gewinnen. Eltern- und Mediatorentrainings sind wichtige Bausteine der stationären und ambulanten Rehabilitation bei chronischen Erkrankungen wie Asthma oder Neurodermitis und Entwicklungsstörungen bei autistischen Kindern. Insbesondere der Ausbau von wissenschaftlich evaluierten Mediatorentrainings für die pädagogischen Fachkräfte in den Tagesbetreuungseinrichtungen wird angesichts des niedrigen Angebotes an psychosozialer Versorgung von Kindern und Jugendlichen und einer wachsenden Nachfrage immer dringlicher (vgl. Warnke, Andreas/ Beck, Norbert 2005, S. 402 ff.). Für den Aufbau des öffentlichen Gutes „allgemeines Beziehungswissen" stellt die Förderung der Prävention eine zentrale Investition dar, die zu einer Reduzierung der Kosten von therapeutischen Interventionen als Folge von Entwicklungsstörungen beitragen kann.

Die Maßnahmen zur Stärkung der Elternkompetenzen richten sich bei universellen präventiven Interventionen wie beim STEEP-Programm an Eltern mit nicht auffälligen Kindern zur Vorbeugung von negativen Entwicklungen. Im Rahmen der präventiven Interventionsansätzen lässt sich Triple P als selektives Präventionsprogramm einordnen, das auf bereits bestehende unangemessene Erziehungshaltungen eingeht, um das erwartete Risiko negativer Entwicklungsverläufe zu reduzieren. Die therapeutischen Interventionen zielen dagegen auf die Behebung oder Verringerung bereits manifester Verhaltensstörungen ab, die als kritisch für die weitere Entwicklung zu beurteilen sind. Die für diese Arbeit bedeutsame Frage, wie sich die elterliche Erwerbstätigkeit auf die Entwicklung der Kinder auswirkt und die inhaltliche Ausgestaltung der Interventionsprogramme beeinflusst, hängt eng zusammen mit den Arbeitsanforderungen und den psychischen Belastungen. Die berufsbedingten Erfahrungen der intellektuellen Komplexität der Aufgaben und des Spielraums zur Selbstbestimmung sind wichtige Einflussgrößen bei der Festlegung der Erziehungsziele durch die Eltern. Dadurch spiegeln die Erziehungspraktiken die Kompetenzen wider, welche die Eltern in ihrer beruflichen Tätigkeit als funktional erfahren haben und deren Vermittlung an die Kinder ihnen bedeutsam erscheint. Psychische Arbeitsbelastungen durch einen hohen Zeitdruck führen allerdings zu einer Beeinträchtigung der Eltern, ihre Erziehungskompetenzen nach einem anstrengenden Arbeitstag sorgfältig einzusetzen und kindliches Fehlverhalten entwicklungsfördernd korrigieren zu können (vgl. Wissenschaftlicher Beirat für Familienfragen 2005, S. 80 ff.).

Somit stellt sich die Frage, welche Interventionsprogramme für erwerbstätige Eltern in wissensintensiven Unternehmen eine besondere Rolle spielen können. Dabei lässt sich der gegenwärtig im Wachstum befindliche deutsche Markt für Elternbildung und Erziehungsberatung durch ein Kontinuum von Angeboten kennzeichnen, die bezüglich der Elternkompetenzen zwischen den Endpolen Verhaltenssteuerung und Persönlichkeitsentwicklung variieren.

Innerhalb der deutschen Elternbildungsangebote lässt sich das Triple-P-Konzept als stärkste Ausprägung eines handlungsorientierten Ansatzes einordnen, der großen Wert auf klare und eindeutige Strukturvorgaben bei der Verhaltenssteuerung legt und so einen deutlichen Schwerpunkt auf die Familienbildung legt. Die theoretische Fundierung vor allem durch soziale Lerntheorien, verhaltensanalytische Modelle und operante Lernprinzipien weisen auf die kognitiv-behaviorale Grundeinstellung hin, die sich eng an operante Konditionierungsmaßnahmen anlehnt. Die Selbstreflexion beschränkt sich auf das aktuelle Erziehungsgeschehen, wogegen die Einflüsse der eigenen biographischen Bindungsmuster und die komplexe Reziprozität familiärer Beziehungen nicht weiter thematisiert werden. Auf der anderen Seite dieses Kontinuums findet sich das dialogische Konzept von „Eltern Stärken", welches den Schwerpunkt auf die gemeinsame intensive Auseinandersetzung der Eltern mit ihren individuellen Handlungen und Einstellungen richtet, um einen Prozess der Selbstentwicklung zu unterstützen. Auf konkrete Ratschläge wird von Seiten der Seminarleitung zu Gunsten der im Dialog aufkommenden Selbsterfahrungsprozesse verzichtet. Durch das Fehlen von Strukturierungshilfen und Vorgaben eignet sich dieses offene Konzept weniger für Eltern in akut schwierigen Lebenssituationen. Es setzt zudem die Bereitschaft zu einem längeren Entwicklungsprozess voraus, bei dem die individuellen Antworten aus sich selbst herausgefunden werden können. Indem die eigenen Kompetenzen wiederentdeckt werden, ist der Berater oder Therapeut eher ein Begleiter oder Anleiter bei der individuellen Weiterentwicklung durch die Bewältigung einer schwierigen Lebenssituation und weniger ein den Rahmen vorgebender Trainer oder Dozent. Da das Angebot relativ neu auf dem Markt ist, liegen noch keine empirischen Studien zur Erfolgsbewertung vor (vgl. Flach, Roman 2005, S. 318 ff.).

Das dialogische Lernen betont die grundlegende Haltung der Wertschätzung und des Vertrauens zu sich selbst und den anderen Teilnehmern. Der Leitfaden für „Eltern Stärken" wurde ab 1995 am Jugendamt Dortmund auf Basis eines humanistischen Menschenbildes konzipiert und vor allem auf der Grundlage des Ansatzes der Dialogischen Begegnung von Martin Buber sowie der Salutogenese von

Aaron Antonovsky bis heute weiterentwickelt. Das Ziel besteht in der Aufdeckung der Ressourcen, welche die persönliche Gesundheit fördern und auch bei Belastungen aufrechterhalten (vgl. Schopp, Johannes/Wehner, Jana 2005, S. 161 ff.). Die Betonung des Selbstorganisationsprozesses der Salutogenese stellt hierbei die Verbindung zur individuellen Work-Life Balance mit dem Ziel der physischen und psychischen Gesundheit her, um ein wirtschaftlich und sozial aktives Leben führen zu können. Neben den personalen Ressourcen und den unterstützenden sozialen Beziehungen werden vor allem die institutionellen Rahmenbedingungen auf dem Arbeitsplatz zur Erreichung dieses Ziels bedeutsam. Als wichtigste gesundheitsfördernde personale Ressource dient das implizite Beziehungswissen, das unter dem Begriff des Kohärenzsinns diskutiert wird, der ein generalisiertes Gefühl von Vertrauen beschreibt, mit dem als sinnvoll erlebte Herausforderungen der inneren wie äußeren Umwelt vorhergesehen und bewältigt werden können (vgl. Richter, Peter/Hacker, Winfried 1998, S. 22-29). Insgesamt bietet die offenere Kurskonzeption neben dem Erziehungsalltag größere Anknüpfungspunkte zum beruflichen wie privaten Beziehungsalltag. Sie kann auch als komplementäres Angebot eingesetzt werden, wenn beispielsweise die Triple P-Angebote durch eine staatlich finanzierte Medienkampagne öffentlich publik geworden sind.

Das Konzept „Eltern Stärken" dient sowohl als eigenständiges Angebot als auch zur Ergänzung bereits bestehender Elternbildungskonzepte. Im Mittelpunkt stehen offene Fragen als Impulse der Seminarleiter, die einen gruppenspezifischen Suchprozess auslösen, der zur kritischen Selbstreflexion des individuellen Verhaltens beiträgt und dabei auch die eigene Biographie als Basis des aktuellen Verhaltensmusters hinterfragt. Die aktive Wissensvermehrung findet somit ohne die traditionell belehrende Wissensvermittlung durch einen Experten statt. Die Lernfortschritte durch die Gruppenteilnehmer werden dadurch selbst bewertet. Je nach Thema und Zielgruppe kann es zwischen zwei und acht Elterntreffen geben, die vom Jugendamt Dortmund kostenlos angeboten werden. Aus den Seminaren können sich selbstorganisierte Untergruppen nur mit Eltern formieren. Ebenso erfolgt bei individuellem Bedarf eine Weitervermittlung an andere Beratungseinrichtungen. Da die dialogische Begleitung auch für die Seminarleiter zu neuen selbstreflexiven Lernprozessen führen, legt die Ausbildung zum Dialogbegleiter an acht Tagen innerhalb von drei Monaten einen besonderen Schwerpunkt auf die praktische und theoretische Auseinandersetzung mit den Kernfähigkeiten des Dialogs und der prozesshaften Seminargestaltung zur Arbeit an der eigenen Biographie. Zusätzlich zu den acht Seminartagen erfolgen vier weitere Seminartreffen im ersten Jahr nach der Ausbildung und es finden gegenseitige Hospitationen und Beratungen unter den Begleitern statt (vgl. Schopp, Johannes, Wehner, Jana 2005, S. 161 ff.).

Die dialogische Herangehensweise betont den therapeutischen Gedanken der Heilung durch Aktivierung der eigenen Ressourcen. Sie ist daher für die Zwecke des ebenenübergreifenden Aufbaus von Sozialkapital in primären Netzwerkorganisationen besser geeignet als die Ansätze, die weniger den Entwicklungscharakter betonen und das implizite Beziehungswissen zum Thema machen, sondern auf das

Vermitteln von explizitem Erziehungswissen setzen. Die empirische Überprüfung ist allerdings beim Triple P-Konzept bereits erfolgt, so dass hiermit ein bewährtes Instrument insbesondere bei auffälligen Störungen der kindlichen Entwicklung vorliegt, das auf eine robuste fachliche Fundierung aufbaut. Dies macht es zu einem wichtigen Instrument für die nach Hilfe suchenden unerfahrenen Eltern, die bei besonderen Entwicklungsproblemen oder Erziehungskrisen auf rasche und wirksame Problemlösungen angewiesen sind. In Abgrenzung zu handlungsorientierten Ansätzen ist bei ressourcenorientierten Therapieformen das bereits vorhandene implizite Beziehungswissen die entscheidende Größe.

Eine Ressource wird dabei als personenbezogenes oder in der Umwelt auftretendes Mittel verstanden, das der Erreichung des Ziels einer positiven Wahrnehmung des eigenen Lebens dient. Der Therapieerfolg kann durch das Nutzen der persönlichen Stärken der Klienten signifikant erhöht werden, so dass bei einer ressourcenorientierten Therapie der Klient als Experte seines Problems anerkannt wird, der selbst in der Lage ist, sich positiv zu verändern. Die Wertschätzung der eigenen Ressourcen soll die Selbstbestimmung des Klienten fördern und sich positiv auf die Beziehung zum Therapeuten auswirken, um die Umsetzung der Therapieziele wahrscheinlicher zu machen. Das selbstständig zu erreichende Ziel sollte im Sinne eines eindeutigen Therapieerfolges stets klar formuliert sein. Die geringe empirische Datenlage ermöglicht bislang keine fundierten Aussagen über die Überlegenheit der Ressourcenorientierung gegenüber anderen therapeutischen Haltungen. Es lässt sich aber zeigen, dass die Fähigkeit des Klienten zur Mitarbeit in erfolgreichen Therapien stärker ausgeprägt ist (vgl. Alpers, Georg W. 2005, S. 334 ff.). Für das lebenslange Lernen in Netzwerkorganisationen, das auf der Entwicklung der Beschäftigten zu vertrauensvollen und –würdigen Transaktionspartnern basiert, bieten die ressourcenorientierten Kursangebote wie „Eltern Stärken" ein erhebliches Potenzial, die betriebliche Personalentwicklung für junge Eltern in wissensintensiven Unternehmen an die Investitionen der Eltern in ihr Beziehungswissen zu koppeln.

Im Gegensatz zu Ansätzen, die den Fachkräften den Status eines Experten bei der Vermittlung von Lerninhalten und den Eltern eine eher passive Rolle zuweisen, können Angebote, die der Beratung und Begleitung der Eltern untereinander viel Raum geben, das vorhandene Wissen weitaus stärker zum Vorteil aller Beteiligten nutzen. Für den Aufbau von dazu besonders geeigneten Erziehungspartnerschaften zwischen den Eltern und den Fachkräften in den Kindertageseinrichtungen ist die Bereitschaft der Erzieherinnen und Erzieher notwendig, die Eltern als gleichberechtigte Experten anzuerkennen, ohne dass sie dadurch einen Statusverlust befürchten müssen oder die Wünsche der Eltern als Störungen erleben. Besteht zwischen den Eltern und einzelnen pädagogischen Fachkräften bereits ein Vertrauensverhältnis, können letztere als Verbindungspersonen zwischen den Eltern und den Anbietern von weiterführenden Elternkursen und -beratungen in den interdisziplinären Familienzentren fungieren. Dadurch wird eine aktive Mitarbeit der Eltern auf freiwilliger Basis angeregt. Eine Verpflichtung der Eltern zur Teilnahme an

Elternbildungsangeboten durch die Kopplung des Erscheinens an die Zahlung des Kindergeldes scheint weniger geeignet, die intrinsische Motivation zum Lernen aufrecht zu erhalten (vgl. Tschöpe-Scheffler, Sigrid 2005b, S. 330-333). Die Freiwilligkeit bei der Inanspruchnahme stellt einen Streitpunkt in der aktuellen familienpolitischen Diskussion dar.

Die öffentliche Förderung von Erziehungsberatung stellt eine Senkung der Opportunitätskosten der Eltern dar, die mit den positiven externen Effekten ihres Beitrages zur familialen Sozialisationsfunktion gerechtfertigt werden kann. Soll die Qualität der Erziehungskompetenz der Eltern über einen regelmäßigen Kontakt zu externen Bildungs- und Beratungseinrichtungen gesichert werden, könnte die Auszahlung direkter staatlicher Transferzahlungen wie das Kindergeld in voller Höhe nur an die Eltern erfolgen, welche die entsprechenden Angebote auch wahrnehmen. Dadurch bliebe die in Artikel 6 des Grundgesetzes garantierte und einen Partizipationszwang verbietende Autonomie der Eltern in Erziehungsfragen gewahrt, da sie selbst über die Inanspruchnahme entscheiden. Voraussetzung dafür ist allerdings ein flächendeckendes Beratungsangebot durch die Städte und Landkreise, die eine räumliche Nähe durch die lokale Anbindung der Einrichtungen in Stadtteilzentren ermöglicht und eine soziale Akzeptanz durch die örtliche Trennung vom Jugendamt sichert, das in der Bevölkerung noch vielfach mit dem Negativimage einer reinen Eingriffsinstanz bei Kindeswohlgefährdungen besetzt ist. In den dezentralen Stadtteilzentren können auch verstärkt fachlich angeleitete Selbsthilfegruppen durchgeführt werden (vgl. Kilz, Gerhard 2005, S.164-168).

Während die Förderung von Erziehungspartnerschaften zur Durchführung solcher Gruppen unterstützt und eine institutionelle Verankerung der entsprechenden Kompetenzvermittlung in die Erzieherausbildung gefordert wird, betont auch der Wissenschaftliche Beirat für Familienfragen das Prinzip der freiwilligen Teilnahme an Elternbildungs- und Beratungsangeboten. Der wertende Charakter vieler Erziehungsfragen führe dazu, dass der Staat nur die Erweiterung des Angebotes und dessen Vielfältigkeit garantieren müsse, nicht aber die Eltern auf bestimmte Inhalte verbindlich festlegen und Abweichungen davon durch Kürzungen bei monetären Leistungen sanktionieren könne. Weniger rechtlich fragwürdiger Zwang, sondern vielmehr ein attraktives Angebot, das die Eltern mit einbezieht und den Dialog fördert, stellt damit das Mittel der Wahl dar, um gemeinsam neue Lösungen zu realisieren (vgl. Wissenschaftlicher Beirat für Familienfragen 2005, S. 126 ff.). Soll der Staat in einer pluralistischen Gesellschaft seine wertneutrale Aufsichtsrolle behalten, spricht dies gegen eine verpflichtende Teilnahme, auch wenn insbesondere die Erreichung von sozial benachteiligten Familien eine besondere Diskussion erfordern dürfte.

Für die hier betrachteten Eltern mit hohem Bildungsabschluss und in vielen Fällen höherer Entlohnung macht eine verpflichtende Teilnahme mit monetären Sanktionen in Bezug auf die Lenkungswirkungen wenig Sinn, da Kürzungen beim Kindergeld entweder mit vergleichsweise geringen Belastungen verbunden sind oder sie ohnehin den Besuch einer Bildungseinrichtung planen. Eine Sanktionierung wäre im öffentlichen Interesse nur dann denkbar, wenn die Qualität der Anbieter nicht durch andere öffentliche Regulierungsmaßnahmen gewährt werden kann. In Verbindung mit einer breiteren Evaluationsforschung verspricht hier die verbindliche Festlegung von fachlichen und inhaltlichen Standards bei der öffentlich überwachten Zertifizierung der Anbieter und die Förderung von Markttransparenz durch entsprechende Übersichten der Evaluationsergebnisse auf familienspezifischen Informationskanälen -wie zum Beispiel die Homepage des Bundesfamilienministeriums- eine allokativ effiziente Annäherung an die Nachfragerpräferenzen. Die Eltern können sich zwischen öffentlich getragenen Kursen mit keinen oder relativ moderaten Kosten und privaten Anbietern mit in Folge eines differenzierten Angebotes höheren Marktpreisen entscheiden, so dass die Überwindung der Informationsdefizite bezüglich der Qualität der Anbieter die Funktionsfähigkeit des Marktes für Familienbildung und –beratung ausreichend sicherstellen kann.

Aus transaktionskostentheoretischer Sicht ist zudem der bürokratische Aufwand einer verpflichtenden Teilnahme als hoch anzusehen, da die nicht erschienenen Eltern die Informationsasymmetrien opportunistisch ausnutzen können, um ihr Fernbleiben beispielsweise durch Krankheiten zu entschuldigen, die von der zuständigen Behörde nicht überprüft werden können und den Eltern in Einzelfällen ein einklagbares Rückerstattungsrecht in die Hände spielen. Aus den genannten Gründen wird für den weiteren Verlauf dieser Arbeit daher dem Prinzip der freiwilligen Teilnahme gefolgt. Die Freiwilligkeit bei der Teilnahme ist von der öffentlichen Transferzahlung bei der Internalisierung familienexterner Effekte zu trennen.

Die öffentlich bereitgestellte Infrastruktur an Tagesbetreuungseinrichtungen und Erziehungsberatungsstellen durch eine gute materielle und personelle Ausstattung ist als Realtransfer dazu geeignet, die Opportunitätskosten der Kindererziehung auf Seiten der Eltern zu reduzieren. Sollen mit Hilfe von Realtransfers die familienpolitischen Ziele erreicht werden, liegt deren Zweckbindung im Interesse der Gesellschaft, welche die Mittel dafür zur Verfügung stellt. Die Beschränkung der Handlungsoptionen der Empfänger kann über Gutscheine verringert werden, die zu Wahlmöglichkeiten zwischen öffentlichen und privaten Leistungsanbietern führen. Im Gegensatz zu reinen Kompensationszahlungen wird so die intrinsische Motivation der Familienmitglieder erhalten, da die sozialen Beziehungen nicht mit monetären Zahlungsströmen belastet werden, die auf Elternseite dazu führen könnten, den Aufbau von Humanvermögen über diese extrinsische Äquivalenzzahlung hinaus einzuschränken (vgl. Ribhegge, Hermann 2005, S. 333 f.).

Realtransfers stellen ein wichtiges familienpolitisches Instrument dar, das beim Aufbau des Kollektivgutes Beziehungswissen eine effiziente öffentliche Bereitstellung ermöglicht. Die gegenwärtige Integration von Kindertageseinrichtungen zu Familienzentren führt zu einer räumlichen Konzentration verschiedener Beratungsangebote, welche die Transaktionskosten für die Eltern senken kann. Aus familienpolitischer Sicht sollten Elternkurse und Kindesbetreuung nicht unabhängig voneinander gefördert werden. Die quantitative Komponente der leichteren Vereinbarkeit von Berufs- und Familienleben über verbesserte Betreuungsangebote muss mit der qualitativen Komponente einer Erhöhung des Humanvermögens über eine verbesserte Betreuungsqualität auf Seiten der Eltern wie der Fachkräfte verbunden werden, wenn das Ziel des Aufbaus von Beziehungswissen durch die Förderung der Work-Life-Balance realisiert werden soll. Da beide familienpolitischen Handlungskomponenten demselben Ziel dienen, kann die Internalisierung der positiven familienexternen Sozialisationseffekte in beiden Fällen über zweckgebundene Transfers erfolgen.

Das Ziel der Internalisierung positiver Sozialisationseffekte bei der Finanzierung von Kindertageseinrichtungen lässt sich durch eine einkommensabhängige Subjektsubventionierung in Form eines Gutscheinsystems marktkonform realisieren. Die Eltern erhalten vom Jugendamt zweckgebundene Betreuungsgutscheine in Höhe der durchschnittlichen Kosten eines regulären Betreuungsplatzes, die sie bei öffentlichen wie privaten Anbietern einlösen können. Die Betreuungseinrichtungen reichen die erhaltenen Gutscheine beim Jugendamt ein und bekommen den monetären Gegenwert der geleisteten Betreuungsstunden ausgezahlt. Die Finanzierung könnte über eine parafiskalisch organisierte Kinderkasse erfolgen, in die alle erwachsenen Bundesbürger einkommensabhängige Beiträge einzahlen sollten. Aus distributiven Gründen können diese Zwangsbeiträge nach dem Einkommen gestaffelt werden. Zudem können die Arbeitgeber und der Bund zur Finanzierung beitragen. Die Qualitätssicherung erfolgt über zertifizierte Mindeststandards für die Anbieter, die von einer nationalen oder mehreren länderbezogenen Qualitätskommissionen definiert werden und deren Einhaltung vom Jugendamt überwacht wird. Die drei Reformelemente Kinderkasse, Qualitätskommission und Betreuungsgutscheine können unabhängig voneinander eingeführt werden, so dass die Finanzierung wie bisher auch aus Steuermitteln erfolgen würde (vgl. Kreyenfeld, Michaela et al 2001, S. 178 ff). Die folgende Abbildung verdeutlicht den Reformvorschlag des Deutschen Instituts für Wirtschaftsforschung (DIW).

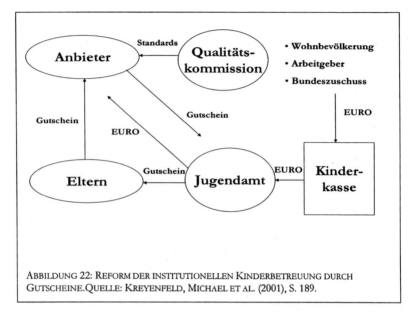

ABBILDUNG 22: REFORM DER INSTITUTIONELLEN KINDERBETREUUNG DURCH GUTSCHEINE. QUELLE: KREYENFELD, MICHAEL ET AL. (2001), S. 189.

Das Hauptmerkmal einer als Parafiskus ausgestalteten öffentlich-rechtlichen Familienkasse liegt in der Ausgliederung ihrer Rechnungen aus den Rechnungen der Gebietskörperschaften (vgl. Blankart, Charles B. 2001, S. 7). Die Trennung vom Haushalt der Gebietskörperschaften hebt aber nicht die Zwangsmitgliedschaft auf, so dass Parafisci wie die Sozialversicherungen oder die Kammern von ihren Mitgliedern auch Zwangsbeiträge erheben können (vgl. Brümmerhoff, Dieter 1996, S. 3). Die Einführung einer Familienkasse als ein solcher selbstverwalteter Zwangsverband, der die Aufbringung und Verteilung der familienbezogenen monetären Transfers übernimmt, hätte den Vorteil, dass Ad-hoc-Eingriffe durch den auf Sparzwänge pochenden Finanzminister oder den Gesetzgeber erschwert und somit die langfristigen Unsicherheiten der institutionellen Rahmenbedingungen reduziert werden (vgl. Wagner, Gert G. 2002, S. 49).

Das vorgestellte Reformszenario lässt sich ohne Abstriche auf die Erziehungsberatung übertragen, so dass die Betreuungsgutscheine um Erziehungsberatungs- und –bildungsgutscheine ergänzt werden sollten, welche jeweils in der durchschnittlichen Höhe eines regulären Kursangebotes ausgestellt werden. Zusätzlich ist eine Staffelung des Gutscheinwertes in Abhängigkeit des Einkommens der Eltern möglich. Die Jugendämter könnten den Eltern ein Gesamtpaket in Form eines „Erziehungsgutscheinheftes" aushändigen, das beide zu fördernde Aspekte integriert. Durch die freie Auswahl zwischen öffentlichen und privaten Anbietern können die Jugendämter als Kursanbieter auf dem Beratungsmarkt antreten, wodurch sie etwa ihre dialogischen Kursangebote nicht mehr zum Nulltarif offerieren würden. Wird der Angebotspreis von einem Elternbildungsgutschein voll abgedeckt, ändert sich für die Eltern finanziell zunächst nichts, während auch die Jugendämter differenziertere Angebote entwickeln könnten, die über den Gutscheinbetrag hinausgehen.

Die durch das Gutscheinsystem geförderte marktliche Angebotsdifferenzierung trägt zu einem verstärkten Angebot durch privat-gewerbliche Anbieter bei, die zu einer höheren Betreuungsvielfalt führen. Die traditionellen gemeinnützigen Einrichtungen werden dadurch ebenso wenig diskriminiert wie freie Elterninitiativen, da sie bei Wahrung der Mindeststandards durch ihre flexiblen Angebote eine wettbewerbsfähige Marktposition erreichen können. Für die Unternehmen bestünden größere Anreize, neue Betreuungseinrichtungen zu schaffen, die auf die Bedürfnisse ihrer Mitarbeiter abgestimmt sind. Daneben ist als Vorteil die Förderung von Familienzentren zu nennen, die verschiedene Dienstleistungen rund um die Kinderbetreuung anbieten (vgl. Kreyenfeld, Michaela/Wagner, Gert G. 2000, S. 22). Die Abhängigkeit des Gutscheinwertes vom Einkommen kann die durch Umfragen belegte erhöhte Zahlungsbereitschaft besser verdienender Eltern zur individuellen Vereinbarkeit von Familie und Beruf nutzen. Die Einlösung der Gutscheine bei Kindertageseinrichtungen ermöglicht zudem die für das Beziehungswissen wichtigen Kontakte der Kinder untereinander (vgl. Wagner, Gert G. 2002, S. 47).

Die hohe Bedeutung von Peer-Beziehungen im Kleinkindalter macht Betreuungsformen notwendig, welche die häufige Isolation der modernen Kernfamilien durchbrechen und zu vielfältigen sozialen Beziehungen führen, die Eltern unterstützen. Die Beratungsstellen können als vermittelnde Instanz bestehende Vorurteile gegenüber der außerfamiliären Tagesbetreuung im Kleinkindalter abbauen. Durch aktuelle, fachlich fundierte Erkenntnisse müssen den Eltern häufig erst die Schuldgefühle genommen werden, die bei der Vermittlung an einen professionellen Betreuungsanbieter aufkommen können (vgl. Schneider, Kornelia/ Wüstenberg, Wiebke 2001, S. 74 f.). Die verstärkte Betreuung in Kindertageseinrichtungen hat insbesondere bei der öffentlichen Qualitätssicherung des Humanvermögens Vorteile, da die Eltern nicht mehr gezwungen werden, auf „graue" Betreuungsanbieter wie Nachbarn oder Au-pairs auszuweichen. Deren wichtiges Engagement dient zwar dem Gemeinwesen, ihre Erziehungskompetenzen können öffentlich jedoch nicht beeinflusst werden. Die Qualitätssicherung der Bildung, Betreuung und Erziehung in Kindertageseinrichtungen ist daher ein wichtiges Instrument bei der Vereinbarkeit von Beruf und Familie (Spieß, Katharina C./Tietze, Wolfgang 2001, S. 11 f.). Die Kombination von zweckgebundenen monetären Transfers durch Gutscheine und Realtransfers durch die entsprechende Infrastruktur führt zu einer effizienten Nutzung marktlicher Prozesse bei der regulierten Herstellung von frühkindlichen Beratungs- und Betreuungsdienstleistungen

Das besondere Problem bei den Realtransfers besteht darin, dass die Bereitstellung von nicht monetären Leistungen in öffentlichen Einrichtungen über kostenlose oder nicht kostendeckende Angebotspreise häufig auf Basis von ungenügenden Informationen über die Verteilungswirkungen des Nutzerverhaltens basiert. Gutscheine sichern den Eltern ein Mitspracherecht bei der aktiven Gestaltung von Erziehungspartnerschaften mit den Einrichtungen ihrer Wahl (vgl. Krüsselberg, Hans-Günter 2005, S. 378 ff.). Das Nutzungsverhalten der Eltern lässt sich von den Jugendämtern beim Einlösen der Gutscheine durch die verschiedenen Anbieter im Gegensatz zur bisherigen Praxis ohne weitere Erhebungskosten nachvollziehen. Gutscheine können so den öffentlich zu fördernden Aufbau von Beziehungswissen effizient umsetzen, wenn ihr Wert hoch genug ist, um eine ausreichende Qualität zu gewährleisten.

Die Qualitätssicherung erweist sich im internationalen Vergleich als Achillesferse der marktorientierten Finanzierung von Kindertageseinrichtungen. Während in den USA angemessene Qualitätsstandards nur halbherzig durchgesetzt werden, um die Subjektsubventionierung von unteren Einkommensbeziehern nicht ausweiten zu müssen, scheiterte das britische Nursery Education Voucher Schemes als seltenes Beispiel für ein Gutscheinmodell unter anderem daran, dass der Wert der Gutscheine zu gering bemessen war. Dadurch konnte keine angemessene Betreuungsqualität gesichert werden und diese wurde auch nicht vom Staat gefordert (vgl. Kreyenfeld, Katharina et al. 2001, S. 135 ff.). Das frühkindliche Gutscheinssystem sollte daher neben dem Ausbau an Krippenplätzen die Qualifizierung von Tagesmüttern und –vätern fortsetzen, die mit dem Tagesbetreuungsausbaugesetz (TAG) begonnen wird. Neben der persönlichen Eignung schreibt § 23 TAG erstmalig den Nachweis vertiefender Kenntnisse über die Kindertagespflege vor, damit sie als zertifizierte private Anbieter von den Jugendämtern vermittelt werden können (vgl. Bundesministerium für Familie, Senioren, Frauen und Jugend 2004c, S. 4).

Gegenwärtig werden in Deutschland etwa 80.000 Kinder unter drei Jahren in Tagespflegeverhältnissen betreut, wobei davon nur etwa die Hälfte auf öffentliche Einrichtungen fällt. Die Inanspruchnahme ist stark einkommensabhängig und wird vor allem von berufstätigen und alleinerziehenden Elternteilen -hier vornehmlich den Müttern- gewählt. Bislang wurde der pädagogischen Qualität dabei von der öffentlichen Jugendhilfe wenig Beachtung geschenkt. Die mit dem TAG verbundene Verdreifachung des Platzangebotes in Westdeutschland um 70.000 neue Tagespflegeplätze könnte insbesondere bei den berufstätigen Frauen eine Entlastung bringen (vgl. Bundesministerium für Familie, Senioren, Frauen und Jugend 2005b, S. 278 ff.). Das Gutscheinsystem würde hier eine sinnvolle Ergänzung bei der dafür notwendigen Qualitätssicherung bringen, wenn dadurch eine Erhöhung der Nachfrage nach frühkindlicher Tagesbetreuung in öffentlichen Einrichtungen erreicht wird, deren speziell für diese Altersgruppe ausgebildeten Fachkräfte (vgl. Punkt 5.3.2.3) die Qualität des kindlichen Beziehungswissens auf einem hohen Niveau sichern können.

Der DIW-Vorschlag zur Erhöhung der öffentlich geförderten Betreuungszeiten würde -bezogen auf das 1996- in Abhängigkeit von verschiedenen Formen der Einkommensstaffelung zwischen 34 und 60 Milliarden DM öffentlichen Mehraufwand verursachen. Da diese umfangreichen Reformen nur schrittweise in längeren Abstimmungsprozessen mit den Beteiligten zu erreichen sind, können sich die kurzfristig realisierbaren Vorhaben auf die Operationalisierung von Qualitätszielen konzentrieren, die um Forschungen über die Kosten eines angemessenen Betreuungsplatzes ergänzt werden sollten. Die Einführung der „Kita-Cards" in Hamburg ab 2002 zeigt, dass die Implementierung eines Gutscheinmodells, bei dem die Eltern direkt mit den Kindertageseinrichtungen einen privatrechtlichen Betreuungsvertrag abschließen, kein Fernziel bleiben muss (vgl. Kreyenfeld, Michaela et al. 2001, S. 192 ff.). Die bereits realisierten Vorhaben nehmen sich angesichts der empfohlenen Investitionen noch recht bescheiden aus.

Die prognostizierten öffentlichen Mehrausgaben für das Tagesbetreuungsausbaugesetz in den westlichen Bundesländern, die zu einer Versorgungsquote für Kinder unter drei Jahren von 17 Prozent führen sollen, liegen nach den unterschiedlichen Modellrechnungen der Verbände und des Bundesministeriums im Zieljahr 2010 zwischen 420.000 € und 736.000 €, wenn der Anteil der Tagespflege von allen Angeboten für unter Dreijährige 30 Prozent beträgt. Steigt der Tagespflegeanteil auf 40 Prozent, ergeben sich ab 2010 jährliche Kosten zwischen 555.000 € und 978.000 €. Wird davon ausgegangen, dass der Großteil der neu zu schaffenden Tagespflegeverhältnisse durch Tagesmütter abgedeckt wird, die wie bislang üblich im Durchschnitt 1,5 bis 2 Kinder betreuen, müssen in Westdeutschland je nach Tagespflegeanteil zwischen 34.000 und 45.000 neue Tagesmütter in den Markt für Tagespflege eintreten (vgl. Schilling, Matthias 2005, S. 112 ff.). Dieser hohe Mehrbedarf stellt die Qualitätssicherung der Tagesbetreuung vor große Herausforderungen.

Die neuen arbeitsmarktpolitischen Instrumente, mit denen eine Steigerung des Angebotes an Tagesmüttern geschaffen werden soll, zielen vor allem auf Arbeitslose, während sich Tagesmütter bislang aus anderen Personengruppen rekrutierten. Da die häufig nicht existenzsichernde Vergütung der Tagesmütter nicht verbessert wird, besteht ein Anreiz für ein zusätzliches Angebot hauptsächlich für solche arbeitslosen Frauen, welche die Tagespflege als Notlösung in einer unsicheren Lebenssituation sehen und weniger freiwilliges Interesse für die Tagesbetreuung aufbringen (vgl. Weinkopf, Claudia 2005, S. 144 ff.). Die fehlenden Erziehungskompetenzen dieser neuen potenziellen Anbieter stellen den Qualitätsanspruch einer nachhaltigen Familienpolitik in Frage. Insbesondere bei nicht ausreichend definierten bundesweiten Qualitätsstandards fehlen Anreize zur Qualifizierung, und es droht eine adverse Selektion auf dem Markt für Tagespflege, der zwar die zeitliche Vereinbarkeit von Beruf und Familie erleichtert, den Aufbau von Beziehungswissen aber konterkariert.

Eine Lösung dieses Problems besteht in der Vernetzung und Kooperation zwischen Tagespflege und Kindertagesstätten. Die Tagesmütter finden so eine räumliche Infrastruktur mit qualifizierten Ansprechpartnern und können sich auch in den Tageseinrichtungen weiterbilden. Umgekehrt können die Fachkräfte durch die Tagesmütter entlastet werden. Zudem werden durch die Kooperation zeitlich flexiblere Betreuungsangebote besonders in Notfällen geschaffen. Für die Eltern sind so individuelle Betreuungsmodelle aus einer Hand möglich, die Ihnen die Vereinbarkeit von Beruf und Familie erleichtern. Gegenwärtig existieren allerdings nur sehr wenige erfolgreiche Kooperationsmodelle, die häufig ad hoc geschaffen werden, kaum bekannt und nur schlecht dokumentiert sind (vgl. Schneider, Kornelia/ Zehenbauer, Anne 2005, S. 168 ff.). Der Druck zur Kooperation wird sich zukünftig aus ökonomischer Sicht verstärken.

Die integrativen Anbieter können auf Basis von Betreuungsnetzwerken auch die Erziehungsberatung unter einem gemeinsamen Dach für die Eltern effizient offerieren. Dies kann gerade bei den gestiegenen Unsicherheiten in Erziehungsfragen zu Unsicherheitsreduktion führen, da die Kunden bei Beratungs- wie Betreuungsfragen mit demselben Anbieter in Beziehung treten können, der durch seine Netzwerkstruktur die erforderliche Qualität des Angebotes sicherstellen kann. Der effiziente Aufbau von generellem Beziehungswissen in der Informationsgesellschaft auf Seiten der Kinder und der Ausbau auf Seiten der Eltern werden somit abhängig von der Durchdringung der Netzwerkorganisation als Leitbild in der frühkindlichen Tagesbetreuung, welche die steigenden Anforderungen aus Prävention und Intervention bewältigen können.

Für den Bereich der frühkindlichen Prävention und Therapie zeigt sich insgesamt, dass mittlerweile bei Verhaltensauffälligkeiten nicht mehr wie früher die individuellen Symptome isoliert im Vordergrund stehen, sondern die Bindungsbeziehungen zwischen Kind und Eltern zum zentralen Beratungs- und Behandlungsgegenstand werden. Für den komplexen Bereich frühkindlicher Entwicklungsstörungen wird eine interdisziplinäre Zusammenarbeit immer dringlicher, so dass sich im psychosozialen Sektor zukünftig verstärkt regionale Vernetzungskonzepte etablieren sollten (vgl. Voss, Hubert von 2004, S. 390 ff.). Ein Zusammenschluss von autonomen Einrichtungen zu Telekooperationen lässt sich derzeit im Gesundheitswesen beobachten. Bei der Behandlung von gemeinsamen Patienten kooperieren Arztpraxen und Kliniken in Qualitätszirkeln zur Bestimmung einer optimalen Medikation, wobei die individuellen Daten digital übermittelt werden (vgl. Schweitzer, Jochen 2001, S. 278). Der Trend von Netzwerkorganisationen als effiziente Organisationsformen in der Informationsgesellschaft lässt sich somit auch im wissensintensiven psychosozialen Dienstleistungs- und Versorgungsbereich beobachten. Eine stärkere öffentliche Priorität auf der frühkindlichen Entwicklungsphase kann ebenfalls im Rahmen eines neuen, eigenständigen Politiknetzwerkes forciert werden. Solch eine „Allianz zur Stärkung von Elternkompetenzen" (Wissenschaftlicher Beirat für Familienfragen 2005, S. 135) würde unter koordinierender Federführung des Bundesfamilienministeriums alle relevanten Interessengruppen zur gesamtgesellschaftlichen Sensibilisierung für das Thema und der gemeinsamen Durchführung entsprechender Initiativen und Kampagnen vernetzen.

Die interorganisationale Vernetzung stellt angesichts der gegenwärtigen Sparzwänge im öffentlichen Sektor und den zunehmenden Anforderungen an die frühkindliche Betreuung und familiale Beratung eine ebenso zukunftsfähige wie effiziente Umsetzung dezentraler Steuerungsmechanismen in Deutschland dar. Da die beschriebenen und die empfohlenen Reformmaßnahmen für den Staat hochspezifische Investitionen darstellen, können insbesondere die marktlichen Elemente eines Gutscheinsystems die gesamtwirtschaftlichen Transaktionskosten auf einem relativ niedrigen Niveau halten. Bezogen auf die Arbeitsteilung zwischen Staat und Wirtschaft sind somit bisher die einzelnen Schritte der Pfeile 2, 5 und 6 aus Abbildung 21 beschrieben (vgl. Punkt 6.2.4).

Die weiteren Schritte beziehen sich auf die Aufgaben der Unternehmen mit dem Ziel der Bildung von Sozialkapital in Netzwerkorganisationen. Hierbei steht die Frage im Mittelpunkt, welche Aufgaben von den wissensintensiven Partnerunternehmen übernommen und damit auch finanziert werden müssen, die zu unternehmens- oder netzwerkspezifischen Beständen von Beziehungswissen ihrer Beschäftigten führen. Den Unternehmen kommt angesichts der beschriebenen Defizite bei der Vernetzung eine Schlüsselrolle zu, die sie für die Bindung ihrer Mitarbeiter nutzen können.

6.4 Spezifische Investitionen in Beziehungswissen durch die Partnerunternehmen

Die staatlichen Maßnahmen zum Aufbau von allgemeinem Beziehungswissen führen über die Internalisierung der positiven familienexternen Effekte in der Informationsgesellschaft zu volkswirtschaftlichem Wachstumseffekten, wenn sich dadurch erfolgreiche Netzwerkorganisationen mit deutscher Beteiligung weiter verbreiten. Im Zeitverlauf führen die erhöhten Wissensbestände zu einem Sinken der Bindungskosten, was den Aufbau von wechselseitigem Vertrauen zwischen den Transaktionspartnern in virtuellen Teams erleichtert. Wollen die Unternehmensnetzwerke die nationalen familienpolitischen Infrastrukturleistungen nutzen, sind die entsprechenden Aktivitäten an inländische Arbeitnehmer gekoppelt. Die Beschreibung des Zusammenspiels zwischen öffentlicher Infrastruktur und privater Unternehmensinitiative zum Aufbau von Sozialkapital erfolgt daher auf Basis der Bindung des inländischen Personals durch die inländischen Partnerunternehmen für den Untersuchungsraum Bundesrepublik Deutschland.

Bei der Bildung von Sozialkapital wird sich auf das spezifische Beziehungswissen konzentriert, das eine strategische Positionierung des Partnerunternehmens im Netzwerk ermöglicht. In diesem Zusammenhang wird auf die Bindungskosten eingegangen, die über die institutionelle Gestaltung der Arbeitsbeziehungen reduziert werden, um so das interpersonelle Vertrauen auf Basis der psychischen Sicherheit der Individuen stabilisieren zu können. Das primäre Beziehungswissen der Kinder im ersten Lebensjahr dient dabei als Ausgangspunkt des Personalbindungsmanagements der Partnerunternehmen, das insbesondere auf die jungen hoch qualifizierten Beschäftigten abzielt, die beim Übergang in die erste Elternschaft vor neuen Entwicklungsaufgaben stehen, die ihnen bei einer erfolgreichen Bewältigung einen enormen Entwicklungsschub versetzen, der zu neuen Beständen an implizitem wie explizitem Beziehungswissen führt. Darauf aubauend können die Partnerunternehmen durch das Angebot an speziellen Weiterbildungsangeboten für Eltern in unternehmens- und netzwerkspezifische Wissensbestände investieren, die zu einer hohen Bindung des Personals führen.

6.4.1 Begründung und Beschreibung der Personalstrategie „Elternführerschaft"

Der Entwicklungsabschnitt von der Partnerschaft zur Elternschaft fällt für hoch qualifizierte Frauen und Männer mit Hochschulabschluss in Deutschland immer stärker in ihre Berufstätigkeit. Nach einer telefonischen Repräsentativbefragung von jeweils 500 männlichen und weiblichen Hochschulabsolventen aus dem Jahr 2004 werden die Akademiker durchschnittlich mit 31,0 Jahren zum ersten Mal Vater und die Akademikerinnen mit 29,3 Jahren zum ersten Mal Mutter. Beim „ersten Mal" handelt es sich überwiegend um ein Wunschkind, wobei der Wunsch nach dem ersten Kind überwiegend nach dem 30. Lebensjahr geäußert wird. Für 90 Prozent aller Befragten machen Kinder das Leben sinnvoller und gehören zu einem erfüllten Leben dazu, so dass sich auch bei den kinderlosen Akademikern und Akademikerinnen eine positive Grundeinstellung findet. Die Frauen sehen größere Schwierigkeiten, Kinder und Beruf zu vereinbaren als die Männer. Die Aussage, dass Kind und Karriere für Frauen nicht zusammen gehen, findet bei 56 Prozent der Frauen und 48 Prozent der Männer Zustimmung, während sich die etwas schwächer formulierte Aussage zur allgemeinen Einschränkung der Berufsarbeit durch Kinder auf eine noch höhere Zustimmung bei 52 Prozent der Männer und 81 Prozent der Frauen stützt. Die Vereinbarkeit wird in Westdeutschland vor allem von den Akademikerinnen wesentlich problematischer gesehen als in Ostdeutschland. Die Haupthindernisse liegen aus Sicht der Männer vor allem in den zu langen Arbeitszeiten (31 Prozent), die zudem häufig wechseln (18 Prozent) und eine längere Abwesenheit von zu Hause erfordern (18 Prozent). Bei den Frauen kommen vor den Arbeitsbedingungen an erster Stelle die unzureichenden externen Betreuungsmöglichkeiten (19 Prozent), wobei sich hier in Folge des schlechteren Betreuungsangebotes ebenfalls eine Verschärfung in Westdeutschland (Frauen West 21 Prozent; Frauen Ost 8 Prozent) abzeichnet (vgl. Bundeszentrale für gesundheitliche Aufklärung 2005, S. 10 ff).

Die nach wie vor gültige Dominanz des Vaters als Familienernährer zeigt sich in weiteren empirischen Studien, wonach 88 Prozent der Familienväter voll erwerbstätig sind und zu einem Drittel wöchentlich mehr als 45 Stunden arbeiten. Kinderlose Männer arbeiten dagegen im Durchschnitt etwas weniger und sind auch öfter teilzeitbeschäftigt. Insgesamt führen Heirat und Kinder insbesondere in Westdeutschland zu einer traditionellen Rollenaufteilung, bei der die Männer den größeren Beitrag zum Haushaltseinkommen leisten und die Frauen für den Haushalt und die Kinder zuständig sind. Ein höherer Bildungsgrad der Frau führt allerdings zu einer egalitäreren familialen Arbeitsteilung (vgl. Wunderlich, Holger et al. 2004, S.19 ff.). Die Kindesbetreuung im ersten Lebensjahr liegt dennoch schwerpunktmäßig bei der Mutter. Die Probleme bei der Vereinbarkeit von Beruf und Familie führen dazu, dass im Jahr 2003 die große Mehrheit der Frauen mit Kindern unter einem Jahr entweder gar nicht erwerbstätig ist oder in Elternzeit geht. Nur eine Minderheit (7,4 Prozent Ost; 11,1 Prozent West) arbeitet in Teilzeit. Eine Vollzeitstelle wird von nur 5,7 Prozent der westdeutschen und 7,2 Prozent der ostdeutschen Mütter ausgeübt (vgl. Bothfeld, Silke et al. 2005, S. 12).

Die Partnerunternehmen müssen bei den hoch qualifizierten Arbeitnehmerinnen folglich stärkere zusätzliche Angebote hinsichtlich der Option der zeitlichen Vereinbarkeit zwischen Beruf und Kind machen, damit im ersten Jahr überhaupt weitergearbeitet werden kann. Bei den Männern steht derzeit vor allem die Frage im Vordergrund, ob die teilweise Reduzierung der Arbeitszeit zu Gunsten der Familie nicht mit zu großen Karrierenachteilen verbunden ist (vgl. Punkt 5.2.2). Der Aufbau von unternehmensspezifischem Beziehungswissen muss für die Beschäftigten daher mit monetären oder nicht monetären Vorteilen durch eine längerfristige Entwicklungsperspektive im Unternehmen verbunden sein. Die Doppelbelastung der Frau ist aus Sicht des Unternehmens dann mit einem entsprechend größeren Maßnahmenpaket abzumildern, wenn der Nutzen aus der Bindung der weiblichen Wissensträgerinnen die entsprechenden Kosten überkompensieren kann.

Die betriebswirtschaftliche Vorteilhaftigkeit familienfreundlicher Maßnahmen hat eine richtungsweisende Studie der Prognos AG im Auftrag des Bundesfamilienministeriums belegt, in der die Wirkungen anhand der Controllingdaten von 10 Unternehmen analysiert werden, die für ihre familienorientierte Personalpolitik bekannt sind. Die Gegenüberstellung der Kosten für Betreuung, Beratung, flexible Arbeitszeitmodelle und Telearbeitsplätze in Höhe von 300.000 € mit dem Nutzen in Form der Einsparung von Kosten bei der Wiederbeschaffung, Wiedereingliederung, den Fehlzeiten und der Überbrückung für Beschäftigte in Elternzeit in Höhe von 375.000 € ergibt bei vorsichtigen Annahmen für die Modellrechung eine Rendite auf die Investitionen in familienfreundliche Personalmaßnahmen von 25 Prozent. Dabei wird von einem fiktiven mittelständischen Unternehmen mit 1.500 überdurchschnittliches qualifiyierten Beschäftigten ausgegangen, die an den Betrieb gebunden werden sollen (vgl. Bundesministerium für Familie, Senioren, Frauen und Jugend 2003, S. 11 ff.).

Da die Elternzeit derzeit fast ausschließlich von Frauen in Anspruch genommen wird, werden die Vorteile einer familienorientierten Personalpolitik zur Förderung der individuellen Work-Life-Balance für weibliche Beschäftigte insbesondere in wissensintensiven Unternehmen deutlich. In der Modellrechnung wird aber nicht zwischen Produktions- und Transaktionskosten unterschieden, und die Elternzeit wird bis zum Schulalter betrieblich unterstützt. Vor dem Hintergrund des Aufbaus von Sozialkapital durch spezifische Investitionen in das individuelle Beziehungswissen der Beschäftigten erfolgt daher im Folgenden eine auf das Kapitel 4 aufbauende transaktionskostentheoretische Analyse der für diese Fragestellung geeigneten Maßnahmen, die dem Ziel dienen, das Vertrauen in Netzwerkorganisationen zu stärken. Weiterführende Fragestellungen im Rahmen von Arbeitszeitflexibilisierungen oder Betreuungsangeboten werden hier nur insoweit behandelt, wie sie der Sozialkapitalbildung durch die Personalentwicklung im Rahmen der qualitativen Personalbindung dienen. Gegenwärtig wird dieser Bereich in den Unternehmen noch weitgehend vernachlässigt, so dass sich bereits heute strategische Differenzierungsvorteile der wissensintensiven Unternehmen auf dem Arbeitsmarkt durch eine entwicklungsorientierte „Elternführerschaft" ergeben, die durch den gezielten Aufbau von spezifischem Beziehungswissen eine kontinuierliche Verbesserung ihrer organisationalen Wissensbasis im Rahmen des Personalbindungsmanagements anstreben.

Eine Personalstrategie befasst sich mit der Planung, Umsetzung und Kontrolle grundsätzlicher Handlungsmöglichkeiten zum frühzeitigen Aufbau, zum Erhalt, zur Nutzung oder auch zum Abbau von Personalpotenzialen, die als Menge von Personen mit bestimmter Qualifikation verstanden werden, welche durch Knappheit gekennzeichnet ist (vgl. Drumm, Hans Jürgen 2000, S. 635 ff.). Im Rahmen eines modernen Managementverständnisses in dezentralen Organisationsstrukturen kommt der Personalentwicklung als Schlüsselfunktion des strategischen Personalmanagements zukünftig die wichtigste Bedeutung bei der Gestaltung des Potenzials der Wissensträger zu (vgl. Arnold, Rolf/Bloh, Egon 2001, S. 9 ff.).

Neben der Qualifikationsvermittlung durch die berufliche (Weiter-)Bildung beinhaltet die Personalentwicklung in einem erweiterten Verständnis die potenzialorientierte Förderung der beruflichen Entwicklung der Mitarbeiter sowie den geplanten und systematischen Wandel des gesamten Unternehmens durch die Organisationsentwicklung. Erfahrungsobjekt der interdisziplinären Forschung zur Personalentwicklung ist der Mensch, während sich das Erkenntnisobjekt auf den arbeitenden Menschen als lernendes, entwicklungsbedürftiges und entwicklungsfähiges Individuum konzentriert (vgl. Becker, Manfred 2002, S. 6 ff.). Der potenzialorientierte Aufbau unternehmensspezifischen Wissens ist somit einer ökonomischen Analyse zugänglich.

Der investive Aufbau spezifischer Humanvermögensbestände zählt, analog zu den Investitionen in Sachkapital, zu den Produktionskosten. Bei unternehmensspezifischer Weiterbildung empfiehlt die Transaktionskostentheorie daher zur effizienten Absicherung eine Eigenerstellung, die an eine längerfristige Beschäftigungsperspektive gekoppelt sein sollte. Die betriebliche Weiterbildung bereits zu Beginn eines langfristigen Beschäftigungsverhältnisses findet sich durch befristete Einstiegsarbeitsplätze wie Traineeprogramme, bei denen die Aus- und Weiterbildungskosten der intern beobachtbaren Kandidaten die Suchkosten für Bewerber auf dem externen Arbeitsmarkt ersetzen. Als Anreizinstrument ist die betriebliche Weiterbildung besonders für bildungsinteressierte Beschäftigte geeignet. Der interne Aufbau von Personalpotenzialen wird neben der Personalknappheit vor allem bei einer hohen Umweltunsicherheit erforderlich, die eine ständige Anpassung des Personals an sich ändernde Anforderungen durch ein übergreifendes Grundlagenwissen erfordert. Bei einer hohen Humankapitalspezifität und einer hohen Verhaltensunsicherheit ist eine über die Sicherstellung der erforderlichen Qualifikationen hinausgehende identifikationsorientierte Entwicklungsstrategie effizient, die neben der Bindung des Mitarbeiters durch die Identifikation mit den Bildungszielen auch seine Lernfähigkeit und -bereitschaft erhöht (vgl. Rodehuth, Maria 1999, S.186 ff.).

Eine effiziente Personalentwicklungsstrategie in wissensintensiven Unternehmen muss daher die höheren Investitionskosten ihrer hoch qualifizierten und damit besonders lernbereiten Beschäftigten durch eine erfolgreiche Personalbindung amortisieren. Neben der Verfügbarkeit des in dieser Arbeit als gegeben unterstellten Fähigkeitswissens steht bei der hier interessierenden Minimierung der Transaktionskosten die dauerhafte Verfügbarkeit des Beziehungswissens der Mitglieder interorganisationaler Projektteams im Vordergrund, die in vernetzten Arbeitskontexten komplexe Arbeitsaufgaben auf Vertrauensbasis bewältigen sollen. Die bestehenden wie aufzubauenden Bestände an Beziehungswissen werden somit nicht nur zur Personalbindung genutzt, sondern auch in den virtuellen Teams wertschöpfend eingesetzt. Die zunehmende Knappheit der hoch qualifizierten Beschäftigten verstärkt die strategische Relevanz eines systematischen Personalbindungsmanagements noch weiter.

Angesichts der Beschleunigung des demographischen Wandels, der frühestens ab 2010 und spätestens im Jahr 2015 zu einem spürbaren Rückgang des Arbeitskräfteangebotes führen wird und dann nicht mehr durch hohe Zuwanderungen oder einen steigenden Anteil von weiblichen Erwerbstätigen kompensiert werden kann, müssen die Unternehmen bereits heute reagieren. Die geburtenschwachen Jahrgänge können in Verbindung mit einem Stillstand in der Bildungsentwicklung schon sehr bald zu einem Mangel an qualifizierten Fachkräften in Deutschland führen. Diese Angebotslücke könnte zwar durch längere Jahresarbeitszeiten ausgeglichen werden. Die Durchsetzbarkeit dieser Maßnahme und die Kosten sind aber angesichts heterogener Arbeitszeitpräferenzen der Beschäftigten derzeit noch nicht genau abzusehen (vgl. Fuchs, Johann/Dörfler, Katrin 2005, S. 1-5). Die schöne neue Netzwelt droht bereits am mangelnden Nachschub hoch flexibler Netzwerker zu scheitern, was in der relevanten Literatur zu Netzwerkorganisationen vielfach übersehen wird.

Dazu kommen die unter Punkt 3.2 beschrieben Transformationsprozesse, welche die ex ante Unsicherheit der Arbeitgeber über das Verhalten der Individuen erhöhen, die aus einer gesamtgesellschaftlichen Perspektive einerseits auf starke Beziehungen und Familie großen Wert legen und sich sozial engagieren, andererseits vor opportunistischen Spielzügen zur Durchsetzung ihrer Eigeninteressen in den befristeten Arbeitsverhältnissen zunehmend weniger Skrupel haben. Die steigenden psychischen Belastungen und die Unsicherheit über die beruflichen Perspektiven auf dem externen Arbeitsmarkt machen umgekehrt für die zunächst ungebundenen

Beschäftigten die internen Arbeitsmärkte dann dauerhaft attraktiv, wenn die Arbeitstätigkeit mit der biographischen Lebensplanung in Einklang gebracht werden kann. Die Bewältigung der Opportunismusgefahr durch Investitionen in Sozialkapital setzt ein längerfristiges Beschäftigungsverhältnis voraus, bei dem beide Seiten ex ante glaubhaft ihre dauerhafte Kooperationsbereitschaft signalisieren. Die wechselseitige Reduktion der Verhaltensunsicherheit wird in der Zukunft jedoch mit einer steigenden Marktmacht der immer knapper werdenden Arbeitnehmer einhergehen, so dass die Unternehmen stärkere institutionelle Anreize zur Personalbindung anbieten müssen als bisher.

Die erforderliche Ausweitung der Arbeitszeit wird in der Zukunft auf stärker umworbene Hochschulabsolventen und bereits beruflich tätige Fachkräfte zielen, die bei der Entscheidung über den Eintritt und den Verbleib in einem Unternehmen zunehmend auf ihre individuelle Work-Life-Balance achten. Da die monetären Anreize leichter von Wettbewerbern imitiert werden können, sind neben flexiblen Arbeitszeitmodellen vor allem die immateriellen Entwicklungsmöglichkeiten in Verbindung mit dem Arbeitsplatz ein besonders vielversprechender Entlohnungsaspekt zur Personalbindung. Mit der zunehmenden öffentlichen Wahrnehmung der Personalprobleme der deutschen Wirtschaft werden die staatlichen Maßnahmen zur Geburtenförderung weiter an politischer Priorität gewinnen. Unternehmen die bereits jetzt in ihre Familienfreundlichkeit investieren, können sich daher bereits heute eine nachhaltige Reputation aufbauen und wertvolle Erfahrungen bei der Gestaltung einer familienfreundlichen Unternehmenskultur sammeln, die im Zeitverlauf von den Nachzüglern nur sehr schwer aufgeholt werden können. Die strategische Option der Elternführerschaft soll diese wettbewerbsrelevanten Vorteile ausnutzen.

> Die Personalstrategie der **Elternführerschaft** umfasst den Aufbau von dauerhaften Wettbewerbsvorteilen durch die geplante Erhöhung des Anteils an jungen, hoch qualifizierten Eltern unter den gesamten Beschäftigten eines Unternehmens im Vergleich zu den Wettbewerbern. Bezogen auf die wissensintensiven Partnerunternehmen umfasst diese personalpolitische Grundsatzentscheidung den Aufbau von persönlichen Vertrauensbeziehungen zwischen den beschäftigten Vätern und Müttern, welche auf die gesamte Sozialstruktur ausgeweitet werden, um die Bindungskosten in der primären Netzwerkorganisation durch den Aufbau eines sekundären Elternnetzwerkes reduzieren zu können.

Das Unternehmensziel bei der Elternführerschaft besteht darin, diese Transaktionskostenvorteile durch eine schnellere Angebotsrealisierung an die Kunden weiterzugeben. Die gebundenen Mitarbeiter können zudem die personalisierten Geschäftsbeziehungen der Kunden zum Netzwerk stabilisieren. Die Präferenzen zur Gründung einer eigenen Familie und der Wunsch nach einer verbesserten Vereinbarkeit mit dem Berufsleben führen auf Seiten dieser in innovationsorientierten

Unternehmen nur schwer ersetzbaren Wissensträger zu einer besonderen Nachfrage nach Arbeits- und Organisationsbedingungen zur Verbesserung der individuellen Work-Life Balance. Das Aufgreifen dieser Nachfrage durch eine familienfreundliche Personalpolitik, welche die Bereiche „Betreuung" und „Beratung" mit der „Entwicklung" im Rahmen der Investition in netzwerkspezifisches Sozialkapital verbindet, kann auf drei Arten zu Transaktionskostenvorteilen führen:

- Economies of scale durch die interne Organisation der Betreuungs- und Beratungsaktivitäten, die neben den unternehmerischen Rekrutierungskosten bei Neueinstellungen oder Elternzeitvertretungen die Such- und Überwachungskosten der weiter beschäftigten Eltern nach einem adäquaten Betreuungsplatz einkommenswirksam reduzieren. Mit der Arbeitsbeziehung sind für Eltern niedrigere Informationskosten verbunden, was zu einem höheren Beziehungsnettonutzen und damit über die höheren individuellen Opportunitätskosten zu steigenden Wechselkosten führt.

- Economies of scope durch die Kopplung von Betreuungsmöglichkeiten mit gruppenorientierten Beratungsmaßnahmen im Rahmen einer familienorientierten Personalentwicklung, so dass sich das dadurch gewachsene interpersonale Vertrauen auch in niedrigeren Bindungskosten auswirken kann. Dadurch steigen die individuellen Opportunitätskosten, während über die vertrauensbasierte Durchführung beziehungsspezifischer Investitionen auch die sunk costs der Beschäftigten erhöht werden.

- Economies of speed durch die Erhöhung der Transaktionsgeschwindigkeit bei der kundenorientierten Umsetzung von in virtuellen Teams erstellten Produkten und Dienstleistungen. Der vertrauensvolle Verzicht auf zeitraubende Verhandlungen bezüglich vertraglicher Absicherungen ermöglicht den innovationsfördernden Austausch impliziten Wissens innerhalb der Netzwerkorganisation. Die Realisierung von Innovationserfolgen am Markt kann bei variablen Vergütungsformen an die Beschäftigten weitergegeben werden, wodurch sich ihr Informationsnutzen und damit die Opportunitätskosten erhöhen.

Da in dieser Arbeit die Produktionskosten annahmegemäß konstant bleiben, werden mögliche Skalenvorteile bei den Produktionskosten –etwa durch eine betriebliche Organisation von Kinderbetreuungsplätzen (vgl. Wolff, Birgitta/ Lazear, Edard P. 2001, S. 226)- nicht weiter behandelt. Die unternehmensexternen Voraussetzungen der Elternführerschaft bestehen zum einen in der empirisch nachweisbaren Präferenz von jungen hoch qualifizierten Eltern, auch nach der Geburt des Kindes mindestens Teilzeit weiterzuarbeiten, zum anderen in der gegenwärtig hohen Bedeutung des Karriereknicks durch Auszeiten in vielen Unternehmen auf dem externen Arbeitsmarkt. Können die familienbedingten Fehlzeiten im Partnerunternehmen durch eine familienorientierte Personalpolitik signifikant reduziert und die relevanten Personalsegmente durch die bestehenden und neu geschaffenen

Sozialkapitalbestände erfolgreich an die Netzwerkorganisation gebunden werden, sind die internen Voraussetzungen gegeben. Der steigende Anteil an Eltern in der Gesamtbelegschaft geht mit einer Veränderung der Unternehmenskulturen in den Partnerunternehmen einher, so dass sich ein weiterer Schwerpunkt des Personalmanagements auf die Motivation und Integration des relativ sinkenden Anteils von Nicht-Eltern in diese neue Arbeitsumgebung richtet. Zudem ist ein möglichst ausgewogenes Verhältnis von jungen Eltern mit kleinen Kindern und „reiferen" Eltern mit weniger betreuungsintensiven älteren Kindern sicherzustellen.

Der Aufbau einer familienfreundlichen Reputation am Arbeitsmarkt stützt sich nach aktuellen Befragungen von 2000 männlichen und weiblichen Beschäftigen mit Kindern oder regelmäßigen Pflegeaufgaben insgesamt vor allem auf familienfreundliche Arbeitszeiten, bei denen die Befragten den größten betrieblichen Handlungsbedarf sehen. Die Väter wünschen sich zu 77 Prozent kürzere Arbeitszeiten und arbeiten auch in dieser Studie oftmals wesentlich länger als die Frauen, von denen sich mit einem Anteil von 28,8 Prozent vor allem die teilzeitbeschäftigten eine Erhöhung der vertraglichen Arbeitszeit wünschen. Die überwiegende Mehrheit von 79 Prozent der einfachen bis mittleren Angestellten und Beamten sowie 81 Prozent bei den leitenden Angestellten und Beamten wünscht sich Angebote, um Elternzeit und Teilzeitarbeit kombinieren zu können. Dies beinhaltet auch die vertretungsweise Tätigkeit im Betrieb während der Elternzeit. Neben dem persönlichen oder telefonischen Kontakt mit Kollegen und Kolleginnen spielt bei diesen Befragten der Kontakt zum Betrieb durch Angebote zur Weiterbildung mit über 80 Prozent der Antworten eine wichtige Rolle. Von den hoch qualifizierten Beschäftigten haben allerdings nur 17 Prozent entsprechende Weiterbildungsangebote erhalten, wogegen die Offerierung von Teilzeitarbeit mit 36 Prozent hier höher zu Buche schlägt als bei den niedriger qualifizierten Beschäftigten (vgl. Bundesministerium für Familie, Senioren, Frauen und Jugend 2004d, S. 6 ff.).

Die eher defensive Haltung der Unternehmen zu familienrelevanten Fragen konzentriert sich derzeit vor allem auf die Arbeitszeiten und zeigt sich somit besonders deutlich bei der Personalentwicklung, deren Einsatz in der Praxis derzeit kaum als Mittel zur Personalbindung gesehen wird. Dieser Trend lässt sich empirisch weiter erhärten und spricht für die potenziellen Wettbewerbsvorteile der First Mover durch die strategische Elternführerschaft. Der frühe Aufbau von Sozialkapitalbeständen durch die systematische Personalentwicklung für die Individuen in ihrer Doppelrolle als abhängig Beschäftigte und Elternteile sollte schon sehr bald erfolgen, da die Mehrheit der Unternehmen die prinzipielle Notwendigkeit der familienorientierten Personalbindung bereits erkannt hat.

In einer branchenübergreifenden Befragung von 878 deutschen Unternehmen aus dem Jahr 2003 zeigt sich, dass die Motive der Personalbindung in Form der Erhöhung der Arbeitszufriedenheit der Mitarbeiter (75, 8 Prozent der Nennungen) sowie das Gewinnen und Halten von qualifizierten Mitarbeitern (74,7 Prozent der Nennungen) bei der Einführung von familienfreundlichen Maßnahmen dominieren. Die Kosteneinsparung durch eine geringere Fluktuation und einen niedrigeren Krankenstand spielt dagegen eine weniger wichtige Rolle (64,3 Prozent der Nennungen). Eine institutionell verankerte familienfreundliche Personalpolitik auf Basis des Tarifvertrages, der Unternehmensleitlinie oder der Betriebsvereinbarung wird von 46,4 Prozent der Unternehmen betrieben, wobei große Unternehmen deutlich mehr Maßnahmen eingeführt haben als kleine und mittelgroße. Hemmnisse bei der Einführung werden vor allem im fehlenden betrieblichen Bedarf und im fehlenden Bedarf auf Seiten der Beschäftigten gesehen. Im Gegensatz zur Einführung flexibler Arbeitszeiten, die von 75 Prozent der familienfreundlichen Unternehmen angeboten werden, fühlen sich die Unternehmen für eine betrieblich organisierte Kinderbetreuung und Elternförderung kaum zuständig. Die Förderung von Müttern und Vätern durch eine besondere Personalentwicklung stellt die am wenigsten verbreitetste familienorientierte Maßnahme dar. Werden Wiedereinstiegsprogramme noch von 12,4 Prozent der Unternehmen angeboten, bestehen besondere Personalentwicklungsangebote für Frauen oder Weiterbildungsangebote während der Elternzeit nur bei 5,9 Prozent, gibt es Frauenförderprogramme gerade einmal bei 3,9 Prozent und eine besondere Väterförderung lediglich bei 3,5 Prozent der Arbeitgeber (vgl. Flüter-Hoffmann, Christiane/Solbrig, Jörn 2003, S. 1 ff.).

Die Minderheit der besonders familienorientierten Unternehmen konzentriert ihre Beratungsleistungen auf die Information über die interne Umsetzung von gesetzlichen Regelungen und Betriebsvereinbarungen, die Implementierung von Telearbeitsplätzen vor und nach der Elternzeit sowie die Vermittlung von internen oder externen Betreuungsangeboten. Die Einbindung der Beschäftigten während der Elternzeit in den unternehmensinternen Kommunikationsfluss erfolgt über die Vermittlung von kurzzeitigen Urlaubs- und Krankheitsvertretungen und über die Begleitung der Planungen bezüglich des Wiedereinstiegs, die durch Weiterbildungsangebote unterstützt werden. Der Personalbedarf für die internen Beratungen liegt bei durchschnittlich einer Vollzeitstelle für rund 40 Beschäftigte in Elternzeit oder rund 100 Eltern mit zeitweisen Betreuungsaufgaben. Bei einer externen Durchführung dieser Aufgaben entstehen durchschnittliche Kosten in Höhe von 60.000 €. Die Beratungs- und Qualifizierungsmaßnahmen werden zumeist von den Frauenbeauftragen oder der Personalabteilung organisiert und auch durchgeführt. Dabei bieten sich für Beratungen bezüglich der direkt berufsbezogenen Fragen über Arbeitsmodelle oder Weiterqualifizierungen eine interne Lösung durch spezielle (Stabs-)Stellen in der Personalabteilung an, während die allgemeinen Fragen rund um die Elternschaft als Beratungsauftrag an einen externen Dienstleister vergeben werden sollten (vgl. Bundesministerium für Familie, Senioren, Frauen und Jugend 2003, S. 22 f.).

Diese aus der Praxis gewonnenen Handlungsempfehlungen gehen zunächst mit den üblichen transaktionskostentheoretischen Empfehlungen einer vertikalen Integration bei hoher Spezifität und der Wahl eines externen Anbieters bei niedrigeren Spezifitätsgraden einher. Werden jedoch die besonderen Bedürfnisse eines auf seine Netzwerkfähigkeit abzielenden Partnerunternehmens in Form der Bildung eines ausreichenden Sozialkapitalstocks berücksichtigt, lässt sich die Bearbeitung der „allgemeinen Fragen" im Rahmen der gemeinsamen Reflexion über das eigene Bindungsverhalten als spezifische Investition in das unternehmens- und netzwerkbezogene Beziehungswissen vertiefen, wenn in der Personalentwicklung die entsprechenden Maßnahmen ergriffen und in einen strategischen Kontext gesetzt werden. Hierbei gilt es vor allem, die Potenziale eines dialogischen Managementverständnisses zu nutzen, das den Aufbau von Sozialkapital in den Mittelpunkt der Unternehmensführung stellt.

6.4.2 Familienorientierte Personalentwicklung zum Aufbau spezifischen Beziehungswissens

Im Mittelpunkt der Personalstrategie der Elternführerschaft steht eine familienorientierte Personalentwicklung, welche den Aufbau von Personalpotenzialen in Netzwerkorganisationen mit den biographischen Herausforderungen einer (ersten) Elternschaft der hochqualifizierten Kernbelegschaften verbindet. Die Familienorientierung richtet sich daher auf den Teil der durch das Unternehmen mitgestaltbaren Work-Life-Balance der Individuen, der die Herstellung des Clubkollektivgutes „familiales Sozialkapital" mit der Herstellung des Clubkollektivgutes „netzspezifisches Sozialkapital" verbindet. Die dialogischen Elternseminare bilden den Ausgangspunkt für die Realisation der Elternführerschaft, da sie den Beschäftigten in ihrer (neuen) Elternrolle helfen können, das primäre Beziehungswissen ihres Kindes zu erhöhen, was zunächst mit Bindungsgewinnen in Form der Stärkung des familialen Sozialkapitals einhergeht. Für die hier betrachtete Gruppe der bildungsnahen Beschäftigen können so starke Anreize zur aktiven Teilnahme an dieser neuen Form der Personalentwicklung geboten werden, die durch ihre dialogischen Grundlagen mit einer weiteren Abkehr der Partnerunternehmen von der klassischen Hierarchie verbunden sind.

Ein dialogisches Führungsverständnis basiert auf der Annahme, dass Manager und Mitrbeiter gleichberechtigte Wahrheitsquellen bei der gemeinsamen Leistungserstellung im Unternehmen mit flachen Hierarchien darstellen. Keine Seite kann mehr für sich allein den Besitz endgültiger Wahrheiten beanspruchen, so dass sich die nie abgeschlossene Suche nach neuem Wissen als geteilter Versuchs- und Irrtumsprozess innerhalb einer lernenden Organisation ausdrückt. Die Mitarbeiter werden von den Führungskräften über die bestehenden Probleme und die vorandenen Lösungsalternativen aufgeklärt, damit der kreative Austausch der unterschiedlichen Perspektiven möglich wird. Beide Seiten gehen durch die offene Kommuikation ein Risiko ein. Die Mitarbeiter müssen mit ihrer Kritik und ihren Vorstellungen auf Führungskräfte treffen, die bereit sind, ihnen offen zuzuhören und sich dadurch nicht in ihrer Autorität und Kompetenz bedroht sehen. Die entsprechenden Sanktionen für durch das Management stigmatisierte Querdenker können von Nichtbeförderungen bis zu Entlassungen reichen, so dass ein wechseleitiges Vertrauen zur Grundvoraussetzung einer dialogischen Führung wird. Die Manager müssen sich ebenfalls darauf verlassen können, dass der sanktionsreie Dialog konstruktiv zum Wohle der Unternehmensinteressen genutzt wird und nicht in beliebigen Diskussionen oder einseitigen Schuldzuweisungen über die Sünden der Vergangenheit ausartet (vgl. Petersen, Jendrik/ Lehnhoff, Andre 2000, S. 151 ff.).

Der Aufbau einer dialogischen Unternehmenskultur steht als Signal für die geförderte und gewünschte Lernbereitschaft bei den Beschäftigten, die sich für das Unternehmen entschieden haben. Der Aufbau eines solchen Arbeitsrahmens bringt den Vorteil von gewachsenen Vertrauensbeziehungen von hoch qualifizierten Beschäftigten, die sich im Rahmen ihrer entwicklungsbedingten und berufsbezogenen Beziehungsarbeit eine hohe Motivation zur Arbeit erhalten haben und ihrem Arbeitgeber durch die Einbindung in Netzwerkorganisationen weiterhin loyal zur Verfügung stehen. Dieser investiv geschaffene Effizienzvorteil kann letztlich die relative Vorteilhaftigkeit der Netzwerkorganisation gegenüber marktlichen oder hierarchischen Organisationsformen ökonomisch begründen. Die gewachsenen Beziehungen bleiben dem Partnerunternehmen auch nach Austritt eines anderen Partners aus dem Netzwerk erhalten, so dass sich im Zeitverlauf interessante Kooperationsperspektiven in neuen Netzwerken mit alten Vertrauten ergeben können, welche die Transaktionskostenvorteile von Netzwerken durch den gebundenen Mitarbeiterstamm effizient nutzen können. Die Entwicklung des spezifischen Beziehungswissens dient als Grundlage dieser im Zeitablauf expandierenden Netzwerkattraktivität von wissensintensiven Partnerunternehmen in der Informationsgesellschaft.

Die Nutzung solcher struktureller Löcher durch die persönlichen Beziehungen kann für den Aufbau von Sozialkapital in Netzwerken verwendet werden. In empirischen Studien zu virtuellen Teams zeigt sich, dass diese aus Kernteams von hoch motivierten Mitarbeitern aus verschiedenen Unternehmen bestehen, die sich bei der Bearbeitung eines Projektes auf ihre Kollegen vor Ort und die gewachsenen Kommunikationsstrukturen stützen können (vgl. Weinkauf, Katharina/Woywode, Michael 2004, S. 401 ff.). Die Durchführung von Elternseminaren für alle im Netzwerk beschäftigten Väter und Mütter mit kleinen Kindern dient zunächst dem Aufbau von personalen Elternnetzwerken als Subclub innerhalb der Netzwerkorganisation. Die Mitglieder dieses Subclubs werden als dialogische Begleiter der Projektteams zu Vertrauensmultiplikatoren, wenn sich in jedem Partnerunternehmen ein Mitglied des Elternnetzwerkes in den Projektteams wiederfindet und dadurch eine bereits bestehende Vertrauensbeziehung zwischen einzelnen Vertretern aus den beteiligten Organisationen für den Vertrauensaufbau der noch nicht miteinander bekannten Teammitglieder genutzt werden kann. Die strukturellen Löcher werden hierbei allerdings mit starken Beziehungen überbrückt.

Die gemeinsamen Lern- und Erfahrungsprozesse innerhalb einer relativ überschaubaren Kleingruppe mit starken Beziehungen führen zu einer vertrauensstiftenden Herausbildung von mentalen Modellen. Diese bilden den gemeinsamen Orientierungsrahmen bei der Erfassung und Interpretation der Wirklichkeit. In den Sozialisationsprozessen entstehen aus den sich überlappenden individuellen Modellen gemeinsame Schemata, mit denen die Welt interpretiert wird und die innerhalb einer bestimmten Gruppe zu einer verbesserten Kommunikation und damit zu Transaktionskosteneinsparungen führen. Mentale Modelle enthalten implizites Wissen darüber, wie abstrakte Werte und Normen in adäquates Verhalten konkretisiert werden kann (vgl. Beckmann, Markus et al. 2005, S. 71 ff.).

Bezieht sich dieses Verhalten auf Interaktionen, lässt sich der gemeinsame Wirklichkeitsrahmen als kollektiv nutzbarer Teil des individuellen Beziehungswissens einordnen. Die gemeinsamen mentalen Modelle spiegeln den gemeinsamen Nenner aus den individuellen Interpretationsmustern einer Gruppe wider. Mit Schein lässt sich Kultur als ein durch Lernprozesse bewährtes Muster gemeinsamer Grundprämissen einer Gruppe bei der Bewältigung ihrer internen Integrations- und externen Anpassungsprobleme verstehen, das als bindend gilt und daher an neue Mitglieder als rationaler und emotionaler korrekter Ansatz für den Umgang mit diesen Problemen weitergegeben wird (vgl. Schein, Edgar H. 1995, S. 25). In diesem Sinne beschreibt die Unternehmenskultur die Summe der gemeinsamen mentalen Modelle einer Organisation.

Die institutionenökonomische Sichtweise der Kultur als informeller Institution bezieht sich dann auf den Aspekt der Strukturierung der mentalen Modelle durch die personenexternen Institutionen. Die Institutionen werden im Zeitablauf zwar von den Individuen als gemeinsame Ideologien internalisiert, bleiben prinzipiell aber insofern ein personenextern wirksamer Mechanismus, als dass sie auch unabhängig von einzelnen Individuen zur Unsicherheitsbewältigung genutzt werden können (vgl. Denzau, Arthur T./North, Douglass C. 1994, S. 3 ff.). Im Gegensatz zur exogenen institutionellen Umwelt ist die Unternehmenskultur in einer funktionalistischen Perspektive vom Management durch die Gestaltung von Symbolen kontrolliert herstellbar, während der interpretative Unternehmenskulturansatz davon ausgeht, dass die Unternehmung eine Kultur besitzt, in die auch das Management eingebunden ist und die deshalb nicht einseitig von oben gestaltet werden kann. Die angenommene Nichtbeherrschbarkeit führt in dieser Sichtweise zu zahlreichen Unsicherheiten bei der systemimmanenten Kulturentwicklung, die im Gegensatz zur funktionalistischen Planungssicherheit nur noch sehr eingeschränkte Spielräume bei der bewussten Kulturgestaltung lässt (vgl. Kasper, Helmut et al. 2003, S. 852 ff.).

In dieser Arbeit wird ein vermittelnder Weg zwischen diesen beiden Positionen bestritten, der neben der wichtigen Rolle von Führungskräften bei der Gestaltung von Netzwerkorganisationen die unbewusste Pfadabhängigkeit menschlichen Handelns durch die Sozialisationserfahrungen betont, die sich im impliziten Beziehungswissen niederschlagen und nur zu einem geringen Teil bewusst verändert werden können. Es bestehen somit nur begrenzte Spielräume einer Kulturgestaltung, die in Folge der beschränkten Rationalität der Akteure zudem mit nicht vorhersehbaren Ergebnissen behaftet ist. Gleichzeitig ist es aber nicht unmöglich für das Management, auf die mentalen Modelle Einfluss zu nehmen. Der Unterschied in den Auffassungen liegt neben der erwarteten Zielerreichung in dem Zeitbedarf und in dem Grad der Involviertheit der Führungskräfte in den Wandlungsprozess, der letztlich nicht nur die Mitarbeiter, sondern auch sie selbst verändern wird.

Für das bewusste Verständnis einer Kultur ist es entscheidend, soweit wie möglich die Lernprozesse zu kennen, unter denen die unbewusst wirkenden gemeinsamen Grundannahmen als Basis der bewusst wahrnehmbaren Artefakte und Werte entstehen. Den Führungskräften kommt bei der Prägung der Unternehmenskultur eine entscheidende Rolle zu, da sie durch ihr Verhalten ihre Handlungsprämissen und deren Wertigkeit im Alltag offenbaren. Während in der Gründungsphase eines Unternehmens die Überzeugungen und Werte der Unternehmerpersönlichkeiten die Kultur maßgeblich prägen, etablieren sich in Unternehmen mittleren Alters zunehmend stabile Subkulturen, die eine unternehmensweite Koordination erschweren. Die Führungskräfte sind daher vor die Anforderung gestellt, eine Integration der verschiedenen Subkulturen zu erreichen und diese bei geänderten Umweltbedingungen anzupassen. Ein bewusst initiierter Kulturwandel ist in dieser Phase neben einer gezielten Organisationsentwicklung durch die systematische Förderung von ausgewählten Subkulturen denkbar. Eine lernende Führungspersönlichkeit trägt ihre eigenen Prämissen nach außen und greift die unterschiedlichen kulturellen Prämissen insbesondere neuer Gruppenmitglieder auf, um sie allmählich als neuen Teil der Unternehmenskultur zu verankern (vgl. Schein, Edgar H. 1995, S. 172 ff.).

Die lernende Führungsperson trägt im dialogischen Management in gemeinsamer Interaktion zum wechselseitigen Erkennen, Reflektieren und Verändern bestehender mentaler Modelle bei. Daneben werden die tendenziell erkannten, aber nicht oder nur sehr schwer veränderbaren Modelle wertgeschätzt und bei der individuellen Potenzialentwicklung berücksichtigt. Die systematische Verteilung der weiter beschäftigten Eltern in den verschiedenen Projektteams der Netzwerkorganisation kann durch das netzwerkbezogene Personalmanagement dazu genutzt werden, im Anschluss an die Elternseminare projektbegleitende Dialoge zu institutionalisieren. Erste Ansätze finden sich bereits in der Praxis.

Die Firma Ford AG hat Elternforen zum Informationsaustausch und zur Unterstützung durch regelmäßige Erfahrungsaustausche („Stammtische") und Workshops zum Neustart in die Elternzeit für Männer und Frauen als Instrument der besseren Vereinbarkeit von Beruf und Privatleben eingerichtet (vgl. Jablonski, Hans W./Fischer, Nicolai 2004, S. 8 f.). Im Zuge einer familienorientierten Personalentwicklung ist neben der Stärkung der Erziehungskompetenzen darüber hinaus aber auch die Stärkung der Beziehungskompetenzen anzustreben, die durch die Elternschaft aktiviert und neu geschaffen werden können, so dass sich positive externe Effekte aus dem Sozialkapital des Elternclubs nutzen lassen können. Der entscheidende Anknüpfungspunkt für die familienorientierte Personalentwicklung besteht dabei in den besonderen Bestandteilen des Beziehungswissens, die im ersten Lebensjahr des Kindes bei den Eltern zu neuen Lernprozessen führen, die sie bei einer entsprechenden dialogischen Begleitung zu „Beziehungsexperten" in ihren Teams machen können. Die Einbindung dieser zumeist nicht Vollzeit arbeitenden Experten in das gesamte Projektteam kann drei wesentliche Nachteile der frühen Elternzeit ausgleichen oder zumindest deutlich abschwächen:

- Die eingeschränkte individuelle Produktivität durch die familiale und berufliche Doppelbelastung und die verringerte Arbeitszeit kann durch die Weitergabe und Teilung des nach der Geburt des (ersten) Kindes gewonnenen Beziehungswissens kompensiert werden, indem sich die Produktivität aller Projektmitarbeiter durch die Verbesserung des Beziehungsverhaltens erhöht.

- Die zunehmende symmetrische Verteilung des Beziehungswissens zwischen den Eltern und Nicht-Eltern führt zu sinkenden Transaktionskosten. Die Mitglieder der personalen Elternnetzwerke werden als Beziehungsexperten zu Vertrauensmultiplikatoren, welche die Vorteile einer gewonnenen psychischen Sicherheit als Ausdruck ihrer Work-Life–Balance glaubhaft vorleben können. Die Förderung eines offenen Dialoges kann dabei die Konflikte zwischen den durch Elternpflichten gebundenen Teilzeit- und den sich dadurch belastet sehenden Vollzeitkräften im Sinne einer vertrauensvollen Unternehmenskultur lösen.

- Die Vermeidung von längeren Auszeiten und die Generierung neuen Wissens als respektierter Beitrag der Eltern zum Aufbau von Sozialkapital kann bei der Einbindung und Unterstützung durch das Management zu einer erfolgreichen Fortsetzung des netzwerkbezogenen Karrierepfades für die Eltern nach der Elternteilzeit führen, die nicht mehr das abrupte Ende der beruflichen Entwicklungsmöglichkeiten bedeutet.

Die Wertschätzung des Beitrages der Eltern muss durch die Führungskräfte vorgelebt werden und sich auch in den internen Karrierepfaden beobachtbar niederschlagen, damit die Strategie Glaubwürdigkeit erhält. Die Konfliktlösung zwischen Kinderlosen und Eltern verlangt nach einer umfassenden Implementierung von Work-Life-Balance-Programmen, die über eine reine Familienorientierung hinausgehen und grundsätzlich allen Mitarbeitern zur Verfügung stehen. Bedeutsam wird die erfolgreiche Kommunikation des Managements an die Beschäftigten, dass die entwicklungsorientierte Begleitung der Eltern einen Nutzen für alle Unternehmensmitglieder schaffen kann, der sich nicht mehr nur auf die Privatsphäre beschränkt. Darüber hinaus werden der Austausch und die Selbstreflexion über das Thema Vertrauen als Basis neuer Lernprozesse wichtig, die über die bessere interne Kommunikation zu neuen Lösungen von Kundenproblemen führen.

Die ressourcenorientierte dialogische Personalentwicklung als Mittel der Überwindung von Barrieren beim Aufbau von Sozialkapital dient in erster Linie der Transformation mentaler Modelle. Reine Verhaltenstrainings führen bei einer isolierten Anwendung zu lediglich geringer Veränderung der individuellen Orientierung und Antizipation von Verhaltensweisen in sozialen Strukturen, da sie nicht an dem langzeitlich gespeicherten Wissen ansetzen. Die reflexive Aufdeckung von Lücken oder Widersprüchen in der eigenen Wissensbasis kann die in realen Entscheidungssituationen wirksamen impliziten Modelle bewusst werden und eine bewusste Einsicht in die Effizienz anderer mentaler Modellbildungsprozesse entstehen lassen (vgl. Dutke, Stephan/Wick, Alexander 2001, S. 114 ff.).

Die systematische Selbstreflexion führt somit zum Metawissen über zwischenmenschliche Beziehungen, das zum Aufbau von interpersonalem Vertrauen notwendig wird. Ähnlich wie bei den Elternkursen stellen verhaltensorientierte Seminare eine sinnvolle Ergänzung bei akuten Problemen dar, mit denen sich akzeptierte Regeln im kooperativen Umgang miteinander vermitteln lassen. Für den Aufbau von Vertrauen in der Netzwerkorganisation ist aber eine weitergehende dialogische Auseinandersetzung mit dem eigenen Bindungsverhalten im Unternehmen erforderlich, dass sich von der Eltern-Kind-Beziehung unterscheidet. Dabei ist auch zu beachten, das die frühkindliche Entwicklung der Herausbildung mentaler Modelle dient und damit eine Anpassung an Umweltänderungen wesentlich schneller erfolgen kann als bei Erwachsenen, die ihre Modelle im Sozialisationsverlauf bereits verfestigt haben.

Die grundsätzliche Asymmetrie in der Lerngeschwindigkeit führt im Bereich der Kernfamilie zu familienspezifischen präventiven oder problembezogenen Beratungsfragen bezüglich der Entwicklung des Kindes. In betriebsbezogenen Fragestellungen ist zwischen den Teilnehmern von einer größeren Symmetrie der Lernmöglichkeiten bei der Thematisierung der Organisationsentwicklung auszugehen. Reine Verhaltenstrainings können hier dazu führen, dass vor allem ihr zeitlich begrenzter Umfang die erhöhten Reflexionsbedarfe zur Bewusstwerdung und Modifizierung bestehender mentaler Modelle bei den Mitarbeitern nicht genug berücksichtigen kann. Insbesondere bei geringen anfänglichen Sozialkapitalbeständen kann dies dazu führen, dass die ähnliche Lerngeschwindigkeit zu einer Fortsetzung opportunistischer Taktiken mit einer größeren Raffinesse durch das neue explizite Wissen genutzt wird, was jegliche Vertrauensbildung verhindert.

Die Gefahr von reinen Verhaltenstrainings besteht folglich darin, dass den Teilnehmern Verhaltensweisen antrainiert werden, die nicht mit ihren inneren mentalen Modellen übereinstimmen und sie diese deshalb entweder später verwerfen oder sie als reines Manipulationsinstrument zur Durchsetzung und Kontrolle ihrer Eigeninteressen auf Kosten ihrer Beziehungspartner missbrauchen. Das Problem der Mechanisierung des Interaktionsverhaltens führt dazu, Qualifizierungsmaßnahmen für Gruppenarbeit um gruppendynamische Selbsterfahrungsrozesse zu ergänzen. Vor der Veränderung der zwischenmenschlichen Deutungsmuster steht daher deren selbsterfahrende Bewusstwerdung. Dadurch werden die zumeist unbewusste eigene Wahrnehmung und Wirkung des eigenen Verhaltens auf andere erkannt. Im nächsten Schritt können durch Verhaltenstrainings dann auch Methoden gelernt werden, um auf die erkannten negativ wirkenden Kommunikationsmuster bewusst und im gegenseitigen Einverständnis Einfluss zu nehmen (vgl. Rhein, Rüdiger 2002, S. 273 ff.). Die Bewusstwerdung und Veränderung intraorganisational eingefahrener Interaktionsuster kann durch den Kontakt mit Teammitgliedern aus anderen Organisationen erleichtert werden, die mit anderen mentalen Modellen kooperieren. Damit diese Unterschiede nicht die Etablierung eines Wir-Gefühls zerstören, das die Bindungsosten im virtuellen Team effizient verringert, sind allen Beteiligten die Grundfähigkeiten des Dialoges zu vermitteln.

Das Beziehungswissen zur Dialogführung befähigt zum empathischen und wertschätzenden Zuhören (Listening), das um das Sprechen im Bewusstsein der zunächst nur für den Sprecher gültigen subjektiven Perspektive ergänzt wird (Voicing). Dies wird um das Respektieren anderer Meinungen und Sichtweisen (Respecting) und die Fähigkeit zur Reflexion von eigenen Vorurteilen sowie der Einnahme von anderen Standpunkten ergänzt, die den Dialog mit anderen auch bei tiefer sitzenden Konflikten zwischen der Wahrnehmung und den mentalen Modellen durch die Einnahme einer eigenen verhandelbaren Position in der Schwebe halten kann (Suspending). Erst durch dieses Lösen von alten „Gewissheiten" wird der Dialog seiner aus dem Griechischen kommenden Bezeichnung des Bedeutungsflusses gerecht, der den wirklich neuen Problemösungen in diesen nicht vorhersehbaren gemeinsamen Denkprozessen den Weg ebnet (vgl. Isaacs, William 2002, S. 28 ff.). Die Dialoggruppe dient in den immer schneller werdenden unternehmerischen Veränderungsprozessen primär als Mittel zur Entschleunigung, die den Raum und die Zeit zum gemeinsamen Experimenieren und Lernen zur Verfügung stellt (vgl. Fatzer, Gerhard 2001, S. 103-107). Der Dialog wird somit durch das dazu notwendige Beziehungswissen ein effizientes Instrument des Wissensmanagements in dezentralen Organisationstrukturen bei der Generierung von Innovationen unter beschränkt rationalen Individuen.

Er findet derzeit bei größeren Firmen wie Ford, Hewlett-Packard, Shell, Amoco und Motorola sowie in öffentlichen Einrichtungen der USA eine zunehmende Verbreitung. Bei Ford werden mittlerweile vor wichtigen Konferenezen dialogische Sitzungen durchgeführt, die ausschlaggebend für den späteren Erfolg sind. Bei der Unternehmensberatung KPMG in den Niederlanden hat erst die Verteilung der Kontrolle von der Spitze auf die unteren Ebenen im Rahmen der dialogischen Suspension zu einer erfolgreichen strategischen Neuausrichtung beigetragen (vgl. Isaacs, William 2002, S. 30 ff.).

Die Entwicklung eines Dialoges erfordert einen „Container", der als Metapher den von Beginn an frei von vorgegebenen Meinungen geistigen Raum beschreibt, der einen sicheren Rahmen für den offenen Austausch darstellt. An diesem geschützten Ort können die Mitglieder einer dialogischen Gruppe ihre unterschiedlichen und zum Teil auch widersprüchlichen Erfahrungen und Positionen einbringen, ohne dass diese Unterschiede, im Gegensatz zur Diskussion, aufgelöst werden müssen.

Die Existenz eines Containers ist die Voraussetzung und Bedingung dialogischer Kommunikation, der durch die gezielte Information für die Beschäftigten und die Einbindung von Führungskräften in Verbindung mit den jeweiligen unterehmensinternen oder –externen Dialogbegleiter geschaffen werden kann (vgl. Beucke-Galm, Mechtild 2003, S. 184 ff.). Die Bindung des Personalpotenzials von Mitarbeitern und Führungskräften durch die systematische Erhöhung des dialogischen Beziehungswissens im Rahmen neuer Personalkonzepte findet sich in der Praxis bei der Beratung von Veränderungsprozessen.

Im Verlauf der dialogisch unterstützten Strategieentwicklung eines mitteltändischen Dienstleistungsunternehmens wurde eine Gruppe von Nachwuchskräften durch externe Organisationsberater in den dialogischen Kompetenzen geschult, die danach ihren Kollegen und Kolleginnen die Grundfähigkeiten zum Dialog und die Unterschiede zur bisherigen Kommunikation im Unternehmen weitervermittelten. Dieser Gruppe von „Facilitatoren" wurde im Rahmen von begleiteter Gruppeneflexion die Möglichkeit gegeben, sich intensiv über die gemeinsame Kommunikation im Dialogprozess auszutauschen. Dadurch konnten sie eine neue Perspektive auf ihr eigenes Denken und die systemischen Zusammenhänge in der Gruppe gewinnen, mit der sie die Spannungen in den einzelnen Phasen der Gruppenentwicklung aushielten, ohne den Dialog durch ihre Be- oder Abwerungen zu beeinträchtigen (vgl. Beucke-Galm, Mechtild 2003, S. 174 ff.). Neben dem allgemeinen Beziehungswissen investieren die Dialogpromotoren in unternehmenspezifisches Wissen, da sie ihre Erfahrungen innerhalb ihrer Organisation machen und sich so primär diesen Gruppenmitgliedern vertrauensvoll annähern können. Insbesondere die wertschätzenden und empathischen Dialogkompetenzen lassen sich aus der humanistischen Gesprächspsychotherapie nach Carl Rogers ableiten.

Ein Gruppenleiter sollte sich danach als entwicklungsfördernder „Facilitator" weniger auf die inhaltliche Gestaltung und Moderierung der Gruppenprozesse, sondern primär auf die Förderung der Rahmenbedingungen konzentrieren, die es den Gruppenmitgliedern erleichtern, ihre Gedanken und Gefühle innerhalb der Gruppe wahrzunehmen und auszudrücken. Die Person des Facilitators und ihr Vertrauen in das Lernpotenzial der Gruppenmitglieder sind bei der Dialogörderung entscheidend und wesentlich wichtiger als einzelne Techniken oder Übungen. Die kontinuierliche und bewusste Auseinandersetzung mit der eigenen Erlebniswelt ist die beste Lernhilfe, um eine solche Haltung zu entwickeln (vgl. Schmid, Peter F. 1996, S. 220 ff.).

Diese Grundhaltung zeichnet sich durch Authentizität, uneingeschränkte Akzeptanz und Wertschätzung sowie ein einfühlendes Verstehen (Empathie) der Gefühle des Gegenübers aus. In einer therapeutischen Beziehung lässt sich der Fortschritt an dem Ausmaß festmachen, indem diese Haltung des Therapeuten dem Klienten kommuniziert und von diesem wahrgenommen werden kann. Das durch diesen Dreiklang entstehende wechselseitige Vertrauen und die Erfahrung des Klienten, mit seinen Problemen ernst genommen und verstanden zu werden, führt dazu, dass er sich die tiefer liegenden Ursachen und Lösungsmöglichkeiten seiner Probleme vergegenwärtigen kann. Handlungsleitende Annahme dabei ist, dass der Mensch eine immanente Tendenz besitzt, seine Fähigkeiten lebenslang weiterzuentwickeln, um den Organismus zu erhalten und zu vervollkommnen, diese Tendenz aber durch die physischen und psychologischen Bedingungen der Person wie der Umwelt vielfach behindert werden. Die Betonung von Wachstum und Entwicklung führt dazu, dass dieser Ansatz nicht mehr nur in Therapien, sondern auch in Gruppenprozessen zur Organisationsentwicklung verwendet wird (vgl. Rogers, Carl R. 1987, S. 475 ff.).

Die investive Einrichtung fester dialogischer Elterngruppen und die darauf aufbauende Übertragung dieser geschützten Lernorte auf die zeitlich befristeten Projektgruppen trägt dieser erweiternden Sichtweise auf das Humanvermögen der Beschäftigten Rechung. Die durch das Vertrauen entstehenden Bindungsgewinne fallen bei der Potenzialentwicklung den betroffenen Personen zu, während die Gewinne aus einer erfolgreichen Projektarbeit zunächst den Unternehmensgewinn erhöhen und dann an die Beschäftigten weitergegeben werden. Die Verteilung der beiden Beziehungsnutzen muss so gestaltet werden, dass die zunehmend inforellen Beziehungen zwischen den Teammitgliedern zum beiderseitigen Vorteil für die Arbeitnehmer und Arbeitgeber genutzt werden und nicht die Leistungsfähigkeit des vernetzten Teams einschränken. Dazu ist allen Beschäftigten, die in interorganisationalen Projektteams vernetzt arbeiten sollen, zu vermitteln, wie und warum die reflexive Bearbeitung des Themas Vertrauen zu individuellen Bindungsgewinnen in Form eines positiven Bindungsnettonutzens aus Beziehungen führt, der die vernetzte Zusammenarbeit wesentlich erleichtert. Hierbei kann auf die aktuellen Erkenntnisse der Bindungstheorie zurückgegriffen werden.

Neben den genetischen Bindungsanlagen und der Feinfühligkeit der Eltern weist die Bindungsforschung auf die Fähigkeit des Menschen, offen über Beziehungen sprechen zu können, als dritte maßgebliche Einflussgröße beim Aufbau von engen partnerschaftlichen Vertrauensbeziehungen hin. Der leichte Zugang zu den bindungsbezogenen Gedanken und Gefühlen ermöglicht es dabei, negative Aspekte einer Beziehung nicht zu leugnen, abzuwerten oder zu verfälschen. Dadurch fällt in Langzeitstudien jungen Erwachsenen mit einer sicheren Bindung eine begründete, verständliche und klare Kommunikation über ihre Bindungsefahrungen wesentlich leichter. Sehr negative Erlebnisse in der frühen Kindheit können nach derzeitigem Wissensstand zwar nicht ungeschehen gemacht, aber später bewusst verarbeitet werden, um die Folgen zu mildern (vgl. Grossmann, Karin E./Grossmann, Klaus E. 2004, S. 527 ff.).

Die individuelle Fähigkeit, sich selbst über die Reaktionen seines Gegenübers in Beziehungen ein Bild über die eigenen Absichten und Werte zu machen, basiert ebenalls auf der ersten Lebensphase und ist insbesondere mit der Feinfühligkeit der Mutter verbunden. Sie führt im weiteren Verlauf auch zur Herausbildung mentaler Modelle über Ursache-Wirkungsketten, die das Handeln der Mitmenschen je nach

Bindung mehr oder weniger sinnvoll erklären und sicher vorhersagen können. Die Grundfähigkeit des Menschen, in Beziehungen das eigene Verhalten wie das der anderen auf Basis der impliziten Annahmen von entsprechenden geistigen Prozessen abzuleiten, die hinter dem beobachteten Verhalten liegen, lässt sich als weitgehend unbewusste reflexive Kompetenz von der Selbstreflexion abgrenzen, welche allein die bewusste Befindlichkeit auf der psychischen Ebene wahrnimmt. Reflexive Kompetenz schreibt in einem autonomen Informationsverarbeitungsrozess menschlichem Handeln Sinn zu und nimmt dabei auch Einfluss auf die Verwendung der bewussten Aufmerksamkeitsressourcen. Bei einer sicheren Bindung können diese für die Exploration der Umwelt genutzt werden, während die unsichere Bindung eines Kindes dazu führt, dass es einen Großteil seiner Kapazität darauf verwendet herauszufinden, in welchem psychischen Zustand sich sein Gegenüber befindet, um sich vor dem drohenden Unheil zu schützen (vgl. Fonagy, Peter 2003b, S. 31 ff.).

Die reflexive Kompetenz ist der Teil des impliziten Beziehungswissens, der zur Passung der mentalen Modelle verschiedener Individuen in sozialen Beziehungen führt und bei den Transaktionskosten somit insbesondere die Bindungskosten reduziert. Je sicherer ein Kind gebunden ist, desto vollständiger wird es später die Handlungen seiner personalen Umwelt vorhersagen und in einen sinnvollen Kontext einordnen können. Dadurch erhält das Individuum im weiteren Leben wertvolle „freie" Aufmerksamkeitsressourcen, sich in neuen Beziehungen vertrauensvoll öffnen und einen entsprechend hohen Bindungsnutzen erfahren zu können. Eine unsichere Bindung führt dagegen zur Nachfrage nach institutionellen Sicherheiten, die das als Grundmodell verinnerlichte potenziell drohende und dann willkürlich auftretende Unheil aus engen Beziehungen abwehren sollen. Besteht das Urvertrauen als emotionaler Ausdruck einer sicheren Bindung darin, sich selbst und seiner personalen Umwelt unbewusst Vertrauenswürdigkeit zuschreiben zu können, greift die reflexive Kompetenz darüber hinaus auf die im Lebenslauf erworbenen kognitiven Zuschreibungen über die psychische Befindlichkeit von sich selbst und anderen, wodurch eine zielorientierte Kommunikation auf der bewussten Beziehungsebene möglich wird. Die frühkindlichen Bindung als unbewusstes Motiv dieser Zielprozesse wird von dem international renommierten Psychoanalytiker und Bindungsforscher Peter Fogany primär mit der Mutter in Verbinung gebracht, so dass die Ergebnisse der modernen Väterforschung ergänzend auf die ebenso wichtige Bedeutung der männlichen Bezugsperson hinweisen (vgl. Punkt 6.3.2).

Für die familienorientierte Personalentwicklung und die Etablierung eines darauf aufbauenden dialogischen Managements bleiben also beide Elternteile relevant. Die Nutzung der reflexiven Kompetenz als unbewusste Basis einer bewussten Selbstreflexion zur Senkung der interpersonellen Bindungskosten erfordert allerdings eine selbstreflexive und durch kompetente Facilitatoren begleitete Auseinandersetzung mit der eigenen Biographie, die auch unangenehme Erfahrungen ans Licht bringen kann. Die Beschränkung der behandelten Bindungsuster auf berufsbezogene Fragestellungen sichert in der Anfangsphase die Zustimmung in solchen betrieblichen Kontexten, die durch geringe Sozialkapitalestände geprägt sind.

Die Chancen, die in der Arbeit an sich selbst für die eigene Entwicklung liegen, müssen den potenziellen Teilnehmern von Dialoggruppen auf der Ebene bereits praktizierter Weiterbildungsmaßnahmen oder von gesonderten Einführungsveranstaltungen verdeutlicht werden. Die Eltern stellen die erste Zielgruppe von auf den Erkenntnissen der Bindungstheorie aufbauenden einführenden Informationsveranstaltungen über die Gesamtstrategie und begleitenden Workshops dar, die auf die Angebote dialogischer Elterngruppen verweisen und somit auch die weiteren Projektmitarbeiter in den Organisationswandel durch den Aufbau von „dialogischm Sozialkapital" einbinden.

Die Mischung aus anfänglichen Informationsveranstaltungen und Workshops mit einer von dem Gruppenleiter eindeutig vorgegebenen inhaltlichen Struktur der zu behandelnden Themen und einer anschließenden Implementierung einer sich in regeläßigen Zeitabständen treffenden dialogischen Elterngruppe wird notwendig, um zunächst die bewusste Akzeptanz insbesondere von den eher kritischen Mitareitern zu erhalten. Die biographische Aufarbeitung der eigenen Bindungsgeschichte und die Auswirkungen für das heutige Handeln in Beziehungen in einem geschützten Rahmen zur Klärung der eigenen Elternrolle hilft zu einer verbesserten individuellen Work-Life-Balance, indem die psychische Sicherheit als Basis für Vertrauensbeziehungen erhöht wird. Dabei kann auf bereits bestehende Konzepte aufgebaut werden.

So besteht ein in der Beratungspraxis unter anderem bei Daimler Chrysler erprobtes Weiterbildungskonzept zum Training und zur ressourcenorientierten Entwicklung von Führungskräften aus mehreren zweitägigen vorbereitenden Workshops, die zunächst die Führungskräfte schulen und ihnen bei der Vermittlung des Gesamtkonzeptes Selbsterfahrungs- und -wahrnehmungsmöglichkeiten bieten, um sie auf ihre Rolle als Beobachter, Begleiter und Entwickler des von ihnen ausgewählten Potenzialträger vorzubereiten. Die vier zentralen Entwicklungsmaßnahmen mit diesen Mitarbeitern umfassen viertägige Workshops zu den Themenfeldern Führung und Werte, Lernen im Team, das Unternehmen als komplexes System sowie Vertrauen und Beziehungsfähigkeit. Insbesondere der abschließende Beziehungsworkshop beinhaltet eine gesonderte reflexive Behandlung der eigenen Persönlichkeitsentwicklung im Rahmen der Lebens- und Berufsplanung. Dadurch sollen neben den sozialen Kompetenzen die individuellen Fähigkeiten zur selbstverantwortlichen Durchführung von Veränderungsprozessen erhöht werden (vgl. Pollack, Walter/Pirk, Dieter 2001, S. 29 ff.). Diese modulartige Konzeption bietet die Vorteile einer größeren Planbarkeit des zeitlichen Umfangs und eines breiten Themenfeldes, welches die Teilnehmer für eine weiterführende Beziehungsarbeit sensibilisiert und motiviert.

In solchen Weiterbildungsangeboten kann systematisch auf die familienorientierte Personalentwicklung hingewiesen werden, die auf die besondere Situation von Eltern eingeht. Dadurch wächst die Akzeptanz aller Beteiligten gegenüber den Eltern und die Gefahr von Konflikten bezüglich der von den kinderlosen Beschäftigten unterstellten Privilegierung der Elternrolle wird verringert. Die Schulung von Führungsnachwuchskräften zu dialogischen Facilitatoren bietet dabei gleich mehrere Vorteile:

- Die noch am Anfang stehende berufliche Sozialisation führt zu einer im Vergleich mit älteren Führungskräften geringeren Ausprägung an entsprechenden festen berufsbezogenen mentalen Modellen, die nur noch mit sehr hohem Aufwand zu ändern sind.

- Die eigene Lebens- und Familienplanung ist noch nicht abgeschlossen, so dass der Wunsch nach Kindern zu einer hohen Motivation an der Umsetzung einer familienorientierten Personalpolitik führt, da die Nachwuchskräfte direkt davon betroffen sind.

- Die Erwerbstätigkeit hat noch einen langen zeitlichen Horizont, so dass die Bindung des Führungsnachwuchses dauerhaft zu einer wachsenden Implementierung eines dialogischen Managements führt, wodurch das wissensintensive Unternehmen für die in Netzwerken arbeitenden Beschäftigten als attraktiver Arbeitgeber wahrgenommen wird.

- Werden die dialogischen Gruppen für Mitglieder aus allen Partnerunternehmen geöffnet, findet in der Schulungsphase ein intensiver Kontakt zwischen den Führungsnachwuchskräften statt, die damit im Vorfeld der Elternnetzwerke ein vertrauensbasiertes persönliches „Facilitatorennetzwerk" innerhalb der primären Netzwerkorganisation etablieren können.

Die primäre Netzwerkorganisation zur Durchführung von gewinnorientierten Projektteams wird somit gleich durch zwei sekundäre Beziehungsnetzwerke gestützt und damit im Zeitverlauf stabilisiert. Der Aufbau der dialogischen Elterngruppen mit den Führungsnachwuchskräften als Facilitatoren kann die für den impliziten Arbeitsvertrag wichtige persönliche Beziehung zum hierarchischen Vorgesetzten stärken (vgl. Punkt 5.1.2). Ist unter den beteiligten Eltern das Vertrauen gewachsen, so dass auch weitergehende berufliche Fragen angesprochen werden können, wird aus dem Elternseminar eine dialogische Gruppe zur Thematisierung der individuellen Probleme und Lösungen rund um das übergeordnete Thema Work-Life-Balance. Neben den anderen aus der Gruppe eingebrachten Aspekten hilft sie der Klärung der entscheidenden Frage in einer fortschreitenden Projektorganisation, ob bei den Gruppenteilnehmern gegenwärtig genug psychische Sicherheit vorhanden ist, um dauerhaft in virtuellen Teams auf Projektbasis arbeiten zu können.

Diese Frage sollte von dem als Facilitator akzeptierten Gruppenleiter als Impuls vorgegeben werden. Die Gruppe steht dann vor der Entscheidung, ob sie sich inhaltlich zweiteilen will, um die rein elternbezogenen Fragen von den weitergehenden Fragen zu trennen. Die Trennung würde eine separate Öffnung und Neuformation der „dialogischen Work-Life-Balance-Seminare" um die Mitglieder eines neuformierten virtuellen Teams ermöglichen, dem nur ein Teil der Eltern aus der Kerngruppe angehört. Diese Elterngruppe würde weiterhin autonom fortbestehen, während bei einer Verschmelzung der Elterngruppe mit der Work-Life-Balance-Gruppe berufsbezogene dialogische Entwicklungsgruppen zur Teambildung in der Netzwerkorganisation entstehen. Eine solche Erweiterung kann auch nur für die Dauer eines größeren Projektes vereinbart werden, damit die Vorteile der Einbezogenheit aller Mitglieder eines virtuellen Teams nicht dazu führen, die Konturen des Elternnetzwerkes mit der Zeit zu verwischen und dadurch die Strategie der Elternführerschaft zu gefährden.

Die Entscheidung über eine mögliche Zweiteilung kann nur auf der Ebene der Gruppe in Abhängigkeit des gewachsenen Vertrauens und der Lernfortschritte mit dem Personalentwicklungsinstrument „dialogische Seminare" erfolgen, die sich fallweise unterscheiden werden. Wichtig für die Partnerunternehmen ist es, den angestellten Eltern wie auch den kinderlosen Projektmitarbeitern bereits im Vorfeld drei wesentliche Aspekte der familienorientierten Personalentwicklung deutlich zu kommunizieren:

1. Die Durchführung von dialogischen Elternseminaren erfolgt zunächst nur für eine bestimmte Mitarbeitergruppe, dient aber der gesamten Organisation durch die Verbesserung der interorganisationalen Kooperation im Netzwerk. Der besondere Beitrag der geschulten Eltern für die Projektorganisation besteht in ihrer vertrauensstiftenden Beziehungskompetenz.

2. Die Elternseminare sind als dauerhafter Beitrag zur Entwicklung einer partnerschaftlichen Unternehmenskultur zu werten, der nicht im Zeitverlauf einer wachsenden Projektorientierung gestrichen wird. Im Gegenteil können die Seminare im Einvernehmen mit den Beteiligten auch für die Kollegen und Kolleginnen ohne Kinder geöffnet werden. Die autonome Entscheidung der Gruppe wird vom Management akzeptiert. In jedem Fall gibt es mit Begleitung der dialogisch geschulten Eltern offene Gruppen zum Themengebiet Work-Life-Balance und Projektarbeit.

3. Eine lernorientierte Dialogkultur erfordert auf der Ebene des Netzwerkes unternehmensübergreifende Räume des offenen Austausches (Container) bezüglich der Ressourcen und Bedingungen, über welche die Mitglieder in virtuellen Teams zum Aufbau von interpersonalem Vertrauen bereits verfügen oder die sie dazu noch von der Organisation benötigen. Die Ergebnisse dieses Dialoges dienen als Grundlage für entsprechende Maßnahmen auf der Ebene des Netzwerkmanagements.

Die Behandlung der drei Aspekte verbindet die hohe Bedeutung einer Selbstorganisation in wissensintensiven Unternehmen mit der positiven Nutzung des Verhältnisses zwischen Arbeit und Lernen durch die Gewährung von entdeckenden Handlungsspielräumen. Das Lernen im Unternehmen dient einer ganzheitlichen Persönlichkeitsentwicklung, so dass die Mitarbeiter ihre Lernnotwendigkeiten und die entsprechenden Lernprozesse als Entwicklungschance begreifen, welche ihre individuellen Kompetenzen erhöhen und dadurch die Innovationsfähigkeit ihres Unternehmens verbessern (vgl. Stahl, Thomas/Krauss, Alexander 2001, S. 62 f.).

Die Personalentwicklung in der wettbewerbsintensiven Informationsgesellschaft steht dabei vor dem Dilemma, dass der notwendige Aufbau von internen Personalpotenzialen immer auch die unternehmensexternen Arbeitsmarktchancen der Beschäftigten erhöht, die verstärkt zum selbstorganisierten und reflexiven Arbeiten und Lernen als Basis eines vertrauensvollen Wissensaustausches fähig sind und ihre Employability sichern wollen. Die dadurch sinkenden Wechselkosten tragen zu einem Qualifikationsrisiko in den neuen Organisationsformen bei, die immer stärker von dem individuellen Wissen über das Lernen und die dafür lernförderlichen Bedingungen im Unternehmen abhängig werden. Dieses Wissen kann daher zunehmend auch zur kritischen Reflexion über den bisherigen Arbeitgeber genutzt werden (vgl. Schüßler, Ingeborg/Weiss, Werner 2001, S. 260 ff.).

Die Absicherung der spezifischen Investitionen in das Humanvermögen der Akteure, dessen betrieblich verwertbare Anteile als Humankapital zur Erhöhung der Wertschöpfung genutzt werden sollen, stellt für die Partnerunternehmen den letzten wichtigen Schritt einer familienorientierten Personalentwicklung im Rahmen der Elternführerschaft dar, der im nächsten Punkt auch näher auf die wichtige Funktion des dabei entstehenden Sozialkapitals eingeht.

6.4.3 Institutionelle Absicherung der spezifischen Investitionen in das dialogische Sozialkapital

Gemäß der unter Punkt 5.4 dargestellten Logik beim Aufbau von Sozialkapital lassen sich beim Aufbau von unternehmens- und netzwerkspezifischem Beziehungswissen durch die zielgerichtete Begleitung der frühkindlichen Elternerfahrungen des Personals zwei wesentliche Arbeitsschritte unterscheiden:

* Etablierung dialogischer Seminare über die Beziehungsfähigkeit als Elternteil zum Aufbau wechselseitigen Vertrauens zwischen den Beteiligten innerhalb der Partnerunternehmen und der Netzwerkorganisation, um den Informations- und Bindungsnutzen miteinander zu koppeln.

- Institutionelle Absicherung der beziehungsspezifischen Quasirenten für die beteiligten Interessengruppen und Erarbeitung eines neuen impliziten Vertrages, der zu einer dauerhaften Personalbindung der Beschäftigten führt.

Der erste Aspekt wurde im letzten Punkt beschrieben, so dass hier der zweite Aspekt des impliziten Vertrags behandelt wird. Dieser Vertrag kann durch die familienorientierte Personalentwicklung zwar grundsätzlich effizient in das Gesamtkonzept eines dialogischen Managements eingebunden werden. Seine Realisierung scheitert derzeit jedoch oftmals an den Umsetzungsproblemen dieses Gesamtkonzeptes zur besseren und längerfristigen Nutzung des impliziten Wissens der Beschäftigten. Im Folgenden werden daher zunächst die Risiken beschrieben, um dann auf die institutionellen Bewältigungsmöglichkeiten auf Unternehmensebene einzugehen.

Die Implementierung eines dialogischen Managements erweist sich derzeit als in der Praxis noch weitgehend uneingelöster Anspruch, die Bedürfnisse von Kunden nicht mehr hierarchisch von oben vorzugeben, sondern dialogisch zu erarbeiten und daraus eine strategisch verbesserte Produktgestaltung abzuleiten. Die angestrebte Entfaltung der kollektiven Lernfähigkeit ist im Vergleich zu den traditionellen zentralisierten Führungskonzepten zwar besser in der Lage, Engpässe und Potenziale des individuellen Wissens im Unternehmen zu erkennen und im Sinne seiner gemeinschaftsdienlichen Weiterentwicklung zu nutzen. Die Etablierung einer entsprechenden Dialogkultur im Unternehmen birgt aber im Spannungsfeld eines erfolgs- und gleichzeitig verständigungsorientierten Handelns vielfältige Interessenkonflikte zwischen Kapitaleignern, Management und Beschäftigten. Das mögliche opportunistische Ausnutzen von Handlungsspielräumen bei der Lösung dieser Konflikte ist in Folge der bestehenden Informationsasymmetrien eine ebenso bedrohliche wie häufig genutzte Chance des Managements, die eigene Position zu Lasten der anderen Interessengruppen zu erhalten (vgl. Petersen, Jendrik 2003, S. 38 ff.).

Die Gestaltung der unternehmensstrukturellen und -kulturellen Voraussetzungen eines dialogischen Lernens ist damit wesentlich abhängig von der Investition in Sozialkapital. Den im vorherigen Punkt beschriebenen großen Chancen einer erhöhten Personalbindung und der damit verbundenen verbesserten Wettbewerbsfähigkeit durch die verstärkte Teilnahme an innovativen Netzwerkpartnerschaften stehen erhebliche Risiken eines Scheiterns bei der Entwicklung einer Dialogkultur gegenüber, welche die Bindungskosten der Akteure senkt und damit Vertrauen erzeugt. Ein durch Sabotageclubs mitausgelöstes Scheitern wäre mit der Entwertung der entsprechenden Investitionen in Sozialkapital verbunden und würde vor allem die bindungsbezogenen Wechselkosten der Arbeitnehmer stark reduzieren. Die mit einem abrupten Wechsel zu rein hierarchischen Führungsstilen aufbrechenden und dann weitgehend ungelösten Konflikte innerhalb der Unternehmen und des Netzwerkes hätten zusätzliche Motivationsverluste durch die Aufkündigung der erwarteten impliziten Verträge zur Folge.

Aufgrund von verstärkten Abwanderungen des immer weniger gebundenen Personals könnten nach einer gescheiterten Investitionsstrategie zusätzliche Folgekosten auftreten. Sie würden sich auch beim verbleibenden Personal –im Extremfall durch innere Kündigungen- bemerkbar machen und die Wettbewerbsfähigkeit der vom Wissensverlust betroffenen Unternehmen reduzieren, da die Transaktionskosten durch die Entwertung der bisherigen Sozialkapitalbestände stark anstiegen. Neben den informellen Mechanismen spielen daher auch die formellen Institutionen eine bedeutende Rolle bei der Erzeugung glaubwürdiger Sicherheiten, da sie die Interessen der beteiligten Parteien ausgleichen und die Bildung von Sabotageclubs im Netzwerk verhindern können. Die stärkere Fokussierung auf die jungen hoch qualifizierten Eltern muss zudem die möglichen Interessenkonflikte mit den bewusst kinderlosen Beschäftigten berücksichtigen, die mit den Eltern in den virtuellen Teams zusammenarbeiten sollen.

Für die flexibleren Zeitbedarfe von Eltern mit kleinen Kindern bietet sich dabei vor allem die alternierende Telearbeit zu Hause und im Betrieb an. Sie verstärkt aber ohne flankierende Maßnahmen die traditionelle Rollenaufteilung eher noch, als dass sie zu neuen Rollenmustern bei den Vätern führt (vgl. Büssing, André 2004. S. 118). Sie kann auch keine externe Kinderbetreuung vollständig ersetzen. Die Sach- und Personalkosten eines Telearbeitsplatzes liegen bei einer Rechnung für drei Jahre je nach Ausstattung, Entfernung zum Arbeitsplatz und Serviceleistungen zwischen 5.000 und 7.000 € pro Jahr. In Folge der Doppelbelastungen der Beschäftigten sind in dieser Zeit keine größeren Produktivitätssteigerungen durch Telearbeit zu erwarten (vgl. Bundesministerium für Familie, Senioren, Frauen und Jugend 2003, S. 26). Der erhöhte Anteil an Eltern geht somit zunächst mit höheren Investitionskosten einher, während sich die Amortisierung durch die erhöhte Personalbindung und die Wirksamkeit der Nutzung der dialogischen Kompetenzen erst im Zeitverlauf zeigt. Mit steigendem Elternanteil steigen auch die Fehlzeiten der Eltern. Werden die Kinder älter und die Eltern beruflich wieder belastbarer, zeigen sich die entsprechenden Produktivitätssteigerungen erst zeitverzögert, was den investiven Charakter des Sozialkapitals verdeutlicht.

Von den etablierten Führungskräften verlangt der fortschreitende Dialog in der Organisationsentwicklung die Erkenntnis und die Bereitschaft, nicht nur in vorsichtigen Dosierungen zu arbeiten, sondern die gewohnte technokratische Führungsphilosophie insgesamt in Frage zu stellen. Der konsequente Verzicht auf die Kontrollfunktionen in der ausführenden Ebene führt zwangsläufig zur Diskussion über eine Neudefinition des unteren und mittleren Managements. Aus betriebswirtschaftlicher Sicht macht der Aufbau von Sozialkapital hierbei vor allem dann Sinn, wenn ein Teil der alten Aufgabenträger zumindest in dieser Rolle nicht mehr im Unternehmen gebraucht wird (vgl. Staudt, Erich et al 2002, S. 149-151).

Der Aufbau von Sozialkapital durch die Elternführerschaft stellt zwar einen wichtigen Baustein bei der Etablierung netzwerkfähiger dezentraler Organisationsstrukturen dar, er ist aber nur innerhalb der umfassenderen Neudefinition der Personalpolitik ökonomisch sinnvoll. Sind die Manager aufgrund ihrer beruflichen Sozialisation in Bezug auf ihre Mitarbeiter vor allem durch die Handlungsmaximen „Kontrolle" und „Anweisungen" geprägt, besteht insbesondere für ältere Organisationen die Gefahr, dass sich enorme Widerstände der konservativen Fraktion „Hierarchieerhalt" gegenüber den Reformern der Fraktion „Netzwerkausbau" aufbauen.

Eine anfänglich skeptische Haltung kann auch bei den (kinderlosen) Arbeitnehmern auftreten, die in Folge ihrer mentalen Modelle die Teilnahme an weiterführenden dialogischen Seminaren zum Thema „Teambeziehungen" über die Elterngruppen hinaus als Zeitverschwendung bewerten, da sie das monetäre Einkommen stärker gewichten und keine Erhöhung ihres Informationsnutzens erwarten. Für alle Beteiligten gilt, dass vergangene negative Erfahrungen mit dem Management die Teilnahme an dialogischen Prozessen erschweren, da sich niemand freiwillig auf das hohe Risiko von negativen Sanktionen bei offenen Widersprüchen gegen die Unternehmensführung einlassen wird. Die freiwillige Teilnahme ist daher abhängig von der individuellen Vorteilhaftigkeit für das Personal. Die Realisierung der beziehungsspezifischen Quasirenten benötigt somit eine kritische Masse von Mitarbeitern, die den kulturellen Wandel des Unternehmens durch die Investitionen in Sozialkapital mittragen wollen und dies auch können. Bei der Realisierung dieser kritischen Masse allein auf eine hohe Zahl von Eltern zu setzen, erweist sich in Folge der erforderlichen Mischung der Projektteams mit Eltern und Nichteltern zur besseren Verteilung der Wissensbestände und der unterschiedlichen Bedarfe an flexiblen Arbeitszeiten als ungeeignet.

Die Eltern haben zwar zunächst einen unmittelbaren Anreiz zur Teilnahme an dialogischen Elterngruppen, können aber vor allem auf Väterseite vor allem dann auch ablehnend reagieren, wenn sie in einer traditionellen Rollenaufteilung leben, dadurch weiterhin voll erwerbstätig bleiben und ihre Karriere in Einklang mit den Erwartungen von eher konservativen Führungskräften vorantreiben. Im Gegensatz zu den inhaltlich abgeschlossenen, befristeten Entwicklungsmodulen beinhaltet die dauerhafte Implementierung eines kontinuierlichen Dialoges weit weniger strukturierte Gesprächsgruppen. Die Inhalte und Ergebnisse lassen sich damit nicht mehr zielgenau vorwegnehmen oder vorgeben, was die Rechtfertigung durch messbare Beiträge zum Unternehmenserfolg erschwert. Zudem muss der Unterschied einer dialogischen Gruppe zu einer Therapiegruppe jederzeit gewahrt bleiben, da sich sonst die Unternehmensziele nicht mehr mit den weitergehenden individuellen Bedürfnissen bei tieferen psychischen Problemen decken.

Neben der deutlich geringeren Anzahl an Gesprächsterminen unterscheidet sich die Therapie von der Beratung durch die Möglichkeit der Betroffenen, selbstständig eine Änderung ihrer problematischen Handlungsmuster herbeizuführen (vgl. Punkt 5.3.2.3). Daneben ist ein Therapeut nicht Gruppenmitglied. Während das Ziel der Therapiegruppe die umfassende Änderung aller einschränkenden Handlungsmuster ist, beziehen sich Gruppen im betrieblichen Weiterbildungskontext funktional auf bestimmte aufzubauende neue und abzubauende alte Muster (vgl. Elsik, Wolfgang 2003, S. 182). Daher erfordert sowohl das Erkennen weiterführender Therapieangebote als auch deren Weitervermittlung neben der fachlichen Qualifikation ein bestehendes Vertrauensverhältnis zu einem externen Therapeuten, der in die betrieblichen Strukturen dauerhaft eingebunden sein muss. Die Aufweichung der Rolle eines geschulten dialogischen Begleiters hin zum Therapeuten durch „übermotivierte" Führungskräfte birgt damit weitere Gefahren für das Gelingen eines Dialoges.

Werden diese Bedrohungen um die typischen Probleme von Sozialkapital in Form einer „overembeddedness" (vgl. Punkt 4.3) und der Bedrohung durch Sabotageclubs (vgl. Punkt 6.2.4) ergänzt, ergeben sich die folgenden Risiken mit hohen Folgekosten für eine familienorientierte Personalentwicklung als Investitionsmaßnahme zur Bildung von Vertrauen:

- Die fehlende Akzeptanz der entwicklungsorientierten Maßnahmen bei den beschäftigten Eltern verhindert eine stärkere Investition in unternehmensspezifisches Beziehungswissen.

- Die nicht vollständig kontrollierbaren dialogischen Gruppenprozesse fördern einseitig primär unspezifisches Beziehungswissen, wodurch sich im Gegensatz zu den betrieblichen Investitionskosten die Wechselkosten der Beschäftigten nicht erhöhen.

- Die Widerstände bei den kinderlosen Beschäftigten führen zur informellen Stigmatisierung von Eltern als Belastungsfaktor für die vernetzten Projektteams, wodurch deren Funktion als Vertrauensmultiplikatoren unterminiert wird.

- Die persönlichen Elternnetzwerke entwickeln eine Eigendynamik in Folge ihres hohen Sozialkapitalbestandes, die sich zu einer Cliquenwirtschaft auswachsen kann und als Innovationsbremse nicht mehr positive, sondern negative externe Effekte für die primäre Netzwerkorganisation verursacht.

- Das mittlere Management sieht in den Reorganisationsprozessen hin zu dezentralen Arbeitsformen eine Bedrohung seiner Position und bildet einen Sabotageclub, um die Projektorganisation wieder in hierarchische Organisationsstrukturen zu überführen.

- Ein Scheitern des strategischen Entwicklungsprogramms Elternführerschaft geht mit enormen Motivationsverlusten bei den Betroffenen einher, die in Folge der Entwertung bereits aufgebauter Sozialkapitalbestände zu verstärkter Abwanderung oder opportunistischen Verhaltensweisen führen, ohne dass hinreichende formelle Sicherheiten dagegen existierten.

- Die Zunahme opportunistischer Verhaltensweisen und der Austritt wichtiger Wissensträger durch den erzwungenen „Rückzug zur Hierarchie" reduziert die Attraktivität des Unternehmens als Partner im Netzwerk und bedroht letztlich die gesamte Netzwerkorganisation.

Die institutionelle Absicherung der im letzten Punkt vorgestellten sekundären Netzwerke aus Eltern und Nachwuchsführungskräften lässt die Bindungskosten in der primären Netzwerkorganisation deutlich sinken. Das sich in diesen Bindungsclubs entwickelnde Vertrauen kann für das gesamte Netzwerk effizient genutzt werden, damit sich die Unternehmen auch die Erträge aus den Investitionen in das Sozialkapital aneignen können. Im letzten Punkt wurde bereits verdeutlicht, dass die dialogische Personalentwicklung mit der Familienorientierung verbunden und mit der gesamten Personalstrategie zu verzahnen ist. Die Elternführerschaft zur Personalbindung muss daher nicht nur beim aktuellen Personal, sondern bereits bei der Rekrutierung neuer Potenzialträger berücksichtigt werden.

Bei der Auswahl von Mitgliedern virtueller Teams kommt dem Beziehungswissen durch die erforderlichen Persönlichkeitsmerkmale der Kooperations-, Kommunikations- und Konfliktfähigkeit, Loyalität, interkulturelle Fähigkeiten und der Vertrauensfähigkeit als generalisierter Bereitschaft, sich bis zum ersten Anzeichen von Missbrauch auf die Versprechen von anderen Personen verlassen zu können, entscheidende Bedeutung zu (vgl. Lehmann, Katrin 2003, S. 24 ff.). Da insbesondere die Vertrauensfähigkeit auf dem impliziten Beziehungswissen beruht, ist ein Screening dieser Eigenschaft im Auswahlprozess zu vertretbaren Kosten kaum möglich. Aus institutionenökonomischer Sicht sollte daher auf glaubhafte Signale der Bewerber geachtet oder die Möglichkeiten der Self-Selection genutzt werden (vgl. Punkt 2.2.2).

Die Signale für das eigene Beziehungswissen werden sich, neben den nicht direkt berufsbezogenen sozialen Aktivitäten bei bereits berufstätigen Bewerbern und Bewerberinnen, vor allem auf den Nachweis erfolgreicher Teamarbeit in Referenzprojekten im In- und Ausland sowie entwicklungsorientierter Weiterbildungsmaßnahmen konzentrieren. Für die strategische Einbindung des jüngeren Personals in die Elternführerschaft ist es darüber hinaus entscheidend, die Elemente und Inhalte des unternehmenseigenen Elternprogramms klar zu kommunizieren, um durch die bindende Verpflichtung im Arbeitsvertrag zur Teilnahme bei einer möglichen Elternschaft eine Selbstauswahl der Individuen zu erreichen. Dadurch wird eine einseitige Inanspruchnahme von Betreuungsleistungen und flexiblen Arbeitszeiten vermieden, die nicht mit spezifischen Investitionen für die Beschäftigten verbunden sind.

Die freiwillige Verpflichtung der Beschäftigten zur Beteiligung an den dialogischen Elterngruppen, zur anschließenden Übernahme einer rotierenden Funktion der Leitung von projektbegleiteten Dialoggruppen zum Thema Work-Life-Balance, zur Unterstützung einer interorganisationalen Projektgruppe als „Teambegleiter" und die angestrebte Einbindung der Kinder in das firmeneigene Betreuungsprogramm stellen glaubhafte Signale zur Durchführung spezifischer Investitionen in das Humankapital als Basis des Clubkollektivgutes Sozialkapital dar. Gilt die Teilnahme an dialogischen Gruppen als Voraussetzung für weitere Beförderungen, erfolgt eine glaubwürdige institutionelle Verankerung des dialogischen Prinzips.

Auf der anderen Seite müssen die Unternehmen glaubhafte Signale über die Qualität und Flexibilität des Betreuungsprogramms, der eingesetzten Entwicklungsmethoden und längerfristiger Perspektiven sowohl auf der Ebene des eigenen Unternehmens wie des gesamten Netzwerkes unterbreiten. Nur wenn beide Seiten spezifische Investitionen in die Beziehung vornehmen, kann sich der implizite Vertrag einer langfristigen Bindung ans Unternehmen durch die Vertrauensbeziehungen zum Management auf Basis der langfristigen Verbesserung der individuellen Work-Life-Balance sowie der entwicklungsbedingten Erhöhung der Employability dauerhaft stabilisieren und seine Effizienzwirkungen entfalten.

Die rotierende Verantwortung bei Teamsitzungen erweist sich mit einer begleitenden Lernevaluation insbesondere bei teamorientierten Organisationsstrukturen als geeignetes Mittel, die Selbstreflexion im Rahmen von Gruppenprozessen anzuregen (vgl. Schüßler, Ingeborg/Weis, Werner 2001, S. 276). Die Rotation in den übergeordneten Dialoggruppen hat den Vorteil, dass jedes dialogisch geschulte Mitglied des Eltern- oder Führungskräftenetzwerkes die Erfahrung eines Gruppenbegleiters machen kann. Die Rotation bedeutet keinen ständigen Wechsel innerhalb einer laufenden Gruppe, der sich vertrauensstörend auswirken kann. Vielmehr können die Gruppenbegleiter nacheinander in verschiedenen Projekten aktiv werden. Dadurch lernen sie Teammitglieder aus den verschiedenen Bereichen des eigenen Unternehmens wie des Netzwerkes kennen und können ihr Beziehungswissen erweitern. Durch die Rotation kann das individuelle Beziehungswissen der dialogisch geschulten Eltern und Führungskräfte symmetrischer auf alle Projektmitarbeiter des Partnerunternehmens und die Mitglieder eines Projektteams verteilt werden. Im Zeitverlauf kann es durch die Dialoggruppen auch auf die kinderlosen Beschäftigten übertragen werden, wenn sich alle Gruppen am innovationsorientierten Dialog beteiligen.
Die angestrebte Angleichung der Wissensbestände reduziert die Konflikte zwischen den Eltern und den Kinderlosen, da letztere erwarten, im Zeitverlauf von dem Wissen der Eltern insbesondere in nicht direkt kinderbezogenen Fragen der Work-Life-Balance zu profitieren. Die beziehungsorientierte Begleitung der Gruppen erfordert, dass den Eltern eine regelmäßige Teilnahme möglich ist, was insbesondere bei späten Terminen durch frühe Schließzeiten der Tagesbetreuungseinrichtungen problematisch werden kann. Hier können flexible Betreuungsangebote Abhilfe schaffen, die insbesondere für Projektarbeiten unverzichtbar werden.

Die Implementierung solcher flexiblen Angebote im Rahmen eines sekundären Betreuungsnetzwerkes wird von der Commerzbank AG durch das Angebot der Einrichtung „Kids & Co, Kinderbetreuung in Ausnahmefällen" am Standort

Frankfurt/Main realisiert. Diese nachrangige Betreuung kann von den Eltern dann genutzt werden, wenn die außerbetrieblich organisierte vorrangige Betreuung ausfällt. Mittlerweile beteiligen sich weitere Unternehmen wie Lufthansa und Fraport an dieser Modelleinrichtung, die vor allem die voll berufstätigen Väter stärker in das Familienleben integriert und sie so in ihrer neuen Rollenidentität unterstützen kann (vgl. Seehausen, Harald/Uhrig, Kerstin 2004, S. 27 f.).

Der Betrieb einer eigenen Kinderbetreuungseinrichtung bietet den Vorteil unternehmensspezifischer Lösungen und kann vor allem bei Eltern mit Kindern im Alter von Null bis Drei lange Ausstiegszeiten reduzieren. Die entsprechenden Aufwendungen erfordern aber eine gewisse Mindestgröße, damit sich der erwartete familienfreundliche Reputationseffekt am internen und externen Arbeitsmarkt auszahlt. Als Alternative bietet sich die Betreuungsform der betrieblich unterstützten Kinderbetreuungseinrichtung an, bei der die Unternehmen durch eine finanzielle Beteiligung ein Recht zur Belegung von Betreuungsplätzen für ihre Beschäftigten erwerben. Die Trägerschaft der Einrichtung kann hierbei ebenfalls von einem Unternehmen übernommen werden; üblich ist aber die überbetriebliche Trägerschaft oder die direkte Zusammenarbeit der Unternehmen mit einem Träger. Dabei werden auch die Back-up-Einrichtungen angeboten, die keine Regelbetreuung anbieten, sondern nur in Notfällen genutzt werden. Die Eltern beteiligen sich in der Regel über Beiträge an den laufenden Kosten, und die Einrichtungen werden von den Kommunen finanziell gefördert, wobei die Förderung je nach Kommune und Einrichtungskonzept stark schwanken kann (vgl. Bundesministerium für Familie, Senioren, Frauen und Jugend/ Deutscher Industrie- und Handelskammertag 2005, S. 9).

Während die relativ große Commerzbank eine Vorreiterrolle durch eine eigene Trägerschaft in Verbindung mit einer externen Beteiligung übernimmt, kann die Koordination solcher Betreuungsnetzwerke insbesondere für kleinere wissensintensive Unternehmen durch einen externen Dienstleister übernommen werden. Für die Partnerunternehmen von Netzwerkorganisationen können durch einen professionellen Anbieter im Rahmen einer Geschäftsbeziehung die Risiken bezüglich der unsicheren Betreuungsqualität besser versichert werden, wenn er sein Marktwissen zur effizienten Bündelung der relativ hohen Einzelrisiken der Kunden einsetzt, denen das erforderliche pädagogische Wissen fehlt.

Die Integration der Unterstützung von Eltern mit Kindern mit der Sozialberatung als bislang getrennte Bereiche der Personalpolitik hat im Bereich der Work-Life-Balance zunächst in den USA und dann auch in Europa ein spezielles Beratungsangebot für die Unternehmen hervorgebracht. Die Familienservice GmbH ist die in Deutschland, Österreich und der Schweiz führende Agentur bei der Vermittlung von Betreuungsangeboten, die von Tagesmüttern bis zum Au-pair-Mädchen reichen und bislang von über 200 multinationalen Konzernen, Wirtschaftsprüfungsgesellschaften und IT-Firmen genutzt werden. Die Beratung beim Aufbau betrieblicher Elterninitiativen gehört ebenso zum Angebot wie die so genannten Concierge-Dienste, welche besonders bei zeitlich stark eingebundenen Mitarbeitern die Übernahme von Einkaufs- und Bügeldiensten sowie die Reservierung von Karten beinhalten, die traditionell von der Ehefrau übernommen werden und daher insbesondere bei verheirateten Doppelverdienern entlastend wirken (vgl. Erler, Gisela A. 2001, S. 5 ff.).

Die Beratung in Ehe- und Partnerschaftskonflikten, die Erarbeitung von betrieblichen Gesundheitskonzepten sowie die Rechts- und Finanzberatung gehören mittlerweile ebenso zum Angebotsspektrum, das eine umfassende Lösung aus einer Hand gewährleistet. Allerdings stellt eine entsprechend wertschätzende Unternehmenskultur die entscheidende Voraussetzung der Wirksamkeit dieser externen Dienste dar. Finanzielle Maßnahmen, wie vom Unternehmen ausgegebene Betreuungsgutscheine werden in den USA und England in großem Umfang eingesetzt und entfalten bereits bei einer monatlichen Förderung von etwa 40 € pro Mitarbeiter eine positive Bindungswirkung auf das Personal durch diese sichtbare Wertigkeit der kulturellen Familienorientierung. Da die betrieblichen Zuschüsse zur Kinderbetreuung in Deutschland steuerlich gefördert werden, könnte eine Arbeitszeitreduktion der Mitarbeiter von bis zu zwei Stunden wöchentlich in Verbindung mit einem höheren Betreuungszuschuss für die Arbeitgeber durch die größere Steuerersparnis kostenneutral erfolgen, wenn die Arbeitszeit später nachgeholt wird. Neben den finanziellen Instrumenten bleibt die Beziehung zum Vorgesetzten ein entscheidender Ansatzpunkt, um eine dauerhafte Bindung der Mitarbeiter zu erreichen. Daher beginnen die Unternehmen derzeit, die Bonuszahlungen der Vorgesetzten an die Beurteilungen durch ihre Mitarbeiter zu koppeln (vgl. Erler, Gisela A. 2004, S. 150 ff.).

Den Führungskräften kommt als Mittlern zwischen den Unternehmenszielen und den persönlichen Interessen der Mitarbeiter eine zentrale Rolle bei der Etablierung einer dialogischen Unternehmenskultur zu. Die Ausübung dieser Rolle droht im deutschen Management gegenwärtig aber noch an der traditionellen Kultur des Alles-Selbermachens und Kontrollierens zu scheitern, worunter besonders der Nachwuchs leidet. In einer branchenübergreifenden Befragung zur Work-Life-Balance von 330 Managern der ersten und zweiten Führungsebene aus zehn Ländern aus dem Jahr 2002 zeigt sich, dass erfahrene Führungskräfte ihre Aufgaben zeitlich besser bündeln können, während die Manager unter 35 Jahren in ihren ersten Führungspositionen ein erhebliches Spektrum an interaktionsbezogenen Aufgaben bewältigen müssen, auf das sie im Studium wenig vorbereitet werden. Zudem stehen sie zu Beginn ihrer Karriere zwischen Mitarbeitern und den oberen Führungsebenen, so dass ihr Handlungsspielraum und die Selbstbestimmtheit der Arbeit noch relativ eingeschränkt bleiben. Diese Situation führt in dieser Gruppe zu einer hohen Arbeitsbelastung, die sich in regelmäßigen physischen und psychischen Beschwerden ausdrückt. Spitzenreiter beim täglichen Arbeitspensum von Führungskräften sind in Deutschland mit 98 Minuten die internen Meetings, da der deutsche Führungsstil durch eine relativ hohe Sachorientierung in Verbindung mit einer hohen Priorität des konzeptionellen Arbeitens geprägt ist. Durch eine stärkere Delegation von Aufgaben an die dafür qualifizierten Mitarbeiter und den Rückzug aus dem operativen Tagesgeschäft könnten die Führungskräfte mehr Freiraum für strategische Fragestellungen wie der Kundenbindung bekommen (vgl. Hunziger, Anke/Kesting, Mathias 2004, S. 75 ff.).

Der Kulturwandel hin zu wissensintensiven Partnerunternehmen ist demnach wesentlich ein Wandel des Führungsstils. Der Aufbau von zwischenmenschlichen Verständigungspotenzialen durch das reflexive Infragestellen der bisherigen Orientierungsgrundlagen für das Denken, Fühlen und Handeln fördert die Fähigkeit und Bereitschaft zum Dialog, die in Netzwerkorganisationen zur Kernkompetenz des Managements bei der gemeinsamen Entwicklung von zukunftsorientierten Problemlösungen wird. Die Sinnstiftung bezüglich der Arbeit in Netzwerken als Ergebnis der gemeinsamen Wahrheitssuche wird so vom Management wesentlich mitgestaltet (vgl. Lehnhoff, Andre/Petersen, Jendrik 2002, S. 274 ff.). Die operative Umsetzung in dezentralen projektorientierten Organisationsstrukturen ist dafür in wesentlichen Teilen auf die Mitarbeiter zu delegieren.

Hierzu bietet sich beim selbstorganisierten Lernen eine Kombination aus Coaching und Mentoring an, wobei ein Coach als direkter Vorgesetzter in einer engen persönlichen Beziehung die Entwicklung des von ihm betreuten Mitarbeiters innerhalb eines bestimmten Zeitraums fördert. Ein Mentor stellt dagegen nicht den direkten Vorgesetzten dar, sondern begleitet als erfahrene Führungskraft den gesamten Karriereweg einer heranwachsenden Führungskraft. Ursprünglich wurde das Mentoring eingesetzt, um junge Projektleiter in schwierigen Situationen zu unterstützen, während heute auch die Einarbeitung neuer Mitarbeiter unter Mentoring bzw. Coaching fällt. Die Projektarbeit eignet sich besonders als Mittel für selbstorganisierte Weiterbildungsprozesse, da der Coach die Gruppenprozesse initiieren und begleiten kann, um anschließend eine kritische Reflexion über die hilfreichen und nicht zielführenden Vorgehensweisen der Gruppe anzuregen. Coaching und Mentoring stellen hohe soziale und kommunikative Anforderungen an die helfende Person und sind im Bereich der Personalentwicklung mit einer längerfristigen Perspektive verbunden. Der größere Zeithorizont und die individuelle Betreuung lassen einen besonders hohen Lernerfolg erwarten und sind mit entsprechend höheren Kosten verbunden (vgl. Petersen, Thieß 2000, S. 285-288).

Coaching und Mentoring stellen zwei personenbezogene Qualifizierungsmaßnahmen parallel zur beruflichen Tätigkeit (parallel-to-the-job) dar, um die Eigenentwicklung durch den Dialog mit einer Vertrauensperson zu fördern (vgl. Höfer, Claudia-Elisabeth 1997, S 154 ff.). Beim Counselling als drittes Konzept einer direkten interaktiven Personalentwicklung treten Mitarbeiter und Führungskraft in einen wechselseitigen Dialog, bei dem nicht nur der Coachee oder Mentee ein Feedback bekommt, sondern umgekehrt auch der Vorgesetzte Anregungen und Hilfe erfahren kann. Die direkten Ansätze der Personalentwicklung dienen der situationsgerechten Umsetzung der Personalstrategie, indem sie die individuellen und zielgruppenspezifischen Aspekte der Mitarbeiter und Führungskräfte auf der strukturellen Ebene der Gesamtorganisation berücksichtigen können (vgl. Wunderer, Rolf 2003, S. 364 ff.). Die Verbindung von personalen und strukturellen Ansätzen erfolgt bei der Investition in dialogisches Sozialkapital durch die Qualifizierung von Führungsnachwuchskräften als Dialogbegleiter, die zunächst den Eltern neue Selbstreflexionserfahrungen bieten, welche diese dann als Input in die Projektteams tragen. Dabei werden sie wiederum von den jüngeren Führungskräften unterstützt, die von ihren Mentoren aus der oberen Führungsebene den nötigen Rückhalt bekommen.

Das jüngere Mittelmanagement kann seine dialogischen Fähigkeiten als Coach einsetzen, um sich mit den direkt unterstellten gemeinsam über die aktuellen Probleme auszutauschen und Lösungsmöglichkeiten zu entwickeln. Der Übergang vom anfänglich eher steuernden Gruppencoach zum begleitenden Facilitator ist hier insbesondere bei jüngeren wie älteren „Nachwuchskräften" in Sachen Dialog noch fließend. Die Intensität des Dialoges hängt einerseits von dem Beziehungswissen des Coaches und andererseits von der Erfahrung der Teammitglieder mit diesem neuen Kommunikationsinstrument ab. Wichtig ist die Verzahnung des Mittelmanagements als Coach mit den direkt unterstellten Mitarbeitern und dem oberen Management als Mentor des mittleren Managements und der Führungsnachwuchskräfte. Dadurch bleibt die vertrauensvolle Kommunikation zwischen den einzelnen Ebenen erhalten, so dass sich das Team durch die persönlichen Beziehungen des mittleren Managements mit den Zielen der Unternehmensführung identifiziert.

Insbesondere das obere Management kann sich so aus dem operativen Projektgeschäft heraushalten und sich zukünftigen strategischen wichtigen Projekten innerhalb der Netzwerkorganisation widmen. Daneben kann die Neuinterpretation der Rolle des mittleren Managements dazu beitragen, dass eine neue Führungsebene entsteht, wodurch die Gefahr von Sabotageclubs verringert wird. Das Mittelmanagement konzentriert sich im Vergleich zur traditionellen Organisation nicht mehr primär auf die operative Kontrolle der Mitarbeiter, sondern auf die Koordination zwischen den im Team repräsentierten Partnerunternehmen sowie auf die Motivation der eigenen Teammitglieder. Der Wandel im Rollenverständnis des mittleren Managements verhindert die Bekämpfung des gesamten Wandels der Organisation hin zu einem Partnerunternehmen. Beide Wandlungsprozesse sind als Investitionen in das dialogische Sozialkapital im Netzwerk zu verstehen, wobei die Investition in das Mittelmanagement die Bildung von Sabotageclubs verhindern und die Kooperation der Projektteams verstärken soll.

Die Projektteams können dabei durch eine ergebnisorientierte Führung gesteuert werden. Eine solche zielbezogene Führung wird durch das Management by Objectives angestrebt. Bei dieser ursprünglich als Einzelvereinbarung vorgesehenen Methode werden mit den Teammitgliedern die Verantwortungsbereiche für bestimmte Ergebnisse definiert, wobei die Tätigkeiten zur Aufgabenerfüllung weitgehend autonom bestimmt bleiben. Die Entlastung der Vorgesetzten kann sich dabei positiv auf das Koordinationsproblem auswirken, während die höhere Eigeninitiative und Verantwortungsbereitschaft der Mitarbeiter auf die Bewältigung des Motivationsproblems abzielen. Die Risikoverschiebung vom Unternehmen zum Teammitglied bringt dann allerdings innerhalb einer Organisation die Zahlungen von Risikoprämien zur Kompensation mit sich (vgl. Orlikowski, Borris 2002, S. 10 ff.).

Die Höhe der Risikoprämie lässt sich für den Arbeitgeber durch das bestehende Vertrauen reduzieren, da die Teammitglieder nicht befürchten müssen, durch zu hohe Zielvorgaben systematisch ausgebeutet zu werden. Institutionell lässt sich dies beim Aufbau von Sozialkapital durch eine Rückkopplung bei der Führungskräfteevaluation berücksichtigen, wenn die Projektmitarbeiter die Führungskräfte auch hinsichtlich der Berücksichtigung von Work-Life-Balance-Aspekten bei der Zielvereinbarung beurteilen können. Der Einsatz von Mentoren führt zudem zu einem persönlichen Frühwarnsystem für das obere Management, das auf mögliche Bedenken und Widerstände auf der mittleren Ebene hinweist. Dadurch können wiederum auf dialogischem Wege effiziente Lösungsmöglichkeiten gefunden werden. Bei anhaltenden Bedenken oder Sabotageakten einzelner Manager, die zu einem solchen strategischen Wandel der Unternehmenskultur grundsätzlich nicht bereit sind, ist eine Auflösung des Arbeitsverhältnisses anzustreben.

Dies sollte möglichst im gegenseitigen Einverständnis geschehen, rechtzeitig und offen kommuniziert sowie durch flankierende Maßnahmen wie freiwillige Abfindungszahlungen oder Weiterbildungsangebote auf Basis von Trennungsgesprächen begleitet werden (vgl. Steiner, Karin 2004, S. 532). Entscheidend für den weiteren Erfolg bleibt der Grundsatz, einzelne Saboteure oder Sabotagekerne als Bedrohung einer dialogischen Kultur im Unternehmen nicht zu tolerieren. Bei Verstößen gegen die Prinzipien des Vertrauens, der Wertschätzung und der Gemeinschaftsdienlichkeit werden daher durch den Vertrauensverlust ausgelöste Sanktionen unverzichtbar (vgl. Petersen, Jendrik/Lehnhoff, Andre 2000, S. 172.).

Für die Kooperation in Netzwerkorganisationen sind solche Sanktionen überlebenswichtig. Bei der Identifizierung von Verletzungen impliziter Verträge können die Evaluationen der Führungskräfte durch die Mitarbeiter helfen. Die Kommunikation von dialogischen Leitlinien als normativen Grundgerüst kann den einzelnen Teams Orientierung bei der Erarbeitung ihres eigenen Wert- und Sanktionsgefüges liefern. Die regelmäßige Teilnahme aller Beschäftigten an dialogischen Gruppen hilft bei der freiwilligen Aufdeckung von individuellen kulturellen Misfits, die eine gemeinsame Suche nach Lösungen ermöglichen, welche eine Trennung nicht ausschließen dürfen. Allerdings kann in „Bindungsgesprächen" auch eine individuelle Perspektive für solche Mitarbeiter erarbeitet werden, die mit der offenen, auf Vertrauen bauenden Arbeitsatmosphäre in Folge ihrer eigenen Biographie nicht zurecht kommen, da sie umfassendere institutionelle Sicherheiten benötigen. Insbesondere in größeren Unternehmen lassen sich außerhalb der Projektorganisation hierarchischere Strukturen finden, in denen das Wissen dieses Beschäftigten weiterhin genutzt werden kann. Diese Bereiche sind dann aber nicht mehr durch Sozialkapital, sondern allein durch institutionelles Kapital auf Basis von Risikobeziehungen zu steuern, so dass sie hier nicht weiter behandelt werden.

Insgesamt werden in den Partnerunternehmen dialogische Gruppen auf allen Hierarchieebenen und zwischen den einzelnen Ebenen möglich, wobei die Elternnetzwerke als vertikale Dialoggruppe aus Mitarbeitern und Führungskräften einzustufen sind, während dialogische Coach- oder Mentorengruppen horizontale Aufgaben erfüllen. Da ein erfolgreicher Dialog eine hierarchiefreie Umgebung als Rahmenbedingung benötigt, stellt die bisherige Führungskultur den Ausgangspunkt einer Investitionsstrategie in das dialogische Sozialkapital dar.

Ist ein Unternehmen bereits von einer sehr offenen Führungskultur mit relativ flachen Hierarchien geprägt, sollten die dialogischen Gruppen von Beginn an als vertikale Einrichtungen eines vertrauensvollen Austausches zur Gewinnung neuer Erfahrungen und zur Entwicklung neuer Lösungen in den gruppenspezifischen Fragen der Elternschaft, der Projektarbeit und der Rolle als dialogischer Begleiter implementiert werden. Bei einer Organisation, in der ein traditionelles Führungsverständnis eines Großteils der Führungskräfte zur Wahrnehmung einer vertikalen Investitionsstrategie als einer „dialogischen Anarchie" beiträgt, sollte den Entscheidungsträgern mit Hilfe horizontaler Gruppen innerhalb einer Führungsebene Gelegenheit gegeben werden, sich in einem für sie sicheren Ort dialogische Kompetenzen anzueignen. Dadurch können die traditionellen „Einkommensmaximierer" einen für sie passenden Container schaffen, den sie zum Vertrauensaufbau benötigen, um den Bindungsnutzen systematisch in ihren zukünftigen Entscheidungen berücksichtigen zu können. Die Verankerung des Dialogs in den normativen Unternehmensleitlinien und die Kommunikation der Ernsthaftigkeit der Absicht der Implementierung dialogischer Gruppen durch das oberste Management erhöht die Glaubwürdigkeit dieser unverzichtbaren Promotorenrolle durch die Unternehmensführung.

Insbesondere die Führungsnachwuchskräfte sind dabei auf die Stärkung des Beziehungswissens und den Aufbau von persönlichen Beziehungen auf den Ebenen des Eltern- und des Facilitatorennetzwerkes hinzuweisen, da sie selbst als wichtigster Teil der kritischen Masse von dem kulturellen Wandel hin zum Dialog und zur Familienorientierung profitieren können. Für die Unternehmen ist bei der institutionellen Senkung der Bindungskosten darauf zu achten, dass die Mitarbeiter und Führungskräfte mit Kindern durch die hier beschriebenen Maßnahmen wenig Anreize erhalten, die Beratungs- und Betreuungsangebote in Anspruch nehmen zu können, ohne dafür beziehungsspezifische Investitionen durchführen zu müssen, die ihre Wechselkosten erhöhen oder dass keine positiven Effekte für die Projektarbeit entstehen. Daneben bleibt die Bereitschaft und Fähigkeit der familienorientierten Nachwuchskräfte zur kontinuierlichen Beziehungsarbeit entscheidend, die sich aus Unternehmenssicht langfristig in einer erhöhten Leistung der Projektteams niederschlagen muss.

6.5 Handlungsempfehlungen für die Familienpolitik und das Management von wissensintensiven Unternehmen

Abschließend werden die einzelnen hier vorgeschlagenen Maßnahmen auf der Ebene der Familienpolitik und des Managements zusammenfassend aufgeführt, um die Gesamtsicht einer arbeitsteiligen Investitionsstrategie beim Aufbau von Sozialkapital zu verdeutlichen. Dabei wird ausführlich auf die Implementierung des sekundären Netzwerkes innerhalb einer primären Netzwerkorganisation eingegangen, welche den Kernpunkt einer betriebswirtschaftlichen Analyse bildet.

6.5.1 Familienpolitik

Der Beitrag der nachhaltigen Familienpolitik zum Aufbau des gerellen Beziehungswissens und der Gestaltung der Rahmenbedingungen für eine familienorientierte Personalstrategie unterteilt sich in die Bereiche Infrastruktur, Qualitätssicherung, Wissenstransfer und Koordination der Einzelaktivitäten.

Infrastruktur und Qualitätssicherung

• Einführung von einkommensabhängigen Erziehungsgutscheinen bei der Tagesbetreuung und Erziehungsberatung zur freiwilligen Nachfrage durch die Eltern bei öffentlichen und privaten Anbietern.

• Einführung eines qualitätssichernden Zertifizierungssystems von Elternkursen, dessen Ergebnisse öffentlich zugänglich sind.

• Ausbau der frühkindlichen Tagesbetreuung insbesondere in Westdeutschland mit Hilfe von durch Qualitätskommissionen entwickelten Zertifikaten zur Qualitätssicherung bei den Tagesmüttern.

• Integration der frühkindlichen Tagespflege in den Verantwortungsbereich der Jugendämter einschließlich der öffentlichen Bereitstellung der dazu erforderlichen Ressourcenausstattung.

• Förderung empirischer Langzeitstudien zur Überprüfung der einzelnen Erfolgsfaktoren von Dialoggruppen in der Erziehungsberatung im Rahmen der wissenschaftlich fundierten Evaluation.

Wissenstransfer auf Basis der öffentlichen Infrastruktur

- Verbindliche Einführung einer Fachhochschulausbildung für zukünftige Erzieher und Erzieherinnen sowie daraus abgeleitete modulare Weiterbildungsangebote für bereits beruflich tätige Erziehungsfachkräfte ohne pädagogischen Hochschulabschluss.

- Förderung und weiterer bundesweiter Ausbau integrativer frühpädagogischer Studiengänge, um die Qualifikation der spezialisierten Beschäftigten in den Tagespflegeeinrichtungen auf ein europäisches Spitzenniveau zu bringen.

- Förderung des Auf- und Ausbaus von Netzwerken der Anbieter präventiver und intervenierender Beratungs- und Therapiemaßnahmen.

- Implementierung eines bundesweiten Weiterbildungsangebotes zum Dialogbegleiter für das Personal in Erziehungsberatungsstellen.

- Durchführung medialer Kampagnen zur breitflächigen Betonung der Bedeutung des Beziehungswissens der Eltern bei der Kindeserziehung.

- Spezielle Subventionierungsprogramme zur Förderung interdisziplinärer Familienzentren, die zum Kooperationspartner von Unternehmen bei der Betreuung wie der Erziehungsberatung und Ansprechpartner bei der Durchführung einzelner familienorientierter Unternehmensangebote werden.

Koordination der Aktivitäten

- Bildung einer „Allianz zur Stärkung der Elternkompetenzen", die als Politiknetzwerk die wichtigsten Interessengruppen einbindet, die einzelnen fachlichen Aktivitäten koordiniert, durch Federführung des Bundesfamilienministeriums die Abstimmung mit den bestehenden familienpolitischen Maßnahmen gewährleistet und zu einem Präferenzbildungsprozess in Richtung einer egalitären Rollenaufteilung zwischen berufstätigen Müttern und Vätern beiträgt.

- Einsatz von dialogischen Gruppen in einer Allianz zu Stärkung von Erziehungs- und Beziehungskompetenzen, um das Vertrauen unter den Beteiligten für wirkliche Innovationen nutzen zu können.

Bei den Reformempfehlungen spielt aus ökonomischer Sicht vor allem die Einführung marktlicher Steuerungsmechanismen auf Basis einer öffentlichen Qualitätssicherung eine entscheidende Rolle. Lassen sich die Finanzierungsbedarfe im politischen Entscheidungsprozess nicht sofort vollständig durchsetzen, sollte mit in das

Gesamtkonzept eingefügten Sofortprogrammen die Relevanz der Familie für eine wirtschaftspolitische Gesamtkonzeption beim Wandel des klassischen Indurstriestandortes Deutschland zur Informationsgesellschaft verdeutlicht und in konkretes staatliches Handeln umgesetzt werden.

Erste pragmatische Vorschläge ergeben sich aus dem Bildungskongress der Unternehmensberatung McKinsey, die im Oktober 2005 in Berlin 400 Entscheidungsträgern aus Politik, Wirtschaft und Wissenschaft ihre Vorschläge zur Verbesserung der frühkindlichen Bildung präsentierte. Danach sollte die öffentliche Hand 6,5 Milliarden Euro in die Qualifizierung von Erzieherinnen und Erziehern durch einen Bachelor-Abschluss in Fachhochschulen, den Ausbau von Kinderkrippen, die Entwicklung von nationalen Qualitätsstandards durch eine Qualitätsagentur und die Förderung sozial benachteiligter Kinder investieren. Die Erneuerung des deutschen Bildungssystems steht dabei unter dem Motto „Früh investieren, statt spät reparieren" (vgl. McKinsey 2005, S. 1 ff.).

Die Politik ist durch die stärkere Nutzung von Netzwerken enger mit den wirtschaftlichen Entscheidungsträgern verbunden, was den Vorteil hat, die öffentliche Meinungsbildung zu Gunsten einer größeren Bedeutung des Beziehungswissens auch in die Unternehmen zu tragen, während ein möglicher Nachteil darin besteht, dass die langfristigen Interessen der Volkswirtschaft von den primär am einzelwirtschaftlichen Kalkül orientierten Managern am Verhandlungstisch zu kurz kommen. Daher ist es notwendig, nicht nur in der zentralen Familienallianz, sondern auch in den vielen lokalen Bündnissen für Familie in Sozialkapital zu investieren, um das notwendige Vertrauen zwischen den Beteiligten zu schaffen, das benötigt wird, um Deutschland nicht nur zum familienfreundlichsten Land in Europa zu machen, sondern außerdem den erhofften produktiven Durchbruch zur Informationsgesellschaft realisieren zu können. Der Dialog erweist sich hierbei auch als ein effizientes familienpolitisches Mittel, neue Lösungen zu finden, welche die bundesweiten Vorgaben vor Ort konkretisieren können. Seinem Einsatz in und zwischen den Partnerunternehmen kommt eine zentrale Rolle bei den Handlungsempfehlungen für das Management zu.

6.5.2 Management der Partnerunternehmen

Grundsätzlich sollte das Management in wissensintensiven Partnerunternehmen die Implementierung der Personalstrategie „Elternführerschaft" anstreben. Maßnahmen dazu sind die Verankerung der Grundsätze in die Unternehmensleitlinien, unternehmensweite Kommunikation der Maßnahmen, Beginn der Weiterbildung von Führungskräften zu Dialogbegleitern und systematischer Aufbau von dialogischen Seminaren. Zusätzlich sind weitere Schritte erforderlich:

- Schaffung von alternierenden Telearbeitsplätzen für Eltern mit Säuglingen und Einführung von familienbezogenen Lebensarbeitszeitkonten, die den Wchsel hin zu einer verringerten Arbeitszeit bei der Begleitung von Projektteams im Rahmen der „dialogischen Elternteilzeit" berücksichtigen, indem dieser Einsatz der Mitarbeiter durch eine stärkere Gewichtung mit einem größeren Zeiteinkommen verbunden ist als der Verzicht auf die freiwillige Begleiteroption.

- Neben der Begleitung der Dialoggruppen durch die geschulten Eltern sollte die Teilnahme an dialogischen Gruppen ebenfalls als weiteres Beförderungskriterium für die Beschäftigten ohne Kinder berücksichtigt werden.

- Einführung der Stelle eines oder einer Familienbeauftragen zur Koordination der einzelnen Aktivitäten und Transparenz gegenüber den Beschäftigten hinsichtlich der familienorientierten Angebote im Rahmen der Elternführerschaft, damit diese sich an einen einheitlichen Ansprechpartner wenden können.

- Einrichtung eines Elternportals auf der Ebene des Intranet im Unternehmen und zwischen den Partnerunternehmen, das die einzelnen familienorientierten Aktivitäten und Angebote innerhalb der Netzwerkorganisation aufführt und einen Austausch der beschäftigten Eltern über Fragen der Erziehung und Work-Life-Balance anregt.

- Strategische Positionierung von Beschäftigten in der dialogischen Elternteilzeit in den einzelnen Projektteams auf der Ebene der gesamten primären Netzwerkorganisation, um die Vorteile des sekundären Elternnetzwerkes auszuschöpfen. Dazu sind Absprachen auf Netzwerkebene notwendig, die bei größeren Netzwerken von einem auf Fragen der Work-Life-Balance spezialisierten Netzwerkcoach als Partnerunternehmen durchgeführt werden sollten.

- Aufbau von exklusiven Kooperationen mit interdisziplinären Familienzentren, deren Fachkräfte mit den beschäftigten Eltern Erziehungspartnerschaften eingehen, so dass die Verbindung von fachlicher Beratung, qualifizierter Betreuung und aktiver Beteiligung der Eltern gewährleistet werden kann. Die Exklusivität der Kooperationsbeziehung mit dem Arbeitgeber führt dazu, dass sich die Wechselkosten der berufstätigen Eltern erhöhen, wenn sie und vor allem ihr Kind sich an die Bezugspersonen in den Tageseinrichtungen gewöhnt haben. Der Kooperationspartner kann durch seine Kontakte bei Bedarf auch die vertrauliche Vermittlung an geeignete Therapeuten bei individuellen Problemen sicherstellen, die nicht mehr im Rahmen eines dialogischen Seminars auf Unternehmensebene behandelt werden können.

- Kooperationen mit spezialisierten Familiendienstleistern zum Aufbau eines familienorientierten Personalprogramms und Beratung bei der Entscheidung über den Aufbau einer eigenen oder die Beteiligung an einer betrieblich unterstützten Kinderbetreuungseinrichtung, die eine erhöhte zeitliche Flexibilität bei den Betreuungszeiten ermöglicht.

Die Wirkungsweise des dialogischen Sozialkapitals lässt sich abschließend anhand der unten aufgeführten Abbildung erläutern.

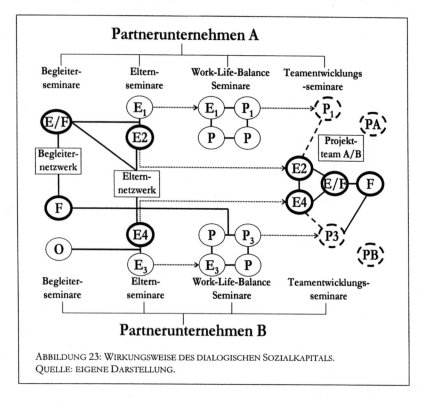

ABBILDUNG 23: WIRKUNGSWEISE DES DIALOGISCHEN SOZIALKAPITALS.
QUELLE: EIGENE DARSTELLUNG.

Bei der Implementierung eines dialogischen Managements in und zwischen den beiden exemplarischen Partnerunternehmen A und B mit Hilfe von sekundären Netzwerken können vier Phasen unterschieden werden, die jeweils mit der sukzessiven Einführung einer dialogischen Seminargruppe verbunden sind. Neben der Erhöhung des allgemeinen Beziehungswissens durch die Gruppenerfahrungen führen sie zu spezifischen Investitionen der Beschäftigten in die Beziehungen innerhalb des eigenen Unternehmens wie der Netzwerkorganisation und steigern die individuellen Wechselkosten.

1. Schulung der Führungskräfte zu dialogischen Begleitern und Etablierung eines Begleiternetzwerkes auf Basis der dialogischen Begleiterseminare. Bei den Nachwuchskräften ist eine Beteiligung unabhängig vom Elternstatus anzustreben, da sich dieser Status ändern kann und die Teilnahme am Begleiternetzwerk ebenfalls der Personalbindung dient.

2. Begleitung von Elternseminaren durch Elternteile als geschulten Begleiter.

Die Elternseminare werden nach einer möglichen internen Erprobungsphase für alle Eltern innerhalb der Netzwerkorganisation geöffnet, wodurch das Elternnetzwerk auf Basis einer institutionalisierten Plattform etabliert werden kann, das durch die Begleiter mit der Führungsebene verbunden ist.

3. Nachdem die Eltern in den Elternseminaren und bei Bedarf in besonderen Weiterbildungen ihr Beziehungswissen um die dialogischen Kompetenzen erweitert haben, übernehmen sie die Begleitung von projektübergreifenden Seminaren zum Thema Work-Life-Balance, die allen Mitarbeitern innerhalb eines Partnerunternehmens offen stehen und den Zusammenhalt zwischen den Projektmitarbeitern mit und ohne Kind fördern.

4. Die dialogisch geschulten Führungskräfte begleiten Teamentwicklungsseminare, die sich mit konkreten Zielen und verbindlichen Regeln eines bestimmten Projektes befassen und der Entwicklung von interpersonalem Vertrauen zwischen den Beteiligten dienen, das sich unter den Teilnehmern aus den verschiedenen Seminaren der ersten drei Phasen bereits entwickeln konnte.

Besonders bei einem Kick-off-Meeting zum ersten Kennenlernen und Erarbeiten einer gemeinsamen Projektmission ist die Teilnahme der Führungskräfte als Integrationsfiguren zwischen den beiden Partnerunternehmen bedeutsam. Die zeitlich weniger am Projekt involvierten jungen Eltern werden hier bereits unterstützend tätig. Sie sorgen für die operative Beziehungsarbeit im Team und leisten damit ihren Beitrag zum Projektergebnis.

Im Beispiel werden die beschäftigten Elternteile E_1 aus Unternehmen A und E_4 aus Unternehmen B Mitglieder eines interorganisationalen Projektteams A/B mit insgesamt acht Mitgliedern. Die dicken Kreise stellen die vier Mitglieder der personalen Netzwerke dar, während die schraffierten Kreise die restlichen Teammitglieder repräsentieren, die noch nicht in das Beziehungsgefüge integriert sind. Die dicken schwarzen Linien weisen auf die persönlichen Vertrauensbeziehungen hin, während die dicken gestrichelten Linien zwischen E_2 und P_1 sowie E_4 und P_3 auf schwache Beziehungen hinweisen. Mit P ohne Index werden Projektarbeiter ohne Kinder gekennzeichnet, der Index deutet auf eine besondere Position im Beispielnetzwerk hin. Die schwache Beziehung wird bei untereinander nicht bekannten Personen durch das beziehungsstärkende Element des gemeinsamen Bekannten aus einem anderen Seminar konstituiert. Voraussetzung dafür ist der offene Austausch über die Teilnahme an den Gruppen, um diesen nicht persönlich anwesenden Vertrauensmittler identifizieren zu können.

Im Fall von P_1 ergibt sich die Konstellation, dass er bereits an einem projektübergreifenden Work-Life-Balance-Seminar teilgenommen und dort E_1 kennen gelernt hat. E_1 wiederum hat auf Basis des Elternnetzwerkes eine persönliche Beziehung zu E_2, zur Führungskraft mit Kind E/F aus dem eigenen Unternehmen A und zu E_4 aus dem Kooperationspartner B aufgebaut. Die punktierten Pfeile deuten die Rollenerweiterung an, die im Falle von E_4 dazu führt, die Teamentwicklungsseminare mit zu unterstützen, obwohl er mit der Führungskraft F aus dem eigenen Unternehmen B noch keinen näheren Kontakt hat. Dies ergibt sich daraus, dass F kinderlos und dadurch zwar Mitglied im Begleiternetzwerk, aber nicht im Elternnetzwerk ist. Die glaubwürdige Einbindung von Führungskräften in das Elternnetzwerk kann nur bei eigenen Kindern als effizientes Signal einer vergleichbaren biographischen Lebenssituation erfolgen. Daher muss das Unternehmen B die dialogische Elternschulung von einem externen dialogischen Organisationsentwickler O einkaufen, mit dem in Folge der andauernden persönlichen Beziehungen zu den Eltern eine Geschäftsbeziehung eingegangen werden sollte.

Die Vorteile einer durch ein Kind in beide Netzwerke eingebundenen Führungskraft liegen für das Partnerunternehmen A in der Einsparung von Bindungskosten, da E/F im Projektteam neben F bereits E_4 und E_2 kennt, während F weniger Kontakte hat. Die Einbindung der Eltern in das Projektteam trägt zur Entlastung der Führungskraft bei, die sich nach dem ersten Treffen als Coach der jeweiligen begleitenden Eltern zurückziehen kann, die über die offenen Work-Life-Balance-Seminare mit anderen Projektmitarbeitern vertraut sind. Diese Entlastung ist für F aus Unternehmen B zunächst nicht gegeben, da er mit E_3 zwar aus seiner Begleitung der Work-Life-Balance-Gruppen auch ein Elternteil kennt, dieses aber nach dem Prinzip der familienorientierten Rotation nicht das aktuelle Projekt begleitet, sondern sich auf die Seminare der Stufe 3 beschränkt und sich ansonsten um seine Kernfamilie kümmern kann.

Besteht im Begleiternetzwerk soviel Vertrauen, dass ein interorganisationales Team auch nur von der Führungskraft eines Partnerunternehmens begleitet werden kann, ist in diesem Beispiel ein Verzicht auf den Einsatz von F möglich, wenn sich P_3 im Rahmen der Teamentwicklung auf Basis der bestehenden schwachen Beziehung stärker einbinden lässt. Im Projektteam finden sich darüber hinaus mit P_A und P_B zwei bislang nicht in die dialogischen Seminare integrierte „vielbeschäftigte" Projektarbeiter, was insbesondere in großen Netzwerkorganisationen zu Beginn der Investition in dialogisches Sozialkapital immer wieder vorkommen kann. Diese beiden Teammitglieder erfordern insbesondere bei Bedenken gegenüber den neuen Entwicklungsinstrumenten eine besondere Aufmerksamkeit von den Begleitern. Macht ihre Anzahl einen erheblichen Anteil im gesamten Projektteam aus, erweist sich eine längere direkte Mitwirkung der Führungskräfte als ratsam, um die Wichtigkeit der gemeinsamen Lösungsfindung bei der Realisierung des Projektziels im Dialog zu verdeutlichen. Die Eltern können auf die von ihnen betreuten Gruppen hinweisen, wodurch sich eine weitere Annäherung des dialogischen Beziehungswissens im Projektteam ergibt.

Im Gegensatz zu acht neuen Gesichtern, die sich vor dem ersten Meeting nicht kannten, bestehen in diesem Projektteam durch die interdependenten Netzwerkstrukturen sechs direkte und zwei indirekte Beziehungen über einen Dritten, mit dem eine Vertrauensbeziehung besteht. Die Opportunismusgefahr wird hier durch die direkten Vertrauensbeziehungen gebannt, während sich die schwachen Beziehungen auf die vertrauten „Hintermänner" stützen können, so dass sich etwa E_4 mit E_3 über P_3 bezüglich dessen Vertrauenswürdigkeit austauschen kann, um in der Anfangsphase diese Lücke der schwachen Beziehung zu schließen.

Es verbleiben P_A und P_B als mögliche Saboteure, die aber im Team von persönlichen Beziehungen „umzingelt" sind, so dass ein opportunistisches Verhalten schneller im Team entdeckt würde. Mit Hilfe des Entwicklungsseminars können sie bei kompetenter Begleitung in dieses Beziehungsgeflecht integriert werden. Die Mischung aus alten und neuen Beziehungen hilft auch, die Bildung einer Cliquenwirtschaft zu vermeiden. Die strukturellen Löcher, die zwischen den Führungskräften aus den Unternehmen A und B bestehen, werden bei der Zusammenstellung eines Projektteams genutzt und dort auf Basis bestehender und anzustrebender starker Beziehungen geschlossen.

Zentral bei der Investition in dialogisches Sozialkapital bleibt die Etablierung einer Kultur, durch die sich die gemeinsamen mentalen Modelle der Beteiligten zum Vertrauensaufbau nutzen lassen. In dieser Kultur würden die entsprechenden Bindungsnutzen nicht als Selbstzweck begriffen, sondern bei aller persönlichen Nähe immer mit den Unternehmenszielen in Verbindung gebracht werden, von deren erfolgreicher Realisation langfristig auch der Informationsnutzen abhängt. Für das Management von Netzwerkorganisationen ist es daher entscheidend, ob es trotz möglicher temporärer Überlagerungen der Einkommensziele bei wichtigen Einzelprojekten gelingt, eine Balance zwischen Bindungs- und Informationsnutzen zu schaffen, die dauerhaft das Vertrauen zwischen den Akteuren stabilisiert.

Die bewusste Reflexion über das individuelle Bindungsverhalten und dessen Bedeutung für die eigene Identität im Rahmen einer familienorientierten Personalentwicklung ist ein wichtiger Baustein auf dem Weg zum dialogischen Management, der mit einer signifikanten Erhöhung von Sozialkapital verbunden ist. Die Investition in Sozialkapital durch dialogische Reflexionsgruppen, also kurz der Aufbau von dialogischem Sozialkapital, erweist sich als adäquates Mittel für wissensintensive Unternehmen, ihre Netzwerkfähigkeit und damit ihre Wettbewerbsfähigkeit in der Informationsgesellschaft zu erhöhen.

Das hier vorgestellte Personalentwicklungskonzept als Instrument eines sozialkapitalbasierten Personalbindungsmanagements wird sich in der Praxis nicht immer sofort im vollen Umfang oder nur nach individuellen Anpassungen implementieren lassen. Der Aufbau von Sozialkapital erfordert einen längeren Atem als der Lebenszyklus der jeweils angesagtesten Managementkonzepte in der schnelllebigen Ratgeberliteratur. Die Investition in die systematische Gestaltung von Beziehungsnetzwerken von Eltern und Führungskräften als Dialogbegleiter bietet dafür eine Orientierung für den organisationalen Wandel in der Informationsgesellschaft, der zu neuen Formen arbeitsteiliger Kooperationen führt.

Auch wenn derzeit noch nicht genau bekannt ist, wie diese Formen in der Zukunft genau aussehen werden (vgl. Punkt 1), bietet der Aufbau von Sozialkapital eine ökonomische Fundierung der Stoßrichtung an, die über die hier thematisierte familienorientierte Einbettung zu effizienten Transaktionen beiträgt und damit die Stabilität der gefundenen Lösung erhöht. Die Unternehmen, die sich für den weiteren Transformationsprozess zur historisch beispiellosen Wirtschafts- und Lebensform „Informationsgellschaft" wappnen wollen, tun gut daran, sich bereits heute Gedanken über das knappe Gut „Beziehungswissen" zu machen.

Das Scheitern vieler Start-Ups in der „New Economy" als erster Welle organisationaler Innovationen im Rahmen dieses Prozesses richtet den Blick darauf, dass die Familienorientierung eines Unternehmens nicht mit dem Versuch gleichgesetzt werden darf, eine „betriebliche Kernfamilie" zu schaffen. Ein Beziehungsnetzwerk dient der Erfüllung von Bindungsbedürfnissen, wird in einer betriebswirtschaftlichen Sichtweise aber immer an seinem Beitrag bezüglich der Erzielung von Einkommen für die daran beteiligten (Partner-)Unternehmen gemessen. Das Management von Sozialkapital bleibt damit primär die Bewältigung des Spannungsfeldes zwischen den Bindungs- und Einkommensbedürfnissen der Beschäftigten mit dem Bindungs- und Einkommensbedürfnissen des Managements, welche die Renditeerwartungen der Kapitaleigner der Unternehmen zu erfüllen haben.

Im fortschreitenden Globalisierungsprozess, in der die Kapitalbeschaffung zumeist über anonyme Märkte erfolgt, scheint sich verstärkt ein Ungleichgewicht zu Gunsten des „Einkommens" herausgebildet zu haben. Die Ergebnisse dieser Arbeit lassen darauf schließen, dass dieses Ungleichgewicht der menschlichen Natur auf Dauer nicht gerecht werden kann. Das soziale Kapital einer Netzwerkorganisation wird so zu dessen wichtigstem Wettbewerbsfaktor, da es das dauerhafte Spannungsfeld der komplementären Erzeugung psychischer wie materieller Sicherheit immer wieder aufzulösen vermag. Der Einstieg in die Personalstrategie der Elternführerschaft stellt dabei einen wichtigen Baustein in ein netzwerkbezogenes Personalmanagement dar, der zudem auf die neue kooperative Arbeitsteilung zwischen der Politik und den Unternehmen bei der Gestaltung adäquater Rahmenbedingungen für vernetzte Wirtschaftsprozesse hinweist.

Dieser Einstieg mag dem interessierten Praktiker als derzeit unrealistische Vision oder gar Utopie erscheinen. Hinzuweisen ist daher auf die längere Vorlaufzeit dieser Personalstrategie, die von den Beteiligten auch ein Umdenken bezüglich der zeitlichen Reichweite von personalpolitischen Entscheidungen erfordert, wenn sie die Vernetzungsstrategie wirkungsvoll unterstützen wollen. Angesichts der sich bereits heute abzeichnenden gesellschaftlichen und wirtschaftlichen Rahmenbedingungen erscheint ein solcher Entwurf als effiziente Antwort auf die Fragen einer

Generation, die immer stärker wahrnimmt, das erst Bindung die vertrauensvolle Seite der menschlichen Natur auch im Wirtschaftsleben offenbart. Vertrauen ist nicht kostenlos zu haben., so dass der systematische Aufbau von Vertrauen durch Sozialkapital die Kosten der traditionellen Hierarchie soweit nach oben treiben könnte, dass letzlich eine wirkliche Innovation der Organisation bevorsteht, deren Vorboten in der „New Economy" durch die Sozialwissenschaften gerade erst im Anfangsstadium beobachtet werden konnte. Wie die Neztwerkorganisation von Morgen genau aussieht, bleibt dem Dialog der „Wissensarbeiter" und „Wissensarbeiterinnen" überlassen. Auf welchem Wege das Management in Verbindung mit der Politik die Grundsteine für die erfolgreiche Transformation vom Industrie- zum Informationszeitalter legen kann, wird in der Zusammenfassung abschließend dargelegt.

7. Zusammenfassung: Sozialkapital, Vertrauen und Personalbindung als Fundamente einer ökonomisch orientierten Managementlehre im Informationszeitalter

Die Informationsgesellschaft mit dem Netzwerk als Leitbild der zukünftigen Unternehmensform zur erfolgreichen Bewältigung der hohen Umweltunsicherheit in einer immer stärker beschleunigten global vernetzten Welt eröffnet neue Verhaltensoptionen für die darin arbeitenden Menschen. In der Neuen Institutionenökonomik wird menschliches Verhalten unter dem Aspekt der Maximierung des Eigeninteresses analysiert, das mit Hilfe von geeigneten Institutionen in kooperative Bahnen gelenkt werden kann. Die Verschärfung des gegenüber den Folgen für andere Personen neutralen Eigennutzstrebens in der Neoklassik durch die Einführung der Annahme des die andere Seite auch bewusst schädigenden Opportunismus brachte die Transaktionskostentheorie auf Basis der Arbeiten von Oliver Williamson in den Mittelpunkt der Kritik.

Diese fokussierte sich schnell auf das dahinter liegende Menschenbild, das in der Managementforschung durch Ghoshal als einer ihrer prominentesten Vertreter noch kurz vor seinem Tod als kontraproduktiv und gefährlich abgelehnt wird. Danach sei mit der steigenden Verbreitung der Transaktionskostentheorie in Wissenschaft und Praxis eine zunehmende Durchdringung von strikt eigeninteressierten Verhaltensweisen auf Seiten der Absolventen und Manager beobachtbar, die sich durch die Betonung des Opportunismus als allgemeiner menschlicher Eigenschaft in ihrem Handeln bestätigt sehen. Dadurch könne insbesondere die Transaktionskostentheorie nach Williamson als geistige Nahrung für die verstärkte Verbreitung unmoralischer und illoyaler Verhaltensweisen in den Unternehmen betrachtet werden (vgl. Ghoshal, Sumantra 2005, S. 82 ff.).

Der Vorwurf der geistigen Brandstiftung durch die Vertreter institutionenökonomischer Theorien wird der gegenwärtigen Unternehmensrealität nicht gerecht. Die unter Kapitel 3 geschilderten Besonderheiten der Informationsgesellschaft zeigen vielmehr, dass sich opportunistische Verhaltensweisen systematisch auch bei solchen Individuen nachweisen lassen, die wenig oder keine Berührungspunkte mit wirtschaftswissenschaftlicher Theoriebildung haben. Ebenso wenig hilfreich für die Analyse ist es auf der anderen Seite, die im Unternehmen tätigen Menschen mit ihren langjährigen sozialen Erfahrungen und Kontakten, ihren zahlreichen und vielfältigen Bemühungen um die Verbesserung gesellschaftlicher Verhältnisse und nicht zuletzt ihres häufig engagierten Eintretens für die Wahrung der Unternehmensinteressen als opportunistische Monolithen erscheinen zu lassen. Die Annahme des Opportunismus erweist sich nur in einer variablen Ausprägung als zweckmäßige Vereinfachung bei der Analyse von Austauschprozessen, die unter den Bedingungen beschränkter Rationalität und Faktorspezifität durch endogene Verhaltensunsicherheit gekennzeichnet sind.

Der Mensch der Transaktionskostentheorie *kann* somit opportunistisch handeln, er muss es aber nicht zwangsläufig tun. Die Frage nach den situativen Anreizen, die er benötigt, damit er sich in seinem eigennützigen Können für eine kooperative Verhaltensweise entscheidet, verdichtet sich aus traditioneller ökonomischer Sicht zur Frage nach den effizienten institutionellen Rahmenbedingungen. Bei der Gestaltung von Netzwerkorganisationen auf Vertrauensbasis wird dadurch vielfach auf ein nicht weiter beschriebenes institutionenbezogenes Systemvertrauen verwiesen, das zu einem ebenso wenig hinterfragten Personenvertrauen beiträgt. Während die Wirkungen von Vertrauen präzise abgebildet werden, bleibt die Darstellung der Quellen von Vertrauen in der ökonomischen Theorie im Vergleich zu den Erklärungsansätzen in den benachbarten sozialwissenschaftlichen Disziplinen auffallend blass. Dabei ist die Integration psychischer Restriktionen in das ökonomische Verhaltensmodell nicht zwangsläufig mit einer Abkehr vom Rationalprinzip verbunden, sondern kann bei einer konsistenten Vorgehensweise zur Erhöhung seiner Aussagekraft beitragen. Der Preis einer Erhöhung der Modellkomplexität und möglichen Aufweichung der empirischen Aussagekraft des veränderten Modells ist dabei immer vor dem Hintergrund des Forschungsziels abzuwägen. Er hat mit dazu beigetragen, dass sich in den ökonomischen Ansätzen neben den institutionellen Anreizen nur wenige Gedanken um die Wurzeln der Fähigkeit gemacht wurden, die das Vertrauen zwischen den Menschen begründet. Dieses Problem wird auch nicht durch die ökonomische Sozialkapitalforschung nach Becker behoben.

Die genannten Probleme haben in dieser Arbeit dazu geführt, sich dem einzigartigen menschlichen Sozialverhalten durch die moderne Bindungsforschung zu nähern. Sie reichte den grundlegenden Arbeiten Eriksons zum Vertrauen den entscheidenden empirischen Nachweis der zentralen Bedeutung frühkindlicher Entwicklungsprozesse nach. Die Fähigkeit des Vertrauens in eine andere Person wird durch das Beziehungswissen gesteuert, das in seiner impliziten Ausprägung somit auch internalisierte Beziehungsparameter enthält. Insofern wirkt auch hier auf der unbewussten Ebene ein durch Institutionen bestimmtes Systemvertrauen, das durch die Sozialisationsprozesse das Beziehungswissen prägt. Dieses Wissen ist in einem gegebenen kulturellen Umfeld äußerst wertvoll, da es zu einem Nutzen aus der Beziehung mit anderen Personen führt, die auf dem Kriterium Bindung beruht.

Bindung ist ein grundlegendes Handlungsmotiv des Menschen, dessen Erfüllung durch die vollkommene Hilflosigkeit bei der Geburt für den Organismus überlebenswichtig ist. Für das im Verlauf der weiteren Entwicklung herausgebildete Individuum behält es eine zentrale Bedeutung, da es zur Bewältigung der unentrinnbaren Unsicherheit beiträgt, die mit der Einführung positiver Transaktionskosten auch Einzug in die ökonomische Theorie gehalten hat. In Transaktionen beansprucht die Verhaltensunsicherheit durch das mögliche Aufblitzen eines opportunistischen Einfalls der anderen Vertragsseite in hohem Maße die Aufmerksamkeit der Vertragspartner. Durch institutionelle Sicherheiten wird auf kalkulierter Basis das Risiko effizient reduziert, wenn beide Seiten am Ende nach Abzug der dafür notwendigen Transaktionskosten noch einen positiven Nettonutzen realisieren können.

In der Informationsgesellschaft ist diese Rechnung durch immer kürzer werdende Zeitfenster bei der gewinnbringenden Einführung eines neuen Produktes oder einer neuen Dienstleistung im weltweiten Wettbewerb bedroht. Gewinnsteigerungen lassen sich vor allem durch die Absenkung von Transaktionskosten realisieren, da sie zur Erhöhung der Transaktionsgeschwindigkeit in Netzwerkorganisationen beiträgt. Solche Unternehmenskooperationen werden bei unvollkommenen Faktormärkten immer bedeutsamer, da die Umweltturbulenzen in den globalisierten Wertschöpfungsketten im Wissensverbund gefundene Lösungen attraktiv und bewährte interne Wissensbestände immer schneller als veraltet erscheinen lassen.

In dieser Umgebung verlieren die in der Industriegesellschaft bewähren Organisationsmuster einer zentralen Planung des optimalen Arbeitseinsatzes ihre Gültigkeit. Die Fähigkeit zur nachvertraglichen Anpassung an veränderte Umstände wird hier zur zentralen Frage und rückt damit die Transaktionskostentheorie in den Mittelpunkt einer ökonomischen Analyse, da diese Fähigkeit der beschränkt rationalen Akteure den Kern ihrer Effizienzanalyse ausmacht. Es ist Williamson hoch anzurechnen, dass er diesen Kern lange vor einer vorschnellen mathematischen Fixierung längst nicht abgeschlossener Forschungsprozesse bewahrt hat. Ebenso ist es sein Verdienst, entschieden auf die mögliche Konfusion bei der Verwendung des Vertrauensbegriffes in der ökonomischen Theorie hingewiesen zu haben. Mit seiner Betonung der beschränkten Rationalität hat er selbst jedoch das Tor geöffnet, das den Weg für Vertrauen zur Unsicherheitsreduzierung jenseits formeller Absicherungen freimacht.

Dieser Weg wird in der Praxis von Netzwerkorganisationen gegangen und fordert daher die gesamte Organisationsforschung heraus, die vor der Frage steht, ob sie dem komplexen Untersuchungsgegenstand „vertrauensbasiertes Netzwerk" überhaupt noch intradisziplinär gerecht werden kann. In der Praxis lassen sich systematische Abweichungen von dem bisherigen Rationalmodell der Ökonomik beobachten und experimentell auch nachweisen, die auf die psychischen Restriktionen hinweisen, die das menschliche Verhalten trotz dilemmatischer Anreizstrukturen in eine kooperative Zusammenarbeit lenken. Offenbar vergeht den Akteuren in den durch soziale Beziehungen eingebetteten zwischenmenschlichen Interaktionen „Transaktion" die Lust, in der anderen Seite ständig nur einen möglichen „Drückeberger" oder „Schurken" zu sehen, der sich die ordentlich erwirtschaftete eigene Quasirente widerrechtlich aneignen würde, wenn man ihn nur ließe.

Die entscheidenden Fragen bestehen aus betriebswirtschaftlicher Sicht darin, wann der anderen Seite Vertrauenswürdigkeit zugeschrieben wird und wie sich diese Zuschreibung systematisch bei der Erzielung von Einkommen nutzen lässt. Die Bindungsforschung kann hier aufbauend auf die moderne Hirnforschung empirisch robuste Antworten geben. Sie werden in dieser Arbeit durch die Kategorie des Bindungsnutzens als neues Argument der individuellen Nutzenfunktion vereinfacht abgebildet. Dadurch stellen sie die ökonomische Analyse sozialer Beziehugen auf eine breitere Basis. Immer dann, wenn dieser Nutzen den zu neuen Einkommen führenden Nutzen eines verbesserten Informationsaustausches auf beiden Seiten übersteigt, wird der Einsatz von bewusstem Vertrauen rational begründbar. Die Stabilisierung dieser wechselseitigen Erwartungen erfolgt über beziehungsspezifische Investitionen, die als Sicherheit dienen, dass sich die jeweils andere Seite der eigenen Verhaltensstrategie anpasst. Der Vorteil besteht zunächst in dem gemeinsam nutzbaren Kollektivgut psychische Sicherheit, das zwar in den einzelnen Köpfen der Individuuen verankert ist, bei dessen Nutzung aber keine Rivalität im Konsum besteht.

Die Erlangung dieser subjektiven Sicherheit innerhalb eines Kollektivs stellt die Ursache dar, weshalb Individuen durch Vertrauen nicht nur Kosten reduzieren, sondern auch einen -hier durch das Beziehungswissen bestimmten- Nutzen erlangen. Der Mensch vergibt Vertrauen auch deshalb, weil er sich selbst als eine Person ansieht, die zu einer solchen Tat fähig ist und die umgekehrt auch selbst in den Genuss von Vertrauen durch andere Personen kommen kann. Dieser Nutzen ist für den Menschen nicht durch monetäre Anreize zu ersetzen. Die zentrale Botschaft der auf der Bindungsforschung basierenden ökonomischen Analyse lässt sich diesbezüglich klar formulieren: Der Mensch kann nicht dauerhaft auf diesen Nutzen verzichten, da er sonst psychisch schweren Schaden nimmt und so in der Evolution nicht überlebt. Gesellschaften und soziale Einheiten, die auf Dauer nicht in der Lage sind, ein Wirtschaftssystem hervorzubringen, welches die primären Bindungsbedürfnisse der in ihr lebenden Individuen erfüllt, werden daher im Zeitverlauf von solchen sozialen Entitäten verdrängt, die eine Balance zwischen den beiden verhaltensbestimmenden Polen „Bindung" und „Einkommen" etablieren können.

Die zunehmenden psychischen Schäden der Beschäftigten und die wachsende Kriminalität in allen Gesellschaftsbereichen weisen darauf hin, dass dieses Gleichgewicht zunehmend gestört wird. Die schwächer werdende soziale Einbettung der Individuen in den institutionellen Umwelten, die immer stärker in Richtung Informationsgesellschaft tendieren, richtet das Augenmerk auf die Bildung von Sozialkapital, um diesem fatalen Prozess entgegenzusteuern. Sozialkapital lässt sich als die Fähigkeit zum Vertrauensvorschuss in einem sozialen System definieren, innerhalb dessen Grenzen niemand davon ausgeschlossen werden kann, was zum Status eines Clubkollektivgutes führt Das soziale Kapital einer solchen Gemeinschaft beruht auf der personalen Dimension des Beziehungswissen sowie auf den situativen Dimensionen der Beziehung und der Institutionen, welche letztere strukturieren.

Solch ein Club von Sozialkapitalisten funktioniert in modernen Gesellschaften auf Basis von Beziehungsnetzwerken, die auch das Erzielen von Einkommen erleichtern, aber primär zur Herstellung des Kollektivgutes psychische Sicherheit dienen. Diese sekundäre Netzwerke bilden das übergeordnete soziale Fundament von Unternehmensnetzwerken, die in der zunehmend aus dem Gleichgewicht geratenden

Informationsgesellschaft systematisch auf Vertrauen angewiesen sind. Dazu werden Wissensträger benötigt, die über geeignete Institutionen dauerhaft an das Unternehmen gebunden werden können. Erst diese Stabilität der Beziehungen in der Netzwerkorganisation schafft das notwendige Vertrauen, um die relative Vorteilhaftigkeit von Netzwerken gegenüber Hierarchien bei Transaktionen mit höherer Spezifität und steigendem Zeitdruck ausnutzen zu können.

Die Erfüllung von Bindung als Motiv der modernen Wissensarbeiter kann nur über nicht monetäre Anreize erfolgen. Die Personalbindung als systematische Erhöhung der individuellen Wechselkosten der in einem Unternehmen abhängig Beschäftigten kann sich dagegen beider Aspekte bedienen. Das Bindungsstreben der Mitarbeiter äußert sich in unruhigeren Zeiten zunehmend in dem Wunsch nach einer eigenen Familie, deren hohe Bedeutung für die individuelle Work-Life-Balance eine der wenigen Konstanten im gegenwärtigen Wandel darstellt. Die wissensintensiven Partnerunternehmen eines Unternehmensnetzwerkes können durch diese stabile Präferenz der angesichts des demographischen Wandels immer knapper werdenden Nachwuchskräfte ihre Wettbewerbsfähigkeit steigern. Dazu müssen sie sich durch eine familienorientierte Personalstrategie auszeichnen, die diesen Namen auch verdient und dürfen sich nicht nur auf die Gewährung von gängigen Instrumenten zur Verwaltung des Betreuungsbedarfes überlasteter junger Mütter beschränken, die sich für einige Jahre notgedrungen aus dem Beruf zurückziehen oder ganz auf Kinder verzichten.

Die erste Alternative bedeutet in wissensintensiven Unternehmen häufig das Ende der Karriere und die Entwertung von spezifischen Humankapitalinvestitionen, während die zweite Alternative gesamtgesellschaftlich höchst unangenehme Folgen für die Altersstruktur des Erwerbspersonenpotenzials mit sich bringt, da es bereits in absehbarer Zeit an qualifiziertem Nachwuchs mangeln wird. Dadurch kommt es im Bereich der Familienpolitik verstärkt zu Kooperationen zwischen Staat und Wirtschaft, die sich für den ebenenübergreifenden Aufbau von Beziehungswissen nutzen lässt, das die wichtigste Dimension von Sozialkapital in Netzwerkorganisationen darstellt.

Die Arbeitsteilung zwischen öffentlichen und privaten Akteuren findet derzeit innerhalb einer breiten gesamtgesellschaftlichen Diskussion über die Zukunft des Wirtschaftsstandortes Deutschland statt, die teilweise den Blick auf die einzelnen Aufgaben verstellt, die von den betroffenen Akteuren erfüllt werden müssen. Der Familienpolitik kommt die Schaffung der Rahmenbedingungen zu, was die Qualitätssicherung beim Aufbau des Kollektivgutes primäres Beziehungswissen umfasst. Den Unternehmen stellt sich in Netzwerkorganisationen die Aufgabe, durch die Einführung eines dialogischen Managements netzwerkspezifisches Sozialkapital zu bilden. Dieses dialogische Sozialkapital zielt aus Unternehmenssicht weniger auf die Kinder, sondern vielmehr auf die Entstehung einer hochdynamischen, lernenden Organisation durch die Geburt des ersten Kindes in der Kernfamilie ab. Die begleitete und institutionalisierte Reflexion über diese neue Rolle führt zu erheblichen

348

sozialen Kompetenzgewinnen der Väter und Mütter. Diese können in den Transkationen der Netzwerkorganisation genutzt werden, indem systematisch sekundäre Netzwerkorganisationen auf der Ebene der Eltern und der dialogischen Begleiter unter den Führungskräften geschaffen werden, die wesentlich zum Kulturwandel in Richtung einer vertrauensbasierten Transaktionsatmosphäre beitragen.

Die Individuen nehmen spezifische Investitionen in das Beziehungsgefüge vor, da sie den im Netzwerk tätigen Personen Vertrauen entgegenbringen. Zudem bietet die Projektarbeit im Netzwerk langfristige Perspektiven einer abwechslunsgreichen beruflichen Tätigkeit, so dass sich die individuellen Wechselkosten durch die Bildung von Sozialkapital in Netzwerkorganisationen systematisch erhöhen. Auch wenn das Arbeitsverhältnis nicht mehr ein Berufsleben lang andauert, wird so die notwendige Kontinuität zwischen den Vertragspartnern durch die Stabilität des gemeinsamen Zeithorizontes geschaffen. Das über Sozialkapital erzeugte Vertrauen führt zur Personalbindung und lässt so Netzwerkorganisationen effizient funktionieren.

Die gegenwärtigen Defizite in der Infrastruktur bei der Familienberatung stellen eine besondere Herausforderung gerade auch für die wissensintensiven Partnerunternehmen dar, die im Rahmen ihres Personalbindungsmanagements diese Lücke zu Gunsten ihrer Wissensträger schließen müssen, um deren Wechselkosten zu erhöhen. Die folgende Abbildung verdeutlicht das reformorientierte Zusammenspiel der drei Interessengruppen.

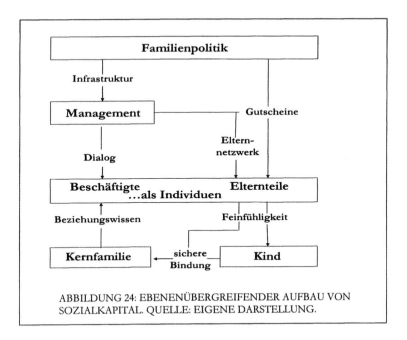

ABBILDUNG 24: EBENENÜBERGREIFENDER AUFBAU VON
SOZIALKAPITAL. QUELLE: EIGENE DARSTELLUNG.

In Anlehung an Abbildung 21 aus Punkt 6.2.3 können hier die einzelnen Zielgrößen konkretisiert werden. Während die Familienpolitik eine Betreuungs- und Be-
ratungsinfrastruktur und deren Qualitätssicherung bereitstellt, fragen die Eltern
diese Angebote über Gutscheine für Elternkurse nach, welche ihre Feinfühligkeit
gegenüber ihren Kindern erhöht, was zur Herausbildung sicherer Bindungsmuster
beiträgt. Das Management von Partnerunternehmen greift diesen Aspekt durch die
Etablierung von Elternnetzwerken auf, um das dialogisch erarbeitete Beziehungswissen der Eltern in weiteren Dialogforen mit direktem Unternehmensbezug nutzen zu können. Die Beschäftigten können sich darauf einlassen, da sie in den Elternnetzwerken die nötige Sicherheit bekommen und zu den Führungskräften als
dialogische Begleiter ein persönliches Verhältnis aufgebaut haben, das sie den Wert
des Dialoges auch für ihren beruflichen Erfolg erkennen lässt.

Insgesamt bietet sich dem Management von Netzwerkorganisationen mit dem vorgestellten institutionenökonomisch fundierten Sozialkapitalansatz ein geeigneter
Rahmen dar, effiziente Governancestrukturen zu gestalten, die unter den Bedingungen der Informationsgesellschaft funktionieren und die sensible Balance zwischen Bindungs- und Einkommenszielen stabilisieren können. Durch die stärkere
Berücksichtigung der sozialen Bedingungen arbeitsteiligen Wirtschaftens wird ein
wichtiger Schritt der Organisationsökonomik in Richtung interdisziplinärer Managementforschung getan. Personalbindung ohne Vertrauen lässt sich in wissens-

intensiven Unternehmen genauso wenig realisieren wie der Aufbau von Sozialkapital ohne die Einbindung sekundärer Netzwerke. Für die Unternehmen wird es darauf ankommen, sich verstärkt als verlässlicher Partner in den Politiknetzwerken zu positionieren, um so auf die weitere Gestaltung der institutionellen Rahmenbedingungen Einfluss zu nehmen, die in der Zukunft durch den fortgesetzten demographischen Wandel zu einem Anstieg familienorientierter Maßnahmen führen wird. Auf der anderen Seite bietet der Einstieg in eine moderne Personalentwicklung, wie sie hier mit Bezug auf das dialogische Sozialkapital vorgestellt wird, enorme Differenzierungsmerkmale auf den Arbeitsmarkt.

Zunehmend rückt in Theorie und Praxis die Führungskräfteentwicklung ins Zentrum der Personalwirtschaftslehre, die zum proaktiven Motor für Innovationen bei der Umsetzung der Unternehmensstrategie wird und die Wettbewerbsfähigkeit steigert (vgl. Becker, Manfred 2006, S. 43 ff.). Vor diesem Hintergrund stellt die Personalbindung durch Sozialkapital die methodische Brücke dar, welche der ökonomischen Theorie den Weg ins 21. Jahrhundert weist und die Erkenntnisse der Sozialwissenschaften als fruchtbare Grundlage einer neoinstitutionellen Managementforschung mit hoher Praxisrelevanz einbezieht. Das Konzept der Einbettung stellt das Bindeglied in diesem wissensschaffenden Dialog dar, der seine Fortsetzung in der empirischen Überprüfung der hier vorgestellten Zusammenhänge finden sollte. Daneben sind weiterführende Analysen einzelner Aspekte sinnvoll, deren Behandlung im Rahmen dieser Arbeit nicht näher erfolgt ist:

- Zusammenhang zwischen Beziehungswissen und Fähigkeitswissen beim Lernen.

- Stärkung des Beziehungswissens in der schulischen und universitären Ausbildung.

- Zusammenhang zwischen Beziehungswissen und Unternehmertum.

- Auswirkungen von Sozialkapital auf die Identitätsbildung.

- Einfluss von Religion bzw. Kultur auf das Sozialkapital in primären und sekundären Netzwerken aus verschiedenen Kulturkreisen.

- Auswirkungen des Arbeitsrechts und der kollektiven Interessenvertretungen auf den Sozialkapitalbestand in den verschiedenen hybriden Organisationsformen.

Vor allem die Erforschung der sozialen Bedingungen wirtschaftlichen Handelns führt zukünftig zu Verbesserungen der Aussagekraft ökonomischer Theorien. Mit dem Aufkommen von vertrauensbasierten Hybridformen ist eine Rückkehr in die alte Sicherheit hierarchischer Kontrollen nur noch wider besseren Wissens möglich, dass sich die menschliche Natur -so wie wir sie hier kennengelernt haben- in einer sicherheits- und sinnstiftenden Gemeinschaft positiv entfalten kann, wenn ihre Entwicklung einen eigenen Wert behält, der in etwas Größeres eingebunden bleibt. Dieses Größere herauszufinden ist nicht der Auftrag gewinnorientierter Unternehmen, sondern individueller Bemühungen, etwas mehr über die eigene Natur zu erfahren. Die ungeheuren Potenziale dieser Suche lassen sich in weltweiten Kooperationsgewinnen kommerziell nutzbar machen, die viele globale Verteilungskonflikte in der Zukunft entschärfen helfen könnten. Die Entscheidung, ob sie dem Vertrauen vertrauen wollen oder nicht, müssen die Mitglieder der Informationsgesellschaft bereits heute treffen. Soziales Kapital kann ihnen dabei den „sicheren" Weg weisen.

Literaturverzeichnis

Adler, Paul S./Kwon, Seok-Woo (2002): Social capital: prospects for a new concept, in: Academy of Management Review, Vol. 27, No. 1, pp. 17-40.

Ahn, T. K/Ostrom, Elinor (2002): Social Capital and the Second-Generation Theories of Collective Action: An Analytical Approach to the Forms of Social Capital. Paper prepared for delivery at the 2002 Annual Meeting of the American Political Science Association, Boston, August 29-September 1, 2002, pp. 1-36 - im Internet: http://apsaproceedings.cup.org/Site/abstracts/006/006002OstromElin.pdf, Zugriff am 12.05.04.

Albach, Horst (1980): Vertrauen in der ökonomischen Theorie, in: Zeitschrift für die gesamte Staatswissenschaft, 136. Jg., Heft 1, S. 2-11.

Al-Laham, Andreas (2003): Organisationales Wissensmanagement: eine strategische Perspektive – München: Vahlen.

Alpers, Georg W. (2005): Ressourcenorientierung, in: *Petermann, Franz/Reinecker, Hans* (Hrsg.): Handbuch der Klinischen Psychologie und Psychotherapie – Göttingen et al.: Hogrefe, S. 334-342.

Arnold, Rolf/Bloh, Egon (2001): Grundlagen der Personalentwicklung im lernenden Unternehmen – Einführung und Überblick, in: *dies.* (Hrsg.): Personalentwicklung im lernenden Unternehmen – Hohengehren: Schneider.

Arrow, Kenneth J. (1980): Wo Organisation endet: Management an den Grenzen des Machbaren, Übers. von Thomas Münster, Einheitssacht.: Limits of Organization – Wiesbaden: Gabler.

Arrow, Kenneth J. (2000): Observations on social capital, in: *Dasgupta, Partha/Serageldin, Ismail* (Edts.): Social Capital: a multifaceted perspective – Washington, D.C.: The World Bank, pp. 3-5.

Asendorpf, Jens B. (1996): Psychologie der Persönlichkeit: Grundlagen – Berlin et al. Springer.

Asendorpf, Jens/Banse, Rainer (2000): Psychologie der Beziehung, 1. Aufl. – Bern, Göttingen, Toronto, Seattle: Huber.

Axelrod, Robert (1997): Die Evolution der Kooperation, Übersetz. u. mit einem Nachwort von Werner Raub und Thomas Voss, Einheitssacht.: The evolution of cooperation – Studienausgabe, 4. Aufl., München: Oldenbourg.

Backhaus, Klaus (2003): Industriegütermarketing – 7., überarb. u. erw. Aufl. – München: Vahlen.

354

Backhaus, Klaus/Aufderheide, Detlev/Späth, Georg-Michael (1994): Marketing für Systemtechnologien: Entwicklung eines theoretisch- ökonomisch begründeten Geschäftstypenansatzes -Stuttgart: Schäffer-Poeschel.

Backhaus, Klaus et al. (2005): Kundenbindung im Industriegütermarketing, in: *Bruhn, Manfred/Homburg, Christian* (Hrsg.): Handbuch Kundenbindungsmanagement: Strategien und Instrumente für ein erfolgreiches CRM – 5., überarb. u. erw. Aufl – Wiesbaden: Gabler, S. 199 – 228.

Badura, Bernhard/Hehlmann, Thomas (2003): Theorie und Praxis, in: *dies.* (Hrsg.): Betriebliche Gesundheitspolitik: der Weg zur gesunden Organisation, 1. Aufl.- Berlin, Heidelberg, New York: Springer, S. 1-72.

Badura, Bernhard/Vetter, Christian (2004): „Work-Life-Balance" – Herausforderungen für die betriebliche Gesundheitspolitik und den Staat, in: *Badura, Bernhard/Schellschmidt, Henner/Vetter, Christian* (Hrsg.): Fehlzeiten-Report 2003: Wettbewerbsfaktor Work-Life-Balance – Berlin, Heidelberg: Springer, S. 5-17.

Bamberg, Günter/Coenenberg, Adolf G. (2002): Betriebswirtschaftliche Entscheidungslehre, 11., überarb. Aufl., München: Vahlen

Barabas, Friedrich K. /Erler, Michael (2002): Die Familie: Lehr- und Arbeitsbuch für Familiensoziologie und Familienrecht – 2., völlig überab. u. erw. Aufl. – Weinheim, München: Juventa.

Barth, Renate (1998): Psychotherapie und Beratung im Säuglings- und Kleinkindalter, in: *von Klitzing, Kai* (Hrsg.): Psychotherapie in der frühen Kindheit – Göttingen: Vandenhoeck und Ruprecht, S. 72-87.

Bea, Franz-Xaver/Haas, Jürgen (2001): Strategisches Management – 3., neu bearb. Aufl. – Stuttgart: Lucius und Lucius.

Bea, Franz-Xaver/Göbel, Elisabeth (2002): Organisation: Theorie und Gestaltung – 2., neu bearbeitete Auflage – Stuttgart: Lucius und Lucius.

Beck, Ulrich/Beck-Gernsheim, Elisabeth (1994): Individualisierung in modernen Gesellschaften - Perspektiven und Kontroversen einer subjektorientierten Soziologie, in: *dies.* (Hrsg.): Riskante Freiheiten: Individualisierung in modernen Gesellschaften, 1. Aufl. – Frankfurt am Main: Suhrkamp, S. 10-39.

Becker, Gary S. (1998): Accounting for Tastes, Second Printing - Cambridge, Massachusetts, London, England: Harvard University Press.

Becker, Manfred (2002): Personalentwicklung: Bildung, Förderung und Organisationsentwicklung in Theorie und Praxis – 3., überarb. u. erw. Aufl. – Stuttgart: Schäffer-Poeschel.

Becker, Manfred (2006): Die neue Rolle der Personalentwicklung, in: *Thom, Norbert/Zaugg, Robert J.* (Hrsg.): Moderne Personalentwicklung: Mitarbeiterpotenziale erkennen, entwickeln und fördern – 1. Aufl.- Wiesbaden: Gabler, S. 41-59.

Beckmann, Markus et al. (2005): Vertrauen, Institutionen und mentale Modelle, in: *Held, Martin* (Hrsg.): Jahrbuch normative und institutionelle Ökonomik – Band 4: Reputation und Vertrauen – Marburg: Metropolis-Verlag, S. 59-84.

Bell, Daniel (1975): Die nachindustrielle Gesellschaft – Titel der amerik. Originalausgabe: The Coming of Post-Industrial Society - Frankfurt, New York: Campus

Benz, Arthur (2001): Der moderne Staat: Grundlagen der politologischen Analyse – 1. Aufl.- München, Wien: Oldenbourg.

Berchthold, Willi (2003): ITK-Sicherheit und ihr wirtschaftliches Umfeld, in: *Bundesamt für Sicherheit in der Informationstechnik* (Hrsg.): IT-Sicherheit im verteilten Chaos: Tagungsband 8. Deutscher IT-Sicherheitskongress des BSI 2003 –Ingelheim: SecuMedia Verlag, S. 11-27.

Berg, Hartmut et al. (2003): Theorie der Wirtschaftspolitik, in: *Bender, Dieter et al.* (Hrsg.): Vahlens Kompendium der Wirtschaftstheorie und Wirtschaftspolitik – 8., überarb. Aufl. - München: Vahlen, S. 170-295.

Bertram, Hans et al. (2005): Nachhaltige Familienpolitik - Herausgegeben vom Bundesministerium für Familie, Senioren, Frauen und Jugend – Berlin.

Beucke-Galm, Mechtild (2003): Wie kommt das Neue in die Welt?, in: *Lobnig, Hubert et al.* (Hrsg.): Beratung in der Veränderung: Grundlagen, Konzepte, Beispiele – 1. Aufl. – Wiesbaden: Gabler, S. 174-193.

Beutel, Manfred E. (2002): Neurowissenschaften und Psychotherapie, in: Psychotherapeut, 47. Jg, Heft 1, S. 1-10.

Bievert, Bernd/Held, Martin (1995): Time matters – Zeit in der Ökonomik und Ökonomik der Zeit, in: *Bievert, Bernd/Held, Martin* (Hrsg.): Zeit in der Ökonomik: Perspektiven für die Theorie – Frankfurt/Main, New York: Campus, S. 7-32.

Birg, Herwig (2003): Strategische Optionen der Familien- und Migrationspolitik in Deutschland und Europa, in: *Leipert, Christian* (Hrsg.): Demographie und Wohlstand: Neuer Stellenwert für Familie in Wirtschaft und Gesellschaft – Opladen: Leske und Budrich, S. 27-56.

Blankart, Charles B (2001): Öffentliche Finanzen in der Demokratie: eine Einführung in die Finanzwissenschaft – 4., völlig überarb. Aufl. – München: Vahlen.

356

Bonß, Wolfgang (1997): Die gesellschaftliche Konstruktion von Sicherheit, in: *Lippert, Eckehard/Prüfert, Andreas/Wachtler, Günther (Hrsg.)*: Sicherheit in der unsicheren Gesellschaft, Opladen: Westdeutscher Verlag, S. 21-41.

Bonus, Holger (1995): Prekäre Beziehungen, in: *Wagner, Helmut/Jäger, Wilhelm* (Hrsg.): Stabilität und Effizienz hybrider Organisationsformen – Münster: Regensberg, S. 101-108.

Bothfeld, Silke et al. (2005): Erosion des männlichen Ernährermodells? – Die Erwerbstätigkeit von Frauen mit Kindern unter drei Jahren - Bundesministerium für Familie, Senioren, Frauen und Jugend (Hrsg.): Berlin.

Bouncken, Ricarda B. (2003): Innovationsprozesse in Dienstleistungsunternehmen – Charakterisierung und Formen von Innovationsprozessen zwischen New-Media-Firmen, in: *Stauss, Bernd/Bruhn, Manfred* (Hrsg): Dienstleistungsnetzwerke: Dienstleistungsmanagement Jahrbuch 2003 – 1. Aufl., Wiesbaden: Gabler, S. 445-466.

Bourdieu, Pierre (1983): Ökonomisches Kapital, kulturelles Kapital, soziales Kapital, in: *Kreckel, Reinhard* (Hrsg.): Soziale Ungleichheiten – Göttingen: Schwartz, S. 183-198.

Bowlby, John (1995): Mutterliebe und kindliche Entwicklung, übersetzt von Ursula Seemann, Titel der Originalausgabe: Child care and the growth of love, 3. Aufl., München, Basel: E. Reinhardt.

Bowles, Samuel (1998): Endogenous preferences: the cultural consequences of markets and other economic institutions, in: Journal of Economic Literature, vol. Xxxvi, pp. 75-111.

Bradach, Jeffrey L./Eccles, Robert G. (1989) : Price, Authority, and Trust: From ideal Types to plural Forms, in: Annual Review of Sociology, 15, pp. 97-118.

Braun, Anna Katharina/Bock, Jörg/Gruss, Michael et al. (2002): Frühe emotionale Erfahrungen und ihre Relevanz für die Entstehung und Therapie psychischer Erkrankungen, in: *Strauß, Bernhard/Buchheim, Anna/Kächele, Horst* (Hrsg.): Klinische Bindungsforschung: Theorien, Methoden, Ergebnisse – Stuttgart, New York: Schattauer, S. 121-128.

Brinitzer, Ron (2003): Religion – eine institutionenökonomische Analyse – Würzburg: Ergon Verlag.

Breuer, Michael (1998): Die Theorie der Clubs, in: Das Wirtschaftswissenschaftliche Studium, 27. Jg., Heft 2, S. 139-141.

Bröckermann, Reiner/Pepels, Werner (2002): Personalmarketing an der Schnittstelle zwischen Absatz- und Personalwirtschaft, in: *dies.* (Hrsg.): Personalmarketing: Akquisition – Bindung – Freisetzung, Stuttgart: Schäffer-Poeschel, S. 1-15.

Bröckermann, Reiner (2004): Fesselnde Unternehmen – gefesselte Beschäftigte, in: *Bröckermann, Reiner/Pepels, Werner* (Hrsg.): Personalbindung: Wettbewerbsvorteile durch strategisches Human Resource Management – Berlin: Erich Schmidt Verlag, S. 15-31.

Brüderl, Josef (2004): Die Pluralisierung partnerschaftlicher Lebensformen in Westdeutschland und Europa, in: Aus Politik und Zeitgeschichte, B 19/2004, S. 3-10.

Brümmerhoff, Dieter (1996): Finanzwissenschaft, 7., völlig überab. Aufl. – München, Wien: Oldenbourg.

Buchanan, James M. (1965): An Economic Theory of Clubs, in: Economica, Vol. 32, pp. 1-14.

Büschken, Joachim (1999): Virutelle Unternehmen – die Zukunft?, in: Die Betriebswirtschaft, 59 Jg., Heft 6, S. 778-791.

Bundesministerium für Familie, Senioren, Frauen und Jugend (2003): Betriebswirtschaftliche Effekte familienfreundlicher Maßnahmen –Kosten-Nutzen-Analyse - Berlin

Bundesministerium für Familie, Senioren, Frauen und Jugend (2004a): Bevölkerungsorientierte Familienpolitik – ein Wachstumsfaktor, Berlin.

Bundesministerium für Familie, Senioren, Frauen und Jugend (2004b): A bis Z zum Tagesbetreuungsausbaugesetz – Berlin.

Bundesministerium für Familie, Senioren, Frauen und Jugend (2004c): Das Tagesbetreuungsausbaugesetz (TAG) – Berlin

Bundesministerium für Familie, Senioren, Frauen und Jugend (2004d): Erwartungen an einen familienfreundlichen Betrieb – Berlin.

Bundesministerium für Familie, Senioren, Frauen und Jugend (2005a): Zukunft: Familie – Ergebnisse aus dem 7. Familienbericht- Berlin.

Bundesministerium für Familie, Senioren, Frauen und Jugend (2005b): Bericht über die Lebenssituation junger Menschen und die Leistungen der Kinder- und Jugendhilfe in Deutschland – Zwölfter Kinder- und Jugendbericht – Berlin.

Bundesministerium für Familie, Senioren, Frauen und Jugend/Deutscher Industrie- und Handelskammertag (2005): Kosten betrieblicher und betrieblich unterstützter Kinderbetreuung –Berlin.

Bundeszentrale für gesundheitliche Aufklärung (2005): Kinderwunsch und Familiengründung bei Frauen und Männern mit Hochschulabschluss: Ergebnisse einer Repräsentativbefragung – Köln.

Burt, Roland S. (1992): Structural holes: the social structrure of competition – Cambridge, Massachusetts and London, England: Harvard University Press.

Burt, Roland S. (1997): The Contigent Value of Social Capital, in: Administrative Science Quarterly, 42 (1997), pp. 339-365.

Büschges, Günter/Abraham, Martin/Funk, Walter (1998): Grundzüge der Soziologie – 3., völlig überarb. Aufl – München, Wien: Oldenbourg.

Büssing, André (2004): Telearbeit –Chance zur Balance von Arbeit, Familie und Freizeit?, in: *Badura, Bernhard/Schellschmidt, Henner/Vetter, Christian* (Hrsg.): Fehlzeiten-Report 2003: Wettbewerbsfaktor Work-Life-Balance – Berlin, Heidelberg: Springer, S. 107-120.

Buskens, Vincent/Raub, Werner/Snijder, Chris (2003): Theoretical and empirical perspectives in the governance of relations in markets and organizations, in: *Buskens, Vincent/Raub, Werner/Snijders, Chris* (Edts.): The Governance of Relations in Markets and Organizations, Research in the Sociology of Organizations, Volume 20 – Amsterdam, Boston, London, New York: Elsevier Science, pp.1-18.

Buskens, Vincent/Raub, Werner (2004): Soziale Mechanismen rationalen Vertrauens: Eine theoretische Skizze und Resultate aus empirischen Skizzen, in: *Diekmann, Andreas/Voss, Thomas* (Hrsg.): Rational-Choice-Theorie in den Sozialwissenschaften: Awendungen und Probeme – München: Oldenbourg, S. 183-216.

Butzmann, Erika (2000): Sozial-kognitive Entwicklungstheorien in der Praxis: Theoretische Folgerungen aus der Praxis – Weinheim: Deutscher StudienVerlag.

Camerer, Colin/Loewenstein, George/Prelec, Drazen (2003): Neuroeconomics, California Institut of Technology – Division of the humanities and social sciences, Working Paper, July 24, 2003 – im Internet: http://www.hss.caltech.edu/~camerer/web_material/scanjecon61.pdf, Zugriff am 10.03.04., S. 1-33.

Cansier, Dieter/Bayer, Stefan (2003): Einführung in die Finanzwissenschaft: Grundfunktion des Fiskus – München, Wien: Oldenbourg.

Coase, Ronald H. (1937): The Nature of the Firm, in: Economica 4, pp. 386-405.

Coleman, James S. (1991): Grundlagen der Sozialtheorie: Band 1. Handlungen und Handlungssysteme, übers. von Michael Sukale – München: Oldenbourg.

Conzen, Peter (1996): Erik H. Erikson: Leben und Werk – Stuttgart, Berlin, Köln: Kohlhammer.

Damme, Nora et al. (2004): Ausgewählte Handlungsfelder der „Allianz für die Familie", in: *Schmidt, Renate/Mohn, Liz* (Hrsg): Familie bringt Gewinn: Innovation durch Balance von Familie und Arbeitswelt – Gütersloh: Verlag Bertelsmann Stiftung, S. 177-186.

Degele, Nina (2000): Informiertes Wissen – Frankfurt am Main: Campus.

Denzau, Arthur T./North, Douglass C. (1994): Shared Mental Modells: Ideologies and Institutions, in: Kyklos, Vol. 47, pp. 3-31.

Dettling, Warnfried (2004): Die Wiedereinbettung der Familien in Wirtschaft und Gesellschaft, in: *Schmidt, Renate/Mohn, Liz* (Hrsg): Familie bringt Gewinn: Innovation durch Balance von Familie und Arbeitswelt – Gütersloh: Verlag Bertelsmann Stiftung, S. 16-25.

Deutsch, Morton (1958): Trust and suspicion, in: Conflict Resolution, Volume II, Number 3, pp. 264-279.

Deutsches Jugendinstitut (2005): DJI-Kinderbetreuungsstudie 2005 – erste Ergebnisse: http://www.dji.de/9_dasdji/welcomeseite_dateien/news_0508_1_kinderbetreuungsstudie_erg ebnisse.pdf, Zugriff am 14.12.05.

Dieckmann, Andreas/Voss. Thomas (2004): Die Theorie rationalen Handelns. Stand und Perspektiven, in: *dies.* (Hrsg.): Rational-Choice-Theorie in den Sozialwissenschaften -München: Oldenbourg, S. 13-29.

Dietl, Helmut (1993): Institutionen und Zeit - Tübingen: Mohr.

Discherl, Thomas et al. (2005): Liebend gern erziehen –Prävention mit Triple P, in: *Tschöpe-Scheffler, Sigrid* (Hrsg.): Konzepte der Elternbildung – eine kritische Übersicht – Opladen: Verlag Barbara Budrich, S. 51-66.

Döring, Nicola (1999): Sozialpsychologie des Internet: die Bedeutung des Internet für Kommunikationsprozesse, Identitäten, soziale Beziehungen und Gruppen - Göttingen, Bern, Toronto, Seattle: Hogrefe.

Dostal, Werner (2000a): Konkretisierung eines Quartären Sektors – Möglichkeiten und Grenzen aus der Sicht der Arbeitsmarkt- und Berufsforschung, in: *Boos, Monika/Goldschmidt, Nils* (Hrsg.): WissensWert!?: Ökonomische Perspektiven der Wissensgesellschaft – Baden-Baden: Nomos Verlagsgesellschaft, S. 317-334.

360

Dostal, Werner (2000b): Informatisierung der Erwerbsarbeit – neue räumliche Allokationsprinzipien, in: *Krömmelbein, Silvia/Schmid, Alfons* (Hrsg.): Globalisierung, Vernetzung und Erwerbsarbeit: theoretische Zugänge und empirische Entwicklungen – Wiesbaden: Deutscher Universitäts-Verlag, S. 129-141.

Drumm, Hans Jürgen (1996): Das Paradigma der Neuen Dezentralisation, in: Die Betriebswirtschaft, 56. Jg, Heft 1, S. 7-20.

Drumm, Hans Jürgen (2000): Personalwirtschaft – 4., überarb. u. erw. Aufl.- Berlin et al: Springer.

Dutke, Stephan/Wick, Alexander (2001): Personalentwicklung als Transformation mentaler Modelle, in: *Arnold, Rolf/Bloh, Egon* (Hrsg.): Personalentwicklung im lernenden Unternehmen – Hohengehren: Schneider, S. 110-126.

Eberl, Peter (2002): Vertrauen oder Kontrolle im Unternehmen?, in: *Kahle, Egbert* (Hrsg.): Organisatorische Veränderung und Corporate Governance, 1. Aufl., Wiesbaden: Deutscher Universitäts-Verlag, S. 193-224.

Eberl, Peter (2003): Vertrauen und Management: Studien zu einer theoretischen Fundierung des Vertrauenskonstruktes in der Managementlehre, 1. Aufl., Stuttgart: Schäffer-Poeschel.

Ebers, Mark (1999): The dynamics of inter-organizational relationships, in: *Andrews, Stephen B./Knoke, David* (Edts.): Networks in and around organizations: research in the sociology of organizations, volume 16 – Stamford, Connecticut: Jai Press Inc., pp. 31-56.

Ebers, Mark/Gotsch, Wilfried (1999): Institutionenökonomische Theorien der Organisation, in: *Kieser, Alfred* (Hrsg): Organisationstheorien - 3., überarb. und erw. Aufl. – Stuttgart, Berlin, Köln: Kohlhammer, S. 199-251.

Eckardstein, Dodo von et al. (1995): Psychische Befindheitsbeeinträchtigungen und Gesundheit im Betrieb – Herausforderung für Personalmanager und Gesundheitsexperten; München, Mering, Hamp.

Edeling, Thomas (1999): Einführung: Der Neue Institutionalismus in Ökonomie und Soziologie, in: *Edeling, Thomas/Jann, Werner/Wagner, Dieter* (Hrsg.): Insitutionenökonomie und neuer Institutionalismus: Überlegungen zur Organisationstheorie, Opladen: Leske und Budrich, S. 7-15.

Edling, Herbert (2001): Der Staat in der Wirtschaft: Grundlagen der öffentlichen Finanzen im internationalen Kontext –München: Vahlen.

Eggs, Holger (2001): Vertrauen im Electronic Commerce: Herausforderungen und Lösungsansätze – 1. Aufl., Wiesbaden: Deutscher Universitäts-Verlag; Wiesbaden: Gabler.

Eigler, Joachim (1996): Transaktionskosten als Steuerungsinstrument für die Personalwirtschaft – Frankfurt/Main, Berlin, Bern, New York, Paris, Wien: Lang.

Elsik, Wolfgang (2001): Gruppendynamik, in: *Martin, Albert* (Hrsg.): Organizational Behaviour – Verhalten in Organisationen – Stuttgart: Kohlhammer, S. 173-195.

Emrich, Hinderk M. (2004): Neurokognitive und psychologische Aspekte einer Gefühlstheorie sozialer Beziehungen, in: Soziale Systeme, Heft 1, S. 73-88.

Enquete-Kommission „Zukunft des Bürgerschaftlichen Engagements" des Deutschen Bundestages (2002): Bericht bürgerschaftliches Engagement: auf dem Weg in eine zukunftsfähige Bürgergesellschaft, Schriftenreihe: Band 4 – Opladen: Leske + Budrich.

Entorf, Hors/Sprengler, Hannes (2002): Crime in Europe: causes and consequences; with 80 tables – Berlin, Heidelberg, New York: Springer.

Erikson, Erik H. (1966): Identität und Lebenszyklus: Drei Aufsätze, aus dem Amerikanisch. von Käte Hügel, Frankfurt am Main: Suhrkamp Verlag.

Erikson, Erik H. (1976): Kindheit und Gesellschaft, aus dem Englischen übersetzt von Marianne von Eckardt-Jaffé, Titel der Originalausg.: Childhood And Society, 6. Aufl., Stuttgart: Ernst Klett Verlag.

Erikson, Erik H. (1981): Jugend und Krise: die Psychodynamik im sozialen Wandel; Übersetz. Von Marianne von Eckhardt-Jaffé, Einheitsacht.: Identity, youth and crisis – Berlin, Wien: Ullstein.

Erlei, Mathias (1998): Institutionen, Märkte und Marktphasen: allgemeine Transaktionskostentheorie unter spezieller Berücksichtigung der Entwicklungsphasen von Märkten, Tübingen: Mohr Siebeck.

Erlei, Mathias (2003): Experimentelle Ökonomik: Was folgt für die Theorie der Institutionen, in: *Held. Martin/Kubon-Gilke, Gisela/Sturn, Richard* (Hrsg.): Experimente in der Ökonomik, Jahrbuch normative und institutionelle Grundfragen der Ökonomik, Band 2 - Marburg: Metropolis, S. 343-371.

Erlei, Mathias/Leschke, Martin/Sauerland, Dirk (1999): Neue Institutionenökonomik, 1. Aufl., Stuttgart: Schäffer-Poeschel.

Erler, Gisela A. (2001): Härter aber herzlicher – das Work-Life Paradox- Vortrag auf der Tagung „Personalmanagement: Hart aber herzlich" Gottlieb Duttweiler Institut, Rüschikon,Zürich; Dezember 2001, im Internet: http://www.familienservice.de/file-2ss-view, Zugriff am 04.01.06.

362

Erler, Gisela A. (2004): „Diversity" als Motor für flankierende personalpolitische Maßnahmen zur Verbesserung der Vereinbarkeit von Familie und Beruf, in: *Badura, Bernhard/Schellschmidt, Henner/Vetter, Christian* (Hrsg.): Fehlzeiten-Report 2003: Wettbewerbsfaktor Work-Life-Balance – Berlin, Heidelberg: Springer, S. 147-160.

Ernst, Heiko et al. (2000): Lebenswelten 2020: 36 Zukunftsforscher über die Chancen von morgen, Hrsg: *Deutsches Institut für Altersvorsorge* – Köln: Deutsches Institut für Altersvorsorge.

Erpenbeck, John/Rosenstiel, Lutz von (2003): Einführung, in: *dies.* (Hrsg.): Handbuch Kompetenzmessung – Stuttgart: Schäffer-Poeschel, S. IX-XL.

Ertel, Michael (2001): Telearbeit als flexible Arbeitsform – Risiken und Chancen für die Gesundheit und Sicherheit der Erwerbstätigen, in: *Badura, Bernhard/Litsch, Martin/Vetter, Christian* (Hrsg.): Zukünftige Arbeitswelten: Gesundheitsschutz und Gesundheitsmanagement; Fehlzeiten-Report 2000 - Berlin, Heidelberg: Springer, S. 48-60.

Esser, Hartmut (1993): Soziologie: allgemeine Grundlagen – Frankfurt/Main, New York: Campus Verlag.

Esser, Harmut (2001): Soziologie: spezielle Grundlagen – Band 6: Sinn und Kultur. Frankfurt/Main: Campus.

Etzrodt, Christian (2003): Sozialwissenschaftliche Handlungstheorien: eine Einführung – Konstanz: UVK Verlagsgesellschaft.

Fachhochschule Oldenburg, Ostfriesland, Wilhelmshaven (2005): Studienprogramm „Integrative Frühpädagogik" – im Internet: http://www.fh-oow.de/sowe/files/wysiwyg/docs/IFP_Studienprogramm.pdf?s=, Zugriff am 14.12.2005.

Fatzer, Gerhard (2001): Lernende Organisation und Dialog als Grundkonzepte der Personalentwicklung – Mythos und Realität, in: *Arnold, Rolf/Bloh, Egon* (Hrsg.): Personalentwicklung im lernenden Unternehmen – Hohengehren: Schneider, S. 96-109.

Fehr, Ernst/Gächter, Simon (2000): Fairness and Realiation, in: *Gérard-Varet, L. A./Kolm, S. C./ Mercier Ythier, J.* (Hrsg.) : The economics of reciporcity, giving and altruism, IEA confernce volumne no. 130 – Basinstoke, Hampshire, London: Macmillan Press; New York: St. Martin´s Press, pp. 153-173.

Fieseler, Gerhard/Herborth, Reinhard (1996): Recht der Familie und Jugendhilfe: Arbeitsplatz Jugendamt/Sozialer Dienst – 4.- überab. Aufl.- Neuwied et al. Luchterhand.

Finger-Trescher, Urte/Krebs, Heinz (2003): Einleitung, in: *dies.* (Hrsg.): Bindungsstörungen und Entwicklungschancen – Gießen: Psychosozial-Verlag, S. 7-14.

Fischer, Lorenz/Wiswede, Günter (1997): Grundlagen der Sozialpsychologie – München, Wien: Oldenbourg.

Flach, Roman (2005): Eine Gegenüberstellung, in: *Tschöpe-Scheffler, Sigrid* (Hrsg.): Konzepte der Elternbildung – eine kritische Übersicht – Opladen: Verlag Barbara Budrich, S. 318-328.

Flüter-Hoffmann, Christiane/Solbrig, Jörn (2003): Wie familienfreundlich ist die deutsche Wirtschaft?, in: Institut der deutschen Wirtschaft (Hrsg.): iw-trends, 4/2003, S. 1-17.

Fonagy, Peter (2003a): Bindungstheorie und Psychoanalyse, aus dem Englischen übersetzt von Maren Klostermann, Einheitssacht.: Attachement Theory and Psychoanalysis – Stuttgart: Klett-Cobra.

Fonagy, Peter (2003b): Das Verständnis für geistige Prozesse, die Mutter-Kind-Interaktion und die Entwicklung des Selbst, in: *Fonagy, Peter/Target, Mary* (Hrsg.): Frühe Bindung und psychische Entwicklung: Beiträge aus der Psychoanalyse und Bindungsforschung – Gießen: Psychosozial-Verlag, S. 31-48.

Ford, J.L. (1990): Introduction, in: *ders.* (Hrsg.): Time, expectations and uncertainty in economics: selected essays of George L. S. Shackle; Hants, England; Vermont, USA: Edward Elgar Publishing, S. ix-x vii.

Frambach, Hans (2003): Vertrauen in der neuen Institutionenökonomik, in: *Schmid, Michael/Maurer, Andrea* (Hrsg.): Ökonomischer und soziologischer Institutionalismus: Interdisziplinäre Beiträge und Perspektiven der Institutionentheorie und -analyse, Marburg: Metropolis-Verlag, S. 227-244.

Franck, Egon/Zellner, Josef (2001): Emotionale Grenzen der Vernunft und ihre Konsequenzen für die Neue Institutionenökonomie, in: *Schreyögg, Georg/Sydow, Jörg* (Hrsg.): Emotionen und Management, Managementforschung Band 11, Wiesbaden: Gabler S. 249-276.

Franke, Jürgen (1996): Grundzüge der Mirkoökonomik – 8., durchges. Aufl. – München, Wien: Oldenbourg.

Frey, Bruno S./Benz, Matthias (2001): Ökonomie und Psychologie: eine Übersicht, Working Paper No. 92, Institute for Empirical Research in Economics, University of Zürich – im Internet: http://www.iew.uizh.ch/wp/iewwp092.pdf, S. 1-32, Zugriff am 04.03.04.

Frey, Dieter et al (2004): Work Life Balance: Eine doppelte Herausforderung für Führungskräfte, in: *Kastner, Michael* (Hrsg.): Die Zukunft der Work Life Balance: Wie lassen sich Beruf und Familie, Arbeit und Freizeit miteinander vereinbaren – Kröning: Asanger Verlag, S. 305-322.

364

Frick, Siegfried et al. (2001): Einleitung: Kooperative Politik im institutionellen Wettbewerb, in: *dies.* (Hrsg.): Der freundliche Staat: Kooperative Politik im institutionellen Wettbewerb – Marburg: Metropolis Verlag, S. 7-12.

Friedrich. Andrea (2002): Arbeitszeitflexibilisierung und Selbstorganisation: Analyse und Ableitung von Gestaltungsmöglichkeiten für das Personalmanagement – München, Mehring: Hamp.

Fuchs, Johann/Dörfler, Katrin (2005): Demographische Effekte sind nicht mehr zu bremsen, IAB Kurzbericht Nr. 11 , 26.07.2005 – Institut für Arbeitsmarkt- und Berufsforschung (Hrsg.): Nürnberg – im Internet: http://doku.iab.de/kurzber/2005/kb1105.pdf, Zugriff am 17.01.2006.

Fukuyama, Francis (1995): Konfuzius und Marktwirtschaft: der Konflikt der Kulturen - Aus dem Amerikanischen von Karlheinz Dürr, Einheitssacht.: Trust – München: Kindler.

Fukuyama, Francis (2000): Social Capital and Civil Society, International Monetary Fund Working Paper, WP/00/74, pp. 1-18. Reprinted in: *Ostrom, Elinor/Ahn, T. K.* (2003): Foundations of Social Capital – Cheltenham, UK, Northhampton, MA, USA: Edward Elgar Publishing Limited, pp. 291-308.

Fydrich, Thomas (2005): Qualitätsmanagement und Qualitätssicherung in der Psychotherapie, in: *Petermann, Franz/Reinecker, Hans* (Hrsg.): Handbuch der Klinischen Psychologie und Psychotherapie – Göttingen et al.: Hogrefe, S. 122-133.

Gabriel, Oscar W. et al. (2002) : Sozialkapital und Demokratie : Zivilgesellschaftliche Ressourcen im Vergleich – Wien: WUV-Verlag.

Gardini, Marco A./Vogel, Stefan (2004): Einflussfaktoren der Mitarbeiterzufriedenheit und Mitarbeiterbindung in Professional Service Firms – eine empirische Untersuchung am Beispiel von IT-Professionals der IBM Schweiz, in: *Gardini, Marco A./Dahlhoff, H. Dieter* (Hrsg.): Management internationaler Dienstleistungen: Kontext – Konzepte- Erfahrungen - 1. Aufl., Wiesbaden: Gabler, S. 393-414.

Gerecke, Uwe (1998): Soziale Ordnung in der modernen Gesellschaft: Ökonomik –Systemtheorie-Ethik. Tübingen: Mohr Siebeck.

Gerlach, Irene (2004): Familienpolitik –Wiesbaden: VS Verlag für Sozialwissenschaften.

Gerlach, Irene (2005): Allgemeininteressen in Verhandlungssystemen, in: *Althammer, Jörg* (Hrsg): Familienpolitik und soziale Sicherung - Festschrift für Heins Lampert – Berlin et al.: Springer, S. 57-82.

Gerlmaier, Anja/Kastner, Michael (2003): Der Übergang von der Industrie zur Informationsarbeit: Neue Herausforderungen für eine menschengerechte Gestaltung von Arbeit, in: *Kastner, Michael* (Hrsg.): Neue Selbstständigkeit in Organisationen: Selbstbestimmung, Selbsttäuschung, Selbstausbeutung?, 1. Aufl. – München, Mehring: Rainer Hampp Verlag, S. 15-36.

Giddens, Anthony (1992): Die Konstitution der Gesellschaft: eine Theorie der Strukturierung. Mit einer Einführung von Hans Jonas. Aus dem Engl. Von Wolf-Hagen Krauth u. Wilfried Spohn. Einheitssacht.: The constitution of society – Studienausgabe; Frankfurt/Main, New York: Campus Verlag.

Gloger-Tippelt, Gabriele (2004): Individuelle Unterschiede in der Bindung und Möglichkeiten ihrer Erhebung bei Kindern, in: *Ahnert, Lieselotte* (Hrsg.): Frühe Bindung: Entstehung und Entwicklung – München, Basel: Ernst Reinhardt Verlag, S. 82-109.

Gouldner, Alvin W. (1960): The Norm of Reciprocity: A Preliminary Statement, in: American Sociological Review, Vol. 25, S. 161-178.

Granovetter, Mark S. (1973): The Strength of Weak Ties, in: American Journal of Sociology, vol. 78, no. 6, pp. 1360-1380.

Granovetter, Mark (2000): Ökonomisches Handeln und soziale Struktur: Das Problem der Einbettung, in *Müller, Hans-Peter/Sigmund, Steffen* (Hrsg.): Zeitgenössische amerikanische Soziologie. Originalbeitrag zuerst erschienen 1985: Economic Action and Social Structure: The Problem of Embeddedness, in: American Journal of Sociology, 91 (3), pp. 481-510. Aus dem Amerikanischen von Hans-Peter Müller und Steffen Sigmund – Opladen: Leske und Budrich, S.175-207.

Grossekettler, Heinz (1995): Mikroökonomische Grundlagen der Staatswirtschaft, in: *Diekheuer, Gustav* (Hrsg.): Beiträge zur angewandten Mirkoökonomik – Berlin et al: Springer, S. 3-28.

Grossmann, Karin et al. (2002): Väter und ihre Kinder – Die „andere" Bindung und ihre längsschnittliche Bedeutung für die Bindungsentwicklung, das Selbstvertrauen und die soziale Entwicklung des Kindes, in: *Steinhardt, Kornelia et al.* (Hrsg.): Die Bedeutung desVaters in der frühen Kindheit: Gießen: Psychosozial-Verlag, S. 43-72.

Grossmann, Klaus E. (2001): Die Geschichte der Bindungsforschung: Von der Praxis zur Grundlagenforschung und zurück, in: *Suess, Gerhard et al.* (Hrsg.): Bindungstheorie und Familiendynamik: Anwendung der Bindungstheorie in Beratung und Therapie – Gießen: Psychosozial-Verlag, S. 29-52.

Grossmann, Klaus E. (2004): Theoretische und historische Perspektiven der Bindungsforschung, in: *Ahnert, Lieselotte* (Hrsg.): Frühe Bindung: Entstehung und Entwicklung – München, Basel: Ernst Reinhardt Verlag, S. 21-41.

Grossmann, Karin/Grossmann, Klaus E. (2004): Bindungen: das Gefüge physischer Sicherheit – Stuttgart: Klett Cobra.

Grünärml, Frohmund (1998): Vertrauen und Glaubwürdigkeit - aus der Sicht des Ökonomen, in: List Forum für Wirtschafts- und Finanzpolitik, 24. Jg., Heft 3, S. 279-289.

Guest, David E. (2001): Perspectives on the Study of Work-Life Balance, Discussion Paper prepared for the 2001 ENOP Symposium, Paris, March 29-31, im Internet: http://www. ucm.es/info/Psyap/enop/guest.htm, Zugriff am 09.08.2005.

Güth, W./Kliemt, H. (1995). Elementare spieltheoretische Modelle sozialer Kooperation, in: Ökonomie und Gesellschaft. Jahrbuch 12: Soziale Kooperation – Frankfurt am Main: Campus, S. 12-62.

Güth, Werner et al. (2000): Co-evolutiom of Preferences and Information in Simple Games of Trust, in: German Economic Review, Volume 1, Issue 1, pp. 83-110.

Haase, Michaela (2000): Institutionenökonomische Betriebswirtschaftstheorie: Allgemeine Betriebswirtschaftslehre auf sozial- und institutionentheoretischer Grundlage – Wiesbaden: Gabler.

Habisch, André (1998): ‚Extending Capital Theory' - gesellschaftliche Implikationen eines theoretischen Forschungsprogramms, in: *Pies, Ingo/Leschke, Martin* (Hrsg.): Gary Beckers ökonomischer Imperialismus – Tübingen: Mohr Siebeck, S. 31-50.

Habisch, André (1999): Sozialkapital, in: *Korff, Wilhem et al.* (Hrsg.): Handbuch der Wirtschaftsethik, Band 4: ausgewählte Handlungsfelder - Gütersloh: Gütersloher Verl.-Haus, S. 472-509.

Hanifan, Lyda J. (1920): Social Capital – Its Development and Use, in: The Community Center, Chapter VI, Boston, New York, Chicago, San Francisco: Silver, Burdett and Company, pp. 78-90. Reprinted in: *Ostrom, Elinor/Ahn, T. K.* (Edts.): Foundations of Social Capital – Cheltenham, UK, Northhampton, MA, USA: Edward Elgar Publishing Limited, pp. 22-35.

Hartmann, Michael (2002): Die Spitzenmanager der internationalen Großkonzerne als Kern einer neuen „Weltklasse"?, in: *Schmidt, Rudi et al.* (Hrsg.): Managementsoziologie: Themen, Desiderate, Perspektiven – München und Mehring: Rainer Hampp Verlag, S. 184-208.

Hartmann-Wendels, Thomas (1992): Agency Theorie, in: *Frese, Erich* (Hrsg.): Handwörterbuch der Organisation; 3., völlig neu gestaltete Aufl. – Stuttgart: Poeschel. Sp. 72-79.

Haug, Sonja (1997): Soziales Kapital – Ein kritischer Überblick über den aktuellen Forschungsstand – Mannheimer Zentrum für europäische Sozialforschung, Arbeitsbericht II/Nr. 15 – Mannheim, im Internet: http://mzes.uni-mannheim.de/publications/wp/wp2-15.pdf, Zugriff am 14.05.02.

Haun, Matthias (2002): Handbuch Wissensmangement: Grundlagen und Umsetzung, Systeme und Praxisbeispiele – Berlin et al: Springer.

Haußer, Karl (1995): Identitätspsychologie – Berlin et al: Springer.

Heine, Michael/ Herr, Hansjörg (2003): Volkswirtschaftslehre: paradigmenorientierte Einführung in die Mirko- und Makroökonomie – 3., völlig überarb. und erw. Aufl. – München, Wien: Oldenbourg.

Hesch, Gerhard (2000): Das Menschenbild neuer Organisationsformen: Mitarbeiter und Manager im Unternehmen der Zukunft – Aachen: Shaker.

Heyden, Axel von (1999): Mitarbeiterkriminalität – Umfeld und Hintergründe, in: Die Bank, Heft 4, S. 228-234.

Hinde, Robert (1993): Auf dem Weg zu einer Wissenschaft zwischenmenschlicher Beziehungen, in: *Auhagen, Elisabeth/ Salisch, Maria von* (Hrsg.): Zwischenmenschliche Beziehungen - Göttingen, Bern, Toronto, Seattle: Hogrefe, S. 7-36.

Hirsch-Kreinsen, Hartmut (2002): Unternehmensnetzwerke – revisited, in: Zeitschrift für Soziologie, Jg. 31, Heft 2, S. 106-124.

Hoeren, Thomas (2000): Rechtsfragen des virtuellen Unternehmens – ein Leitfaden. Kapitel 1: Die Rechtsform eines virtuellen Unternehmens – im Internet: http://www.bwi.uni-stuttgart.de/fileadmin/abt2/sonstiges/pdf/Kapitel1.pdf, Zugriff am 17.12.04.

vom Hofe, Anja (2005): Strategien und Massnahmen für ein erfolgreiches Management der Mitarbeiterbindung – Hamburg: Verlag Dr. Kovac.

Holtbrügge, Dirk (2003): Management interantionaler strategischer Allianzen, in: *Zentes, Joachim et al.* (Hrsg.): Kooperationen, Allianzen und Netzwerke: Grundlagen – Ansätze-Perspektiven- 1. Aufl., Wiesbaden: Gabler, S. 874-893.

Homburg, Christian et al. (2005) : Der Zusammenhang zwischen Kundenzufriedenheit und Kundenbindung, in: *Bruhn, Manfred/ Homburg, Christian* (Hrsg.): Handbuch Kundenbindungsmanagement: Strategien und Instrumente für ein erfolgreiches CRM – 5., überarb. u. erw. Aufl – Wiesbaden: Gabler, S. 93-123.

368

Höfer, Claudia Elisabeth (1997): Betriebswirtschaftliche Bewertung von Qualifizierungsinvestitionen: Auswirkungen auf die langfristigen Unternehmensziele – Wiesbaden: Gabler.

Hörning, Karl H./Gerhard, Anette/Michailow, Matthias (1998): Zeitpioniere: flexible Arbeitszeiten – 3. Aufl. – Frankfurt/Main: Suhrkamp.

Hunziger, Anke/Kesting, Mathias (2004): „Work.Life-Balance" von Führungskräften – Ergebnisse einer internationalen Befragung von Top-Managern 2002/2003, in: *Badura, Bernhard/ Schellschmidt, Henner/Vetter, Christian* (Hrsg.): Fehlzeiten-Report 2003: Wettbewerbsfaktor Work-Life-Balance – Berlin, Heidelberg: Springer, S. 75-106.

Hurrelmann, Klaus (1995): Einführung in die Sozialisationstheorie: über den Zusammenhang von Sozialstruktur und Persönlichkeit – 5., überarb. u. erg. Aufl. – Weinheim, Basel: Beltz.

Hurrelmann, Klaus (2004): Lebensphase Jugend: eine Einführung in die sozialwissenschaftliche Jugendforschung. 7., vollst. überarb. Aufl. – Weinheim und München: Juventa-Verlag.

Hussy, Walter (1993): Denken und Problemlösen, Bd. 8 der Reihe Grundriß der Psychologie, Urban-Taschenbücher, Bd. 557, Stuttgart, Berlin, Köln: Kohlhammer.

Isaacs, William (2002): Dialog als Kunst gemeinsam zu Denken: die neue Kommunikationskultur in Organisationen – aus dem Amerikanischen von Irmgard Hölscher, Titel der Originalausgabe: Dialogue and the art of thinking together – Bergisch-Gladbach: EHP – Edition Humanistische Psychologie.

Jablonski, Hans W./Fischer, Nicolai (2004) : Ford-Werke AG: Diversity als Stärke, in: *Bundeszentrale für gesundheitliche Aufklärung* (Hrsg.): FORUM Sexualaufklärung und Familienplanung, Nr. 3, 2004, Köln, S. 7-10.

Jans, Manuel (2003): Sozialkapitalkonzepte und ihre Brauchbarkeit in der Personal- und Organisationsforschung – Diskussionsbeiträge aus dem Fachbereich Wirtschaftswissenschaften Univesität Duisburg-Essen Nr. 128, Oktober 2003 - im Internet: htpp://www.uni-essen.de/personal/sozialkapital.pdf, Zugriff am 20.04.2005.

Jensen, Stefanie (2004): Determinanten der Mitarbeiterbindung, in: Wirtschaftswissenschaftliches Studium, Heft 4, S. 233-236.

Johanson, Jan-Erik (2001): The Balance of Corporate Social Capital, in: *Gabbay, Shaul M./Leenders, Roger Th. A. J.* (Edts.): Social Capital of organizations, Research in the sociology of organizations volume 18 – Amsterdam et al.: Elsevier Science, pp. 231-261.

Jurczyk, Karin (2005): Work-Life-Balance und geschlechtergerechte Arbeitsteilung. Alte Fragen neu gestellt, in: *Seifert, Hartmut* (Hrsg.): Flexible Zeiten in der Arbeitswelt – Frankfurt/Main, New York: Campus, S. 102-123.

Kanning, Uwe Peter (2003): Diagnostik sozialer Kompetenzen – Göttingen: Hogrefe.

Kasper, Helmut et al. (2003): Unternehmenskulturelle Voraussetzungen der Kooperation, in: *Zentes, Joachim et al.* (Hrsg.): Kooperationen, Allianzen und Netzwerke: Grundlagen – Ansätze – Perspektiven - 1. Aufl. – Wiesbaden: Gabler, S. 849-871.

Kastner, Michael (2004): Verschiedene Zugänge zur Work-Life Balance, in: *ders.* (Hrsg.): Die Zukunft der Work Life Balance: Wie lassen sich Beruf und Familie, Arbeit und Freizeit miteinander vereinbaren – Kröning: Asanger Verlag, S. 67-105.

Keiser, Oliver (2002): Virtuelle Teams: konzeptionelle Annäherung , theoretische Grundlagen und kritische Reflexion – Frankfurt am Main, Berlin, Bern, Bruxelles, New York, Oxford, Wien: Lang.

Kersten, Heinrich/ Wolfenstetter, Klaus-Dieter (2001): Handbuch der Informations- und Kommunikationssicherheit: Gefahren – Standards – Szenarien – Stuttgart: Deutscher Sparkassen Verlag.

Kieselbach, Thomas (2002): Nachhaltige Beschäftigungsfähigkeit und sozialer Konvoi in beruflichen Transitionen: ein interdisziplinäres EU-Forschungsprojekt, in: *Witte, Erich* (Hrsg.): Sozialpsychologie wirtschaftlicher Prozesse: Beiträge des 17. Hamburger Symposiums zur Methodologie der Sozialpsychologie – Lengrich et. al.: Pabst Science Publishers, S. 205-225.

Kilz, Gerhard (2005): Ökonomische Aspekte einer innovativen Familienpolitik, in: *Nacke,Bernhard/ Jünemann, Elisabeth* (Hrsg.): Der Familie und uns zuliebe –Für einen Perspektivenwechsel in der Familienpolitik? – Mainz: Grünewald, S. 155-170.

Kirsch, Guy (1997): Neue Politische Ökonomie – 4., überab. u. erw. Aufl. – Düsseldorf: Werner.

Klages, Helmut (2002): Der blockierte Mensch: Zukunftsaufgaben gesellschaftlicher und organisatorischer Steuerung- Frankfurt/Main, New York: Campus.

Klatt, Rüdiger (2005): Die schwierige Kommunikation zwischen Wissenschaft und Praxis: das Beispiel wissensintensiver Netzwerke kleiner Unternehmen, in: *Ciesinger, Kurt-Georg et al.* (Hrsg.): Modernes Wissensmanagement in Netzwerken: Perspektiven, Trends und Szenarien: Wiesbaden: Deutscher Universitäts-Verlag, S. 191-203.

Kleinsteuber, Hans J. (2003): Abschied vom Konzept Informationsgesellschaft?, in: *Klumpp, Dieter et al.* (Hrsg.): next generation information society?: Notwendigkeit einer Umorientierung – Mössingen-Talheim: Talheimer Verlag, S. 16-24.

Kleinaltenkamp, Michael (2005): Kundenbindung durch Kundenintegration, in: *Bruhn, Manfred/ Homburg, Christian* (Hrsg.): Handbuch Kundenbindungsmanagement: Strategien und Instrumente für ein erfolgreiches CRM – 5., überarb. u. erw. Aufl – Wiesbaden: Gabler, S. 361-378.

Klimecki, Rüdiger G./Gmür, Markus (1998): Personalmanagment: Funktionen –Strategien- Entwicklungsperpektiven – Stuttgart: Lucius und Lucius.

Klitzing, Kai von (1998): Die Wirksamkeit psychotherapeutischer und pädagogischer Interventionen im frühen Kindesalter. Ein Forschungsausblick, in: *ders.* (Hrsg.): Psychotherapie in der frühen Kindheit – Göttingen: Vandenhoeck und Ruprecht, S. 164-172.

Knyphausen-Aufseß, Dodo zu (2000): Überleben in turbulenten Umwelten: Zur Behandlung der Zeitproblematik im Strategischen Management, in: *Götze, Uwe/Mikus,Barbara/Bloech, Jürgen* (Hrsg.): Management und Zeit, Heidelberg: Physica-Verlag, S. 121-141.

Kordey, Norbert/Korte, Werner B. (2001): Telearbeit – ein Vorgeschmack auf die Zukunft der Arbeit. Status Quo und Potenzial in Deutschland und Europa, in: *Gora, Walter/Bauer, Harald* (Hrsg.): Virtuelle Organisationen im Zeitalter von E-Business und E-Government: Einblicke und Ausblicke – Berlin, Heidelberg, New York: Springer, S. 225-239.

Krappmann, Lothar (1997): Die Identitätsproblematik nach Erikson aus einer interaktionistischen Sicht, in: *Keupp, Heiner/Höfer, Renate* (Hrsg.): Identitätsarbeit heute: klassische und aktuelle Perspektiven der Identitätsforschung, 1. Aufl.- Frankfurt/Main: Suhrkamp, S. 66-92.

Krappmann, Lothar (2001): Bindungsforschung und die Praxis der Kinder- und Familienhilfe, in: *Suess, Gerhard et al.* (Hrsg.): Bindungstheorie und Familiendynamik: Anwendung der Bindungstheorie in Beratung und Therapie – Gießen: Psychosozial-Verlag, S. 9-14.

Kreppner, Kurt (2005): Persönlichkeitsentwicklung in sozialen Beziehungen, in: *Asendorpf, Jens* (Hrsg.): Soziale, emotionale und Persönlichkeitsentwicklung – Enzyklopädie der Psychologie, Themenbereich C Theorie und Forschung, Serie V Entwicklungspsychologie, Band 3 – Göttingen et al.: Hogrefe, S. 617-675.

Kreps, David M. (1990): Corporate culture and economic theory, in: *Alt, James E./Shepsle, Kenneth A* (Edts.): Perspectives on positive political economy; Cambridge, New York, Port Chester, Melbourne, Sydney: Cambridge University Press, S. 90-143.

Kreyenfeld, Michaela/Wagner, Gert G. (2000): Die Zusammenarbeit von Staat und Markt in der Sozialpolitik: Das Beispiel Betreuungsgutscheine und Qualitäts-Regulierung für die institutionelle Kinderbetreuung – Deutschen Instituts für Wirtschaftsforschung (DIW) Diskussionspapier Nr. 199 – Berlin.

Kreyenfeld, Michaela et al. (2001) : Finanzierungs- und Organisationsmodelle institutioneller Kinderbetreuung – Analysen zum Status quo und Vorschläge zur Reform – Neuwied, Berlin: Luchterhand.

Krüsselberg, Hans-Günter (2005): Milton Friedman und der Wissenschaftliche Beirat fuer Familienfragen: Elternkompetenz und Anteilscheine am Schulbudget: Gedanken über Reformpotenziale, in: *Althammer, Jörg* (Hrsg.): Familienpolitik und soziale Sicherung : Festschrift für Heinz Lampert – Berlin et al.: Springer, S. 361-389.

Küpper, Willi/Felsch, Anke (2000): Organisation, Macht und Ökonomie: Mikropolitik und die Konstitution organisationaler Handlungssysteme, Wiesbaden: Westdeutscher Verlag.

Lampert, Heinz/Althammer, Jörg (2004): Lehrbuch zur Sozialpolitik – 7., überarb. u. vollst. aktual. Aufl, Berlin et al: Springer.

Lange, Knut W. (2001): Virtuelle Unternehmen: neue Unternehmenskoordination in Recht und Praxis – Heidelberg: Verlag Recht und Wirtschaft.

Langlois, Richard N. (1992): Transaction-cost economics in real time, in: Industrial and Corporate Change, 1(1), pp. 99-127 – wiederabgedruckt in: *Foss, Nicolai J.* (Edt.): The theory of the firm: critical perspectives on business and management, Vol. IV – London, New York: Routledge, pp. 167-194.

Laux, Helmut (2003): Entscheidungstheorie, 5., verb. u. erw. Aufl., Berlin, Heidelberg: Springer.

Lazear, Edward P. (2000): Economic Imperalism, in: The Quarterly Journal of Economics, Volume CXV, February 2000, pp. 99-146.

Lehmann, Katrin (2003): Auswahl von Mitgliedern virtueller Teams: Entwicklung und Validierung eines Online-Testverfahrens – Wiesbaden: Deutscher Universitäts-Verlag.

Lehnhoff, Andre/Petersen, Jendrik (2002): Dialogisches Management als erwachsenpädagogische Herausforderung, in: *Dewe, Bernd* (Hrsg.): Betriebspädagogik und berufliche Weiterbildung – Bad Heilbrunn: Klinkhardt, S.273-300.

Lenz, Karl (1998): Soziologie der Zweierbeziehung: eine Einführung – Opladen: Westdeutscher Verlag.

Leu, Hans-Rudolf/Schilling, Matthias (2005): Kindertagsbetreuung – ein Feld in Bewegung, in: *Deutsches Jugendinstitut* (Hrsg.): Zahlenspiegel 2005 – Kindertagsbetreuung im Spiegel der Statistik, S. 9-14. – im Internet: http://www.bmfsfj.de/Publikationen/zahlenspiegel/2005/01-Redaktion/PDFAnlagen/Gesamtdokument,property=pdf,bereich=zahlenspiegel2005,rwb=true.pdf, Zugriff am 14.12.05.

Lin, Nan (1999): Social Networks And Status Attainment, in: Annual Review of Sociology, 25, pp. 467-487.

Ludwig-Körner, Christiane (1999): Therapie und Beratung mit Eltern und Säuglingen. In: Frühe Kindheit, Berlin: Deutsche Liga für das Kind; 2 (1999); Nr. 1; S. 24-27

Maier, Henry W (1983): Drei Theorien der Kindheitsentwicklung, Übersetz. aus dem Amerikanischen von Edward Haub und Hans Eirich, Titel der Originalausgabe: Three Theories of Child Development, Third Edition, New York: Harper & Row Publishers.

Malone, Thomas W./Laubacher, Robert J. (1999): Vernetzt, klein und flexibel – die Firma des 21. Jahrhunderts, in: Harvard Business Manager, Heft 2/99, S. 28-36.

Mandl, Heinz/Reiserer, Markus (2000): Kognitionstheoretische Ansätze, in: *Otto, Jürgen H./Euler, Harald. A./Mandl, Heinz* (Hrsg.): Emotionspsychologie: Ein Handbuch, Weinheim: Psychologie Verlags Union, S. 95-105.

Mantzavinos, C./North, Douglass C./Shariq, Syed (2005): Lernen, Institutionen und Wirtschaftsleistung, in: Analyse & Kritik, Heft 2, S. 320-337.

March, James G. (1978): Bounded Rationality, Ambiguity, And the Engineering of Choice, in: The Bell Journal of Economics, vol. 9, no. 2, pp. 582-608, wiederabgedruckt in: *Clegg, Stewart* (2002): Central currents in organization theory, Volumne four; London, Thousand Oaks, New Dehli: Sage Publications, S. 194 – 217.

Masten, Scott E./ Meehan, James W/Snyder, Edward A (1991): The Cost of Organization, in: The Journal of Law, Economics & Organization, Vol. 7, No.1, S. 9-25; wiederabgedruckt in: *Williamson, Oliver E./Masten, Scott E.* (1999): The economics of transaction costs; Cheltenham, UK; Northamton, MA, USA: Edward Elgar Publishing, S. 256-280.

Masten, Scott E. (1996): Introduction, in: *Masten, Scott E.* (Edt.): Case studies in contracting and organization; New York, Oxford: Oxford University Press, pp. 3-25.

Maul, Karl-Heinz/Nestler, Claudia/Salvenmoser, Steffen (2003): Wirtschaftskriminalität 2003: internationale und deutsche Ergebnisse – Frankfurt am Main: PwC Deutsche Revision. Im Internet: http://www.pwc.com/de/ger/ins-sol/publ/wirtschaftskriminalitaet_2003.pdf, Zugriff am 02.02.04, S. 1-28.

Maurer, Andrea/Schmid, Michael (2002): Die ökonomische Herausforderung der Soziologie?, in: *Maurer, Andrea/Schmid, Michael* (Hrsg.): Neuer Insitutionalismus: zur soziologischen Erklärung von Organisation, Moral und Vertrauen – Frankfurt am Main/New York: Campus, S. 9-38.

Mayntz, Renate (2004): Governance im modernen Staat, in: *Benz, Arthur* (Hrsg.): Governance – Regieren in komplexen Regelsystemen: Eine Einführung – 1. Aufl. – Wiesbaden: Verlag für Sozialwissenschaften, S. 65-76.

Mayrhofer, Wolfgang (2003): Teamentwicklung, in: *Martin, Albert* (Hrsg.): Organizational Behaviour – Verhalten in Organisationen – Stuttgart: Kohlhammer, S. 211-226.

Mayrhofer, Wolfgang et al. (2005): Macht? Erfolg? Glücklich? Einflussfaktoren auf Karrieren- Wien: Linde.

McAllister, Daniel J. (1995): Affect- and Cognition-Based Trust As Foundations For Interpersonal Cooperation in Organiszations, in: Academy of Management Journal, Vol. 38, No. 1, pp. 24-59.

McKinsey (2005): Pressemitteilung vom 27. Oktober 2005 – McKinsey fordert Milliardeninvestition in die frühkindliche Bildung, im Internet: http://www.mckinsey-bildet.de/downloads/07_kontakt/051027_pm_vier_punkte_plan.pdf, Zugriff am 03.01.06.

Meinsen, Stefan (2003): Konstruktitivistisches Wissensmanagement: wie Wissensarbeiter ihre Arbeit organisieren – Weinheim, Basel, Berlin: Beltz.

Ménard, Claude (2004): The Economics of Hybrid Organizations, in: Journal of Institutional and Theoretical Economics, 160, pp. 345-376.

Messner, Steven F./Rosenfeld, Richard (1997): Crime and the American Dream, Second Edition – Belmont, CA; Albany, NY; Boston, Cincinnati, Detroit, London, Madrid, New York, Paris, Washington: Wadsworth Publishing Company.

Meyer, Christopher (1994): Schnelle Zyklen: von der Idee zum Markt: Zeitwettbewerb in der Praxis – Dt. Übersetzung von Wilfried Hof, Einheitssacht.: Fast cycle time – Frankfurt/Main, New York: Campus.

Meyer, Peter (2003): Universale soziale Institutionen: Evolutionäre Fundamente menschlichen Sozialverhaltens, in: *Meleghy, Tamás/Niedenzu, Heinz-Jürgen* (Hrsg.): Institutionen: Enstehung – Funktionsweise – Wandel – Kritik. Innsbruck: Leopold – Franzens-Universität, S. 13-32.

Milberg, Joachim (2002): Erfolg in Netzwerken, in: *Milberg, Joachim/Schuh, Günther* (Hrsg.): Erfolg in Netzwerken – 1. Aufl. Berlin, Heidelberg, New York: Springer, S. 3-16.

Miller, Max (1997): Einleitung der Jury, in: *Hradil, Stefan* (Hrsg.). Differenz und Integration: die Zukunft moderner Gesellschaften, Kongress der deutschen Gesellschaft für Soziologie, 28; Frankfurt/Main, New York: Campus, S. 237-240.

374

Miller, Patricia H. (1993): Theorien der Entwicklungspsychologie, aus dem Amerikan. übersetzt von Angelika Hildebrandt-Essig, 3. Aufl., Heidelberg, Berlin, Oxford: Spektrum, Akad. Verlag.

Miller, Yvonne/Hahlweg, Kurt (2001): Prävention von emotionalen Störungen und Verhaltensauffälligkeiten bei Kindern, in: *Schlippe, Arist von* (Hrsg): Frühkindliche Lebenswelten und Erziehungsberatung. Die Chancen des Anfangs – Münster: Votum, S. 243-253.

Mises, Ludwig von (1966): Human action: A Treatise on Economics, Third Revised Edition – Chicago: Henry Regnery Company

Mohn, Liz/Schmidt, Renate (2004): Einführung: Familie bringt Gewinn, in: *dies.* (Hrsg): Familie bringt Gewinn: Innovation durch Balance von Familie und Arbeitswelt – Gütersloh: Verlag Bertelsmann Stiftung, S. 11-15.

Mullainathan, Sendhil/Thaler, Richard H. (2000): Behavioral Economics – National Bureau of Economic Research Working Papter 7948, im Internet: http://papers.nber.org/papers/w7948, Zugriff am 04.03.04, S. 1-11

Musgrave, Richard A. et al. (1994) : Die öffentlichen Finanzen in Theorie und Praxis, 1. Band – 6. aktual. Aufl. – Tübingen: Mohr.

Nahapiet, Janine/Goshal, Sumantra (1998): Social Capital, Intellectual Capital, and the Organizational Advantage, in: Academy of Management Review, Vol. 23, No., pp. 242-266.

Nefiodow, Leo A. (2001): Der sechste Kondratieff: Wege zur Produktivität und Vollbeschäftigung im Zeitalter der Information – 5., überarb. Aufl. Sankt Augustin: Rhein-Sieg Verlag.

Neuss, Werner (2001): Einführung in die Betriebswirtschaftslehre aus institutionenökonomischer Sicht; 2., ergänzte Auflage, Tübingen: Mohr Siebeck.

Nippa, Michael (2001): Intuition und Emotion in der Entscheidungsforschung – State-of-the-Art und aktuelle Forschungsrichtungen, in: *Schreyögg, Georg/Sydow, Jörg* (Hrsg.): Emotionen und Management, Managementforschung Band 11, Wiesbaden: Gabler S. 213-247.

Nonaka, Sachiko/Takeuchi, Nobuko (1995): The knowledge-creating company: jow japanese companies create the dynamics of innovation – Oxford, New York: Oxford University Press.

North, Douglass C. (1992): Institutionen, institutioneller Wandel und Wirtschaftsleistung. Aus dem Amerik. von Monika Streissler – Tübingen: Mohr.

North, Klaus (1999): Wissensorientierte Unternehmensführung: Wertschöpfung durch Wissen - 2., aktual. u. erw. Aufl. – Wiesbaden: Gabler.

Noorderhaven, Niels G. (1996): Opportunism and Trust in Transaction Cost Economics, in: *Groenewegen, Jan* (Edt.): Transaction Cost Economics And Beyond; Boston, Dodrecht, London: Kluwer Academic Publishers, S. 105-128.

Nooteboom, Bart (2000): Trust as a Governance Device, in: *Casson, Mark/Godley, Andrew* (Hrsg.): Cultural factors in economic growth; Berlin, Heidelberg, New York: Springer, S. 44-68.

Nooteboom, Bart (2002): Trust: Forms, Foundations, Functions, Failures and Figures; Cheltenham, UK; Northampton, MA, USA: Edward Elgar.

Nooteboom, Bart (2005): Forms, Sources and Limits of Trust, in: *Held, Martin et al.* (Hrsg.): Jahrbuch Normative und institutionelle Grundfragen der Ökonomik – Band 4: Reputation und Vertrauen – Marburg: Metropolis, S. 35-57.

Ockenfels, Axel (1999): Fairneß, Reziprozität und Eigennutz: ökonomische Theorie und experimentelle Evidenz – Tübingen: Mohr Siebeck.

Oerter, Rolf/Dreher, Eva (1995): Jugendalter, in: *Oerter, Rolf/Montada, Leo* (Hrsg.): Entwicklungspsychologie: ein Lehrbuch, 3., vollst. überarb. u. erw. Aufl., Weinheim: Psychologie Verlags Union, S. 310-395.

Offe, Claus (1999): Sozialkapital – Begriffliche Probleme und Wirkungsweise, in: *Kistler, Ernst et al.* (Hrsg.): Perspektiven gesellschaftlichen Zusammenhalts – Berlin: Edition Sigma, S. 113-120.

Opp, Karl-Dieter (2004): Erklärungen durch Mechnismen: Problem und Alternativen, in: *Kecskes, Robert et al.* (Hrsg.): Angewandte Soziologie, 1. Aufl. - Wiesbaden: Verlag für Sozialwissenschaften, S. 361-379.

Organisation für Zusammenarbeit und wirtschaftliche Entwicklung OECD (2004): Die Politik der frühkindlichen Betreuung, Bildung und Erziehung in Deutschland - Ein Länderbericht der Organisation für wirtschaftliche Zusammenarbeit und Entwicklung, im Internet: http://www.bmfsfj.de/bmfsfj/generator/RedaktionBMFSFJ/Pressestelle/Pdf-Anlagen/oecd-studie-kinderbetreuung,property=pdf.pdf, Zugriff am 08.12.05.

Orlikowski, Borris (2001): Management virtueller Teams: der Einfluss der Führung auf den Erfolg – 1. Aufl., Wiesbaden: Deutscher Universitäts-Verlag.

Ostrom, Elinor (2000): Social Capital: a fad or a fundamental concept, in: *Dasgupta, Partha/Serageldin, Ismail* (Edts.): Social Capital: a multifaceted perspective – Washington, D.C.: The World Bank, pp. 172-214.

Ostrom, Elinor/Ahn, T. K. (2003): Introduction, in: *Ostrom, Elinor/Ahn, T. K.* (Edts.): Foundations of Social Capital – Cheltenham, UK, Northhampton, MA, USA: Edward Elgar Publishing Limited, pp. xi-xxxix.

Ouchi, William G. (1979): A conceptual framework for the design of organizational control mechanims, in: Management Science, Vol. 25, No. 9, S. 833-848.

Panther, Stephan (2002): Sozialkapital. Entwicklung und Anatomie eines interdisziplinären Konzeptes, in: *Ötsch, Walter/Panther, Stephan* (Hrsg.): Ökonomik und Sozialwissenschaft: Ansichten eines in Bewegung geratenden Verhältnisses – Marburg: Metropolis-Verlag, S. 155-176.

Papoušek, Mechthild (2004): Regulationsstörungen in der frühen Kindheit: Klinische Evidenz für ein neues diagnostisches Konzept, in: *Papoušek, Mechthild et al.* (Hrsg.): Regulationsstörungen in der frühen Kindheit: frühe Risiken und Hilfen im Entwicklungskontext der Eltern-Kind-Beziehungen – Bern et al.: Verlag Hans Huber, S. 77-110.

Perrig, Walter J. et al. (1993): Unbewußte Informationsverarbeitung, 1. Aufl.; Bern, Göttingen, Toronto, Seattle: Huber.

Petersen, Jendrik/Lehnhoff, Andre (2000): Dialogische Personalentwicklung und Führung, in: *Projektgruppe wissenschaftliche Beratung* (Hrsg.): Führung in der lernenden Organisation – Frankfurt am Main et al.: Lang, S. 151-176.

Petersen, Jendrik (2003): Dialogisches Management – Frankfurt am Main et al.: Lang.

Petersen, Thieß (2000): Handbuch zur betrieblichen Weiterbildung: Leitfaden für das Weiterbildungsmanagement im Betrieb – Frankfurt/Main et al.: Lang.

Pettinger, Rudolf/Rollik, Heribert (2005): Familienbildung als Angebot der Jugendhilfe: rechtliche Grundlagen – familiale Problemlagen – Innovationen. Online Publikation des *Bundesministeriums für Familie, Senioren, Frauen und Jugend* (Hrsg), im Internet: http://www.bmfsfj.de/Publikationen/familienbildung/01-Redaktion/PDFAnlagen/gesamtdokument,property=pdf,bereich=familienbildung, rwb=true.pdf, Zugriff am 09.12.2005.

Picot, Arnold (1991): Ökonomische Theorien der Organisation – Ein Überblick über neuere Ansätze und deren betriebswirtschaftliches Anwendungspotential, in: *Ordelheide, Dieter et al.* (Hrsg.): Betriebswirtschaftslehre und ökonomische Theorie – Stuttgart: Poeschel, S. 143-170.

Picot, Arnold (2005): Der Beitrag der Institutionenökonomik zur Entwicklung der Wirtschaftswissenschaften, in: *Hasse, Rolf/Vollmer, Uwe* (Eds.): Incentives and Economic Behavior – Schriften zu Ordnungsfragen der Wirtschaft – Band 76, Stuttgart: Lucius und Lucius, S. 1-13.

Picot, Arnold/Ripperger, Tanja/Wolff, Birgitta (1996): The Fading Boundaries of the firm: The Role of Information and Communication Technology, in: Journal of Institutional and Theoretical Economics, Vol. 152, pp. 65-79.

Picot, Arnold/Dietl, Helmut/Franck, Egon (1999): Organisation: eine ökonomische Einführung – 2. überab. und erw. Aufl. –Stuttgart: Schäffer-Poeschel.

Picot, Arnold/Scheuble, Sven (2000): Die Rolle des Wissensmanagements in erfolgreichen Unternehmen, in: *Mandl, Heinz/Reimann-Rothmeier, Gabi* (Hrsg.): Wissensmanagement: Informationszuwachs – Wissensschwund? Die strategische Bedeutung des Wissensmanagements – München, Wien: Oldenbourg, S. 19-37.

Picot, Arnold/Neuburger, Rahild (2003): Was ist neu an der New Economy?, in: *Deutscher Manager Verband e.V.* (Hrsg.): Die Zukunft des Managements: Perspektiven der Unternehmensführung – Zürich/Singen: vdf Hochschulverlag AG an der ETH Zürich.

Picot, Arnold/Reichwald, Ralf/Wigand, Rolf T. (2003): Die grenzenlose Unternehmung: Information, Organisation und Management – Lehrbuch zur Unternehmensführung im Informationszeitalter, 5., aktual. Aufl. – Wiesbaden: Gabler.

Pirrong, Stephen C. (1993): Contracting Practices in Bulk Shipping Markets: A Transaction Cost Explanation, in: The Journal of Law and Economics, vol. XXXVI, pp. 937-976.

Plinke, Wulff (1995): Grundlagen des Marktprozesses, in: *Kleinaltenkamp, Michael/Plinke, Wulff* (Hrsg.): Technischer Vertrieb: Grundlagen – Berlin, Heidelberg: Springer, S. 3-95.

Plinke, Wulff (1997): Grundlagen des Geschäftsbeziehungsmanagements, in: *Kleinaltenkamp, Michael/Plinke, Wulff* (Hrsg.): Geschäftsbeziehungsmanagement – Berlin, Heidelberg: Springer, S.1-62.

Plinke, Wulff/Söllner, Albrecht (2005): Kundenbindung und Abhängigkeitsbeziehungen, in: *Bruhn, Manfred/Homburg, Christian* (Hrsg.): Handbuch Kundenbindungsmanagement: Strategien und Instrumente für ein erfolgreiches CRM – 5., überarb. u. erw. Aufl – Wiesbaden: Gabler, S. 67-91.

Polanyi, Karl (1979): Ökonomie und Gesellschaft, mit einer Einl. von S.C. Humphreys. Übers. von Heinrich Jelinek, 1. Aufl. – Frankfurt/Main: Suhrkamp.

Polanyi, Michael (1985): Implizites Wissen, Übersetz. von Horst Brühmann, 1. Aufl., Einheitssacht.: The tacit dimension – Frankfurt/Main: Suhrkamp.

Pollack, Walter/Pirk, Dieter (2001): Personalentwicklung in lernenden Organisationen: Konzepte, Beispiele, Übungen – 1. Aufl. – Wiesbaden: Gabler.

Portes, Alejandro (1998): Social Capital: Ist Origins and Applications in Modern Sociology, in: Annual Review of Sociology, 24, pp. 1-24.

Powell, Walter W. (1996): Weder Markt noch Hierarchie: Netzwerkartige Organisationsformen, in: *Kenis, Patrick/Schneider, Volker* (Hrsg.): Organisation und Netzwerk: Institutionelle Steuerung in Wirtschaft und Politik – Frankfurt/Main, New York – Campus-Verlag, S. 213-271.

Putnamm Robert D. (1993): Making democracy work: Cicic traditions in modern Italy – Princton, New Jersey: Prinction University Press.

Putnam, Robert D./Goss, Kristin A. (2001): Einleitung, in: *Putnam, Robert D.* (Hrsg.): Gesellschaft und Gemeinsinn: Sozialkapital im internationalen Vergleich – Gütersloh: Verlag Bertelsmann Stiftung, S. 15-43.

Rabin, Matthew (2002): A Perspective on Psychology and Economics (February 2, 2002). *Economics Department, University of California, Berkeley*, Working Paper E02-313. im Internet: http://repositories.cdlib.org/iber/econ/E02-313, Zugriff am 04.03.04, S. 1-43.

Ramb, Bernd-Thomas (1993): Die allgemeine Logik des menschlichen Handelns, in: *Ramb, Bernd-Thomas/Tietzel, Manfred* (Hrsg.): Ökonomische Verhaltenstheorie – München: Vahlen, S. 1-32.

Rauh, Hellgard (2002): Vorgeburtliche Entwicklung und Frühe Kinheit, in: *Oerter, Rolf/Montada, Leo* (Hrsg.): Entwicklungspsychologie – 5., vollständig überabeitete Auflage - Weinheim et al.: Beltz, S.131-208.

Reichwald, Ralf et al. (2000): Telekooperationen: Verteilte Arbeits- und Organisationsformen, 2., neubearb. Aufl. – Berlin, Heidelberg: Springer.

Reichwald, Ralf/Möslein, Kathrin/Ney, Michael (2003): Telekooperation – Überwindung von Standortgrenzen, in: *Klumpp, Dieter/Kubicek, Herbert/Roßnagel, Alexander* (Hrsg.): next generation information society?: Notwendigkeit einer Neuorientierung – Mössingen-Talheim: Talheimer Verlag, S. 238-250).

Reiß, Michael/Beck, Thilo C. (2000): Netzwerkorganisation im Zeichen der Koopkurrenz, in: *Foschiani, Stefan et al.* (Hrsg.): Strategisches Management im Zeichen von Umbruch und Wandel: Festschrift für Prof. Dr. Erich Zahn zum 60. Geburtstag – Stuttgart: Schäffer-Poeschel, S. 315-340.

Rhein, Rüdiger (2002): Betriebliche Gruppenarbeit im Kontext der lernenden Organisation – Berlin et al.: Lang

Ribbegge, Hermann (1999): Familie, in: *Korff, Wilhelm et al.* (Hrsg.): Handbuch der Wirtschaftsethik: Band 4: Ausgewählte Handlungsfelder – Gütersloh: Gütersloher Verlagshaus, S. 202-229.

Ribbegge, Hermann (2005): Familienlastenausgleich, -kasse und Alterssicherung, in: *Althammer, Jörg* (Hrsg.), Familienpolitik und soziale Sicherung. Festschrift für Heinz Lampert, Berlin et al.: Springer, S. 311 - 336.

Richter, Peter/Hacker, Winfried (1998): Belastung und Beanspruchung – Streß, Ermüdung und Burnout im Arbeitsleben –Heidelberg: Roland Asanger Verlag.

Richter, Rudolf/Furubotn, Eirik (1999): Neue Insitutionenökonomik: eine Einführung und kritische Würdigung; Übersetz. von Monika Streissler – 2., durchges. u. erg. Aufl. – Tübingen: Mohr Siebeck

Richter, Rudolf (2004): Zur Neuen Institutionenökonomik der Unternehmung, in: *Döring, Ulrich/ Kussmaul, Heinz* (Hrsg.): Spezialisierung und Internationalisierung: Entwicklungstendenzen der deutschen Betriebswirtschaftslehre – München: Vahlen, S. 9-28.

Riemer, Kai (2005): Sozialkapital und Kooperation: zur Rolle von Sozialkapital im Management von Kooperationsbeziehungen – Tübingen: Mohr Siebeck.

Ripperger, Tanja (1998): Ökonomik des Vertrauens – 1. Aufl. - Tübingen: Mohr.

Robinson, Lindon J./Schmid, Allan/Siles, Marcelo (2002): Is Social Capital Really Capital? - Review of Social Economy, Vol. LX, No. 1, March 2002, pp. 1-21.

Rodehuth, Maria (1999): Weiterbildung und Personalstrategien: eine ökonomisch fundierte Analyse der Bestimmungsfaktoren und Wirkungszusammenhänge – München, Mehring: Hampp.

Rogers, Carl R. (1987): Klientenzentrierte Psychotherapie, in: Corsioni, Raymond J. (Hrsg.): Handbuch der Psychotherapie - 1. Aufl. –Weinheim, Basel: Psychologie-Verlagsunion, S. 471-512.

Roth, Gerhard (2001): Fühlen, Denken, Handeln: Wie das Gehirn unser Verhalten steuert, 1. Aufl. – Frankfurt am Main: Suhrkamp.

Roth, Gerhard (2003): Wie das Gehirn die Seele macht, in: *Schiepek, Günter* (Hrsg.): Neurobiologie der Psychotherapie, 1. Aufl. – Stuttgart: Schattauer, S. 28-41.

Rousseau, Denise M et al. (1998): Not so different after all: a cross-discipline view of trust, in: Academy of Management Review, Vol. 23., No. 3, pp. 393-404.

380

Rsitau, Malte (2005): Der ökonomische Charme der Familie, in: Aus Politik und Zeitgeschichte, 23-24/2005, S. 16-23.

Rürup, Bert/Gruescu, Sandra (2005): Familienorientierte Arbeitszeitmuster – Neue Wege zu mehr Wachstum und Beschäftigung. Gutachten im Auftrag des Bundesministeriums für Familie, Senioren, Frauen und Jugend (Hrsg.) – Berlin.

Sachverständigenrat für die Konzertierte Aktion im Gesundheitswesen (2002): Bedarfsgerechtigkeit und Wirtschaftlichkeit, Gutachten 2000/2001; Band III: Über-, Unter- und Fehlversorgung; Band III.3: Ausgewählte Erkrankungen: Rückenleiden, Krebserkrankungen und depressive Störungen; 1. Aufl.; Baden-Baden: Nomos Verlagsgesellschaft.

Sauerland, Dirk (1998): Sozialkapital: Individueller Vermögensbestand oder gesellschaftliches Institutionensystem?, in: *Ingo Pies, Martin Leschke* (Hrsg.), Gary Beckers ökonomischer Imperialismus - Tübingen: Mohr Siebeck, S. 51–56.

Sauerland, Dirk (2004): Sozialkapital in der Ökonomik: Stand der Forschung und offene Fragen, in: *Sauerland, Dirk/Boerner, Sabine/Seeber, Günther* (Hrsg): Sozialkapital als Voraussetzung von Lernen und Innovation, Schriften der Wissenschaftlichen Hochschule Lahr, Nr. 4, S. 2-27 – im Internet: http://www.akad-fernstudium.de/fm/13/WHL4.pdf, Zugriff am 07.12.04.

Schanz, Günther (1997): Intuition als Managementkompetenz, in: Die Betriebswirtschaft, 57. Jg., Heft 5, S. 640-654.

Scharpf, Fritz W. (1996): Positive und negative Koordination in Verhandlungssystemen, in: *Kenis, Patrick/Schneider, Volker* (Hrsg): Organisation und Netzwerk: Institutionelle Steuerung in Wirtschaft und Politik – Frankfurt/New York: Campus, S. 497-534.

Schechler, Jürgen M. (2002): Sozialkapital und Netzwerkökonomik – Frankfurt am Main et al.: Lang.

Schein, Edgar H. (1995): Unternehmenskultur: ein Handbuch für Führungskräfte. Aus dem Englischen von Friedrich Mader – Frankfurt/Main, New York: Campus.

Scheuerer-Englisch, Hermann/Zimmermann, Peter (1997): Vertrauensentwicklung in Kindheit und Jugend, in: *Schweer, Martin* (Hrsg.): Interpersonales Vertrauen: Theorie und empirische Befunde, Opladen: Westdeutscher Verlag, S. 27-48.

Scheuerer-Englisch, Hermann (2001): Wege zur Sicherheit: Bindungsgeleitete Diagnostik und Intervention in der Erziehungs- und Familienberatung, in: *Suess, Gerhard et al.* (Hrsg.): Bindungstheorie und Familiendynamik: Anwendung der Bindungstheorie in Beratung und Therapie – Gießen: Psychosozial-Verlag, S. 315-346.

Schimany, Peter (2003): Die Alterung der Gesellschaft: Ursachen und Folgen des demographischen Umbruchs –Frankfurt/Main: Campus.

Schilling, Matthias (2005): Die Kosten des Ausbaus der Tagespflege, in: *Diller, Angelika et al.* (Hrsg.): Tagespflege zwischen Markt und Familie: Neue Herausforderungen und Perspektiven – München: Verlag Deutsches Jugendinstitut, S.129-142.

Schlippe, Arist von et al. (2001): Editoral der Herausgeber, in: *dies.* (Hrsg): Frühkindliche Lebenswelten und Erziehungsberatung. Die Chancen des Anfangs – Münster: Votum, S. 13- 16.

Schmid, Peter F. (1996): Personenzentrierte Gruppenpsychotherapie in der Praxis: Ein Handbuch. Die Kunst der Begegnung. Mit einem Beitrag von Carl R. Rogers – Paderborn: Junfermann.

Schmidtke, Corinna/Backes-Gellner, Uschi (2002): Personalmarketing: Stand der Entwicklung und Perspektiven, in: Wirtschaftswissenschaftliches Studium, Heft 6, S. 321-327.

Schneewind, Klaus A. (2001): Kleine Kinder in Deutschland: Was sie und ihre Eltern brauchen, in: *Schlippe, Arist von* (Hrsg): Frühkindliche Lebenswelten und Erziehungsberatung. Die Chancen des Anfangs – Münster: Votum, S. 124-150.

Schneewind, Klaus A. (2002): Familienentwicklung, in: *Oerter, Rolf/Montada, Leo* (Hrsg.): Entwicklungspsychologie – 5. vollst. überarb. Aufl – Weinheim et al.: Beltz, S.105-127.

Schneewind, Klaus A. (2005): „Priorität für die Familie" durch familiale Prävention, in: *Althammer, Jörg* (Hrsg): Familienpolitik und soziale Sicherung - Festschrift für Heins Lampert – Berlin et al.: Springer, S. 25-37.

Schneider, Hans-Joachim (2001): Kriminologie für das 21. Jahrhundert: Schwerpunkte und Fortschritte der internationalen Kriminologie; Überblick und Diskussion – Münster: LIT.

Schneider, Cornelia/Wüstenberg, Wiebke (2001): Entwicklungspsychologische Forschung und ihre Bedeutung für Peerkontakte im Kleinkindalter, in: *Schlippe, Arist von* (Hrsg): Frühkindliche Lebenswelten und Erziehungsberatung. Die Chancen des Anfangs – Münster: Votum, S. 67-78.

Schneider, Kornelia/Zehnbauer, Anne (2005): Kooperation von Tagespflege und Tageseinrichtungen für Kinder, in: *Diller, Angelika et al.* (Hrsg.): Tagespflege zwischen Markt und Familie: Neue Herausforderungen und Perspektiven – München: Verlag Deutsches Jugendinstitut, S.167-186.

Scholz, Christian (2003a): Netzwerkorganisation und virtuelle Organisation – eine dynamische Perspektive, in: *Zentes, Joachim et al.* (Hrsg.): Kooperationen, Allianzen und Netzwerke: Grundlagen –Ansätze- Perspektiven, 1. Aufl. – Wiesbaden: Gabler, S. 463-486.

Scholz, Christian (2003b): Spieler ohne Stammplatzgarantie: Darwiportunismus in der neuen Arbeitswelt, 1. Aufl.- Weinheim: WILEY-VCH.

Schopp, Johannes/Wehner, Jana (2005): Eltern Stärken – Dialogische Elternseminare, in: *Tschöpe-Scheffler, Sigrid* (Hrsg.): Konzepte der Elternbildung – eine kritische Übersicht – Opladen: Verlag Barbara Budrich, S. 161-174.

Schoppe, Siegfried G. et al. (1995): Moderne Theorie der Unternehmung – München, Wien: Oldenbourg.

Schreyögg, Georg/Geiger, Daniel (2003): Wenn alles Wissen ist, ist Wissen am Ende nichts?!, in: Die Betriebswirtschaft, 63 Jg., Heft 1, S. 7-22.

Schüßler, Ingeborg/Weiss, Werner (2001): Lernkulturen in der New Economy – Herausforderungen an die Personalentwicklung im Zeitalter der Wissensgesellschaft, in: *Arnold, Rolf/Bloh, Egon* (Hrsg.): Personalentwicklung im lernenden Unternehmen – Hohengehren: Schneider, S. 254-286.

Schuler, Felix (2002): Die Einflüsse des Internets auf die Unternehmensgrenzen: Die Dekonstruktionsthese aus industrie-, institutionen- und informationsökonomischer Sicht, 1. Aufl. – Wiesbaden: Deutscher Universitäts-Verlag.

Schumacher, Markus/Rödig, Utz/Moschgath, Marie-Luise (2003): Hacker-Contest: Sicherheitsprobleme, Lösungen, Beispiele – Berlin , Heidelberg: Springer.

Schweitzer, Jochen (2001): Die Förderung von Kooperation und die Koordination von Helfersystemen und betroffenen Familien – eine systemische Herausforderung, in: *Schlippe, Arist von* (Hrsg): Frühkindliche Lebenswelten und Erziehungsberatung. Die Chancen des Anfangs – Münster: Votum, S. 276-291.

Seehausen, Harald/Uhrig, Kerstin (2004): Karrierist oder Softie? Väter im Spannungsfeld zwischen Beruf und Familie, in: *Bundeszentrale für gesundheitliche Aufklärung* (Hrsg.): FORUM Sexualaufklärung und Familienplanung, Nr. 3, 2004, Köln, S. 26-30.

Seifert, Manfred (2004): Kommentar: Lebenswelt und Arbeitswelt – Auflösung einer Grenzziehung?, in: *Hirschfelder, Gunther/Huber, Birgit* (Hrsg.): Die Virtualisierung der Arbeit: zur Ethnographie neuer Arbeits- und Organisationsformen. Frankfurt, New York: Campus Verlag, S. 307-317.

Sennett, Richard (1998): Der flexible Mensch: die Kultur des neuen Kapitalismus, 5. Aufl., Einheitssacht.: The Corrosion of Charakter. Dt. von Martin Richter – Berlin: Berlin Verlag.

Shackle, George L. S. (1990): The Complex Nature of Time as a Concept in Economnics, in: *Ford, J. L.* (Hrsg.): Time, expectations and uncertainty in economics: selected essays of George L. S. Shackle; Hants, England; Vermont, USA: Edward Elgar Publishing, S. 3-13.

Siegrist, Karin (1995): Sozialer Rückhalt und Erkrankungsrisiken, in: *Ningel, Rainer/Funke, Wilma* (Hrsg.): Soziale Netze in der Praxis – Göttingen: Verlag für Angewandte Psychologie, S. 9-23.

Simon, Herbert A. (1981): Entscheidungsverhalten in Organisationen: Eine Untersuchung von Entscheidungsprozessen in Management und Verwaltung, 3. Aufl. aus dem Amerikanischen übersetzt von Wolfgang Müller unter Mitarb. von Jürgen Eckert u. Bernd Schauenberg, Landsberg am Lech: Verlag Moderne Industrie.

Simon, Herbert A. (1992): Introductory Comment, in: *Simon, Herbert* et al. (Edt.): Economics, bounded ratinality and the cognitive revolution, Hants/England, Vermont/USA:Edward Elgar Publishing Company.

Simon, Herbert A. (1993): Homo rationalis: die Vernunft im menschlichen Leben, aus dem Englischen von Thomas Steiner, Frankfurt/Main, New York: Campus.

Sjurts, Insa (1998): Kontrolle ist gut, ist Vertrauen besser?, in: Die Betriebswirtschaft, 58. Jg, Heft 3, S. 283-298.

Söllner, Albrecht (1993): Commitment in Geschäftsbeziehungen: das Beispiel Lean Production – Wiesbaden: Gabler.

Söllner, Albrecht (2000): Die schmutzigen Hände: individuelles Verhalten in Fällen von institutionellen Misfits – Tübingen: Mohr Siebeck.

Sondermann, Monika (2004): Zum Stand von Elternbildung und Elternberatung. Möglichkeiten der Prävention und Intervention bei kindlichen Entwicklungstörungen, Inaugural-Dissertation zur Erlangung des Doktorgrades der Heilpädagogischen Fakultät der Universität zu Köln- Köln.

Spence, A. M. (1973): Job Market Signaling, in: Quarterly Journal of Economics, 87, pp. 355-374.

Spieß, Katharina C./Tietze, Wolfgang (2001): Gütesiegel als neues Instrument der Qualitätssicherung von Humandienstleistungen: Gründe, Anforderungen und Umsetzungsüberlegungen am Beispiel von Kindertageseinrichtungen – Deutsches Institut für Wirtschaftsforschung (DIW), Diskussionspapier Nr. 243 – Berlin.

Spremann, Klaus (1990): Asymmetrische Information, in: Zeitschrift für Betriebswirtschaft, 60. Jg., Heft 5/6, S. 561-586.

Stahl, Thomas/Krauss, Alexander (2001): Organisation von Selbstorganisation – Zur Führung im Prozess selbstreflexiven Handelns der Mitarbeiter, in: *Bau, Henning/Schemme, Dorothea* (Hrsg.): Auf dem Weg zur lernenden Organisation – Lern- und Dialogkultur im Unternehmen – Bielefeld: Bertelsmann, S. 62-83.

Staudt, Erich et al. (2002): Kompetenz und Innovation, in: *dies.* (Hrsg.): Kompetenzentwicklung und Innovation: die Rolle der Kompetenz bei der Organisations-, Unternehmens- und Regionalentwicklung – Münster et al.: Waxmann, S. 127-237.

Steiner, Karin (2004): Bewahrung des Humankapitals bei Personalabbau durch ein professionelles Trennungsmanagement, in: *Dürndorfer, Martina/Friedrichs, Peter* (Hrsg.): Human Capital Leadership – Hamburg: Murmann, S. 509-545.

Steinhardt, Kornelia et al. (2002): Der lange Weg des Vaters in die Kleinkindforschung, in: *dies.* (Hrsg.): Die Bedeutung des Vaters in der frühen Kindheit: Gießen: Psychosozial Verlag, S. 7-14.

Streeten, Paul (2002): Reflections on social and antisocial capital, in: *Isham, Jonathan/Kelly, Thomas/Ramaswamy, Sunder* (Edts.): Social capital and economic development: well-being in developing countries – Cheltenham, UK; Northampton, MA, USA: Edward Elgar, pp. 40-57.

Strünck, Christoph (2004): Neue Berufsbiographien und alter Sozialstaat?, in: Aus Politik und Zeitgeschichte, B 28/2004, S: 40-46.

Strulik, Torsten (2004): Nichtwissen und Vertrauen in der Wissensökonomie – Frankfurt/New York: Campus.

Stührenberg, Lutz (2004): Ökonomische Bedeutung des Personalbindungsmanagements für Unternehmen, in: *Bröckermann, Reiner/Pepels, Werner* (Hrsg.): Personalbindung: Wettbewerbsvorteile durch strategisches Human Resource Management – Berlin: Erich Schmidt Verlag, S. 33-50.

Stuhr, Mathias (2003): Popökonomie. Eine Reformation zwischen Lifestyle und Gegenkultur, in: *Meschnig, Alexander/Stuhr, Mathias* (Hrsg.): Arbeit als Lebensstil – Frankfurt/Main: Suhrkamp, S. 162-184.

Suchanek, Andreas (1994): Ökonomischer Ansatz und theoretische Integration –Tübingen: Mohr.

Suess, Gerhard (2001): Eltern-Kind-Bindung und kommunikative Kompetenzen kleiner Kinder – die Bindungstheorie als Grundlage für ein integratives Interventionskonzept, in: *Schlippe, Arist von* (Hrsg): Frühkindliche Lebenswelten und Erziehungsberatung. Die Chancen des Anfangs – Münster: Votum, S. 39-66.

Suess, Gerhard J./Hantel-Qutmann, Wolfgang (2004): Bindungsbeziehungen in der Frühintervention, in: *Ahnert, Lieselotte* (Hrsg.): Frühe Bindung: Entstehung und Entwicklung – München, Basel: Ernst Reinhardt Verlag, S. 332-351.

Sydow, Jörg (1992): Strategische Netzwerke: Evolution und Organisation – Wiesbaden: Gabler.

Sydow, Jörg (2003): Management von Netzwerkorganisationen – Zum Stand der Forschung, in: *ders.* (Hrsg.): Management von Netzwerkorganisationen: Beiträge zur Managementforschung. 3., aktual. Aufl. – Wiesbaden. Gabler, S. 293-354.

Swedberg, Richard (1990): Economics and Sociology: redefining their boundaries: conversations with economists and sociologists – Princeton: Princeton University Press.

Teubner, Gunther (2004): Netzwerk als Vertragsverbund: virtuelle Unternehmen, Franchising, Just-in-time in sozialwissenschaftlicher und juristischer Sicht – 1. Aufl, Baden-Baden: Nomos.

Theurl, Theresia/Schweinsberg, Andrea (2004): Neue kooperative Ökonomik: moderne genossenschaftliche Governancestrukturen – Tübingen: Mohr Siebeck.

Tiefel, Sandra (2004): Beratung und Reflexion: eine qualitative Studie zu professionellem Beratungshandeln in der Moderne – Wiesbaden: VS Verlag für Sozialwissenschaften.

Tillmann, Klaus-Jürgen (1994): Sozialisationstheorien: eine Einführung in den Zusammenhang von Gesellschaft, Institution und Subjektwerdung – Reinbek bei Hamburg: Rowohlt.

Tschöpe-Scheffler, Sigrid (2005a): Unterstützung der elterlichen Kompetenz durch Elternbildungsangebote, in: Sozial extra, Ausgabe 4/2005, Bd. 29, S. 11-14.

Tschöpe-Scheffler, Sigrid (2005b): Eine kritische Übersicht, in: *dies.* (Hrsg.): Konzepte der Elternbildung – eine kritische Übersicht – Opladen: Verlag Barbara Budrich, S. 275-333.

Twickel, Christian Freiherr von (2002): Beziehungen und Netzwerke in der modernen Gesellschaft: Soziales Kapital und normative Institutionenökonomik – Münster: Lit.

Uzzi, Brian (1997): Social Structure and Competition in Interfirm Networks: The Paradox of Embeddedness, in: Administrative Science Quarterly, vol. 42, pp. 35-67.

Vanselow, Achim (2003): Neue Selbständige in der Informationsgesellschaft – Graue Reihe des Instituts Arbeit und Technik 2003-06, im Internet: http://iaf-info.de/index.html?aktuell/veroeff/2003/gr2003-06.htm, Zugriff am 12.01.04.

Voss, Thomas (2003): The rational choice approach to an analysis of intra –and interorganizational governance, in: *Buskens, Vincent/Raub, Werner/Snijders, Chris* (Edts.): The Governance of Relations in Markets and Organizations, Research in the Sociology of Organizations, Volume 20 – Amsterdam, Boston, London, New York: Elsevier Science, pp. 21-46.

Voss, Hubertus von (2004): Frühe Prävention von emotionalen und sozialen Entwicklungsstörungen als interdisziplinäre Aufgabe, in: *Papoušek, Mechthild et al.* (Hrsg.): Regulationsstörungen in der frühen Kindheit: frühe Risiken und Hilfen im Entwicklungskontext der Eltern-Kind-Beziehungen – Bern et al.: Verlag Hans Huber, S. 389-399.

Wagner, Gert C. (2002): Kinderbetreuung und Vorschulerziehung sollten flexibel gestaltet werden – Erziehung muss für Eltern keine ökonomische Last sein, in: *Deutsches Institut für Wirtschaftsforschung* (Hrsg.): Vierteljahreshefte zur Wirtschaftsforschung, 71 (2002), 1, S. 43-51.

Walgenbach, Peter (2002): Neoinstitutionalistische Organisationstheorie – State of the Art und Entwicklungslinien, in: *Sreyögg, Georg/Conrad, Peter* (Hrsg.): Theorien des Managements: Managementforschung 12, 1. Aufl. – Wiesbaden: Gabler, S. 155-202.

Warnke, Andreas/Beck, Norbert (2005): Eltern- und Mediatorentraining, in: *Petermann, Franz/Reinecker, Hans* (Hrsg.): Handbuch der Klinischen Psychologie und Psychotherapie - Göttingen et al.: Hogrefe, S. 402-411.

Wehler, Hans-Ulrich (1998): Die Herausforderung der Kulturgeschichte, 1. Aufl. – München: Beck.

Weiber, Rolf/Zühlke, Stefan (2005): Elektronische Geschäfte im Business-to-Business Sektor, in: *Weiber, Rolf/Jäckel, Michael* (Hrsg.): Arbeit im E-Business: Auswirkungen der Informationstechnologie auf Kommunikations-, Arbeits-, und Geschäftsprozesse – München: Vahlen, S. 13-79.

Weinkauf, Katharina/Woywode, Michael (2004): Erfolgsfaktoren von virtuellen Teams – Ergebnisse einer aktuellen Studie, in: Schmalenbachs Zeitschrift für betriebswirtschaftliche Forschung, 56. Jg., Juni 2004, S. 393-412.

Weinkopf, Claudia (2005): Arbeitsmarktpolitische Modelle: zusätzliche Arbeitsplätze für die Betreuung von Kindern?, in: *Diller, Angelika et al.* (Hrsg.): Tagespflege zwischen Markt und Familie: neue Herausforderungen und Perspektiven – München: Verlag Deutsches Jugendinstitut, S.143-166.

Welfens, Paul J. J. et al. (2005): Internetwirtschaft 2010: Perspektiven und Auswirkungen – Studie für das Bundesministerium für Wirtschaft und Arbeit - Heidelberg: Physika-Verlag.

Wieland, Rainer (2001): Belastungsdiagnostik und Beanspruchungsmanagement in neuen Arbeitsformen, in: *Badura, Bernhard/Litsch, Martin/Vetter, Christian* (Hrsg.): Zukünftige Arbeitswelten: Gesundheitsschutz und Gesundheitsmanagement; Fehlzeiten-Report 2000, Berlin, Heidelberg: Springer, S. 34-47.

Wiesenthal, Helmut (2001): „Kooperative Verfahren" oder innovative Konstellationen? Zur Komplexität politischer Verhandlungen, in: *Fricke, Siegfried et al.* (Hrsg.): Der freundliche Staat: Kooperative Politik im institutionellen Wettbewerb – Marburg: Metropolis Verlag, S. 169-188.

Wiesner, Reinhard (2005): Das Tagesbetreuungsausbaugesetz, in: *Diller, Angelika et al.* (Hrsg.): Tagespflege zwischen Markt und Familie: neue Herausforderungen und Perspektiven – München: Verlag Deutsches Jugendinstitut, S.111-128.

Wilke, Helmut (1998): Organisierte Wissensarbeit, in: Zeitschrift für Soziologie, Jg. 27, Heft 3, S. 161-177.

Williamson, Oliver E. (1975): Markets and hierarchies: analysis and antitrust implications – New York: The Free Press.

Williamson, Oliver E. (1983): Credible Commitments: Using Hostages to Support Exchange, in: American Economic Review, vol 73, no. 4, pp. 519-540.

Williamson, Oliver E. (1990): Die ökonomischen Institutionen des Kapitalismus: Unternehmen, Märkte, Kooperationen; aus dem Amerikan. übers. v. Monika Streissler; Tübingen: Mohr.

Williamson, Oliver E. (1991): Comparative Economic Organization: The Analysis of Discrete Structural Alternatives, in: Administrative Science Quarterly, 36 (2), June, pp. 269-296.

Williamson, Oliver E. (1993): Calculativeness, Trust, and Economic Organization, Journal of Law and Economics 36 (April 1993); wiederabgedruckt in: *Williamson, Oliver E.* (1996): The Mechanisms of Governance, New York, Oxford: Oxford University Press, S. 250 –275.

Williamson, Oliver E. (1996): Transaktionskostenökonomik, 2. Aufl., aus dem Amerikanischen übersetzt von Christina Erlei – Hamburg: Lit.

Williamson, Oliver E. (1998): Transaction Cost Economics and Organization Theory, in: *Dosi, Giovanni et al.* (Edts.): Technology, Organization and Competitiveness: perspectives on Industrial and Corporate Change – Oxford et al.: Oxford University Press, pp. 17-66.

Williamson, Oliver E. (2000a): Strategy Research: Governance and Competence Perspectives, in: *Voss, Nicolai/Mahnke, Volker* (Edts.): Competence, Governance, and Entrepreneurship: Advances in Economic Strategy Research – Oxford et al: Oxford University Press, pp. 21-54.

Williamson, Oliver E. (2000b): The New Institutional Economics: Taking Stock, Looking Ahead, in: Journal of Economic Literature, Vol. XXXVIII, pp. 595-613.

Williamson, Oliver E. (2002): The Theory of the Firm as a Governance Structure: From Choice to Contract, in: Journal of Economic Perspectives – Volume16, Number 3, pp. 171-195.

Wingen, Max (1997): Familiepolitik: Grundlagen und aktuelle Probleme – Stuttgart: Lucius und Lucius.

Wirtz, Bernd W./Vogt, Patrick (2005): Determinanten der Unternehmenswechselbereitschaft in der Internetökonomie – eine empirische Analyse zum Fluktuatuinsphänomen bei Internet Start-up Unternehmen, in: Zeitschrift für betriebswirtschaftliche Forschung, Mai 2005, S. 260-276.

Wissenschaftlicher Beirat für Familienfragen (2002): Die bildungspolitische Bedeutung der Familie – Forderungen aus der PISA-Studie – *Bundesministerium für Familie, Senioren, Frauen und Jugend* (Hrsg.) – Stuttgart: Kohlhammer.

Wissenschaftlicher Beirat für Familienfragen (2005): Familiale Erziehungskompetenzen: Beziehungsklima und Erziehungsleistungen in der Familie als Problem und Aufgabe. Gutachten für das Bundesministerium für Familie, Senioren, Frauen und Jugend – Weinheim, München: Juventa.

Wiswede, Günter (1995): Einführung in die Wirtschaftspsychologie - 2., neubarb. und erw. Aufl. – München, Basel: E. Reinhardt.

Wolff, Birgitta/Lazear, Edward P. (2001) Einführung in die Personalökonomik – Stuttgart: Schäffer-Poeschel

Wood, Gerald et al. (2004): Die wirtschaftliche Bedeutung von emotional gebundenen Mitarbeitern und Kunden für das Unternehmen, in: *Dürndorfer, Martina/Friedrichs, Peter* (Hrsg.): Human Capial Leadership – Hamburg: Murmann, S. 354-372.

Woolcook, Michael (1998): Social Capital and Economic Development: Towards a Theoretical Synthesis and Policy Framework, in: Theory and Society, 27 (1), pp. 151-208.

Woolcock, Michael (2001): The place of social capital in understanding social and economic outcome, in: Isuma - Canadian Journal of Policy Research, Volume 2, No. 1, pp. 1-11, im Internet: http://www.isuma.net/v02n01/woolcock/woolcock_e.shtml, Zugriff am 13.05.04.

Wumderer, Rolf (2003): Führung und Zusammenarbeit: eine unternehmerische Führungslehre – 5., überarb. Aufl. – München und Neuwied: Luchterhand.

Wunderlich, Holger et al. (2004): Im Westen nichts Neues – und im Osten? Ergebnisse der Studie „männer leben" zur Koordination von Beruf und Familie, in: *Bundeszentrale für gesundheitliche Aufklärung* (Hrsg.): FORUM Sexualaufklärung und Familienplanung, Nr. 3, 2004, Köln, S. 19-25.

Zahn, Erich/ Stanik, Martin (2003): Wie Dienstleister gemeinsam den Erfolg suchen – Eine empirische Studie über Netzwerke kleiner und mittlerer Dienstleister, in: *Stauss, Bernd/ Bruhn, Manfred* (Hrsg): Dienstleistungsnetzwerke: Dienstleistungsmanagement Jahrbuch 2003 – 1. Aufl., Wiesbaden: Gabler, S. 593-612.

Zamagni, Stefano (1995): Introduction, in: *Zamagni, Stefano* (Edt.): The Economics of Altruism – Hants, England; Vermont, USA: Edward Elgar Publishing, pp.xv-xxii.

Zimmermann, Peter (2000): Grundwissen Sozialisation: Einführung zur Sozialisation im Kindes- und Jugendalter – Opladen: Leske und Budrich.

Zimmermann, Peter (2002): Von Bindungserfahrungen zur individuellen Emotionsregulation: das entwicklungspsychopathologische Konzept der Bindungstheorie, in: *Strauß, Bernhard/ Buchheim, Anna/ Kächele, Horst* (Hrsg.): Klinische Bindungsforschung: Theorien, Methoden, Ergebnisse – Stuttgart, New York: Schattauer, S. 147-161.

Peter Lang · Internationaler Verlag der Wissenschaften

Daniel Streich

Wertorientiertes Personalmanagement

Theoretische Konzepte und empirische Befunde zur monetären Quantifizierung des betrieblichen Humankapitals

Frankfurt am Main, Berlin, Bern, Bruxelles, New York, Oxford, Wien, 2006.
339 S., zahlr. Tab. und Graf.
Europäische Hochschulschriften: Reihe 5, Volks- und Betriebswirtschaft.
Bd. 3222
ISBN 978-3-631-55738-9 · br. € 56.50*

Die hohe betriebswirtschaftliche Relevanz des Mitarbeiters und des Personalmanagements ist in vielen Geschäftsberichten führender Unternehmen manifestiert. Es liegen zahlreiche Aussagen vor, die darauf hinweisen, dass die im Unternehmen beschäftigten Menschen das *wertvollste Asset* repräsentieren. Diese oftmals pauschalen Aussagen sollten konkretisiert werden. Obwohl die hohe wirtschaftliche Relevanz des Faktors *Mensch* erkannt wird, gibt es bis heute keinen allgemein anerkannten Ansatz zur Bewertung des Humankapitals. Somit wird deutlich, dass eine Lücke zwischen der wahrgenommenen Relevanz und der tatsächlichen Berücksichtigung des Humankapitals im Rechnungswesen zu verzeichnen ist. In dieser Studie wird das Ziel verfolgt, einen alternativen Ansatz zur Humankapitalbewertung zu entwickeln.

Aus dem Inhalt: Entwicklungsphasen des Personalmanagements · Wertorientierung · Humankapital · Ansätze zur Humankapitalbewertung · Ansätze zur Humankapitalsteuerung · Humankapitalindex · Humankapitalscorecard · Empirische Befunde

Frankfurt am Main · Berlin · Bern · Bruxelles · New York · Oxford · Wien
Auslieferung: Verlag Peter Lang AG
Moosstr. 1; CH-2542 Pieterlen
Telefax 00 41 (0) 32 / 376 17 27

*inklusive der in Deutschland gültigen Mehrwertsteuer
Preisänderungen vorbehalten
Homepage http://www.peterlang.de